D1928315

t nicht bereits bekannt)

zes Meer
ɲ

erwaltung
nen
ischen Franken (nicht: Riquarischen...)
genen

sich
etze "als" statt "indem"

en
ɲ und weltlichen Gelehrten (m.E.)
tsleistung

/ = ϑ

_ = ergänzen oder ändern

Ernst Samhaber

GESCHICHTE EUROPAS

Ernst Samhaber

GESCHICHTE EUROPAS

EUROPA UNION VERLAG

Umschlag- und Einbandgestaltung: Alfred Krugmann
Gesamtherstellung: Mohndruck Graphische Betriebe GmbH, Gütersloh
Printed in Germany

ISBN 3-7713-0169-6

Inhalt

La recherche historique
est une marche vers un inconnu
dont on oublie parfois, trop facilement,
qu'il est un inconnu plus par son fond
que par ses détails.

Marcel Granet

Einführung

Europa beginnt, sich zusammenzuschließen. Staaten und Völker, die stolz auf ihre eigene besondere Geschichte hinweisen, sind dabei, eine größere Gemeinschaft zu bilden. Was noch vor wenigen Jahrzehnten wie ein ferner Wunsch aussah, soll beharrlich verwirklicht werden: Europa als umfassende Einheit. Die Völker Europas wissen, daß sie in dieser Welt politisch und wirtschaftlich nur dann mitreden, also auch mitentscheiden können, wenn sie geschlossen auftreten. Damit stellt sich die Frage nach dem geistigen Erbe und der geistigen Kraft. Wo liegen die gemeinsamen Wurzeln? Was hat Europa geistig geformt?

Die leidvollen Erfahrungen der Vergangenheit mahnen uns, die europäische Geschichte neu zu sehen. Nach den schrecklichen Erlebnissen des Zweiten Weltkrieges, nach den Ausbrüchen des Hasses und der Barbarei, die eine Überspitzung des Nationalgefühls herbeigeführt hatte, angesichts der unendlichen Opfer aller europäischen Völker versank 1945 der Wahn eines Machtstaates auf nationaler Basis. Das alte Geschichtsbild hatte seine Glaubwürdigkeit verloren. Die Staaten, nach Ranke ›Gedanken Gottes‹, die um der Grenzen willen endlose Kriege geführt hatten, erwiesen sich als ohnmächtig, den Völkern Frieden zu gewährleisten.

Nur eine weitgespannte und übernationale Einheit, in die sich die einzelnen Völker einzuordnen bereit wären, schien verantwortungsbewußten Staatsmännern die Lösung der Spannungen und eine Gewähr für die Zukunft. Doch mußte ein solches Gebilde, das die Staaten zusammenfaßte, erst geschaffen werden. Der Widerstand kam von den Nationalisten. Sie standen im Banne eines überholten Geschichtsbildes, das die ›Nation‹ mit dem ›Volk‹ gleichsetzt und von natürlichen, unabänderlichen Gegensätzen zwischen den Nationen ausgeht. Daß Staaten geschichtlich gewachsene, durch viele Zufälligkeiten, durch dynastische Interessen und wechselndes Kriegsglück entstandene Gebilde sind, deren Grenzen im Laufe der Zeit hin und her schwankten, lehrt die Geschichte. Der Staat ist nicht schlechthin ›das als unabhängige Macht rechtlich geeinte Volk‹. Eine unvoreingenommene Betrachtung zeigt, daß auch dieses Bild geschichtlich gewachsen ist. Und wieviel Irrtümer haben dabei mitgewirkt! Wie weit waren überhaupt ›Nationen‹ die

Träger der Geschichte? Rückblickend erscheinen sie als geschlossene Einheiten, von einem Willen geprägt, mit eigenem Leben und klar erkennbaren, vorgegebenen ›nationalen Interessen‹, die sich aus der geographischen Lage und den wirtschaftlichen Bedingungen ergeben. Alle sind Glieder der nationalen Gemeinschaft. Jeder hat sich nach Kräften für sie einzusetzen, heißt es. Jeder ist aber auch für die Taten seiner Nation verantwortlich. Welche Überschätzung des Anteils, der dem einzelnen an den großen Entscheidungen des Staates überhaupt zukommt.

Die Wurzeln mancher Mißverständnisse liegen in der Überschätzung der führenden Oberschicht für den Ablauf der Geschichte. Immer hat nur eine Minderheit geherrscht: Krieger, Adel, Priester, reiche Bürger, Beamte, Parteifunktionäre. Sie scharten sich um den Fürsten, den kirchlichen Würdenträger, das Parlament, sie sammelten sich in einer Partei. Dichter sangen den Ruhm der Helden. Juristen legten Verträge aus. Kleriker und Chronisten berichteten von Ereignissen, die ihnen wesentlich erschienen. Diplomaten zeichneten die fein gesponnenen Fäden einer Kabinettspolitik auf. Daraus ergab sich ein geschlossenes, aber einseitiges Bild der Entwicklung insgesamt. Dramatische Ereignisse traten hervor, tiefgreifende, langsame Wandlungen blieben im Dunkeln.

Selten war mehr als ein Zehntel der Bevölkerung an dem beteiligt, was man Geschichte zu nennen pflegt. Fremd standen den Handelnden diejenigen gegenüber, die nur leidend vom Geschehen berührt wurden. Soziale, landschaftliche und sprachliche Verschiedenheiten oder auch nur die Abneigung, sich in die Weltläufe aus eigenem Antrieb – und dem damit verbundenen Risiko – einzuschalten, ließ die große Mehrheit abseits stehen. Dabei trug der kleine Mann ein gut Teil der Last – zu allen Zeiten. Aber wie will man die Rolle der Namenlosen darstellen? Der Feldherr stand für seine Soldaten, der Kanzler für die Beamtenschaft, der Fürst für sein ›Volk‹. So ›machen Männer die Geschichte‹. Die herrschende Gruppe erhebt den Anspruch, für ›die Nation‹ zu sprechen. Sie allein kam zu Wort. Die anderen schwiegen. Auch die Gegner gewöhnen sich daran, das Volk mit der führenden Schicht gleichzusetzen, alle für die Taten dieser Gruppe verantwortlich zu machen. Das sind dann eben ›die Papisten‹, ›die Ketzer‹, ›die Franzosen‹, ›die Deutschen‹, ›die Juden‹, ›die Kommunisten‹.

Seit Herder gelten die Völker mit ihren unverlierbaren Sprachen als naturgewachsene Einheiten, die den äußeren Einflüssen trotzen. Sie lassen sich zwar unterdrücken, aber nicht ändern. Sie können ihre Wohnsitze wechseln, in ihrem Wesenskern aber bleiben sie unberührt. Die Volksseele wurzelt tief in Natur und Geschichte.

In Wirklichkeit sind die Völker – im Widerspruch zu dem, was sie selbst von sich erzählen – keineswegs einheitlich. Sie wechseln im Laufe der Zeit ihre Namen. Sie wechseln aber auch ihre Sprache, ihre Religion und die Kultur überhaupt. Politische Zusammenhänge zerreißen, andere entstehen. Neue Herren kommen. In fast unlösbarem Gemenge schieben sich Gruppen ineinander und übereinander. Einheitliche, in sich geschlossene Völker gibt es in Europa nicht: weder in Spanien noch in Rußland, weder in England noch in Jugoslawien. Überall leben sehr verschiedene Menschen zusammen, verschieden in Herkunft, in ihrer Geschichte, in der sozialen Aufgliederung und in den Formen ihrer Kunst. Mag sich im Laufe der Zeit so etwas wie ›ein Volk‹ mit spezifischen Eigenschaften entwickeln – einheitlich ist es darum noch lange nicht.

Irgendwann einmal brechen Erinnerungen wieder auf, die längst untergegangen schienen. Denkstrukturen setzen sich durch, die im Widerspruch zu dem stehen, was kurz zuvor noch gang und gäbe war. Merkwürdig erscheint es dann, wie Völker sich wandeln. In Wirklichkeit tauchen Schichten auf, die es immer gegeben hat, die nur überlagert oder in den Schatten geschoben waren. Dieser ständige Wechsel innerhalb der Völker wirkt sich in den geschichtlichen Kräften wie in den geistigen Bewegungen aus. Wer hineinzuhorchen versteht, wird geschichtliche Elemente in dem erkennen, was man gemeinhin ›Renaissancen‹ nennt. Die angebliche Wiederbelebung des Vergangen ist nur Ausdruck eines Willens, sich der herrschenden Ordnung gegenüber durchzusetzen. In der karolingischen Renaissance sehen wir lateinisches Kulturgut auferstehen. Was ist etruskisch an der italienischen Renaissance? Die neuen Formen lassen sich vielfach auf Vorbilder und Anregungen vergangener Zeiten zurückführen. Dahinter steht jedoch viel mehr. Gefühlswelten, die unbefriedigt geblieben waren, brechen auf und formen Weltbetrachtung und Kunstwerke. Aus diesen geistigen und künstlerischen Strömungen, die miteinander ringen, entspringen die großen Wandlungen der Stilformen, der Sitten und Gebräuche. Jeweils steigt eine neue Menschengruppe zur Führung auf, die mit ihren Besonderheiten die kulturelle Entwicklung prägt. Jede Kultur ist den Gesetzen der Wandlung unterworfen; selbst wenn sie starr am Althergebrachten festhalten möchte, verändert sie sich, muß sie sich verändern. Dabei wirken sich die verschiedenen politischen wie sozialen und wirtschaftlichen Ereignisse und Entwicklungen aus. Gegensätze brechen auf, die lange Zeit bewußt übersehen oder beiseitegeschoben wurden. Untere Schichten erheben sich gegen die herrschende Gruppe. Mit einem politischen Umsturz ändert sich meist auch die soziale Ordung. In die Führung rücken andere Menschen auf; Schichten treten hervor, die bisher unbeachtet geblieben waren. Es scheint, als hätte es sie nicht gegeben. Dabei haben sie zwar nicht gehandelt, aber »sie haben gelebt«. Ganze Völker steigen auf, an denen die Geschichte scheinbar vorübergegangen ist, überraschend und unverständlich für die Zeitgenossen wie für die Nachfahren.

Die Geschichte Europas ist nicht nur die Geschichte der germanisch-romanischen Völker; sie beginnt früh, als es diese Völker noch gar nicht gab. Alle Völker auf europäischem Boden haben ihre Spuren hinterlassen. Auch da, wo Herrenschichten unterworfene Völker auszuschalten oder gar auszurotten versuchten, auch da, wo die Sieger den Besiegten ihren Glauben, ihre Sprache und ihre Lebensweise aufzuzwingen vermochten, blieb von dem einmal Gewachsenen genügend übrig, um im Laufe der Zeit wieder an der Oberfläche aufzutauchen. Spanien blieb iberisch, keltisch, römisch, gotisch, maurisch. Es wurde ›spanisch‹. Der Balkan blieb illyrisch, thrakisch, römisch, griechisch-byzantinisch, slawisch, osmanisch. Aus der Gemengelage ergeben sich die politischen, aber auch die geistigen Spannungen eines Raumes.

Europa ist nicht nur das Abendland. Das war es nicht einmal im Mittelalter. Byzanz hat das Erbe der Antike angetreten, nicht nur in der unmittelbaren Weiterführung der Kaisermacht. Über Byzanz ist auf uns gekommen, was Griechenland und Rom uns gegeben haben. Dort hat sich die staatliche und geistige Überlieferung des Imperiums über die Jahrhunderte der Völkerwanderung hinweg erhalten. Am Goldenen Horn entfaltete sich ein neues politisches und geistiges Leben. Byzanz war eine so lebendige Stadt, weil sich in ihren Mauern Menschen verschiedener Art trafen, die an der öffentlichen Auseinandersetzung geistiger Fragen, selbst der schwierigsten theologischen Probleme lebhaft, manchmal leidenschaftlich Anteil nahmen. Daß sich im Byzantinischen Reich eine andere Gläubigkeit entfaltete, daß der griechische Osten eine andere Entwicklung nahm und sich dem lateinischen Westen entfremdete oder, anders ausgedrückt, daß das päpstliche Rom sich immer mehr der Herrschaft des Kaisers entzog und schließlich sogar den Anspruch erhob, für die gesamte Christenheit zu sprechen, hat die Kluft noch vertieft. Bedingt war sie jedoch nur zum Teil in theologischen Differenzen. Geschichtliche und nicht zuletzt tief in den Menschen und ihren Denkweisen wurzelnde Gegensätze waren nicht zu überbrücken.

Rom und Byzanz haben um den europäischen Osten gerungen. Polen, Böhmen und Kroatien konnte Rom für sich gewinnnen; der weite russische Raum fiel der orthodoxen Kirche zu. Wenn die katholische Christenheit auch gern Abendland und Europa gleichsetzt – die Geschichte rechtfertigt diese Einschränkung nicht. Ohne die Gebiete der orthodoxen Christenheit bleibt Europa unvollständig. Entscheidende Anregungen gingen zu allen Jahrhunderten von dort aus.

Mit Kreta beginnend, haben die Gebiete am Mittelmeer eine führende Rolle gespielt. Dort lagen die Zentren der geistigen Kraft, dort sammelte sich der Reichtum. Über Mittelmeer und Schwarzem Meer liefen die Handelswege zum Orient und nach Zentralasien. Und schließlich fielen dort – am Mittelmeer – auch die politischen Entscheidungen. Das gilt etwa bis 1500. Die ›Renaissance‹ bringt noch einmal einen kulturellen und wirtschaftlichen Höhepunkt.

Mit der Entdeckung der Seewege nach Indien und Amerika aber verlagert sich das gesamte Schwergewicht zum atlantischen Raum. Spanien und Portugal steigen auf – als Anrainer des Atlantiks. Holland und England beginnen als Seemächte – und das heißt als atlantische Mächte – ihren Aufstieg. Der atlantische Raum, zu dem auch das Einzugsgebiet der Ostsee gehört, reicht bis zur Wasserscheide. Von den Küsten drangen die Einflüsse, die – die Ströme aufwärts – den europäischen Norden bestimmen. Dabei wirkt sich die Wasserscheide nicht als Hindernis, sondern an den entscheidenden Berührungspunkten als Brücke zum mittelmeerischen Raum aus. Ausgesprochene Durchgangsgebiete sind Burgund, Süddeutschland und Böhmen. Dort erfolgte ein steter Austausch von Waren und Ideen.

Erst spät tritt der östliche Raum – nach Asien weit offen – in den Gesichtskreis der Geschichtsschreibung. Dabei gingen seit frühester Zeit von dort über die endlose Steppe Einflüsse bis nach Mitteleuropa hinein aus: von den Skythen, Hunnen und Mongolen. Im Norden stießen sie auf den riesigen Waldgürtel, der sich früher von der mittleren Wolga bis zur Elbe erstreckte. Durchschnitten wird er von den großen Strömen. Über sie gelangten die Einwirkungen vom Süden – dem Schwarzen Meer und dem Kaspisee – und von der Steppe bis zur Ostsee, bis nach Skandinavien. Kaufleute und Kriegerscharen haben immer wieder diesen Weg zwischen Ostsee und der südrussischen Steppe genommen. Erst als Kiew, an der Grenze zwischen Steppe und Wald und am Wasserweg des Dnjepr gelegen, dem mongolischen Ansturm erlag, verschob sich das politische Schwergewicht nach Moskau – in den Wald.

Europas Geschichte kann als das Ringen dieser drei Räume miteinander, gegeneinander und umeinander gesehen werden: Mittelmeerraum, atlantischer Raum und östliches Festland. Immer wieder haben starke Persönlichkeiten oder mächtige Staaten versucht, die Einheit mit Gewalt durchzusetzen. Es ist niemals gelungen. Die drei Räume haben keinen gemeinsamen Mittelpunkt; sie können ihn bei der geographischen Eigenart nicht haben. Jeder Raum bleibt stets auf die Mitwirkung der beiden anderen angewiesen. Das eine Mal hat dieser Raum mit seinen Besonderheiten, ein andermal jener das geistige und das politische Gesicht Europas stärker bestimmt. Keiner dieser Räume konnte sich dem anderen entziehen. Einmal überwogen die Einflüsse aus dem Norden, ein andermal die aus dem Osten. Immer von neuem wird der geschichtliche Prozeß vorangetrieben, gerade aus den mannigfaltigen Kräften, die gestern hier, heute dort aufkeimen, sich entfalten, sich durchsetzen und ausbreiten.

Eine über Jahrtausende hinweg gleichbleibende Kultur wie die ägyptische zeigt eine bewundernswerte Geschlossenheit. Europa aber lebt aus dem Wandel und der Vielfalt. Von überall nahm Europa Anregungen und Einflüsse auf; durch geistige Schöpferkraft, als Zwischenträger und Mittler mit einem Sinn für fremde Kulturen oder geformt aus der Mischung des Blutes. Wie sich die vielen Fäden knüpfen, welche Einflüsse jeweils vorherrschen, macht die Eigenart der einzelnen Landschaften und ihrer Bewohner aus. Aber nichts ist eigenständig in einer einzigen Landschaft gewachsen. Alles geht auf die gemeinsamen, mannigfaltigen Wurzeln zurück. Das Ineinanderfließen der Völker und Kulturen gibt Europa den fruchtbaren Urgrund für sein Wachsen und Werden.

Den Einfluß eines Volkes oder einer Gruppe bestimmt nicht immer die Zahl ihrer Menschen. Entscheidend ist, was das Volk oder die Gruppe an Stoßkraft, an Leistung, an Gedankengut oder an organisatorischen, wirtschaftlichen, politischen und kulturellen Gaben mitbringt. Kleine Kriegerkasten, siedelnde Bauernfamilien, schutzsuchende Verbannte und Flüchtlinge, reisende Kaufleute oder auch Glaubensgemeinschaften haben erstaunliche Wirkungen erzielt. Was sie mitbrachten, prägte die Umgebung, meist die breite Unterschicht, bisweilen aber auch die politisch Führenden. Die Mauren haben Spanien im Mittelalter derart umgeformt, daß das Land auch nach der Reconquista maurische Züge behielt – allen Glaubensverfolgungen zum Trotz. Die Osmanen sind in begrenzter Zahl nach Europa gekommen. Mit der Dynastie zog eine kleine Schar kriegerischer Gefolgsleute, doch haben sie den Balkan bis in das 20. Jahrhundert beherrscht und gestaltet. Die Ungarn stammen zwar aus der asiatischen Steppen, haben aber längst Heimatrecht in Europa gewonnen. Einzigartig bleibt auch die Rolle der Juden, die sich von ihrer Umgebung abhoben, um sich ihren wirtschaftlichen und kulturellen Aufgaben zu widmen. Ohne jemals eine politische Macht darzustellen, haben sie Wirtschaft, Kunst und Wissenschaft Europas in einem Umfang geformt, der weit über ihren zahlenmäßigen Anteil an der Bevölkerung hinausging – trotz aller Verfolgungen und Heimsuchungen. Auch sie gehören unauflöslich zur europäischen Geschichte. Zwar haben die britischen Inseln oftmals eine gewisse Sonderstellung eingenommen, aber die geistigen wie die wirtschaftlichen Beziehungen verbanden sie stets mit dem europäischen Festland. Daran konnten auch die überseeischen Interessen nicht rütteln.

Jeder Europäer trägt das Erbe des ganzen Europas in sich. Was immer in Europa geschah, es hat alle Teile berührt und verändert, oftmals in großem zeitlichem Abstand. Daneben tritt alles zurück, was sich außerhalb Europas ereignete. Die Europäer haben eine gemeinsame Geschichte.

Nur selten fallen die schicksalsträchtigen Linien Europas mit den Grenzen der Staaten zusammen. Die Herzynischen Wälder trennten die Weiten der nord- und osteuropäischen Ebene von den Landstrichen des Westens und des Südens. Obwohl sie politisch kaum eine Rolle gespielt haben, bildeten sie für Jahrhunderte die Scheidelinie zwischen Völkern und Kulturen, deren Spuren man heute noch zu erkennen vermag. Verschiedenheiten, die in Deutschland gern der Mainlinie zugeschrieben werden, gehen wohl auf die Herzynischen Wälder zurück. In Rumänien trennen die Karpaten die katholische Bevölkerung von der orthodoxen. Von der Grenze, die einst die Steppe vom Wald, Mongolen von Russen trennte, ist nichts mehr zu erkennen – ausgelöscht durch die Geschichte. Die Grenze zwischen Rußland und Polen wechselte lange Zeit hin und her. Obwohl beides slawische Völker, fühlen sich Russen und Polen so wesensfremd, daß eine Verständigung kaum möglich erscheint. Alle noch so gefühlsgeladenen panslawistischen Parolen haben sich im politischen Alltag nicht verwirklichen lassen, weil sich hier tief verwurzelte Abneigungen zeigten – mochten eifrige Verfechter auch stets auf die ›germanische Gefahr‹ aus dem Westen hinweisen. Die Loirelinie ist längst in Frankreich aufgegangen. Manche der alten Scheidelinien, die auf keiner politischen Karte verzeichnet sind, lassen sich heute noch an der Eigenart der Menschen zu beiden Seiten erkennen. Viele alte Gegensätze gingen in den neuen unter, die sich an den Staatsgrenzen entwickelten. Aber sind diese unabänderlich?

Der Zweite Weltkrieg hat die Westgrenze des sowjetischen Einflußbereiches weit nach Westen gerückt, bis an die Linie von der Lübecker Bucht bis zum Thüringer Wald, dem Böhmerwald und der Adria. Jenseits dieser Linie bilden die Staaten den Warschauer Pakt unter Führung der Sowjetunion. Heute trennt der Eiserne Vorhang Länder, die Jahrhunderte hindurch geistig, wirtschaftlich und politisch miteinander gelebt und einander befruchtet haben. Diese Länder können – und wollen – sich dem überlieferten Erbe nicht entziehen. Sie versuchen eine Lösung zu finden, die ihrer Geschichte ebenso wie ihrer heutigen Besonderheit entspricht. Sie stehen im Banne einer Lehre, die aus dem Westen gekommen ist: dem Kommunismus. Sie haben ihre Sozialverhältnisse weitgehend denen des Westens angeglichen, entsprechend der gemeinsamen modernen Technik. Wie dieser Graben, der quer durch Europa geht, eines Tages überwunden werden soll, läßt sich aus der Geschichte nicht voraussagen, doch bleibt die Hoffnung, daß auch jene Völker in das gemeinsame Europa zurückfinden. Der Osten wird eines Tages wieder die ihm gebührende Stellung im europäischen ›Konzert‹ einnehmen. Wer Europa als Einheit erkannt und erfahren hat, kann diese Scheidelinie kaum als endgültig anerkennen.

»Man muß seine Geschichte kennen, wenn man nicht verdammt sein soll, sie zu wiederholen.«

I

Frühe Kulturen und die Blütezeit Kretas

Geographische Bedingungen · Die drei Wege von Ackerbau und Viehzucht: über Spanien und die Rhône, über die Balkanhalbinsel und die Donau, über die Steppe · Zurückreichend bis ins 3. Jahrtausend v. Chr.: Troja, Burg am Handelsweg über die Meerengen · Kupfer und Zinn aus Spanien und England · Der Weg über Tartessos und Westfrankreich zur See · Die Megalithkultur breitet sich von 2500 bis 1400 vom Mittelmeer bis zu den Küsten des Atlantik und der Nordsee aus · Die Glockenbecherkultur zu Ende des 3. Jahrtausends · Urnenfelderkultur seit 1250 · Das Streitaxtvolk aus dem Osten · Wie Völker sich bilden · Sprache nur eines der Merkmale · Die ›ugrofinnisch‹ sprechenden Völker im Osten · Die baltischen Stämme · Um 2000: Thraker und Illyrer auf dem Balkan · Iberer und Ligurer in Westeuropa · Die indoeuropäischen Sprachfamilien · Mittelpunkt des Mittelmeerhandels: Kreta · Höhepunkt im 16. Jahrhundert · Paläste und Stadtanlage · Die Kykladenkultur · Auf der Peloponnes wehrhafte Burgen der Achäer vom 16. bis 12. Jahrhundert · Mykene · Gegen 1200: die dorische Wanderung, Mykene und Troja zerstört

Europa beginnt den Weg seiner Geschichte in Kreta. Die Spuren menschlichen Lebens weisen jedoch weiter zurück. Seit ältesten Zeiten haben Menschen in Europa gelebt. Schädelknochen des Urmenschen fand man im Neandertal am Niederrhein. In Höhlen Spaniens und Südfrankreichs haben sich Felsbilder mit einer längst verschwundenen Tierwelt erhalten. Das Eis bedeckte in vier aufeinander folgenden Wellen einen großen Teil des Kontinents. Bis zu 3000 m ragte es empor. Ein mächtiger Binnensee erstreckte sich vom Schwarzen bis zum Kaspischen Meer und Aralsee. Er hat Jahrtausende hindurch die Verbindung zwischen Asien und seiner Halbinsel Europa unterbrochen. Als die Eismassen abzuschmelzen begannen, stiegen die Meere um etwa 100 m an. Es bildeten sich Ostsee, Nordsee, Ägäis, die vorher noch weitgehend zum Festland gehörten. Zugleich aber hoben sich jene Gebiete, die nunmehr vom Druck der gewaltigen Eismassen befreit waren, namentlich Skandinavien.

Mit dem Ende der letzten Eiszeit vor etwa 12000 Jahren begann Europa geographisch annähernd das heutige Gesicht zu gewinnen. Das Land lag nackt und kahl da. Wo die Gletscher endeten, lagerten sich in den Endmoränen Schutt- und Geröllhaufen. Die Schmelzwasser ergossen sich durch die so entstehenden Urstromtäler in mächtigen Flüssen. Der Binnensee im Osten trocknete aus. Schwarzes Meer, Kaspisches Meer und Aralsee gewannen ihre heutige Gestalt. Riesige Steppen erstreckten sich von der Donaumündung bis weit nach Asien hinein.

Im 10. und 9. Jahrtausend drangen die Bäume von Süden nach Norden, zuerst die Zwergbirke, dann die Kiefer, die Haselnuß; ihnen folgten Fichte, Buche und zuletzt die Eiche. Mit dem wärmeren Klima wuchsen die Wälder zusammen. Sie wurden dichter und undurchdringlich. Sie schoben sich sogar in die weite Steppe vor.

Menschen aus Nordasien wanderten zwischen Ural und Kaspisee nach Europa ein. Um den Wald an der mittleren Wolga zu umgehen, holten sie weit nach Norden aus. Über Onega- und Ladoga-See erreichten sie die Ostsee. Andere Gruppen zogen entlang der Schwarzmeerküste bis zu den Karpaten, wo sich der Wanderzug teilte. Der eine zog nordwärts, der andere überschritt im Süden die Donau und drang in die Balkanhalbinsel ein.

Die Einwanderer aus Sibirien brachten im 7. und 6. Jahrtausend Werkzeuge mit, die bis dahin auf europäischem Boden unbekannt gewesen waren: Harpunen zum Fischen, Pfeilspitzen aus Horn und geschnitzte Gefäße und Geräte aus Holz. Die Einwanderer waren Fischer und Jäger, die selbst großes Wild angingen und erlegten. Mit ihren schweren Äxten aus Stein vermochten sie Bäume zu fällen; im allgemeinen hielten sie sich an die Flüsse und Seen. Bis zum 5. Jahrtausend hat sich die Kultur der Mittelsteinzeit (Mesolithikum) über Rußland hinweg im gesamten nordeuropäischen Raum ausgebreitet.

Ihr folgte die Jungsteinzeit, das Neolithikum. Die Steingeräte sind nun nicht mehr roh behauen, sondern geglättet. Vor allem kennen die Menschen den Ackerbau und die Viehzucht. Diese Errungenschaften stammen aus Vorderasien und Ägypten. Am Rande der Wüste, in den fruchtbaren Flußlandschaften von Euphrat, Tigris und Nil haben die Bewohner begonnen, Saaten zu züchten und Tiere zu zähmen.

Die Einwanderer, die Ackerbau und Viehzucht im 4. Jahrtausend nach Europa brachten, kamen aus dem Mittelmeerraum, und zwar aus Kleinasien und Nordafrika. Sie drangen in kleinen Gruppen die Flüsse entlang nach Norden, Donau, Elbe, Rhein und Rhône, oder längs der Ufer des Schwarzen Meeres in den weiten

Raum bis zum Uralfluß vor. Die Siedler lichteten den Wald mit Feuer, pflanzten in die Brandrodung ihre Saat, vorwiegend Hirse und Buchweizen, und zogen weiter, wenn der Boden erschöpft war. Mit dem primitiven Hackbau holten sie aus dem Acker nur wenig heraus. Sie lebten weitgehend von den Viehherden und vom Fischfang. Die Gräber der Wanderer zeigen einen vorwiegend kurzschädeligen Menschenschlag. Nach ihrer Töpferware, die Bandverzierungen schmücken, werden sie ›Bandkeramiker‹ genannt. Ihre Spuren finden sich bis zum Pariser Becken. Bis dorthin reicht – allerdings vom Westen kommend – das Verbreitungsgebiet einer anderen Töpferkunst, deren kugelförmige Gefäße durch das Eindrücken von Cardium-Muscheln verziert sind. Die ›Abdruckkeramiker‹ kamen wohl in Booten die Küste von Nordafrika entlang in die europäischen Mittelmeergebiete. Sie brachten das Schwein und die Ziege mit. Auch sie lebten von Weidewirtschaft, Fischfang und Jagd. Ackerbauer und Viehzüchter lebten häufig in Pfahlbauten.

Offenbar vollzog sich diese Durchdringung Europas friedlich, da sowohl die Bandkeramiker wie die Abdruckkeramiker hauptsächlich Ackerboden und Weidegrund suchten, während die Urbevölkerung als Jäger, Fischer und Sammler in den Wäldern umherstreifte. Zu Beginn des 3. Jahrtausends haben Ackerbau und Viehzucht den Ostseeraum erreicht.

Im 4. Jahrtausend beginnt man in den Oasenkulturen Vorderasiens und Ägyptens, Kupfer zu Werkzeugen zu verarbeiten; im folgenden Jahrtausend wird, mit Zinn verbunden, aus dem Kupfer die härtere Bronze hergestellt. Die Nachfrage nach den beiden Metallen überstieg bald das Angebot aus den nahe gelegenen Fundstätten der Wüste, der Halbinsel Sinai und Kleinasiens. Zypern, die ›Kupferinsel‹, wird wichtiger Lieferant. Kaufleute ziehen auf der großen Handelsroute von Kleinasien über den Hellespont. Dort trennen sich die Wege. Der eine führt am Nordufer der Ägäis entlang durch das Wardartal nach Norden, der andere die Maritza aufwärts. Beim heutigen Nisch vereinigen sich beide Wege, um über die Morawa die Donau zu erreichen. Damit waren Donaubekken und das an Metallen reiche Siebenbürgen erschlossen. Über diese öffnete sich die Einfallpforte nach Süddeutschland und – die Elbe entlang – zur Nord- und Ostseeküste. Von Ungarn breitete sich eine neue Bestattungsart – und wohl auch eine neue Kultur – nach allen Richtungen aus, die der Urnenfelder.

Vor dem Übergang über den Hellespont lag Troja, Mitte des 3. Jahrtausends nur eine Burg auf einem kleinen Hügel. Sie beherrschte den vorüberziehenden Verkehr, den sie zugleich auch schützen sollte. Die Herrscher des Landes erhoben von den durchziehenden Kaufleuten Abgaben. Von deren Höhe zeugen die Goldschätze, die Schliemann fand.

Im Laufe des 3. Jahrtausends wurden die Gruben (Gold, Silber und Kupfer) zuerst in Thrakien, dann in Dakien (Siebenbürgen) erschlossen. Sodann lockte der Bernstein von der Nord- und Ostseeküste, der auf mühseligen Wegen über Rhein und Alpen oder über Elbe und Donau herangeschafft wurde. Mit dem Handel drang die Kenntnis des Kupfers, später der Bronze, gen Norden. Den Anschluß an den großen Weg, der von der südrussischen Steppe bis zur Ostseeküste führte, haben die Kaufleute aus dem Mittelmeerraum erst im letzten vorchristlichen Jahrtausend erreicht.

In den ersten Jahrhunderten des 3. Jahrtausends entstand auf der Insel Kreta ein bedeutsamer Handelsmittelpunkt. Kretische Schiffe liefen zur syrischen Küste wie zum Nil, zu den Häfen der Ägäis wie nach Sizilien und Malta, nach Südfrankreich, Spanien und durch die Straße von Gibraltar in den Atlantik. Wahrscheinlich haben Kreter um 2800 v. Chr. auf der Insel Malta jene Schiffszeichnungen in Stein, die ›Sgraffiti‹, angefertigt. Je knapper die Metalle im östlichen Mittelmeerraum wurden, desto eifriger suchte man nach ihnen im Westen. An der Mündung des Guadalquivir gab es Kupfervorkommen. Dort lag die Handelsniederlassung Tartessos (Tarsis), ob von Kretern oder von syrischen Kaufleuten, läßt sich nicht feststellen, da man Tartessos bis heute nicht gefunden hat. Offenbar sind es Händler von Tartessos, dem Tarschisch der Bibel, gewesen, die auf der Suche nach Zinn bis nach Galizien in Nordwestspanien, zur Bretagne und vor allem nach Cornwall in England fuhren. Vielleicht hängt mit diesem Kupfer- und Zinnhandel die Megalithkultur, die Großsteinbauten, zusammen, die sich längs der Atlantikküste, über Galizien und die Bretagne, dann über England, Schottland nach Norddeutschland und zur Halbinsel Jütland verbreitet.

Die frühesten Bauten liegen am Meer oder in Küstennähe. Erst später dringen die Träger dieser Megalithkultur die Flußläufe aufwärts ins Innere vor. Woher sie kamen, weiß man nicht. Wer sie waren, läßt sich nicht mehr feststellen. Sicher ist, daß sie das Kupfer nach Nordeuropa brachten; es ist anzunehmen, daß sie dafür das Zinn eintauschten. Bronzegegenstände finden sich in den Megalithbauten erst später.

Bei Carnac in der Bretagne ziehen sich Reihen aufgerichteter Steine über fünf Kilometer hin. Einzelne riesige Steine, die ›Menhire‹, finden sich von Spanien (Santiago) bis Deutschland (Odenwald). Mächtige Steinplatten werden zu Kammern zusammengefügt, zu ›Dolmen‹. Sie finden sich bis Dänemark und Südschweden. Über Grabkammern aus Stein erheben sich Erdhügel, ›Tumuli‹ genannt. In Stonehenge (England) sind diese Steine in einem großen Kreis geordnet.

Ob man von einem ›Dolmenvolk‹ sprechen darf, ist ungewiß. Näher liegt der Gedanke, daß Kaufleute als Missionare in den Norden gelangten, dort die ansässige Bevölkerung mit ihrer Kultur bekannt machten und vielleicht zu ihrem Glauben bekehrten. Der Anstoß, den sie für die materielle Kultur Nordeuropas brachten, scheint über die Kenntnis der Metalle nicht hinausgegangen zu sein. Spuren der geistigen Anregungen lassen sich dank der Felszeichnungen, vor allem in Schweden, bis in den Ostseeraum und bis Mitteldeutschland in den Grabanlagen, den Dolmen und Hünengräbern, verfolgen. Vielleicht sind die Impulse, die von Irland und England vor der Römerzeit auf das Festland wirkten, von den Dolmenerbauern mit bestimmt, wenn nicht gar ausgelöst worden. Caesar führt die Priesterschaft der Druiden bei den Galliern auf Einflüsse aus Britannien zurück. Von der Religion der Megalithleute selber ist nichts überliefert. Ob die Kultstätten der Sonnenverehrung dienten, ob sie Versammlungsplätze für Totenfeiern darstellten oder ob sie bei Totenopfern, vielleicht sogar Menschenopfern, aufgesucht wurden, ist unbekannt. Die Megalithbauten sind Ende des 3. und im 2. Jahrtausend v. Chr. errichtet worden.

Bis dahin gab es in Europa, von wenigen Küstensäumen am Mittelmeer abgesehen, fast ausschließlich Bauten aus Holz. Aus Holz waren die Pfahlbauten an den Schweizer Seen, aus Holz die Wohnungen in Osteuropa und in Skandinavien, aus Palisaden die wenigen Befestigungen der Dörfer, aus Holz wohl die meisten Geräte des täglichen Lebens und, mit Steinspitzen versehen, die meisten Waffen hergestellt. Für die Bewohner Nordeuropas im 2. Jahrtausend muß der Gedanke, Bauten aus Stein zu errichten, überwältigend gewesen sein. Sie haben riesige Steine verwandt; man kennt Menhire von 8, ja bis 20 m Höhe. Wie Menschen mit primitiven

Werkzeugen Steine von solcher Mächtigkeit über weite Strecken bewegt und sie an Ort und Stelle aufgerichtet haben, bleibt ein Rätsel.

Seit dem 19. Jahrhundert v. Chr. – etwa gleichzeitig mit dem Vordringen der Großsteinbauten – sind Menschen von Andalusien an den Pyrenäen vorbei zur Rhône, zum Rhein und zur Donau, ja bis Böhmen und zur Lausitz gewandert. Nach dem für sie bezeichnenden Becher, der die Form einer Glocke aufweist, nennt man sie ›Glockenbecherleute‹.

Im Rheingebiet traf diese Wanderbewegung mit einer anderen aus dem Südosten zusammen. Diese Menschen brachten die Streitaxt mit. Das ›Streitaxtvolk‹, Krieger mit geschliffenen Steinäxten, kam in aufeinanderfolgenden Wellen aus der Gegend des Kaukasus, zog am Asowschen Meer entlang durch die südrussische Steppe. Auf dieser Wanderung lernten sie Kupfer und Bronze kennen. Sie brachten das Pferd nach Europa, zunächst als Zugtier vor dem Streitwagen, noch nicht als Reittier. Damit wird die Steppe, die bis dahin wegen der geringen Nahrungsmittel nur schwer überwunden werden konnte, zur eigentlichen Einfallspforte nach Europa. Die Streitaxtleute drangen über die Norddeutsche Tiefebene bis zum Rhein vor. Dort stießen sie auf die Glockenbecherleute.

Durch drei Wanderbewegungen gelangten also Kupfer und Bronze nach Europa; durch die Glockenbecherleute über Spanien, durch die Urnenfelderleute über die Balkanhalbinsel und die Donau aufwärts und durch die Streitaxtleute aus der südrussischen Steppe. In den Nordosten Europas drangen die Metalle bis zur Mitte des 2. Jahrtausends nicht vor. Erst um das Jahr 1500 lernte Skandinavien die Bronze kennen, als die Träger der Megalithkultur aus dem Westen an den nordischen Küsten erschienen.

Größere Menschenmengen können es nicht gewesen sein, die aus dem Mittelmeerraum nach Norden vorstießen. Es gab weder Weg noch Steg. Undurchdringlich waren die Wälder, die Flußtäler waren sumpfig und kaum zu überschreiten. Menschliche Siedlungen gab es nur in geringer Zahl auf Waldlichtungen oder an Wasserläufen. Gegen die überlegenen Bronzewaffen vermochten die Siedler zwar keinen Widerstand zu leisten, aber sie flüchteten bei Gefahr in undurchdringliche Wälder oder schützende Sümpfe. Nur kleine Gruppen konnten in die Waldgebiete vorstoßen, teils um zu siedeln, teils um Güter zu tauschen. Die Ansässigen gaben

Erze, Bernstein, Honig und Wachs gegen Geräte aus Metall. Die Durchdringung Mitteleuropas vollzog sich offenbar langsam und friedlich im Laufe des 2. Jahrtausends. Nach Skandinavien sind seit der Steinzeit keine größeren Scharen von Zuzüglern mehr gekommen. Die Bevölkerung hat sich aus sich selbst vermehrt.

Erst jetzt, im 2. Jahrtausend, bilden sich in Europa ›Völker‹ im weitesten Sinne des Wortes, Gruppen von Menschen in einem geschlossenen Raum. Sie heben sich durch gemeinsame Kennzeichen, wie Sprache, körperliche Merkmale und gemeinsame Kultur von ihrer Umgebung ab. Bis in diese Zeiten reicht die Vorstellung zurück, ein ›Volk‹ gehöre blutsmäßig zusammen, seine einzelnen Glieder seien miteinander verwandt, sie stammten von einem gemeinsamen ›Urvater‹ ab, die Fürsten und Könige gar von den Göttern. Doch zeigen alle Ausgrabungen, daß selbst in diesen Zeiten die Bewohner eines Gebietes ethnologische Unterschiede aufweisen und von verschiedenen Kulturkreisen beeinflußt worden sind.

Die Eindringlinge kamen meist in begrenzter Zahl, als Siedler, Kaufleute, Missionare oder als kriegerische Eroberer. Aber selbst dann waren sie den Eingesessenen zahlenmäßig meist erheblich unterlegen. Sie lagerten sich über die einheimische Bevölkerung, vermischten sich mit ihr, indem sie sie unterwarfen oder in sich aufnahmen oder im Laufe der Zeit in ihnen aufgingen. Aus der Verbindung ging ein neuer Menschentyp hervor mit einer neuen sozialen Ordnung, einem neuen Lebensstil und einer neuen Kultur, geistiger wie materieller Art.

Fremde religiöse Vorstellungen und neue Gottheiten werden übernommen. Das Kunsthandwerk wandelt sich aufgrund fremder Einflüsse. Die Wirtschaftsformen verbessern sich dank neuer Geräte, Nutzpflanzen und Haustiere. Das Neue, ursprünglich Fremde, tritt an die Stelle des Althergebrachten, nimmt allerdings bei dem Verschmelzungsprozeß vieles von dem Vorgefundenen in sich auf. Das wichtigste Formelement eines wachsenden Volkes aber ist wohl die Sprache, die innerhalb eines größeren geschlossenen Bereichs gesprochen wird. ›Volksbildend‹ in diesem Sinne ist ferner die soziale Struktur, die gesellschaftliche Ordnung, das Verhältnis der einzelnen Glieder zueinander, ob der Freien untereinander oder der Oberschicht zu den Unterworfenen.

Das Werden einer Gruppe, eines Stammes, später eines Volkes, ist also nicht nur ein ethnischer Vorgang, sondern in hohem Maße ein geschichtlicher Prozeß, bei dem viele Faktoren zusammenwirken: gleiche Abstammung – wenigstens eines Teils –, eine über mehrere Generationen andauernde Verwandtschaft aus verschiedener Blutsmischung, gemeinsame Kultur, gesellschaftliche Ordnung, Sprache, die Verehrung gemeinsamer Gottheiten und schließlich eben eine gemeinsame Geschichte.

In einem langdauernden Prozeß bilden sich ›Völker‹. Dieser Prozeß geht ständig weiter. Auf die Völker wirken von außen kulturelle und politische Einflüsse ein. Menschen ziehen zu, Gefangene werden als Sklaven aufgenommen, gehen in die unteren Schichten ein, formen sie um. Entscheidend bleibt, daß sich Menschen eines größeren Gebietes über den Bereich der Familie oder des Dorfes hinweg als eine einheitliche Gruppe empfinden.

Eine Entwicklung in diesem Sinne war vor dem 2. Jahrtausend in Nordeuropa kaum möglich. Der undurchdringliche Wald schloß die Siedlungen von den Nachbarn ab. Er schuf kaum zu überwindende Scheidewände. Es gab keine Grenzen zwischen solchen Gruppen, weil die Grenze überall lag, weil unübersteigbare Hindernisse einen Austausch zwischen Dörfern und Landschaften erschwerten, wenn nicht verhinderten.

Der Wald bedeckte nicht nur den Norden, sondern auch Räume, die ihren Baumbestand längst verloren haben, wie Spanien, Italien, Griechenland, die Insel Kreta. Noch in geschichtlicher Zeit hausten in den griechischen Wäldern wilde Tiere. Erst als die Verbindung enger wurde, als sich Mittelpunkte bildeten, religiöse für gemeinsame Feiern, gesellschaftliche für regelmäßige Zusammenkünfte oder politische zu gemeinsamer Verteidigung oder zu Angriffskriegen, empfinden sich die Bewohner eines größeren Gebietes als eine Einheit, ein ›Volk‹.

Die Völker des 2. Jahrtausends sind in diesem ›geschichtlichen‹ Sinne andere als jene, die unter gleichem Namen in späterer Zeit erscheinen. Für die frühe Zeit gibt man ihnen daher Namen mit einem einschränkenden Vorzeichen. Man spricht von Proto-Illyrern, nicht von Illyrern, von Proto-Kelten und Proto-Germanen.

Mit dieser Einschränkung läßt sich um die Mitte des 2. Jahrtausends folgendes Bild von Europa zeichnen: den Raum vom Ural bis zur Ostsee, vom Weißen Meer bis zur südrussischen Steppe bewohnen ugro-finnische Völker, die von Asien eingesickert sind. Dieses weite Land ist nur dünn besiedelt. Die Menschen leben hauptsächlich an Flußläufen und Seen. Sie nähren sich vom Walde, von der

Jagd, dem Fischfang und von einer bescheidenen Viehzucht, kaum vom Ackerbau, den sie allerdings kennen.

An der südlichen Ostseeküste sitzen von alters her baltische Stämme: Letten, Litauer, Kuren, Pruzzen, ebenfalls in den Wäldern und an den Flüssen. Kaufleute aus dem Mittelmeerraum haben um des Bernsteins willen den Weg zu ihnen gefunden.

In dem Raum von der Adria bis zum Schwarzen Meer, von der Ägäis bis Böhmen, ja bis tief nach Mitteldeutschland hinein, siedeln zwei wohl miteinander verwandte ›Völker‹, im Osten die Thraker, im Westen die Illyrer. Die Grenze lag etwa an der Morawa und am Wardar.

Diese Grenze hat sich im Laufe der Zeit mehrmals verschoben. Sie rückte einmal nach Westen, ein andermal nach Osten. Sie kommt jedoch immer wieder zum Vorschein, bei der Herrschafts-Teilung im römischen Imperium und somit als Grenze des byzantinischen Reiches, als Grenze zwischen Bulgarien und Serbien. Dabei sprechen die Bewohner auf beiden Seiten dieser Grenze Sprachen mit gemeinsamer Wurzel, doch standen sie, den geographischen Bedingungen zufolge, fast immer unter den Einflüssen verschiedener Kulturkreise. Vielleicht reicht der kulturelle Unterschied in ältere Zeiten zurück, hat wohl tiefere Ursachen, die man nicht zu erkennen vermag.

Der Siedlungsraum der Thraker reichte von Kleinasien bis Siebenbürgen. Dort saßen in römischer Zeit die ›Daker‹. Die Illyrer breiteten sich über Böhmen bis in die Lausitz aus. Die hochstehende ›Lausitzer Kultur‹ verdankten sie ihrer Verbindung mit den Einflüssen aus der Ukraine. Diese Kultur, gekennzeichnet durch die Urnenfelder und die Keramik mit buckligen Verzierungen, erlebte ihren Höhepunkt zum Ausgang des 2. Jahrtausends.

Auf der Iberischen Halbinsel, wahrscheinlich auch im äußersten Südwesten Frankreichs, in Irland und in England lebten die Iberer, die offenbar mit den früheren Bewohnern Nordafrikas verwandt sind. Wahrscheinlich lagen ihre ursprünglichen Wohnsitze in Gebieten, die heute längst Wüste sind, so daß sie nach Europa auswanderten, als sich dort das Klima gebessert hatte.

In Südfrankreich saßen die Ligurer. Ihr Wohnraum reichte bis Norditalien. Die Grenze nach Norden und Nordosten ist nicht mehr sicher festzustellen, da uns vor allem jede sprachliche Überlieferung von ihnen fehlt.

Um die Mitte des 2. Jahrtausends tauchen neue Völker auf. Ihrer

Sprache nach lassen sie sich unter die Indoeuropäer einordnen, doch ist damit wenig über ihr Aussehen und ihre Herkunft gesagt. Ob die Wiege der Indoeuropäer in Europa oder in Asien gestanden hat, ist umstritten. Wahrscheinlich handelt es sich nicht um rassische oder ethnische, sondern um kulturelle Kennzeichen. Es gab Anfang des 2. Jahrtausends keine ›Indoeuropäer‹, weder in Europa noch in Asien. In Sprache, Kultur und Gesellschaftsformen hoben sich die Indoeuropäer erst später von anderen Völkern ab. Die Sprache, die schließlich als entscheidendes Merkmal angesehen wurde, hat sich damals, wohl unter verschiedenen Einflüssen, erst geformt, vielleicht als eine einheitliche urindoeuropäische Sprache, die sodann in den verschiedenen Räumen jeweils eine Sonderentwicklung in einzelne, heute bekannte indoeuropäische Sprachen erlebte.

Dadurch bildeten sich ›indoeuropäische Sprach-Völker‹ mit eigenem Bewußtsein als Volk, obwohl sie ihrer Herkunft nach verschieden waren. Dann verschmolzen einzelne körperliche Merkmale, nicht gleich so weit, daß als Ergebnis ein einheitlicher Menschentyp auftrat, doch immerhin so weit, daß für eine Mehrheit gewisse Kennzeichen als ›typisch‹ gelten konnten. Heute bezeichnet man als Indoeuropäer alle Völker, die eine indoeuropäische Sprache sprechen. Wieweit sie allerdings diese Sprache von anderen Gruppen übernommen, oder ob sie sie bei einer Wanderung mitgebracht haben, bleibt dunkel.

So ordnen wir die baltischen Völker – ihrer Sprache wegen – der indoeuropäischen Völkerfamilie zu, deren Bereich sich zum Ausgang des 2. Jahrhunderts bis weit nach Indien, Zentralasien, Palästina und Kleinasien, bis nach Skandinavien erstreckt. Die Iberer und die Ligurer gehören nicht zu ihnen, auch nicht die Basken auf der Iberischen Halbinsel, die ihre Sprache bis heute erhalten haben. Die weite Ausbreitung der indoeuropäischen Sprache – vielleicht dürfen wir nicht einmal von indoeuropäischen Völkern sprechen – erfolgte in verschiedenen Wellen, die noch nicht einmal einen einheitlichen Ausgangspunkt erkennen lassen.

Die indoeuropäischen Stämme, die sich nach Mittelgriechenland, auf die Peloponnes und die ägäischen Inseln schoben, nennt man Achäer. Zu welchen Stämmen die Ureinwohner dieser Gebiete gehörten, weiß man nicht. Man spricht von helladischer Kultur, ohne daß damit etwas über die Menschen ausgesagt wird, über die ›Pelasger‹ auf dem Festland, die ›Karer‹ auf den Inseln und in

Kleinasien. Träger der späthelladischen Kultur sind dann die griechisch sprechenden, also indoeuropäischen ›Mykener‹.

Während des 3. Jahrtausends hatte diese Kultur manches von Kreta übernommen: den Hausbau aus Stein, die Keramik mit dem metallischen Urfirnis, die auf der Töpferscheibe gearbeitet wurde, die Goldschmiedekunst und die Verarbeitung von Lapislazuli, dem beliebten Edelstein Mesopotamiens. In ihr herrschte das Mutterrecht, das Matriarchat, vor.

Das Vorrücken der Achäer in den Raum der helladischen Kultur scheint sich zunächst friedlich vollzogen zu haben. Bodenfunde lassen nur selten auf kriegerische Zusammenstöße schließen. Wahrscheinlich war die technische Überlegenheit der Mittelmeervölker so groß, daß die Ankömmlinge aus dem Norden nicht wagten, kriegerisch gegen sie vorzugehen.

In Griechenland gerieten die Einwanderer unter einen doppelten Einfluß, unter den der ansässigen Bevölkerung und den von den Inseln des Mittelmeeres. Die entscheidenden kulturellen Anregungen erhielten sie dabei von Kreta, dem kulturellen Mittelpunkt der ägäischen Welt. Dabei bildeten die Inseln in der südlichen Ägäis, die Kykladen, einen wichtigen Brückenpfeiler. Dort überschnitten sich die Einflüsse aus Kleinasien sowie aus Kreta und aus Ägypten mit denen, die vom europäischen Festland, vielleicht sogar noch aus der Zeit der Bandkeramiker herrührten. Spiralverzierte Steinbehälter und strenggeformte Marmorstatuetten bezeugen die weitreichenden Handelsbeziehungen und die künstlerischen Fähigkeiten der Kykladenbewohner. Sie haben später nie mehr diese Stellung im Mittelmeerraum zurückgewinnen können. Nur in der griechischen Sage erhielt sich die Erinnerung an die Kykladen.

Kreta war eine reiche Handelsmacht. Als Troja um das Jahr 2200 v. Chr. zum erstenmal von umherstreifenden Kriegerscharen zerstört wurde, wobei ungewiß ist, ob diese aus Europa oder aus Kleinasien gekommen waren, übernahm Kreta den Warenaustausch zwischen dem hochentwickelten Mesopotamien, Syrien und Kleinasien, Ägypten, dem Balkan und dem westlichen Mittelmeer.

Damals wandelte sich der Handel: er verlagerte sich auf das Meer und erschloß weitere Räume. Das alte Troja lag am Landweg nach Europa aus Kleinasien über den Hellespont; Kreta entwikkelte die Seewege. Die Entfernungen schrumpften zusammen. Hatte der Kaufmann bisher mühsam den Weg gebahnt, meist zu

Fuß, bestenfalls mit dem schweren Karren – das Pferd war noch unbekannt –, fuhren die seegängigen Schiffe der Kreter mit Ruderschlag oder gefülltem Segel rasch dahin. Aber immer noch war die Menge der zu verfrachtenden Güter begrenzt. Nur die wertvollsten trugen die Kosten des Transports.

Offenbar bildete der Handel mit Metallen die Grundlage des kretischen Reichtums. Kupfer kam nicht länger vorwiegend aus Zypern. Die Iberische Halbinsel brachte ihre reichen Schätze auf den Markt: Kupfer aus dem Südwesten, Silber aus der Sierra Morena, Gold aus den Flüssen. Schritt für Schritt dehnte sich der Handelsraum aus. Zu Beginn des 2. Jahrtausends begann Britannien Zinn zu liefern. Schließlich erreichte der Handel die Nordseeküste, wo als vielbegehrter Schmuck Bernstein gefunden wurde.

Kreta hat seinen Handel auf dem Güteraustausch aufgebaut. Einmal war es außerstande, mit Waffengewalt in weit entlegenen Gebieten aufzutreten; sodann aber verfügte es über genügend Güter, die es mit beträchtlichem Nutzen an der Küste des westlichen Mittelmeeres und am Atlantik verkaufen, richtiger: gegen fremde Erzeugnisse austauschen konnte. An der Spitze dieser Güter standen wohl schon damals Öl und Wein, dem Westen und erst recht dem Norden noch unbekannt. Dazu kamen die Erzeugnisse der hochentwickelten Handwerkskunst, vor allem Schmuckgegenstände, Werkstoffe aus Asien und Afrika, Geräte und Waffen aus Bronze, Schnitzereien aus Elfenbein, Stoffe aus Wolle, die mit Purpur gefärbt waren, Figuren und Schalen aus Alabaster, Safran, Riechöle und Spezereien.

Je enger die Handelsbeziehungen wurden, desto größer wurden die Ansprüche auf beiden Seiten. Der Handel brachte Marmor aus Naxos, Papyros aus Ägypten, Hölzer aus dem Westen; die Nachfrage nach Gold und Silber, Zinn und Kupfer stieg.

Aller Wahrscheinlichkeit nach bauten die Kreter ihren Handel in einzelnen, voneinander unabhängigen Kettengliedern auf, d. h., sie fuhren nicht selber bis ans Ende ihres Handelsraumes, sondern übernahmen die Waren an verhältnismäßig nah gelegenen Stützpunkten. Dort tauschten sie ihre Güter mit den Ansässigen, die nun die empfangenen Güter an das nächste Kettenglied weiterreichten; und die nächsten reichten sie den übernächsten weiter, die Bewohner von Malta und Sizilien nach Spanien, die von Spanien an die bretonische Küste, die dortigen Völker nach Britannien, diese wohl bis zum Nordseegebiet.

Kreta verdiente am Zwischenhandel. Es muß gut verdient haben. Dank diesem Reichtum entstanden auf der Insel die großartigen Paläste von Knossos, von Mallia, von Hagia Triada und Palaikastro. Diese ausgedehnten Prachtbauten waren nur möglich in einem reichen Lande, das sozial so gegliedert war, daß größere Mengen von Arbeitern für einen Fürsten schafften. Bauten von einem solchen Umfang sind Gemeinschaftsbauten. Sie setzen den Willen eines Bauherrn und die Bereitschaft einer größeren Volksmenge voraus, sich diesem Willen zu beugen, ob als freie Handwerker, die entlohnt werden, oder als unterworfene Sklaven. Sie setzen ferner eine soziale Organisation voraus, die es vermochte, längere Zeit hindurch die am Bau Beschäftigten mit Nahrung, Kleidung und Unterkunft zu versorgen, so kümmerlich diese Versorgung auch sein mag. Eine solche soziale Ordnung gab es bereits seit langem in Mesopotamien und in Ägypten. In Europa war sie bis dahin unbekannt.

Die Paläste auf Kreta zeigen keine Spuren von Verteidigungswerken. Die Kreter brauchten anscheinend so lange keine überraschenden Angriffe zu befürchten, als sie die Überlegenheit zur See besaßen. Noch sehr viel später erinnerten sich die Griechen an den meerbeherrschenden König Minos mit seiner gewaltigen Kriegsflotte. Keine Macht im Mittelmeer vermochte die Insel Kreta anzugreifen, auch nicht die starken Reiche Ägypten, Phönizien, Syrien oder Mesopotamien, denn Kreta beherrschte die See.

Kreta übernahm vom Orient die städtische Siedlungsform. Um den Palast des Königs herum wohnten die Handwerker, die ihre Nahrung aus den umliegenden Feldern erhielten, indem sie von den Landleuten deren Erzeugnisse kauften, richtiger: gegen gefertigte Gegenstände tauschten. So war die Arbeit, die im ländlichen Dorf gemeinsam ausgeführt wurde, aufgeteilt. Die Arbeitsteilung, die die Menschen nach ihren besonderen Fertigkeiten und in gesonderten Arbeitsvorgängen einzusetzen erlaubt, brachte eine bedeutsame Ersparnis und damit eine gesteigerte Leistung. Darin lag eine der Wurzeln für den kretischen Reichtum. Das städtische Handwerk breitete sich aus, verfeinerte sich, spezialisierte sich immer mehr in einzelne Tätigkeiten; es steigerte damit seine Leistung sowohl mengenmäßig wie in der Qualität seiner Erzeugnisse.

Daneben entwickelte sich der Ackerbau. Er war nicht länger darauf angelegt, die Ernährung bis zur nächsten Ernte zu decken, so daß im Dorf alles für den eigenen Verbrauch geerntet werden mußte. Die einzelnen Felder konnten besser nach ihren besonderen Vorzügen genutzt werden; daraus ergaben sich beträchtliche Vorräte, die teils für die Zukunft gelagert, teils ausgeführt werden konnten. Die Paläste besitzen ausgedehnte Vorratskammern mit riesigen Tongefäßen zur Lagerung von Öl und Wein. Um die Felder besser nutzen zu können, führten Kanäle Wasser aus den Bergen herbei.

Die Kreter waren Meister im Anlegen von Kanälen. In den Palästen gibt es weitverzweigte Kanalisationsanlagen, Springbrunnen, die auf dem System der kommunizierenden Röhren beruhen, Brunnen mit vorkragenden Gewölben. Große Terrassen erlaubten Erfrischung im Freien; luftige Räume schützten die Bewohner im heißen Sommer.

In diesen Palästen spielte sich ein beschwingtes, sinnenfrohes Leben ab. Das zeigen die kunstvollen Malereien, das beweisen die vielen Geräte des täglichen Lebens, von den Gefäßen aus Bronze und Glas und den Töpfereien bis zu den Schmuckstücken aus Gold. In diesen Funden spiegelt sich eine Kultur wider, die deutlich die Verbindung mit Asien und Ägypten aufweist.

Kreta kannte die Schrift. Sicher wird sie von den alten Kulturen am Nil oder Euphrat und Tigris angeregt worden sein, sie hat jedoch neue Wege eingeschlagen. Es ist eine Schrift in Bildzeichen, die weder auf die Keilschrift, noch auf die Hieroglyphen zurückgeht. Die Wissenschaft unterscheidet zwei Schriftformen, die zeitlich aufeinander folgen, ›Linear A‹ und ›Linear B‹. Bisher ließ sich nur Linear B entziffern, weil sie einen griechischen Dialekt wiedergibt, während wir die Sprache von Linear A nicht kennen. Zeitlich lag die Grenze zwischen beiden um die Mitte des 2. Jahrtausends. Damals wurden die Paläste auf Kreta zerstört; eine neue Menschengruppe, zweifellos griechisch sprechend, trat die Herrschaft auf Kreta an.

Nach griechischer Überlieferung unterstand die Insel einem einzigen König, dem ›Minos‹. Vielleicht herrschten auch mehrere Fürsten auf Kreta; das würde der Vielzahl von Palästen entsprechen. Solange die älteste Schrift nicht entziffert ist, sind wir auf Nachrichten aus Ägypten angewiesen. Sie sprechen von einer geordneten sozialen Gliederung mit starker Königsgewalt, mit Rechtsgrundsätzen und einer Eigentumsordnung, die es erlaubte, Handelsgeschäfte und völkerrechtliche Verträge abzuschließen. Das Fehlen von Befestigungen läßt annehmen, daß die sozialen Spannungen auf der Insel selbst nur gering gewesen sein können, so daß die Fürsten keinen gewaltsamen Umsturz zu fürchten hatten.

Den Griechen erschien diese heitere, lebenslustige, verfeinerte Welt in einem anderen Licht. Für sie war ›König Minos‹ mit furchtbarem Schrecken verbunden, mit bedrückenden Tributen an Mädchen und Jünglingen für die grausigen Opfer, die dem Minotauros dargebracht wurden. Aus dem Labyrinth fand niemand, der hineingeriet, wieder heraus, bis es – der Sage nach – dem Athener Theseus gelang, das Untier zu töten. Nicht in dem Palast von Knossos, sondern in den Bergen im Innern finden sich weitverzweigte Höhlen, die vielleicht als Labyrinth des Minotauros angesehen wurden.

Die Sage läßt die frühen Beziehungen der Kreter zu den Griechen erkennen. Sie gingen über den Warenaustausch hinaus. Die Achäer auf dem griechischen Festland waren den Kretern offenbar lange Zeit tributpflichtig. Dann nahmen die Kreter achäische Krieger in ihre Dienste, zum Schutz ihrer Handelsstützpunkte und ihrer Handelszüge. Sie zahlten mit den Kostbarkeiten des Ostens, mit den wertvollsten Bronzewaffen, mit Wein und Öl, mit Geräten des täglichen Lebens, mit Luxusgütern, von Schminkölen und kosmetischen Essenzen bis zum Straußenei.

Die Achäer bauten keine Paläste, sondern wehrhafte Burgen aus mächtigen Steinen. Von dort aus sicherten sie die Handelsplätze und die Handelswege. Zugleich aber beherrschten die Burgbewohner die ansässige Bevölkerung. Aus Sold, Zöllen und Abgaben sammelte sich in Burgen wie Mykene und Tiryns beträchtlicher Reichtum, vor allem an Gold. Neue Scharen aus dem europäischen Hinterland drangen an die Küste. Die Burgen, meist nicht an der Küste, sondern in einiger Entfernung vom Meer auf den Bergen gelegen, boten Schutz gegen die umherziehenden Scharen, auch vor Seeräubern, deren Zahl zunahm, je mehr die Macht Kretas zurückging.

Kreta erreichte zwischen 1800 und 1550 v. Chr. den Höhepunkt seiner Kultur und seines Reichtums. Doch fand diese ›mittelminoische‹ Epoche ein plötzliches Ende, über dessen Ursache Dunkel liegt. Da die Paläste zwar zerstört, aber nicht verbrannt wurden, liegt die Annahme nahe, daß der Untergang auf ein Naturereignis, etwa ein Erdbeben oder einen Vulkanausbruch, zurückgeht, vielleicht als die Insel Santorin aus einem gewaltigen Krater entstand.

Damals haben die Achäer vom Festland die Herrschaft in Kreta übernommen, wie die Sprache der späteren Schriften (Linear B) zeigt. Das Schwergewicht der politischen Macht verlagerte sich nach Südgriechenland. Allerdings vermochten die kriegerischen Achäer kaum, das kretische Erbe im Handel weiterzuführen. Zunächst mögen die kretischen Kaufleute, die überlebten, noch den Warenaustausch über das Mittelmeer weitergepflegt haben. Mykene und Tiryns selber wurden keine Handelsplätze; sie blieben Burgen. Später übernahmen die Kaufleute von der syrischen Küste, die Phönizier, das kretische Handelsreich. Das erfolgte aber erst, nachdem eine indoeuropäische Völkerwoge über Syrien hinweggezogen war. In Palästina setzten sich die Philister fest; der Handel jedoch entfaltete sich im Norden, in den Städten Sidon und Tyrus.

In den Jahrhunderten, da Kreta blühte, entstanden in West- und Nordeuropa die Megalithbauten; da sie eng mit der Bronzekultur verbunden sind, die vom Mittelmeerraum ausging, liegt es nahe, eine Verbindung mit dem kretischen Handel zu suchen, zumal auch die Bauweise mit riesigen Steinen wahrscheinlich aus dem Mittelmeerraum stammt. Sie ist auf dem Seewege nach Nordeuropa gelangt – die Seefahrt war im 2. Jahrtausend von Kreta beherrscht. Aber damit hören auch die Beziehungen zwischen Kreta und der Megalithkultur auf. Kein kretisches Schriftzeichen hat sich in den Baudenkmälern an der Atlantikküste gefunden.

In Griechenland läßt sich der Einfluß Kretas klarer verfolgen. Auf die helladische Kultur, die in der ersten Hälfte des 2. Jahrtausends den ganzen ägäischen Raum erfüllte, folgte fast bruchlos die mykenische als deren Spätphase, obwohl sie auf einen tiefreichenden Wandel in der Bevölkerung, mindestens in deren Sprache, zurückzuführen ist. Wahrscheinlich lagerte sich eine neue Herrenschicht über die bereits Ansässigen. Die Menschen der früh- und wohl auch noch der mittelhelladischen Kultur sprechen eine nichtindoeuropäische Sprache, die Mykener hingegen einen griechischen, also indoeuropäischen Dialekt.

Auf Mykene, im Winkel der ›rossenährenden Argolis‹, saßen achäische Kriegerfürsten. Die Burg erhebt sich 278 m über dem Meer; sie scheint uneinnehmbar. Die Burgmauer wurde im Laufe der zweiten Hälfte des Jahrtausends noch weiter verstärkt; offenbar nahmen die Gefahren nicht ab. Auch Tiryns, in der Ebene nahe am Meer, ist zwischen 1600 und 1200 v. Chr. als Residenz immer weiter ausgebaut worden. Damals krönten Burgen auch die Felsen der Städte Athen und Korinth, die Akropolen. Sie waren notwendig geworden, denn eine Völkerwoge nach der anderen stieß in den Balkan, nach Griechenland und Kleinasien vor.

Die ägyptischen Inschriften sprechen von den ›Seevölkern‹, deren sich die Pharaonen an der Nilmündung zu erwehren hatten. Die Bibel erzählt von den Kämpfen mit den Philistern in Palästina. Die Seevölker haben auch an den Küsten und auf den Inseln der Ägäis gewütet.

Wo der eigentliche Ursprungskessel für jene Völker lag, weiß man nicht. Man weiß, trotz aller zeitgenössischen Berichte ihrer Feinde, von ihnen überhaupt sehr wenig. Sie sprachen offenbar eine indoeuropäische Sprache und kannten Pferd und Streitwagen. Was sie zu dieser Wanderung getrieben, wieso ihr Ausbruch mit dieser ungeheuren Zerstörungswut vonstatten ging, alles das ist unbekannt.

Beutegier wird neben der Not und dem Mangel an Ackerboden in der Heimat gewiß eine Rolle gespielt haben. Das Gefälle zwischen dem unentwickelten Norden und dem reichen Mittelmeergebiet war zu groß. Als Kaufleute die trennende Schranke der Gebirge und Wälder durchstießen, als sich die Kenntnis von den Schätzen im Süden verbreitete, brachen Scharen auf, um mit dem Schwert in der Hand Beute zu machen. Zuerst kamen die einzelnen Dienstleute und Söldner, um sich zu verdingen, dann kamen größere Heerscharen als Eroberer. Die zweite Welle drückte auf die erste, die dritte auf die zweite.

Die stärkste Welle erscheint an der Wende vom 13. zum 12. Jahrhundert. Die ›Dorer‹ kommen vom Norden über das Pindusgebirge, besetzen Westthessalien, erreichen den Golf von Korinth und die Peloponnes und landen auf den Inseln Kreta, Thera, Kos und Samos, ja sogar an der gegenüberliegenden Küste Kleinasiens.

Unter ihrem Ansturm sind selbst die stark befestigten Plätze Mykene und Tiryns zerbrochen. Gehalten hat die Burg auf der Akropolis von Athen, geschützt durch eine mächtige Mauer, die die Athener der ›pelasgischen‹ Bevölkerung zuschrieben. Für die Befestigung mit den mächtigen Steinblöcken prägten die späteren Griechen den Namen der ›kyklopischen‹ Mauern. Ein Volk der Kyklopen hat es kaum gegeben. Homer erzählt zwar, daß Odysseus auf Sizilien den Kyklopen Polyphem geblendet habe; er schildert diesen friedlichen Hirten als fürchterlichen Menschenfresser, aber nichts spricht für diese Behauptung als das schlechte Gewissen des Odysseus.

Die ›dorische Wanderung‹ stellt nach den Achäern die zweite griechische Wanderwelle aus dem Balkanraum nach Griechenland dar. Auch die Dorer waren wohl stark mit thrakischen Gruppen durchsetzt. Vorwiegend als Krieger, zum kleineren Teil als bäuerliche Siedler kamen sie ins Land. Sie unterwarfen die angesessenen Bauern, die für die neuen Herren zu arbeiten hatten. Ein beträchtlicher Teil der vordorischen Bevölkerung flüchtete auf die Inseln und an die kleinasiatische Küste.

Um diese Zeit ist Troja noch einmal zerstört worden, nach der Überlieferung durch eine gemeinsame Kriegsfahrt der mykenischen Könige. Aber Troja fiel zur selben Zeit, als auch Mykene und Tiryns in Flammen aufgingen, vermutlich durch die gleichen Krieger aus dem Norden. Die Herren von Mykene und Tiryns kamen damals nicht als stolze Eroberer und Helden, wie Homer sie uns schildert, sondern als heimatlose Flüchtlinge an die kleinasiatische Küste. Dort haben sie Zuflucht gesucht, dort ließen sie sich an Plätzen nieder, die sie dank ihres Fleißes und ihrer Fähigkeiten zu blühenden Handelszentren entwickelten. Von ihnen, von den ›Ioniern‹ – wie sie später hießen – hat Europa vieles von der Kultur Kleinasiens übernommen.

2

Am Saum des Mittelmeeres: Phönizier, Griechen und Etrusker

Nach 1200 v. Chr.: die Dorer besetzen den größten Teil Griechenlands · Die Ionier breiten sich um 1000 an der kleinasiatischen Küste, dann am Saum des Mittelmeers aus · Auch Dorer ziehen übers Meer · Im 9. Jahrhundert: Entstehung der griechischen Polis, dreigegliedert in Akropolis (Sitz des Adels und der Götter), die eigentliche Stadt mit der Agora als geistigem und politischem Mittelpunkt, den Hafen · Vollbürger und Fremde (Kaufleute und Handwerker) · Die griechische Schrift aus der phönizischen entwickelt · Griechische Kultur beginnt mit Homer · Im 6. Jahrhundert: Thales von Milet und Pythagoras · Sparta bleibt ein Dorf, im 8. bis 7. Jahrhundert Herrschaft über die Peloponnes · Dorische Handelsstädte: Korinth, ihre Tochterstadt Syrakus · Politische Gegensätze zwischen Dorern und Ioniern sowie innerhalb der Städte · Landwirtschaft durch Handel zurückgedrängt · Herrschaft der Tyrannen · In Athen: Reformen des Kylon (630), Gesetze des Drakon (621), Verfassung des Kleisthenes (508/07) · Gesamtgriechisch die Olympischen Spiele, 776 erste Liste der Sieger · Seit dem 8. Jahrhundert: das Orakel von Delphi · Wettbewerber und Gegner im Mittelmeerhandel: die Phönizier, 536 Schlacht bei Alalia, Korsika · Niederlassungen am Mittelmeer bis Spanien (Gadir) · Ungewisse Herkunft der Etrusker · Ihr Aufstieg, Höhepunkt ihrer Seegeltung im 6. Jahrhundert · Etruskische Götter · Grabstätten · Die Eisengruben auf Elba · Von Osten: Perser erobern die kleinasiatischen Griechenstädte, 494 Zerstörung von Milet · Vorstoß in die südrussische Steppe · Angriff auf Griechenland, 490 Marathon, 480 Salamis, 479 Seeschlacht bei Mykale · Karthagischer Angriff auf Griechenstädte Siziliens scheitert, 480 Niederlage bei Himera

»Das Volk der Thraker ist nach den Indern das größte von allen Völkern; wenn es einen Herrn hätte oder zusammenhielte, wäre es unbezwinglich und bei weitem das mächtigste; aber das ist ihnen unmöglich, und darum sind sie schwach.« Das Wort des Herodot gilt bis in das letzte Jahrtausend v. Chr. für alle Völker Europas: politische Gebilde größeren Umfangs gab es nicht mehr, nachdem die Macht Kretas zusammengebrochen war.

Die Zahl der Menschen hatte im 2. Jahrtausend beträchtlich zugenommen; der materielle Wohlstand war gewachsen. Das lag vor allem an den nun verbesserten Geräten, je mehr die Bronze den Stein als Werkstoff ersetzt hatte. In der Landwirtschaft war Weizen an die Stelle der kümmerlichen Buchweizen- und Hirsefelder getreten. Die Viehzucht hatte sich verbessert. Allmählich übernahmen Handwerker die Herstellung von Gegenständen des täglichen Gebrauchs, die bis dahin der Dorfgemeinschaft ohne Unterschied zugefallen war. Die Arbeitsteilung erhöhte die Leistung des einzelnen; sie setzte sich, wenn auch nur langsam, durch, je mehr die soziale Ordnung eine Zusammenarbeit einer größeren Zahl von Menschen erlaubte.

Der Küstensaum des Mittelmeers wurde zuerst von der neuen, aus Asien stammenden städtischen Kultur erfaßt. Das Innere des Kontinents blieb in seiner Entwicklung noch weit zurück. Spärlich und ungleichmäßig drangen Einflüsse von außen ein: von der Steppe Südrußlands, von Kleinasien über Bosporus und Hellespont und von den Küsten der Ägäis und des westlichen Mittelmeers. Wenn das Gefälle dieses Kultureinflusses auch beträchtlich war, so reichte er doch weit ins Innere. Die Kultur Europas wandelte sich: dank der überlegenen Werkzeuge und Waffen der einen, dank des Reichtums, der aus dem Handel erwuchs, durch die besonderen Fähigkeiten einzelner. Auf den verschiedenen Wegen wanderten Kenntnisse, Produktionsmittel, Geräte durch ganz Europa.

Nur wenige Händler zogen die Flüsse entlang über die Pässe der Gebirge und die schmalen Waldpfade von Siedlung zu Siedlung. Sie brachten Arbeitsgerät und Waffen, um sie gegen Metalle oder Bernstein zu tauschen; sie lehrten die Menschen, wie man Erz gewinnt, wie man Metalle bearbeitet. Sie brachten auch die Kenntnisse von fremden Ländern mit. Ihnen weit voraus verbreiteten sich wohl die Nachrichten von den Wunderländern am Mittelmeer. Abenteurer, Neugierige, vielleicht auch willenlose Sklaven begleiteten die Fremden und kehrten erfüllt von dem, was sie gesehen, in die Heimat zurück. Was sie erzählten, reizte andere, vielleicht einen ganzen Stamm, auf Wanderschaft zu gehen. Mit den neuen Bronzewaffen, die man eingehandelt, vielleicht sogar schon selber gefertigt hatte, stieg das Selbstbewußtsein und das Gefühl der Überlegenheit, die Beutelust. Bewaffnete Scharen aus dem Hinterland erschienen an der Küste des Mittelmeeres.

Die ›Griechen‹ brachten aus dem Norden die Verehrung von Naturgöttern mit; in Dodona in Epirus stand noch lange Zeit die heilige Eiche des Donnergottes Zeus. In Griechenland verehrten die vorgriechischen Bewohner, die ›Pelasger‹, die Erdgötter, vor allem die Erdgöttin, der die Schlange heilig war. Über das Meer, offensichtlich aus Asien, kam der Kult der Astralgötter, denen die Himmelsgestirne zugeeignet waren, die Sonne, der Mond und die Planeten. Apollon hat die Schlange in Delphi getötet.

Der Verschmelzungsprozeß der eingewanderten ›Achäer‹ und der karischen und pelasgischen Vorbevölkerung war wohl noch nicht abgeschlossen, als die neue Völkerwoge von Norden hereinbrach. Aber er war immerhin bereits so weit fortgeschritten, daß der Unterschied zwischen den Neuankömmlingen und den Ansässigen scharf genug hervortrat, um die Achäer als einheitliches Volk erscheinen zu lassen.

Aus den Kriegern waren Ackerbauer geworden. Die adligen Krieger besaßen zwar seit der Eroberung den Grund und Boden, inzwischen aber waren sie Landwirte geworden: sie leiteten die Landwirtschaft, die Arbeit der abhängigen Kräfte, der Halbfreien und Unfreien. Unter dem Einwirken von Kreta hatte sich die Landwirtschaft verändert. Neben den Getreidebau war der Anbau von Ölbäumen und Weinreben getreten. Aus den Seeräubern waren Händler und friedliche Seefahrer geworden, seitdem es kaum noch schutzlose Gebiete in der Ägäis gab und Kreta keine Söldner mehr anstellen konnte.

Die kriegerischen Achäer verschmolzen mit den fleißigen Ureinwohnern. Sie entwickelten die ›mykenische‹ Kultur. Sie hatten von Kreta her die städtische Lebensweise übernommen. Um die Burgen waren größere Siedlungen entstanden, weniger in Mykene und Tiryns selbst als in Athen und Korinth. Die Kunst des Lesens und Schreibens, in Asien wie in Ägypten seit zwei Jahrtausenden bekannt, hatte sich noch nicht durchsetzen können. Weder der adlige Krieger noch der einfache Bauer konnte schreiben. Selbst auf Kreta sind schriftliche Aufzeichnungen selten, in Mykene und auf Tiryns fast unbekannt.

Die Völker, die um das Jahr 1200 v. Chr. in Griechenland auftauchten, unterschieden sich von den Vorgängern, die Mykene und Tiryns gegründet hatten. Zwar handelte es sich wieder um Menschen mit indoeuropäischer, mit griechischer Sprache, um ›Griechen‹, aber dieses Wort sagt wenig über die blutsmäßige Zusammensetzung der Neuankömmlinge, wenig über deren geistige und materielle Kultur aus.

Die ›Griechen‹, die zum Ausgang der mykenischen Kultur, also um das Jahr 1200 v. Chr., nach Griechenland zogen, waren andere

Menschen als jene, die ein halbes Jahrtausend vorher, aus dem Norden kommend, eingewandert waren. Am reinsten dürften noch die adligen Fürstengeschlechter auf den stolzen Burgen das Erbe der Vergangenheit bewahrt haben. Da die Eroberung sich ohne größeren Widerstand, ohne heftige Kämpfe vollzogen zu haben scheint, blieb die Urbevölkerung erhalten. Sie verband sich mit der eingewanderten Herrenschicht, damit diese sie gegen äußere Feinde schützte; dafür trat sie in ihren Dienst. Viele ihrer eigenen kulturellen Fortschritte, das Handwerk, die Formen des Hausbaus und des täglichen Lebens, vermittelten die Eingesessenen den neuen Herren.

Die eindringenden Scharen standen auf weit niedrigerer Kulturstufe. Ihre Stärke war das Schwert. Als Eroberer kamen sie ins Land. Die ›Dorer‹ richteten ihre Herrschaft auf, soweit sie konnten. Ihnen widerstanden in Thessalien und Böotien die Aeolier, auf der Halbinsel Attika und auf der Insel Euböa die Ionier. Unter dem Druck der Dorer verschmolzen die ›Ionier‹ zu einer Einheit. Auch diejenigen, die vor den Dorern auf die Inseln der Ägäis oder an die kleinasiatische Küste flüchteten, nannten sich Ionier. Das war mehr als nur ein Sammelbegriff; die blutmäßige und geistige Verschmelzung prägte einen neuen Menschentyp und eine neue soziale Lebensform. Der Entwicklungsprozeß, der nach der dorischen Wanderung einsetzte, läßt sich besser verfolgen als der in der mykenischen Zeit.

Einmal sonderten sich Dorer und Ionier immer schärfer voneinander ab, andererseits verschmolzen sie zu einem neuen griechischen, hellenischen Volk. Das war um so bedeutsamer, als es kein politisches Gemeinwesen gab, das ganz Griechenland umfaßte. Die politische Entwicklung verlief anders als in den asiatischen Großreichen.

Man hat mit Recht betont, daß das gebirgige Land mit den tief eingeschnittenen Buchten die Entstehung einer Vielzahl von Gemeinwesen gefördert hat, aber zweifellos kam dies auch dem griechischen Wesen entgegen. In kleinen Räumen, schließlich in den einzelnen Städten formte sich das griechische Leben, unterschieden nach Landschaften und Dialekten.

Ursprünglich bedeutete die ›Polis‹ nur die kultisch-politische Gemeinschaft. Eine ganze Insel konnte als Polis bezeichnet werden. Schließlich verstand man darunter nur noch die Stadt selbst. Sie wird für einen großen Teil Griechenlands Mittelpunkt und Träger des gesamten Lebens, des wirtschaftlichen, des politischen und des geistigen.

In der Polis verschwand die alte Königsmacht der kriegerischen Wanderzeit. Der Adel übernahm die Führung, wobei sein größtes politisches Vorrecht die Rechtsprechung, in Athen auf dem Areopag, war. Die Adelsherrschaft wurde vom 7. Jahrhundert ab durch die Herrschaft der ›Bürger‹ abgelöst.

Nur ein Teil der Stadtbewohner besaß die vollen Bürgerrechte, nämlich jener mit Landbesitz. Landbesitz war Voraussetzung für die Wehrpflicht, die wiederum das Kennzeichen der politisch führenden Schicht darstellte. Der Vollbürger mußte bereit und in der Lage sein, die Vaterstadt zu verteidigen. Seine Waffen, Schwert und Lanze, Helm und Schild und Panzer, mußte er auf eigene Kosten anschaffen. Nur in einzelnen Landschaften, besonders in Thessalien, waren die reicheren Vollbürger auch beritten.

Die Einkünfte der Vollbürger stammten aus der Landwirtschaft, aus dem ländlichen Grundbesitz, selten aus dem Handel. Für öffentliche Ämter wurde kein Entgelt gezahlt. Sie waren in der Regel ehrenamtlich und kosteten nur Geld. Alle Vollbürger waren gleichberechtigt. Ohne ihre Zustimmung konnten kein Gesetz, kein Aufgebot, kein Krieg beschlossen werden.

Die Kriegsaristokratie mit Landgut und Stadthaus wandelte sich zu einer Bürgeraristokratie, je mehr das Schwergewicht von der Landwirtschaft zu Handel und Gewerbe überwechselte. Mit dem Handel entwickelte sich die Kaufmannschaft und daneben das Gewerbe. Damit stieg eine Schicht zu wirtschaftlicher Macht empor, obwohl sie zunächst weder die entsprechende politische noch die gesellschaftliche Stellung errang. Die Polis gewinnt ein neues Gesicht.

Anfangs war die Akropolis die Königsburg. Unter der Adelsherrschaft wurde sie zum Platz für den Tempel, vor allem der Stadtgottheit oder der Stadtgöttin wie der Pallas Athene in Athen. Sie blieb befestigt, um bei Gefahr als Zufluchtsort zu dienen.

Unten am Hafen spielte sich der Handel ab; dort blühte das Gewerbe, dort saßen die Geldleute. Die Einwohner am Hafen waren meist nicht Vollbürger, sondern Fremde, Metöken, die das Schutzrecht der Stadt genossen, jedoch keine politischen Rechte besaßen. Da sie nicht einmal selber vor Gericht auftreten durften, mußten sie einen Vollbürger als Anwalt nehmen.

Mit dem Handel, vor allem mit dem Außenhandel, setzte sich das Geldwesen durch. An Stelle des Naturaltausches trat die Zahlung in Münzen. Das vereinfachte und beschleunigte den Warenverkehr. Man verkaufte seine Produkte gegen Geld und kaufte Waren für Geld. Zwischen den Verkäufer der einen Ware und den einer anderen konnte sich ein Händler als Vermittler einschalten. Mit der Geldwirtschaft wurde es möglich, den Kaufpreis in Zahlen festzulegen, die Zahlung zu stunden, Versprechen für Zahlungen in späterer Zukunft abzugeben, also Verpflichtungen einzugehen oder, anders gesehen, Kredit zu gewähren. Vermögen bilden sich, die nicht an Sachwerte, an Grund und Boden oder Naturalvorräte gebunden sind. Sie beruhen auf Geldforderungen. Neben den Grundbesitzer tritt der ›Kapitalist‹.

Wenn die Einkünfte aus dem Acker nicht ausreichten, um Waffen anzuschaffen oder Kindern die Aussteuer zu gewähren, wenn nicht genügend eigenes Kapital für die Handelsfahrt zur Verfügung stand oder wenn es galt, sich an Siedlungsunternehmen in der Fremde zu beteiligen, oder wenn Not und Krankheit dazu zwangen, nahm man Darlehen in Geld auf.

Wer seine Schuld am Tag der Fälligkeit nicht abtragen konnte, verlor seinen Grundbesitz und damit sein Bürgerrecht. Er haftete sogar mit seiner Person für die Verpflichtung; er konnte in die Sklaverei verkauft werden. Je mehr der Handel und damit das Geldwesen in den Vordergrund traten, desto stärker machten sich Spannungen bemerkbar. Diese führten zu schweren politischen Krisen.

Zwischen Akropolis und Hafen lag die eigentliche Stadt, in der die Grundbesitzer der nächsten Umgebung, die Vollbürger, wohnten. Den Mittelpunkt bildete der Marktplatz, die Agora, um die herum die Amtsgebäude entstanden. Auf der Agora trafen sich alle: die Vollbürger, die Priester, die Menschen vom Hafen, die Besucher aus der ländlichen Umgebung, die Reisenden aus fremden Ländern. Dort spielte sich das öffentliche Leben ab.

Auf der Agora trafen sich die Anhänger des Alten und die Verfechter des Neuen, die Händler und die Inhaber von Ämtern, die einfachen Landleute und die Angehörigen des Adels, die Philosophen und der ›Mann aus dem Volke‹, die Geldleute des Hafens und die Advokaten. Hier galt der Mann nach seiner Beredsamkeit, nach seinem Witz, seiner Schlagfertigkeit. Er brachte seine Gedanken vor, seine Kenntnisse, seine Überzeugungen. Er schmeichelte der Menge, er suchte ihre Unterstützung oder informierte sie. Auf der Agora kam jeder zu Wort, der Einheimische, der Reisende, der Gebildete wie der einfache Handwerker, arm und reich.

Jeder sprach für sich, nicht als Mitglied einer Familie, nicht als Vertreter irgendeiner Gruppe. Das Wort des einzelnen, sein Wissen, seine Erfahrung und Überzeugungskraft gaben ihm Ansehen und Einfluß. Begabung und Leistung der Persönlichkeit, gleichviel auf welchem Gebiet, zählten.

Es gab nur einen Maßstab: den Geist!

Auf der Agora bemühte sich jeder, der Beste zu sein. Für den schwerfälligen Spartaner, für den bodenverwachsenen Böotier, aber auch für die einfachen attischen Landbewohner waren die zungengewandten Städter nichts weiter als Schwätzer, die weder vor der Überlieferung noch vor der Herkunft Respekt hatten, die stets auf Neuerungen erpicht waren, ohne Ehrfurcht vor den Göttern. Meinungsaustausch und Gedankenstreit über die sozialen, wirtschaftlichen und politischen Fragen, alles Reden über philosophische und religiöse Probleme, trugen in sich den gefährlichen Geist der Zersetzung. Sie untergruben die großen Werte der Vergangenheit. Aber gerade in diesem geistigen Wettkampf formten sich neue Überzeugungen, entfaltete sich der Fortschritt.

Von der Anteilnahme am ›Öffentlichen‹ lebte die Polis. Diese Anteilnahme war das, was die Griechen ›Demokratie‹ nannten. Gleichen Rechtes sind die Menschen der Polis nie gewesen. Die Vollbürger stellten nur einen Teil der Stadtbewohner dar, neben den Metöken und den Sklaven. Die Gleichheit, von der die Griechen schwärmten, die für sie der Inbegriff der ›Freiheit‹ war, war die Gleichheit auf der Agora. Dort wurden nicht nur Politik und Geschäfte betrieben, dort wurde Kultur geformt.

Kultur ist die Frucht der Stadt.

Zwischen 1000 und 800 v. Chr. haben die Griechen ihre Schrift entwickelt. Sie übernahmen von den Phöniziern die Buchstaben, die – wie in allen semitischen Sprachen – die ›Radikale‹, die Konsonanten darstellen. Zur Kennzeichnung der Vokale haben die Griechen die Halbkonsonanten des Phönizischen verwandt. Das Alphabet ist phönizischen Ursprungs.

Um die Mitte des 6. Jahrhunderts können die ›gebildeten‹ Stadtbewohner lesen und schreiben. Das war der größte Teil der Vollbürger.

Mit der geistigen Umbildung des griechischen Denkens ändert sich der Wortschatz: die Worte gewinnen an Tiefe. Das Denken löst sich von den greifbaren, sinnlich wahrnehmbaren Gegenständen, es wird abstrakt, begrifflich. Homer hat noch an dem äußeren Eindruck, an dem Bild, festgehalten. Jetzt vollzieht sich die Umwandlung zum begrifflichen Denken.

Vom Osten her übernahmen die Griechen auch die Mathematik und die Astronomie, die sie – wie alles – selbständig weiterentwickelten. Als der König von Lydien 585 gegen die Meder zog, konnte ihm Thales von Milet eine Sonnenfinsternis voraussagen. Ging man mit dem begrifflichen Denken an neue Fragen heran, so eröffneten sich erstaunliche Erkenntnisse: die Ordnung der Zahlen, die Ordnung der Dreiecke, der Kegelschnitte, der Gestirne, ja der Musik und ihrer Töne. Pythagoras von Samos (570–495) entdeckte den harmonischen Klang der Oktave, wenn die Saiten im Verhältnis 2 : 1 lang waren, von 3 : 2 in der Quint und 4 : 3 in der Quart. Die in Zahlen zu fassende Ordnung beherrscht die Mathematik und in den Naturgesetzen die Welt.

Von den ionischen Städten an der kleinasiatischen Küste gelangten nachhaltige kulturelle, wissenschaftliche wie künstlerische Anregungen auf das griechische Festland. Sie wirkten sich dort unterschiedlich aus.

Um 900 v. Chr. ist Sparta im Eurotas-Tal begründet worden, bewußt nicht als ›Stadt‹, sondern als ländliche Siedlung mehrerer Dörfer. Gesetzlich wurde die Anlage einer Mauer verboten. Sparta hat Schritt für Schritt mit bewaffneter Hand die umliegenden Landschaften erobert, in der ersten Hälfte des 8. Jahrhunderts mit Amyklai ganz Lakedaimon, von dort aus in der zweiten Hälfte Messenien.

Wie in den anderen griechischen Landschaften war auch auf der Peloponnes die Erobererschicht den Unterworfenen an Zahl unterlegen, doch während sich in Athen eine Entwicklung anbahnte, die den veränderten Verhältnissen Rechnung trug, die den sozialen Aufstieg erlaubte und den geistigen und kulturellen Austausch mit Kleinasien zuließ, blieb in Sparta über Jahrhunderte hinweg alles beim alten. Da der spartanische Staat auf der Waffenüberlegenheit seiner Krieger beruhte, wurde alles getan, um diese Vormachtstellung zu halten.

Die Spartiaten sollen bei der Einwanderung 2000, bei der Eroberung Messeniens 9000 Krieger gezählt haben. Diese Zahlen geben eine Vorstellung von der dorischen Wanderung insgesamt, ja von den Völkerwanderungen des Altertums überhaupt. Nur kleine, aber kampfgeübte und schwerbewaffnete Kriegerscharen drangen in das zu erobernde Gebiet ein, keine zahlenstarken Völker mit dem ganzen Troß von Frauen und Kindern, von Greisen und Kranken. Es gab weder genügend Transportmittel für Hab und Gut, weder Straßen und Brücken, noch Lebensmittel, um die Ernährung großer Menschenmengen während der Wanderung sicherzustellen. Nur bewegliche Heerhaufen, die sich im Lande versorgen konnten, die auch von den ›Ur‹-Einwohnern der neuen Gebiete zusätzlich ernährt werden konnten, vermochten sich in der Fremde zu behaupten.

Knapp ein Viertel der Bevölkerung, die Sparta beherrschte, bestand aus Dorern. Sie fanden sich in größerer Zahl eigentlich nur in Lakedaimon. Messenien, Argolis und Arkadien waren unterworfene, tributpflichtige Landschaften; die Bewohner der Landstädte, die Periöken, hatten die politischen Rechte, die Bauern auch die persönliche Freiheit verloren. Sie wurden ›Heloten‹.

Je länger die Kriegerkaste über Periöken und Heloten herrschte, je stärker sie die Besiegten unterdrückte, desto gefährlicher wurde die zahlenmäßige Übermacht der Unterschicht. Die spartanische Herrenschicht konnte ihre materiellen wie politischen Vorrechte nur behaupten, wenn sie ständig wehrhaft blieb, gerüstet, der Gefahr von außen wie von innen zu begegnen.

Von Jugend an wurde der Spartaner im Waffenhandwerk geübt. Die Knaben genossen vom 14. Lebensjahr ab eine militärische Erziehung. Mit 20 Jahren traten sie in die Männerbünde ein. Eine eiserne Zucht sollte sie zu höchster kriegerischer Tüchtigkeit anspornen. Die sparsame, gesunde Ernährung sollte jede Verweichlichung ausschließen.

Auch bei den Dorern entstanden Handelsstädte, als bedeutendste Korinth, dazu die Städte in der Argolis und auf Kreta. Tochterstadt von Korinth war das reiche Syrakus auf Sizilien. Selbst Sparta hat anfangs Verbindung mit der Mittelmeerwelt gehabt. Grundlage des wirtschaftlichen Lebens aber bildete bei den Dorern die Landwirtschaft. Dementsprechend blieb die Gesellschaftsordnung weitgehend an den Grundbesitz gebunden.

Die Geldwirtschaft mit ihren auflösenden Tendenzen setzte sich nur langsam und bei weitem nicht in dem Ausmaße durch wie etwa in Athen. Bei den Dorern galt vor allem die althergebrachte Überlieferung. Die Abstammung, die Sippe, das Geschlecht waren und blieben entscheidend. Der einzelne sollte sich in die Gemeinschaft eingliedern. In der Gemeinschaft sollte er sich entfalten, nur die Gemeinschaft zählte. Den einzelnen zu pflegen, ihn zu besonderer Leistung anzuspornen, war dem Dorer fremd.

Die Wirkung blieb nicht aus. Bis zum 6. Jahrhundert verlief die Entwicklung bei Ioniern und Dorern noch einigermaßen gleich. Je mehr sich die Dorer jedoch nach außen abkapselten, je gefährdeter die Herrschaft der Oberschicht war, desto stärker wurde der Druck auf die Unterschicht, desto mehr verhärtete sich die Oberschicht in ihren Anforderungen gegen sich selbst; desto größer wurde aber auch der Preis, den sie für ihre Stellung zu zahlen hatte.

Er drückt sich aus in der geistigen Stagnation, in einem Absinken des kulturellen Niveaus. Sparta ist dieser Gefahr erlegen. Selbst auf militärischem Gebiet konnten außergewöhnliche Begabungen nicht gedeihen. Wo sie auftraten, wurden sie bewußt unterdrückt. Zu allen Zeiten bergen Einzelbegabungen die Gefahr in sich, den starren Rahmen der Überlieferung zu sprengen. Mit Verachtung sahen die Spartaner, wie das geistige Leben Unruhe in die ionischen Städte trug. Wohlstand oder gar Luxus ließ die Menschen verweichlichen, die Geldwirtschaft stürzte sie in Verschuldung und Elend.

In dem weiten griechischen Raum, der schließlich von der spanischen Ostküste bis zum ›kimmerischen Bosporus‹ an der Krim, von Massalia in Südfrankreich bis Naukratis an der Nilmündung reichte, stand jede Polis für sich. Bündnisse wurden geschlossen: mit der Mutterstadt (Metropolis), mit den ionischen oder dorischen Städten in der Heimat, mit den Nachbarstädten, mit den Handelspartnern oder gar mit den Feinden von gestern. Kriege wurden geführt – gegen die Nachbarstadt, gegen Konkurrenten, gegen die Barbaren des Hinterlandes.

Im Inneren der Stadt sonderten sich Parteien, ständig wechselnd in Zusammensetzung und politischer Zielrichtung. Einmal war die Außenpolitik entscheidend, dann wieder die inneren Gegensätze der wirtschaftlichen oder sozialen Interessen im Auf und Ab der führenden Familien oder der ehrgeizigen Politiker. Griechische Politik ist lebendig. Meinungen und Ansichten platzen aufeinander; Menschen bekriegen sich bis aufs Blut. Themistokles, Alkibiades, Thukydides wandern – wie so mancher andere – in die Verbannung. Verschwörungen werden angezettelt, Verdächtigungen und Verleumdungen ausgestreut. Jedes Mittel wird angewandt, um den verhaßten Gegner zu stürzen.

Politisch ausgeschlossen blieben die ›freien Halbbürger‹, die Fremden, die Heloten auf der Peloponnes und – natürlich – die Sklaven, obwohl diese Schichten die eigentliche Last des wirtschaftlichen Lebens trugen, sowohl in der Landwirtschaft wie im Gewerbe und vor allem im Handel.

Mit ›Freiheit‹ im modernen Sinn hatte das politische Leben in der Polis wenig gemein. Im Durchschnitt machten die Vollbürger mit ihren Familien nur ein Viertel der gesamten Bevölkerung aus. In Athen waren es etwas mehr, in den Pflanzstädten wie Syrakus und Massalia sicher weniger, am wenigsten in Sparta. Dem Grundgedanken der Polis entsprechend waren die Vollbürger die einzigen Waffenträger.

Der Reichtum sammelte sich in wenigen Händen, die aufgrund von Abgaben, Bodenrente und Kapitalzinsen Gewinne zogen, ohne selbst den Boden zu bebauen oder das Wagnis des Handels zu laufen. Der kleine Mann wiederum geriet in den Sog, der von der billigen Arbeitskraft der Sklaven ausging, deren Zahl ständig wuchs. Zum geringeren Teil stammten sie aus sozialem Abstieg; meist wurden sie aus der Kriegsbeute gekauft.

Der Bauer mußte höhere Pachtzinsen zahlen. Gleichzeitig aber sah er sich einem härteren Wettbewerb ausgesetzt, weil Getreide in wachsendem Umfang eingeführt wurde. Die sozialen Spannungen nahmen zu. Es bedurfte nur eines geeigneten Führers, der die allgemeine Unzufriedenheit der Massen ausnutzte, um mit Gewalt die Macht zu erringen. Der ›Tyrann‹ brachte meist eine soziale Wandlung; er stützte sich auf die breiten Massen, um den bis dahin herrschenden Adel zu stürzen, meist mit Hilfe einer ihm ergebenen Truppe. In fast allen griechischen Städten hat es Tyrannen-Herrschaft gegeben.

In Athen suchte Kylon 630 v. Chr. eine Tyrannis einzurichten; er scheiterte. Dennoch brachte er Reformen. Wenige Jahre später legte Drakon die Gesetze schriftlich fest, so daß die ziemlich willkürliche Rechtsprechung der adligen Richter gebunden wurde. Aber die einmal in Gang gesetzte Entwicklung ließ sich nicht mehr aufhalten. Die Reform des Solon (594 v. Chr.) lockerte die strengen Schuldgesetze, setzte den Zinsfuß herab, regelte die Rechte der Pächter gegen Ausbeutung und förderte Handel und Gewerbe. Lange hat er sich nicht halten können. Ein neuer Tyrann, Peisistratos, übernahm die Macht (560).

In den folgenden 50 Jahren ist Athen wirtschaftlich aufgeblüht, dank seines Handels und seines Gewerbes. In den attischen Keramikgefäßen wurden vor allem Öl und Wein ausgeführt. Der Adel hatte jedoch nur einen geringen Anteil an der neuen Blüte. Er stürzte die Tyrannis der Söhne des Peisistratos im Namen der ›Demokratie‹. Kleisthenes schuf die neue Verfassung.

Drei Gewalten sollten sich gleichberechtigt gegenüberstehen: Volksversammlung (Ekklesia), Rat (Boulé) und Gericht (Heliaia), das aber nicht aus gelehrten Richtern, sondern aus Schöffen bestand, die aus den 10 ›Phylen‹ (Lokalbezirken) ausgelost wurden, und zwar je 500, zuzüglich weiteren 100 als Ersatzleuten. So gab es in Athen 6000 Richter. Nicht mehr allein der Adel, sondern das gesamte Volk sollte Recht sprechen; alle sollten am öffentlichen Leben, auch am Recht, teilnehmen.

Alle sollten auch wissen, daß ihr wirtschaftliches Wohlergehen mit dem Handel eng verflochten war. Das östliche Mittelmeer stellte, seitdem die Assyrer die phönizischen Handelsstädte unterworfen und entmachtet hatten, ein vorwiegend griechisches Handelsreich dar. Alle zogen davon Nutzen. Die griechischen Städte hätten sich ohne Zufuhr von außen, von den Küsten des Schwarzen Meeres, von Sizilien und Ägypten, nicht mehr ernähren können. Um die Einfuhren zu bezahlen, waren sie gezwungen, ihrerseits Güter auszuführen, landwirtschaftliche wie Öl und Wein und solche des Waffenhandwerks, der Töpferei, der Weberei und des Kunstgewerbes. Weil alle Teile der Bevölkerung zusammenwirkten, blühte der Außenhandel auf.

Das griechische Leben gewann an Vielfalt durch den Verkehr unter den Städten, die – wie die Kolonien – in weiter Ferne lagen. Trotz aller erbitterten Kämpfe hat es Einrichtungen gegeben, die das Gemeinschaftsgefühl aller Griechen widerspiegelten. Die Griechen besaßen das Bewußtsein ihrer Zusammengehörigkeit.

Sie unterschieden sich von den ›Barbaren‹ durch die Sprache, die wichtiger war als das Blut. Ihre Gemeinschaft feiertern sie in gemeinsamen Spielen. Seit 776 v. Chr. traf sich die männliche Jugend der griechischen Stämme alle vier Jahr in Olympia zum sportlichen Wettkampf. Es gab Leute in Athen, die darüber spotteten, daß die

Dümmsten in Olympia als Sieger gefeiert wurden. Das Ansehen des Olympiasiegers konnten sie nicht schmälern. Später kamen zu den sportlichen auch künstlerische und literarische Wettkämpfe.

Grieche war, wer zu den Spielen zugelassen wurde.

Allen Griechen gemein war die Religion. Auch sie formte sich erst im Laufe der Zeit. In der griechischen Götterwelt finden sich die Götter der pelasgischen Vorbevölkerung, Naturgötter thrakischen Ursprungs und die aus dem Orient stammenden Astralgötter. Alle Griechen verehrten das Orakel in Delphi, wo einst die Erdgöttin, der die Schlange heilig war, durch den Sonnengott Apollon vertrieben worden war. Dionysos stammte aus Thrakien. Aber maßgebend blieb der aus dem indoeuropäischen Götterkreis stammende Zeus. Um ihn herum sammeln sich die Götter auf dem Olymp. Sie sind ›griechisch‹ geworden. Ihr Bild hat der Dichter Homer geprägt.

Seine Dichtung hat dem Gemeinschaftsgefühl der Griechen die feste Grundlage gegeben: Grieche war, wer sich als Nachkomme der Helden fühlte, die gemeinsam gegen Troja gezogen waren. Ilias und Odyssee gaben den Griechen, was ihnen bisher fehlte, die Erinnerung an ein gemeinsames Erlebnis.

Homer läßt Odysseus noch durch ein unbekanntes Meer im Westen fahren, durch die Meerenge von Messina (Skylla und Charybdis), an die italische Westküste (Vorgebirge der Kirke), nach Sardinien und Korsika. Vom 7. Jahrhundert an gab es griechische Siedlungen auf der Krim und am Kaukasus, auf Sizilien und in Mittelitalien, an der Rhônemündung und an der spanischen Ostküste, ja selbst in Ägypten.

Nach griechischer Überlieferung, die durch Funde weitgehend bestätigt ist, wurden Kyme 750, Syrakus 734, Sinope 657, am Schwarzen Meer Olbia um 610, ebenso Ampurias an der spanischen Westküste und Massalia um 610, Alalia auf Korsika 565 gegründet. Die Griechen zogen zwar hinaus, um Land zu erwerben, da dies als erste Bedingung für das Vollbürgerrecht galt, aber sie gründeten Städte, die den Handel mit dem Hinterland erlaubten. Sie stützten sich auf einen Hafen, der die sichere Verbindung mit dem Mutterland, richtiger mit der Mutterstadt, aufrechterhielt. Die Griechen sind nirgends selber ins Hinterland vorgedrungen, sie saßen am Meer »wie Frösche um den Teich«.

Diesem weitgespannten Netz hellenischer Siedlungen und Städte verdankten die Athener und die anderen griechischen

Handelsplätze ihren Aufschwung. Den Wohlstand brachte der Außenhandel. In den Häfen tauschten die Bewohner des Hinterlandes ihre Naturerzeugnisse, Getreide, Salz und Fische an der Maiotis (dem Asowschen Meer), Metalle, Wolle und Hölzer vom Balkan gegen Fertigwaren, Öl und Wein aus Griechenland. Das enge Land allein hätte eine so große Anzahl von Menschen gar nicht ernähren können. Dank dem Handel konnte sich die griechische Stadt entfalten. Sie stand und fiel mit dem Außenhandel. Und der war Seehandel.

Die gefährlichsten Wettbewerber waren die Phönizier, die seit dem 12. Jahrhundert im ganzen Mittelmeer Handel trieben. Nach dem Fall von Sidon und Tyrus verlagerte sich ihr Handelsschwerpunkt zur Tochterstadt Karthago an der nordafrikanischen Küste. Bis dahin gab es zwar manche phönizische Handelsniederlassung auch im Westen, aber anscheinend nur als Handelsstützpunkte auf dem Wege zur spanischen Westküste, zu den Zinninseln, vielleicht zum Bernsteinland der Nordseeküste. Gadir, heute Cadiz, ist eine solche alte Siedlung (um 1000). Aber bis zur Gründung von Karthago ließen sich Phönizier nur in begrenzter Zahl und wohl nur für kürzere Zeit in der Fremde nieder. Karthago aber entwickelte sich zu einer blühenden Stadt, die selber volkreiche Tochterstädte in Sizilien und sogar an der marokkanischen Atlantikküste gründete.

Zunächst haben die Griechen die Phönizier als Handelspartner geschätzt und sie ihrer Kultur wegen bewundert. Dann haben sie versucht, sich des Mittlers zu entledigen und unmittelbar mit den Produzenten der Waren in Verbindung zu treten. Der Verkehr nahm zu, der Kranz der Siedlungen wurde dichter. Der Wettbewerb um den Kunden wurde härter, und schließlich entbrannte der Handelskrieg. Er spielte sich zunächst in Form von Seeraub ab. Zankle (Messina) ist eine Gründung von Seeräubern.

Mit dem Handel wuchs die Finanzkraft der Städte. Sie stiegen zu machtvollen politischen Gebilden empor. Wer Geld besaß, konnte im 7. und 6. Jahrhundert eine Streitmacht aufstellen. Im Mittelmeer trieben sich bewaffnete Scharen umher, die sich teils dem Seeraub ›auf eigene Rechnung‹ widmeten, teils sich um Anstellung als Söldner bei den Ägyptern, bei den Lydern, bei den Syrern, den Assyrern und den Babyloniern bemühten.

Überall drängten sich kräftige, wagemutige Leute zu Waffendienst und Raubfahrten. Sie brauchten nur einen entschlossenen und klugen Heer- oder Bandenführer, der mit den Mächtigen am Meer und im Hinterland verhandelte, Verträge schloß und einen Blick für die Machtverhältnisse und für die günstigste Gelegenheit, Beute zu machen, besaß. Dann konnte der Söldnerhäuptling zum politischen Führer werden. Hatte er kein Glück, wurde er besiegt und umgebracht.

Keine Stadt besaß genügend Streitkräfte, um die Herrschaft über das Hinterland aufzurichten. Dazu waren die Völker in den Bergen und in den Wäldern sowohl der Zahl wie der Kriegstüchtigkeit nach zu stark. Fast jeder Versuch, das Hinterland zu unterwerfen, endete mit einer vernichtenden Niederlage, bestenfalls mit einem erfolglosen Vorstoß in die Berge.

Auf die Dauer erwies sich der friedliche Warenaustausch am ertragreichsten. Zur See konnte man rauben, im Lande mußte man handeln. Wenn man den Bewohnern Spaniens, Britanniens, Galliens oder Italiens Waffen, Töpfereien, Öl, Wein und Schmuck lieferte, brachten jene Gold, Silber, Kupfer, Zinn und später Eisen, den Bernstein und ihre Tiere an die Küste. Selber über weite Strekken dorthin zu ziehen, gar mit der Absicht, zu plündern, erwies sich bei der mangelhaften Kenntnis der Wege und der Abwehr der eingesessenen Bevölkerung als nahezu unmöglich.

Streit konnte also kaum zwischen den Handelspartnern entstehen, die aufeinander angewiesen waren, dagegen zwischen den konkurrierenden Handelsplätzen. Jede Stadt vertrat ausschließlich die eigenen Interessen. Sie konnten auch gegen die der Mutterstadt oder der Stammesangehörigen gerichtet sein. Auf Sizilien saßen vor allem Dorer, in Süditalien Achäer, in Mittelitalien (Kyme) Ionier, in Massalia Phokäer.

Im Laufe der Zeit bildeten sich Interessensphären durch Verständigung und durch Gewohnheit, geschlossene Siedlungs- und Handelsräume. Das westliche Mittelmeer blieb vorwiegend punisches Handelsreich. Karthago legte Wert auf ungestörte und alleinige Verbindung mit Gadir und damit zu den britannischen Zinninseln. Es sperrte die Durchfahrt durch die Straße von Gibraltar. Die Griechen haben von Sagunt in Spanien bis Massalia in Südfrankreich, in Italien bis Kyme Handel getrieben. Der Westen und der Norden von Sizilien gehörten zum punischen, der Osten zum griechischen Einflußbereich. Korsika und Sardinien waren ebenfalls geteilt: die Ostküste wurde griechisch, die Westküste punisch.

Das Innere dieser Inseln blieb ebenso selbständig und frei wie das Hinterland der Mittelmeerküste auf dem Festland. Die Bewohner dachten auch nicht daran, in die Kämpfe der Handelsmächte an der Küste untereinander einzugreifen. Einmal waren sie ihnen unterlegen, finanziell, in der Waffenrüstung, in der politischen Organisation, in der Fähigkeit, größere Heere aufzubieten und längere Zeit zu unterhalten, vor allem aber waren sie außerstande, ohne Belagerungsgerät die festen Mauern zu überwinden, hinter denen die Fremden wohnten. Sie hatten wenig Lust, es mit ihren Handelspartnern zu verderben.

Nur an einer Stelle spielten die Ansässigen eine Rolle; dort, wo sich punische und griechische Einflußsphären berührten, am Tyrrhenischen Meer. Die Etrusker, anfangs von den Griechen als Seeräuber bezeichnet, schufen eine eigene Handelsmacht. Die Griechen – wie auch die Etrusker selbst – glaubten, die Tyrrhener, wie sie genannt wurden, seien Flüchtlinge aus Kleinasien. Überlebende sollen aus dem zerstörten Troja nach Italien ausgewandert sein. Zweifellos findet sich in Etrurien manches, was auf eine Verwandtschaft mit Asien hindeutet: die städtische Kultur, religiöse Bräuche und Vorstellungen, die Metallkunde und viele Kunstformen.

Gegen die mythische Überlieferung, daß sie Flüchtlinge aus Troja seien, spricht das Fehlen von Nachrichten aus Kleinasien. Doch gibt es Orte in Kleinasien und auf den Inseln der Ägäis, die an die etruskischen Namen erinnern. Im 8. Jahrhundert verdrängen die thrakischen Phryger, aus der Balkanhalbinsel vorstoßend, die Einwohner aus Lydien. Vom Balkanraum führt eine Linie nach Kleinasien, eine andere aber nach Norditalien, so daß man keineswegs eine Wanderung auf dem Seeweg anzunehmen braucht.

Eine gewisse Verwandtschaft zur Kultur um Bologna und selbst zur Lausitzer Kultur läßt wiederum auf eine Verbindung mit den Illyrern schließen, die im 2. Jahrtausend von der westlichen Balkanhalbinsel ihren kulturellen Einfluß, vielleicht sogar ihren Siedlungsraum bis weit nach Mitteldeutschland ausdehnten. Klären wird sich die Herkunft der Etrusker vielleicht dann, wenn es gelingt, ihre Schrift – mit griechischen Buchstaben – zu lesen. Alle bisherigen Deutungen sind unbefriedigend. Manches weist auf eine Verwandtschaft zum Albanischen, also zu den Illyrern, hin.

Die Etrusker sind erst im letzten Jahrtausend nach Etrurien gelangt. Vor ihnen waren die indoeuropäischen Volsker, Samniten,

Umbrer und Latiner nach Italien eingewandert, zu einer Zeit, da die Illyrer aus dem Raum um Hallstatt durch die Völkerbewegung der Kelten verdrängt wurden. Vielleicht verdanken die Etrusker der Hallstattkultur die Kenntnis der Eisengewinnung, auf der ihre Wirtschaft, besonders ihr Handel beruhte.

In Norditalien gab es vor dem 8. Jahrhundert eine entwickelte Kultur, in der Poebene die Tellamarekultur, am Nordrand des Appenin die Villanovakultur genannt.

Die Etrusker scheinen die ansässigen Stämme bei ihrer Einwanderung leicht unterworfen zu haben, wenn es überhaupt zu Kämpfen gekommen ist. Die Entwicklung der etruskischen Städte scheint ziemlich reibungslos an diese Kulturen anzuknüpfen. Erst die Etrusker haben aus den Dörfern Städte geschaffen. Doch kann die Wandlung kaum durch eine bodenständige Entwicklung erklärt werden.

Der Aufstieg der Etrusker begann in der zweiten Hälfte des 8., den Höhepunkt ihrer Seegeltung erklommen sie um die Mitte des 6. Jahrhunderts. Obwohl ihr Herrschaftsgebiet von der Poebene bis Capua reichte, haben sie nie ein geschlossenes Reich geschaffen; sie saßen in einer Vielzahl von Städten, zwölf zeichnen sich dabei besonders aus, die zwar untereinander verbündet waren, aber keine politische Einheit bildeten.

Die Etrusker begnügten sich damit, in den unterworfenen Siedlungen und Städten – soweit man diese Bezeichnung anwenden darf – ihre eigenen Fürsten einzusetzen oder Bündnisse abzuschließen. Das galt auch für die Siedlungen an den Handelsstraßen im Norden und im Süden, Perusia in Umbrien, Volsinii und Fiesole, Mantua und Melpum, Pompeji, Nola, Sorrent, vor allem wohl Capua im Süden.

Das Zentrum ihrer Macht lag jedoch in Etrurien: Volterra, Veji, Clusium, Tarquinia, Caere, Vetulonia und Populonia. Im Nationalheiligtum von Versuna wurden die politischen und religiösen Entscheidungen getroffen, zuletzt 389 v. Chr. Tarquinia soll in der Blütezeit an die 100 000 Einwohner gehabt haben, was sicher weit übertrieben ist. Zur volkreichsten Stadt stieg Arezzo auf. Zweifellos bildete sich in Mittelitalien eine politische und wirtschaftliche Macht, wie es sie hinter dem schmalen Küstensaum des Mittelmeers nirgendwo sonst gab.

Von frühester Zeit an standen die Etrusker in Verbindung mit den Griechen: als Feinde, mit denen sie sich um die italische Westküste, vor allem um Kampanien stritten, sodann als Wettbewerber um die Vorherrschaft und die Seemacht im Tyrrhenischen Meer, aber auch als Handelspartner. Von den Griechen übernahmen sie das Alphabet; von ihnen erhielten sie entscheidende künstlerische Anregungen. Viele griechische Sagenstoffe haben sie übernommen, besonders soweit sie sich auf den Kampf um Troja, vor allem um die Gestalt des Aeneas, des angeblichen Urvaters der Etrusker, bezogen.

Die Etrusker verehrten viele Götter; selbst die wichtigsten wie Tonia, Aplun, die Uni und die Minerva kennt man nur ihrem Namen nach und aus sehr viel späteren Berichten meist verzerrt und umgedeutet. Entscheidend war ihr Glaube an das Weiterleben der Menschen nach dem Tod. Die Gräber in Form von Wohnungen für die Gestorbenen, mit den Beigaben und Darstellungen des reichen Lebens, sollten dem Verschiedenen den Aufenthalt im Jenseits möglichst angenehm gestalten.

Die farbenfreudigen Malereien in den Grabstätten mit den heiteren Darstellungen von Musik und Tanz und üppigen Gelagen spiegeln eine tiefe Lebensfreude wider. Doch scheint die etruskische Welt viel stärker von Furcht und Schrecken, vom Gedanken an Tod und Grausen erfüllt gewesen zu sein. Die Spannungen, die daraus erwachsen, sind zuweilen so stark, daß selbst ein Unglücksfall fast wie eine Befreiung wirken kann. Das Gefühl, über einem Abgrund zu wandeln, die Furcht, jederzeit unerfindlichen Schicksalsschlägen, gewissermaßen dem Sog zum Chaos, ausgesetzt zu sein, bildet den Hintergrund des etruskischen Glaubens. In der frühesten Zeit scheinen Menschenopfer üblich gewesen zu sein, besonders bei den Leichenspielen. Die Gladiatorenkämpfe der Römer sind wohl etruskisches Erbe. Viele kultische Formen behielten noch bis weit in die nachchristliche Zeit hinein etruskische Namen.

Überliefert sind von – allerdings sehr viel späteren – römischen Schriftstellern die Auszüge aus alten Schriften der Etrusker, die auf die etruskische ›Disciplina‹ hinweisen, auf praktische religiöse Regeln, durch deren Beobachtung das gute Verhältnis zwischen Göttern und Menschen gesichert werden sollte. Die Götter – oder Dämonen – gaben ihren Willen in verschiedener Weise kund, durch den Flug der Vögel, insbesondere der Geier, durch die Blitze – die meisten etruskischen Götter werden blitzeschleudernd dargestellt – und durch Zeichen bei den Opfern. Diese zu erkennen, vor allem bei der Leberschau nach dem Rinderopfer, war Aufgabe der Priester. Die Römer haben die Vogelschau der ›Haruspices‹ von ihnen übernommen.

Ihren Aufstieg verdanken die Etrusker ihrer wirtschaftlichen Überlegenheit. Sie haben die Eisengruben auf Elba ausgebeutet. Obwohl sie vom Eisen als Handelsware abhängig waren, hielten sie in allen kultischen Handlungen an der Bronze fest. Wenn eine Stadt gegründet wurde, mußte ein Pflug aus Bronze die erste Furche an der Stadtgrenze ziehen. Den besiegten Römern verboten die Etrusker, Eisen zu anderen als – wohl für profan geltenden – landwirtschaftlichen Zwecken zu verwenden.

Ihre Gegner zur See und ihre Konkurrenten im Handel, die Griechen wie die Punier, konnten die Etrusker gegeneinander ausspielen, um zu verhindern, daß sie ihnen gefährlich wurden. Als die Phokäer versuchten, sich auf Korsika niederzulassen, verbanden sich die Etrusker mit den Karthagern. Seit der Seeschlacht von Alalia 536 beherrschen die Punier unbestritten das westliche Mittelmeer, die Etrusker das Tyrrhenische Meer.

Um die griechische Stadt Kyme in ihre Hand zu bekommen, griffen die Etrusker sie von der See her an. Der Anschlag mißlang. Mit der Hilfe von Syrakus, das nach dem Siege über die Punier (480) seine Blüte erlebte, gelang es den Griechen, die Etrusker zu schlagen. Nach der Seeschlacht von Kyme (474) begann der Abstieg der etruskischen Seegeltung. Nutznießer und Erbe wurde die Stadt, die – an der Tiberbrücke gelegen – vom Handel mit Eisenerz und Eisenwaren den größten Vorteil zog: Rom.

Das Verhältnis der Griechenstädte an der kleinasiatischen Küste zu ihren Nachbarn im Hinterland schwankte zwischen engem wirtschaftlichem Austausch und politischen Kämpfen. Der wechselseitige kulturelle Einfluß wurde durch die Kriege wenig berührt.

König Kroisos von Lydien dehnte seine Macht bis zur Küste aus und eroberte Ephesos; doch erkannte er die Freiheit von Milet an. Er schloß auch Verträge mit den Städten in Griechenland, sogar mit Sparta. Als die Perser von Mesopotamien her gegen Westen vorrückten, waren die Griechen überzeugt, der Sieg würde dem sagenhaft reichen Lydien zufallen. Aber König Kyros besiegte den Lyderkönig, der dem delphischen Orakel vertrauend den Halys überschritt. Lydien wurde persische Provinz.

Über das riesige Perserreich, das sich von Baktrien und dem Industal bis Ägypten erstreckte, gebot der Großkönig, der Steuern eintreiben ließ und Heere zusammenrief. Dieser Staat lebte nach anderen Gesetzen als die griechische Polis. Gestützt auf sein Reiterheer, das den schwerfälligen Aufgeboten des Fußvolkes überlegen war, schritt der persische Großkönig von einer Eroberung zur anderen. Die Unterworfenen waren zu Tributen und Abgaben und zur Heeresfolge verpflichtet. Ein Satrap wurde eingesetzt.

König Dareios zog mit einem mächtigen Heer über den Bosporus. Ohne Widerstand zu leisten, unterwarfen sich die Thraker und die Makedonen; sie erkannten die persische Oberhoheit an und zahlten Tribut. Dareios' Versuch jedoch, über die Donau vorzudringen, um die Skythen in der südrussischen Steppe zu unterwerfen, scheiterte. Das stammverwandte Reitervolk, das damals noch wenig Ackerbau trieb, vernichtete alle Vorräte, die dem Feinde hätten nützen können, und zog sich in die weite Steppe zurück. Dareios mußte umkehren.

Nach dieser Niederlage schüttelten die kleinasiatischen Griechenstädte die persische Oberhoheit ab. Beim persischen Gegenschlag ging Milet in Flammen auf, seine Bevölkerung wanderte in die Sklaverei. Dareios sandte eine Strafexpedition zu Schiff gegen Athen, weil es die ionischen Städte an der kleinasiatischen Küste unterstützt hatte. Doch siegte bei Marathon das schwerbewaffnete athenische Bürgeraufgebot über die persische Reiterei und die Bogenschützen (490).

Der Sohn des Dareios, Xerxes, führte zehn Jahre später das Reichsheer auf dem Landweg über den Hellespont gegen Griechenland.

Den Persern gegenüber war die Einstellung der griechischen Städte keineswegs einhellig. Es gab immer Städte, die zu Persien hielten. Und innerhalb der meisten Städte gab es immer eine Partei, die für Persien, eine andere, die gegen Persien eintrat. Die Frage hieß: nachgeben oder kämpfen.

Angesichts der Gefahr unterstellten sich die Ionier dem Oberbefehl der Spartaner. Die Bewohner von Aigina, die Grund genug hatten, Athen gegenüber mißtrauisch zu sein, stellten erst unmittelbar vor der Schlacht ihre Schiffe zur Verfügung. Das gab den Ausschlag. Neutral blieben Delphi und Argos, eindeutig für die Perser waren Thessalien und Böotien.

Auf Rat des Themistokles räumten die Athener ihre Stadt; sie setzten alles auf die Flotte. Bei Salamis wurde die persische Kriegsflotte geschlagen. Das persische Heer, das in Griechenland blieb, erlitt im folgenden Jahr eine vernichtende Niederlage bei Plataiai; die Flotte wurde am kleinasiatischen Vorgebirge Mykale geschlagen. Griechenland blieb frei; die kleinasiatischen Griechenstädte wurden wieder selbständig.

Die Griechen feierten ihren Sieg über die Perser als den Sieg von ›Freiheit‹ und ›Demokratie‹ über ›asiatische Tyrannei‹, als Sieg des ›Volkes‹ über die gezwungenen Scharen eines Despoten, als einen Sieg der Polis über den Territorialstaat, ja als einen Sieg ›Europas‹ über ›Asien‹. Diese griechische Deutung lebt heute noch fort.

Im Jahr von Salamis (480) griffen die Karthager die Griechenstädte auf Sizilien an; vom Mutterland war keine Hilfe zu erwarten. Aus eigener Kraft siegten die Tyrannen von Syrakus und Akragas bei Himera über die Punier. Karthago hat die Freiheit der Griechenstädte nie wieder angetastet.

Das europäische Hinterland wurde von diesen Kämpfen an seinem Grenzsaum kaum berührt.

3

Im Hinterland: Skythen, Kelten, Germanen

Die Kimmerier in der südrussischen Steppe · Verdrängt von den Skythen im 8. Jahrhundert v. Chr. · Nomadenleben beruht auf den Herden · Sozialordnung · Nomaden vermitteln Metallkunde aus dem Osten · 1000 bis 450: Hallstatt-Kultur · Hallstatt und sein Salz, Entwicklung der nordeuropäischen Eisenkultur · Der Sperriegel: die herzynischen Wälder · Südlich davon die Kelten, im Norden die Germanen · Ab 450: die neue Kultur, La Tène · Ausbreitung der Kelten bis Spanien, Irland, Norditalien und zum Balkan · Sozialordnung der Kelten: Herrschaft der adligen Oberschicht · Religiosität · Das hohe Ansehen der Druiden · Kelten ohne eigene Schrift · Das ›Oppidum‹ · Hochentwickeltes Handwerk: Metall, insbesondere Eisen, Leder und Wolle · Eisengewinnung und Verarbeitung · Formenreichtum und Phantasie der Kelten · Griechenstädte am Schwarzen Meer · Ihr Einfluß in die Steppe hinein · Einfluß der Steppe auf Nordeuropa · Keltische Beziehungen zu den Germanen · Der Norden bleibt arm

Ende des 2. Jahrtausends streiften die Kimmerier durch die weite Steppe, die von der Donaumündung bis tief nach Asien, bis zum Altai reichte. Es waren umherziehende Nomaden mit indoeuropäischer Sprache, wahrscheinlich hochgewachsen, vielfach blond und blauäugig, den Persern nahe verwandt. Seit Urzeiten in Asien ansässig, sind sie durch Bodenfunde bis Chinesisch-Turkestan nachweisbar. Sie züchteten das Pferd und entwickelten offenbar die Kampfesweise mit dem Streitwagen, die sich über Kleinasien bis nach Ägypten durchsetzte.

Im 7. Jahrhundert erlagen die Kimmerier dem Ansturm eines stammverwandten iranischen Reitervolkes, den Skythen, die bis zum 2. Jahrhundert die Herrschaft im Steppengürtel von Sibirien und Südrußland ausübten. Sie lehrten die Völker nördlich der Alpen die Kunst des Reitens; bis dahin diente das Pferd nur dazu, den Wagen, auch den Streitwagen zu ziehen. Über die Wege des Kaukasus lernten die Skythen das Eisen kennen; sie gaben die Fertigkeit, es zu schmieden, über das Donaubecken an Mitteleuropa weiter.

Die Kunst der Eisenbearbeitung lernten die Hirtenvölker wohl von den Hethitern in Kleinasien, die die Metalle von ihren Nachbarn in Mesopotamien und Syrien übernommen hatten. Eisen muß geschmiedet werden, um als Waffe und als Werkzeug verwendet zu werden; Bronze wird gegossen und kalt geglättet. Obwohl sie Eisen als Metall seit dem frühen 3. Jahrtausend kannten, haben die Ägypter und die Sumerer nicht die Kunst des Schmiedens beherrscht. Nur langsam gelangte die Eisenkultur aus Kleinasien an die Ufer der Ägäis und auf den Balkan. Dort stieß sie bereits auf die Spuren der Kimmerier und der Skythen.

Mit den geschmiedeten Eisenschwertern waren die Skythen den Völkern in Ost- und Mitteleuropa überlegen. Auf ihren raschen Pferden bewegten sie sich über die weiten Strecken der Steppe. Ihr Reichtum waren die Vieh- und Pferdeherden, mit denen sie weiterzogen, wenn die Trockenheit ihre angestammten Weideflächen verdorren ließ.

Um die Mitte des 2. Jahrtausends hatte sich in ganz Eurasien, wahrscheinlich auch im nördlichen Afrika, das Klima verschlechtert. Die Niederschläge ließen nach. In Europa nahmen die Wälder ab, die Wege öffneten sich. Es wurde möglich, bisher versumpfte Gebiete zu nutzen. In den Steppengebieten jedoch dehnte sich die Wüste aus. Sie zwang die Hirten, weiterzuziehen. Auch die Skythen sind durch diese Dürre aus ihrem ursprünglichen Siedlungsraum zwischen Schwarzem Meer und Aralsee nach Westen gedrängt worden.

Sie kamen aus einem Gebiet, das seit Jahrtausenden am Schnittpunkt der Kulturen lag. Über den Kaukasus führten die alten Heerstraßen nach Kleinasien, nach Persien und nach Mesopotamien, südlich des Aralsees nach Indien und über Turkestan nach China, nördlich des Aralsees über die Dsungarische Pforte zum Altai und nach der Mongolei. Jahrtausendelang bildete dieses Gebiet gewissermaßen eine Drehscheibe, die Kultureinflüsse von allen Seiten empfing, aber auch nach allen Richtungen weitergab. Zugleich war es die Brücke, über die die Völker hin- und herfluteten, besonders von der Zeit an, als sie auf dem Rücken der Pferde auch große Entfernungen rasch zurücklegen konnten.

Den seßhaften Ackerbauern erscheinen die herumziehenden Nomaden seit jeher als Barbaren, weil ihnen das fehlt, was als Grundlage und Voraussetzung der ›Kultur‹ gilt, die Siedlung mit dauerhaften Häusern, die sorgfältig bearbeiteten Felder, die Arbeitsteilung mit Herren, Priestern und Handwerkern. Die Nomaden leben vorwiegend von ihren Herden; daneben wird noch so viel Feldbau getrieben, wie nötig ist, die Ernährung zu sichern. Der freie Mann arbeitet nicht auf dem Acker; das überläßt er der Frau.

Bewaffnet sitzt er zu Pferde, jederzeit bereit, die Herde zu verteidigen, gegen wilde Tiere und feindliche Nachbarn. Er kennt keinen Unterschied zwischen Krieger und friedlichem Hirten. Er ist frei. Nur dem Herrn beugt er sich, den er freiwillig anerkennt. Der Weg in die Steppe, in die er entschwinden kann, steht ihm jederzeit offen. Seine Behausung sind rasch aufgeschlagene Zelte, die genauso schnell wieder abgebrochen und anderswo aufgestellt werden können. Er schließt sich dem Führer an, der den Stamm mit überlegener Kenntnis leitet, der den Gefahren der Natur wie denen der Menschen zu begegnen weiß, der den Kampf zum Siege führt oder ihn rechtzeitig abbricht. Der Anführer muß sich durch Erfolge und Siege ausweisen; bewährt er sich nicht, nimmt ein Stärkerer die Zügel in die Hand.

Die Kunstwerke des Nomaden sind ursprünglich aus Holz geschnitzt, selten aus Stein geformt. Wie sollte man auch schwere Gegenstände mit sich schleppen, wenn man weiterzieht. Später bearbeitet er auch die Metalle; ihm gilt das Schmieden von Eisen als eine wichtige Kunst. Auch die Gold- und Silberarbeiten sind begehrt. Besonders beliebt sind Tiermotive. Sie kehren in allen künstlerischen Arbeiten, in Metall, in Holz und in Wolle wieder, das Pferd dabei weniger als vor allem der Hirsch, wohl aus der uralten Beziehung zu Mesopotamien.

Die Skythen sind von der Steppe bis weit nach Mitteleuropa vorgestoßen. Wir finden ihre Spuren besonders in Ungarn, einen Ausläufer bis in die Mark Brandenburg hinein (Vettersfelde). Ihre eigentlichen Sitze jedoch blieben die südrussische Steppe zwischen dem Wald- und Sumpfgürtel Rußlands und dem Schwarzen Meer. Dort fanden die Herden die günstigsten Weideplätze. Am Schwarzen Meer traten die Skythen in regen Warenaustausch mit den dortigen Griechenstädten. Im Westen, in Ungarn und an den Alpenrändern, waren sie die Gebenden.

Im Siedlungsraum der Illyrer entstand mit dem Eisen ein wirtschaftlicher und kultureller Schwerpunkt: Hallstatt im Salzkammergut. Hallstatt muß zwischen 1000 und 600 v. Chr. ein bedeutender Ort gewesen sein; man hat mehr als 2500 Gräber gefunden. Ursprünglich wurde in den Bergen Salz gewonnen. Dann beutete man im umliegenden Alpengebiet die Eisenerzgruben aus, die wohl ergiebiger waren als die in Kleinasien und im Kaukasus. Ein lebhafter Handel mit Eisengeräten scheint von Hallstatt aus in alle Richtungen geführt zu haben; Eisenwaren verdrängen langsam die Gegenstände aus Bronze.

Die Eisenkultur konnte sich um Hallstatt entfalten, weil seine Bewohner bereits eine höhere Kulturstufe erreicht hatten. Auf ihrem Zug nach Westen gerieten die Reitervölker unter den Einfluß der Kultur, die sich in der westlichen Ukraine am Dnjepr (Tripolje) herausgebildet hatte. Nachdem sie die Karpaten umgangen und über den Beskidenpaß in den Donauraum vorgedrungen waren, stießen sie auf die Einflüsse, die aus dem Balkanraum nach Norden vorgedrungen waren. Sie reichten bis in die Lausitz. Die Menschen in Mitteleuropa hatten inzwischen gelernt, mit Metallen umzugehen.

Zu Beginn des letzten Jahrtausends v. Chr. wurde Mitteleuropa von einem zusammenhängenden Waldgürtel durchschnitten, der von den Ardennen über Eifel, Teutoburger Wald, Süntel, Deister, Harz, über den Thüringer Wald, das Erzgebirge, die Sudeten, bis zu den Karpaten reichte und um diese Zeit nahezu undurchdringlich geworden war. Das hing wahrscheinlich mit einer Klimaverschlechterung und der Zunahme der Niederschläge zusammen. Dieser Waldstreifen trennte den Norden Europas nahezu von jeder Verbindung mit dem Süden. Der Handel nahm andere Wege, der Norden verarmte, materiell wie kulturell. Für Jahrhunderte blieb dieser Raum geschichtslos.

Südlich dieses Sperrgürtels saßen die Kelten. Die Kelten erscheinen unter mehreren Namen. Gallier heißen die vielen keltischen Stämme in Gallien wie auch in Norditalien. Die Kelten, die bis Kleinasien vordrangen, hießen bei den Griechen die ›Galater‹.

Heimat und Ursprungsgebiet der Kelten ist offenbar Süddeutschland. Sie siedelten bis zum nördlich gelegenen Waldgürtel, der von ihnen den Namen bekommen hat: die ›herzynischen Wälder‹. ›Herzynum‹ ist ein keltisches Wort für Erz, das sich in ›Harz‹ und ›Erzgebirge‹ wiederfindet. Vom keltischen Wort für schwarz, ›ardu‹, stammt der Name der Ardennen, deren germanische Bezeichnung ›Kohlenwald‹ ist.

Die Bewohner des Raumes südlich der herzynischen Wälder waren zu Beginn des letzten Jahrhunderts v. Chr. noch keineswegs

›Kelten‹. Zu einem ›Volk‹ sind sie erst durch einen Verschmelzungsprozeß mit verschiedenen vorkeltischen, vielleicht sogar vorindoeuropäischen Völkern geworden. Blutmischung, geschichtliche Faktoren und kulturelle Einflüsse haben schließlich ein einheitliches Volk geformt, so daß man um die Mitte des Jahrtausends von Kelten im eigentlichen Sinne sprechen kann.

Von Hallstatt übernahmen die Kelten die Eisenkultur. Von den Skythen lernten sie anscheinend Zucht und Ausrüstung des Pferdes. La Tène, der Hauptfundort der späteren, die Hallstattzeit ablösenden Eisenkultur, im Schweizer Jura gelegen, ist keltisch gewesen. Eisenwaffen und Pferd gaben den Kelten offenbar die Überlegenheit, ein riesiges Gebiet zu erobern.

Vom ausgehenden 6. Jahrhundert an stießen die Kelten nach Frankreich vor, das sie bis zum Atlantik unterwarfen. Sie setzten um 400 v. Chr. von der Rheinmündung nach Britannien über. Zum Ausgang der Bronzezeit war bereits eine Völkerschar, die ›Goidelen‹, vom Festland zu den britannischen Inseln vorgestoßen, doch scheint es zweifelhaft, ob das schon Kelten im eigentlichen Sinne gewesen sind. Um 300 v. Chr. fuhren Kelten vom Festland unmittelbar nach Irland, die Brythen oder Belger. Zu Caesars Zeiten sprach die gesamte Bevölkerung in England wie in Irland keltisch. Wie viele Einwohner tatsächlich eingewanderte Kelten gewesen sind, läßt sich nicht feststellen.

Die Kelten eroberten den Nordosten und den Westen der Iberischen Halbinsel; sie gelangten auf einem Kriegszug sogar bis Cadiz. Unter Führung von Bellovesus drangen sie in Norditalien ein, wo sie auf ernsthaften Widerstand der Etrusker stießen. 390 v. Chr. zerstörten sie das etruskische Melpum (Mailand). Einer kriegerischen Schar unter Brennus gelang es, das römische Heer an der Allia (388 v. Chr.) zu schlagen und Rom zu brandschatzen. Die Burg auf dem Kapitol konnte sich monatelang halten. Gegen Lösegeld ließ sich Brennus bewegen, abzurücken. Besiedelt haben die Kelten die Poebene, so daß die Römer sie ›Gallia Cisalpina‹ nannten. Auch hier lagerten sie sich über die ligurischen Urbewohner.

Etwa zur selben Zeit überschwemmten sie unter Segovesus den Balkan. Dabei leisteten die Illyrer in den Bergen derart heftigen Widerstand, daß die Kelten in die Donauebene auswichen. 396 v. Chr. mußten die Makedonen ihnen Tribut zahlen. Als Makedonien erstarkte, wandte sich das Blatt. Die Kelten wurden besiegt; sie schlossen einen Vertrag, der ihnen Siedlungsraum im Morawatal zuwies. Philipp wie Alexander von Makedonien haben mit ihnen Krieg geführt. Erst als er die Kelten geschlagen hatte, konnte Alexander zu seinem Eroberungszug gegen Persien aufbrechen. Nach seinem Tode begannen die keltischen Raubzüge von neuem. Delphi wurde geplündert; ein keltisches Heer gelangte nach Kleinasien. Auf der anatolischen Hochebene ließen sich die ›Galater‹ nieder.

Der Raum von Spanien über Frankreich und Süddeutschland bis zum Balkan, ja bis Kleinasien, von Schottland und Irland bis Norditalien gehörte von 400 bis 200 v. Chr. den Kelten.

Trotz dieser gewaltigen Machtausdehnung haben die Kelten nirgendwo ein ›Reich‹ geschaffen. Der ›Staat‹ blieb ihnen fremd. Niemals hat sich in diesem weiten Raum ein gesamtkeltischer politischer Wille durchzusetzen vermocht, weil die adlige Oberschicht ihre Vorrechte und ihre Unabhängigkeit zu verteidigen vermochte und alles daransetzte, jeden größeren politischen Zusammenschluß zu verhindern. Der Adel wollte sich keiner überragenden Persönlichkeit beugen. Anläufe zur Herrschaft einzelner hat es immer wieder gegeben. Alle sind gescheitert. Keltische Herrschaft bedeutet Herrschaft dieser adligen Oberschicht.

Jeder Stamm stand für sich; jeder trieb Politik auf eigene Faust, schloß Bündnisse und Verträge, unternahm Kriegs- und Beutezüge gegen keltische Blutsbrüder wie gegen Fremde. Wenn Germanen an der Grenze erschienen, wehrten sich immer nur die betroffenen Stämme. Wurden sie überrannt oder sehr bedrängt, wichen sie in andere Gebiete aus; sie zogen durch das Land anderer Keltenstämme, entweder mit deren Einverständnis oder gegen deren Willen. Einen geschlossenen Widerstand gegen die Germanen gab es nicht.

Die Kelten haben auch niemals einen gemeinsamen Angriff gegen ihre Nachbarn gerichtet. Wenn einzelne Völker aufbrachen, so zogen sie für sich. Vielleicht nahmen sie unterwegs andere Stämme mit, vielleicht schlossen sich ihnen unternehmungslustige Krieger an – zu gemeinsamem Handeln haben sie sich nie zusammengefunden. Wurden sie besiegt, blieben die übrigen Kelten gleichgültig.

Die keltische Oberschicht herrschte über Menschen verschiedener Herkunft. Im 6. Jahrhundert kannten die Griechen von Massalia im Hinterland nur die Ligurer, ein Volk, von dem wir außer dem Namen kaum etwas wissen, auch nicht die Sprache kennen. Spanien war von den Iberern bewohnt, die wohl mit der ursprünglichen Bevölkerung Nordafrikas verwandt waren. Von ihnen hoben sich die Vorfahren der Basken ab, die ihre eigenartige Sprache bis heute erhalten haben. In den Alpen saßen die wohl illyrischen Räter und Noriker, die ganz im Keltentum aufgingen, nicht ohne tiefreichende Einwirkungen zu hinterlassen. Es ist erstaunlich, wie stark die Kelten die von ihnen unterworfenen Völker in Gesellschafts- und Lebensform zu einem recht einheitlichen ›Volk‹ umzuformen vermochten. Die keltische Sprache hat sich weitgehend durchgesetzt; schließlich blieben nur wenige Reste der früheren Sprachen erhalten.

Die Kelten waren Landwirte, richtiger Herren mit Grundbesitz, und zugleich Krieger. Es läßt sich kaum feststellen, ob die Kelten von Anfang an die adlige Herrenschicht bildeten oder ob sie sich erst langsam zu einer solchen Schicht entwickelten. Die antiken Schriftsteller betonen, daß die Feudalordnung für ihr soziales Leben kennzeichnend war. Der Schwertadel hob sich von den freien Bauern und den Sklaven ab.

Es liegt nahe, die Sozialordnung mit der strengen Unterscheidung von Adel, Gemeinfreien und Sklaven von der kriegerischen Überlegenheit eines Reitervolkes abzuleiten. Das Pferd blieb ein Vorrecht der keltischen Oberschicht. Innerhalb der Sozialordnung spielte der Unterschied zwischen Reiter und Fußvolk eine große Rolle. Der ›Herr‹ war beritten. Noch im Mittelalter galt es als Vorrecht des Adels, zu reiten. Bei den Steppenvölkern hingegen sitzen alle zu Pferde.

Die kleinen Waldlichtungen und die engen Flußtäler Mitteleuropas eigneten sich im Grunde wenig für die Pferdezucht. Erst als die Wälder in größerem Umfang gerodet werden konnten, öffneten sich die Flächen für die Pferdekoppeln, da erst trat neben Rinder- und Schweinezucht die Pflege des Pferdes.

Die Herrschaft des Adels beruhte sodann auf der Überlegenheit der Eisenwaffen. Das leicht gekrümmte Langschwert erwies sich dem kurzen Bronzeschwert erheblich überlegen.

Was Griechen und Römer von ›den Kelten‹ berichten, bezieht sich hauptsächlich auf diese adlige Herrenschicht. Die dürfte jedoch kaum mehr als ein Zehntel der Gesamtbevölkerung ausgemacht haben. Aber sie prägte den Raum und die Menschen.

Der adlige Herr umgab sich auf seinem Hofsitz mit einer großen Schar von Gefolgsleuten, Mitgliedern seiner weitverzweigten Sippe, mit seinen Freunden und Anhängern, mit bewaffneten Kriegern, die er besoldete, mit Menschen, die er wirtschaftlich unterhielt, denen er Geschenke oder Gunstbeweise zukommen ließ, mit abhängigen Hintersassen, mit Halbfreien und Sklaven. Er gebot über die Landbevölkerung auf seinen Gütern, die ihm Abgaben zu zahlen hatte.

Das Verhältnis zu diesen Abhängigen war weniger von Rechtssätzen bestimmt als von Verpflichtungen, die auf Gegenseitigkeit beruhten. Der Herr hatte für seine Leute aufzukommen, die Leute schuldeten ihm Gehorsam und Ehrerbietung. Daraus ergaben sich gleichermaßen wechselseitig persönliche Abhängigkeit und Achtung, die von keiner Seite verletzt werden durften. Das Lehnsverhältnis des Mittelalters, der Ehrenkodex des Ritters, tragen manche keltischen Züge und Bezeichnungen.

Die Verpflichtung gegenüber dem Schwächeren, ja selbst gegenüber dem Besiegten und Unterlegenen beruhte auf einer Einstellung gegenüber dem Mitmenschen, die sich sowohl von dem nüchternen, auf eindeutige Grundsätze gestützten Recht der Römer wie von der Willkür des Orients, die sich einseitig auf die tatsächlichen Machtverhältnisse beruft, unterscheidet. Daraus erklärt sich auch, daß im Umgang mit Kelten jede Unterwürfigkeit fehlt, sei es im politischen Verkehr mit den Nachbarn wie im gesellschaftlichen untereinander. Wer sich hilfesuchend an den Mächtigen wandte, durfte erwarten, in Gnaden aufgenommen zu werden. Großmütig zu sein, kam einem keltischen Herrn zu.

Eine tiefe Religiosität kennzeichnet die Kelten. An den Quellen und in den Wäldern befanden sich ihre Kultstätten. Natur- und Tiergottheiten, aber auch Bäume waren Gegenstand ihrer Verehrung. Die Mistel galt als ›allesheilend‹. Bis tief in die Römerzeit, teilweise bis in das Mittelalter hinein, hielt die Bevölkerung mit Inbrunst an ihren Bräuchen fest. Im Heiligtum der Sequana an der Quelle der Seine fanden Kulthandlungen noch im 4. nachchristlichen Jahrhundert statt. 744 verurteilte eine Synode in Soissons einen ›Gallier‹ Aldebert wegen Ketzerei, weil er Kreuze und Kapellen auf Feldern und an Quellen errichtet hatte.

Einen besonderen Stand bildeten die Druiden. Sie waren Priester, Gelehrte, Ratgeber, Richter, Ärzte und Seher in einer Person. Wahrscheinlich haben sie auch bei den politischen Entscheidungen ihres Volkes ein gewichtiges Wort mitgesprochen. Die Druiden Galliens versammelten sich alljährlich im Lande der Carnuten an der Loire, nach alter Überlieferung dort, wo später das Benediktinerkloster Fleury (St. Benoît) errichtet wurde. Es ist wohl kein Zufall, daß der große, ganz Gallien umfassende Aufstand des Vercingetorix gegen Caesar im benachbarten Cenabum, dem heutigen Orléans, ausbrach. In England lag der Versammlungsort der Druiden auf der Insel Mona, dem heutigen Anglesey an der nordwalisischen Küste; die irischen Druiden versammelten sich auf der Insel Man.

Ihrer Bildung wegen standen die Druiden in hohem Ansehen. Da die Kelten eine schriftliche Festlegung ihres Kultes ablehnten, mußten die Schüler die heiligen Texte auswendig lernen. Der Unterricht soll bis zu 20 Jahren gedauert haben. Die Jugend wurde in den Druidenschulen unterrichtet. Die iro-schottischen Klosterschulen des frühen Mittelalters haben diese Tradition gepflegt, häufig an den althergebrachten Plätzen.

Die Priesterschaft der Druiden stammt, nach Caesar, aus dem Westen Britanniens. Wenn sie also nicht festländischen Ursprungs und urkeltisch ist, sondern anderswoher die entscheidenden Anregungen erhielt, so könnte hier ein Hinweis auf Überlieferungen sehr viel älterer Zeit, vielleicht sogar bis in die Zeiten der Megalithkultur liegen. Die antiken Schriftsteller berichten, daß es bei den Kelten Menschenopfer gegeben haben soll.

Angesehen und hochgeehrt waren offenbar auch die Sänger, die Barden. Ihr Einfluß ist schwer zu fassen, weil das gesprochene oder gesungene Wort verfliegt. Offenbar haben sie die Gesänge und Sagen der Kelten über Jahrhunderte weitergereicht.

Die Kelten lebten ohne Schrift. Sie haben keine eigenen Schriftzeichen entwickelt. Soweit sie schrieben, bedienten sie sich des griechischen Alphabets. Sie haben offenbar auch wenig Wert darauf gelegt, geschichtliche Fakten schriftlich niederzulegen. Zur gleichen Zeit konnten die oberen Schichten Griechenlands lesen und schreiben.

An gut zu befestigenden Plätzen, auf Höhen oder Inseln, legten die Kelten ihre Fluchtburgen an, die sie im Laufe der Zeit mit Wall und Mauern versahen. Der Burgenbau im Gebiet nördlich der Alpen geht auf sie zurück. Die Römer nannten eine solche keltische Siedlung ›oppidum‹.

Mit Vorliebe wählten die Kelten für ihr Oppidum eine Bergnase, die von einer Flußschleife umgeben oder die vom Zusammenfluß zweier Flüsse im spitzen Winkel gebildet wird. Bevorzugt waren die Stellen, wo der Berg nach drei Seiten schroff abfällt. Wo die Flußschleife den Weg freigibt, wo also der Berg - meist über eine leichte Senke - eine Verbindung mit dem rückwärtigen Höhenzug aufweist, befindet sich der Zugang. Dieser Berggrat - vielleicht sogar Felsengrat - läßt sich gegen einen Angriff durch eine künstliche Anlage, Mauer und Graben, abriegeln. Das ist das Bild von Segovia in Spanien, Bourges in Frankreich, Basel und Bern in der Schweiz, Regensburg in Deutschland.

Lutetia, das spätere Paris, und Melun wurden auf Seine-Inseln angelegt.

Das Oppidum war weder Zentrum für religiöse Feste noch ein Marktplatz. Kultische Handlungen vollzogen die Kelten in der freien Natur, der Warenaustausch mit Kaufleuten aus der Fremde spielte sich im Grenzgebiet zwischen den einzelnen Gauen ab.

Aus der Fluchtburg in Zeiten der Gefahr entwickelte sich die keltische Stadt. Obwohl das Oppidum in der Regel nur einen bescheidenen Flächenraum einnimmt, muß es zuzeiten außerordentlich volkreich gewesen sein, wie Bibracte und Alesia. In vielen mitteleuropäischen Städten läßt sich im Stadtkern noch die alte Anlage eines keltischen Oppidums erkennen.

Die Handwerker wohnten meist unten am Fluß; Schmiede, Färber, Gerber brauchen ohnehin viel Wasser. In der Verarbeitung von Metallen, Leder und Wolle müssen die Kelten eine auffallende Fertigkeit besessen haben. Als Hannibal gegen Rom zog, legte er in den Alpen bei den keltischen Allobrogern eine Pause ein, um Waffen und Rüstungen seiner Truppen herrichten zu lassen und sie mit Wollkleidung zu versehen.

Ihre Gold- und Silberarbeiten mit Ätzungen, Gravuren, Emailleeinlagen und Korallen waren über Jahrhunderte berühmt. Daß diese handwerklichen Fähigkeiten sich bis in das Mittelalter hinein erhalten haben, zeigen die Namen der Zunftheiligen, die überwiegend aus ehemals keltisch besiedelten Gebieten stammen.

Man hat darauf hingewiesen, daß die Kelten sich gerade in jenen Handwerksarten auszeichneten, die bei Steppenvölkern üblich sind: Eisen-, Wolle- und Lederverarbeitung. Die Anlagen ihrer Oppida hingegen mußten jedem Reitervolk zutiefst fremd sein. Haben die Kelten die Stadt und ihre Baukunst von einem älteren Volk übernommen und weiterentwickelt, das seßhaft war und den Städtebau an den Küsten des Mittelmeers von früher her gewohnt war? Gedacht werden kann an die Ligurer. In den südfranzösischen Oppida der Kelten, wie in Ensérune, finden sich Anlagen, die wohl aus der Zeit vor der keltischen Landnahme stammen.

Dank der Eisengeräte blühte die Landwirtschaft auf, teils, weil die Wälder gerodet werden konnten, sodann aber auch, weil der eiserne Pflug dem mit Bronze beschlagenen hölzernen weit überlegen war. Die Erträge des Bodens stiegen. Weite Flächen, die später wieder mit Wald zuwuchsen, waren zur Zeit der Kelten Ackerboden und Weidegründe. Die Bevölkerung im gesamten keltischen Gebiet nahm zu, so daß Frankreich und Süddeutschland damals zu den dichtestbesiedelten Gebieten Europas gehörten. Wahrscheinlich lebten dort mehr Menschen als in Italien (einschließlich der keltisch besiedelten Poebene) und auf der Balkanhalbinsel, die nur an der Küste stärker besiedelt war. Das Land war fruchtbar und reich.

Ein weitverzweigtes Netz von Gruben, Stollen, Bergwerken, Erzfundstätten überspannte den gesamten keltischen Raum von Spanien bis zu den Sudeten und den Karpaten. In den Flußläufen wurde Gold gewaschen. Irland galt als das reichste Goldland Europas. Caesar hat große Mengen Gold aus den gallischen Tempeln als Beute nach Rom geschleppt. Silber und Kupfer lieferten die Bergwerke Spaniens, der Alpen, Böhmens.

Die Grundlage des Metallgewerbes war von Anfang an das Eisen. Wo die Kelten hinkamen, entwickelten sie die Eisengruben. In den Pyrenäen, in den Alpen, in den böhmischen Bergen und in den Karpaten lagen die ertragreichsten Gruben, aber Tausende kleinerer Vorkommen konnten mit Hilfe von Wasserkraft und Holzkohle ausgebeutet werden. Viele haben sich bis zum Mittelalter, manche bis zur Gegenwart gehalten. Caesar spricht von den bergbaulichen Kenntnissen und Künsten der Gallier, die ihnen bei Belagerungen durch das Vortreiben von Sappen und Minenstollen zugute kamen.

In den Stollen arbeiteten die Unterworfenen für ihre keltischen Herren. Die Bergarbeit mit ihren Gefahren im Dunkel der Erde und das Hantieren mit Feuer und Metall war den Jägern und Akkerbauern fremd und unheimlich. Zauberer sind die Zwerge, die den jungen Siegfried das Schmieden lehrten. Zauberkräfte halfen, Gold und Edelstein aus dem Berge zu schürfen.

Seitdem die Griechen in Massalia ansässig waren, verstärkte sich der sehr viel ältere Handel in Mitteleuropa. Von St. Blaise, westlich von Marseille, zog sich die alte Straße das Rhônetal über Saone,

Seine (Lutetia) bis zur Mündung am Kanal und bis Calais hin. In der Hauptsache wurden Öl und Wein eingeführt, während Erze, Eisenwaren, Wolle und Leder und schließlich Salz ausgeführt wurden. In keltischen Gräbern sind Bronzegegenstände und Tongefäße aus Attika gefunden worden.

Der Verkehr über die Alpen - wohl über den Kl. St. Bernhard - ins Land der Etrusker nahm in der zweiten Hälfte des letzten vorchristlichen Jahrtausends zu. Von den Mündungen der Loire und der Garonne zogen die alten Zinnstraßen nach Massalia und Narbo (Narbonne); sie gewannen an Bedeutung, als die Karthager die Straße von Gibraltar für jeden Wettbewerber sperrten und die Griechen den Landweg nehmen mußten und auch nehmen konnten, nachdem die Gallier das Land besetzt und befriedet hatten. Längs der Mittelmeerküste führte die alte ›Heraklesstraße‹ von Ampurias in Katalonien (die spätere Via Domitia) nach Italien. Sie verband die griechischen Städte am Mittelmeer. Über Ratisbona (Regensburg) an der Donau lief der Handel nach Böhmen, über Vindobona (Wien) in den mittleren Donauraum.

Auf dem Seewege holten die Kelten das Zinn aus Britannien. Sorgfältig hielten sie Punier und Griechen von der Fahrt über den Kanal fern.

Keltische Münzen fand man vom 3. Jahrhundert. Es sind eigenartig gekrümmte Hohlmünzen, die später ›Regenbogenschüsselchen‹ genannt wurden. Obwohl sie vom Handel hohe Gewinne zogen, haben sich die Kelten nie als Händlervolk gefühlt.

Cato berichtet: »Zwei Dinge sind es, auf die die Gallier Wert legen: auf die gloire und auf den esprit.« Alle Berichte stimmen darin überein, daß die Ruhmsucht der Kelten auffallend war. Man hat von Prahlsucht und Selbstgefälligkeit und Eitelkeit gesprochen. Ihr Jähzorn war berüchtigt, ihre Beredsamkeit und ihre Redseligkeit und ihr Hang zur theatralischen Gebärde allgemein bekannt. Als launisch und wankelmütig bezeichnet sie Caesar; doch hebt er ihren Wissensdurst hervor (novarum rerum cupidi). Ihre Kombinationsgabe und ihre rasche Intelligenz erstaunten die nüchternen Römer. Als Redner, Rhetoren, als Anwälte wie als Politiker, haben sie später in Rom großes Ansehen genossen. Poseidonios erwähnt die leichte Erregbarkeit der Kelten. »Sie kommen auch infolge ihres einfachen und selbstbewußten Wesens leicht zusammen, da sich stets Volksgenossen gemeinsam mit solchen, denen Unrecht geschehen zu sein scheint, entrüsten.«

Unverständlich blieb den Römern auch die Einbildungskraft der Kelten, die sich im Formenreichtum ihrer Metallarbeiten ebenso zeigte wie in ihrer Dichtung und in der Musik. Sie hatten die Fähigkeit, eine Welt der Phantasie aufzubauen: reich und farbig und überaus sinnenfroh, meist übersteigert, oft grotesk und skurril, zuweilen grausam. Ihre Neigung zum Träumen und die Gabe, Sinneseindrücke in schillernder Vielfalt wiederzugeben, verleihen ihrer Phantasiewelt einen eigenen Zauber, dem sie selber häufig genug erliegen. Sie sehen die Welt der rauhen Wirklichkeit nicht, wollen sie gar nicht sehen. Ihr Lebensgefühl läßt sie den Traum für das Leben nehmen, die erdachte Welt, die von Gefühl und Hoffnung und Glauben getragen wird, für greifbarer zu halten als die armseligen Tatsachen der Gegenwart. Die Maßstäbe, an denen das Leben gemessen wird, verschieben sich, unverständlich jedem, der gewohnt ist, mit realen Gegebenheiten zu rechnen und ohne Gefühlsaufwallung kühl, scharf und hart zu urteilen.

Was an Dichtung auf uns gekommen ist, stammt durchweg aus einer viel späteren Zeit, doch sind bestimmte Sagenkreise eindeutig keltischen Ursprungs.

Die besondere keltische Geistigkeit ist unschwer zu erkennen: König Artus und seine Tafelrunde, Parzival und die Suche nach dem Gral, Tristan und Isolde.

In dem üppig wuchernden Ornament ihrer Metallarbeiten lassen sich Anklänge an Motive und Formen der Steppenvölker erkennen: merkwürdig ineinander verschlungene Fabelwesen, Blumen und Blätterranken, die die Phantasie anregen und jeweils neue Bilder aufsteigen lassen in endloser Verschlingung, Verbindung, Wandlung. Nichts steht still, nichts steht fest. In seinem Reichtum an Phantasie, in seinem Hang zum Irrationalen nimmt der Kelte seine Wunschgebilde für die Wirklichkeit. Er lebt in seinen Träumen, die sein Handeln häufig genug auf Abwege führen. Aber unsere Welt wäre ärmer ohne ihn. Aus dieser üppig wuchernden Einbildungskraft quellen die Einfälle, die einen nicht unbeträchtlichen Teil unseres geistigen Lebens gespeist haben. Heute noch wirken ihre Spuren auf vielen Gebieten nach. Die keltischen Wesenszüge lassen sich - gebrochen - in der späteren römischen Kunst, in der Feudalordnung des Mittelalters, im Impressionismus der französischen Malerei und Musik bis heute erkennen. Die Kelten sind in Europa aufgegangen.

Nördlich der herzynischen Wälder, also in dem breiten Streifen, der von der Nordsee über Norddeutschland, Skandinavien, den Ostseeraum und ganz Osteuropa bis zum Schwarzen und Kaspischen Meer, bis zum Uralgebirge reicht, bildete sich eine Welt, die mit der keltischen wenig gemeinsam hatte. Sie erhielt in der 1. Hälfte des letzten Jahrtausends die wesentlichen Anregungen vom Südosten: aus der Steppe.

Die Griechenstädte am Schwarzen Meer, die sich wie eine Kette das Nord- und Südufer entlangzogen, standen abseits von den politischen Verwicklungen des Mutterlandes. Die meisten erkannten die persische Oberhoheit an; sie zahlten Abgaben und blieben, was sie von Anfang an gewesen: in ihrer Wirtschaft und Kultur autonom, politisch nur lose dem persischen Großreich eingefügt. Mit den Völkern der Steppe hatte sich der Warenaustausch eingespielt; das Hinterland zog aus dem Verkehr mit den Abnehmern an der Küste reichen Nutzen.

Im 5. Jahrhundert setzte sich in Südrußland der Ackerbau gegenüber der Viehzucht durch. Den entscheidenden Anstoß gaben die Griechen. Anfangs haben sie Metalle gehandelt, vor allem Gold, das der Sage nach die Argonauten in Kolchis südlich des Kaukasus suchten, und Edelsteine, die auf dem Landweg aus Zentralasien kamen. Dann holten sie Salz und gesalzenen Fisch aus dem Asowschen Meer, und schließlich kauften sie in wachsendem Umfang Weizen. Dadurch blühte der Ackerbau auf. Das Schwarzmeergebiet wurde die Kornkammer Griechenlands.

Das Reitervolk der Skythen wurde teilweise seßhaft; es geriet kulturell unter den Einfluß der Griechen. Eingeführt wurden vor allem Öl und Wein, Handwerkszeug, Kunstgerät und Schmuck, gefärbte Wollstoffe und Kostbarkeiten wie Elfenbein, Schildpatt und Räucherwerk. Unverkennbar ist der griechische Geschmack in der späteren Kunst und in den Kunstgewerbearbeiten der Skythen.

Von der Küste des Schwarzen Meeres führte der Handelsweg einmal den Dnjepr aufwärts, über die Wasserscheide hinweg bis zur Ostsee. Der andere Weg lief den Nordrand des Kaukasus entlang zum Kaspisee nach Persien, ein dritter am Kaspisee vorbei nach Zentralasien, zum Altaigebirge. Noch war die zentralasiatische Hochfläche nicht erstiegen und die Wüste, die China vom Westen trennte, nicht überwunden, so daß die Seide unbekannt blieb. Aber das riesige Gebiet zwischen dem Iran und dem Aralsee, heute das russische Turkestan, erschloß sich dem Westen unmittelbar.

Die Waren reisten weite Strecken. In der Regel reichte ein Vermittler die Waren zum anderen weiter; jeder achtete darauf, daß seine Mittlerstellung, die einen schönen Zwischengewinn abwarf, nicht angetastet wurde. Von Strecke zu Strecke wurde eine andere Sprache, mindestens ein anderer Dialekt gesprochen. Das Handelsgebiet stand – im Gegensatz zu dem des Mittelmeerraumes – nicht allen Reisenden offen. Trotz seiner Weite blieb es in abgegrenzte Gebiete aufgespalten.

Zum ersten Mal bildeten die Skythen ein Reich unter monarchischer Spitze. Die ›königlichen Skythen‹, wie Herodot sie nennt, haben eine feste Hauptstadt auf der Krim, im Hinterland des griechischen Pantikapaion; sie wohnen zwischen Borysthenes und Tanais, zwischen Dnjepr und Don. Im Osten grenzen sie an das verwandte Volk der Sauromaten, die Nomaden im Westen an die Aroteres, die den Ackerbau pflegen und ihren Weizen über Olbia an der Mündung des Dnjestr verkaufen. Nur im Süden der Krim, in den Bergen, wohnen die nichtskythischen Taurer.

Immer noch lebten die Skythen von ihren Herden; ihre Hauptnahrung blieb das Fleisch ihrer Tiere. Ihren Reichtum, besonders an Edelmetallen, bezogen sie jedoch aus ihrer Mittlerstellung zwischen Ost und West, Europa und Asien; verwandte Völker herrschten bis tief nach Zentralasien hinein. Eine politische Herrschaft strebten die Skythenkönige nicht an; dafür zogen sie Vorteil von den vorüberziehenden Kaufleuten. Aus dem Gold, das sie aus den legendenumwobenen Bergen des fernen Ostens brachten, sind die Kunstwerke geformt, die die Fürstengräber unter den hochgetürmten Hügeln, den Kurganen, schmückten.

Wenig wußte man vom nordosteuropäischen Raum. Dunkle Gerüchte drangen an die Schwarzmeerküste. Herodot hörte von den ›Hyperboräern‹, den sonderbaren Menschen, die sechs Monate schliefen: die erste Nachricht von der langen nordischen Winternacht.

In dem Gebiet nördlich der herzynischen Wälder kann es vor 600 keine dichtere Besiedlung gegeben haben. Boden und Klima waren ungünstig; die Menschen blieben wegen der riesigen Wälder und Sümpfe vorwiegend auf Viehzucht, Jagd und Fischfang angewiesen. Der Ackerbau gab auf dem sandigen Boden nur geringen Ertrag. Selbst mit den Eisengeräten, die sich um 500 auch in Skandinavien durchzusetzen begannen, wurde der Getreideanbau nicht wesentlich einträglicher, obwohl man mit ihnen Wälder zu lichten vermochte und die Scholle besser bearbeiten konnte. Nirgendwo ist jedenfalls ein Aufschwung festzustellen.

Offenbar nahm die Trockenheit im 6. Jahrhundert zu. Jedenfalls wurde es nun möglich, das Waldgebirge zu durchschreiten, zunächst einmal an der Wasserscheide zwischen Main und Saale, dann aber auch an der mittleren Weser. Immer mehr Männer zogen südwärts ins Keltenland: als Knechte, als Söldner und schließlich auch als Siedler. Spuren von Kämpfen lassen sich kaum feststellen, doch füllt sich der Raum zwischen den herzynischen Wäldern und Rhein–Donau mit Germanen auf. Ob die Kelten um diese Zeit germanisiert oder ob die Germanen keltisiert wurden, ist schwer zu sagen.

Von den Kelten übernahmen die Germanen sowohl das Eisen wie das Pferd, das zunächst einmal weniger ihre wirtschaftliche als ihre kriegerische Stärke verbesserte. Wahrscheinlich waren es nicht so sehr die Kaufleute, die dem Norden diese Güter vermittelten, wie die geworbenen Krieger, die in ihre Heimat zurückkehrten. Sie haben wohl die wenigen Eisengegenstände mitgebracht, die in den Gräbern der Fürsten gefunden wurden.

Im Lauf des letzten Jahrtausends setzte sich eine germanische Sprache im mitteldeutschen Raum durch. Wahrscheinlich haben die Angehörigen der beiden Völker zunächst nebeneinander gelebt: die Germanen mit ihrem Vieh, der wichtigsten Lebensgrundlage, in den Flußtälern und auf den Weidegründen, die Kelten hauptsächlich auf den Berghöhen und dem Ackerland. Vorwiegend keltisch werden die Oppida geblieben sein, da die städtische Siedlungsform den Germanen fremd und zuwider gewesen ist.

Schließlich vermischten sie sich – was keltisch, was germanisch an den Stämmen dieses Gebietes war, wußten schon die Römer kaum zu unterscheiden. »Die Germanen unterscheiden sich von der keltischen Rasse durch ihre wildere Natur, ihre größere Statur und ihre rötliche Haarfarbe. Im übrigen ähneln sie den Kelten sehr durch ihr Aussehen, ihre Sitten und ihre Gesetze«, schreibt Strabo. Den eigentlichen Unterschied hat er nicht gesehen.

Für Caesar bildete der Rhein die Grenze zwischen Galliern und Germanen. Das war eine recht willkürliche Unterscheidung für einen langsamen, kaum festzulegenden Übergang. Einzelne germanische Völkerschaften, richtiger Heerhaufen, hatten sich zweifellos zu seiner Zeit bereits bis zum Rhein vorgearbeitet, hatten ihn sogar überschritten, um als Hilfstruppen an den inneren Streitigkeiten der Gallier teilzunehmen. Aber dies können nur einige tausend Krieger gewesen sein, die nur selten ihre Frauen und Kinder mitbrachten. 14 Jahre lang, erklärte Ariovist dem Caesar, hätten seine Leute kein Dach über dem Kopf gehabt.

Daß in diesen germanisierten Gebieten wie in dem gesamten keltischen Raum auch die Nachkommen jener Menschen lebten, die weder zu dem einen noch zu dem anderen Volke gerechnet werden dürfen, scheint vollends aus dem allgemeinen Bewußtsein geschwunden zu sein. Hier wie auch anderswo werden die Nachkommen der vorindoeuropäischen Bevölkerung gelebt haben. Dabei unterschieden sie sich durch ihre Körpermerkmale deutlich von dem Bilde, das die antiken Schriftsteller sowohl von Kelten wie von Germanen entwerfen. Wo sollten sonst die kleinen, kurzschädeligen, dunkelhaarigen Bewohner Mitteleuropas hergekommen sein?

Noch dünner besiedelt als Nordeuropa muß damals Osteuropa gewesen sein, der unendliche Waldgürtel wie die Tundra Rußlands und der gesamte Ostseeraum. Dort saßen ohne sichtbaren Wandel die ugro-finnischen Völker. Nur am Rande tauchen Völkernamen auf, die vielleicht mit den späteren Bewohnern dieses Raumes, mit den Slawen, in Zusammenhang gebracht werden können. Mehr als unbestimmte Vermutungen lassen sich nicht anstellen.

Auch dieser Nordraum geriet über die Verbindungswege von Wolga und Dnjepr langsam unter den Einfluß der Schwarzmeerkultur, die sich aus skythischem und griechischem Erbe herausbildete. Über die Ugro-Finnen erreichte diese Kultur schrittweise den Ostseeraum, die baltischen Völker, die Letten, Litauer und Pruzzen.

4

Dorer und Ionier im Ringen um die Vorherrschaft. Sieg der Makedonen

478/77 v. Chr.: Der attische Seebund · Athen Mittelpunkt des großen griechischen Wirtschaftsraumes am Mittelmeer und Schwarzen Meer · Der Reichtum stammt aus dem Handel · Wandlung des sozialen Gefüges · Unter Perikles (495–429) Blütezeit der griechischen Kultur · Athen lebt auf Kosten der Bundesgenossen · Sein Ziel: Seereich unter Führung Athens · Unzufriedenheit der Bundesgenossen · 431: Krieg zwischen Sparta und Athen · Alle Griechen werden hineingezogen · Nach 30 Jahren, 404, Niederlage der Athener · Eingreifen der Perser, 386 sog. Königsfriede · Stadtstaaten entwickeln sich zu Territorien · Die Söldner entscheiden · Makedonien strebt empor · Philipp von Makedonien (359 bis 336) erobert Griechenland · Alexander (336–323) zieht gen Osten · Niederlage der Perser · Schwerpunkt des Alexanderreiches: Babylon · Die hellenistischen Reiche · Politischer und wirtschaftlicher Abstieg Griechenlands im 3. Jahrhundert

Im Gefühl des Sieges stießen die Griechen bis nach Asien vor. Hinter dem zurückflutenden Perserheer erhoben sich die Makedonen und Thraker. Die Flotte zerstörte die verbliebenen persischen Schiffe. Die Seeherrschaft war errungen. Nun griffen die Griechen die syrische und ägyptische Küste an. Der Krieg ging weiter.

Da die Spartaner ihre Truppen zurückzogen, übernahm Athen die Führung. Die griechischen Städte der kleinasiatischen Küste ordneten sich bereitwillig unter, um ihre Unabhängigkeit gegen die Perser zu sichern; die Inseln schlossen sich an. Der Attische Seebund umfaßte schließlich alle ionischen Städte und Inseln. Im Apollontempel auf Delos wurden die Bundesgelder aufbewahrt, die von den Mitgliedern jährlich, entsprechend ihrer Leistungsfähigkeit, aufzubringen waren. Außerdem hatten sie, je nach Größe und Reichtum, eine bestimmte Anzahl von Kriegsschiffen zu unterhalten.

Gestützt auf diesen Bund konnte der Athener Kimon die Perser aus Thrakien vertreiben und in Kleinasien in das Hinterland zurückdrängen. Der Versuch jedoch, Ägypten und Syrien aus der Macht des Großkönigs zu lösen, schlug fehl, da die einheimische

Bevölkerung sich den Griechen versagte. Zu einem nachhaltigen Landkrieg fehlte dem Attischen Seebund die Kraft.

Athens Kriegsziel lag weniger in territorialen Eroberungen als in der Seeherrschaft im östlichen Mittelmeer, die es zu einer Monopolstellung im Handel auszunützen gedachte. Die Athener stellten ihre Wirtschaft auf den Außenhandel um. Ihre Landwirtschaft verzichtete darauf, den Eigenbedarf an Getreide zu decken; sie lieferte Ausfuhrgüter, Öl und Wein. Den Weizen bezogen die Griechen vor allem aus dem Schwarzmeergebiet, die gesalzenen Fische aus der Maiotis, dem Asowschen Meer. Zur Zeit des Demosthenes lieferte der kimmerische Bosporus die Hälfte der 800 000 Medimnen Getreide (= 472 000 hl), die im Piräus abgeladen wurden. Im 4. Jahrhundert lieferte allein Theodosia auf der Krim 2,1 Mill. Medimnen (= 1 240 000 hl) Getreide nach Athen.

Der große Raum von der Adria bis zur syrischen Küste, von den Gestaden des Schwarzen Meeres bis zur Nilmündung sollte ein einziges geschlossenes Handelsreich werden, dessen Mittelpunkt Athen wäre. Keine Stadt sollte ohne Zustimmung der Athener Handel treiben dürfen. Selbst dem mächtigen Perserreich sollte die See verwehrt bleiben. Das war ein weitgestecktes Ziel.

Um es auf die Dauer durchzusetzen, bedurfte es einer politischen und militärischen Macht, die die Kräfte einer einzelnen Polis, selbst Athens, überstieg. Der Attische Seebund sollte die Griechenstädte fest zusammenschließen und die Last auf breite Schultern verlagern. Tatsächlich brachte er den Mitgliedern insgesamt Vorteile. Die Wirtschaft nahm in ganz Griechenland, in allen griechischen Städten, einen beträchtlichen Aufschwung.

Durch den Krieg hatte Hellas schwer gelitten. Zweimal war das Perserheer bis an den Isthmos von Korinth vorgedrungen, zweimal war Athen verwüstet worden. Jahrelang hatten die Männer im Felde gestanden. Der Seehandel hatte weitgehend brachgelegen. Hohe Summen waren für die Rüstung aufgewandt worden. Aber unerwartet schnell gelang es, die Kriegsfolgen zu überwinden. Nach dem Sieg bauten die Athener ihre Stadt wieder auf, glanzvoller als je. Mit den Trümmern der Akropolis füllten sie die neuen Mauern auf. Die verwüsteten Fluren trugen bald wieder Frucht.

Der neue Reichtum kam vom Handel. Die politische Macht verlagerte sich dementsprechend vom Land zur See, von der Landwirtschaft zu Handel und Gewerbe; Hand in Hand ging die Umstellung der Rüstung. An die Stelle der festgefügten Phalanx der schwerbewaffneten Hopliten trat die Kriegsflotte. Die Finanzkraft einer Stadt wurde wichtiger als die Kriegstüchtigkeit ihrer Bewohner. Dieser Prozeß hat bei Salamis begonnen.

Noch um 500 v. Chr. gab es fast nur Handelsschiffe, die auch im Krieg eingesetzt werden konnten. Im Perserkrieg begannen die Griechen, Kriegsschiffe zu bauen, die nur geringen Laderaum hatten, dafür beweglich, wendig und mit dem gefährlichen Rammsporn ausgerüstet waren.

Eine starke Flotte galt als Rückhalt, ja als Voraussetzung für den Handel. Sie diente einmal dem Schutz gegen Seeräuber, sodann mußte sie den Versuch, hohe Tribute bei der Durchfahrt durch Meerengen oder Untiefen zu erheben, abwehren. Dahinter aber stand der Wille, sich ein Monopol zu verschaffen. Der Handel spielte sich nicht nach wirtschaftlichen Grundsätzen, sondern unter politischem Zwang ab. Deswegen waren die seefahrenden Händler bereit, die hohen Kosten für die Seerüstung aufzubringen. Die Mitgliedsbeiträge im Attischen Seebund drückten schwer auf die einzelnen Städte. Doch machten sie sich bezahlt, wenn der Handel allen zugute kam. Aber die Athener zogen den Handel immer stärker auf ihren Hafen, den Piräus, und kümmerten sich immer weniger um die Sonderwünsche ihrer Verbündeten. Das machte böses Blut. Die ›Bundesgenossen‹, die sich zunehmend in die Rolle von Untertanen gedrückt sahen, suchten Rückhalt außerhalb ihres Bundes.

550 v. Chr., noch vor dem Perserkrieg, hatte Sparta den Peloponnesischen Bund gegründet, der auch die dorischen Städte an der Landenge von Korinth bis Megara vor den Toren von Athen umschloß. Voll Mißtrauen verfolgte Sparta den wirtschaftlichen und politischen Aufstieg von Athen. Als die Athener unter verdächtiger Eile die ›Langen Mauern‹ bauten, die ihre Stadt mit dem Hafen Piräus verbanden, wußten die Spartaner, daß sich dieser Schutz gegen sie richtete. Zunächst überwog noch die alte, im Perserkrieg bewährte Waffenbrüderschaft.

Als ein Erdbeben 464 Lakonien verwüstete, wobei ein Teil der waffenfähigen Jugend in den Übungslagern umkam, erhoben sich die unterworfenen Messenier. Um den Aufstand niederzuwerfen, sandte Athen ein Hilfskorps. Das entsprach zwar der Politik der führenden Adligen in Athen, nicht aber der öffentlichen Meinung. Bald spürten die Spartaner, daß die athenische Mannschaft mehr zu den Messeniern neigte als zu den spartanischen Bundesgenossen. Sie schickten die Athener so rasch wie möglich nach Hause.

Das wiederum löste einen Umsturz in Athen aus. Der spartafreundliche Kimon wurde gestürzt; die Volkspartei setzte ihren Führer Perikles als Strategen, als Heerführer, durch. Seine Versuche, die athenische Herrschaft auch auf dem Lande über Böotien und über Megara auszudehnen, führte zu Niederlagen, die vorübergehend seinen Gegner Kimon wieder an die Macht brachten. Erfolgreicher verliefen die Unternehmen zur See. Perikles knüpfte Verbindung mit Argos, dem alten Gegenspieler Spartas auf der Peloponnes, an; er zwang die Insel Aigina, dem Attischen Seebund beizutreten; er siegte zur See über die Korinther, so daß sich Argos und Achaia den Athenern anschlossen. Auf dem Lande jedoch waren die Spartaner trotz ihrer geringen Zahl nicht zu schlagen. 445 kam es zu einem Waffenstillstand, der 30 Jahre gelten sollte. Perikles wollte sich den überseeischen Plänen zuwenden, dem Schwarzen Meer und Italien, wo er die Kolonie Thurii im Golf von Tarent anlegte. Den Krieg gegen Persien nahm er nicht wieder auf.

Als sich Ägypten 459 v. Chr. gegen Persien erhob, griff die athenische Flotte ein, aber das Expeditionskorps wurde völlig aufgerieben. Alle Stellungen an der syrischen Küste, selbst die Insel Zypern, mußten aufgegeben werden, obwohl die Athener dort einen Sieg zu Lande wie zur See erfochten. Die Griechen verpflichteten sich, nicht weiter in die inneren Wirren des Perserreiches einzugreifen. Die Perser wiederum sicherten den kleinasiatischen Griechenstädten Selbstverwaltung, also die politische Freiheit zu.

Unter Perikles blühte Athen wirtschaftlich auf. Dementsprechend änderte sich auch das soziale Gefüge.

Der Adel lebte nun in der Stadt. Seine Güter konnte er mit Hilfe der Sklaven, die als Kriegsbeute nach Griechenland kamen oder auf den großen Sklavenmärkten gehandelt wurden, rationeller bewirtschaften. In Attika gab es um die Mitte des 5. Jahrhunderts 170000 Vollbürger, 30000 Metöken, also Fremde, und 115000 Sklaven. Auf der Peloponnes war das Verhältnis der Vollbürger zu den halbfreien Heloten, also der messenischen Landbevölkerung, zahlenmäßig noch ungünstiger. Die Spartaner bildeten eine dünne Herrenschicht. Dafür war die Zahl der völlig rechtlosen Sklaven geringer. Im übrigen Griechenland waren die sozialen Verhältnisse ausgeglichener; überall aber stellten die Vollbürger nur einen Teil, selten mehr als zwei Drittel der Bevölkerung, auch nicht in den überwiegend ländlichen Gegenden. In den Hafenstädten lebten viele Fremde aus Asien und selbst aus dem Schwarzmeergebiet.

Der Handel trug den großen wirtschaftlichen Aufschwung der Städte. Er lag jedoch nur zu einem begrenzten Teil in griechischer Hand. Zwar waren die meisten Kapitäne der Schiffe und die Mehrzahl der Schiffsleute Griechen. Als Geldwechsler, als Mittelsleute, als Bankiers, die den Kapitänen Kredit gaben, und als Spekulanten, die ganze Schiffsladungen aufkauften, traten zahllose Fremde auf: Syrer, Kleinasiaten, Skythen und Ägypter.

Der vornehme Grieche hielt sich vom Treiben des Hafens fern. Er vermietete und verpachtete Grund und Boden oder Gebäude. Er legte sein wachsendes Vermögen zinsbringend bei den Fremden und bei den Handwerkern, den ›Banausen‹, an. Er strich die Gebühren bei den Prozessen ein, er übernahm den Schutz der Fremden und ließ sich dafür gut bezahlen. Der Aufschwung des Handels ließ die Preise, vor allem der Grundstücke, steigen, da sich immer mehr Menschen in dem engen Raum um den Hafen und in der umfriedeten Stadt sammelten. Zugleich aber drückten die Hereingezogenen die Löhne, die wegen der Sklavenarbeit ohnehin niedrig lagen.

Die sozialen Gegensätze verschärften sich; die Reichen wurden immer reicher, den Armen scheint es noch schlechter gegangen zu sein. Nur wenigen gelang der Aufstieg von ganz unten. Die Vollbürger achteten darauf, daß kein Außenstehender in den Kreis derjenigen trat, die vom Wirtschaftsaufschwung Nutzen zogen. Auch größerer Reichtum verschaffte noch kein Vollbürgerrecht. Selbst unter den Vollbürgern gab es viele, die keinen Vorteil von der wirtschaftlichen Entwicklung zogen, weil sie ausschließlich vom Landbesitz lebten, der unter dem Wettbewerb der ausländischen Lieferungen weniger einbrachte. In der Stadt hatten sie höhere Steuern und höhere Mieten zu zahlen. Besonders in Kriegszeiten gerieten viele in wirtschaftliche Bedrängnis: die Fluren wurden verwüstet, die Vollbürger hatten die Kosten für die Rüstung aufzubringen. Sobald sie jedoch ihren Grundbesitz verloren, verloren sie auch das Bürgerrecht.

Die besitzlosen freien Bürger lehnten sich dagegen auf, von der Mitsprache über das Geschick ihrer Vaterstadt ausgeschlossen zu sein. Sie setzten in Athen durch, von der Stadt ein gesichertes Einkommen zu erhalten. Hatten die Bürger bis dahin ehrenamtlich dem Staat gedient, so wurden sie von nun an als Beamte besoldet. Das galt nicht nur für die 500 Mitglieder des Rats, sondern auch für die 6000 durch das Los bestimmten ständigen Richter, so daß auch die ärmeren Bürger öffentliche Aufgaben übernehmen konnten. Der Bürger bekam sogar den Besuch des Theaters vergütet.

Perikles verstand es, die Massen für sich zu gewinnen. Eine Form der Arbeitsbeschaffung waren die großen Bauvorhaben: die Tempel, die öffentlichen Gebäude an der Agora, die Befestigungsanlagen. Seit 460 verbanden die ›Langen Mauern‹ Athen mit dem Piräus, so daß die Versorgung der Stadt auch bei einer Belagerung über See gesichert war. Auf den 60 in Dienst stehenden Kriegsschiffen dienten rund 10000 Ruderer. Schließlich gab es noch ein Polizeikorps von 1600 Mann, vorwiegend geschulte Bogenschützen.

Alles bezahlte der Staat.

Athen hatte sich daran gewöhnt, auf Kosten seiner Bundesgenossen zu leben. Seitdem die Kämpfe mit den Persern aufgehört hatten, flossen die hohen Beiträge vorwiegend nach Athen. Unter Perikles blühte Athen auf. Das Kulturleben der klassischen Zeit entfaltete sich.

Auf der Agora trafen sich alle, die am geistigen Leben teilnahmen. Dort hielt Herodot Vorträge über seine Reisen nach Südrußland, Babylon und Ägypten, dort sprach Sokrates die Menschen mit seinen Fragen an, dort hielten die Advokaten ihre Ansprachen, dort wandten sich Politiker wie Perikles, Kleon und Alkibiades an das Volk. In allen griechischen Städten spielte die Agora eine entscheidende Rolle; sie formte das ›öffentliche Leben‹, an dem alle beteiligt waren. Athen aber übte eine besondere Anziehung aus; dort versammelte sich alles, was in Griechenland Rang und Namen, Geist und Talent hatte.

Athen war zunächst die bei weitem größte Stadt, dazu die reichste Handelsstadt und zugleich die wichtigste im Attischen Seebund. Mindestens ebensosehr fiel die besondere Atmosphäre dieser Stadt ins Gewicht. Athen besaß ein besonderes Publikum: aufgeschlossen, kritisch, lebhaft, stets zum Streitgespräch bereit. Das war das ›attische Salz‹, das die anderen Griechenstädte teils bewundernd anerkannten, teils fürchteten und lebhaft kritisierten. Dem Künstler aber bot diese Stadt Anerkennung und Ruhm und gut bezahlte Aufträge, wenn er sich durchzusetzen verstand.

Der Städtebauer Hippodamos von Milet machte Piräus zu einer ›modernen‹ Stadt. An die Stelle der krummen Gassen, die den Höhenunterschieden folgten, setzte er rechtwinklige, gerade Straßen. Das Schachbrett herrscht noch heute in unseren Stadtplänen vor. Der Philosoph Anaxagoras stellte seine Theorien über die Sterne und die Sonne auf. Protagoras gab Unterricht im Denken und Philosophieren. Er begründete die Schule der Sophisten. Damon lehrte die Theorie der Musik. Sophokles, Euripides und Aristophanes führten die große Dichtung für das Theater weiter, die mit Aischylos begonnen hatte. In Athen lehrte Platon, dort begründete Thukydides die kritische Geschichtsschreibung.

Unter Perikles erhielt die Akropolis ihr endgültiges Gesicht. Iktinos baute den Tempel der Athena Parthenos, Pheidias schmückte ihn mit Standbildern, Mnesikles entwarf den Torbau der Propyläen. Unterhalb der Akropolis entstand das ›Theseion‹, der Hephaistostempel, an der Spitze von Attika, am Kap Sunion, der Poseidontempel. Athen wurde die schönste Stadt Griechenlands, ihr geistiger Mittelpunkt. Doch fehlte es nicht an Kritik.

Wer von den Menschen um Perikles glaubte noch an die Götter, wie das die Väter getan? Sich beugend vor ihrer Willkür, demütig alle Launen, alle Leidenschaften hinnehmend? Was sollte eine Naturauffassung, die nach den Ursachen suchte und das Wesen der Dinge ergründen wollte? Die nach den ewigen Gesetzen forschte, denen selbst die Götter unterworfen sein sollten?

Viele waren unzufrieden mit all dem Neuen. Mancher konnte nicht verstehen, warum solche Unsummen für Bauten und Kunstwerke und für den Unterhalt von Vertretern einer brotlosen Kunst ausgegeben wurden. Bald ging das Geraune um über den sittenlosen Lebenswandel der geistvollen Aspasia, der Freundin des Perikles, über die Gottlosigkeit der Künstler, Gelehrten und Literaten, die in seinem Hause verkehrten.

Da die Feinde nicht wagten, den großen Perikles selber anzugreifen, richteten sie ihre Anschuldigungen gegen seine Umgebung. Anaxagoras konnte nur durch Perikles vor Strafe bewahrt bleiben; er ging nach Lampsakos in die Verbannung. Pheidias klagte man an, sich an dem Gold und dem Elfenbein für die Standbilder bereichert zu haben. Man warf ihn in den Kerker.

Zu allen Zeiten hat es sich der Geist gefallen lassen müssen, von der Mittelmäßigkeit angegriffen und als zersetzend verdächtigt zu werden. Daß es aber in Athen eine Zeit gegeben hat, in der er triumphierte, macht das Besondere der perikleischen Epoche aus.

Da Athen allein die Kosten für alle diese Ausgaben gar nicht aufbringen konnte, war es auf die Gelder der ›Bundesgenossen‹ angewiesen. Aus dem Bündnis wurde ein Abhängigkeitsverhältnis, was der Autonomie der Städte widersprach. Aus den Bundesbeiträgen wurde ein Tribut an Athen, das für sich das Recht beanspruchte, die Kriegsschiffe selber zu bauen – gegen erhöhte Bundesbeiträge.

Es war den Bundesgenossen – außer Chios und Lesbos – verboten, eigene Kriegsschiffe zu unterhalten. Ebensowenig durften sie Mauern errichten, die sie vor Angriffen von der Seeseite her schützten.

Athen schaltete mit den ihm anvertrauten Geldern, als wären sie seine eigenen, seitdem die Bundeskasse von Delos nach Athen verlegt worden war. Politik wurde ein einträgliches Geschäft.

Die Athener beriefen sich auf ihre Verdienste bei der Vertreibung der Perser. Ohne ihre Flotte wären alle Griechenstädte Untertanen des Großkönigs geworden. Mit dem Kallias-Frieden (449) war jedoch der ursprüngliche Zweck des Attischen Seebundes erreicht. Was jetzt folgte, hatte nichts mit den Persern zu tun. Aber Perikles dachte daran, aus dem Bund ein Reich zu schaffen mit Athen als Hauptstadt, mit fester Zentralgewalt und straffer Verwaltung. Die Bundesbeiträge sollten dem neuen ›Reich‹ als Grundlage für den Ausbau der gemeinsamen Streitkräfte dienen.

Gestützt auf eine starke Kriegsflotte sollten die griechischen Inseln und Handelsplätze eine politische Einheit bilden. Athen strebte ein Seereich an. Die Bundesgenossen wehrten sich dagegen, in ein solches, dem Grundgedanken der griechischen Polis widerstrebendes Reich eingegliedert zu werden. Sie wollten ihre politischen Entscheidungen selber fällen; sie wollten sie nicht den Athenern überlassen.

Es bedurfte nur einer unbedeutenden militärischen Niederlage Athens durch die Böoter, um den Widerstand allerorts aufflackern zu lassen. Der Aufstand der Insel Euböa konnte verhältnismäßig leicht niedergeworfen werden, weil Sparta neutral blieb – wie es hieß, weil sein König bestochen worden war. Ein dreißigjähriger Frieden mit Sparta gab Athen den Rückhalt, die ›Bundesgenossen‹ seiner Herrschaft zu unterwerfen. Samos, das sich zu befreien suchte, wurde streng bestraft. Es mußte seinen Boden abtreten, also Pacht bezahlen, die ebenfalls in die Bundeskasse und damit nach Athen floß. Athen zog die gesamte Gerichtsbarkeit an sich.

Je mehr Athen daranging, diesem ›Seereich‹ eine straffere Führung zu geben, desto erbitterter wurde der Widerstand der Bundesgenossen. Die Mitglieder waren keineswegs gleichberechtigt. Der Seebund wurde von den Athenern regiert. Athen dachte nicht daran, sich einer Mehrheit der verbundenen Städte zu beugen; es bestand im Gegenteil darauf, mit jeder Stadt einzeln zu verhandeln, um die eigene Überlegenheit jeweils durchzusetzen. Das eigentliche Ziel Athens war, den gesamten Handel zum Piräus zu ziehen, um aus ihm den großen Umschlagplatz für das gesamte griechische Handelsgebiet zu machen. Für die Getreideeinfuhren aus dem Schwarzen Meer hatte es den Stapelzwang und die Verteilung bereits durchgesetzt.

Es gab in allen Städten eine starke, den Athenern treue Partei. Ihre Anhänger traten für die militärische Macht und die gemeinsame Außenpolitik des Bundes unter Athens Führung ein. Sie sahen in Athen zugleich das Vorbild für die innerpolitische Machtverteilung. Sie wollten die ›Demokratie‹ im athenischen Sinne auch in ihrer eigenen Polis einführen oder erhalten.

Gegen Athens Vorherrschaft sträubten sich alle diejenigen, die das Geschick ihrer Stadt nicht einer fremden Polis ausgeliefert sehen wollten. Das waren vor allem die Mitglieder der einst führenden Schicht des Adels. Innenpolitische Erwägungen standen also neben den außenpolitischen. Dabei verschoben sich die Argumente. In einer Demokratie sollten alle freien Bürger gleichberechtigt sein. Dasselbe Recht stand aber auch den Bundesgenossen zu. Athen dürfe die Mitglieder des Seebundes nicht wie Untertanen behandeln, die verpflichtet seien, Steuern zu zahlen, ohne bei der Verfügung über diese Gelder mitsprechen zu dürfen. Die griechischen Städte hatten sich gegen die Herrschaft des persischen Großkönigs aufgelehnt, weil sie keine ›Untertanen‹ werden wollten.

Solange die Persergefahr über Griechenland schwebte, traten die inneren Gegensätze zurück; als sie behoben war, kam es zum offenen Zusammenstoß. In allen Lagern standen genügend Leute, die vor dem Kriege warnten. Wie meist, war der Anlaß zum Ausbruch unbedeutend. Bei einem Umsturz in Epidamnos an der Adria wandten sich die vertriebenen Adligen an die Mutterstadt Kerkyra, dann an Korinth. Als Korinth eingriff, mischten sich die Athener ein. Sparta sah darin einen Bruch des Friedensvertrages. Gegen alle Bedenken erklärte es Athen den Krieg. Mit mehreren Unterbrechungen von Frieden und Waffenstillstand sollte der Peloponnesische Krieg 30 Jahre lang dauern. Nach und nach wurden fast alle Griechen hineingezogen.

Zahlreiche Städte wurden zerstört, die Bevölkerung in die Sklaverei verkauft. Der Handel lag darnieder. Die Fluren wurden verheert. Die waffenfähige Mannschaft fiel in der Schlacht oder ging in der Gefangenschaft zugrunde. Griechenland hat sich von diesem Krieg nie mehr ganz erholt.

Maßgebend für Sparta war die Sorge, Athen könnte nicht nur zur See, sondern auch zu Lande die beherrschende Macht werden, wenn Korinth niedergeworfen würde. Die spartanische Herrschaft auf der Peloponnes hing jedoch von der militärischen Überlegenheit ab. Nur die Furcht hielt die Unterworfenen im Gehorsam. Andererseits hielten die Bundesgenossen nur so lange am Seebund fest, als sie die Flotte der Athener fürchteten. Seemacht und Landmacht rangen miteinander, dahinter aber stand der Zwang, die eigene Überlegenheit zu behaupten. Jede Macht strebte die Vorherrschaft in Griechenland an. Sobald erst einmal in den beiden Bünden zwei Machtblöcke einander gegenüberstanden, mußte jeder darauf achten, dem anderen mindestens gleich stark, wenn nicht überlegen zu sein, aus Sorge, die eigenen Bundesgenossen könnten aus Furcht vor dem Stärkeren oder in der Hoffnung auf Gewinn sich dem anderen anschließen. Darin liegt das Verhängnis jeder Machtpolitik.

Dabei trat der alte Gegensatz zwischen Ioniern und Dorern erneut hervor, das unterschiedliche Lebensgefühl, das von den vielen Gemeinsamkeiten, der griechischen Sprache, den Olympischen Spielen, der Verehrung Homers, den gemeinsamen Göttern, dem Ansehen von Delphi, überdeckt worden war. Der schwerfällige, selbstbewußte, bodenverwurzelte Dorer und der bewegliche, kritische, wankelmütige, leichtsinnige Ionier verstanden einander immer weniger, je mehr Athen zur Handelsstadt und zum Kulturzentrum aufgestiegen, Sparta als Bewahrerin der hergebrachten Sitten sichtbar abgesunken war.

Das lakedämonische Heer verwüstete Attika, die Flotte der Athener suchte die unbewachten Küstenstreifen der Peloponnes heim. Perikles nahm an, daß dem Feind unter diesen Umständen der Atem zuerst ausgehen werde, da Athen die Einnahmen aus dem Seehandel blieben. Im dritten Kriegsjahr (430) brach in Athen die ›Pest‹ aus, der auch Perikles erlag. Der innere Gegensatz gewann an Bedeutung.

Bedächtige Männer ohne Führungsgabe wie Nikias, wilde Demagogen ohne Verantwortungsgefühl wie Kleon, bedenkenlose Abenteurer wie Alkibiades lenkten die Massen einmal in diese, ein andermal in die entgegengesetzte Richtung. Auch in Sparta zerbrach die einheitliche politische Zielsetzung; sie schwankte zwischen Friedensbereitschaft und dem Willen, den Gegner völlig zu vernichten.

Nun brachen Wirren innerhalb der beiden Seiten aus. Mytilene auf Lesbos und Kerkyra erhoben sich gegen Athen. Die athenische Flotte eroberte Mytilene und setzte die ›Demokraten‹ in Kerkyra wieder ein. Zu Lande eroberten die Spartaner zusammen mit den Thebanern die Stadt Plataiai. Nun zeigte es sich, wie tief der Krieg bereits die Sitten erschüttert hatte: rücksichtslos wurden die Besiegten niedergemacht. Mit jedem Kriegsjahr nahm die Verrohung und Verbitterung zu; sie erschwerte jeden Ausgleich und damit einen Friedensschluß.

Nach schweren, wechselvollen Kämpfen setzten zwar die Gemäßigten auf beiden Seiten einen Frieden auf 50 Jahre durch, aber wenige Jahre später (414) brach der Krieg erneut aus. Athen sandte – einem Rat des Alkibiades folgend – auf Hilferuf der Stadt Segesta eine Flotte gegen Syrakus. Dieses Unternehmen endete mit der völligen Niederlage der Athener, da die Spartaner sich an der Verteidigung von Syrakus beteiligten. Die Kriegsgefangenen verkamen in den Steinbrüchen von Syrakus.

In Athen übernahmen die Anhänger der Adelspartei die Macht. Sie beschränkten das Bürgerrecht auf 5000 Besitzende, schafften die Zahlung von Diäten an die Beamten ab und gaben den Behörden unbeschränkte Rechte; dagegen lehnten sich Heer und Flotte auf. Sie riefen den Alkibiades zurück, der noch vor Beginn des Kriegszuges gen Syrakus verbannt worden war. Die Niederlage eines Unterführers genügte, ihn erneut zu stürzen.

Die Perser unterstützten Sparta mit Geld, so daß es eine Flotte ausrüsten konnte. Am Ziegenfluß beim Hellespont vernichtete Lysander (405) die athenische Flotte. Der Krieg endete mit der Niederlage der Athener. Die belagerte Stadt mußte sich ergeben. Der Frieden war hart. Die Mauern wurden geschleift, die Kriegsschiffe ausgeliefert, der Seebund aufgelöst.

Sparta versuchte, seinen Sieg dahin auszunützen, die führende Stellung in ganz Griechenland zu erringen, doch fehlten ihm dafür die Voraussetzungen: die Seemacht und der Handel. Korinth erbte zwar weitgehend den Handel von Athen, aber bald suchten die Kaufleute aus dem Schwarzen Meer wieder den Piräus auf, da Korinth allein nicht mächtig genug war, den Seehandel zwangsweise an seinen Hafen zu binden. Was die Athener früher mit Gewalt erreicht hatten, das gewannen sie nun durch die wirtschaftlichen Vorteile, die sie den fremden Händlern zu bieten vermochten.

Die spartanische Besatzungsmacht mußte notgedrungen in Athen wieder die Demokratie einführen; die zunächst eingesetzten Vertrauensleute, meist zurückgekehrte Verbannte, hatten sich als unfähig erwiesen. Dazu war Sparta auf Ruhe in Athen angewiesen, als die Kämpfe mit den Persern erneut aufflammten. Während ein spartanisches Heer in Kleinasien gegen die Perser kämpfte, erhoben sich Korinth, Argos und Theben gegen die Vorherrschaft Spartas. König Agesilaos kehrte sofort zurück; er siegte in offener Feldschlacht über Theben, doch ergriffen daraufhin alle Städte, selbst Athen, die Waffen. Eine persische Flotte landete bei Korinth. Damit zerbrach die Vorherrschaft Spartas endgültig.

Den sogenannten ›Königsfrieden‹ (386) setzte Persien durch. Die griechischen Städte in Kleinasien sowie Zypern fielen an Persien. In Griechenland wurden den Städten zwar Freiheit und Selbständigkeit zugesichert, aber auf persischen Wunsch unter Aufsicht der Spartaner. Sparta machte sich zum Vollstrecker persischer Interessen. Es zerstörte Mantineia auf der Peloponnes und siedelte die Bevölkerung in Dörfern an. Theben erhielt eine persische Besatzung. Innere Unruhen stürzten Persien jedoch in solche Wirren, daß sich die Perser aus Griechenland zurückziehen mußten. 40 Jahre nach Beendigung des Peloponnesischen Krieges war das Gleichgewicht zwischen Sparta und Athen annähernd wiederhergestellt.

Athen gründete 377 einen neuen ›Seebund‹, wenn auch in lockerer Form. Die Bundesgenossen erhielten größere Rechte; damit entfiel die straffe Führung. Eine größere militärische Macht ließ sich nicht mehr entfalten. Die Gefahr einer Vorherrschaft war beschworen. Daran hatte Persien einen entscheidenden Anteil. Aus dem mächtigen, auf Eroberung versessenen Reich des Dareios und des Xerxes war längst eine Macht geworden, die vorwiegend darauf bedacht war, ihren Bestand zu halten. Wenn Persien sich in die griechischen Angelegenheiten einmischte, so vorwiegend mit seinem Gold, nur noch in Ausnahmefällen mit Waffengewalt. Es war zu einem bestimmenden Faktor der griechischen Innenpolitik geworden, in Griechenland insgesamt, aber auch innerhalb der einzelnen Städte. Persien legte Wert darauf, daß allen Städten und Landschaften die ›Freiheit‹ gewährt wurde, um eine starke Zentralgewalt auszuschließen.

Die Messenier, jahrhundertelang Heloten, erhielten die Freiheit; auf dem Berge Ithome bauten sie eine feste Stadt. Arkadien, nun ein unabhängiges Land, befestigte seine Hauptstadt Megalopolis, um gegen spartanische Herrschaftsgelüste gefeit zu sein. Theben schlug unter seinem Feldherrn Epameinondas die Spartaner in zwei Schlachten und dehnte seinen Einfluß bis Thessalien, ja bis Epirus aus. Euböa und selbst Phokis gerieten unter thebanische Herrschaft.

Deutlich zeichnet sich im 4. Jahrhundert die Entwicklung zu größeren Räumen ab. Die Stadtstaaten wachsen zu Territorialgebieten an, der eine mehr, der andere weniger. Die Stadt allein kann nicht für alles aufkommen, die Kosten einer größeren Verwaltung oder gar eines Krieges zu tragen. Das Verhältnis von Stadt und Land verschiebt sich zugunsten des Hinterlandes.

Der Bürger ist nicht mehr bereit, um der Stadt willen unbezahlte Kriegsdienste zu leisten, freiwillig auf die Ruderbänke der Kriegsschiffe zu gehen oder als Soldat ins Feld zu ziehen. An die Stelle der freiwilligen und unentgeltlichen Leistung tritt entweder eine entsprechende Entlöhnung oder der Zwang.

Die Zeit der selbstverständlichen Unterordnung ist vorbei. Das persönliche Verhältnis zur eigenen Stadt und damit die moralische Verpflichtung, sie zu verteidigen, schwindet aus dem Bewußtsein der Menschen. Sie werden nüchterner. Sie vergleichen das, was sie selber leisten, mit dem, was andere an Opfer zu bringen bereit sind. Sie bestehen darauf, daß die Lasten gleichmäßig und gerecht verteilt werden. Dazu gehört, daß alle Leistungen in Geld umgerechnet werden.

In zunehmendem Maße wurden Söldner gedungen, die sich als Berufskrieger für ihre Dienste bezahlen ließen. Das hatte den Vorteil, daß die Heere aus langdienenden und kriegserprobten Truppen bestanden. Sie kosteten Geld. Von der Finanzkraft der Stadt hing ihre militärische Stärke ab. Die Kriegstüchtigkeit der Vollbürger trat zurück. Damit verschob sich das Schwergewicht der politischen Macht zur Bevölkerung des Hinterlandes.

In immer stärkerem Umfang traten Illyrer, Makedonen, Sizilioten, Phryger und Karer in den Dienst der Griechen, nicht nur auf Sizilien und in Asien, sondern in Griechenland selber. Kehrten sie in die Heimat zurück, brachten sie die Kenntnis der griechischen Lebensweise wie des griechischen Heerwesens mit. Die Überlegenheit der griechischen Hopliten, deren Ruf Jahrhunderte hindurch am ganzen Mittelmeer bis weit nach Asien hinein unbestritten war, schwand dahin.

Die Bewaffnung glich sich an. Da der Reichtum zunahm, konnte man sich die besten Waffen kaufen. Man drillte die Berufssoldaten gründlicher, als das beim städtischen Bürgeraufgebot möglich war. Den Barbaren fehlten anfangs noch die überlegenen Feldherren. Sie waren nur an den Kleinkrieg in den Bergen gewohnt. Auch das sollte sich ändern.

Söhne des Herrscherhauses wie des Adels weilten längere Zeit in Griechenland, sei es als Gäste, sei es als Söldner und Bundesgenossen, sei es auch nur als Geiseln oder gar als Kriegsgefangene. Von den Griechen lernten die ›Barbaren‹ die Regeln militärischer Taktik und Strategie, die Fähigkeit, größere Truppenmassen zu bewegen und geschickt einzusetzen.

Als die griechischen Staaten im ›Heiligen Krieg‹ 356–46 um Delphi stritten, rief Larissa den Makedonenkönig um Hilfe an. Das makedonische Heer mußte verschiedene kleinere Niederlagen einstekken, bis es auf dem Krokusfeld schließlich einen Sieg errang, der König Philipp von Makedonien den Besitz Thessaliens verschaffte. Der gemeinsame Widerstand von Athen und Sparta, die beide auf seiten der Phoker standen, verhinderte ein weiteres Vorrücken. Die Griechen haben die Gefahr, die ihnen aus dem Erstarken der makedonischen Macht erwuchs, nicht sofort in ihrer ganzen Bedeutung erkannt. Makedonien war für sie ein barbarisches Königreich, das sich widerstandslos den Persern unterworfen hatte. Es war damals zu schwach gewesen, dem Dareios oder dem Xerxes Widerstand zu leisten. Zur Regierungszeit König Philipps bedrohten illyrische und thrakische Nachbarstämme das Land, das von inneren Wirren, nicht zuletzt um die Thronfolge, geschüttelt wurde. Erst wenige Jahre vorher hatten die Kelten den Makedonen an der Donau eine schwere Niederlage beigebracht. Von Osten drückten die Skythen über die Donaumündung in die Dobrudscha. Persische Vorstöße richteten sich gegen die Meerengen.

Mit Geschick verteidigte Philipp sein Reich. Schritt für Schritt erweiterte er seine Macht. Die eingedrungenen Nachbarn schlug er zurück; dann knüpfte er friedliche Beziehungen mit ihnen an, um den Rücken für einen Vormarsch nach Mittelgriechenland freizubekommen. Zunächst eroberte er die Städte an der Ägäis, Pydna und Potidaia; das goldreiche Panaiongebirge brachte die Einnahmen, um eine ansehnliche Kriegsflotte aufzubauen. Mit den Griechenstädten am Marmarameer, Perinthos und Byzantion, schloß er Bündnisse. Die Halbinsel Gallipoli jedoch sicherte Athen gegen jeden Zugriff, um die Durchfahrt zum Schwarzen Meer freizuhalten.

Als der Makedone Olynth auf der Chalkidike, die letzte freie Griechenstadt am Nordufer der Ägäis, angriff, sah sich Athen veranlaßt, einzugreifen. Sein Heer kam jedoch zu spät; Olynth wurde zerstört. Eine bedeutende Partei in Athen war kriegsmüde; sie setzte den Frieden durch. Philipp konnte die Phoker besiegen und eine Besatzung ins Land legen.

Innerhalb weniger Jahrzehnte, eigentlich nur von Jahren, hatte sich im Norden Griechenlands ein Reich gebildet, das von Epirus bis nach Thrakien, von der Donau bis Mittelgriechenland reichte. Dieses Reich wurde straff von einem einzigen, festen, politischen Willen geführt. Das war entscheidend. Nun konnten sich der Mut und die Kriegstüchtigkeit der Bevölkerung, die seit je von den Griechen gelobt wurden, entfalten. Die wehrwillige Jugend stellte ein hervorragendes Heer.

Die Makedonen erhoben den Anspruch, Griechen zu sein. Seit Jahrhunderten hatte ihr Herrscherhaus das Recht, an den Olympischen Spielen teilzunehmen. Der König verfügte seit 346 v. Chr. in der delphischen Amphiktionie, dem Rat zur Verteidigung des Heiligtums, über die Stimmen der Thessalier wie der – unterworfenen – Phoker. Die Makedonen bemühten sich um griechische Kultur und griechischen Geist. Der Philosoph Aristoteles war der Erzieher des Thronerben Alexander.

Eine starke Partei in Griechenland suchte mit der Macht im Norden zu einem Verhältnis gegenseitiger Duldung zu gelangen, das eine Zusammenarbeit einschloß. Mit Persien war das bis zu einem hohen Grade gelungen. Aber Persien war ein gesättigtes, nicht mehr auf Eroberungen bedachtes Reich. Makedonien war eine aufstrebende Macht.

In seinem Staatsgebiet herrschte der König; keine Stadt, keine Landschaft, kein Stamm stand für sich. Sie alle waren ihm untertan.

Er stützte sich auf den Adel und sein Heer. Von seinem Hof, dem Mittelpunkt des Reiches, gingen die Befehle aus, denen sich jeder zu beugen hatte. Den Hof bildete die nächste Umgebung des Königs, nicht eine Hauptstadt. Es gab keine Stadt, die einen beherrschenden Einfluß auf die makedonische Politik hätte ausüben können.

Damit verlieren die Städte ihre vielfältigen Aufgaben. Auf der Agora fallen keine politischen Entscheidungen mehr, weder über die Außen- noch über die Innenpolitik. Damit erlahmt jedoch die Anteilnahme der Bevölkerung an der öffentlichen Angelegenheit insgesamt.

Pella bei Thessalonike war zwar Sitz des Hofes, jedoch keine Polis; die Bürger waren nur noch Untertanen. Die Makedonen sprachen zwar einen griechischen, stark mit thrakischen Worten durchsetzten Dialekt, ihnen fehlte jedoch, was für das griechische Lebensgefühl maßgebend war: die freie Aussprache, die Auseinandersetzung zwischen verschiedenen geistigen und politischen Richtungen, die erregte, vielleicht sogar allzu hitzige Anteilnahme der Stadtbewohner an den öffentlichen Dingen.

Entscheidungen konnten zwar nicht mehr ›zerredet‹, durch den heftigen Meinungsstreit gelähmt und verhindert werden; damit gingen den Makedonen aber auch jene Antriebskräfte verloren, die in den griechischen Städten die bewundernswerte Entwicklung auf geistigem Gebiet ausgelöst und die Wirtschaft hatten aufblühen lassen. An die Stelle der inneren Entwicklung, auf die die Griechen stolz gewesen waren, trat die machtvolle Ausbreitung nach außen. Die makedonische Stoßkraft war erstaunlich.

Sie richtete sich zuerst gegen Athen. Der Redner Demosthenes hatte lange Zeit gewarnt. Nun war es zu spät. Bei Chaironeia (338) warf die geschlossene Phalanx des makedonischen Fußvolks, das mit langen Lanzen bewaffnet war, die griechischen Hopliten zurück; den Ausschlag gab die vom Thronfolger geführte Reiterei. Von den Steppenvölkern Südrußlands hatten die Thraker die Pferdezucht übernommen, die die Makedonen dann auf den weiten Ebenen Thessaliens pflegten. Im Kampf mit der keltischen Reiterei hatten sie gelernt, die Berittenen zum überlegenen Angriff anzusetzen.

Die griechischen Stadtstaaten wurden Teile des makedonischen Territorialstaates, obwohl sie nach außen als ›Bundesgenossen‹ unter makedonischer Führung auftraten. Sie verloren das Recht auf eigene Außenpolitik, sie waren durch ihre ›Bündnispflicht‹ so weit gebunden, daß die Selbstbestimmung nur noch der Form nach bestehenblieb. Auch die griechischen Städte an den Meerengen fielen an Makedonien. Zwar behielten die einzelnen Städte ihre eigene Verwaltung - nur Theben mußte eine makedonische Besatzung aufnehmen -, aber sie mußten Truppen zum gemeinsamen Aufgebot stellen; den Oberbefehl übernahm der Makedonenkönig, der allein das Recht hatte, einen Krieg zu erklären. Sobald er seine Macht in Griechenland errichtet hatte, bereitete er den Kriegszug gegen Persien vor. Doch 336 wurde Philipp ermordet. Gerüchte liefen um, sein Sohn Alexander habe den Mord angestiftet.

Die Bergvölker im Norden wie im Westen Makedoniens, aber auch die Griechen gedachten diesen Augenblick zu nützen, um sich von der Oberhoheit und den Tributzahlungen freizumachen. Alexander handelte schnell. Er eilte mit seinem Heer nach Griechenland, ließ sich den ›Oberbefehl‹ bestätigen, warf die Geten nördlich der Donau nieder und die Illyrer in die Berge zurück. Den Aufstand in Griechenland unterdrückte er; Theben ging in Flammen auf. Der Balkan und Griechenland waren ›befriedet‹.

Mit seinem Heer zog Alexander 334 über den Hellespont nach Asien. 30 000 Fußsoldaten und 5000 Reiter kamen aus den makedonischen und illyrischen Gebieten. Der Korinthische Bund stellte 7000 Mann zu Fuß, 600 Reiter und 160 Trieren mit einer Besatzung von annähernd 30 000 Mann.

Ein Heer des Perserkönigs nach dem anderen wurde geschlagen, befestigte Städte genommen, eine Provinz nach der anderen überrannt. Kleinasien, Syrien, Palästina, Ägypten, Mesopotamien, Persien, Baktrien, Teile von Indien fielen dem jugendlichen Sieger in die Hände. Alles Land, alle Städte, alle Schätze gehörten ihm, nur ihm, dem König! Wo er hinkam, gründete er Städte, viele erhielten seinen Namen. Alexandria, nach seinem Tode begründet, wurde die führende Handelsstadt des Mittelmeerraumes. Es war eine Stadt, aber keine Polis. Alexandria besaß ein hochentwickeltes wirtschaftliches und geistiges Leben - ein öffentliches hat es nicht gekannt. Die makedonischen Städte hatten nicht die Rechte einer Polis im griechischen Sinne. Die Gelehrten blieben unter sich. Die politische Macht lag nicht in der Stadt, sondern beim König oder seinem Statthalter, bei Heer und Hof.

Nach dem Sieg über den Großkönig, den seine eigenen Satrapen umbrachten, hatte Alexander die griechischen ›Bundestruppen‹

entlassen. Wer weiterhin mit ihm zog, tat das freiwillig als Söldner. Der Kern des Heeres bestand nunmehr aus dem makedonischen Aufgebot. Das allein aber war zu schwach, um die uferlosen Pläne des Königs in die Tat umzusetzen, so daß Alexander sich auf einheimische Kräfte stützen mußte; er nahm Meder, Inder, Mesopotamier, Syrer und schließlich auch Perser in seine Dienste.

Das Alexanderreich war nur mit einem riesigen Beamtenheer zu regieren. Je länger Alexander in Asien weilte, desto mehr gewöhnte er sich daran, in allen Bürgern seines Reiches nur noch Untertanen zu sehen. In Ägypten ließ sich Alexander zum Pharao ausrufen, zum Nachfolger des Gottkönigs, zum lebendigen Gott auf Erden.

Das war nicht mehr ein Königreich wie das makedonische, das im König den Heerführer, den Anführer des Kriegeradels sah, das war ein ›Staat‹ mit fester Verwaltung, ein für sich bestehendes institutionelles Gebilde. Sein Schwerpunkt lag nun in Babylon am Euphrat, in der Mitte des sich bis zum Indus erstreckenden Staatsgebietes. Makedonen wie Griechen empfanden sich angesichts der zahlenmäßigen Übermacht der Einheimischen als das, was sie auch früher in diesen Gebieten gewesen waren, als Söldner des Herrschers. Daß dieser Herrscher jetzt aus ihren Reihen stammte: was besagte das schon!

Alexander trat wie ein asiatischer Großkönig auf. Der Widerstand wuchs. Eine Verschwörung nach der anderen wurde aufgedeckt. Die Soldaten waren nicht bereit, Opfer für Ziele zu bringen, die ins Maßlose gingen. Alexander ließ hinrichten, wer ihm widersprach – selbst verdiente Feldherrn. Anfangs mit Mißtrauen, dann mit wachsender Erbitterung beobachteten die Makedonen die Wandlung ihres Königs.

323 v. Chr. starb Alexander – 33jährig – am Fieber. Das Reich zerfiel. Aus den einzelnen Provinzen machten die makedonischen Feldherrn selbständige Reiche, die sie den griechischen Einwanderern öffneten. Sie gaben ihnen Grund und Boden; sie brachten sie in führende Staatsstellungen. Bald gaben die Griechen an den Höfen wie im Heer, in der Wirtschaft wie im geistigen Leben den Ton an. Dennoch waren die hellenistischen Reiche unter dem griechischen Firnis im Kern orientalische Staaten. Die Städte hatten keinen Einfluß auf das politische Leben. Der König regierte mit einem energischen Beamtenheer.

In den Diadochen-Reichen war Griechisch die Sprache der städtischen Oberschicht; das galt besonders vom Handelsverkehr, der bis nach Sizilien und bis nach Baktrien, bis Indien und bis Hinterindien reichte. Mit dieser räumlichen Ausdehnung verlagerte sich das Schwergewicht des Handels von Athen und Korinth nach Rhodos, nach Alexandrien, nach Antiochia in Syrien. Güter des Ostens gelangten über diese Häfen bis nach Italien, Spanien und Südgallien. In Südrußland, Sizilien, in Ägypten und in Syrien wurde Getreide, Öl und Wein in großen Mengen angebaut und exportiert. Südrußland fiel im 2. Jahrhundert v. Chr. wieder aus, als die Sarmaten die Skythen verdrängten und als hier wieder die Viehzucht an Stelle des Ackerbaues trat.

Die Bauern auf dem kargen griechischen Boden waren dem Wettbewerb der überseeischen Gebiete nicht gewachsen. Sie wanderten dorthin aus, wo ihnen die Herrscher Steuererleichterungen gewährten und Boden zuwiesen, der sehr viel fruchtbarer war als der in der Heimat. Mochten die Diadochen-Reiche untereinander Kriege führen, dank dem regen Handel verfügten sie über geregelte Staatseinnahmen. Sie konnten sich Söldner leisten. Das politische Schwergewicht verschob sich nach Asien und Ägypten.

Griechenland wurde Randgebiet. Diese wirtschaftliche Entwicklung war bedeutsamer als die eigentlichen Kämpfe, bei denen manche Stadt in Flammen aufging. Das Land entvölkerte sich insgesamt. Mit dem wirtschaftlichen Abstieg war das Absinken der Bevölkerung verbunden.

Dafür blühte der Westen auf, seitdem den griechischen Städten in Süditalien und auf Sizilien der weite Markt bis tief nach Asien hinein offenstand. Sie glaubten, sich auch politisch auf die Nachfolgerstaaten des großen Alexander stützen zu können, als sie unter den wachsenden Druck ihrer Nachbarn, der Karthager, der Etrusker und der italischen Völker gerieten.

Als sich Tarent an den König Pyrrhus von Epirus um Hilfe wandte, zeigte sich, daß die hellenistischen Staaten im Osten nicht stark genug waren, um die Freiheit der griechischen Städte im Westen zu sichern.

5

Legionen, das Recht und der Staat. Die Römer gewinnen das Mittelmeer

Bergstämme und Hafenstädte in Italien · Rom als politische Macht · Sagenhafte Gründung 753 v. Chr. · Die soziale Ordnung in Rom · Herrschaft der Patrizier · 509 Ständekämpfe · Beginn der römischen Eroberungen · 340 bis 338 Krieg gegen die Latiner, 326 bis 304 gegen die Samniten · Die italischen Stämme werden Bundesgenossen · 282 bis 272 Krieg gegen Tarent, König Pyrrhus von Epirus greift ein und wird zurückgeschlagen · Das römische System von Bündnissen und Verträgen · Munizipien und Kolonien · Mittelpunkt des Reiches: die Stadt Rom · Ihre Grundlagen: die ›auctoritas‹ · Das Recht · Die ›Res publica‹: Ordnung der Befehlsgewalt · ›Civis Romanus‹ · Römische ›Religio‹ · Die Lateinische Kultur · Der wirtschaftliche Aufschwung im römischen Reich · Niederlage der Karthager im Ersten Punischen Krieg (264–241) · Sizilien wird römische Provinz (241) · Eroberung von Sardinien und Korsika (238) · 218 bis 201 Zweiter Punischer Krieg · Hannibals Vorstoß nach Italien · Vergeblich hofft er auf die Kelten · Die Entscheidung fällt in Spanien · Rom siegt nach 15 Jahren · Ab 200: Eroberungen auf dem Balkan, in Makedonien und Griechenland, 146 Zerstörung von Korinth · Endloser Kampf in Spanien · 146 Zerstörung von Karthago · Rom lebt von der Kriegsbeute · Die neuen Provinzen werden ausgebeutet · Reicher Ertrag aus dem Osten · Die wirtschaftliche Umwandlung Italiens · 133 bis 121: die Reformen der Gracchen · Ansturm der Kimbern und Teutonen (113–101) · Marius (156–86) und die Heeresreform · Sulla (82–79) und die Militärdiktatur · 66: Pompeius siegt im Osten · 58 bis 51: Caesar erobert Gallien · Aufstand der Kelten niedergeschlagen · 45: Caesar Alleinherrscher in Rom · 15 Jahre Bürgerkrieg nach seiner Ermordung (44)

In Italien drängten seit dem 5. Jahrhundert die Bergvölker an die Küste. Sie bedrohten die griechischen Hafenstädte.

Zwei Ursachen waren für diesen Druck maßgebend: einmal nahm die Bevölkerung des gebirgigen Hinterlands zu. Obwohl die Wälder mit den Eisengeräten gelichtet und die Lichtungen durch die weidenden Schafe und Ziegen dauernd erweitert wurden, reichte der Boden nicht aus. Sodann verbesserte sich die Bewaffnung der Bergvölker durch das Eisen. Die Beute lockte. Viele Männer hatten bei den Etruskern und den Griechen als Söldner gedient; sie hatten das städtische Leben kennengelernt. Beim Keltensturm hatte sich gezeigt, daß die Städte keineswegs unangreifbar waren.

In den Städten lebte eine politisch gespaltene, dem Wehrdienst abgeneigte Händlerschicht, die diese Angriffe kaum abzuschlagen vermochte. Die Samniten eroberten 423 v. Chr. Capua und zwei Jahre später Kyme, die älteste Griechensiedlung im Westen überhaupt. Um die Mitte des folgenden Jahrhunderts gehörten Herculaneum, Pompeji und Stabiae den Samniten. Neapel konnte sich zwar halten, doch nahm der samnitische Bevölkerungsanteil dauernd zu.

Im Süden drückten die Bruttier auf die griechischen Städte; Tarent und Rhegium vermochten die Angriffe abzuwehren. Im Norden drängten die Umbrer und Volsker nach Latium. Damit bedrohten sie die Stellung, die sich Rom errungen hatte.

Rom war eine Siedlung verschiedener Stämme, der Latiner, Sabiner und wahrscheinlich auch der Etrusker, die aus mehreren ländlichen Dörfern zu einer befestigten Stadt zusammengewachsen war. An der Brücke der einzigen Straße gelegen, die von Süditalien über den Tiber führte, zugleich dort, bis wohin der Fluß schiffbar war, entwickelte es sich rasch als Handelsplatz. Die Bevölkerung aber blieb vorwiegend bäuerlich. Die politische Macht übten etruskische ›Könige‹, das Haus der Tarquinier, aus.

Ausgang des 6. Jahrhunderts gelang es den Römern mit Hilfe der kampanischen Griechenstädte, die Etrusker zu vertreiben. Der Adel, der sich aus den grundbesitzenden Geschlechtern zusammensetzte, übernahm die Herrschaft. Die Händler haben anfangs keine politischen Rechte besessen, da sie Fremde waren: Griechen, Etrusker und Karthager. Die soziale Ordnung entsprach militärischen Gesichtspunkten. Das ›Volk‹ stimmte auf dem Marsfeld nach Zenturien gegliedert so lange ab, bis Stimmenmehrheit erreicht war. Da jedoch die oberen Zenturien mehr Stimmen hatten, als der Zahl ihrer Mitglieder entsprach, und da sie zuerst stimmten, genügte es, wenn die ersten Zenturien einig waren. Daher beherrschten die oberen Zenturien die Volksversammlung.

Die eigentliche Macht lag im Senat, dem nur Mitglieder der adligen Geschlechter und frühere hohe Beamte angehörten. Die hohen ›kurulischen‹ Ämter waren ausschließlich den vornehmen Familien vorbehalten. Sie stellten die beiden Konsuln und die Prätoren und die obersten Priester. Im Kriege bildeten sie die Reiterei; sie führten die bewaffnete Miliz.

Die Standesunterschiede waren streng. Söhne und Töchter des Adels durften nicht die der unteren Stände heiraten; das ›Conubium‹ war verboten.

Die durch den Handel reich gewordenen Schichten forderten politische Gleichberechtigung. Vorsichtig kamen die Patrizier den ›Plebejern‹ entgegen, zuerst (445 v. Chr.) im ›Conubium‹, seit dem 4. Jahrhundert auch in der Zulassung zu den hohen Staatsämtern.

Nicht mehr die Abstammung, sondern der ›Zensus‹, also die Steuerkraft, bestimmten fortan die Zugehörigkeit zu den Zenturien. Mit größerem Vermögen rückte der Plebejer in die gesellschaftlich und politisch führende Schicht auf. Nach der schweren Niederlage gegen die Gallier dürfen Plebejer seit 367 v. Chr. auch Konsuln werden. Die sozialen Machtverhältnisse änderten sich unter dem Druck der Kriege.

Zwischendurch gelang es den Etruskern, die Herrschaft über Rom zurückzugewinnen. Dann setzte der römische Gegenstoß ein. Erst nach jahrelanger Belagerung fiel das etruskische Veji 396. Rom hat diesen Krieg nur durchzuhalten vermocht, weil es mit den Latinern im Bündnis stand, die ihrerseits von den Oskern, Umbrern und Samniten aus den Bergen bedroht wurden.

Die römische Politik hielt zäh an dem fest, was einmal gewonnen war, aber sie sah in jedem unterworfenen Gegner den möglichen Bundesgenossen von morgen. Rom nahm einen Ort nach dem anderen in den Kreis seiner Bundesgenossen, ja selbst in die Stadtgemeinschaft auf, indem es die Interessen der Nachbarn mit den eigenen verknüpfte und den neuen Bundesgenossen schließlich auch das römische Bürgerrecht verlieh.

Durch Roms wachsende Macht fühlten sich die Samniten bedroht. Ein halbes Jahrhundert währten die wechselvollen Kriege (343-290 v. Chr.). Der Latinerbund focht gegen den Samnitenbund; dann wurden die Latiner unzufrieden – sie forderten größere Rechte von Rom, das nun wiederum mit den Samniten gegen die eigenen Bundesgenossen kämpfte. Wieder veränderten sich die Fronten: Rom stand auf seiten Neapels gegen die Samniten, und schließlich verbündeten sich die Samniten mit den Etruskern. Die übrigen Völker Italiens, die Bruttier, Lukaner und Sabiner, wurden in dieses Ringen in der einen oder anderen Form hineingezogen. Selbst schwere Niederlagen, die einmal ein ganzes römisches Heer in samnitische Gefangenschaft brachten, konnten Roms Kraft nicht erschüttern, dem es schließlich gelang, die Samniten niederzuringen.

Wirklich gefährdet war Rom, als sich seine Gegner zu einem umfassenden Bündnis zusammenfanden, die Samniten mit den Etruskern und den Galliern. An Volkskraft, Reichtum und wohl auch an militärischer Stärke waren sie zusammen Rom weit überlegen. Aber sie schickten nur Teilkräfte ins Feld. Die Etruskerstädte waren untereinander uneins; viele hatten sich längst mit der römischen Herrschaft abgefunden. Die Gallier wie die Samniten rückten mit starkem Aufgebot ins Feld. Sie wurden vom Konsul Decius Mus bei Sentinum 295 besiegt.

Die Gallier zogen sich in die Poebene zurück. Etrusker und Samniten unterwarfen sich. Sie wurden ›Bundesgenossen‹ des Latinischen Bundes.

Rom warf sich zum Schutzherrn der italischen Völker auf. Damit erbte es aber auch deren Gegnerschaft gegen die Griechenstädte Süditaliens und Siziliens. Wirtschaftlicher Wettbewerb stand um diese Zeit nicht im Vordergrund, weil der Handel noch nicht die Grundlage des wirtschaftlichen Lebens in Rom bildete.

In einem Streit zwischen den Städten Tarent und Thurii wandte sich Thurii an die Römer um Hilfe, die mit eingriffen. Daraufhin baten die Tarentiner den König Pyrrhus von Epirus um Unterstützung. Dieser ehrgeizige Fürst sah eine Gelegenheit, ein starkes Reich zu gründen. Die Voraussetzungen schienen günstig. Der kriegserfahrene Pyrrhus verfügte über ein straff geführtes, waffengeübtes Heer aus Söldnern und über 20 Kriegselefanten aus der Alexanderbeute in Indien. Auf die griechischen Städte, die von den Karthagern bedrängt wurden, glaubte er rechnen zu dürfen.

Diesem Berufsheer erlagen die Römer in der Schlacht von Heraclea (280). Zwar gelang es Pyrrhus, einige Städte und Völker für sich zu gewinnen, aber im allgemeinen hielten die Bundesgenossen zu Rom. Nicht einmal die einstigen Griechenstädte, wie Neapel, schlossen sich Pyrrhus an. Er bot den Frieden gegen die Bedingung an, daß Rom die Freiheit der Griechenstädte und der Samniten anerkannte, aber der Senat lehnte es ab, mit einem Feind zu verhandeln, solange dieser auf italischem Boden stehe.

Auch eine zweite Niederlage der Römer bei Ausculum, bei der sie 6000 Mann an Toten verloren, änderte nichts an ihrer Haltung. Rom konnte sich auf seine Bundesgenossen verlassen und auf die Rückendeckung durch Karthago, das eine Kriegsflotte nach Ostia entsandte. Das Abkommen zwischen Rom und Karthago sah eine klare Aufteilung vor: Süditalien sollte zu Rom, Sizilien zu Karthagos Einflußbereich gehören.

Um dem neuen – und wohl gefährlicheren – Gegner zu begegnen und weil er auf dem italischen Festland keine Entscheidung erzwingen konnte, wandte sich Pyrrhus nach Sizilien; in einem dreijährigen Feldzug eroberte er die Insel. Nur Lilybaeum im äußersten Westen blieb karthagisch. Doch sobald die griechischen Städte die Karthager nicht mehr zu fürchten brauchten, fielen sie von Pyrrhus ab. Vergeblich versuchte Pyrrhus noch einmal, die Römer zu einer offenen Feldschlacht zu bewegen. Sie wichen aus.

Inzwischen wurde die Balkanhalbinsel von den Kelten heimgesucht, die in Makedonien und Epirus einfielen und sogar das Heiligtum von Delphi zerstörten. Pyrrhus mußte nach Epirus zurückkehren. In Argos ist er gefallen. Rom hatte alle Schlachten verloren und dennoch den Krieg gewonnen. Diesen Sieg verdankte es seiner staatlichen Ordnung, nicht einer überlegenen Streitmacht.

Entscheidend war bei den militärischen Rückschlägen die Haltung der italischen Bevölkerung gewesen. Das eigenartige römische System von Bindungen und Verträgen, von Gleichberechtigung und Unterordnung hatte sich selbst dort bewährt, wo noch vor wenigen Jahren harte Kämpfe geführt wurden: bei den Etruskern, bei den Bergvölkern und den griechischen Städten. Rom baute seine Herrschaftsmacht in diesem Sinne weiter aus. Die Griechenstädte schlossen ein Bündnis mit Rom, als letzte Tarent 272 v. Chr.

Die latinischen Städte wurden vielfach zu römischen Bürgergemeinden mit vollem Bürgerrecht erhoben, andere Städte wurden ›Munizipien‹ ohne Stimmrecht, das heißt, ihre Einwohner erhielten zwar das römische Bürgerrecht, nicht aber das politische Stimmrecht. Diese Regelung wurde zum Vorbild für die Städte in Kampanien und an der Grenze von Latium, so für Fundi, Capua und Cumae. Wer sich Rom unterordnete, ob freiwillig oder gezwungen, konnte sich auf den römischen Schutz verlassen. ›Kolonien‹ mit Siedlern vollen Bürgerrechts wurden an strategisch wichtigen Punkten errichtet, wie Antium. An Zahl überwogen bei weitem die Bundesgenossen. So erwuchs ein eigenartiges politisches Gebilde. Dem Grundsatz nach gab es nur ›die Stadt Rom‹; tatsächlich formte sich ein Territorialstaat, dessen Einwohner sehr verschiedene Rechte besaßen, die sich aber dennoch als Glieder einer politischen Gemeinschaft fühlten.

Mittelpunkt dieses Reiches war Rom. Oben auf dem Kapitol stand die Burg, die ›arx‹, ursprünglich Zwingburg der etruskischen Könige, daneben der Tempel des Jupiter Maximus. Die politischen Entscheidungen fielen in der Kurie, wo der Senat tagte, am Forum Romanum. Abgestimmt wurde nach Zenturien auf dem Marsfeld. Es gab keinen Hafen; Ostia blieb weit entfernt und ohne innere Verbindung zu Rom.

Trotz vieler Gemeinsamkeiten war die Urbs römischer Prägung etwas anderes als die griechische Polis. Obwohl sich in Rom Menschen aus vielen Landschaften begegneten, war die Stadt kein Treffpunkt für Gedankenaustausch.

Die wichtigen Entscheidungen fielen innerhalb der führenden Geschlechter, nicht in der Öffentlichkeit. Der Charakter des Staates war jeder Diskussion abhold. Die Stände waren auch schärfer getrennt als in Griechenland. Der römische Familienvater ließ an seiner ›Autorität‹ nicht rütteln. Er ließ sich auch nicht so leicht dazu bringen, seine Meinung zu ändern. Starr hielt er an ihr fest. Sie war zwar schwer zu erschüttern, aber auch nur langsam voranzutreiben. Es fehlte die bewegende Kraft, die die griechischen Städte auszeichnete.

Der Staat ruhte fest auf den Beamten. Rom war vor allem Zentrum von Verwaltung und Heer. Die Beamten stellten keinen eigenen Stand dar; sie wurden jährlich ›gewählt‹, in Wirklichkeit von den einflußreichen Kreisen des Senats vorgeschlagen und bestimmt. Sie vertraten die Interessen des Staates, der Res publica, sie waren an die Gesetze, richtiger an ›das Recht‹ gebunden.

Das römische Recht war zwar in Gesetzen festgelegt, aber entscheidend waren nicht die einzelnen Rechtssätze, sondern der Grundgedanke. Das Recht war auf das Allgemeinwohl ausgerichtet; ihm sollten sich alle Privatinteressen, auch das Standesinteresse, unterordnen. Das Recht war die Ordnung, der sich jedermann zu fügen hatte; dafür wurden sie alle von dieser Ordnung geschützt. Im ›Recht‹ lagen nicht nur die einzelnen ›Rechte‹ begründet, sondern auch die Pflichten gegenüber dem Staat.

Der Staat war für die Römer mehr als die Gemeinschaft der Personen. Der einzelne mußte sich der im Staat verankerten Ordnung einfügen. Die Gemeinschaft war wichtiger als die einzelnen Glieder. Diese Einstellung zur Res publica als einem abstrakten, für sich bestehenden Gemeinschaftsbegriff bestimmt die Haltung des römischen Bürgers, sein Verhältnis zur Obrigkeit, zum Senat, zu den Beamten, zum Gesetz.

Die Res publica war ständisch gegliedert. Die amtliche Bezeichnung hieß ›Senatus Populusque Romanus‹. Der Senat war mehr als eine Vertretung der Aristokratie, er war Teil des Staates. Aus seinen Kreisen gingen die Beamten und die Offiziere hervor. Nach außen aber trug weiterhin der Populus, streng gegliedert nach Zenturien, die Verantwortung. Um dem Gemeinschaftsgefühl entgegenzukommen, erhielt der ›Volkstribun‹ das Recht, gegen ein Gesetz, gleich welcher Art, seinen Einspruch, sein ›Veto‹ einzulegen. Der Volkstribun galt als unverletzlich; er durfte weder verfolgt noch angegriffen werden. In den meisten Fällen war auch der Volkstribun aus den Reihen der führenden Familien gewählt. Seine Rolle bestand darin, einzugreifen, nicht ein Gesetz vorzubereiten oder zu gestalten. Später konnte er Gesetzesvorschläge einbringen und zur Abstimmung vorschlagen. Damit stand er außerhalb der Verwaltug. Um sich zu wehren, hat die Senatspartei den Volkstribunen oftmals mit Gewalt beseitigt. Die bedeutendsten, die Gracchen, wurden ermordet.

Selbst diese inneren Kämpfe konnten nicht die Ordnung in Frage stellen, auf der das römische Staatswesen beruhte. Sie war unbestritten. Die Befehle des Staates, seiner Beamten wie seiner Offiziere, und seine Gesetze waren zu befolgen. Der Römer war an Gehorsam von frühester Jugend an gewöhnt. Der Familienvater besaß unbegrenzte Verfügungsgewalt über seine Frau, über seine Kinder und erst recht über seine Sklaven, die er jederzeit strafen, verkaufen, selbst töten konnte. Diese Machtvollkommenheit beruhte nicht nur auf den staatlichen Gesetzen, sondern auch auf den religiösen Anschauungen.

Die Familie war die Zelle des Staates, die kleinste Einheit, eine Gemeinschaft, der man sich unterzuordnen hatte, der man ›diente‹. Der Familienvater aber stand im öffentlichen Leben, er ›gehörte‹ der Stadt.

Wenn das öffentliche Wohl es erforderte, opferte er alles. Alle Werte des privaten Lebens hatten hinter denen des öffentlichen zurückzutreten. Zahllose Sagen, Berichte, Erlebnisse, Vorbilder prägten diesen Grundsatz innerhalb der römischen Erziehung. Der Römer schuf den Begriff des ›politischen Menschen‹. Jeder einzelne solle sich so benehmen, als »stünde er in einer Schlacht«.

In dieser Staatsgesinnung lag die Wurzel für die politische Kraft Roms. Die Achtung vor der ›auctoritas‹ des Staates band die römischen Bürger stärker als irgendein Gesetz, als die Furcht vor Strafe. Sie hat sich in Zeiten der Not bewährt. Erst als diese auctoritas schwand, schwand auch die Macht des römischen Staatsgedankens. Der Stolz, einer in sich gefestigten Ordnung zuzugehören, hat den ›Civis Romanus‹ geprägt.

In Rom – und das hieß nun in Italien – genügte ein Befehl, damit sich alle zum Waffendienst verpflichteten Bürger beim Heer einfanden. Nur der Bürger trat in die römischen Legionen ein. In Rom besaßen auch die unteren Schichten das Bürgerrecht, ohne den entscheidenden politischen Einfluß zu gewinnen, weil die Zenturiatsverfassung mit ihrer ungleichen Abstimmungweise dafür sorgte, daß die soziale Ordnung nicht umgestürzt wurde. In der Regel nahmen nur zwei Drittel der Bürger an den Wahlen teil. Die Bundesgenossen ohne römisches Bürgerrecht waren verpflichtet, Truppen zu stellen, wie das in Verträgen festgelegt war. Später erhielten die Legionäre der Bundesgenossen vor der Einberufung das Bürgerrecht, schließlich mit der oder durch die Einberufung.

Bis tief in das 3. Jahrhundert hinein fühlten sich die Römer als Bauern. Ein Mann wie Cincinnatus, der – nach der Überlieferung – vom Pflug weggerufen wurde, um die Diktatur zu übernehmen, und der zum Pflug zurückkehrte, nachdem er den Feind geschlagen hatte, galt als Vorbild.

Die staatliche Ordnung war eine Ordnung der Befehlsgewalt, der zu folgen war. Die Manneszucht, die ›disciplina‹, war die Seele des Staates. Sie wurde notfalls mit harten Strafen erzwungen, sowohl gegenüber dem einzelnen Schuldigen als auch gegenüber einer frevelnden Gruppe, sei es einer Stadt oder einem Volk. Es galt, das verletzte Befehlsgefüge wiederherzustellen. Auf der inneren Bereitschaft des einzelnen, sich der sozialen Gemeinschaft einzuordnen, beruhte die Stärke des Staates. Diese Einstellung brachte viel Härte mit sich.

Den Römern mangelte es an wärmerer Menschlichkeit und an Heiterkeit. Im allgemeinen war ihnen die Freude am Leben, aber auch das Mitleid, verschlossen. Sie waren Männer der Tat, nüchterne Rechner, hart gegen die Mitmenschen einschließlich der eigenen Familie, hart aber auch gegen sich selbst. Aus dem Glauben an die Macht, aus der Überzeugung, Rom sei berufen, die Welt zu regieren, schöpften sie die Kraft für ihren politischen Erfolg. Den Griechen fehlte ein solcher Glaube, trotz des Gefühls ihrer kulturellen Überlegenheit. Sie bewunderten die Römer wegen ihrer Härte und Nüchternheit, im Grunde blieben sie ihnen unverständlich und fremd. Was die Römer jedoch besaßen und was sie den Völkern Europas weitergegeben haben, war die unbeugsame Autorität des Rechts und damit die staatliche Ordnung. Die Römer konnten organisieren. Sobald sie sich ein festes Ziel gesetzt hatten, wußten sie es zu erreichen. Hierin lag die Wurzel für das Selbstbewußtsein der Römer. Schritt für Schritt haben sie – durchdrungen von dem Stolz auf die eigene Leistung – daraus den Anspruch abgeleitet, die ganze Welt zu beherrschen.

Hinter ihrem nüchternen Verstand, der nur praktisch zu denken schien, stand das Gefühl, stets im Schutz göttlicher Mächte zu stehen, die zu verehren ihnen selbstverständlich war. Religion bedeutet Bindung, Bindung an die Götter. In der Frühzeit herrschte auf dem Kapitol die Götterdreiheit von Jupiter, Juno und Minerva, die – ursprünglich von den Etruskern übernommen – nach griechischen Vorbildern umgedeutet wurde.

Die Römer überführten – vielfach mit Gewalt – fremde Götterbilder nach Rom und bauten ihnen dort Tempel: der etruskischen Burggöttin von Neji, dem griechischen Apoll von Kyme. Mit der Zeit veränderten sich die Götter, sie verschmolzen miteinander. So verband sich etwa der italische Gott Mars mit dem griechischen Ares und seinem thrakischen Vorbild zu dem römischen Kriegsgott, der wohl ursprünglich ein Gott des Frühlings und des Ackerbaus war. Die Verehrung dieser Götter war Pflicht jedes Staatsbürgers, der gewisse formale Ehrenbezeugungen zu leisten hatte.

Bedeutsam wie der Kult der Staatsgötter war die Beschwörung, das Erforschen der Zeichen künftigen Geschehens. Dieses Geheimwissen war Erbe der Etrusker, ihrer Religion und ihres Schicksalglaubens. Die Römer sahen in allem Geschehen zugleich ein geheimnisvolles Walten übernatürlicher Kräfte, die der Mensch nicht zu ergründen vermochte. Sie aus Anzeichen zu erforschen, wie aus dem Flug der Vögel, besonders der Geier, aus der Beschau der Opfertiere, vor allem der Leber, war Aufgabe der Priester. Ein gut Teil uralten Aberglaubens verband sich mit den religiösen Anschauungen.

Vom 3. Jahrhundert an nimmt die italische Bevölkerung erkennbar zu. Die Wälder verschwinden, zuerst in Latium, dann in Kampanien, dann auf den Berghöhen des Apennin. Ölbaum und Weinrebe gewinnen an Boden. Der Handel blüht auf; die Städte wachsen durch Zuzug vom Land. Während sich bis weit ins 4. Jahrhundert die Landbevölkerung deutlich von der städtischen abhob, die vorwiegend aus Griechen, Etruskern oder Karthagern bestand, setzte im 3. Jahrhundert eine völlige Umschichtung ein. Die Städte werden italisch; Latiner, Samniten, Volsker und Umbrer strömen herein. In der Stadt fühlen sie sich auch ohne Bürgerrecht als ›Römer‹.

Innerhalb der Stadt und in ihrer Umgebung herrschten dank des Rechtswesens und der unbestechlichen Verwaltung Frieden und Ordnung. Die ›lateinische‹ Kultur setzte sich durch. Bald konnte die städtische Bevölkerung lesen und schreiben. Die lateinischen Buchstaben sind an die griechischen angelehnt, haben aber ihre eigene Form. Die Etrusker haben weiterhin die griechischen Buchstaben benutzt.

Ein planvolles Straßennetz entstand: die Via Appia bis Brundisium, die Via Flaminia bis Rimini. Die Städte konnten vielfach die Mauern abbauen, weil das römische Heer stark genug war, sie zu schützen. Mit seiner gefestigten Macht konnte Rom in die Händel außerhalb des italischen Festlandes eingreifen. Agathokles von Syrakus hatte versucht, die griechischen Städte Siziliens zusammenzufassen. Er stützte sich dabei auf italische Söldner, die ›Mamertiner‹, die nach seinem Tode in Messana die Macht an sich gerissen und die griechische Oberschicht ermordet hatten. Zwar besiegte Syrakus die Mamertiner, aber eine karthagische Flotte verhinderte die Einnahme der Stadt. Die Mamertiner – von Syrakus in die Enge getrieben – wandten sich hilfesuchend an Rom und Karthago. Rom warf Truppen nach Sizilien und setzte sich in Messana fest. Für die Griechen erhob sich die Frage, welche Gefahr sie als die schlimmere ansahen: Karthago, den Erbfeind zur See, mit dem sie seit den Tagen der Kolonisation im Wettbewerb und oft genug im Kriege standen, oder Rom, das dabei war, einen ganz Italien umfassenden Territorialstaat aufzurichten.

Hieron II. von Syrakus, des Agathokles Nachfolger, erklärte sich für Karthago, dann, als die Römer Messana besetzt hatten und mit einem Heer vor Syrakus erschienen waren, ergriff er für Rom Partei.

Der 1. Punische Krieg wurde durch die Flotte entschieden, die Rom mit Hilfe seiner griechischen Bundesgenossen baute. Die römischen Kriegsschiffe fuhren auf die feindlichen los und hingen sich mit Enterhaken an ihrer Seite fest; dann stürmten die Landsoldaten aufs feindliche Deck, um die Besatzung niederzuschlagen. Die karthagische Flotte wurde bei Mylae (260) vernichtet. Der Konsul Regulus setzte mit einem Heer nach Afrika über, wurde jedoch vor Karthago von einem stark aus Griechen zusammengesetzten Söldnerheer geschlagen und gefangengenommen. In jahrelangem Krieg wurden die karthagischen Stützpunkte auf Sizilien niedergerungen. Beim Frieden trat Karthago seine sizilischen Besitzungen ab. Es mußte eine Kriegsentschädigung von 3200 Talenten zahlen. Sizilien wurde 241 die erste römische ›Provincia‹.

Immer noch gehörte Syrakus über ein Viertel der Insel. Ein weiteres Viertel unterstand anderen griechischen Städten. Das Innere der Insel war praktisch unabhängig. Die Bewohner hatten zwar ein Zehntel der Ernte abzuliefern, von den Vorgängen an der Küste aber blieben sie unberührt. Das änderte sich nun gründlich. Beamte wurden hingeschickt, die das ganze Land unter ihre Verwaltung stellten. Die Wirtschaft wurde planmäßig aufgebaut. Der Weizenanbau stieg beträchtlich. Sizilien entwickelte sich zu der Kornkammer Italiens.

Karthago litt schwer unter den Auswirkungen der Niederlage, zumal es die Söldner nicht loswurde, denen es verdankte, daß es sich militärisch so lange hatte halten können, vor allem den Sieg in Afrika. Da die Italiker, Kelten und Griechen ihren Sold nicht erhielten, griffen sie Karthago an; auf Korsika und Sardinien erhoben sie sich. Die Bewohner des Hinterlandes wehrten sich gegen die Übergriffe der Aufständischen, trachteten zugleich aber danach, Karthagos Schwäche auszunützen, um dessen drückende Herrschaft abzuschütteln. Es gab schließlich drei kriegführende Parteien sowohl in Nordafrika wie auf den Inseln.

In Rom strebte die Kriegspartei nach der Vormacht im Mittelmeerraum. Entgegen den Friedensbedingungen besetzten die Römer Sardinien und Korsika; damit durchbrachen sie den Sperriegel vor dem Tyrrhenischen Meer. Spanien und das westliche Mittelmeer rückten in das Gesichtsfeld von Rom; bis dahin lagen sie im Einflußbereich Karthagos, das seine Handelsstützpunkte wie einen Kranz um seine Küsten herum angelegt hatte, um aus den Gebirgen Silber, Kupfer und Zinn zu beziehen.

Der Handel, der auf dem Seeweg bis nach Nordfrankreich, Britannien und Irland reichte, stützte sich nicht auf die politische Vorherrschaft über das Hinterland. Karthago war bis dahin ein Handelsreich, lose zusammengefügt, mit einer Vielzahl von Handelsplätzen an der Küste und einer Flotte, deren Überlegenheit ausreichte, um jeden Angriff auszuschließen. Das Landheer ließ sich durch Söldner von weit her verstärken, wenn eine Gefahr drohte. Die punischen Händler bemühten sich, den Geschäftspartnern genügend Vorteile im Warentausch zu bieten, um sie zu laufenden Lieferungen aus weiten Entfernungen zu veranlassen.

Rom hingegen war und blieb eine Landmacht – trotz der Seeherrschaft, die es schließlich über das gesamte Mittelmeer errang. Es stützte sich auf die Landbevölkerung in Mittel- und Süditalien. Um aus den eroberten Gebieten Vorteil zu ziehen, baute Rom eine Verwaltung auf, die den Unterworfenen Tribute auferlegte.

Um diesem mächtigen Gegner ein gleichwertiges Gewicht entgegenzustellen, dehnte Hamilkar Barkas die karthagische Herrschaft zum erstenmal von den auf Handel abgestellten Küstenplätzen auf das spanische Hinterland aus. Dabei stützte er sich auf die Kelten auf der Hochfläche und im Westen, während die noch stark iberische Bevölkerung im Süden und Südosten feindlich gesinnt blieb. Hasdrubal und Hamilkar Barkas' Sohn Hannibal konnten die Herrschaft über die keltischen Volksstämme bis weit ins obere Ebrotal ausdehnen, wenn es auch von Zeit zu Zeit Rückschläge gab.

Die Griechenstädte an der Nordostküste fühlten sich bedroht. Sie wandten sich an Rom, das zunächst die Ebrogrenze forderte und vertraglich festlegte, dann aber eingriff, als Hannibal das südlich des Ebro gelegene griechische Sagunt einnahm. Rom wollte von vornherein die Gefahr abwenden, daß Karthago Spanien zu einer großen Landmacht als Gegengewicht zu Italien ausbaute.

Davon war Hannibal noch weit entfernt. Karthago hatte aus dem Handelsplatz Neukarthago (Cartagena) eine feste Siedlung und einen militärischen Stützpunkt gemacht. Außerhalb seines Einflusses standen die Baetica (Andalusien), die Berglande des Nordens wie die Nordostküste, die zum griechischen Handelsbereich gehörte. Immerhin war zum erstenmal in der Geschichte der größere Teil der Iberischen Halbinsel zu einem einheitlichen politischen Gebilde zusammengefaßt, das auch kulturell zusammenwuchs.

Hannibals Absichten waren jedoch sehr viel weiter gespannt. Spanien war der äußerste Bereich der keltischen Welt, die sich über Gallien, Britannien, Süddeutschland bis Oberitalien und in die Donautiefebene, ja bis Kleinasien erstreckte. Roms Stärke beruhte darauf, daß es in Italien über ein ausgedehntes Hinterland verfügte, das der Handelsmacht Karthago bisher sowohl in Afrika und an den Küsten Spaniens wie auf den italischen Inseln gefehlt hatte. Wenn es jedoch gelang, die gesamte keltische Welt gegen Rom und damit gegen Mittel- und Süditalien in Bewegung zu setzen, müßte die Überlegenheit zum Siege führen. Hannibal zog mit seinem Heer – in der überwiegenden Mehrheit Keltiberer, richtiger spanische Kelten – durch Gallien über die Alpen gegen Rom und erreichte Italien mit 20000 Mann Fußvolk und 6000 Reitern.

Ob der Vorstoß mit einem so kleinen Heer in ein Gebiet, das über eine halbe Million Krieger aufzustellen vermochte, von Anfang an zum Scheitern verurteilt war, hing von den Kelten ab. Hannibal setzte seine Hoffnung besonders auf die Gallier in der Poebene. Kurz vorher hatten die Römer die Gallier in Norditalien unterworfen und aufflackernde Aufstände unterdrückt. Ein punischer Sieg hätte den Geist des Widerstandes beleben und die Bevölkerung Norditaliens an der Seite Karthagos in den Krieg treten lassen müssen. In der Tat haben die Gallier die römischen Stützpunkte in der Poebene zerstört; aber die nachhaltige Hilfe, die Hannibal erwartete, blieb aus. Erst als der Krieg vorbei war, als die Römer erneut nach Norditalien vorstießen, erhoben sich die Gallier, an der Spitze die Bojer, zum verzweifelten Widerstand. Da war es zu spät. Die Hoffnung Hannibals beruhte auf der Erwartung, er könne die Kelten zu einem gemeinsamen politischen Handeln gegen Rom aufbieten. Das war ein Irrtum. Als die keltischen Truppen, die der Karthager aus Spanien mitgebracht hatte, in den Schlachten dahingeschmolzen waren, schwand auch jede Möglichkeit, Rom zu unterwerfen. Selbst der überwältigende Sieg bei Cannae (216), bei dem 50000 Mann des römischen Heeres, ein großer Teil der wehrfähigen Mannschaft, vernichtet wurden, brachte weder den Zusammenbruch Roms noch den Abfall aller Bundesgenossen, nicht einmal die einhellige Kriegsbeteiligung der Gallier.

Nur eine dünne keltische Oberschicht lagerte über den Ureinwohnern. Die gallischen ›Stämme‹ unterschieden sich stark voneinander. Die Gallier in der Poebene ließen sich kaum mit den Keltiberern vergleichen, die Hannibal aus Spanien mitgebracht hatte.

Zu der Lähmung aus dem Bewußtsein der eigenen Schwäche kam das Mißtrauen gegenüber dem Punier. Nur die Furcht vor Rom führte sie an die Seite Karthagos. Deswegen setzte Hannibal auch nicht alles daran, Rom zu zerstören. Er brauchte die Stadt als Gegengewicht. Er suchte Verhandlungen. Aber Rom blieb fest, selbst als die Lukaner und Bruttier und auch Städte wie Capua zum Feind übergingen.

Hannibal versuchte nun, auch die Balkanhalbinsel in den Krieg hineinzuziehen. König Philipp V. von Makedonien erklärte zwar den Krieg, betrieb aber alle Kriegsvorbereitungen nur säumig. Die Entscheidung fiel in Spanien. Dank seiner Kriegsflotte konnte Rom, selbst bedrängt und bedroht, ein starkes Heer auf die Iberische Halbinsel hinübersenden und zusammen mit den Iberern – gegen die Kelten – dort die punische Macht brechen. Vergeblich marschierte Hannibals Bruder Hasdrubal mit einem Heer nach Italien. Er wurde, bevor sein nichtsahnender Bruder ihm helfen konnte, besiegt und getötet. Unbehindert rang Rom eine abgefallene Stadt nach der anderen nieder. Auch Syrakus wurde, 212, genommen. Hannibal kehrte nach Afrika zurück und unterlag bei Zama. Karthago verlor Spanien; sein Hinterland in Afrika übergab Rom seinen Bundesgenossen, den Numidern und Mauretaniern.

Aber auch Italien hatte im 2. Punischen Krieg schwer gelitten. Fünfzehn Jahre lang stand fast ein Fünftel der Bevölkerung unter Waffen. Die feindlichen Heere plünderten das Land aus. Um Freunde zu gewinnen, schonte Hannibal die Besiegten, während die Römer jede Stadt, die abfiel, hart bestraften. Ganze Städte wie Syrakus wurden dem Boden gleichgemacht, ganze Völkerschaften niedergemetzelt oder in die Sklaverei verkauft. Solange Rom aushielt, wagten nur wenige abzufallen.

Die blutigen Verluste waren hoch. Die Bauernfamilien gingen unter oder zogen, verarmt, in die Stadt, wo sie vom Staat unterstützt werden wollten, um Nutznießer des Sieges – und der riesigen Kriegsbeute – zu werden. Die Aristokratie war dermaßen gelichtet, daß sie Plebejer aus Rom und italische Bundesgenossen in ihre Reihen aufnehmen mußte. Die Zahl der römischen Bürger vermehrte sich um diejenigen, die als Legionäre das Bürgerrecht erworben hatten. Sie fühlten sich weniger der Stadt Rom als ihrem Feldherrn verbunden. Mit dem siegreichen Feldherrn tritt ein neues Element in die römische Geschichte: die große Persönlichkeit.

Der Sieger von Zama, Scipio, der ›Afrikaner‹, war ein überlegener Geist mit gründlicher griechischer Bildung, erfüllt von der Bedeutung seiner Person und seines altadligen Hauses. Hinter ihm stand das Heer. An die Stelle der rasch aufgebotenen Milizen, die vom Pflug weggerufen wurden, waren langdienende Legionäre getreten, die über Jahre in der Fremde standen, zuerst während des Krieges, dann in den eroberten Gebieten, die zu sichern waren. Sie wurden zum Werkzeug, zum Machtmittel des Feldherrn. Eine gefährliche Entwicklung! Scipio selber machte von seiner Machtfülle noch kaum Gebrauch. Er wurde von seinen politischen Gegnern offen angeklagt – so fest war noch der Staat und das Rechtsgefüge. Freigesprochen wurde er weniger seiner Machtstellung als seines untadeligen Rufes wegen. Das änderte sich, als Rom nach Osten ausgriff.

Auf dem Balkan unterstanden die griechischen Städte und Illyrien als Protektorat der römischen Schutzherrschaft. Sie fürchteten Philipp V. von Makedonien, der sich anschickte, seine Macht über Griechenland und Kleinasien auszudehnen. Wie überall gab es auch in Pergamon und auf Rhodos eine romfreundliche Partei, die den Sturz des Makedonen betrieb. In einem dreijährigen Kriege zerschlug Rom mit dem Siege von Kynoskephalai 197 die Pläne König Philipps, dem nur Makedonien verblieb. In Griechenland traten die Römer als Befreier auf. Das politische und wirtschaftliche Schwergewicht verlagerte sich nach Korinth und Rhodos: Athen blieb geistiges Zentrum ohne politische Bedeutung.

Als sich Antiochos von Syrien in den Kampf zwischen Rom und Makedonien einmischte, siegten die römischen Legionen bei den Thermopylen 191 und entscheidend bei Magnesia 189. Antiochos IV. gab auf römisches Verlangen Ägypten frei, die Ptolemäer vermachten die Cyrenaika der Tiberstadt. Pergamon fiel durch Testament an Rom. Gegen die römische Vorherrschaft im östlichen Mittelmeer erhoben sich noch einmal die Erben des Alexanderreiches. Der Sieg von Pydna 168 kostete Makedonien die Selbständigkeit. Die Griechen, die sich am Kampf beteiligt hatten, wurden grausam gestraft. Korinth wurde zerstört, seine Bevölkerung in die Sklaverei verkauft, ein Schicksal, das auch Epirus zu erleiden hatte. Das war das Ende der griechischen Freiheit und der griechischen Städte.

Italische Siedler erfüllten weite Teile der Balkanhalbinsel. Die Via Egnatia verband die Küste der Adria mit der Ägäis (Thessalonike), so daß lateinische Sprache und Kultur bis zum Wardartal vordrangen, also etwa bis zur alten Völkergrenze zwischen Illyrern und Thrakern. Der Balkan wurde zum Sprungbrett für das weitere Ausgreifen nach Asien. Zur gleichen Zeit gliederte Rom den westlichen Mittelmeerraum in seinen Machtbereich ein. Karthago, die einstige Nebenbuhlerin, wurde 146 v. Chr. endgültig zerstört. Das Hinterland blieb den Bergvölkern überlassen. Bis weit in die Kaiserzeit hinein sprach die Bevölkerung der Küste punisch.

Unerwartet hart wurde das Ringen um Spanien. 150 Jahre brauchte Rom, um den Widerstand der Bewohner zu brechen. Die iberischen Gebiete, wie die Baetica (Andalusien), unterwarfen sich schnell, aber die Hochfläche, von Keltiberern bewohnt, und Lusitanien (Portugal) wehrten sich in einem erbitterten Kleinkrieg, der unerhörte Opfer forderte. Die Stadt Numantia ist mit Hilfe der Iberer lange belagert und schließlich vom Hunger bezwungen worden, nachdem ein römisches Heer in den Bergen die Waffen hatte strecken müssen. Auch weiterhin blieb Spanien unruhig.

In Gallien gewann Rom den Süden, der unter griechischem Einfluß gestanden, die Provinz Narbonensis. Mit den nördlich wohnenden Stämmen standen die Römer in freundschaftlichen Beziehungen.

Die römische Politik zielte in die hellenistischen Staaten des Ostens. Dort lockte der Reichtum.

Rom lebte von der Kriegsbeute. Bei der Eroberung wurden die blühenden Handelsstädte geplündert. Die Bevölkerung wurde an die Sklavenhändler verkauft, entweder insgesamt oder einzeln durch die Legionäre, die sofort Bargeld erhielten. Für Sklaven aus dem Osten wurden höhere Preise gezahlt als für die aus dem Westen. Nach den Grabsteinen betrug der Anteil der Griechen und Orientalen an den Sklaven in Rom 80 v. H., in Mittelitalien 60 v. H., am Po bis 40 v. H. Dazu kamen die Afrikaner, Spanier und Thraker.

Alles eroberte Land gehörte Rom. Es konnte Ländereien an Veteranen des Krieges verteilen, die keinen eigenen Hof besaßen und sich mit Italien nicht verbunden fühlten. Am einträglichsten aber waren die hohen Tribute, die den Besiegten auferlegt wurden, und die Abgaben, die römische Beamte im Frieden aus den ihnen unterstellten Provinzen herauspreßten.

Staaten, die sich bedroht fühlten, zahlten hohe Summen an Rom, um Hilfe zu erlangen. Dazu kamen die Gewinne aus dem Handel und aus den Wucherzinsen, die die einheimischen Kaufleute und Grundbesitzer an die römischen Geldleiher zahlen mußten, wenn sie Kredit brauchten, um ihren – willkürlich festgesetzten – Verpflichtungen nachzukommen. Syrien mußte zwölf Jahre lang 15 000 Talente jährlich zahlen. Das erschöpfte selbst die Kraft dieses reichen Landes. Verglichen mit solchen Erträgen waren die des westlichen Mittelmeeres gering. Selbst das ›reiche‹ Karthago war durch die endlosen Kriege ausgeblutet. Zwar arbeiteten die Silber- und Kupfergruben Spaniens für Rom, aber sie deckten kaum die ungeheuren Kosten für den Krieg in Spanien selbst.

Die Unsummen der Kriegsbeute flossen fast ausschließlich in die Hauptstadt Rom. Dort wurden Lebensmittel für die Bürger ausgegeben, dort wurden die einträglichen Stellungen vergeben. Nur römische Bürger hatten das Recht, die Früchte des Sieges zu ernten. Das Bürgerrecht wurde eine Pfründe. Die Römer erkannten damals noch nicht den ganzen Umfang des Wandels, den ihre Stadt und ihr Staat durchgemacht hatten. Noch wetterte der Zensor Cato gegen seine Zeitgenossen, die das altrömische Lebensideal mißachteten, die statt den Acker zu bestellen, dem Staat zu dienen und den Göttern zu opfern, sich der Gewinnsucht, dem persönlichen Ehrgeiz, kurz dem ›Materialismus‹ hingaben. Er selber aber – obwohl Senator – betrieb über seine Sklaven – verbotene – Geldgeschäfte. Diese geistige und wirtschaftliche Veränderung mußte auch auf das politische Leben abfärben.

Im Zusammenwirken von Senat und Volksversammlung fielen die Entscheidungen, wurden die Beamten gewählt. Es entwickelten sich zwei Parteien, die Optimaten und die Popularen, die Volkspartei, die in beiden Institutionen um Einfluß und Macht kämpften. Die Optimaten, aus den alten Patriziern und den reich gewordenen Plebejern zusammengewachsen, bildeten eine neue Aristokratie, die vor allem das Interesse der vermögenden Volksteile vertrat.

Obwohl der Volkspartei ebenfalls Söhne der adligen Familien angehörten, die vielfach ihre Führer stellten, vertrat sie die Interessen der breiteren Schichten: Idealisten, ehrgeizige Politiker, die Karriere machen wollten, teils Unzufriedene, die sich – mit Recht oder zu Unrecht – von ihren Standesgenossen zurückgesetzt fühlten. Allen gemeinsam aber war der Wunsch, die bestehenden Verhältnisse zu ändern.

Die öffentlichen Ämter in Rom waren Ehrenämter, die nur wohlhabende Männer annehmen konnten. In der Provinz jedoch bot sich die Möglichkeit, als Statthalter oder Steuerpächter Reichtümer zu erwerben - auf Kosten der Unterworfenen, die rücksichtslos ausgebeutet wurden. Soldaten, Händler, zum geringeren Teil auch Siedler, vor allem aber Beamte strebten aus Italien in die Provinz, um reich zu werden.

Die schamlosesten Stellenjäger drängten nach vorn. Sie erkauften sich die Zustimmung der einflußreichen Politiker in Rom durch Geschenke oder Bestechung. Man brauchte Geld, um in Rom politisch wirken zu können. Das öffentliche Leben wurde dadurch geprägt. Ohne Geschenke und Versprechungen, Lebensmittel zu verteilen, großartige Bauten aufzuführen und festliche Spiele für das Volk abzuhalten, ließ sich das Volk nicht gewinnen. Bezahlen mußten die Provinzen. Kein Wunder, daß die Stimmung gegen Rom umschlug.

Die alten Provinzen reichten nicht aus. Wer in Rom an die Macht kam, schaute sich um, wo noch weitere Beute zu machen war. Die Eroberungskriege rissen nicht ab. Rom wurde ein gefährlicher Raubstaat. Keine wirtschaftliche Tätigkeit brachte so viel ein wie Kriegführen und das Verwalten der eroberten Gebiete.

Insgesamt blühte die Wirtschaft in Italien auf. Zwar ging der Weizenanbau etwas zurück, aber dafür nahm der Anbau von Öl und Wein dermaßen zu, daß sie in großen Mengen ausgeführt wurden. Die Töpferei, die Bronzeindustrie (Praeneste), das Schmuckhandwerk und das Textilgewerbe ballten sich in wenigen Großbetrieben zusammen. Die Arbeitskraft stellten die Sklaven.

Von Sklaven wurden aber auch meist die großen Kapitalien verwaltet. Reiche Familien verfügten über ein ganzes Sklavenheer: einfache Arbeiter, Hausbedienstete, Vorleser, gebildete Hauslehrer und gerissene Geschäftsführer. Da auf den Latifundien vorwiegend Sklaven arbeiteten und die Getreideeinfuhren aus den Provinzen die Preise drückten, verlor der Bauernstand seine wirtschaftliche Grundlage. Die Bauern zogen in die Stadt, die Landgüter wuchsen an.

Der Volkstribun Tiberius Gracchus, aus angesehenem Geschlecht, verlangte, daß der Staat Land an die Bauern verteile und ihnen das Getreide zu einem festen Preis abnehme. Als er zum zweiten Mal zum Volkstribun gewählt wurde, kam es zu bewaffneten Unruhen, bei denen er mit 300 Anhängern erschlagen wurde. Sein Bruder Gaius griff die Reformpläne auf. Für die italischen Bundesgenossen forderte er das volle Bürgerrecht, wie es die Latiner bereits besaßen. Auf karthagischem Boden gründete er Iunonia, die erste auswärtige Ackerbaukolonie mit vollem Bürgerrecht.

Der Adel leistete Widerstand. Gaius wurde erschlagen, die Siedlung in Afrika aufgelöst, das latinische Fregellae, das sich gegen Rom erhob, dem Erdboden gleichgemacht.

Von der südfranzösischen Küste aus besetzte Rom einen breiten Landstreifen (125–121 v. Chr.), um auf der Via Domitia jederzeit Truppen nach Spanien verschieben zu können. Freundschaftsverträge schlossen die Römer mit den Kelten in Noricum, die Rückhalt gegen die Germanen suchten. In Nordafrika drängte König Jugurtha von Numidien gegen die Küste. Nach langen, wechselvollen Kämpfen gelang es dem Feldherrn Marius, des Jugurtha habhaft zu werden.

Dann traf Rom ein neuer Stoß. Aus Jütland zogen 115 v. Chr. die Kimbern und Teutonen durch die Mährische Pforte an die mittlere Donau, dann nach Gallien, weiter nach Spanien, zurück nach Gallien, um von dort nach Italien einzubrechen. Was ihnen an römischen Heeren entgegentrat, überrannten sie mit ihren tiefgestaffelten Haufen. Bei Arausio sollen 80 000 Römer erschlagen worden sein, was sicher stark übertrieben ist.

Zum Feldherrn ernannt, schuf Marius das neue Heer aus langdienenden Soldaten, anfangs Bürger, die einberufen wurden, dann Freiwillige. Die Aufnahmebedingungen wurden erleichtert. Im Heer wurden jetzt auch Fremde und selbst Freigelassene aufgenommen. Ursprünglich mußte der Legionär seine Ausrüstung selber beschaffen, nun bezahlte der Staat alles.

Hatten sich die Manipel immer schon durch ihre Manneszucht ausgezeichnet, so stieg ihre Kampfkraft, seit Marius sie zu einem taktischen Körper zusammenschloß, der im Pfeilregen wie im Anlauf der germanischen Gewalthaufen aushielt. Marius schlug 102 die Teutonen bei Aquae Sextiae, 101 die Kimbern bei Vercellae.

Der Germanenspuk schien zerstoben, die Auswirkungen blieben. Marius, für die nächsten Jahre Konsul, setzte die Anhänger der Popularpartei in die führenden Posten. Die Staatsgüter wurden seinen Veteranen zugewiesen. Alle Italiker erhielten das volle Bürgerrecht. Den Oberbefehl im Kriege gegen König Mithridates von Pontus gab der Senat jedoch an Sulla, der auf Rom marschierte und Marius vertrieb.

In Kleinasien entlud sich der aufgespeicherte Haß auf die Römer in einem Gemetzel aller italischen Kaufleute. Mithridates nutzte die Wirren des Bürgerkrieges, um über Thrakien und Makedonien bis nach Griechenland vorzustoßen, wo er als Befreier begrüßt wurde. Aber Sulla zwang ihn, seine Eroberungen aufzugeben und seine Flotte auszuliefern. Während dieser Kämpfe siegte jedoch die Volkspartei in Rom. Marius kehrte zurück, um an den Optimaten Rache zu nehmen. Sulla wurde zum Staatsfeind erklärt, ein neues Heer nach Asien geschickt; doch gingen die Truppen zu Sulla über, der endgültig siegte. Nun kehrte er nach Rom zurück und übte seinerseits Rache an den Popularen. Die abtrünnigen Gemeinden wurden bestraft, ein Aufstand der Samniten niedergeworfen.

Unter der Militärdiktatur des Sulla wurden 300 neue Mitglieder – meist Italiker – in den Senat aufgenommen, dem künftig alle Beamten vom Quästor aufwärts angehörten. Der Senat wurde zum gefügigen Werkzeug des allmächtigen Siegers. Im Hintergrund wirkten mächtige Drahtzieher: Feldherren, Spekulanten, Beamte, Rechtsanwälte, die sich mit dem Diktator gut stellten. Dazu gehörten auch die Unterführer des Sulla, die Legaten Crassus und Pompeius, ungewöhnlich fähige, aber bedenkenlose Männer, die nach Macht und Reichtum strebten. Sie übernahmen die Regierung, als Sulla sich freiwillig nach Kampanien zurückzog. Pompeius siegte in Asien über Mithridates, der noch einmal den Krieg begonnen hatte; dann warf er die Seeräuber nieder. Er verband sich mit Crassus und dem Neffen des Marius, Gaius Julius Caesar, um einen Einspruch des Senats zu verhindern, der sich gegen die Zutreibung von Land an die Veteranen gewandt hatte. Caesar ging als Prokonsul in die Provinz Gallien, die den Süden bis zum Rhôneknie umfaßte. Sein Ziel war jedoch, ganz Gallien zu erobern, um sich eine starke Heeresmacht zu verschaffen. Dabei fand er Unterstützung bei dem mächtigen Gallierstamm der Häduer. Die Häduer wiederum fühlten sich von den Germanen des Ariovist bedroht, der als Söldnerführer im Dienst der keltischen Sequaner stand. Nach dem Sieg über Ariovist konnte Caesar die Stämme Galliens bis zur Meeresküste und bis Belgien unterwerfen, wobei er am Niederrhein auch germanische Hilfstruppen einsetzte.

Dem Arverner Vercingetorix gelang es, alle gallischen Stämme, nach einem Sieg über Caesar sogar die Häduer, zu einem geschlossenen Aufstand gegen Rom zu bewegen. Die römischen Legionen siegten. Schließlich wurde Vercingetorix mit seinem Heer in Alesia zur Übergabe gezwungen; die Häduer kehrten in das Bündnis mit Caesar zurück. Ganz Gallien geriet unter römische Herrschaft.

Weite Gebiete waren durch die Kriege verwüstet, ein Teil der Bevölkerung getötet oder in die Sklaverei verkauft. Die entscheidenden Völkerschaften jedoch, die Häduer wie die Arverner und der Süden, hatten kaum gelitten. Sie romanisierten sich schnell und stellten nicht nur die Hilfstruppen für die Eroberung von Britannien und den Krieg gegen die Germanen, sondern auch für die ehrgeizigen Pläne Caesars in Rom. Ohne seine gallischen – und germanischen – Truppen hätte Caesar kaum wagen können, von den ihm unterstellten Provinzen aus, den Gallien beiderseits der Alpen und Illyrien, Rom anzugreifen. Mit seinem Heer rückte Caesar siegreich gegen Rom vor.

Der Widerstand des Pompeius, der sich auf die Flotte stützte, brach schnell zusammen. Caesar verfolgte Pompeius von Provinz zu Provinz und besiegte ihn endgültig bei Pharsalus (48 v. Chr.). Pompeius wurde in Ägypten ermordet. Rom gehörte Caesar. Wer sich gegen ihn aufgelehnt hatte, wurde bestraft.

Caesar stützte sich vornehmlich auf Gallier. Ein Drittel des Heeres bestand aus Galliern; ein Drittel der Senatssitze erhielten Gallier, die das römische Bürgerrecht verliehen bekamen. Darin lag die entscheidende Wende, die Caesar dem römischen Reich gab. Durch ihn war Rom, bis dahin eine ausgesprochene Mittelmeermacht, zu einem umfassenden europäischen Staat aufgestiegen. Keine Provinz im Osten hätte die Struktur des Reiches derart verändern können.

Gestützt auf das keltische Hinterland, glaubte Caesar die Zeit gekommen, den Eroberungskrieg gegen den Osten führen zu können. Dazu sollte die Verfassung geändert werden. Er bereitete die Monarchie ägyptischer Prägung vor. Die ersten Schritte waren bereits getan: das Triumphgewand mit den roten Schuhen, einst das Zeichen der Königsgewalt, legte er an; sein Geburtstag war zum Nationalfeiertag erklärt, ein Monat (Juli) nach ihm benannt, sein Bild im Tempel aufgerichtet worden. Die Entscheidung wurde auf seine Rückkehr vom Osten vertagt. Drei Tage, bevor er aufbrechen wollte, am 15. März 44, wurde er von Senatoren ermordet.

Über 15 Jahre lang wütete nach seinem Tode der Bürgerkrieg. Caesars Anhänger fochten unter Antonius gegen die Mörder; dann kämpfte Octavian, der Neffe und Adoptivsohn Caesars, gegen Antonius, den alten Kriegsgefährten, bis er ihn 31 v. Chr. bei Actium besiegte. Mit Octavian beginnt ein neuer Abschnitt der römischen Geschichte. Als Augustus tritt er die Macht in Rom an.

6

Macht und Niedergang des Imperiums

Verwaltungsreform des Augustus (30 v. Chr. bis 14 n. Chr.): der Kaiser Befehlshaber des Heeres · Selbstverwaltung der Stadt · 29 v. Chr.: die ›Pax Romana‹ · Verhältnis der Städte zum Hinterland · Römische Stadtgründungen führen zur Romanisierung des Landes · Wirtschaftsblüte des Imperiums · Weitreichender Handel · Das Handwerk entfaltet sich · Bürgerkriege erschüttern die Sicherheit der Grenzen · Aufstand in Pannonien und Germanien · Sieg der Cherusker (9 n. Chr.) · Glanz des kaiserlichen Rom · Kosten der Reichsverteidigung wachsen · Größte Ausdehnung unter Trajan (98–117) · Hadrian (117–138) steckt zurück · Bürokratie statt Selbstverwaltung der Städte · Wachsender Steuerdruck · Grenzkriege · Das Föderatensystem zur Grenzsicherung · Umwandlung des Prinzipats zum Dominat · 212: Bürgerrecht für alle · Die Macht der Soldaten · Die römische Stadt wandelt sich · Einheimische gewinnen Übergewicht · Die Staatsreligion · Götterglaube und Aberglauben · Das Christentum · 250 und 257: Christenverfolgung · 260: Barbaren brechen über die Grenzen · Reichsteilung des Diokletian (284–305) · Höchstpreise festgesetzt · Konstantin (325–337) macht Konstantinopel zur neuen Hauptstadt · Das Christentum wird anerkannt (391 Staatsreligion)

Augustus hatte gesiegt. Er war Herr in dem gewaltigen Raum, der von der Atlantikküste bis zum Kaukasus, von Britannien bis Assuan am Nil reichte.

Bisher gab es staatsrechtlich kein ›römisches Reich‹. ›Rom‹ war nur die Stadt. Daneben standen die italischen Bundesgenossen, die volle Gleichberechtigung genossen. Alle übrigen Gebiete waren unterworfene Provinzen oder mehr oder minder lose angegliederte Reiche und Völker. Von Rom aus gesehen, waren es entweder Freunde, die man brauchte, oder Feinde, die man ausbeuten konnte, keinesfalls Staatsbürger des eigenen Staates, sei es auch nur verschiedenen Rechts.

Rom hatte die Welt erobert; Rom regierte. Wenn es anderen Städten das römische Bürgerrecht verlieh, so war das ein Zugeständnis, in den meisten Fällen ein Lohn für Treue oder Hilfe in der Not. Ein Anspruch, ›Römer‹ zu werden, stand niemandem zu. Damit fiel die Verantwortung für das riesige Reich, für seine Verteidigung und seine Verwaltung, für den wirtschaftlichen Aufbau wie die soziale Sicherung seiner Bewohner der einen Stadt Rom und ihren wenigen Bundesgenossen zu. Für das große Reich, das nun unter der Herrschaft des einen Mannes stand, reichte diese schmale Basis nicht mehr aus.

Augustus baute das Imperium nach anderen Grundsätzen auf. Rom blieb die Hauptstadt des Reiches als Verwaltungsmittelpunkt wie als Sitz des Kaisers. Alle Bewohner wurden seine Untertanen, die Römer so gut wie die Unterworfenen, die Bundesgenossen ebenso wie die Barbaren an den Grenzen. Augustus schuf eine neue, umfassende Verwaltung.

Äußerlich sollte an der alten römischen Verfassung so wenig wie möglich geändert werden. Dem Senat blieb die politische Verantwortung. Weiterhin sollten die Bürger in den Volksversammlungen die Beamten wählen. Auch die Ämter des Imperators wurden dem Augustus von Volk und Senat nur übertragen. Er blieb an die Verfassung gebunden, hatte sich immer wieder der Wahl zu stellen. Er blieb ein Bürger, wenn auch der erste, der ›princeps‹.

Das war die Rechtsform. Tatsächlich waren die Gewichte anders verteilt. Augustus gebot als Befehlshaber über das Heer: als Imperator übte er die entscheidende politische Macht aus. Er legte Wert darauf, nicht als König orientalischer Prägung, nicht als ägyptischer Gottkönig aufzutreten. Er scheute das Beispiel seines Adoptivvaters. In Wirklichkeit regierte er wie ein Monarch. Die Verwaltung des Reiches ruhte auf seinen Schultern.

Er konnte den Senat nach seinem Willen umbilden, indem er seine Freunde und Anhänger berief. Nach den langen Bürgerkriegen ernannte er einen ganzen Schub neuer Senatoren, darunter Gallier, Spanier, Griechen, Asiaten, reichgewordene ›equites‹, Ritter; richtiger müßte es wohl heißen ›Kavaliere‹. Später rückten selbst Söhne von Freigelassenen in diesen Kreis auf, wenn sie die Gunst eines Kaisers genossen. Das Geld war eine Macht geworden, die eine Ernennung zum Senator rechtfertigte.

Augustus baute das Imperium auf den Städten auf. Die Stadt war der Sitz der Verwaltung, der zivilen wie der militärischen. In der Stadt wurde Recht gesprochen. In der Stadt allein gab es Schulen. In der Stadt sammelte sich die gesamte Finanzkraft des Landes. In den meisten Fällen war die Stadt auch der Mittelpunkt des Kultus, wenigstens soweit er von Amts wegen anerkannt war.

Die Stadt hatte eine weitgehende Selbstverwaltung. Sie konnte ihre lokalen Beamten einsetzen, ihre Finanzen selber regeln. Das hatte auch seine Schattenseite. Nur die Stadt zahlte Steuern. Doch besaßen die Städter einen großen Teil des umliegenden Landes. Ihnen gehörten die Gutshöfe, die Villen.

In den Städten wohnten die höheren römischen Beamten, dort lebten die höheren Offiziere des Heeres. In vielen Fällen entstanden aus den Legionslagern, den Castra, regelrechte Städte: Verkaufsbuden und Handwerkerhäuser siedelten sich an.

In den Städten herrschte die reiche Bürgerschicht. Sie sprach fast ausschließlich Lateinisch. Die Zugezogenen aus der Umgebung lernten es auch. Alle paßten sich in Sprache, Sitte und Kleidung den Römern an. Im Osten des Reiches allerdings wurde neben der lateinischen Amtssprache die griechische Sprache als die Sprache der Gebildeten und der Händler gesprochen. Aber auch das Griechische war nicht die Sprache des ›Volkes‹. Die Jahrhunderte hellenistischer Herrschaft hatten zwar die Städter, nicht die Landbevölkerung umgebildet, so daß sich eine dreifache Schichtung ergab: das einheimische Volk, das auf dem Land lebte, die griechische Oberschicht in den Städten und die römischen, Latein sprechenden Beamten.

Auf den Städten ruhte das gesamte Befehlsgefüge des römischen Imperiums. Nur Städter konnten römische Bürger sein. Sie trugen die Verantwortung, denn über sie liefen alle Befehle, die von der Zentrale, von Rom, vom Kaiser, ausgingen. Mit ihnen hatten es die römischen Beamten zu tun. Nur die Städter verstanden in den meisten Fällen die Amtssprache. Für den Staat entscheidend war das Verhältnis zwischen Beamten und Städtern. Von dem Vertrauen zu den Beamten hing es weitgehend ab, wie das riesige Reich regiert wurde. Jeder Staat lebt vom Vertrauen zu seinen Beamten.

Der römische Beamte besaß unbestrittene Autorität. Römische Bürger allerdings konnten Berufung an den Kaiser einlegen. Die Autorität der Beamten entsprang nicht so sehr der Machtvollkommenheit, Urteile zu fällen, als vielmehr der Unbestechlichkeit und der Bindung an das Recht. Die Entscheidungen gründeten sich auf Gesetze, auf der Verantwortung gegenüber dem Kaiser, dem Imperium, richtiger gegenüber dem Staat. Der Beamte sollte die soziale Ordnung, die Rechtssicherheit nach außen wie nach innen, in seinem Amtsbereich wahren. Jeder Freie, ob hoch oder niedrig, hatte Anspruch auf den Schutz des Rechts und damit des Staates. Das war der Sinn des von Augustus begründeten Friedens, der ›Pax Romana‹.

Die Geschichte des römischen Imperiums zeigt einerseits das allmähliche Wachsen des durchgreifenden Befehlsgefüges und, in Gegenwirkung, seine langsame, aber unaufhaltsame Lockerung, die schließlich zu seiner Auflösung führte. Dabei spielt das Verhältnis der Städte zum Hinterland, der Städte zu Rom und die Entwicklung in den Städten die entscheidende Rolle.

Die ehemals hellenistischen Reiche im Osten waren von den Städten geprägt worden. In den Städten mit ihrer griechischsprechenden Oberschicht lebte seit langem eine zusammengewürfelte Einwohnerschaft, die die römische Herrschaft ertrug, ohne ihren besonderen Charakter aufzugeben. Nur die Juden leisteten erbittert Widerstand, weil für sie die religiöse und kultische Frage im Vordergrund stand. Rom hat den Juden weitgehend Zugeständnisse gemacht. Ihnen war der Kaiserkult erlassen worden. Es half nichts. Aus religiösen und nicht aus sozialen oder wirtschaftlichen Gründen haben die Juden verschiedene verzweifelte Aufstände versucht. Die Zerstörung Jerusalems war die Folge. Sonst hat es kaum Widerstand der Städte gegeben. Nach den Wirren und der Bedrükkung in republikanischer Zeit zog eine gerechtere römische Verwaltung ein. Sie und der Frieden riefen eine erstaunliche wirtschaftliche Blüte hervor.

Im Westen mußten Städte gegründet oder wenigstens mit eigenem Leben erfüllt werden. Aus Fluchtburgen und Sitzen des wehrhaften Adels, aus Hauptstädten der einzelnen Völkerschaften, aus den keltischen Oppida und den Lagern der Legionen wurden Handelsplätze, Verwaltungssitze, Kulturmittelpunkte. Träger dieser Entwicklung waren die romanisierten Kaufleute, Römer, Italiker, Orientalen, Kleinasiaten und Griechen. Sie brachten die römische Kultur, die römische Bauweise, die Lebensführung mit, sie führten den Anbau der lohnenden Feldfrüchte ein, organisierten die Einfuhr fremder, die Ausfuhr eigener Erzeugnisse und deren Pflege. Zur Romanisierung trugen sie wohl stärker bei als die wenigen Beamten, obwohl auch sie keineswegs alle Römer, in vielen Fällen sogar Söhne von Sklaven und Freigelassenen waren. Die römischen Städte waren von auffallender Gleichmäßigkeit und einer gewissen Gleichförmigkeit. Überall standen die gleichen Bauten.

Die Pax Romana sicherte den Warenaustausch innerhalb des Reiches. Zuerst zog Italien davon Vorteil. Öl und Wein eroberten den spanischen und den gallischen Markt und gelangten bis Britannien und nach Germanien, Noricum und Pannonien. Die Anbauverbote für die Provinzen fielen. Vor Augustus war es etwa der

Provinz Gallia Narbonensis verboten, Öl und Wein anzubauen. Dann entwickelten die römischen Bürger den Öl- und Weinanbau in Spanien und in Gallien, so daß der Warenstrom sich umkehrte. Anfangs versorgte sich Spanien selber mit Öl und Wein, dann lieferte es nach Gallien, und schließlich eroberte es sich den römischen Markt zu Lasten von Kampanien. Bis zur Mosel wurde Wein angebaut. Die westlichen Provinzen lernten bisher unbekannte Pflanzen kennen und anzubauen: Melonen, Mandeln, Walnüsse, Zitronen, den Rettich. Getreide kam aus Sizilien, aus Afrika, aus Ägypten. Das Handwerk, bis dahin vor allem in den orientalischen Provinzen heimisch, zog nach Westen, wie die syrische Glasindustrie, die in Italien, Gallien und am Niederrhein aufblühte. Die keltischen Handwerker erreichten bald die Handfertigkeit der orientalischen Lehrmeister, die von Unternehmern nach Gallien und nach Köln verpflanzt worden waren.

Zwischen den östlichen Provinzen, besonders Ägypten und den orientalischen Ländern bis nach Indien, herrschte ein reger Handelsverkehr. Für Baumwolle und Gewürze mußten die Römer anfangs Edelmetall geben, da sie ihrerseits nichts liefern konnten. Dann überstiegen die eigenen Ausfuhren, vor allem von Leinen und von Produkten der städtischen Industrie, die Einfuhren, besonders seitdem es gelungen war, Baumwolle in größerem Umfange in Ägypten anzubauen. Später wurde auch das indische Zuckerrohr am Mittelmeer angepflanzt. Ein neuer Handelsweg öffnete sich nach Augustus über die Seidenstraße nach China, das seinen Machtbereich bis an die Grenze des Partherreiches ausdehnte. Die Parther übernahmen die Ware und reichten sie selber weiter, um sich den Zwischengewinn nicht entgehen zu lassen.

Für die Wirtschaftsblüte des Imperiums entscheidend war der innere und äußere Frieden. Die Straßen waren kaum von Räubern gefährdet, selbst die See von der Nordseeküste bis zum Schwarzen und Roten Meer war frei von Seeräubern. Auf dem Lande konnte jedermann über die vorzüglichen Straßen reisen, deren Netz weiter ausgebaut, deren Anlagen laufend verbessert wurden.

Das Imperium dürfte im 2. Jahrhundert eine Bevölkerung zwischen 70 und 90 Millionen gehabt haben. Jenseits der Reichsgrenzen lebten damals kaum mehr als fünf Millionen Menschen in Europa. Die Grenzen schienen ausreichend gesichert. Augustus und Tiberius haben den Versuch aufgegeben, die Grenze bis zur Elbe und zu den Sudeten vorzutragen. Maßgebend dafür war weniger die militärische Niederlage im Teutoburger Wald als die Erkenntnis, daß die Kosten einer so weit vorgeschobenen Stellung in keinem Verhältnis zum Ergebnis standen. Das Land zwischen Rhein und Elbe war dünn besiedelt, dazu von undurchdringlichen Wäldern und Sümpfen bedeckt, die einen wesentlich besseren Schutz gewährten als Elbe und Gebirge.

Dazu kamen strategische Gesichtspunkte. Leicht ließen sich die Legionen von Rhein und oberer Donau auf den neuen Heerstraßen längs der Grenze nach dem Donauraum und dem Balkan verschieben, notfalls über den Bosporus bis an die Euphratgrenze. In Asien schlossen die armenischen Berge, der Euphrat und die Wüste das Reich ab. In Afrika herrschte Ruhe, seitdem die Berberstämme Mauretaniens gebändigt waren.

Aber gerade die Sicherheit der Grenze, die noch dazu durch die Wallanlagen eines Limes verstärkte wurde, führte leicht zu einem Trugschluß. Die Legionen schienen überflüssig. Der Grenze schien keine ernstere Gefahr zu drohen. Die Legionen konnten zum Werkzeug der römischen Innenpolitik werden. Vor den Toren der Stadt Rom stand eine Legion, die Prätorianergarde. Sie neigte dazu, ihre Macht zu mißbrauchen und in die Innenpolitik einzugreifen. Gegen sie riefen die Kaiser und der Senat die Grenzlegionen zurück. Das führte zu Einfällen von außen, wie zu Aufständen der unruhigen Grenzprovinzen. Es zeigte sich bei solchen Gelegenheiten, daß unter der römischen Decke starke völkische Kräfte lebendig geblieben waren.

Die romanisierten Städte bildeten gleichsam Inseln in dem weiten Gebiet, das von der römischen Kultur kaum erfaßt wurde. Die unterworfenen, aber nicht eingegliederten Völker auf dem flachen Lande und erst recht in den gebirgigen Teilen hielten an ihrer Volkssprache, an ihren Sitten und Gebräuchen und selbst an ihrer Stammesverfassung mit eigenem Recht fest. Die Römer, die vorwiegend mit Städtern, das heißt mit romanisierten Einheimischen zusammenkamen, haben diese Kräfte unterschätzt. Als Augustus daranging, das Gebiet bis zur Elbe ins Reich einzugliedern, brach der Cheruskeraufstand aus. Er fiel mit Aufständen in Illyrien und Pannonien zusammen und erhielt dadurch sein bedrohliches Ausmaß. Es war schwieriger, Aufstände niederzuwerfen, als Angriffe von außen abzuwehren.

Einzelnen Heerhaufen gelang es zwar, über den Limes hinweg einzufallen und zu plündern, aber sobald sie gestellt wurden, mußten sie den römischen Legionen erliegen. Rom verfügte über rund eine Viertelmillion langdienender Soldaten. Ihnen traten geschlossen selten mehr als 5000 Krieger entgegen. Die lange Grenze von Britannien bis zur Donaumündung, vom Schwarzen Meer bis zum Euphrat und zum Roten Meer und in Afrika vom zweiten Katarakt des Nils bis zur marokkanischen Atlantikküste konnte nur gehalten werden, wenn die Legionen jederzeit einsatzbereit standen und wenn die Nachbarn, aus Furcht vor Strafexpeditionen, ruhig blieben. Das Straßennetz erlaubte es, Legionen vom Niederrhein in Eilmärschen nach Pannonien, Moesien, ja Kleinasien zu verlagern.

Macht und Stellung des Augustus und seiner Nachfolger beruhten auf der Treue des Heeres. Alle Versuche, den Imperator als Princeps in die römische Verfassung einzubauen, dem Senat und dem ›Volk‹ von Rom wenigstens der Form nach die politische Entscheidung zuzuspielen, scheiterten an der Schwäche der zivilen Gewalt. Der Imperator – nur er – gebot über das Heer. Das Wissen um die Macht des Heeres genügte, jeden Widerspruch im Keim zu ersticken.

Die Kaiser führten verschiedene Vorstöße über die Grenzen hinaus. Augustus kämpfte an Rhein und Donau mit wechselndem Erfolg. Nero eroberte das Königreich am kimmerischen Bosporus, die Krim; auch bereitete er am Roten Meer einen Vorstoß gegen Indien vor. Er ließ einen Kanal vom Nil zum Roten Meer ziehen. Trajan eroberte das Land der Nabatäer, die Halbinsel Sinai.

Die Stadt Rom gewann seit Augustus ein wahrhaft imperiales Aussehen. Gewaltige öffentliche Bauten entstanden. Die Kaiser wollten ihrem Namen durch die nach ihnen benannten Foren, durch riesige Thermen, Säulen, Triumphbögen dauernden Ruhm und geschichtliches Ansehen verleihen.

Die Bauwerke wurden mit Marmor verkleidet, die Häuser, bisher aus Tuff gebaut, wurden aus Ziegel errichtet. Aus dem ganzen Reich strömte der Reichtum in die eine Stadt; zugleich kamen immer mehr Menschen, Kaufleute des Ostens, griechische Philosophen, entlassene Legionäre, Veteranen der Grenzkriege, entwurzelte Landleute aus Italien und den Provinzen, abenteuerlustige, junge Leute aus Afrika, Handwerker aus Gallien, Arbeitsuchende aus Germanien, unzählige Sklaven und dazu die Klienten, die sich einem vornehmen Römer anschlossen. Die Bevölkerung Roms schwoll an, wenn die Zahl von einer Million auch übertrieben sein dürfte. Die Sklaven verrichteten die Arbeit, und zwar nicht nur die schwere körperliche, sondern auch die verantwortliche in der Verwaltung.

Die Ausgaben des kaiserlichen Hofes für Luxus und Lebensführung stiegen. Mit diesem Hof wetteiferten die Senatoren und die gut verdienenden Kaufleute. Von dieser reichen Oberschicht stach die Masse der Bevölkerung ab, die nichts besaß und sich kaum Gedanken über die Zukunft machte. Der freie Bürger in Rom lebte vorwiegend vom Staat. Er forderte die ›Annona‹, die kostenlose Zuteilung von Getreide aus den Provinzen. Mit der Zeit kam eine Viertelmillion Menschen in den Genuß der Annona. Die Kaiser veranstalteten glanzvolle Feste, vor allem Wagenrennen, Tierhetzen und Gladiatorenspiele in der Arena. Die Ansprüche wuchsen, seltene Tiere wurden verlangt, Scharen von Tieren und Kämpfern mußten aufgeboten werden.

Den ›Herren der Welt‹, als die die Römer sich fühlten, schien nichts zu kostspielig. Die Provinzen hatten die Pflicht, Rom zu unterhalten. Und der Kaiser hatte dafür zu sorgen, daß dies geschah. Der Bewohner Roms fühlte sich nicht als Bürger eines Staates, sondern als sein Kostgänger. Er pochte auf seine Rechte. Pflichten kannte er kaum.

Schmeichelte der Kaiser dem Volke, geriet er zunehmend in Abhängigkeit; um sich wehren zu können, brauchte er eine Streitmacht. Die Prätorianer gewannen an Einfluß. Sie setzten 68 Kaiser Nero ab. Daraufhin erhoben sich die Legionen in Spanien, Lusitanien und Gallien, dann die Rheinarmee; das wiederum führte zu Aufständen der Bataver und der Gallier. Als die syrischen Legionen nach Rom marschierten, erhoben sich die Daker. Der Feldherr der syrischen Armee, Vespasian, Sohn einer Familie aus Mittelitalien, wurde Imperator.

Vespasian und seine Söhne Titus und Domitian führten die Tradition der Claudier fort. Sie bauten den Limes, sie errichteten feste Lager, sie gründeten Veteranensiedlungen und versuchten, die großen Güter unter Kleinpächter, ›Coloni‹, wenigstens in der Betriebsform, aufzugliedern. Trajan, der erste Kaiser aus der Provinz, aus Spanien (98–117), nahm den Gedanken der Eroberungen wieder auf. Er unterwarf 107 die Daker nördlich der unteren Donau und eroberte das Parther-Reich. Das Land zwischen Kaukasus und Persischem Golf wurde vorübergehend römisch. Die Beute an Gold aus Dakien ließ den Goldpreis in Rom sinken. Der Sieg über die Parther öffnete den Landweg nach Indien und China. Wieder einmal schienen sich die Kriege für Rom gelohnt zu haben.

In Wirklichkeit brachten sie eine solche finanzielle Belastung, daß der Staat sie kaum zu tragen vermochte. Das lag weniger an der absoluten Höhe der Kosten als vielmehr daran, daß niemand mehr bereit war, sie zu tragen. Die Römer hatten sich daran gewöhnt, vom Staat nur Vorteile zu ziehen. Sie erwarteten vom siegreichen Feldherrn besondere Feiern; die Sicherung der vorgeschobenen Grenzen jedoch erforderte Befestigungen, neue Straßen, verstärkte Besatzungen. Es fehlte an Truppen. Die Provinzen, die durch ihr Aufgebot wesentlich zu den Siegen beigetragen hatten, weigerten sich, die Lasten allein zu tragen. Die längst romanisierte Bürgerschicht in den Städten, vor allem die Einwohner mit römischem Bürgerrecht, bestand auf Gleichberechtigung, mindestens auf steuerlicher Entlastung. Der Kaiser sollte die Kosten selber decken. Sein Vermögen war zwar ungeheuer groß, dazu gehörten Grund und Boden, Gewerbebetriebe und ein fast unübersehbares Heer von Sklaven, außerdem große Mengen an Bargeld, aber solchen Ansprüchen war es nicht gewachsen.

Verwaltet wurde das kaiserliche Vermögen in der Regel von Sklaven, bestenfalls von Freigelassenen. Die Schreibstuben spielen immer eine bedeutsame Rolle. Unter den Kaisern gewannen die Sklaven in der Verwaltung an Einfluß. Aus dem Hintergrund spannen sie die Fäden, die schließlich die Politik bestimmten. Güter wie Betriebe warfen geheimnisvollerweise immer weniger Überschuß ab. Wer wollte sich beklagen! Die Verantwortung trug der Herr, der Kaiser. Bei den Senatoren lagen die Verhältnisse ähnlich.

Die Verteidigung des riesigen Reiches mit seiner endlosen Grenze verschlang gewaltige Summen. Sie aufzubringen, stieß auf wachsenden Widerstand. Zwar blühte die Wirtschaft, noch waren die Bürger reich, aber mit dem hergebrachten Steuerwesen allein ließen sich höhere Staatseinnahmen nicht erzielen.

Trajans Nachfolger Hadrian gab die Länder im Osten wieder auf. Das Reich schien zu groß geworden. Während manche Römer noch davon träumten, die ganze Welt zu erobern, wußte Hadrian, daß die entlegenen Provinzen auf die Dauer nicht zu halten waren. Ein Reich wird durch Ausdehnung nicht unbedingt stärker, in vielen Fällen sogar schwächer. Die inneren Probleme nehmen zu. Sie rühren an den sozialen Aufbau und damit an die innerpolitische Struktur des Reiches.

Die Bürgerschicht in den Städten von Spanien bis Syrien, von Britannien bis Ägypten trug den Staat. Sie zahlte die Steuern, sie verwaltete die Stadt, ihr gehörten die Landgüter, die die Überschüsse abwarfen, sie trieb den Handel, aus dem die Gewinne flossen, sie ließ die Handwerksbetriebe arbeiten. Sie stiftete in den Provinzstädten die Thermen, Arenen, Theater. Sie gab die Feste, die die Bewohner der Umgebung herbeilockten. Macht und Ansehen des Imperiums spiegelten sich darin wider. Diese Bürgerschicht vermittelte die römische Sprache, die römische Bildung, das römische Recht, sie bezahlte und führte die Verwaltung und die Wirtschaft. Sie trug den Staat. Aber ihre Schultern konnten nicht alles tragen.

Hadrian sah nur den Widerstand der Bürger, die auf Rechte pochten. In ihrem Eigennutz verkannten sie die Belange des Staates und die Aufgaben der Soldaten. Die Schwierigkeiten des Reiches schienen behoben, wenn der Kaiser nicht mit den Bürgern in der Stadtverwaltung verhandelte, sondern seine Befehle an seine Beamten gab. Wenn der Krieg höhere Abgaben erforderte, mußten sie gezahlt werden. Wenn die Produktion, besonders für die Armee, nicht ausreichte, mußte der Staat sie in die Hand nehmen. Dem Kaiser schwebten die Staatsbetriebe der hellenistischen Provinzen und das ägyptische Steuerwesen vor.

Die Selbstverwaltung der Städte wurde weitgehend durch eine Bürokratie ersetzt. Sie kostete jedoch Geld. An die Stelle der ehrenamtlich tätigen Kaufleute, Gewerbetreibenden und Grundbesitzer traten besoldete Beamte. Für das gesamte Steueraufkommen der Stadt wurden die Vermögenden haftbar gemacht. Wer in einer Stadt als wohlhabend galt, trug die Verantwortung für die zu zahlenden Steuern, ohne bei kommunalen Fragen mitreden zu dürfen. Die Beamten setzten die Höhe der Steuern fest und trieben sie – nach Willkür – dort ein, wo sie am leichtesten zu holen waren. Die Wirkung blieb nicht aus: Rom verlor den Rückhalt an der führenden städtischen Schicht.

Es kam zu Erhebungen in der Cyrenaika, in Ägypten, auf Zypern, bei den Juden.

Nicht minder verhängnisvoll erwiesen sich die wirtschaftlichen Folgen. Die Kaufleute gaben den Steuerdruck an ihre Handelspartner weiter. Sie verlangten höhere Preise beim Verkauf, weigerten sich dagegen, beim Einkauf die alten Preise zu zahlen. Leidtragende waren die Erzeuger, Landwirte wie Handwerker. Während

Wirtschaft und Wissenschaft blühten, vor allem in Alexandria, während in Rom prunkvolle Bauten wie das Hadriansgrabmal und der Tempel der Venus und Roma entstanden und die Straßen überall verbessert wurden, machte sich im Reich eine wachsende Gleichgültigkeit gegenüber dem öffentlichen Leben bemerkbar. Oberflächliche Betrachter ließen sich von den sichtbaren Erfolgen blenden. In Wahrheit begann das Reich daran zu kranken, daß der innere Zusammenhalt sich löste. Die Menschen wandten sich von den öffentlichen Angelegenheiten ab. Es gärte überall.

Bald drängten die äußeren Feinde gegen die schlecht behüteten Grenzen. Marc Aurel (161–180), ein gebildeter, kluger, verantwortungsbewußter Herrscher, der philosophische Werke – sogar auf griechisch – schrieb, mußte die Grenzen verteidigen. Die Parther stießen nach Armenien vor. Sie konnten besiegt werden. Eine Pestseuche erschwerte die Verteidigung. Auch die Germanen wurden unruhig. Die Chauken drangen über den Niederrhein, die Langobarden über die Donau, die Sarmaten nach Dakien, die maurischen Kabylen nach Südspanien. Alle wurden zurückgewiesen.

In einem siebenjährigen Krieg wurden die eingedrungenen Markomannen und Quaden vertrieben und bis in ihre Sitze in Böhmen verfolgt; den Quaden wurde ein neuer, Rom ergebener König aufgezwungen, nördlich der Donau ein 7,5 km breiter Grenzstreifen als Wildnis angelegt, Regensburg als Grenzfestung verstärkt. Diese Veränderungen erschütterten das bisherige Verteidigungssystem. Seitdem die Reiche der Markomannen in Böhmen und der Daker in Siebenbürgen zerschlagen waren, wurden deren Nachbarn unruhig, die bis dahin in Schach gehalten worden waren. Goten zogen an den Karpaten entlang nach Südrußland, Semnonen nach Sachsen und Thüringen; von dort wanderten die Alamannen gegen den Rhein.

Die Grenzkriege wandelten ihren Charakter; aus der starren Verteidigung wurde ein Hin und Her von Kämpfen innerhalb einer breiten Grenzzone beiderseits des Limes. Sie hatten zur Folge, daß sich die alteingesessenen römischen Bewohner in das Innere des Reiches zurückzogen.

Das römische Heer veränderte sich. An die Stelle der festgefügten Legionen mit ihren langdienenden Berufssoldaten trat das Aufgebot der Grenzbewohner. Zuerst füllten die Legionen ihren Bestand an Freiwilligen auf, dann nahm das Heer ganze Völkerschaften in seinen Dienst. Dies entsprach altem römischem Brauch. In der Legion dienten nur römische Bürger oder solche, die als Legionäre das Bürgerrecht erhielten. Daneben standen die Hilfstruppen, die zwar unter römischem Befehl, aber in eigenen Formationen fochten. In wachsendem Umfang siedelten die Kaiser ganze Völker im Imperium an, indem sie ihnen Wohnsitze zuwiesen; sodann schlossen sie Verträge mit den Völkern jenseits des Limes. Dieses System der Foederaten war zwar unvollkommen, brachte aber zunächst, bei verhältnismäßig geringen Kosten, eine gewisse militärische Sicherheit.

Immer mehr Fremde meldeten sich bei den Legionen. In den Grenzkämpfen standen also Germanen auf beiden Seiten. Die Germanen genossen auf römischer Seite den Ruf, treu zu dienen. Barbaren, die beutesuchend ins Reich eingefallen waren, bekamen, wenn sie besiegt wurden, häufig das Angebot, in die römischen Formationen, bei den Hilfstruppen und später auch bei den Legionen, einzutreten. Je barbarischer das Heer, desto größer seine Kampfkraft. Scharenweise überschritten die Fremden den Limes, um sich als Knechte und Soldaten zu verdingen oder als Pächter niederzulassen.

Im 2. Jahrhundert hatten sich bereits so viele Germanen westlich des Rheins und südlich der Donau angesiedelt, daß die Römer von den Provinzen Germania Inferior und Germania Superior sprachen, obwohl die Einheimischen überwiegend Gallier waren, die auf dem Lande noch keltisch, in den Städten allerdings lateinisch sprachen. Ebenso änderte sich das Bild jenseits des Limes. Römische Wirtschaft, römische Sitte und römische Kultur durchdrangen die Germanenvölker bis zur Elbe und in Böhmen. Aber dieser Einfluß schwächte die feindliche Gefahr nicht ab. Marc Aurel konnte zwar alle Angriffe abschlagen, aber die Kosten des Krieges zehrten an der Finanzkraft des Reiches.

Die ungefährdeten Provinzen, wie Spanien, Afrika und Ägypten, waren kaum zu bewegen, große Opfer für die ständigen Grenzkämpfe auf sich zu nehmen. Als der Sohn Marc Aurels, Commodus, die Nachfolge übernahm, als Erbe und nicht als der beste, und sich tatenlos nach Rom zurückzog, meuterten die pannonischen Legionen unter dem Punier Septimius Severus. Die Palastgarde ermordete Kaiser Commodus; in den folgenden Wirren setzte sich Septimius Severus durch (193–211).

Fühlte sich Augustus noch als oberster Beamter, als ›princeps‹, so wurde der Kaiser im Laufe der Zeit – entsprechend seiner tatsächlichen Stellung – zum ›dominus‹, zum unumschränkten Herrscher orientalischer Prägung mit Anspruch auf gottähnliche Verehrung. Als sich Septimius Severus den purpurnen Kriegsmantel umlegte, vollzog er einen entscheidenden Schritt zum Dominat.

Er führte den Grenzkrieg energisch weiter. Im Osten schlug er die Parther und stürmte ihre Hauptstadt Ktesiphon. Mesopotamien wurde wieder römische Provinz. Das Gewicht des Staates verlagerte sich zum Heer an der Grenze.

Der römische Senat verlor seine formelle Vorzugsstellung bei der Berufung des Kaisers und der hohen Beamten. Septimius Severus' Sohn und Nachfolger Aurelius Antoninus mit dem Beinamen Caracalla (nach dem keltischen Soldatenmantel, den er gern trug) besiegte die Alamannen am Limes, die Goten an der Donau, die Parther in Mesopotamien. Äußerlich und militärisch stand das Reich mächtiger da als je. Aber im Inneren wuchsen die Schwierigkeiten. Rom war nicht mehr der alles beherrschende Mittelpunkt.

Seit 212 besaßen alle freien Einwohner des Imperiums das Bürgerrecht, nicht nur die romanisierten Stadtbewohner. Das verstärkte jedoch die auseinanderstrebenden Kräfte der einzelnen Provinzen. Nur das Heer und der Kaiser hielten sie zusammen. Um seine Autorität durchzusetzen, war der Kaiser auf das Heer angewiesen. Im Bewußtsein seiner Macht erhob das Heer den Anspruch, den Kaiser zu küren. Soldaten ermordeten Caracalla, Soldaten wählten Elagabalus aus der Familie der Sonnenpriester von Emesa zum Kaiser; nach vier Jahren wurde er ebenfalls erschlagen. Auch sein Nachfolger, Alexander Severus, fiel einem Mordanschlag zum Opfer. Es lösten sich die Bindungen, die das riesige Reich zusammengehalten hatten.

In den vier Jahrhunderten zwischen Augustus und dem Tode Valentinians II. (der bei Verhandlungen mit den Quaden am Schlagfluß starb) wurden 39 Kaiser ermordet oder abgesetzt, 5 fielen im Kriege, 19 starben eines natürlichen Todes.

Der Kaiser verfügte zwar über unbeschränkte Macht: er konnte seine Feinde töten lassen, Vermögen einziehen, den Städten willkürliche Abgaben auferlegen; aber seine Macht hing von den Soldaten ab. Das waren nicht mehr die disziplinierten Legionäre, sondern rauhe Landsknechte, die sich ihrer Macht bewußt waren. Fremde Völkerschaften beherrschten die Garnisonen. Antoninus

Pius verpflanzte Schotten in den Odenwald, Syrer standen am Niederrhein, Illyrer am Nil bei Buhen. Sie fühlten sich keineswegs als Verteidiger ihres Reiches. Sie waren Söldner eines von ihnen ausgerufenen Kaisers. Rücksichtslos bestanden sie auf ihrem Sold. Sobald der Kaiser versagte, marschierten sie auf den guten Straßen zur Hauptstadt. Die Grenzen ließen sie unbewacht. Kein Wunder, daß die anmaßenden Legionäre bald zum Schrecken der Bürger wurden.

Zunächst bewährten sich die geworbenen Hilfstruppen. Goten schlugen die Perser vernichtend bei Karrhä und Nisibis, arabische Bogenschützen schlugen die Alamannen am Rhein. Aber ein Staat lebt nicht von Siegen an der Grenze, sondern vom Staatsbewußtsein seiner Bürger.

Die Städter empfanden die herumstreifenden Legionen als ebensolche Geißel wie die Barbarenhaufen, die plündernd bis nach Italien, Gallien und Griechenland vorstießen. Äußerlich bewahrte die Stadt den römischen Charakter mit Amphitheater, Wasserleitung, Tempeln, in Thessalonike wie in Caesarea Augusta (Zaragoza), in Colonia Agrippinensis (Köln) wie in Aquileja, in Karthago wie in Sirmium an der Donau. Die Wandlung vollzog sich innerhalb der Mauern.

Bei jedem politischen Umschwung kam es zu Säuberungen, denen zahllose Bürger zum Opfer fielen, die sich irgendwie hervorgewagt hatten. Caracalla hatte Tausende von Bürgern Alexandriens wegen ihres Mangels an Ehrerbietung ihm gegenüber umbringen lassen. Zu den ansässigen Bürgern kamen immer mehr Zuzügler aus den Provinzen. Die Einheimischen drangen in Gewerbe wie Handel vor. Sie scheuten sich, hervorzutreten. Zu Wohlstand zu gelangen, bedeutete eine Gefahr. Der Reiche haftete für die Stadt. Das Recht bot keine ausreichende Sicherheit gegen Eingriffe. Das Staatsbewußtsein schwand. Und das Steuerwesen versagte, teils weil die Beamten der Aufgabe nicht gewachsen waren, teils weil die Wirtschaft – nicht zuletzt wegen des Steuerdrucks – stagnierte.

Mit der rückläufigen Entwicklung der Städte verlor das flache Land das Bindeglied zum Imperium. Die Unterschiede zwischen West und Ost, zwischen Mittelmeerraum und Nordeuropa, zwischen den einzelnen Provinzen mit ihren verschiedenen Völkerschaften traten wieder stärker hervor. Als die Prägekraft der Städte schwand, zeigte sich in ganzem Umfang, wie verschiedenartig die Teile dieses riesigen Reichs waren. Es fächerte sich in seine Bestandteile auf: die einzelnen Gebiete nahmen eine eigene Färbung an. Selbst die ansässigen Römer paßten sich an und gingen schließlich in ihrer Umgebung auf. Durch Heirat verschmolzen sie mit der einheimischen Bevölkerung. In Gallien wurden sie Gallier, in Noricum Noriker, in Illyrien Illyrer, in Thrakien Thraker, in Afrika Afrikaner. Die Provinzen kapselten sich ab; sie begannen ein Eigenleben zu führen.

Im Heer übernahmen die Illyrer die Führung. Sie stellten die meisten – und besten – Soldaten, sie stellten in hoher Zahl die Kaiser. Den Versuch der Afrikaner und Syrer, die Macht an sich zu reißen, zerschlugen sie.

Je mehr die Politik enttäuschte – und den einzelnen gefährdete –, desto mehr wandte sich die Bevölkerung jenseitigen Fragen zu. Das religiöse Leben gewann an Bedeutung und Innerlichkeit.

Der römische Staat erwartete, daß seine Bürger an den Kulthandlungen der offiziellen Religion regelmäßig teilnahmen. Diese Kulte verbanden den einzelnen Staatsbürger mit der Gemeinschaft, die unter den Schutz der Götter gestellt war. Das Bedürfnis nach einer innerlichen Bindung an Gottheiten befriedigten sie kaum. Sie galten vorwiegend als eine Loyalitätserklärung gegenüber dem Staat. Seitdem in Gallien der erste Altar zu Ehren des Augustus aufgestellt worden war, diente der Kult in wachsendem Maße dem Ansehen und der Würde des Kaisers. Der Kaiser genoß ein Charisma, das ihm nach der römischen Verfassung nicht zukam.

Neben der Staatsreligion hat es immer Aberglaube, geheimnisvolle Kulte und die verschiedenartigsten Religionen auf römischem Boden gegeben. Behindert wurden sie nicht. Rom war tolerant. Keltische und germanische Götter wurden umgedeutet und übernommen. Magie und Astrologie fanden Anhänger. Augustus weihte das Pantheon den sieben Planeten. Der Fortuna wurden Tempel gebaut. Die Legionen brachten aus dem Osten den Kult des persischen Mithras mit, der zeitweise eine so große Verbreitung fand, daß er zum ›Sol invictus‹, zum Staatsgott, erhoben wurde. Mithras war ein Kriegsgott, militant und asketisch. Ägyptische Götter wie Isis und Osiris trugen den Gedanken an Unterwelt und Wiedergeburt der Seele, an sittliche Verantwortung und Läuterung und an die Macht der Priester ins ganze Imperium. Baal, der Sonnengott aus Vorderasien, folgte den vielen Syrern in die westlichen Provinzen.

In dem Maße, in dem das Unbehagen am staatlichen Leben wuchs, in dem die Unsicherheit des einzelnen in dieser Welt der Kriege und Krisen zunahm, gewannen die auf Erlösung ausgerichteten Religionen an Boden. Im Jenseits sollte sich die Hoffnung auf Gerechtigkeit erfüllen, die es im Diesseits nicht gab. Die Juden verehrten Jahwe, den einzigen Gott. Lange Zeit waren sie vom offiziellen Kaiserkult befreit. Seit der Zerstörung Jerusalems durch Titus standen sie in ausgesprochener Feindschaft zum Staat.

In den Städten setzte sich zunehmend das Christentum durch, das den wahren Sinn des Lebens in der Vorbereitung auf das Jenseits sah. Die Christen erwarteten – freudigen Herzens – die Wiederkunft Christi, den verheißenen ›Jüngsten Tag‹. Hand in Hand mit den Erlösungsreligionen ging die Abwendung vom öffentlichen Leben. Die Christen weigerten sich, dem Kaiser zu opfern. Um so fester bestanden die Kaiser auf dem offiziellen Kult. Kaiser Decius (249–251) verhängte als erster Gefängnisstrafen für die Weigerung, dem Kaiser zu opfern. Als Aurelian Mithras zum Reichsgott erhob, mußten auch die Christen am Kaiserkult teilnehmen. Mehr forderte der Staat von seinen Bürgern nicht.

Die allgemeine Unsicherheit nahm zu, die Städte entleerten sich. Das galt selbst für Spanien, das von Barbareneinfällen weitgehend verschont geblieben war. Die reiche Oberschicht zog aus den Städten aufs Land. Sie ging von Handel und Gewerbe zur Landwirtschaft über. Jedes Gut wurde ein in sich geschlossenes Wirtschaftsgebilde, das alles selber herstellte. Die Überschüsse, von denen die Städte lebten, nahmen ab. Die Gutsbesitzer hielten eigene Streitkräfte, um sich der umherziehenden Räuber zu erwehren, wobei es gleichgültig war, ob es sich um Banden, um meuternde Truppen oder einfallende Barbarenhaufen handelte.

Die Städte schützten sich dadurch, daß sie sich mit Mauern umgaben. Rom erhielt unter Aurelian die noch heute erhaltene Mauer. In Gallien geben die Bewohner die in der Ebene gelegenen Städte auf, um sich auf höhere und dadurch besser gesicherte Plätze zurückzuziehen. Dabei wechseln die Städte häufig den Namen. An die Stelle der römischen Bezeichnung tritt allmählich der Name des gallischen Stammes. Das alte Oppidum wird wieder Mittelpunkt der Stadt. Aus Avaricum wird die Stadt der Bituriger (Bourges), aus Lutetia die Stadt der Pariser (Paris), ein Zeichen, daß die Römer zurücktreten und die Einheimischen wieder stärker das öffentliche Leben auch in der Stadt bestimmen.

Barbaren brechen über die Grenzen, sobald die Legionen in innere Wirren verstrickt sind. Das führte zu schweren wirtschaftlichen Einbußen, die die Steuerkraft verminderten, was wiederum die Verteidigung lähmte und die Legionen schwächte. Ungeordnete Haufen stießen tief in den Balkan hinein: Goten, Burgunder und Heruler, meist zusammen mit Sarmaten und Dakern. 267 nahmen die Goten Athen; sie brannten in Ephesus den Artemis-Tempel nieder.

In Südrußland hatten die Sarmaten im 2. Jahrhundert v. Chr. den Skythen die Herrschaft entrissen. Der Küstensaum mit der Krim und den alten griechischen Städten zahlte seit Augustus Tribute an Rom. Im 2. Jahrhundert n. Chr. traten die Goten das Erbe der Sarmaten an. Die Reiternomaden bewahrten innerhalb des Gotenreiches ihre Eigenständigkeit. Es gelang den Goten aber auch, den gesamten Küstensaum einschließlich der Städte, wie Olbia und Panticapaeum, zu erobern. Während Skythen und Sarmaten dem Meer fernblieben, zeigten sich die Goten bald als gefährliche Seeräuber. Sie beherrschten das Schwarze Meer.

Die Kaiser flüchteten unter dem Druck der wachsenden Ansprüche in die Inflation: Sie verschlechterten das Silbergeld. Der Staat gab mehr aus, als er einnahm. Er untergrub damit endgültig seine Wirtschaft. Die Preise stiegen in erschreckendem Umfang. Eine umfassende Reform schien unumgänglich.

Das Reich war zu groß geworden, um von einem Mittelpunkt aus verwaltet und vor allem verteidigt zu werden. Bei den wechselnden Überfällen mußten Entscheidungen sofort getroffen werden. Diokletian (284–305) sah sich gezwungen, das Imperium in vier Befehlsbereiche aufzuteilen: Italien und Afrika mit dem Mittelpunkt Mailand (nicht Rom!), Spanien, Gallien und Britannien mit der Kaiserstadt Trier, Illyrien, Makedonien und Griechenland mit Sirmium (an der Save) und den Osten mit Nikomedia (in Bithynien am Marmarameer).

An der Spitze des Reichs standen zwei ›Augusti‹, denen je ein ›Caesar‹ zur Seite stand. Die Zahl der Legionen wurde auf 52 heraufgesetzt, ihre Mannschaftsstärke jedoch vermindert. Die Hilfsaufgebote der verschiedenen Völkerschaften gaben von nun an den Ausschlag.

Militärische und zivile Verwaltung wurden getrennt. An die Spitze der auf 101 vermehrten Provinzen traten Gouverneure (praesides), die über ein Heer von unteren Beamten verfügten.

Mehrere Provinzen wurden zu einer Diözese zusammengefaßt. Parallel zur zivilen Verwaltung trat die militärische. Die Regie der Wirtschaft übernahmen die Beamten. Vorbild war die orientalische, richtiger, die ägyptische Planwirtschaft mit der je nach Wasserstand des oberen Nils im voraus festzulegenden Abgabe für das Land. Diokletian setzte Höchstpreise für alle wichtigen Artikel fest und ließ sie, in Marmor und Erz eingemeißelt, auf den Marktplätzen aufstellen. Damit entzog er zwar die Steuerfestsetzung der Willkür schlecht vorgebildeter Beamter, lähmte aber zugleich den Unternehmungsgeist.

Da die Steuern aus dem Handel in den Städten längst nicht mehr ausreichten, wurden die Landsteuer (iugatio) und die Kopfsteuer (capitatio) eingeführt. Sie ließen sich von Beamten kontrollieren. Für das Steueraufkommen hafteten weiterhin die reichen Bürger, die ›curiales‹. Die Würde und das Recht, der Stadtverwaltung anzugehören, wurde zur Pflicht, schließlich sogar vererbt. Sie galt als Zwang.

Erblichkeit des Gewerbes und Zwangsinnungen hatte es schon früher gegeben. Jetzt wird daraus System. Die Pflicht, eine öffentliche Stellung anzutreten, barg in sich die Gefahr, das gesamte Vermögen zu verlieren und bestraft zu werden, wenn die Gemeinde unfähig war, ihre Steuern aufzubringen. Wer konnte, zog sich aus der Stadt zurück, um auf dem Lande einen Gutshof, eine Villa zu erwerben. Das führte zum Zusammenbruch des Handels und zu empfindlichem Warenmangel. Dagegen halfen die Höchstpreise Diokletians nur vorübergehend.

Der Kaiser machte für diesen Niedergang das mangelnde Pflichtbewußtsein der Bevölkerung sowie ihre Gleichgültigkeit gegenüber dem Staat verantwortlich. Schuld an dieser Haltung gab er vor allem den Christen. 303 setzte die letzte und grausamste Christenverfolgung ein. Diokletian ließ Kirchen zerstören, Bischöfe hinrichten oder vertreiben. Wer dem Kaiser nicht opfern wollte, mußte sterben. Diese Maßnahmen führten dazu, daß die Christen den Staat als Unrechtsstaat erst recht ablehnten.

Diokletian trat freiwillig zurück. Seine Nachfolger gerieten untereinander in Streit. Konstantin, der Sohn des Caesars Constantius in Trier, siegte zuerst über Maxentius an der Milvischen Brücke, dann über Licinius bei Adrianopel. Seine gallisch-germanischen Hilfstruppen zeigten sich den illyrischen seiner Gegner überlegen. Konstantin war Alleinherrscher. Er ordnete das Reich von neuem. Er verlegte die Hauptstadt nach Byzantion an den Bosporus, von nun an Konstantinopel. Vorübergehend hatte er an Troja gedacht, eingedenk der Legende, daß die Gründer Roms von dort stammten. Für Byzanz sprach einmal die strategische Lage. Von Konstantinopel aus ließen sich die Grenzen sowohl an Rhein und Donau wie am Euphrat leichter verteidigen. Von dort liefen die ausgezeichneten Heerstraßen nach Pannonien und Germanien, nach Syrien und Ägypten. Sie ermöglichten rasche Truppenbewegungen. Diese Straßen kreuzten sich dort mit dem Wasserweg vom Mittelmeer zur Krim. Dort lagen die Ausgangspunkte für den Handel zur Ostsee und nach Sibirien.

Beide Handelsverbindungen bestanden zwar seit vielen Jahrhunderten, hatten sich jedoch im 3. Jahrhundert belebt, seitdem die Goten Osteuropa unter eine einheitliche - wenn auch nur lockere Herrschaft gebracht hatten.

Der Weg nach Osten hatte durch das Vorrücken der Chinesen und die Parthervorherrschaft in dem Land zwischen Aralsee und Hochasien an Bedeutung gewonnen. Für den lebhaften Handel an den Meerengen zeugen die drei, später vier Münzprägstätten, die in ihrer Umgebung lagen.

Konstantin hatte eingesehen, daß mit der Verfolgung der Christen die Gleichgültigkeit gegen den Staat, ja die Ablehnung eher noch zunahm. Für seine Truppen war das Kreuz nur ein Zeichen, das sich gegen die Zeichen der Feinde abhob. Kaum mehr. In den Städten hingegen waren die Christen eine Macht. Die Kirche genoß Ansehen und Autorität. Sie verfügte über Anhänger, die bereit waren, Opfer zu bringen; sie besaß eine Organisation, die über die Verfolgung hinweg intakt geblieben war. Konstantin wollte die christliche Kirche in das öffentliche Leben einbauen. Der Institution, die sich am stärksten vom Staat abgewandt hatte, wurde die staatstragende Rolle zugewiesen.

Dazu brauchte sie eine Rechtsgrundlage. Die Kirche wurde erbfähig. Den Priestern wurden die Staatslasten erlassen. Der Stadtbischof übernahm magistrale Funktionen. Die Kirche wurde mit der Zeit eine öffentliche, eine staatliche Einrichtung.

Die Christen spalteten sich in solche, die weiterhin die ›Welt‹ ablehnten, die die Nachfolge Christi in der Entsagung, im Mönchwesen, in der Askese sahen, und in solche, die bereit waren, im Dienst an dieser Welt eine christliche Aufgabe zu sehen. Das war vor allem die städtische Geistlichkeit. Sie konnte nunmehr offen für ihre Gemeinde sorgen. Statt in Katakomben, konnten die Christen in aller Öffentlichkeit ihren Gottesdienst abhalten.

Jetzt brach der Haß der Christen gegen ihre einstigen Verfolger, die Heiden, offen aus. Die christlichen Volksmassen in den Städten zerstörten die Tempel.

Konstantin berief als Schutzherr der Kirche das Konzil nach Nikäa und übernahm als weltliches Oberhaupt den Vorsitz. Erst auf dem Totenbett trat er selber zum christlichen Glauben über. Die reiche und vor allem die gebildete bürgerliche Oberschicht in den Städten war noch überwiegend heidnisch. Aber die breiten Unterschichten folgten ihren Bischöfen; sie gliederten sich mit der Zeit in den Staat ein.

Die Kirche mußte sich einerseits mit dem Staat und andererseits mit den Widerstrebenden innerhalb der Christenheit auseinandersetzen. Wie weit ihr das gelang, hing von der inneren und der äußeren Entwicklung des Imperiums ab. Bevor die Gegensätze überwunden werden konnten, kam ein neuer, diesmal vernichtender Stoß aus dem Osten.

7

Völkerwanderung: der Ansturm aus der Steppe

1. Jahrhundert n. Chr.: Goten wandern in die südrussische Steppe · Verschmelzung mit Skythen und Sarmaten · Das Reich des Ermanarich im 4. Jahrhundert · Ansturm der Hunnen (375) · Goten fliehen ins oströmische Reich, 378 Sieg der Westgoten bei Adrianopel über die Römer · Lebensweise der Steppenbewohner · Herrschaftsform der Reitervölker · Die große Persönlichkeit · 391 Christentum Staatsreligion unter Theodosius I. (379–395) · 395: Teilung des Reiches in Ost- und Westrom · Goteneinfälle in Italien · Germanenfeindliche Partei am kaiserlichen Hof zu Konstantinopel · Alarich in Italien, 410 Einnahme Roms · Westgotenreich von Toulouse · 413–436: Burgunderreich um Worms · 429–526: Vandalenreich in Afrika · Attila und die Hunnen, 451 Sieg auf den katalaunischen Feldern · Germaneneinfälle in Britannien, nach 400 Abzug der Römer · Die angelsächsischen Königreiche · Der Ostgote Theoderich (493–526) erobert Italien · Sozialordnung der Germanen: das ›Volk‹, das ›Heer‹, das ›Reich‹ · Die allgemeine Unsicherheit · Die Städte verkümmern · Befestigung der Stadtmauern · Rückläufige Wirtschaft · In der Stadt sitzen die Bischöfe · Arianer und Athanasianer · Die Gotenherrschaft in Italien: 30 Jahre Frieden · Justinian (527–565) erobert Nordafrika und Italien · 568: Langobarden gewinnen Italien

Seit Jahrhunderten hatte der nordeuropäische Raum Völkerscharen abgegeben. Diese Unrast hatte mehrere Gründe. Die wachsende Bevölkerung fand auf dem beschränkten Ackerboden nur schwer ihr Auskommen. Naturkatastrophen wie Trockenheit, Überschwemmungen und langandauernde Frostperioden, die das ohnehin karge Land von Zeit zu Zeit heimsuchten, gaben häufig den letzten Anstoß aufzubrechen. Ausschlaggebend aber war wohl das wirtschaftliche Gefälle zwischen den zurückgebliebenen Agrargebieten Nordeuropas und den blühenden Gefilden im Süden, vor allem im Römischen Reich.

Norwegen und Schweden waren – bis auf einen schmalen Küstenstreifen – von dichtem Wald bedeckt und nur dünn besiedelt. Einige Stämme kamen angeblich von den Inseln: die Goten von Gotland, die Burgunder von Bornholm, die Rugier von Rügen; diese Inseln sind klein, wenig fruchtbar und stark bewaldet. Auch

Norddeutschland war weitgehend von Wald und Sumpf überzogen.

Die Germanen westlich der Oder standen seit Jahrhunderten unter dem Einfluß ihrer südlichen Nachbarn, zuerst der Kelten, dann der Römer. Der Handel hatte sich in gewissen Grenzen eingespielt. Reisige Germanen verdingten sich in großer Zahl als Söldner im römischen Heer. Andere zogen als Siedler oder auch als Knechte in das Römische Reich. Viele wurden als Sklaven verkauft oder gerieten durch Kriegsgefangenschaft in die Sklaverei. Je mehr die Römer ihr Reich wirtschaftlich entwickelten, desto größer war die Nachfrage nach Arbeitskräften in Landwirtschaft und Industrie.

In der Bewaffnung und Ausrüstung hatten sich die Germanen den Römern angeglichen. Ihre Panzer, Helme, Schilde und Schwerter erwarben sie entweder aus dem Süden oder fertigten sie nach römischen Vorbildern.

Vom römischen Einfluß weniger berührt blieben die Germanen jenseits der Oder, die Gepiden, Burgunder und Vandalen.

Im 2. Jahrhundert n. Chr. wanderten die Goten aus dem Ostseeraum die Weichsel aufwärts in die südrussische Steppe. In Ostpreußen ließen sie die Pruzzen, eine nicht germanisch sprechende Bevölkerung, zurück, die sicher schon vorher dort gelebt hatte. Die Goten haben südlich der Ostsee nur einen begrenzten Teil des Landes besiedelt; sie brauchten Weideplätze für ihr Vieh, während sich die Einheimischen in die Wälder zurückzogen.

Die Goten können nicht sehr zahlreich gewesen sein. Als Viehzüchter – die nur nebenbei Ackerbau trieben – waren sie immerhin beweglich genug, das Volk mit der gesamten Habe mitzunehmen. Mit ihren Rinderherden und den schwerfälligen Karren, die nachts zur Wagenburg zusammengeschoben wurden, zogen sie durch ein Gebiet ohne Straßen, ohne Brücken über die zahlreichen Flüsse, östlich der Karpaten zum Schwarzen Meer. Unterwegs schlossen sich ihnen Menschen aus verschiedenen Völkern und Stämmen an, getrieben von der heimischen Not, von Abenteuersinn oder Beutelust. Sie ließen sich in das ›gotische Volk‹ aufnehmen. Man weiß nicht, welche Völker zwischen Karpaten, Pripjetsümpfen und Schwarzem Meer wohnten, doch spricht die größte Wahrscheinlichkeit dafür, daß es damals bereits slawische Stämme gewesen sind, zu denen zahlreiche Bewohner aus Dakien gestoßen waren, das wenige Jahrzehnte vor dem Gotenzug dem Römischen Reich eingegliedert worden war.

In der südrussischen Steppe verschmolzen die Goten mit Resten der Skythen und mit den Sarmaten, die dort seit drei Jahrhunderten herrschten, zu denen die Alanen hinzustießen, ein iranisches Reitervolk, das an der unteren Wolga lebte. Wahrscheinlich sind auch manche slawischen Stämme in den Sammelnamen der Goten eingegangen. Die Griechen in den Handelsstädten und die Römer als Herren der Küste sprachen noch lange Zeit nur von ›Skythen‹, wenn sie die Bevölkerung der Steppe meinten.

Erst im 4. Jahrhundert werden die ›Goten‹ zu einem schärfer umrissenen Begriff. Von Wulfila wurden sie 347 zum Christentum in arianischer Form bekehrt. Seine Bibelübersetzung ist die älteste Schrift in gotischer Sprache. In Südrußland begründeten die Goten ein ›Reich‹. Sie waren bis dahin den Römern nur durch ihre verheerenden Einfälle und Plünderungszüge bekannt geworden.

Der Gotenkönig Ermanarich beanspruchte um die Mitte des 4. Jahrhunderts die Herrschaft über das Gebiet, das von der Ostsee, von Holstein bis zur Mündung des Don reichte. Die tatsächliche Macht wird er in diesem gewaltigen Raum kaum ausgeübt haben. Sein ›Reich‹ war kein Staat im Sinne des römischen Imperiums. Nicht einmal regelmäßigen Tribut werden die Völker – weit entfernt von dem Sitz des gotischen Heerkönigs – gezahlt haben; nur Treuebekenntnisse legten sie ab. Den Hunnen gelang es, dieses Reich im ersten Ansturm zu zertrümmern (um 375).

Von China bis zu den Karpaten zieht sich – 4000 km lang – ein breiter Steppengürtel hin, der von umherziehenden Viehzüchtern bewohnt wird. Über diesen Landstreifen waren wiederholt Völkerwellen in die südrussische Steppe und in den Donauraum eingedrungen; sie kamen meist aus dem Gebiet zwischen Oxus und Jaxartes, also südlich des Aralsees.

Mit den Hunnen trat zum erstenmal ein Volk aus Innerasien in Erscheinung. Die Hunnen waren Mongolen. Sie trieben ein Volk indogermanischer Sprache, die Saken, vor sich her, die sich in Baktrien niederließen. Seitdem füllte sich die südsibirische und die südrussische Steppe mit Turkvölkern. Sie haben die Geschichte nicht nur Asiens, sondern auch Europas in starkem Maße mitbestimmt.

Die Turkvölker hatten vieles von den Chinesen gelernt. Ihre Angriffe richteten sich lange Zeit gegen das chinesische Reich, bis die große Mauer ihnen Einhalt gebot. Sie wandten sich fortan nach

Westen. Dank ihrer kriegerischen Überlegenheit lagerten sich die Hunnen über die Völker in der Steppe.

Lebensbedingungen, Lebensweise wie Wirtschaftsformen in dem weiten Raum waren durch die Steppe geprägt und daher bei den Stämmen ziemlich gleich. Viehzüchter hängen nicht am Boden, sie sind frei beweglich. Ohne große Umstände brechen sie ihre Zelte ab. Nichts bindet sie an das Land, in dem sie gesessen. Lose in Familien und Stämme gegliedert, sind sie bereit, weiterzuziehen, wenn es gilt, neue Weidegründe zu gewinnen. Solange sie in einem Gebiet leben, verteidigen sie zwar ihre Weidegründe, aber die Grenzen werden durch die Machtverhältnisse bestimmt, nicht durch das Recht wie das Eigentum am Boden. Grundlage des Reichtums ist das Vieh – nicht der Boden. Die Herrschaftsform der Steppenvölker unterscheidet sich grundsätzlich von der der fest mit dem Boden verwurzelten Ackerbauern. Die Nomaden üben die Herrschaft nur über Menschen aus; die Grenzen des Landes erscheinen ihnen zweitrangig. Ziehen sie weiter, wandert auch der Herrschaftsanspruch und damit das ›Reich‹ mit.

Jede Familie lebt für sich. Sie schließt sich jeweils einem überragenden Führer an, den sie verläßt, wenn er versagt. Dann bildet sich eine neue Gemeinschaft, die als neues ›Volk‹ erscheint. Häufig wechselt es sogar den Namen, indem es den des Anführers annimmt. Bei den Nomaden regiert das Oberhaupt, gleichgültig, wo der Stamm sich gerade aufhält.

So ist es auch bei größeren Zusammenschlüssen: Menschen unterstehen einem politischen Führer nicht aufgrund ihres Wohnsitzes, sondern der persönlichen, freiwillig oder erzwungen anerkannten Führung. Sein Machtanspruch bezieht sich auf Menschen, nicht auf ein fest umrissenes Gebiet. Da bei der Beweglichkeit eine politische Zusammenfassung weit loser sein muß als bei einer seßhaften Bevölkerung, bedarf es einer eisernen Faust, um ein größeres ›Reich‹, richtiger die Bewohner eines weit ausgedehnten Gebietes zusammenzufassen. Innerhalb einer solchen Gemeinschaft behalten die einzelnen Stämme ihre Eigenart, Sitte, Religion und Sprache unangetastet. Wenn sie die Oberhoheit des Khans anerkennen, gehören sie dazu. Als ›Hunnen‹ erscheinen also auch Völker, die sich ihnen unterwegs – freiwillig oder erzwungen – angeschlossen hatten.

Auf ihren raschen Pferden waren die ›Hunnen‹ außerordentlich beweglich. Als geübte Reiter schossen sie vom Pferderücken ihre

Pfeile ab, eine neue Form des Reiterkampfes, die sie dem sarmatischen Steigbügel verdankten. Sie brachte ihnen den Sieg.

Unter Balamir brachen sie um das Jahr 372 gen Westen auf. Sie unterwarfen die Alanen – und nahmen sie als Krieger in ihre Reihen auf. Sie schlugen das Heer der Ostgoten, deren Herrschaft sofort in sich zusammenbrach, und gliederten die Überreste als Hilfstruppen in ihre Streitmacht ein. Sie bedrängten die Westgoten, die unter Athanarich versuchten, am Pruth Widerstand zu leisten – vergeblich. Ein Teil beugte sich den Hunnen, den übrigen blieb nur die Flucht. In wilder Panik zogen sich die einen in die ungarische Tiefebene zurück, andere baten Kaiser Valens, er möge sie im Römischen Reich aufnehmen. Der Kaiser, selber erschreckt durch die Nachrichten vom Hunnensturm, nahm die Goten als ›Verbündete‹ auf und versprach ihnen Land. Er hoffte, eine kampfgeübte Truppe zum Schutz der Donaugrenze gewonnen zu haben.

Sobald bekannt wurde, der Weg über die Donau sei freigegeben, kamen immer mehr Flüchtlinge, Goten und wer sich sonst vor den Hunnen in Sicherheit bringen wollte. Das war nicht nur ein Heer, das in römische Dienste zu treten gewillt war, sondern ein ganzes Volk. Immer mehr Menschen flüchteten über den Strom ins Imperium. Daraus ergaben sich unerwartete Schwierigkeiten.

Die römischen Beamten erfüllten die kaiserlichen Versprechungen offenbar nur ungenügend, sei es aus bösem Willen, sei es, weil sie dem starken Ansturm nicht gewachsen waren. Jedenfalls begehrten die Goten auf, so daß sich Kaiser Valens gezwungen sah, mit bewaffneter Hand einzugreifen. In der Schlacht bei Adrianopel siegten 378 die Goten. Der Kaiser wurde erschlagen. Damit brach der Widerstand am Limes zusammen. Die umherirrenden Westgoten mußten in der Folge manche Niederlage einstecken, bis sie Kaiser Theodosius als ›Verbündete‹, ›foederati‹, erneut in seine Dienste nahm und ihnen dafür Land in Pannonien überließ. Theodosius hatte gegen äußere wie gegen innere Feinde zu kämpfen; an der unteren Donau gegen die Sarmaten, an der mittleren gegen die Ostgoten; im Reich gegen Aufstände: gegen den Gegenkaiser Maximus, den er 388 bei Aquileja besiegte, vier Jahre später gegen einen neuen Gegenkaiser Eugenius, den er wieder in der Nähe von Aquileja schlug. In allen diesen Kriegen und Wirren war der Kaiser auf seine germanischen Krieger angewiesen. Ihnen verdankte er seine Siege, seinen Thron. Eng war sein Verhältnis zur Kirche. 391 erhob Theodosius das Christentum zur Staatsreligion.

Bevor er starb, teilte er die Herrschaft unter seine beiden Söhne Arkadius und Honorius. Das Imperium hat nie wieder eine tatsächliche Einheit gebildet, es blieb geteilt. Seinem jüngeren Sohn Honorius, der den Westen erbte, stellte der Kaiser den Stilicho als Beschützer und Berater zur Seite.

Stilicho war der Sohn eines Vandalen. Er hatte sich langsam emporgedient. Nach siegreichen Feldzügen gegen die Pikten und Skoten in Britannien und gegen die Sachsen und Quaden am Rhein war er als Reichsfeldherr, ›magister utriusque militiae‹, praktisch der mächtigste Mann im Reich. Ihm fiel die kaum lösbare Aufgabe zu, die Grenzen gegen den wachsenden Druck am Rhein und am Limes zu verteidigen.

Goten fielen in Italien ein. Vandalen, Quaden, Alanen und schließlich Burgunder und Alamannen drangen über den Rhein vor. Das Grenzgebiet war derart gefährdet, daß Stilicho den Regierungssitz von Trier nach Arles zurückverlegte.

Ende des 4. Jahrhunderts waren fast alle römischen Truppen aus Britannien abgezogen worden; nun mußten auch die Legionen von der Rheingrenze zurückgenommen werden. Die Verteidigung der Grenzprovinzen wurde den örtlichen Kräften anvertraut; das hieß praktisch, daß sie Barbaren in ihren Dienst nahmen. Die Bewohner Britanniens stellten Sachsen ein. Am Rhein sollten die Franken den Schutz gegen Vandalen, Quaden und Alanen übernehmen.

Die Franken haben sich beiderseits des Niederrheins auf dem flachen Land niedergelassen, westlich des Stroms inmitten der gallo-römischen Bevölkerung, die seit Jahrhunderten mit Germanen vermischt war. Als Viehzüchter siedelten die Franken in der Regel in den Niederungen, die Galloromanen als Ackerbauer bevorzugten die Höhen. Die römischen Städte mit ihren lateinisch sprechenden Einwohnern ragten wie Inseln aus dieser Umgebung heraus.

Die eingedrungenen germanischen Scharen wurden als ›Verbündete‹ im Reich angesiedelt: die Vandalen in Spanien (Andalusien trägt ihren Namen), die Alanen in Lusitanien, die Burgunder zunächst um Worms am Rhein, später an Rhône, Saone, dem heutigen Burgund, die Salischen Franken im nördlichen Gallien. Nirgendwo stellten die ›angesiedelten‹ Germanen die Mehrheit der Bevölkerung in jenen Gebieten, in den meisten Fällen blieben sie weit unter einem Zehntel, und auch da, wo ihr Anteil höher lag, besonders links des Rheins, war der bei weitem größere Teil nicht erst mit den Heerhaufen im 4. Jahrhundert eingewandert, sondern vorher dorthin gelangt, als die Legionen den Limes noch erfolgreich verteidigten: als Sklaven, als Dienstleute, als Arbeitskräfte, als friedliche Siedler. Die Ansiedlung ganzer ›Völker‹ setzte die alte römische Grenzpolitik fort.

An den kaiserlichen Höfen standen sich zwei Richtungen gegenüber: die eine sah in den Germanen die besten, wenn nicht die einzigen Verteidiger des Reiches gegen Angriffe von außen, die andere meinte, im germanischen Einfluß selber die Ursache des staatlichen Niedergangs erblicken zu müssen. Theodosius hatte die Germanen nach Kräften gefördert. Sein Sohn Honorius hat diese Politik unter dem Einfluß seines Beraters Stilicho fortgesetzt.

In Konstantinopel hingegen setzte sich unter dem Kaiser Arkadius (395–408) die germanenfeindliche Partei durch, geführt von der Kaiserin Aelia Eudoxia, die fränkischer Herkunft war. Die östliche Reichshälfte war nicht mit Zugeständnissen an die Germanen zu verteidigen. Im Gegenteil! Jedes Zugeständnis lockerte die Befehlsgewalt des Kaisers. Truppen, die einen eigenen politischen Willen hatten, die sich anmaßten, ihren Sold mit bewaffneter Hand einzutreiben, mußten den Staat immer wieder, und meist in Augenblicken besonderer Notlage, in unübersehbare Krisen stürzen. Jeder Krieg an der Ost- oder Nordgrenze gab den Aufsässigen Gelegenheit, den Kaiser mit ihren Forderungen zu bedrängen. Was Konstantinopel brauchte, waren Truppen, die gehorchten, und Feldherrn, die vom Kaiser ein- und abgesetzt werden konnten.

Von allen Seiten bedrängten die Feinde den östlichen Teil des Reiches: die Sassaniden-Herrscher, die Hunnen, die Ostgoten. Kaiser Arkadius glaubte, besonders geschickt zu handeln, wenn er die Feinde von seinem Reichsteil weg gegen den Westen lenkte, zumal er sich mit seinem Bruder Honorius weder über die Grenzen noch über die Führung einig war. Den Diplomaten kam eine wichtige Rolle zu. Sie sollten den einen Feind gegen den anderen ausspielen. Jedes Mittel war recht. Einflußreiche Beamte und Ratgeber am fremden Hofe wurden bestochen, die Beutegier wurde wachgerufen, Tribute, auch ›Geschenke‹ genannt, mochten sie noch so schmählich sein, wurden bereitwillig bezahlt. Es kam meist billiger, dem Barbarenfürsten einen hohen Betrag als ›Geschenk‹ zu geben, als einen endlosen, häufig hoffnungslosen Krieg zu führen.

Immer noch verfügten die Kaiser über eine beachtliche Streitmacht, doch war sie dem neuen Gegner und seiner Taktik kaum gewachsen. Die germanischen Scharen stellten sich nur ungern dem Kampf, da sie in offener Feldschlacht häufig genug den kürzeren gezogen hatten. Sie wichen aus. Sie zogen weiter. Sie plünderten. Von allen Seiten erhielten sie Zuzug; entlaufene Sklaven, germanische Siedler und Bauernknechte, Abenteurer, Verbrecher, Deserteure aus römischen Legionen. Alle wurden sie in das Heer eingereiht oder, richtiger, in die Bande aufgenommen.

Woher sie kamen – niemand fragte danach. Was den Heerhaufen zusammenhielt, war die Gefolgschaftstreue zum Heerführer und die Waffenbrüderschaft der rauhen Gesellen.

Aus Moesien zogen die Westgoten unter Führung von Alarich raubend, plündernd, sengend und mordend über den Balkan nach Griechenland. Stilicho eilte mit einem römischen Heer von Italien herbei. Er schloß die Westgoten ein, ließ sie jedoch wieder abziehen, ohne ihnen eine Schlacht zu liefern. Dabei spielte die Überlegung mit, die Goten später einmal gegen Ostrom einsetzen zu können. Die fürchterliche Verwüstung Griechenlands bis in die Peloponnes – nur Athen wurde gegen hohen Tribut verschont – blieb ungerächt. Nun umwarb die oströmische Diplomatie den gefürchteten Kriegsmann. Der oströmische Kaiser Arkadius ernannte König Alarich zum Magister Militum von Illyrien. Die Goten wurden ein bedeutsamer innenpolitischer Faktor in den beiden Reichshälften.

Bei den ersten Wirren setzte sich Alarich mit seinen Westgoten wieder in Bewegung. Der sonderbare Haufen – teils Heer, teils Volk – zog 401 über die Alpen, wälzte sich durch Italien – teils Kriegs-, teils Beutezug. Wieder trat ihm Stilicho entgegen, schlug ihn bei Pollentia und im folgenden Jahr bei Verona, aber statt die eingedrungenen Scharen zu strafen, sandte er sie nach Illyrien zurück. Wieder gab Alarich das Versprechen, für den Kaiser Honorius – also gegen den Bruder Arkadius – zu kämpfen. Um künftig gegen ähnliche Raubzüge gesichert zu sein, wurde die kaiserliche Residenz von Mailand nach Ravenna verlegt, das – von Wasser und Sümpfen umgeben – als uneinnehmbar galt.

Germanenscharen unter Radagais brachen 405 bis Florenz vor. Diesmal war Stilicho energischer; er zwang die Eindringlinge bei Fiesole zur Übergabe.

408 ließ Kaiser Honorius seinen Feldherrn und Schwiegervater

Stilicho ermorden. Mißtrauisch hatte der Kaiser verfolgt, wie sein Berater immer mächtiger wurde. Das Gefühl der eigenen Schwäche, genährt von neidischen Höflingen, war stärker als die Dankbarkeit gegenüber dem treuen Beamten. Intrigen wurden gesponnen, bis der mächtigste Mann des Reiches, der einzige, der es tatkräftig zu verteidigen verstand, stürzte.

Sofort erschien Alarich wieder in Italien; er erpreßte aus Rom einen Tribut von 5 Millionen in Gold und Silber, kostbare Gewänder aus Seide und Leder und 3000 Pfund Pfeffer. Den Goten wurden in Noricum neue Wohnsitze zugewiesen. Sie rückten auch ab, doch verweigerte Kaiser Honorius nachträglich seine Zustimmung. Die bewaffnete Schar eilte nach Rom zurück, um einen Gegenkaiser, Attalus, einzusetzen. Vergeblich belagerte sie Honorius in Ravenna. Bald überwarfen sich die Goten mit dem von ihnen eingesetzten schwachen Attalus. Sie eroberten Rom und plünderten die Stadt (410).

Alarichs Augen richteten sich auf Nordafrika, das bisher von den Verwüstungen der ›Völkerwanderungen‹ verschont geblieben war und immer noch die Getreidekammer des Reiches bildete. Da seine Flotte vor Sizilien im Sturm scheiterte, gab Alarich seinen Plan auf. Beim Rückzug starb er in Unteritalien. Kaiser Honorius nahm Alarichs Nachfolger und Schwager Athaulf mit seinen Goten wieder in römische Dienste, um die in Spanien sitzenden Vandalen und Alanen zu vertreiben, die sich als aufsässige Untertanen gezeigt hatten. Zur Belohnung wies er den Goten Aquitanien zum Wohnsitz zu.

Dieses Westgotenreich blieb zunächst Teil des römischen Imperiums. Die Westgoten erkannten den Kaiser als ihren Herrn an – was wenig besagte. Die Eingesessenen hielten sich – durchaus zu Recht – weiterhin für ›römische Bürger‹, denn sie standen unter römischem Recht, unter römischer Verwaltung und gehörten zur römischen Kirche. Das Herrschaftsgebiet der Westgoten reichte von der Loire bis Nordspanien. Kaiser Nepos erkannte 475 dieses ›Reich‹ als selbständig an. Fortan verzichtete der Kaiser darauf, für die Rechte und Interessen seiner Untertanen in diesem Gebiet einzutreten, was er bis dahin – wenn auch nur theoretisch – für sich beansprucht hatte. Allerdings blieben die ›Römer‹ auch unter den Westgoten Bürger mit eigener Verwaltung, eigenem Recht und eigenem Glauben. Dieses Westgotenreich mit der Hauptstadt Toulouse bestand von 418 bis 507.

Seit 413 saßen die Burgunder um Worms am Rhein als ›Verbündete‹ des römischen Kaisers. Als sie jedoch aufbegehrten, die eingesessene Bevölkerung bedrückten und immer höhere Forderungen stellten, rief der römische Heermeister Aëtius die Hunnen, die er aus der Zeit kannte, da er als Geisel im Lager des Hunnenkönigs Ruas weilte, zu Hilfe und zersprengte das burgundische Heer. König Gunther, seine Sippe und ein großer Teil des Adels wurden erschlagen, die Reste an Saone und Rhône angesiedelt. Dort unterstanden sie als Hospites, eine Art Wehrbauern, dem römischen Recht. Bald rissen sie mit Hilfe der ansässigen Großen die Macht an sich und gründeten 443 ein eigenes Burgunderreich.

Das erste selbständige Germanenreich auf römischem Boden hatten die Vandalen in Nordafrika gegründet, wohin sie 429 unter Geiserich vor dem Druck der Westgoten aus Spanien ausgewichen waren. Reiche Beute fiel ihnen in der noch unberührten Provinz zu, doch dauerte es zehn Jahre, bis es ihnen gelang, Karthago einzunehmen. Das vandalische Heer umfaßte kaum mehr als 15 000 Krieger; wie viele davon Vandalen, ja auch nur Germanen waren, ist schwer abzuschätzen. Kaiser Valentinian III. erkannte Geiserich als unabhängigen Herrscher an.

Mit Hilfe seiner Kriegsflotte eroberte Geiserich die Küsten des westlichen Mittelmeeres, zuerst in Afrika, dann die Inseln Sizilien, Sardinien und Korsika, und fügte sie seinem ›Reich‹ ein. Richtiger müßte es wohl heißen, er erpreßte mit der Drohung, zu plündern, Tribute. Die vandalische Flotte erschien sogar an der Tibermündung, um Kaiser Valentinians III. Ermordung zu rächen. 14 Tage lang plünderten die Vandalen die Ewige Stadt (455). Geiserich schleppte Witwe und Tochter des ermordeten Kaisers nach Karthago; die Prinzessin verheiratete er mit seinem Sohn. Er hatte nicht gegen Rom, sondern gegen die Feinde seines Verbündeten, Kaiser Valentinians III., gekämpft.

Als ›Verbündete‹ erschienen auch zunächst die Hunnen. Sie trugen mit ihren Hilfstruppen dazu bei, den Ostgoten Radagais vor Florenz zu schlagen. Dann versuchte der hunnische Heerführer Uldin (408) auf eigene Faust einen Einfall in das heutige Bulgarien, aber seine wild zusammengewürfelten Haufen liefen ihm weg. Unverrichteter Sache mußte er abziehen. Konstantinopel zahlte den wilden Scharen sicherheitshalber Geld. Der Hunnenkönig Ruas (oder

Rugulas) erhielt den ehrenvollen Titel eines römischen Generals und einen Sold – die Hunnen sprachen von Tribut – von 350 Pfund in Gold.

Zu einem Streit kam es, weil die Hunnen die Herrschaft über bestimmte Völker im Donauraum beanspruchten, deren Angehörige – als Römer – ins Reich geflüchtet waren. Ruas forderte ihre Auslieferung. Konstantinopel mußte nachgeben. Bevor der Vertrag unterschrieben werden konnte, starb Ruas. Die Herrschaft übernahmen 434 seine Neffen Bleda im Osten und Attila im Westen, mit Sitz in der ungarischen Tiefebene.

Bleda richtete seine Eroberungszüge nach Medien, Persien und Mittelrußland. Attila, der als ›Verbündeter‹ des Kaisers regelmäßig Tribut bezog, blieb acht Jahre lang ruhig. Als Bleda jedoch gestorben war, begann Attila – nun Alleinherrscher – seine Einfälle in das römische Imperium. Äußerlich boten seine Heerscharen nur insofern ein anderes Bild als die germanischen Haufen, als die Reiterei mit den Bogenschützen stärker vertreten war. Ein buntes Völkergemisch zog mit; unterworfene Germanen, Skythen, Sarmaten, Alanen, die vielen Völker zwischen Karpaten und Altaigebirge, dazu die entlaufenen Sklaven, Fahnenflüchtige der Römer, Abenteurer. Alle mußten ihm gehorchen oder grausame Bestrafung befürchten. Attilas starker Wille allein hielt diese Scharen zusammen. Er gab ihnen die geschlossene Stoßkraft. Mit seinem Heer trug er das Hunnenreich.

Im ersten Feldzug gelang es ihm, bis zu den Thermopylen und den Dardanellen, ja bis vor die Tore von Konstantinopel vorzudringen. Dort brach sich die Wucht des Reiterangriffs. Der Kaiser versprach (445) einen auf das Dreifache gesteigerten jährlichen Tribut: 2100 Pfund Gold. Sechs Jahre später wandte sich Attila mit seinem Heer nach Westen. Er überschritt den Rhein und belagerte Orléans. Auf den Katalaunischen Feldern trat ihm 451 ein ›römisches‹ Heer unter Aëtius entgegen. Die Hunnen wurden geschlagen.

Bei dieser Schlacht standen sich auf beiden Seiten wild zusammengewürfelte Heerhaufen der verschiedenen Stämme gegenüber; bei den Hunnen: Ostgoten, Gepiden, Vandalen, Rugier, Heruler, Quaden und Thüringer außer den vielen Völkern der russischen Steppe, deren Namen den Römern unbekannt waren; auf der römischen Seite die Westgoten, deren König in der Schlacht fiel, Alanen, Burgunder, Salische und Ripuarische Franken und Sarmaten.

Auf beiden Seiten kämpften zahllose Überläufer. Die Schlacht brachte Aëtius den Sieg. Das feindliche Heer zog ab. Vielleicht ließ Aëtius den Hunnenkönig absichtlich ungeschoren, um ihn später als Bundesgenossen gegen die Germanen oder gegen den Kaiser in Konstantinopel zu gewinnen.

Aëtius stammte aus barbarischer Familie in Moesien; er hatte sich, wie Stilicho und mancher andere, im römischen Heer hochgedient, hatte lange Jahre als Geisel bei den Hunnen verbracht, so daß er ihre Kampfesweise wie ihre Schwäche kannte. Er schätzte sie als Bundesgenossen; seine Siege in Italien (Florenz) und gegen die Burgunder verdankte er diesen Hilfstruppen. Mit den Hunnen zu paktieren, hat sich der Heermeister Aëtius nicht gescheut, doch unterschätzte er den Hunnenkönig Attila. Der war ein ebenbürtiger Gegner.

Bei seinem Zug nach Gallien gab Attila als Kriegsgrund an, er führe gegen die Westgoten Krieg, um die Römer zu befreien, so wie vorher hunnische Heerhaufen gegen Westgoten und Burgunder gezogen waren. Aëtius erkannte, daß Attila die römische Herrschaft nördlich der Alpen zertrümmern und damit den Kampf um Italien vorbereiten wollte. Rom wandte sich an die Barbaren um Hilfe. Die Schlacht auf den Katalaunischen Feldern war keine Entscheidung zwischen Europa und Asien, zwischen römischer Kultur und Barbarei. Auf beiden Seiten kämpften Heerführer um die Macht.

Attila zog im nächsten Jahr wieder mit großem Heer nach Italien, zerstörte Aquileja und drang plündernd bis Mantua vor. Ihm trat Papst Leo I. entgegen und überredete ihn zum Rückzug. Wahrscheinlich war das Heer dem Feldzug nicht mehr gewachsen, wegen der Seuchen und der schwierigen Versorgung, vor allem wohl, weil die Hilfstruppen unzuverlässig wurden. Der Nimbus des unbesiegbaren Feldherrn war geschwunden. Als Attila 453 starb, lehnten sich die Unterworfenen auf. Die Germanen machten sich selbständig; das Hunnenreich löste sich auf. Auf dem Balkan, am Schwarzen Meer und an der Wolga blieben einzelne hunnische Stämme sitzen. Später greifen die Turkvölker unter neuen Namen wieder in die europäische Geschichte ein, noch stärker vermischt mit allen den Nachkommen der verschiedenen Reitervölker, die jemals die südrussische Steppe durchschweiften.

Die Macht Attilas ruhte auf dem Heer, das er durch seine Persönlichkeit und seine Willenskraft, vor allem aber durch seinen Ruf als Feldherr zusammenhielt. Die Hunnen selber – ihrer Reiterkünste und ihrer Bogenfertigkeit wegen von den übrigen Kriegerscharen abgehoben – bildeten nur den Kern der Streitmacht, den Kristallisationspunkt, um den sich alle sammelten, die Aufgebote der unterworfenen Völker wie die Freiwilligen, die auf Beute und Abenteuer aus waren. Zahlenmäßig waren die Hunnen nur eine Minderheit.

Attila war ein Heerführer großen Stils. Nach seinem Tode begann der Kampf seiner Söhne untereinander. Die verschiedenen Heerführer stützten sich auf ihre Stammesgenossen. Die Gepiden erhoben sich zuerst. Die Goten zogen unter ihrem Führer ab. Einen gewaltsamen Versuch, sie zurückzuhalten, vereitelten sie. Eine starke Persönlichkeit wie Attila hatte die verschiedenen Heerhaufen zusammengefaßt; ohne ihn lösten sie sich aus dem Gesamtverband. Das ist das Schicksal vieler Nomadenreiche in der eurasischen Steppe.

Von ihrem Sieg über den Gotenkönig Ermanarich (375) bis zum Tode Attilas (453) haben die Hunnen einen Druck auf die Donaufront ausgeübt. Unter ihrem Ansturm sanken die Städte bis tief nach Thrakien hinein in Trümmer. Ein breiter Streifen wurde völlig verheert. Erst ein Jahrhundert später hat Kaiser Justinian I. die zerstörten Plätze wieder aufgebaut. Auch bei ihrem Italienzug zerstörten die Hunnen eine Reihe von Städten. Aquileja hat sich nie wieder erholt. Die Verteidigung des gesamten Reiches brach zusammen.

Auch im entlegenen Britannien zeigte sich die zunehmende Schwäche der Reichsgewalt. Die allgemeine Not zwang die 2. Legion abzuberufen. Sofort nahmen die Einfälle der Skoten und Pikten zu. Als die Germanen durch ihren Vormarsch in Gallien die Insel vom übrigen Reich trennten, hörte der Nachschub ganz auf. Die Provinz war auf ihre eigenen Kräfte angewiesen. Die Städte, Römer und romanisierte Einheimische, wagten jedoch nicht, die immer noch stark keltische Landbevölkerung aufzubieten.

Ende des 4. Jahrhunderts gab die römische Verwaltung den Hadrianswall preis. Ohne Widerstand flutete der Feind über die Grenze. Gegen ihn riefen die Römer germanische Söldner ins Land. Diese Germanen machten sich selbständig.

In zahlreichen aufeinanderfolgenden Wellen sind seit der Mitte des 5. Jahrhunderts Sachsen, Angeln und Jüten an der Nordseeküste gelandet. Auch sie haben sich im Lande festgesetzt. Die Sachsen unter ihren sagenhaften Häuptlingen Hengist und Horsa und die Jüten und die Angeln gründeten eigene ›Königreiche‹, mehr eigene Heerlager, die einen ›König‹ ausriefen. Manche dieser Königreiche waren in Unterkönigreiche, richtiger in Familienclans, aufgeteilt, die sich durch Gefolgschaftstreue an den Stammesfürsten gebunden fühlten. Der Heerbann konnte den König absetzen, wenn er versagte. Die Gemeinschaft der Krieger (›thegn‹) ruhte auf der germanischen Gefolgschaftstreue zu dem gewählten Anführer. Der Häuptling – meist mit dem Titel eines Königs – saß in seiner Burg, oft in einer eroberten Stadt oder Siedlung aus der Römerzeit, umgeben von seinen Kriegern, die – mit einem gestaffelten Wehrgeld – sozial gegliedert waren. Die germanischen Krieger herrschten über die ländliche kelto-romanische Bevölkerung der Umgebung. Ihren Feind sahen sie in der germanischen Kriegerschar der Nachbarschaft, die durch Macht und Gewalt ihrem Herrschaftsbereich Grenzen setzte. Sussex 477, Wessex 18 Jahre später, waren die ersten eigenen Königreiche. Im 7. Jahrhundert hatten sich sieben Königreiche durchgesetzt: Kent, Wessex, Essex, Bernicia und Deira – später unter dem Namen Northumbria zusammengefaßt –, Mercia und Estanglia. Ende des 6. Jahrhunderts drangen die Angelsachsen in das obere Themsetal vor, Ende des 7. Jahrhunderts eroberten sie Devon.

Als Verteidigungsgürtel gegen die Kelten hatten die Römer im Norden den Hadrianswall und gegen Wales Festungen und Militärlager angelegt. Ihre Städte lagen, weitgehend ungeschützt, im Flachland des Ostens: Eburacum (York), Londinium (London), Durovernum (Canterbury), Lindum (Lincoln). Nach und nach eroberten die Germanen diese Städte, zuletzt Mons Badonicus (517). Vor den Germanen flüchteten viele Stadtbewohner in die Berge, in denen sich Menschen mit keltischer Sprache behauptet hatten. Die Flüchtlinge nahmen die Sprache der Bergbewohner an.

Das alte Reich hatte sich im Westen aufgelöst. Es gab in Italien keinen Kaiser mehr, seitdem sich die germanischen Soldaten unter Odoaker erhoben und den jugendlichen Kaiser Romulus Augustulus abgesetzt hatten. Odoaker legte nicht einmal Wert darauf, sich von seinen Truppen zum Kaiser ausrufen zu lassen. Seine Herrschergewalt gründete sich nicht auf dem römischen Recht, sondern auf der Treue seiner Gefolgschaft. Es gab seitdem nur noch einen Kaiser: den Kaiser in Konstantinopel.

Das Imperium blieb jedoch – dem Recht nach – bestehen. Der Kaiser in Konstantinopel erhob wieder den Anspruch, über das gesamte Reich zu herrschen, ein Anspruch, den er allerdings nicht verwirklichen konnte. Vom Ende des Imperiums darf man nur sprechen, wenn man Konstantinopel das Recht verweigert, Hauptstadt des ›Römischen‹ Reiches zu sein.

Kaiser Zeno in Konstantinopel wartete zunächst die Militärwirren in Italien ab. Als in Ravenna der Germane Odoaker begann, seine Macht bis Noricum auszudehnen, griff er zum altbewährten Mittel der römischen Politik, einen Barbaren gegen den anderen auszuspielen. Der Ostgote Theoderich schien dem Kaiser der richtige Mann zu sein, Odoaker zu treffen.

Die Reste der Ostgoten hatten sich nach Attilas Tod in Pannonien niedergelassen. Nach all den Schicksalen, die dieses Volk in den vorausgegangenen hundert Jahren durchgemacht hatte, von der Vernichtung des Reiches, das Ermanarich gegründet hatte, bis zur Heeresfolge bei den Hunnen, den endlosen Kämpfen und Beutezügen, dem dauernden Ausweichen von Land zu Land, konnten von den eigentlichen Goten, die einst von der Ostseeküste aufgebrochen waren, nur noch Splitter übriggeblieben sein, und auch die wohl stark vermischt mit den Bewohnern all der Länder, durch die die Goten gezogen waren.

Unter Theoderich sammelte sich ein neuer Heerhaufen, zu dem Rugier, Gepiden und Heruler, darüber hinaus Scharen von Illyrern, Thrakern, Norikern und Reiter der ungarischen Pußta stießen. Plündernd zogen sie jahrelang auf der Balkanhalbinsel umher. Wer könnte sagen, wie viele es waren!

Theoderich hatte lange Jahre als Geisel in Konstantinopel zugebracht und oströmische Kultur und Sitten kennengelernt. Er überragte seine ›Volksgenossen‹ und seine Truppen an Bildung und politischem Weitblick. Der Kaiser ernannte ihn zum Heermeister für Italien und verlieh ihm den Titel des höchsten kaiserlichen Beamten, eines ›Patricius‹. Amt und Würde genügten, um Theoderich zum Kriegszug gegen Odoaker zu veranlassen. Die Ostgoten zogen über die Julischen Alpen, den ›Birnbaumweg‹, nach Italien, das immer noch ein reiches, dichtbesiedeltes Land war.

Diesem Heer traten die Truppen des Odoaker entgegen, also das alte ›Reichsheer‹ des Westens, das zum größten Teil aus Germanen gebildet wurde, die genauso auf Beute erpicht waren wie die heranrückenden Ostgoten. Theoderich schlug Odoaker zuerst 489 bei Görz, dann mit Hilfe der Westgoten an der Adda. Doch damit war Italien noch längst nicht erobert. Zweieinhalb Jahre dauerte die Belagerung von Ravenna. Odoaker übergab die Stadt erst, als Theoderich ihm zusagte, die Herrschaft über Italien mit ihm teilen zu wollen. Theoderich hat seinen Gegenspieler heimtückisch ermordet.

Nur zögernd verlieh ihm der Kaiser den Purpur eines Vasallenkönigs. Italien gehörte staatsrechtlich zum Imperium. Es blieb jedoch ein eigenes politisches Gebilde, in dessen Gebiet die Bevölkerung verschiedenen Rechtsordnungen unterstand, was weder in einem hellenistischen noch im Römischen Reich oder im modernen Staat möglich ist. Römer und germanische Herren lebten getrennt. Das ergab sich aus dem Charakter der germanischen Reichsgründungen.

Innerhalb der verschiedenen germanischen ›Reiche‹ stellten die germanischen Krieger eine verschwindende Minderheit dar, wohl kaum mehr als drei Prozent der Bevölkerung. Mit ihren Gefolgsleuten, Knechten und Sklaven werden es vielleicht fünf Prozent gewesen sein. Die Zahl der Vandalen, die unter Geiserich von Spanien nach Nordafrika übersetzte, wird – wahrscheinlich viel zu hoch – mit 80 000 angegeben; wie viele davon vandalischen Blutes waren, läßt sich nicht sagen, doch dürften das kaum mehr als die Hälfte gewesen sein.

Die Quellen sprechen von einem ›Volk‹ und erwecken den Eindruck, daß eine Gemeinschaft gleicher Abstammung in Treue zum ›angestammten‹ König stand. Niemals können größere ›Völker‹ die Wanderungen über Jahre kreuz und quer durch das Imperium, selbst bei guten Straßen, über die Berge hinweg und über die Flüsse mitgemacht haben. Wie hätten sie ganze Provinzen, gar den größeren Teil des Reiches besiedeln können!

Mag der Kern eines Heerzuges auch eines Stammes gewesen sein – was sich anschloß, kam von überall her. Laufend nahm man neue Kämpfer auf; der Troß, das ›Volk‹, wechselte erst recht. Mancher blieb beim Weiterziehen an Ort und Stelle, mancher lief weg. Wechselnd nahmen die Krieger sich Frauen aus dem Lande, die teils mitzogen, teils dablieben, wenn die Truppe einen neuen Eroberungszug begann.

Die germanischen ›Reiche‹ deckten sich mit dem Machtbereich des Heeres. Wenn das Heer aufbrach, zog das ganze ›Reich‹ mit. Es war an kein Staatsgebiet gebunden. Das Reich verlagerte sich. Die Westgoten lebten in der südrussischen Steppe, dann in Moesien, dann in Illyrien, schließlich in Frankreich und Spanien. Die Ostgoten saßen am Don, dann in Ungarn, zuletzt in Italien. Die Burgunder wohnten an der Oder, dann am Rhein und endlich an der Saone.

Das Verhältnis der Germanen zu der einheimischen Bevölkerung schwankte zwischen wilden Drohungen mit Mord und Plünderung und dem Versprechen, für Schutz und Ruhe zu sorgen. Wie weit die Rechte der Städte geachtet wurden, hing von der Stärke ihrer Mauern, von ihrem Willen zum Widerstand und dem Geldbedarf der Germanen ab. Plündern kann man mit Gewalt. Oft geht ein Teil der Beute in Flammen auf. Über regelmäßige Steuern mußten sich die Germanen mit der einheimischen Bevölkerung verständigen. Es war jedoch schwierig, bei den verschiedenen Rechtsvorstellungen zu einer Einigung zu kommen.

Die Germanen kannten kein Eigentum des einzelnen an Grund und Boden im Sinne des römischen Rechts. Alles Land gehörte der Gemeinschaft. Sie empfanden es daher als selbstverständlich, daß der Kaiser ihnen Land ›zuwies‹ und daß die Besitzer ihnen einen Teil des Ertrages abgaben, in manchen Fällen ein Drittel, in vielen sogar zwei Drittel. Wenn sie weiterzogen, fiel das Land an die früheren Besitzer zurück. Es handelte sich also eigentlich um eine Steuer und nicht um eine Eigentumsübertragung. Die Abgaben zahlten auch nur jene Grundbesitzer, die germanische Einquartierung erhielten, und das war immer nur eine Minderheit, meist in der näheren Umgebung der Residenz des Heerkönigs oder seiner Großen, die um sich ihr Heer versammelten.

Nach römischem Recht war es Raub, wenn man einem Bürger einen Teil seines ›Eigentums‹ ohne Urteil nahm. Der Römer betrachtete diesen Eingriff als einen Mißbrauch der Gewalt, der nach den Gesetzen zu entscheiden war. Der Germane verstand diesen Gedanken nicht. Römisches und germanisches Rechtsdenken klafften unvereinbar auseinander. Das römische Eigentum konnte nur durch das Gesetz eingeengt und aufgehoben werden – für den Germanen genügte die tatsächliche Besitznahme, um ›Recht‹ zu schaffen. Kam es zu Reibungen und Zusammenstößen, griffen die Germanen zum Schwert.

Der römische Grundbesitzer fand an seinem Kaiser keinen Rückhalt mehr. Er fühlte sich den waffentragenden Barbaren wehrlos ausgeliefert. Einen einheitlichen Widerstand aufzubauen, gelang nicht, weil die gemeinsame Führung fehlte. Jede Landschaft, jeder Gutshof stand für sich. Der Gutsherr verfügte vielleicht über eine kleine bewaffnete Schar von Gutsleuten; damit konnte er gerade noch kleinere marodierende Banden abweisen. Rückten größere Haufen an, flüchteten die Menschen in die Wälder oder brachten sich in schwer zugänglichen Gebirgen oder Sümpfen in Sicherheit. Bestenfalls konnten sie sich in den Städten hinter festen Mauern verteidigen und Widerstand leisten, bis die Barbaren weiterzogen.

Die Mauern um die Städte werden immer stärker, obwohl die Zahl der Bewohner schrumpfte. Die Städte verändern ihren Charakter, sie werden Festungen. Viele verlagern sich von der freien Ebene in die Höhe. In den keltischen Gebieten ziehen die Städte sich in die alten Oppida zurück. An die Stelle von Augusta Raurica tritt Basel. Meist ändern sie den Namen. Sie geben die lateinische Bezeichnung auf und heißen nach dem alten keltischen Stamm der Umgebung. Aus Vesunna wird Périgeux (Petrocores), aus Limonum wird Poitiers (Pictones). Die Städter rücken zusammen, um sich besser zu schützen. Alle Unbequemlichkeiten gegenüber der weitläufigen römischen Siedlungsform wogen leicht angesichts der Angst, überfallen, ausgeplündert oder gar erschlagen zu werden. Die Stadt wird wieder zur ›Fluchtburg‹. Der ›Markt‹ verliert an Bedeutung, je mehr der Handel zusammenschrumpft. Es gibt keine Waren im Überfluß. Jeder erzeugt gerade soviel, wie er selber zum Leben braucht. Vorräte locken nur zu leicht Plünderer an. Es läuft wenig Geld um. Gold und Silber dienen für Tributzahlungen an die Barbaren oder werden als wertbeständig in Sicherheit gebracht und an entlegenen Plätzen vergraben.

Mit der schwindenden Stellung der Städte treten die alten Völkerschaften aus der Zeit vor der römischen Eroberung wieder hervor: die Iberer, die Kelten, die Berber, die Illyrer, die Thraker. Von den Städten war der Antrieb ausgegangen, die römische Sprache, die römische Lebensweise, die römische Kultur zu übernehmen. Wer seine Erzeugnisse in der nächsten Stadt verkaufen wollte, mußte lateinisch sprechen. Jetzt waren die Landbewohner wieder unter sich.

Die Städter sammelten sich unter einer neuen Führung; der römische Staat hatte seine Bürger preisgegeben. Die staatliche Macht lag in den Händen des germanischen Heerkönigs. Es gab zweierlei Recht, das germanische Volksrecht für die Germanen und das römische Recht für die römischen Bürger.

Der germanische König betrachtete sie als seine ›Untertanen‹, nicht als sein ›Volk‹. Für den Rechtsschutz, die Fürsorge, die Erziehung, ja sogar für die Verteidigung gegen die Räuber mußten die Römer selber sorgen. Da die staatlichen Einrichtungen mit dem Schwinden der Staatsgewalt und der Kaisermacht verfielen, mußte die einzige öffentliche Einrichtung einspringen, die sich über den Zusammenbruch aus der römischen Zeit erhalten hatte. Das war die Kirche.

In den Städten saßen die Bischöfe. Ihnen fiel der Schutz der gesamten einheimischen Bevölkerung zu, doch war ihr Wirken auf dem flachen Lande recht beschränkt. Die Landbewohner blieben weitgehend sich selbst überlassen. Ihr Widerstandswille ließ nach. Viele waren damals noch Heiden.

Wenn die germanische Kriegerkaste die Herrschaft an sich riß, beutete sie das Land aus – kraft des Schwertes. Selber hart auf den Feldern zu arbeiten, als Bauern zu siedeln, lehnten die krieggewohnten Kämpfer ab. Daran änderte auch die Errichtung eines ›Reiches‹ wenig. Die Krieger zogen ihren Lebensunterhalt weiterhin aus den Gütern. Früher waren sie vom Kaiser, der sich auf sie stützte, eingewiesen. Jetzt saßen sie dort als ›Herren‹ eigenen Rechts. Aus der vorübergehenden Einquartierung wurde ein ständiger Wohnsitz.

Alle Germanen, die vom Osten kamen, hatten das Christentum in der Glaubensform des Arius übernommen, der in Christus zwar den Sohn Gottes (wesensähnlich), aber nicht Gott selber (wesensgleich) sehen wollte. Das Konzil von Nikäa hatte 325 diese Auffassung als Irrlehre verdammt, aber erst unter Kaiser Theodosius setzte sich der Glaube des Athanasius, also der katholische Glauben durch. Doch hatten die Germanen in Südrußland das arianische Bekenntnis übernommen und bewahrt. Sie waren nicht bereit, sich dem Bischof von Rom zu unterwerfen. Zu den bestehenden Gegensätzen zwischen Eroberern und Besiegten, zwischen Kriegern und Zivilisten, zwischen Ausbeutern und Steuerzahlern trat noch der zwischen Arianern und Katholiken.

Was sich als Brauch entwickelt hatte, wurde in Italien unter Theoderich Gesetz: Nur Germanen wurden ins Heer aufgenommen, Männer, die sich seinem Zug bereits auf dem Balkan angeschlossen hatten, die Truppen des Odoaker, die den Goten an Zahl ungefähr entsprachen, Zuzügler, die vom Ruhm ›Dietrichs von Bern‹, wie ihn die Heldensage feierte, vernommen hatten und aus dem Norden herbeieilten. Insgesamt dürften kaum 300 000 Germanen, die sich ganz allgemein ›Goten‹ nannten, den fünf Millionen ›römischen‹ Bewohnern Italiens gegenübergestanden haben, die weiterhin ihre Sprache, ihr Recht, ihre städtische Lebensweise, ihre Wirtschaftsformen und ihre eigene Verwaltung behielten.

Beide Volksteile sonderten sich streng voneinander ab. Heiraten zwischen Römern und Germanen wurden verboten. Zunächst brachte die Gotenherrschaft beiden Vorteile. 30 Jahre herrschte Frieden.

Der starke König hielt jeden Einfall von außen, jede Unruhe im Inneren ab. Italien blühte auf. Sümpfe wurden entwässert, Straßen gezogen und wiederhergestellt, die Steuern gesenkt. Der Anbau von Getreide nahm zu. Die Zeitgenossen sprachen von einem goldenen Zeitalter.

Theoderich bemühte sich, mit seinen römischen Untertanen zu einer verständnisvollen Zusammenarbeit zu kommen. Er stand zwar als Arianer im theologischen Gegensatz zum römischen Bischof, aber er deckte ihn gegen Ansprüche des Kaisers von Konstantinopel. Bei dem ungleichen Zahlenverhältnis mußte immer ein Rest von Mißtrauen bleiben, das noch durch eifersüchtige gotische Große geschürt wurde. Das führte zu Zusammenstößen. Den Papst, der die Sache der Arianer in Konstantinopel nicht fest genug vertreten hatte, ließ Theoderich nach seiner Rückkehr ins Gefängnis werfen. Seinen eigenen Minister Boëthius ließ er hinrichten, weil er die Partei eines römischen Beamten gegen einen Goten ergriffen hatte. Die Kluft zwischen gotischer Kriegerkaste und breiter römischer Bevölkerung ließ sich nicht überbrücken.

Dem Gotenkönig schwebte ein Bündnis der verschiedenen germanischen Heerkönige zum gegenseitigen Beistand vor. Der Plan scheiterte an den Franken, deren König Chlodwig das Westgotenreich südlich der Loire, das Alamannenreich zwischen Rhein und Donau und das Burgunderreich an Saone und Rhône eroberte. Ein gotisches Heer, das Theoderich nach Gallien entsandte, konnte nur noch die Provence für Italien retten.

Die Westgoten sahen sich auf Spanien und die Gascogne südlich der Garonne beschränkt. Ihre neue Hauptstadt wurde Toledo.

Nach Theoderichs Tod 526 hielt Kaiser Justinian in Konstantinopel den Augenblick für gekommen, die germanische Herrschaft in den westlichen Provinzen zu beseitigen. Sein Feldherr Belisar vernichtete mit einem kleinen Heer – die Quellen sprechen von 15 000 Mann, aber auch das dürfte übertrieben sein – das Vandalenreich, nahm Karthago und führte den letzten Vandalenkönig Gelimer gefangen nach Konstantinopel. Im folgenden Jahr landete Belisar in Sizilien. Fast ohne Widerstand marschierte er bis Rom. Dort wurde er jedoch von einem starken Gotenheer eingeschlossen und ein Jahr lang belagert. Dann löste sich das Gotenheer, heimgesucht von Krankheit, auf. Belisar nahm Ravenna und führte den Gotenkönig Witichis gefangen nach Konstantinopel.

Die Goten boten Belisar den Thron an; sie waren auch bereit, sich dem oströmischen Kaiser zu unterwerfen. Nichts zeigt deutlicher den Geist, aus dem die germanischen ›Königreiche‹ entstanden waren. Ein Jahrhundert früher wäre eine solche Lösung möglich gewesen. Belisar hingegen, im Dienste eines geordneten Staates groß geworden, hatte nicht die Anlage, Heerkönig zu werden.

Dank der Reformen Justinians hatte Ostrom wieder eine geordnete Verwaltung, ausreichende Steuereinnahmen und ein diszipliniertes Heer. Ostrom war ein Staat im römischen Sinne. Gerade diese straffe Verwaltung mit energischen Beamten, hohen Steuern und rücksichtslosen Steuereintreibern erschütterte bald wieder die oströmische Herrschaft in Italien. Unter den Ostgoten hatten die Römer ihre eigene Verwaltung und eigene Steuerbeamte behalten. Wenn die gotischen Krieger einen Teil des Grundbesitzes für sich beanspruchten, so traf das nur eine begrenzte Zahl von reichen Leuten. Die geschulten byzantinischen Beamten jedoch forderten von allen hohe Abgaben für die Hauptstadt, für den Kaiser und seine langwierigen Kriege am Euphrat und in Syrien. Die Unzufriedenheit wuchs.

Drei Jahre, nachdem Belisar mit seinem Heer abgerückt war, herrschten wieder die ›Goten‹ in Italien. Die Bevölkerung hatte die Reste der germanischen Kriegerkaste zurückgerufen. Vergeblich versuchte Belisar fünf Jahre lang mit einem kleinen Heer, die ›Rebellen‹ niederzuwerfen. Diesmal standen die ›Römer‹ zu den Goten. Erst der Nachfolger, Narses, besiegte endgültig das Gotenheer unter Totila bei Tadinae; er zwang die Reste, die sich am Vesuv verschanzt hatten, zum Abzug aus der Apenninenhalbinsel.

Obwohl Ostrom wieder die Herrschaft über Italien besaß, gelang es ihm nicht, eine geordnete Zentralverwaltung einzurichten. Die Bevölkerung sträubte sich gegen jeden Eingriff einer übergeordneten Stelle. Das hatte sich so im Laufe der letzten zwei Jahrhunderte entwickelt, einmal unter national-römischen, das andere Mal unter kirchlich-katholischen und dann unter kulturell-lateinischen Vorzeichen. In Wirklichkeit ging der Auflösungsprozeß weiter, der im 2. Jahrhundert eingesetzt hatte und durch die Wirren nur beschleunigt worden ist: die Abwendung von jeder Verpflichtung gegenüber einem Staat, der nur forderte, ohne etwas für seine Untertanen zu tun.

Als Ostrom wieder von den westlichen Provinzen Besitz ergriff, standen seine Beamten wie im luftleeren Raum. Alle ihre Bemühungen stießen ins Leere. Die Bevölkerung hatte ihr eigenes Gesetz, sie erledigte ihre Streitigkeiten nach ihrem Brauch – ohne die kaiserlichen Beamten. Und sie weigerte sich, Steuern zu zahlen. Dauernde Reibungen waren die Folge.

Neue germanische Scharen, die Langobarden, zogen in kleinen Heeresgruppen über die Alpen. Sie ließen sich auf dem Lande nieder. Um die befestigten Städte machten sie einen Bogen. Da auch sie den byzantinischen Staat ablehnten, verstanden sie sich bald mit den Einheimischen. Gemeinsam vertrieben sie die kaiserlichen Beamten aus Nord- und Mittelitalien.

8

Das oströmische Reich und die Ausbreitung der Slawen

Konstantinopel: kaiserliche Residenz und lebendige Stadt · Kaiseridee und Staatsauffassung · Das Stadtvolk von Konstantinopel · Reichskirche und Kaisertum · Verwaltung im oströmischen Reich · Das Recht: Justinians Gesetzessammlung (529) · Die Militärmacht · Das Steuerwesen · Handel bis nach China · Justinian (527–565) kämpft mit den Persern · Die gefährdete Donaugrenze · Ansiedlung der Awaren um 555 · Das Awaren-Reich in Dakien und Pannonien · Herkunft der Slawen · Ihre soziale Gemeinschaft im Dorf und in der Familie · Die Stellung des Dorfältesten · Landnahme ohne Gewalt · Bedeutung des Agrarrechts für Bodenbewirtschaftung und Steuerwesen · Kaiser Heraklius (610–641) und seine Reformen · Griechisch wird Amtssprache · 638: die Araber erobern den Osten · Griechen flüchten gen Westen · Byzanz erschließt den Arabern den europäischen Markt · Das Exarchat von Ravenna · Um 600: die ersten Skandinavier an der Düna · Streit um die Bilderverehrung 726–787 · Sieg der Bilderfeindlichen · Christliche Mission bei den Balkanslawen

Die Wirren der Völkerwanderung überstand die Kaisermacht in Konstantinopel ungebrochen. Konstantinopel blieb, was es seit Kaiser Konstantin gewesen: die Hauptstadt des Reiches. Dort hatte der Herrscher seinen Sitz, dort lag der Mittelpunkt der Verwaltung.

Seit Diokletian war Rom nicht mehr Hauptstadt. Die weströmischen Kaiser residierten in Mailand und Trier, später nur noch in Mailand. 402 siedelte Honorius nach Ravenna über. Dort wurde 476 der letzte weströmische Kaiser abgesetzt. Rom sank zu einer Provinzstadt ab, die vom Ruhm der Vergangenheit zehrte.

Konstantinopel hingegen blieb in ununterbrochener Folge kaiserliche Residenz. Der Kaiser in Konstantinopel erhob den Anspruch, über das gesamte Imperium Romanum zu herrschen. Da seine militärische Macht nicht ausreichte, diesen rechtlichen Anspruch durchzusetzen, erkannte er die germanischen Könige als seine ›Statthalter‹ und Beauftragten an. Im Namen des oströmischen Kaisers rückte Theoderich mit seinen Ostgoten in Italien ein. Die Westgoten in Gallien und später die Franken ließen sich von

Ostrom Titel und Würden verleihen; sie erkannten die Oberhoheit des Kaisers an.

Blieb das Reich als Einheit im Rechtssinne bestehen, so führte die tatsächliche Begrenzung der Kaisermacht auf die östliche Hälfte zu einer unterschiedlichen Entwicklung in beiden Teilen. Nur im Osten blieb die Tradition des Imperiums erhalten. Aber auch dort wandelten sich im Laufe der Jahrhunderte Kaiseridee und Staatsauffassung. Die Zeitgenossen empfanden jedoch sehr wohl, daß die Überlieferung ungebrochen fortgesetzt wurde. Sie fühlten sich als Römer – und sie waren auch staatsrechtlich ›römische Bürger‹. Als die griechische Sprache sich zunehmend durchsetzte, sprach man von ›Rhomäern‹. Das byzantinische Reich hieß das ›rhomäische‹.

Bei allen Unterschieden der einzelnen Provinzen blieb das oströmische Reich nicht nur rechtlich und politisch, sondern auch geistig und wirtschaftlich eine Einheit. Seine Bürger fühlten sich dem Staat verbunden und verpflichtet, auch wenn sie die ihnen auferlegte Steuerlast häufig als ungerecht und drückend empfanden. Sie waren Untertanen des Kaisers, mochte der jeweilige Kaiser auch noch so verhaßt sein. Die Geschlossenheit des Reiches ruhte auf der Staatsidee, auf der geheiligten Person des Kaisers und auf der einen Hauptstadt. Von Konstantinopel strahlte ein formender Einfluß auf das ganze Reich – und weit darüber hinaus. Alle Welt schaute auf die ›gottbehütete Stadt‹, das ›neue Rom‹.

Im 3. und 4. Jahrhundert verloren die Städte auch auf dem Balkan und im Osten ihre Prägekraft. Die Provinzen entwickelten ihre Eigenarten, die in der frühen Kaiserzeit unter dem gleichmacherischen Firnis der straffen römischen Verwaltung zurückgetreten waren. Die Bewohner auf dem Lande hatten ihre Sprache, ihre Religion, ihre Kultur und ihre Wirtschaftsformen weitgehend erhalten. Als das reiche Stadtbürgertum seine Vorrangstellung verlor, prägten die Landleute den Charakter ihrer Provinz. Das wirkte sich bis in den Glauben hinein aus, dem sie eine der Überlieferung angepaßte Form gaben.

In der christlichen Kirche standen sich Richtungen gegenüber, die aus uralten, tief verwurzelten, durch die Christianisierung nur oberflächlich überdeckten Kulten gespeist wurden. Man bezichtigte sich gegenseitig der Irrlehre. In solchen oft erbittert geführten Auseinandersetzungen, die sogar in Bürgerkriege ausarteten, war die Haltung des kaiserlichen Hofes entscheidend, wenngleich er wiederholt – aus politischen Gründen auf Ausgleich bedacht – zu vermitteln suchte.

In Konstantinopel gab es ein städtisches Leben; die Bevölkerung nahm an allen öffentlichen Fragen regen Anteil, an den politischen wie den geistigen, insbesondere an den religiösen. Auswärtige Besucher machten sich darüber lustig, mit welchem Eifer einfache Handwerker die schwierigsten Lehrsätze theologischer Art diskutierten, wie die Unterscheidung von ›gottähnlich‹ und ›gottgleich‹!

Es gab eine öffentliche Meinung, die ins Gewicht fiel. Die Bevölkerung der großen Stadt trat für ihre Anschauungen und Überzeugungen lebhaft ein. Wiederholt kam es zu blutigen Zusammenstößen mit den bewaffneten Truppen. Die Massen waren sich ihrer Macht in der Hauptstadt bewußt. Parteien bildeten sich, die ihre Anhänger im gegebenen Fall auf die Straße zu bringen vermochten und die auch selbst einem Kaiser gefährlich werden konnten.

Im Vordergrund standen die Parteien, die sich bei den Wettkämpfen im Zirkus herausgebildet hatten. Die Masse hatte ihre Favoriten, deren Siege sie umjubelte, deren Niederlagen sie beklagte. Die ›Blauen‹ und die ›Grünen‹ spielten schließlich auch in der Innenpolitik eine beträchtliche Rolle. Im Zirkus stießen die politischen Meinungen aufeinander, dort entlud sich häufig der aufgespeicherte Haß. Der Aufstand des Jahres 532 brach im Zirkus aus; er wurde durch das Eingreifen der Truppen entschieden, wobei Tausende von Menschen umkamen. Die öffentliche Meinung bildete das Gegengewicht gegen die Allgewalt des Kaisers.

Das oströmische Reich war ein autokratisches Kaisertum; der Senat war ein williges Werkzeug, das kaum Widerspruch zu erheben wagte. Alles lief auf den Kaiser zu: Heer, Verwaltung und selbst die Kirche.

Der Kaiser war auch Oberhaupt der Kirche und Schirmherr des rechten Glaubens. In seiner Person waren ›imperium‹ und ›sacerdotium‹ vereint. Er war der Stellvertreter des Weltenherrschers Christus auf Erden, verpflichtet, die weltliche wie die geistliche Ordnung zu schützen. Das Kaisertum erhielt von der Verbindung mit der Kirche ein Charisma, eine Weihe, die durch ein strenges Zeremoniell noch unterstrichen wurde. Viele Formen entstammten dem Perserreich, wie das Niederknien vor dem Herrscher, wobei der Boden mit der Stirn berührt wurde.

Der Kaiser war der von Gott eingesetzte Träger und Wahrer des

Rechts, das nicht nur eine Sammlung von einzelnen Rechtssätzen und Gesetzen, sondern eine gottgewollte Ordnung darstellte. Rechtsverletzung war eine Auflehnung gegen Gottes Heilsplan. Der Reichskirche kam die Verkündung des Glaubens, die Reinerhaltung der Lehre und die rechte Verehrung Gottes zu. Die Kirche gliederte sich in die fünf Patriarchate Konstantinopel, Alexandria, Antiochia, Jerusalem und – für den Westen – Rom. Auch der Bischof von Rom, der Papst, gehörte zum Reich. Seine Wahl mußte er dem Kaiser in Konstantinopel melden. Nach strenger Formel bot er ihm schriftlich die niederkniende Verehrung, die Proskynese, an.

Die Patriarchen weigerten sich, den Patriarchen in Konstantinopel als übergeordnet anzuerkennen, sich etwa in Glaubensfragen seinem Spruch zu unterwerfen. Erst als die östlichen Provinzen und im Westen Rom verlorengingen, wurde der Patriarch der Hauptstadt als Reichsbischof der berufene Arm des gottgelenkten Kaisers.

Der Patriarch von Konstantinopel war nicht nur Priester, er war zugleich Würdenträger des Staates; er hatte das Recht, aber auch die Pflicht, den Kaiser zu krönen. Ausgerufen wurde der Kaiser nach altem Recht und Brauch durch Heer, Senat und Volk. Die kirchliche Krönung war ein zusätzliches Zeremoniell, das dem bereits zum Kaiser erhobenen Monarchen zuteil wurde.

Die Kaiserwürde war zwar nicht an die Krönung gebunden, aber sie erhielt erst durch sie ihren Glanz und ihre sittliche Macht. Seit Justinian fanden die Krönungsfeierlichkeiten in der Hagia Sophia statt. In ihnen fand sich das Reich als Einheit von äußerer Macht und sittlicher Kraft bestätigt.

Dem Patriarchen war an sich politische Macht verwehrt. Sein Einfluß konnte sich nur über die anderen öffentlichen Gewalten auswirken. Er konnte einen Kaiser mit Kirchenstrafen belegen, wie etwa Leo VI. wegen seiner vierten Heirat.

Das Verhältnis von Kaiser und Patriarch hing von den Persönlichkeiten ab. Die Kirche war dem Machtspruch des Kaisers als des ›Auserwählten Gottes‹ unterworfen, soweit es sich um politische Fragen handelte. Aber ein starker Patriarch konnte versuchen, die religiöse Seite in den Vordergrund zu spielen. Dem Patriarchen kam es zu, dem Kaiser entgegenzutreten, wenn er offensichtlich die Gebote Gottes und seiner Heiligen Kirche mißachtete, sei es im Glauben, sei es in der Moral. Dann erhob der Patriarch oder –

wenn er schweigen mußte – der Abt eines berühmten Klosters seine anklagende Stimme. Die Kaiser waren sich dieser Gefahr bewußt. Sie haben alles getan, um den Patriarchen keinen größeren Spielraum im politischen Leben zuzugestehen. Es hätte zu einer Schmälerung ihrer kaiserlichen Rechte geführt.

Der Patriarch durfte vom Kaiser Unterstützung erwarten, wenn es galt, Irrlehren zu bekämpfen. Aber es war seine Pflicht, für das Reich und dessen Kaiser einzutreten. Das Verhältnis zwischen Kaiser und Patriarchen war seit Konstantin zugunsten der kaiserlichen Oberhoheit entschieden, soweit es sich um die Institution der Kirche als einer öffentlichen, staatsrechtlichen Körperschaft handelte. Die Grenze zu den Glaubensfragen ließ sich nicht immer eindeutig ziehen. Deswegen haben die Kaiser auch in die theologischen Streitigkeiten innerhalb der Kirche durch ihren Schiedsspruch, der zugleich ein Machtspruch war, eingegriffen.

Den Kaisern stand eine juristisch geschulte Bürokratie zur Seite, die sich aus Klerikern wie Laien zusammensetzte, eine Frucht des hervorragenden staatlichen Schul- und Erziehungswesens. Die Bildung war nicht nur einer schmalen Oberschicht vorbehalten. Die Bewohner von Konstantinopel wie der meisten Städte konnten im allgemeinen lesen und schreiben. 425 wurde die Universität von Konstantinopel gegründet, die neben die ehrwürdigen Bildungsstätten von Athen, Antiochia und Alexandria trat. Justinian I. hat die Akademie von Athen nur deshalb schließen lassen, weil sie eine Hochburg des Heidentums war.

Die gemeinsame Bildung umfaßte als feste Klammer die unterschiedlich zusammengesetzte Bevölkerung dieses Reiches, die Illyrer, Thraker und Griechen in Europa, die Kleinasiaten, Armenier, Syrer, Ägypter und Berber in Asien und Afrika. Wer am politischen Leben teilnehmen wollte, mußte in die Städte ziehen; dort fielen alle wichtigen Entscheidungen, dort gab es einen gleichmäßigen Bildungsstand. In den fünf Jahrhunderten seit der Eroberung der hellenistischen Reiche durch die Römer hatte sich die griechische Kultur und so ihre Fähigkeit zu philosophischem Denken mit der lateinischen, deren Grundlage juristisch und rhetorisch war, verschmolzen und sie weiterentwickelt.

Ostrom war ein Rechtsstaat. Justinian I. ließ die Gesetze sammeln und sichten. Sein ›Corpus Iuris Civilis‹ (529) hat bis in die Gegenwart hinein die Grundlage des römischen Rechts gebildet, auf dem die späteren nationalen Rechte aufbauen konnten. Die Rechtsprechung lag in den Händen juristisch geschulter Richter. Auf dem Recht beruhte die öffentliche Ordnung. An das Recht waren die Beamten gebunden. Willkürakte kamen vor, sie widersprachen jedoch dem Grundsatz des Staates und der Aufgabe des Monarchen, das Recht zu wahren. Auf dieser Aufgabe ruhte seine Würde. Auf dieser Grundlage standen die geordnete Verwaltung und das wohlgegliederte Finanzwesen.

Die Verpflichtung des Staatsbürgers, Steuern zu zahlen, war im Steuerrecht festgelegt. Der Untertan konnte sich gegenüber der Willkür des Steuereintreibers auf das Recht berufen. Häufig genug mußte er sich der Gewalt beugen, im Grundsatz aber stand ihm die Berufung an den Kaiser als dem Wahrer des Rechtes offen. Obwohl die Provinzen weitgehend autonom waren, was bei der Entfernung von der Hauptstadt unvermeidlich war, unterstanden sie der Zentralregierung mit ihrem allumfassenden Rechtssystem.

Die Rolle des Heeres war genau umrissen. Es hatte dem Kaiser als seinem Oberbefehlshaber zu gehorchen. Die Truppen wurden vom Staat besoldet. Sie hatten keinen Einfluß darauf, wer zu ihrem Befehlshaber oder Anführer ernannt wurde. Deswegen konnte auch kein Heerführer – in der Theorie! – eigene Ansprüche anmelden und eigene Wünsche gegen den Herrscher durchsetzen. Dieses Heer gab Ostrom den notwendigen Rückhalt gegenüber den Bundesgenosssen, den geworbenen Heerscharen freier Völker und kriegsbereiter Fürsten außerhalb der Grenzen, die in den endlosen Kriegen unentbehrlich wurden. Aber diese Kriegsfürsten, die Germanen, Hunnen, Awaren, Armenier und die Araber der syrischen Wüste, standen außerhalb des Reiches. Sie waren zwar wichtig für die Kriegführung, sie konnten die Außenpolitik nachhaltig beeinflussen, waren jedoch von der Innenpolitik ausgeschaltet. Wenn es dennoch zu militärischen Erhebungen kam, wie 602 durch Phokas, so standen dahinter mächtige, innerpolitische Gruppen, nicht allein die Macht des kriegsmüden Heeres.

Von kurzen Schwächeperioden abgesehen war Byzanz die größte Militärmacht in der Zeit vor dem Arabersturm, zu Wasser wie zu Land. Wenn die Araber eine noch größere Macht innerhalb kurzer Zeit aufzubauen vermochten, so nicht zuletzt deswegen, weil sie die Verwaltung und die Finanzordnung des byzantinischen Reiches in den Provinzen Syrien und Ägypten zunächst uneingeschränkt übernahmen.

An der Spitze der Verwaltung stand der Kaiser. Neben ihm gab es zwar den Senat wie im kaiserlichen Rom, dem nach der Verfassung wichtige Rechte, wie die, die Kaiserwahl zu bestätigen, zustanden, der jedoch zu einem ausführenden Organ des kaiserlichen Willens abgesunken war. Die Verwaltung lag in den Händen der vom Kaiser bestellten Beamten. Von ihm erhielten sie ihre Besoldung. Ihm hatten sie zu gehorchen. Über diesen Beamtenstab liefen die vom Kaiser ausgegebenen Befehle bis in die letzten Verästelungen des umfassenden Verwaltungsapparats. Die Beamten vertraten nicht die Interessen der örtlichen Gewalten, sondern der Zentralregierung. Das führte zu dauernden Reibungen mit den adligen Grundbesitzern, die sich mächtiger dünkten als die Beamten – und Entgegenkommen erwarteten.

Die von dem Wohlwollen der Grundherren unabhängige Bürokratie, die sich auf Befugnisse berief, wurde häufig als Belastung empfunden. Sie pochte auf Paragraphen und Dienstvorschriften, statt nach ›menschlichen Gesichtspunkten‹ zu entscheiden. Sie verkörperte den abstrakten, unpersönlichen Staat. Sie wurde später als ›byzantinisch‹ verschrien.

Diese Beamtenschaft zu besolden, setzte ein beträchtliches Steueraufkommen voraus. Andererseits waren Steuern in solcher Höhe und Regelmäßigkeit nur durch geschulte Finanzbeamte einzutreiben. Darin lag eine Wechselwirkung. Die weitaus größten Beträge stammten aus Landwirtschaft und Handel. Für die landwirtschaftlichen Steuern kam der Grundbesitzer auf, der seinerseits versuchen mußte, sie aus seinem Gut, richtiger aus seinen Bauern und Landbewohnern, wieder herauszuholen. Das hat zu Klagen geführt. Schließlich konnten auch die Grundbesitzer ihre Steuern nur zahlen, wenn sie gegen Geld genügend Überschüsse in der Stadt verkauften. Die Städte, richtiger Handel und Handwerk, zahlten ebenfalls hohe Steuern.

In Konstantinopel liefen die Handelswege aus allen Himmelsrichtungen zusammen: von der Ostsee über den Dnjepr zum Schwarzen Meer; von China über Zentralasien, Turkestan und Armenien; von Mesopotamien über Kleinasien und Syrien; von Indien über das Rote Meer und Ägypten; von Spanien und Südfrankreich über Sizilien; aus Mitteleuropa die Donau abwärts über die Balkanhalbinsel, über Venedig durch die Adria nach Griechenland.

Am Goldenen Horn trafen sich die Kaufleute, um ihre Waren auszutauschen und weiterzuleiten. Der Zwischenhandel warf reichen Nutzen ab. Dank des Handels entwickelte sich eine ansehnliche Industrie, die für die Ausfuhr arbeitete. Unter Justinian brachten Mönche die Seidenraupe aus China in das oströmische Reich. Die Textilindustrie in Konstantinopel konnte nun eigene Rohseide verarbeiten; das Geheimnis wurde sorgfältig gehütet. In Ägypten war die Baumwolle neben das heimische Leinen getreten; die Baumwollwaren wurden in die europäischen Gebiete ausgeführt.

Der Warenaustausch innerhalb der Reichsgrenzen allein warf nicht genug Steuern ab, um die ungeheuren Kosten der Verwaltung und der Rüstung zu tragen. Das Reich war auf den Außenhandel angewiesen. Das war vor allem der Handel mit dem Osten, da von dort auch jene Güter kamen, die in Westeuropa begehrt waren, also die Luxusgüter, die eine teure Fracht ertrugen, die aber auch eine hohe Zollbelastung erlaubten. Dadurch geriet Ostrom in Abhängigkeit von seinen östlichen Nachbarn, die die Verkehrswege nach China und Indien beherrschten. Sobald der Handel mit den Persern, mit den Arabern und mit Indien stockte, litten die Staatsfinanzen. Um die Rückgänge in den Steuereinnahmen auszugleichen, mußten die Steuersätze erhöht werden, was zu Unzufriedenheit, zuweilen auch zu innerpolitischen Unruhen führte.

Das byzantinische Reich war darauf angewiesen, mit den Nachbarn, die die Handelsstraßen beherrschten, auszukommen. Folgenschwerer als militärische Angriffe waren die Handelssperren, die sich aus kriegerischen Verwicklungen ergaben. Oft war es billiger, den Frieden und die Freundschaft der Nachbarn durch Verleihungen von Ehrenämtern und Titeln, die mit hohen Staatspensionen verbunden waren, zu erkaufen, als Kriege zu führen, selbst wenn sie siegreich ausgingen. Häufig genug scheiterten alle Friedensabsichten an der Beutegier und der Eroberungslust unruhiger Nachbarn.

Ständig waren die Grenzen gefährdet. Der Bestand des Reiches hing von seiner Verteidigungskraft ab. Wenn innere Zwistigkeiten das Heer schwächten oder wenn die Führung versagte, brachen die Feinde in die Grenzprovinzen ein. Nur das Heer bot Sicherheit. Aus dieser steten Bedrohung ergab sich die mächtige und einflußreiche Stellung des Heeres im Staat. Um so mehr achteten die Kaiser darauf, die Zügel fest in der Hand zu behalten und keinen Feldherrn übermächtig werden zu lassen. In vielen Fällen führten sie selber den Oberbefehl im Felde. Kraftvolle Persönlichkeiten gewannen infolge ihrer Siege den Kaiserthron. Das widersprach eigentlich dem Grundgedanken des oströmischen Reiches, das auf der zivilen Verwaltung beruhte.

Justin I. war als Soldat aufgestiegen und zum Kaiser gewählt worden. Eine gründliche Ausbildung ließ er seinem Neffen Justinian zukommen, der dann unter dem Kaiser die zivile Verwaltung leitete und nach seinem Tod den Thron bestieg. Die Kriege ließ Justinian I. von fähigen Heerführern, wie Belisar und Narses, führen. Ihm lagen die großen inneren Reformen und die Bauten am Herzen.

Die Kriege haben das Reich zugrunde gerichtet. Auf dem Balkan begnügte sich Justinian mit der Verteidigung der Donaufront. Er ließ die seit der Hunnenzeit in Trümmer liegenden Städte neu aufbauen.

Sein Hauptaugenmerk richtete sich auf den Westen, wo er die alten römischen Provinzen zurückgewinnen wollte. In kurzer Zeit gelang das in Nordafrika; das Vandalenreich fiel ohne großen Widerstand. Der Krieg um Italien dauerte hingegen zwanzig Jahre. Die Ostgoten selber waren verhältnismäßig leicht geschlagen. Nach langer Belagerung eines kleinen oströmischen Heeres in Rom löste sich die Gotenmacht von selber auf. Belisar zog siegreich in Ravenna ein. Aber dann begannen erst die Schwierigkeiten. Die einheimische Bevölkerung, die zunächst gegen die Goten zugunsten des Kaisers Partei ergriffen hatte, wehrte sich gegen die straffe byzantinische Verwaltung und gegen den ungewohnten Steuerdruck. Sie half den übriggebliebenen gotischen Kriegern, die Oströmer zu vertreiben. Nur mit großen Anstrengungen gelang es, die byzantinische Herrschaft in Italien wieder aufzurichten.

Inzwischen benutzten die Perser die Schwäche des Reiches, um die östlichen Provinzen anzugreifen. Deswegen gelang es nicht, ganz Spanien den Westgoten zu entreißen. Nur den Süden der Iberischen Halbinsel konnte Byzanz zurückgewinnen, doch mußte er bis zum Ende des Jahrhunderts wieder aufgegeben werden. Immerhin behielt Byzanz die Inseln Korsika, Sardinien und die Balearen, da seine Flotte die See beherrschte.

Die Eroberungen im Westen boten keinen ausreichenden Ersatz für die schweren Rückschläge im Osten. Die Perser eroberten Antiochia und rückten in das umstrittene Gebirgsland im Kaukasus ein. Nach mehr als zwanzig Jahren erbitterter und wechselnder Kämpfe willigte Justinian 562 in eine Tributzahlung von jährlich

30000 Goldstücken an den Großkönig ein. Er brauchte den Frieden im Osten, denn seine Finanzen waren zerrüttet, seine Provinzen im Westen durch innere Unruhen gefährdet, die Donaufront durch neue Angriffe der Awaren und Slawen bedroht. Zehn Jahre später brach der Krieg mit dem Sassaniden-Reich erneut aus. Der Kampf ging um das Kaukasusgebiet und um Armenien, die wichtigen Durchgangsgebiete für den Handel mit Zentralasien. Diesmal stießen die Perser bis nach Kappadokien vor.

Über die eurasische Steppe stürmte ein Volk nach dem anderen gegen und über die Donau. Die Scharen verwüsteten die Grenzgebiete und schleppten reiche Beute mit sich fort. Die Abwehr war schwierig, weil die raschen Reiterhaufen unerwartet auftauchten und sich bei stärkerer Gegenwehr in die Steppe zurückzogen. Über die Grenze den Feinden nachzustoßen, brachte selten Erfolg. Das Land war endlos. Konstantinopel mußte sich mit den Steppenvölkern verständigen.

Justinian nahm um 555 das Turkvolk der Awaren in seine Dienste, um sie gegen die unruhigen Nachbarn an der Donau, Germanen und seit einiger Zeit auch Slawen, einzusetzen. Die Awaren hatten östlich der Wolga gesessen, waren aber von dort durch die türkischen Bulgaren vertrieben worden. Justinian gewährte ihnen Niederpannonien als Wohnsitz und schickte regelmäßig ›Geschenke‹. In kurzer Zeit unterwarfen die Awaren die Bewohner des Raumes zwischen Karpaten, Pripjetsümpfen und Dnjepr, die slawischen Anten.

Als Justinian 565 die ›Geschenkzahlungen‹ einstellte, fühlten sich die Awaren stark genug, das oströmische Reich anzugreifen. Mit Hilfe der Langobarden vernichteten sie zunächst die Gepiden im Donaubecken und drängten dann die Langobarden nach Italien. Ihr Khan Bajan erpreßte von Konstantinopel einen jährlichen Tribut von 120000 Goldstücken; als dieser ausblieb, stürmte er die Festung Sirmium, den Schlüssel der gesamten Donauverteidigung. Das belagerte Thessalonike blieb verschont, weil die Pest im awarischen Heer ausbrach.

Innerhalb weniger Jahrzehnte war in jenem Raum, den Attila beherrscht hatte, ein awarisches Reich entstanden. Sein Schwergewicht lag in Dakien und Pannonien. Es beruhte auf der Zusammenarbeit der kriegerischen awarischen Reiter und der seßhaften, Akkerbau treibenden Bevölkerung. Die Unterworfenen bearbeiteten den Boden und lieferten die notwendigen Lebensmittel. Der Handel lag vorwiegend in den Händen der Awaren.

Ob und wo ihr Khan seinen Hauptsitz hatte, ist ungewiß. Später hört man von zwanzig Zwingburgen, Lager mit ringförmigem Wall, der die Korn- und Lebensmittelmagazine umschloß und den Staatsschatz, den Hort der Kriegsbeute, barg. Zahlreich können die Awaren, die vor den stammverwandten Bulgaren über die Wolga nach Westen flüchteten, nicht gewesen sein. Unterwegs nahmen sie wohl Reitervölker der südrussischen und ungarischen Tiefebene in ihre Reihen auf, die Reste der Hunnen, Sarmaten und Alanen. Bei ihrem Angriff auf Konstantinopel 626 stützten sie sich darüber hinaus auf Slawen, Gepiden und türkische Bulgaren. Mit dem Scheitern dieses großangelegten Angriffs begann das awarische Reich zu zerfallen. Die unterworfenenen Völker machten sich frei. Aufstände der Slawen hatte es schon vorher gegeben. Der erste brach im Jahre 603 los. Dann lösten sie sich ganz von der Fremdherrschaft. Den Awaren blieb nur das Kernland in der ungarischen Tiefebene, Klein-Awarien, dessen Einfluß nach Dakien, in die Berge Siebenbürgens hinein, reichte. Sie überließen das weite Gebiet von der Elbe bis tief nach Osten, von der Adria und der Ägäis zum Schwarzen Meer, das sich zu einem einheitlichen Sprachgebiet entwickelte, zum Teil sogar zu einem politischen Machtgebilde, den Völkern, die den Namen Slawen tragen.

Slawisch sprechende Völker hatten seit dem 2. Jahrhundert an der oberen Weichsel und an den Ostabhängen der Karpaten ihre Wohnsitze. Sie ordneten sich dem großen Ostgotenreich des Ermanarich wie dem Hunnenreich Attilas ein. Nicht einmal ihr Name erscheint bei den Schriftstellern der Völkerwanderungszeit. Keine Sage berichtet von Kämpfen mit den germanischen Scharen auf ihrem Zug von der Ostsee an die Gestade des Schwarzen Meeres. Die germanischen Stämme, die in den ersten beiden nachchristlichen Jahrhunderten an der unteren Weichsel und im baltischen Raum, in Schlesien und in Böhmen saßen, werden diesen Raum kaum allein gefüllt haben. Sie saßen als kriegerische Oberschicht über einer Bevölkerung, die nach ihrem Abzug zurückblieb. Als die Slawen allmählich einsickerten, paßten sich die Ansässigen ihnen an. Sie übernahmen die slawische Sprache und manche slawischen Gebräuche.

Um die Mitte des 6. Jahrhunderts galt der Raum zwischen Karpaten und Dnjepr, zwischen Ostsee und der südrussischen Steppe als ›slawisch‹. So weit sollen die Slawen ihren Siedlungsbereich ausgedehnt haben. Sie können nicht in großen Scharen gewandert sein. Das Gebiet, das sie bis dahin bewohnten, ließ große Menschenzahlen gar nicht zu. Zwischen Karpaten und Dnjepr dehnte sich eine sandige, von Wäldern und Sümpfen durchzogene Ebene. Eine dichtere Besiedlung erlaubte der Boden nicht.

Die Slawen verbanden sich und verschmolzen wohl auch mit den ugro-finnischen Völkerschaften der Sümpfe und Wälder Osteuropas wie mit den Germanen, die nach dem Hunnensturm am Nordrand der Steppe sitzengeblieben waren, mit den dakischen Flüchtlingen aus Siebenbürgen wie mit den Resten der Skythen und Sarmaten, die nach Norden verdrängt worden waren.

Bis ins 6. Jahrhundert lag der Handelsweg am Dnjepr nicht in slawischer Hand. Als die Awaren erschienen, wohnten die Slawen in den festen Handelsplätzen am Fluß. Die Slaweneinfälle, unter denen die byzantinischen Grenzgebiete an der Donau von 530 an zu leiden hatten, erfolgten unter Führung von Turkvölkern, wie der ›Hunnen‹. Als die Awaren 558 einen kriegerischen Vorstoß über die Donau machten, zogen slawische Stämme mit, nicht als vollwertige Bundesgenossen, sondern gezwungenermaßen als Hilfsvölker. Sie unterstützten die Awaren bei der Eroberung von Sirmium und bei der Belagerung von Thessalonike. Im Gefolge der Awaren plünderten und brandschatzten sie Griechenland. Dabei haben die Byzantiner unter dem Namen ›Slawen‹ das wild zusammengewürfelte Fußvolk der berittenen Steppenvölker zusammengefaßt. Ihrer Anlage nach galten die Slawen als unkriegerisch.

Zur Zeit des großen Kaisers Maurikios (Ausgang des 6. Jahrhunderts) siedelten die Slawen an den Flußläufen und am Rande der Sümpfe, auf den Bergen und in entlegenen Landstrichen. Weil sie sich mit kargem Boden begnügten, gerieten sie mit den Angesessenen selten in Streit.

Die soziale Gemeinschaft der Slawen bestand aus der Großfamilie und dem Dorf. Im Urslawischen gibt es kein Wort für eine größere Gemeinschaft. An der Spitze der Großfamilie (Zadruga) stand der Sippenälteste, der das gemeinsame Leben wie die gemeinsame Wirtschaft regelte; im Dorf hatten sich alle dem Dorfältesten unterzuordnen. Für die Familie und für das Dorf zu sorgen, war Aufgabe und Sinn des Lebens. Umgekehrt trug die Gemeinschaft auch die schwächsten Glieder.

Der auffallende Charakterzug der Slawen schien ihren Nachbarn die Passivität zu sein. Es ist ihr Beharren in Lebensformen, die schwerfällig jedem Wandel widerstreben. Im slawischen Dorf ändert sich kaum etwas. Die Zeit verrinnt. Das Leben erscheint geschichtslos.

Die Germanen ließen Weib und Kind zu Hause, um in die Ferne zu ziehen. Ruhm und Ehre suchten sie mit dem Schwert in der Hand zu gewinnen. Von der ›Toten Tatenruhm‹ kündeten die Sänger. Die Helden, die auf dem Schlachtfeld gefallen, trafen sich in Walhall wieder. Kehrten die Kämpfer nach kühner Kriegsfahrt tatsächlich in die Heimat zurück, berichteten sie großsprecherisch von ihren Taten.

Den Slawen war eine solche Lebenshaltung unverständlich und fremd. Am Leben bleiben, überdauern, darin erschöpfte sich – auf den ersten Blick gesehen – ihr Bemühen. Im Gegensatz zu der ständigen Unrast der Germanen liegt in der slawischen Beschränkung auf den engsten Raum eine beharrende Ruhe und eine große Kraft. Sie nötigten mit der Zeit auch Byzanz Anerkennung ab. Am Ende wurden sie als treue Stützen im Staat aufgenommen.

Kaiser Heraklius (610–641) siedelte Slawen in geschlossenen Dörfern südlich der Donau mit der Verpflichtung an, daß für die Steuern nicht der einzelne Siedler, sondern die Gemeinschaft die Haftung übernahm.

Das römische Recht, wie es Justinian festgelegt hatte, ging vom Privateigentum aus, über das der Eigentümer bei Lebzeiten und selbst im Todesfalle frei verfügen konnte. Gegenüber dem Staat haftete der einzelne. Wurde der Steuerdruck übermächtig, blieb nur die Flucht. Man ging ›in die Berge‹.

In der slawischen Gemeinschaft haftete nicht der einzelne, sondern die Familie, beziehungsweise das Dorf. Wenn der Beamte mit dem Dorfältesten einen Vertrag über die Höhe der Steuersumme abgeschlossen hatte, sorgte die Gemeinschaft dafür, daß die Lasten auf ihre Mitglieder – nach Leistung und Vermögen abgestuft – verteilt wurden. Der Älteste konnte mit den Beamten über einen Steuernachlaß verhandeln, wenn Mißernte oder feindliche Einfälle die Erträge gemindert oder gar vernichtet hatten: die Gemeinschaft bot genügend Sicherheit, um Steuerforderungen auf die Zukunft übertragen zu lassen.

Die staatliche Steuerverwaltung bildete den organisatorischen

Rahmen des slawischen Dorfes. Der Staat delegierte einen Teil seiner Hoheit an den von den Dorfgenossen frei gewählten Ältesten; er verzichtete also darauf, gegen den einzelnen Bauern mit Zwangsmaßregeln vorzugehen. Das brachte der staatlichen Verwaltung eine große Erleichterung.

Da ihr Beamte in ausreichender Zahl fehlten, um die Steuern bei jedem einzelnen Bauern unmittelbar einzuziehen, war sie auf die Grundbesitzer angewiesen, die sie am Steuerertrag beteiligte. Die auf das flache Land entsandten Beamten kannten weder die Eigentümlichkeiten des Landes noch seiner Menschen. Demgegenüber stellte das slawische Dorf für Ostrom die erste, von unten her aufgebaute Selbstverwaltung auf dem Lande dar. Sie beruhte auf dem unpersönlichen Gemeineigentum.

Dieser Eigentumsbegriff bedeutete einen Bruch mit dem Rechtsdenken des ›Corpus Iuris Civilis‹. Der neue Rechtsgedanke setzte sich im bürgerlichen Recht nur langsam durch. Er galt lange Zeit als besonderes Vorrecht der Slawen. Da der Staat deren Eigenart anerkannte, mischte er sich nicht in die inneren Vorgänge des Dorfes ein. Die Zentrale Byzanz besaß eine Kartei der verschiedenen Dörfer mit Angabe des Steueraufkommens; es bedurfte keines umfassenden Verwaltungsapparates auf dem Lande, um eine Agrarpolitik durchzusetzen. Die Gemeinde war zur Rechtsperson geworden.

Ihre Rechte und Vollmachten wurden bald ausgedehnt. Durch Gesetz waren die in der Umgebung liegenden Weiler verpflichtet, sich einer Gemeinde anzuschließen, sich also der Dorfgemeinschaft zu unterstellen. Sehr bald setzte sich das slawische Agrarrecht auch in Dörfern durch, die nicht von Slawen bewohnt waren. Sobald die Bauern das slawische Recht übernahmen, sich also einem Dorfältesten unterstellten, ihm die Führung der Wirtschaft anvertrauten – und das Eigentum an Grund und Boden der Gemeinschaft übereigneten –, konnten sie mit der Regierung in Konstantinopel unmittelbar, über den Kopf des Großgrundbesitzers hinweg, verhandeln, ohne Zwischenschaltung eines staatlichen Steuereintreibers, ohne auf die Willkür eines örtlichen Beamten angewiesen zu sein. Die neue Regelung löste den Bauern aus der drückenden Grundherrschaft und gab ihm mit der Wahl des Dorfältesten die Selbstverwaltung. Den Bauern schützte und vertrat die Gemeinschaft. Nur die freien Hirten in den Bergen, denen kein Grundherr etwas zu befehlen hatte, hielten sich abseits. Sie haben als Vlachen auch ihre romanische Sprache, das spätere Rumänisch, bewahrt. Vlach, einst ein keltischer Volksname (die Germanen sprachen von Welschen), wurde die Bezeichnung für Hirten.

Zum Ausgang des 7. Jahrhunderts sprach man im Raum zwischen Donau und Ägäis, zwischen Adria und Schwarzem Meer ›slawisch‹. Das bedeutet aber nicht, daß alle diese Menschen vom Norden in den Balkan eingewandert sind. So viele Slawen gab es zu Beginn des Jahrhunderts nicht. Die thrakische und illyrische Bevölkerung blieb in ihren angestammten Siedlungen. Langsam, aber stetig durchdrangen die Slawen das Land, selten in kriegerischen Zusammenstößen, meist in einer beharrlichen Unterwanderung, wohl in kleineren Gruppen.

Es ist ein eigenartiger Vorgang der europäischen Geschichte, daß sie mit so geringer eigener Stoßkraft dauerhaftere und tiefreichendere Veränderungen herbeiführten als die blitzschnellen Unternehmungen der Reitervölker aus der Steppe und als die Kriegszüge der Germanen. Das hatte seine Gründe: die Slawen klammerten sich fest an die Scholle. Sie zogen nicht mit der nächsten Welle, die sie von außen traf, weiter. Sie waren auch nicht auf ›Herrschaft‹ aus. Sie bearbeiteten selber den Boden. Meist verbanden sie sich mit der ansässigen Bevölkerung, der sie ihre Sprache, ihr Agrarrecht und ihre Volkskunst übermittelten.

Im Raum zwischen Elbe und Dnjepr läßt sich dieser Prozeß kaum verfolgen. Es fehlen Berichte; auch die Bodenfunde geben nur unvollkommen Auskunft. Die Landnahme der Slawenstämme im Balkanraum jedoch läßt sich genauer beobachten. Die Städte hatten sich bis zum 7. Jahrhundert weitgehend gehalten. Die Bevölkerung war zwar in den Hunnen- und Awarenstürmen geschrumpft, hatte sich in der Zusammensetzung jedoch wenig verändert. Die Handelsbeziehungen waren immer nur vorübergehend unterbrochen, da auch die Nomaden der Steppe am Warenaustausch und an der Lieferung von Lebensmitteln wie städtischen Erzeugnissen Interesse hatten.

Auf dem Lande läßt sich die Umwandlung deutlicher verfolgen. Die thrakischen und illyrischen Dialekte verschwanden bis auf wenige Reste – etwa im heutigen Albanien –, und dieser Wandel reichte bis weit nach Süden. Seit dem 7. Jahrhundert gelten die Landbewohner durchweg als ›Slawen‹. Der Nordteil Griechenlands bis Thessalien hatte sich bereits der slawischen Sprache zugewandt. Um Sparta und Athen herum sprachen die Landbewohner slawisch, bis dann um die Mitte des 7. Jahrhunderts der Rückschlag einsetzte.

Es hat zwar Slaweneinfälle gegeben. Landstriche wurden geplündert und verheert. Aber diese kleinen Räuberscharen hätten sich kaum gehalten, weil die kaiserlichen Truppen bald wieder Ordnung herstellten.

Statt die Slawen zu bestrafen und zu vertreiben, siedelten die Kaiser die Slawen unter ihrem Schutz an. Sie förderten die Wirtschaftsform des dörflichen Kollektivs. So gewannen sie – teilweise im offenen Kampf mit den grundbesitzenden Adelsgeschlechtern – die Unterstützung der Bauern. Das Agrargesetz vom ausgehenden 8. Jahrhundert spiegelt den Umwandlungsprozeß der vorausgegangenen zwei Jahrhunderte wider. Weil sich das Reich auf die Bauern der Balkanhalbinsel stützen konnte, überstand es die schweren Stürme der Zeit.

Die Awaren hatten den ganzen Raum zwischen Elbe und Dnjepr in Bewegung gesetzt. Sie stießen zwar nicht die gesamte Bevölkerung, wohl aber die herrschenden Kriegerschichten vor sich her. Die Langobarden, die zuerst die Gepiden vernichtet hatten, wichen nach Italien aus, wo sie unter Aussparen der großen Städte bis weit nach Süden, bis Benevent, vordrangen und die byzantinischen Beamten vertrieben. Für die italische Bevölkerung brachte die langobardische Herrschaft eher eine Erleichterung, weil sie dem Steuerdruck Ostroms entging und für die Kosten der endlosen Kriege in Asien nicht mehr herangezogen werden konnte. Die Langobarden sonderten sich stärker als einst die Ostgoten von der romanischen Bevölkerung ab. Sie machten keinerlei Versuch, eine geregelte Verwaltung nach dem Vorbild Theoderichs und seiner italischen Beamten aufzubauen.

In die von den Langobarden verlassenen Landstriche nördlich der Alpen rückten die Bajuwaren ein, die vorher in Böhmen gesessen hatten. Böhmen selbst wurde ›slawisch‹. Die Urbevölkerung Böhmens, die wohl vor den Markomannen der römischen Kaiserzeit, wahrscheinlich noch vor den Kelten dort gelebt hatte, blieb wohnen. Sie verband sich mit den aus Galizien eindringenden Slawen. Noch ein halbes Jahrtausend später fiel dem arabischen Besucher auf, daß die Bewohner Böhmens nicht slawisch aussahen, sondern dunkelhaarig waren. Auch die Bewohner Bayerns blieben im Kern unverändert. In den Städten hielten sich die romanisierten keltischen Christen unter ihren Bischöfen, während das flache Land immer heidnisch war. Die Bajuwaren mieden – wie die Germanen überhaupt – die Städte.

Kaiser Maurikios (582–602) konnte nicht daran denken, Italien zurückzugewinnen, solange die Donaufront unter dem Ansturm der Awaren und ihrer slawischen Gefolgschaft wankte. Den Frieden im Osten konnte er dank geschickter Unterstützung des Sassaniden Chosrau II. Parviz erreichen, der sich gegen seinen Vater erhoben und Konstantinopel um Hilfe gebeten hatte. Aber das Heer, das an der Donau stand, um den entscheidenden Schlag gegen die Awaren zu führen, erhob sich unter dem General Phokas.

Maurikios wurde 602 ermordet, Phokas riß die Kaiserkrone an sich. In den folgenden Wirren fielen die Feinde von allen Seiten über das geschwächte Reich her: der Sassanide brach den Frieden, um seinen ermordeten Freund zu rächen, Awaren und Slawen fluteten über die Donau. In wenigen Jahren ging alles verloren, was Maurikios aufgebaut hatte. Dazu kam der innerpolitische Gegensatz zwischen dem landbesitzenden Adel und der Kaisermacht, die sich auf den Bauernstand stützte.

Gerettet wurde das Reich durch die Flotte aus Afrika unter Heraklius, der den Thronräuber Phokas schlug und selber die Kaiserwürde gewann. Er vertrieb die Perser, die bereits Syrien mit Antiochia und Damaskus erobert und Jerusalem zerstört hatten. 626 hatten sich die Feinde von Ost und West vereint, um die Hauptstadt Konstantinopel zu nehmen. Der Angriff scheiterte: im folgenden Jahre siegte Heraklius bei Ninive. Jetzt ging er daran, die Donaugrenze wiederherzustellen.

Das Awarenreich hatte seinen Höhepunkt überschritten. Die slawischen Hilfsvölker lehnten sich auf und errichteten eigene Reiche, die Chrowaten und Karantanen, die Serben und Slowenen, die Tschechen und die Mährer. Der ›Kaufmann‹ Samo, vielleicht ein Franke aus dem Hennegau, gründete ein ausgedehntes Reich mit dem Schwerpunkt in Böhmen, das sich vorübergehend von der Ostsee bis zur Adria erstreckte und Thürigen und das Obermaingebiet umfaßte. Mit dem Tode Samos (656) zerfiel dieses lockere Gebilde. Härter war der Kampf an der Ostgrenze.

Von 602 bis 630 kämpfte Ostrom mit dem Sassanidenreich um seinen Bestand. Die persischen Heere schleppten Hunderttausende von Sklaven aus Syrien nach Osten, bis es Heraklius schließlich gelang, den Feind zurückzudrängen und Frieden zu schließen. Beide Reiche waren völlig ausgeblutet.

Um den Verfall der Finanzen, der Wirtschaft und der sozialen Ordnung aufzuhalten, führte Heraklius tiefreichende Reformen ein, die die Grundlagen des Reiches veränderten und seine künftige Entwicklung maßgebend bestimmten. Das Staatsgebiet wurde in Militärbezirke (Themen) aufgeteilt, an deren Spitze ein ›Stratege‹ mit voller militärischer und ziviler Verantwortung stand. Das heißt, die Verteidigung wurde dezentralisiert, um die wechselnden, häufig überraschenden Angriffe leichter abwehren zu können. Jedes Thema sollte weitgehend auf eigenen Füßen stehen. Das ging so lange gut, wie in der Bevölkerung das Gefühl, zum Gesamtreich zu gehören, lebendig war. Doch barg diese Aufteilung die Gefahr in sich, daß sich Teile aus dem Gesamtreich lösten. Solange der Feind als Heide oder als Feueranbeter verhaßt und als Barbar gefürchtet war, galt der Kaiser, der seit 651 den Titel des Basileus trug, als der anerkannte Schutzherr des Glaubens, des Rechts und der sozialen Ordnung. Dieser Zusammenhalt versagte jedoch gegenüber den Moslems.

Unter Heraklius wurde Griechisch anstelle des Lateins zur Amtssprache. Getragen wurde das oströmische Reich zwar weiterhin vom römischen Staatsgedanken, doch setzte sich die griechische Kultur der einst hellenistischen Provinzen des Ostens immer stärker durch.

In den endlosen Kriegen in Asien schlossen sowohl Byzanz als auch Persien mit den Reitervölkern der südrussischen Steppe und der syrischen Wüste Bündnisse. Auf beiden Seiten fochten Beduinenstämme mit ihren gefürchteten Kamelreitern. Zu Ostrom hielten die Ghassaniden mit der Hauptstadt Damaskus, zu Persien die Lakhmiden am Euphrat mit der Hauptstadt Hira. Wiederholt haben die Bundesgenossen die Front gewechselt. Ihnen lag vor allem am Plündern. Mit Hilfe der Großmächte bauten sie eine ansehnliche Streitmacht auf. Als die Kriege aufhörten, ging den Beduinen diese Einnahmequelle verloren. Die nun unbeschäftigten Kriegerscharen haben dann wesentlich mitgeholfen, die asiatischen Provinzen Ostroms zu erobern und das Sassanidenreich zu zertrümmern, als eine neue arabische Macht auftrat.

Der Kaufmann Mohammed hatte auf religiöser Grundlage ein Reich gegründet, das die bis dahin uneinigen Beduinen und die Kaufleute der Oasenstädte zusammenfaßte. Nach seinem Tode

632 erschienen die Moslems am unteren Euphrat und am Jordan mit verhältnismäßig kleinen, aber fanatisierten Reiterheeren. Sie überrannten die zahlenmäßig stärkeren Heere sowohl Ostroms wie auch der Perser. Der Widerstand brach schnell zusammen, da die angesessene Bevölkerung nach den vorausgegangenen verheerenden Kriegen und dem daraus folgenden Steuerdruck die arabische Herrschaft wie eine Erlösung empfand. Die Christen, uneins mit dem Patriarchen von Konstantinopel wegen ihres Streites über die zwei Naturen Christi, fanden sich mit dem Feind ab.

Im byzantinischen Reich standen sich zwei religiöse Richtungen gegenüber: die orientalische Gottesvorstellung eines rein geistigen, abstrakten Schöpfers und die hellenistische Idee eines lebendigen, körperhaften, auf Erden Mensch gewordenen Gottes. Im Osten traten Lehren auf, die die Gottesnatur in Jesus Christus einengen, beschränken, gar wegleugnen wollten. Dazu kamen jene Lehren, die überhaupt die sichtbare Welt für das Werk des Teufels erklärten. Nur der ›Geist‹, körperlos, abstrakt, von jedem Bild gelöst, galt ihnen als wahrhaft göttlich. Alles Irdische war Sünde, mindestens Versuchung. Die Abwendung von dieser Welt, die Askese, öffnete die Pforten zum Heil.

Zehn Jahre nach der Schlacht am Yarmuk gehörten die byzantinischen Provinzen Syrien, Armenien, Ägypten und Nordafrika den Arabern, die außerdem das ganze Sassanidenreich erobert hatten. Mit Hilfe der Städte an der Mittelmeerküste bauten die Söhne der Wüste eine Kriegsflotte auf. Sie besetzten 649 Zypern, 654 Rhodos und erschienen 668 sogar vor den Toren von Byzanz. Vier Jahre lang belagerten sie die Stadt, doch konnten sie mit Hilfe des ›griechischen Feuers‹, einer syrischen Erfindung, zurückgeschlagen werden.

Schon während der Kriege mit dem Sassaniden-Reich flüchteten viele griechisch sprechende Städter Syriens in die westlichen Provinzen. Die arabische Herrschaft verstärkte die Auswanderung. Der größte Teil der griechischsprechenden und sich als Griechen fühlenden Oberschicht zog in das Byzantinische Reich. Vom 7. Jahrhundert an gewann Griechisch in Konstantinopel an Boden, ebenso in Sizilien und Süditalien, wo es bis tief in das Mittelalter hinein gesprochen wurde.

Überwogen im oströmischen Reiche bis zum Arabersturm zahlenmäßig die Orientalen, so verschob sich das Gewicht dank der griechischen Flüchtlinge. Die Bevölkerung verteilte sich ziemlich gleichmäßig auf Kleinasien und den Balkanraum. Konstantinopel war Nahtstelle und Bindeglied der beiden Teile, in denen von der Unterschicht verschiedene Sprachen gesprochen wurden, im Balkanraum vor allem slawisch. Die Grenzen blieben weiterhin den schwersten Angriffen ausgesetzt.

Der Verlust von Syrien und Ägypten, den Provinzen, auf denen die Finanzen und die Wirtschaft Ostroms geruht hatten, zwang die Verwaltung dazu, sich auf neue Grundlagen zu stellen. Der Handel über das Rote Meer fiel an die Araber. Gleichzeitig riegelten sie durch die Eroberung des Sassanidenreichs und Turkestans bis zum Aralsee (Chowarezmiens) den alten Landweg durch die südrussische Steppe und durch das Kaukasusgebiet (Armenien) nach China ab. Damit verlor Konstantinopel seine beherrschende Stellung im Asienhandel. Es mußte seinen Handel umstellen. Das ist weitgehend gelungen. Byzanz erschloß den Arabern den europäischen Markt.

Von Byzanz liefen drei Handelswege nach Norden und Westen: über das Schwarze Meer den Dnjepr aufwärts zur Düna und damit zum Ostseeraum; dieser Weg trat in Wettbewerb mit dem älteren, die Wolga aufwärts, über Nowgorod nach Finnland. An der oberen Wolga saßen die Bulgaren, die ihre Waren unmittelbar von den Arabern in Turkestan übernahmen.

Der zweite Weg führte über die Donau nach Mitteleuropa. Hier war Ostrom auf Handelsverträge mit den Awaren und den Slawen angewiesen; der dritte Weg führte über See nach Italien und Sizilien. An der Westküste entwickelten sich Amalfi, an der Adria Venedig zu den führenden Handelsstädten.

Byzanz war es versagt, die Stellung in Italien uneingeschränkt zu behaupten. Die Langobarden waren tief nach Süden vorgedrungen und hatten die Herzogtümer Spoleto und Benevent gegründet. Aber in den Städten und an der von seiner Flotte gesicherten Küste herrschte der Kaiser. Sein Vertreter, der Exarch, residierte in der festen Stadt Ravenna, den langobardischen Heeren zwar unerreichbar, aber ohnmächtig, das ganze Land wieder in seine Hand zu bekommen.

Dank seiner hervorragenden Mittlerstellung zum europäischen Markt konnte Konstantinopel zu einer Verständigung und einer Zusammenarbeit mit dem Kalifenreich in Damaskus – und später in Bagdad – kommen. Wenn die arabischen Kaufleute ihre kostbaren asiatischen Güter mit Gewinn gegen Erzeugnisse des Westens tauschen wollten, waren sie auf Byzanz angewiesen. Nachdem die Versuche, Byzanz mit Gewalt zu nehmen, gescheitert waren, begann die Zeit des friedlichen Warenaustausches, die Ostrom einen – wenn auch häufig unterbrochenen – Frieden sicherte. In dieser Zeit hat Byzanz wirtschaftlich und kulturell sein europäisches Hinterland erschlossen.

Den Dnjepr aufwärts gingen die Waren bis nach Schweden, nach Birka im Mälarsee. Dieser Handel zog die Slawen an, die sich bis zum Dnjepr und in die Waldzone vorschoben. Die Slawen lieferten Leinen, Flachs, Honig, Harz und in zunehmendem Umfang Sklaven, die Beute der Kriegszüge gegen benachbarte Stämme, vor allem gegen die Ureinwohner des ostrussischen Raumes, die ugrofinnischen Stämme. Der Menschenhandel wiederum lockte von Süden und Osten die Nomaden der Steppe, später die germanischen Kriegerscharen aus dem Norden an.

Um das Jahr 600 erscheinen Skandinavier an der Dünamündung, ein halbes Jahrhundert später an deren Oberlauf. Am Ilmensee, dem Ausgangspunkt des Wolgaweges, trafen sie bereits auf Slawen. Bis zum 7. Jahrhundert war die Waldregion Nord- und Ostrußlands noch von den Ugrofinnen besiedelt; in einem langsamen und kaum überschaubaren Prozeß schoben sich die Slawen immer weiter nach Osten und Norden vor. Sie haben die Ansässigen teils verdrängt, zum überwiegenden Teil aber wohl in sich aufgenommen. Im Westen drängten die Slawen an der Ostsee entlang bis Holstein vor und überschritten die Elbe südlich der Havelmündung. Im Reich des Samo fanden sie einen, wenn auch nur lockeren und kurzfristigen politischen Zusammenschluß, der sich gegen die Awaren zu behaupten vermochte.

Byzanz, das so viele Slawen in seine Grenzen aufgenommen hatte, bemühte sich auch um die anderen slawischen Stämme. Kaiser Leo III. (717–741) war als einfacher Soldat syrischer Herkunft aufgestiegen. An der Spitze des ihm ergebenen Heeres war er auf Konstantinopel marschiert und dort zum Kaiser erhoben worden. Er schlug die gefährlichen Angriffe der Araber 726 und 739 siegreich zurück. Um Donau- und Sawe-Linie gegen die Awaren zu schützen, siedelte er an dieser Grenze weitere Slawen an. Die Bewohner der Landstriche zwischen Drau, Donau und Adria bewahrten zwar ihren illyrischen Volkscharakter, nahmen jedoch mit der dörflichen Wirtschaftsform und der Selbstverwaltung auch die slawische Sprache an. Das rief den Widerstand des landbesitzenden Adels hervor, der sich gegen das 740 verkündete Landrecht wandte. Bei dieser Auseinandersetzung stellte sich die Kirche hinter den Adel, weil sie ihren eigenen Großgrundbesitz gefährdet sah.

Leo III. schlug den Aufstand in Griechenland nieder und setzte den Patriarchen von Konstantinopel ab. Dem Bischof von Rom entzog er die ihm bis dahin unterstellten Teile Süditaliens. Zu den wirtschaftlichen Spannungen kamen die religiösen, als Kaiser Leo gegen die Verehrung der kirchlichen Bilder einschritt.

Der Papst und die westlichen Christen hielten an den religiösen Bildern fest, die in der Liturgie eine große Rolle spielten. Es gab keine Verständigung zwischen beiden Auffassungen. Dabei fand die bilderfreundliche Richtung – und Rom – einen beachtlichen Rückhalt in den griechischen Klöstern, die auch weiterhin die Bilderverehrung pflegten.

Über anderthalb Jahrhunderte dauerte der Streit für oder wider die Bilderverehrung.

Aus den an die Araber verlorenen Provinzen waren vor allem diejenigen Mönche geflohen, die am schärfsten gegen die bilderfeindliche Haltung des Islams eingestellt waren. Die Monophysiten und die Gegner der Bilderverehrung konnten sich leichter mit dem Islam abfinden. Sie fühlten sich ihm vielfach näher verwandt als der ›götzendienerischen‹ Einstellung in Byzanz. Kaiser Leo hat bei seiner bilderfeindlichen Politik nicht zuletzt auch denjenigen entgegenkommen wollen, die sich wegen ihres Glaubens mit den Moslems abgefunden hatten. Damit verschärfte er aber die Spannungen mit dem Westen, nicht nur mit den germanischen Volksreichen außerhalb der Grenzen, sondern auch mit den eigenen Besitzungen, vor allem in Süditalien. Von ihnen hing jedoch ein guter Teil des Seehandels ab.

Die religiöse Frage gewann auch im Balkanraum an Bedeutung. Die Slawen, die als Heiden auf den Balkan gekommen waren, verehrten ihre hölzernen Götzenbilder. Von Osten wie von Westen setzten die Bemühungen um Bekehrung zum Christentum ein. Die ersten Erfolge hatte die Missionsarbeit bei den Kroaten und Slowenen, die von Salzburg und von Aquileja ausging.

Die Ostslawen standen im 8. Jahrhundert unter dem Einfluß einer neuen Völkerwoge, der türkischsprechenden Bulgaren, die die

Awaren vor sich hergetrieben hatten. Die Awaren blieben jedoch in Thrakien, so daß sie um die Mitte des 8. Jahrhunderts wieder erstarkten und aus der Donautiefebene gegen die Slawen im byzantinischen Reich vordrangen. Um sich gegen die Awaren zu wehren, wandten sich die Slawen an die Franken um Unterstützung. Das erleichterte den christlichen Missionaren die Arbeit. Die Kriege führten zum Siege des Frankenkönigs Pippin, der die ›Pannonische Mark‹ seinem Reich eingliederte, und endeten mit der Vernichtung des Awarenreiches durch Karl den Großen. Der Ostteil ihres Landes fiel an den Bulgarenkhan Krum.

Während im westlichen Europa eine Kriegerkaste mit besonderem Recht über eine unterworfene Bevölkerung herrschte, blieb Ostrom ein Staat mit einer einheitlichen Reichsbevölkerung. Er ruhte auf der Würde des Kaisers, der Macht des gemeinsamen Glaubens und dem Recht, das für alle galt. Wie weit sich Byzanz auf die Bevölkerung der Balkanhalbinsel stützen konnte, hing weitgehend von den slawischsprechenden Bauern ab. Hierin liegt die tiefe Bedeutung der Reformen von Heraklius wie von Leo III.

9
Krieger und Mönche — Franken und Iren

Der Franke Chlodwig (481–511) erweitert sein Herrschaftsgebiet · 486: Sieg über die letzten Römer · Sieg über die Alamannen und Vertreibung der Westgoten aus Toulouse · Die Franken werden katholisch · Die Sprachen: germanisch, lateinisch und keltisch-romanisch · Franken als Großgrundbesitzer von den Pyrenäen bis zum Thüringer Wald · Getrennte Verwaltung für Franken und Eingesessene · Die Grenze des Rechts an der Loire · Der fränkische Heerbann · Die Merowinger und die katholische Kirche · Das christliche Mönchtum und das Klosterwesen · Benedikt von Nursia (480–543) · Benediktinerklöster als Hüter der antiken Bildung: Fleury im 7. Jahrhundert · Die Merowinger im Frankenreich · Absinken der Wirtschaft · Die Städte veröden · Wallfahrtsort des heiligen Martin: Tours · Klosterwesen in Irland · Gläubigkeit · Stätten der Gelehrsamkeit · Irische Mission in Britannien im 6. Jahrhundert · Angelsachsen von Rom aus bekehrt · Irische Mission auf dem Festland · Die Kirche im Frankenreich · Westgotenherrschaft in Spanien · 586: Übertritt König Reccareds zum katholischen Glauben

Jahrhundertelang waren die Germanen am Unterlauf des Rheins Verbündete und Hilfsvölker Roms. Dafür erhielten sie anfangs Jahresgelder, später auch Land zugewiesen. Je schwächer die römische Reichsgewalt wurde, desto selbstherrlicher traten auch die Franken auf. Unter diesem Namen wurden verschiedene nieder- und mittelrheinische Germanenstämme zusammengefaßt. Sie begannen, sich aus ›eigenem‹ Recht auszubreiten. Anfang des 5. Jahrhunderts ›eroberte‹ Chlodjo, der erste Merowinger, der dem Namen nach bekannt ist, das Sommetal. Er mußte sich jedoch dem römischen Heermeister Aëtius unterwerfen und die römische Oberhoheit anerkennen.

Der Wald reichte damals noch von den Ardennen über die Eifel bis zum Rhein. Er war nur dünn besiedelt. Die Germanen, die Wiesen für ihr Vieh brauchten, bevorzugten das Flachland. Die fränkischen Dörfer lagen zwischen Schelde, Rhein, Mosel und Maas, den Grenzen der alten römischen Provinz Germania inferior. Die Gallier waren nur in geringerer Zahl über die Ardennen hinweg nach Norden gezogen. Ihren Ackerbau pflegten sie vorwiegend auf den höher gelegenen Feldern. Sowohl die keltische wie die fränkische Bevölkerung dieses Gebietes war nur wenig von der römischen Kultur durchdrungen. Die Belger galten immer als den Germanen nahestehend; sie übernahmen jenseits der Ardennen früh die fränkische Sprache.

Die Römer wiederum blieben in den Städten, den Legionslagern und den Handelsplätzen in der Etappe. Köln war nur vorübergehend Legionslager. Die Truppen wurden bald nach Neuß und nach Xanten verlegt. Lugdunum, heute Leiden, an der damaligen Rheinmündung, war Handelsplatz wie Utrecht; Aachen war Kurort, Trier Handwerksstadt und später Kaiserresidenz.

Wohl schon im 4. Jahrhundert bildete sich jene Sprachgrenze heraus, die sich seither trotz der fränkischen Einwanderung nur geringfügig verschoben hat. Romanische Sprachinseln haben sich in den Wäldern und auf der Höhe bis tief in das Mittelalter hinein gehalten. Erstaunlich gering waren die Wirkungen politischer Machtveränderungen, da die ansässige Landbevölkerung auf der Scholle blieb.

Als 476 der letzte römische Kaiser des Westreiches abgesetzt war, hielt sich das Gebiet zwischen Maas und Loire als ›römisches‹ Land. Der römische Statthalter Syagrius führte die Herrschaft weiter, die er bereits unter dem Reichsfeldherrn Rikimer ausgeübt hatte. Syagrius konnte sich inmitten des allgemeinen Zusammenbruchs nur deshalb halten, weil die Franken ihn gegen die rechtsrheinischen Germanenstämme abschirmten. Das hörte auf, als sich die Franken selber in Bewegung setzten.

Nachdem König Chlodwig I. alle Gaufürsten, die ihm den Oberbefehl hätten streitig machen können, hatte ermorden lassen, bekam er den gesamten Heerbann der Franken in seine Hand. Nach seinem Siege über Syagrius liefen mehrere germanische und selbst römische Heerhaufen zu ihm über. Es gelang ihm, eine Stadt nach der anderen niederzuringen, in vielen Fällen mehr durch Verhandlungen und Zugeständnisse als durch Gewalt.

Wenige Jahre nachdem er sein Reich bis zur Loire ausgedehnt hatte, erschienen die Alamannen vom Oberrhein, um zu plündern. In der Schlacht bei Tolbiacum (die Überlieferung verlegt sie nach Zülpich) 496 wehrte er den Angriff ab. Chlodwig gelobte den Übertritt zum Christentum. Ihm gelang es, das Alamannenreich zu erobern, doch konnte er trotz seines Vorstoßes bis weit nach Süden das Burgunderreich nicht gewinnen. In der Schlacht bei Vouillé

(507) besiegte er den Westgotenkönig Alarich II. Nur das Eingreifen der Ostgoten unter Theoderich zwang ihn, auf die Gascogne, das Land zwischen Pyrenäen und Garonne, und auf Septimanien, die Küste des Mittelmeeres, zu verzichten. Dagegen fiel Aquitanien in seine Hand. Seine Söhne eroberten fast ohne Widerstand die Reiche der Burgunder und Thüringer, die Mittelmeerküste und Rätien (die heutige Schweiz), da die Ostgoten, die sich ihnen in den Weg gestellt hatten, inzwischen besiegt waren. Fränkische Heere drangen vorübergehend nach Italien und Bayern vor.

Chlodwigs Söhne teilten sich die Herrschaft im Reich. Austrasien mit der Hauptstadt Metz umschloß die Champagne, das Maas- und Moselgebiet. Neustrien mit der Hauptstadt Paris reichte von der Loire zur Schelde. Südlich der Loire lag Aquitanien mit der Hauptstadt Poitiers. Burgund mit der Hauptstadt Orléans umfaßte das Land zwischen Loire und den Alpen.

Die Teilung erfolgte aus dynastischen Gründen, nicht nach völkischen Gesichtspunkten. Von der germanischen Kriegerkaste der Völkerwanderungszeit war wenig übriggeblieben. Zählten die Burgunder in der besten Zeit ihrer Herrschaft an Saone und Rhône nur wenige Tausende, so gingen sie nun in der breiten gallo-romanischen Bevölkerung auf, als sie – besiegt – das Recht auf Landzuweisung verloren hatten. Den Eingesessenen gehörte wieder der Grundbesitz mit Hintersassen und Hörigen. Bei den Westgoten war es nicht anders. Nach Vouillé wichen sie nach Spanien aus. Die Franken herrschten als Großgrundbesitzerschicht von den Pyrenäen bis zum Thüringer Wald. In den ländlichen Bezirken saß die angestammte Bevölkerung, die sich weder durch Römerherrschaft noch Völkerwanderung wesentlich verändert hatte. Sie sprach – wie die irischen Missionare noch im 6. Jahrhundert berichten – teilweise keltisch. Die ›pagani‹ waren zum größten Teil wirklich Heiden, die weiterhin ihre Naturgötter an Quellen, Bäumen und Bergen verehrten.

Obwohl in den zusammengeschrumpften Städten das einheimische Element während des 4. und 5. Jahrhunderts stärker hervorgetreten war, sprach man dort weiterhin lateinisch, wenn auch ein stark verändertes ›Volkslatein‹. Seitdem wieder Frieden herrschte, waren Handwerk und Handel etwas aufgeblüht. Aus Zöllen und Steuern der Kaufleute, die in den Städten lebten, zogen die Könige gewisse Einnahmen. In der Stadt entfaltete die Kirche eine organisatorische, wirtschaftliche wie kulturelle Tätigkeit.

Da jedoch die fränkischen Herren auf dem Lande lebten, fehlten der Stadt die Einkünfte und jene Anregungen, die von einer herrschenden Schicht auszugehen pflegen. Die großen Herren blieben auf ihren Gütern und ließen dort alles, was sie brauchten, selber herstellen. So wurden sie vom städtischen Handwerk unabhängig. Sie brauchten keine Überschüsse auf die städtischen Märkte zu bringen, um Handwerkserzeugnisse oder Handelsware aus der Ferne zu bezahlen. Damit legten sie die städtischen Märkte lahm.

Im Reich ergab sich eine deutliche Dreiteilung der Bevölkerung. In den vorwiegend germanisch besiedelten Teilen des Ostens, im Heer und auf den Herrensitzen sprach man fränkisch. Die Sprachgrenze des Germanischen und des Romanischen hat sich unter der fränkischen Herrschaft nur wenig verschoben. In den Städten, den Kanzleien und in der Kirche sprach man lateinisch. Im Westen sprach die ländliche Unterschicht keltisch.

Der fränkische Adel gründete seine Stellung auf den Besitz großer Güter, die er ständig zu vergrößern trachtete. Darin unterschied er sich von den Germanen der Völkerwanderung, die sich damit begnügten, ihren Lebensunterhalt von den Gütern der Unterworfenen zu ziehen, in die sie – formell vom römischen Kaiser – eingewiesen, richtiger einquartiert worden waren. Die Franken saßen in ihrem Gebiet mit dem Recht des Eroberers. Nach römischen Rechtsgrundsätzen galten sie als Eigentümer von Grund und Boden. Das germanische Recht dagegen kennt den Begriff des Eigentums nicht. Der König, dem das Land rechtmäßig zufiel, verteilte Güter unter seine Gefolgsleute. Sie wurden dauernder Familienbesitz. Damit wurde der Adel seßhaft. Ein großer Teil des Bodens blieb unmittelbares Königsland.

Die Merowinger ließen das Land durch fränkische Beamte verwalten; Vertrauensleute, Brüder und Söhne, verdienstvolle Adlige, gute Freunde und treue Waffengefährten übernahmen als Herzöge in den Außen- und Grenzgebieten, sonst als Grafen königliche Ämter. Ihre erste Aufgabe war es, für Frieden und öffentliche Sicherheit zu sorgen, Recht zu sprechen, Abgaben einzuziehen und den Wehrbann zu führen. Sie vertraten den König und übten daher alle Rechte aus, die diesem nach germanischem Volksrecht zustanden. Da diese Rechte an die Person des Königs, nicht an sein Amt geknüpft waren, ergaben sich Zweifel im Verhältnis zu den ansässigen galloromanischen Grundbesitzern und der Kirche, für die es die persönliche Bindung zum Herrscher nicht gab.

Die Franken mußten mit dem einheimischen Landadel auskommen, der von den besonderen Volksrechten nicht berührt wurde. Jedes ›Volk‹ im Merowingerreich besaß ein eigenes Recht, die ›Riquarischen‹ Franken ein anderes als die ›Salischen‹, die Westgoten ein anderes als die Burgunder, die Thüringer oder die Bayern. Und die Kirche wiederum stand ebenso wie die ›Römer‹, die Galloromanen, unter dem alten römischen Recht.

Die vom König eingesetzten fränkischen Beamten verschmolzen bald mit dem eingesessenen Adel. Sie stellten die Interessen der ihnen übertragenen Gebiete über die des fernen Königs. Sie erwarben Güter und heirateten in die großen Familien der Umgebung. Zwischen den Mitgliedern der fränkischen Herrenschicht brachen Streitigkeiten aus, sobald persönliche Interessen sich mit denen des Reiches überschnitten. Der König konnte sich kaum auf seine Vertrauensleute, nicht einmal auf seine engsten Familienangehörigen verlassen. Häufig empörten sich die Söhne gegen den Vater, die Grafen gegen ihren König.

Sie erkannten kein übergeordnetes, für alle gültiges, auf Gesetzestexte und Paragraphen gestütztes Recht an. Als fränkische Krieger unterstanden sie nur dem Heerbann, also der Gemeinschaft ihresgleichen. Dazu gehörte das Recht, auf frühere Urteile (Weistümer) zurückzugreifen oder, wenn diese nicht ausreichten, Los oder Schwert als letzte Entscheidung im Zweikampf anzurufen. Dieses Recht des freien Kriegers wurde in der Form des ›Gottesurteils‹ in das staatliche Recht eingebaut, als die Franken den christlichen Glauben annahmen. Auch die Kirche mußte den Grundsatz anerkennen, daß Gott schließlich nur dem, der im Recht war, den Sieg zuerkennen könne. Ein beruhigendes Gefühl für den waffengeübten freien Mann.

Der Übertritt Chlodwigs zum katholischen Glauben hat den Aufbau des fränkischen Reiches entscheidend mitbestimmt; er versöhnte die eingesessene galloromanische Bevölkerung mit der fränkischen Herrschaft. Die Germanen der Völkerwanderungszeit waren als Arianer in das Römische Reich eingedrungen. Sie standen außerhalb der Kirche. Sie wollten diese Kirche auch nicht als ihnen übergeordnet anerkennen; die Kirche vertrat die Interessen der unterworfenen galloromanischen Bevölkerung, also der überwiegenden Mehrheit, die politisch ausgeschaltet blieb.

Chlodwig ließ sich feierlich von Remigius, dem Bischof von

Reims, taufen und - angeblich - zum König salben. Er nahm den katholischen Glauben an. Zugleich fand er sich bereit, eine kirchliche Hierarchie in seinem Lande auch für seine Franken als maßgebende Institution in Glaubensfragen, in der kirchlichen Verwaltung und als Wahrer von Recht und Moral zuzulassen. Mochten die völkischen Glieder noch so verschieden sein, so gab es im Frankenreich von nun an eine einheitliche Glaubensgemeinde, ein geschlossenes Kirchenvolk. Der König beugte sein Knie vor dem Vertreter der Kirche Christi, dem katholischen Priester.

Doch behielt die Kirche auch weiterhin ihre politische Stellung als Sprecher der galloromanischen Bevölkerung, vor allem in den Städten. Neben der weltlichen Aufgabe gegenüber den Franken, die ihre eigene Ordnung besaßen, war sie eine geistliche Autorität. Sie unterstand also zwei Herren, dem Papst in Rom als dem geistlichen Oberhaupt der katholischen Kirche - insofern blieb die Ordnung des römischen Imperiums auf religiösem Gebiet erhalten - und dem König der Franken, der sich jedoch in geistlichen Fragen der kirchlichen Autorität unterwarf.

Die fränkischen Grafen sahen sich daher in den Ländern, in die sie als Boten des Königs entsandt waren, einer Macht gegenüber, die neben der königlichen stand und sich darauf berief, daß sie jedem einzelnen Menschen, auch der Person des Königs, übergeordnet sei. Sie bestritt dem Grafen das Recht, in die kirchlichen Verhältnisse, ja selbst in die der unter kirchlichem Schutz stehenden galloromanischen Bevölkerung einzugreifen. Sie schirmte vor allem die Städte gegen königliche Übergriffe, selbst gegen jeden Versuch, Steuern einzuziehen, ab.

Die Bischöfe wurden gewählt, nicht durch den König eingesetzt. Sein Einfluß konnte sich nur vorsichtig über das Domkapitel und die Wahlmänner durchsetzen, durch Versprechungen wirtschaftlicher Art, durch Würden und Ehren oder durch mehr oder minder verhüllten Druck in Form von Drohungen und Gewalt gegen einzelne Personen. Dagegen bemühten sich die Bischöfe, ihre kirchliche Organisation zu straffen, sie gegen äußere Einwirkungen dadurch abzuschirmen, daß die Kleriker eine einheitliche Ausbildung erhielten und zu einer in sich geschlossenen Gemeinschaft heranwuchsen, die sich schon allein durch ihre Sprache, das Latein, von der fränkischen Kriegerkaste abhob.

Ihren Rückhalt hatten sie am König. Er gewährte der Kirche bedeutende Rechte, schützte sie gegen Übergriffe seiner eigenen Grafen und schenkte ihr große Landgüter, um sie wirtschaftlich unabhängig zu machen. Diese Politik entsprang weniger der Frömmigkeit, wenn auch sie eine gewisse Rolle spielte, als der Erkenntnis, daß nur die Kirche das Bindeglied zu den romanischen Bevölkerungsteilen bildete.

Die Franken haben westlich des Rheins und südlich der Schelde bis zur Loire nur einen geringen Teil der Bevölkerung, kaum mehr als ein Zehntel, ausgemacht, südlich der Loire und in Burgund gab es keine geschlossene fränkische Siedlung von Bedeutung. Die königliche Verwaltung war auf die Mitwirkung der Kirche angewiesen. Der königlichen Zurückhaltung entsprach die Bereitschaft der Bischöfe, sich als Glieder des ›fränkischen Volkes‹ zu fühlen. Gregor von Tours, Sohn von Galloromanen, hat sich immer als ›Franke‹ gefühlt.

Die Bischöfe in den Städten sorgten für die Instandsetzung der Mauern, für den Bau von Kirchen; sie leiteten die Verteidigung, sie verhandelten mit Feinden, wenn sie vor den Toren erschienen. In Friedenszeiten sorgten sie für die Armen, sie betreuten die Kranken, sie unterhielten die Schulen für die Kleriker. Zu ihnen sahen die Stadtbewohner als ihren berufenen Vertretern auf. Die Kirche hielt das gesamte Bildungswesen in ihrer Hand, sie unterhielt die öffentliche Fürsorge und übte einen großen Teil der Rechtsprechung aus.

Die Landbevölkerung, die ›pagani‹, stand zwar außerhalb der kirchlichen Organisation, aber ihre Herren, die Großgrundbesitzer, hatten ihrerseits Interessen in der Stadt, wo sie der kirchlichen Organisation unterstanden. Auf dem Lande übernahmen die Klöster die Aufgaben der Kirche.

Das christliche Mönchtum und Klosterwesen hat seinen Ursprung in Ägypten. Von dort nahm es den Weg über Syrien und Kleinasien in das Römische Reich und sodann unmittelbar nach Irland. In Italien gab ihm Benedikt von Nursia (480–543) neue Ziele und Formen. Er faßte die meist vereinzelt in der Wildnis lebenden Mönche zu einer Gemeinschaft zusammen, mit der Aufgabe, neben dem Gebet das ›Werk‹, die tägliche Arbeit zu pflegen. Allen Klöstern gab er die gleiche feste Ordnung, unabhängig von der Verehrung eines örtlichen Heiligen. Der Abt wurde gewählt, wenn auch nicht immer nach dem Grundsatz der Mehrheit.

Die Benediktiner trachteten nicht nach jener Frömmigkeit, die

die ägyptischen Einsiedler durch äußerste Askese und Selbstkasteiung anstrebten. Die Mönche lebten in geregelter Ordnung, sie sollten ausreichend genährt und sauber gekleidet sein und genügend Schlaf haben. Sie sollten sinnvolle Arbeit verrichten, die auch dem Leben im Diesseits zugute kam. Einen entscheidenden Auftrieb erhielten die Benediktiner, als der römische Senator Cassiodorus, beim Tode Theoderichs Vorsteher der zivilen Verwaltung, nach seinem Rücktritt Mönch wurde und selber zwei Klöster gründete. Er hielt seine Ordensbrüder an, lateinische Schriften abzuschreiben und griechische Texte ins Lateinische zu übersetzen. Er gab den Klöstern die Aufgabe, Hüter der antiken Bildung zu werden, die in den Stürmen der Völkerwanderung unterzugehen drohte. Durch ihn wurde das westliche Mönchtum ein Hort der Wissenschaften. Das Bemühen um geistige Werte galt als Dienst Gottes. Der Ostkirche blieb dieses Streben nach Gelehrsamkeit fremd.

Mit den Benediktinerklöstern kam das Christentum in Gallien auch auf das flache Land. Dabei paßte es sich der keltischen Landbevölkerung an, die noch weitgehend an den alten keltischen Göttern und Bräuchen festhielt. Häufig entstanden Benediktinerklöster an Stellen, die schon in keltischer Zeit eine religiöse Bedeutung gehabt hatten. Im 7. Jahrhundert entstand in Fleury, wo die Druiden ganz Galliens sich jährlich versammelten, ein Kloster. Als die Langobarden 672 Monte Cassino zerstörten, ließ der Abt die Reliquien des heiligen Benedikt in sein Kloster holen, das seitdem St. Benoît heißt. Es wurde Mittelpunkt einer breiten Erziehungsarbeit. Die Merowinger haben sowohl die Kirchen und Bistümer wie die Klöster durch reiche Schenkungen gefördert. Die katholische Kirche war die einzige öffentliche Einrichtung, die im ganzen Reich wirkte.

In den einzelnen Landschaften bildeten sich mit der Zeit örtliche Gewalten, die von Franken, anderen Germanen oder Galloromanen ausgeübt wurden. Die örtlichen Interessen überwogen allmählich die germanischen Vorstellungen vom Heil der Sippe. Selbst Blutsbande schlossen den Verrat nicht aus, wenn es um materielle Vorteile oder um Macht ging. Jeder Große, auch der Bruder und der Sohn des Königs, strebte danach, eine eigene Hausmacht zu gewinnen, die sich auf Grundeigentum wie auf eine möglichst große Zahl abhängiger Gefolgsleute stützte.

Im Kampf um Macht und Einfluß, um Besitz und Ansehen war

jedes Mittel recht. Die Frauen am Hof der Merowinger schürten noch die Zwistigkeiten, ob sie nun germanischer Herkunft waren wie die Westgotin Brunichildis oder galloromanischer wie Fredegundis. Obwohl sich diese Auseinandersetzungen im Kreise des fränkischen Königshauses und des Kriegeradels abspielten, wurde der kleine Mann am stärksten betroffen. Die Großen erwarteten von ihm nicht nur Gehorsam, sondern Treue und Verbundenheit. Jeder siegreiche Heerführer wütete im Gebiet seines Feindes gegen den Bauern wie gegen den Städter. Um den Herrn zu strafen, ließ man Haus und Hof des Knechtes in Flammen aufgehen. Rücksichtslos wurde zerstört. Äußere Feinde bedrohten das Reich nach dem Tode Chlodwigs nicht mehr. Der große Völkersturm war zu Ende.

Westlich der Elbe lebten Sachsen und Thüringer, südlich der Donau die Bayern, seit der Mitte des 7. Jahrhunderts von den vorrückenden Slawen bedroht, die – ohne eigene Stoßkraft – von den Awaren vorangeschoben wurden. Die Awaren jedoch hatten seit der Niederlage vor Konstantinopel den Höhepunkt ihrer Macht überschritten. Die Franken waren daher die stärkste Macht in Westeuropa, die allerdings unter inneren Wirren litt.

König Chlothar I., der seine drei Brüder überlebte, vereinigte noch einmal die Herrschaft in seiner Hand (558–561). Unter seinen vier Söhnen zerfiel sie wieder. Als das westgotische Weib des neustrischen Königs Chilperich I. ermordet wurde, brach der Kampf mit dem Bruder Sigibert von Austrasien aus, der mit Brunichildis, einer Schwester der Ermordeten, verheiratet war.

Die Königinnen wandten sich um Hilfe an die Großen des Reiches, an den Landadel und die Bischöfe, denen sie Königsgut übereigneten. Die Verfügung König Chlothars II. vom Jahr 614, daß die übereigneten Güter nicht zu Eigentum, sondern nur zu Lebzeiten als ›Beneficium‹ übertragen sein sollten, änderte wenig an der wachsenden Macht der Großen. Anfangs folgten Adel und freie Bauern dem jeweiligen Teilkönig. Neustrien stand gegen Austrasien, Austrasien gegen Neustrien. Wurde ein Großer ermordet, fiel das Land dem König anheim, der die Verwaltung einem neuen Herrn übergab.

Auch das änderte sich im 7. Jahrhundert, je schwächer die Zentralgewalt, je unbedeutender der König wurde. Der Adel fand sich innerhalb der einzelnen Landschaften zusammen, um den jeweiligen Herren seinen eigenen Willen aufzuzwingen. Als die Brüder Sigibert I. (Austrasien) und Chilperich I. (Neustrien) im Verlauf des jahrelangen Streites ermordet wurden, gingen die Großen von Austrasien zu Chlothar II. von Neustrien über; die Witwe Sigiberts I., Brunichildis, wurde hingerichtet. Zum erstenmal zeigte es sich, daß die fränkischen Großen ein eigenes Gewicht neben dem des Königs und der Kirche besaßen. Der König konnte den Heerbann nicht mehr unmittelbar einberufen; er mußte sich an die Großgrundbesitzer wenden. Das lag nicht zuletzt an der schwindenden Bedeutung der Städte.

Der Prozeß, der schon Ende des 2. Jahrhunderts begonnen hatte, ging unaufhaltsam weiter. Die Städte schrumpften, weil die ländliche Umgebung den städtischen Handwerkern nichts abkaufte. Der Fernhandel litt unter den politischen Wirren und der Unsicherheit auf den Straßen. Es fehlte der starke Arm, der den Verkehr schützte. Die Bischöfe waren außerhalb ihrer Diözese machtlos. Weil Handel und Handwerk nachließen, verlagerte sich das wirtschaftliche Schwergewicht zunehmend von den Städten aufs Land.

Diese Entwicklung mußte sich verstärken, je mehr die Söhne des fränkischen Adels die hohen geistlichen Würden an sich rissen. Sie waren ihrer Erziehung und ihren Liebhabereien nach stadtfeindlich eingestellt. Ihre Schenkungen wandten sie den auf dem Lande gelegenen Klöstern zu.

Als Wallfahrtsplätze genossen die Städte immer noch eine bedeutsame Anziehungskraft. Ihre Kirchen bargen die Reliquien der Heiligen, der Märtyrer oder berühmter Bischöfe. Die Gräber zeichneten sich durch Wundertaten aus, die zahllose Menschen von nah und fern anlockten. Für die nur äußerlich zum Christenglauben bekehrte Landbevölkerung nahmen die Heiligen die Gestalt der großen Gottheiten an, die sie in erneuerter Form verehren durfte.

Die wichtigste Pilgerstadt war Tours mit dem Grab des heiligen Martin, das Ziel zahlreicher frommer Wallfahrer, die reiche Geschenke spendeten. Über 50 Kirchen bargen viel bestaunte Goldschätze. In den Kirchen sammelten sich bedeutende Mengen von Edelmetallen, während die Münzen im Lande fehlten.

Der äußere Glanz der Pilgerstädte und der einzelnen Kirchenfeste kann jedoch nicht über die Krise innerhalb der Kirche hinwegtäuschen. Mit der rückläufigen Entwicklung der Städte nahm auch die

Ausstrahlung der kirchlichen Organisation ab. Parallel damit vollzog sich ein anderer Prozeß. Die Kirche verlor das Vertrauen und die Führung der galloromanischen Bevölkerung. Sie geriet unter den Einfluß des fränkischen Adels, dessen Frömmigkeit von eigener Art war. Ihm lag die Beschäftigung mit Fürsorge, Lehre und Wissenschaft nur wenig.

Das religiöse Erlebnis, die Erweckung des einzelnen, die Hingabe an den Geist ließen nach. Dafür gewannen die Verwaltung des Kirchengutes, die Verteidigung kirchlicher Pfründe gegen habgierige Nachbarn, die Förderung von Klöstern und Grundbesitz des Bischofs in Stadt und Land, die politische Verflechtung der regierenden Macht mit der kirchlichen Organisation zunehmend an Bedeutung. Die christliche Kirche drohte eine weltliche Einrichtung der Franken zu werden.

Die Wandlung brachten irische Missionare. In Irland war die Bekehrung andere Wege gegangen als innerhalb des römischen Imperiums, weil sie von Männern getragen wurde, die auf dem flachen Lande lebten. Die Iren haben anfangs das Christentum nicht in der katholischen Glaubensform, sondern – noch zu der Zeit, da die Römer in Britannien saßen – in der ketzerischen Sekte des Pelagius übernommen. Rom sandte 429 den Bischof von Auxerre, St. Germanus, nach Irland, um den rechten Glauben einzusetzen. Sein Schüler, der heilige Patrick, ein Brite keltischer Herkunft, der lange Zeit als Kriegsgefangener in Irland verbracht hatte, gewann 438 den König Loiguire für den rechten Glauben. Er errichtete sein Bistum in Armagh ohne Rücksicht auf die kanonische Vorschrift, daß ein Bischof nur in einer römischen Stadt seinen Sitz haben dürfe. Es gab in Irland keine römischen Civitates.

Das Christentum in Irland war also stets auf dem Lande beheimatet; es wurzelte im Landvolk und nicht in einer gebildeten städtischen Bürgerschicht. Patrick knüpfte daher an keltische Bräuche und Gesellschaftsformen an. Zuerst leisteten die Druiden harten Widerstand; dann wandelten sie sich selber zu Lehrern des Christenglaubens, nachdem die Kriegerschicht mit ihrem König übergetreten war.

Kernzellen des Christentums waren die Klöster, weit stärker als die Bistümer. Sie lagen in der Regel an den keltischen Kultstätten, die ihrerseits wohl an den Plätzen der vorkeltischen Heiligtümer angelegt worden waren. Da wir kaum etwas von der Zeit zwischen den Megalitherbauern und den Kelten wissen, läßt sich nur aus den wenigen Steindenkmälern schließen, daß bestimmte Plätze vom 2. Jahrtausend bis zum Christentum ununterbrochen Kultstätten gewesen sind. Im 4. Jahrhundert n. Chr. sprach die irische Bevölkerung keltisch. Von der Ursprache lassen sich nur wenige Spuren nachweisen, da Iren und Schotten keine schriftlichen Aufzeichnungen kannten.

Die stärksten Anregungen erhielt das irische Klosterwesen von St. David in Menevia (Wales), das vor allem Mönche und Schüler aus Irland anzog, die später in die Heimat zurückkehrten. 520 gründete St. Finnian Kloster und Schule Clonard, das Mutterkloster für so berühmte Klöster wie Clonmacnoise und Bangor. Von dort aus hat der heilige Columba die Klöster Derry, Durrow, Kells und andere, vor allem aber Iona errichtet. 558 gründete Brenda das Kloster Clonfert in Galloway, alles Bollwerke des Glaubens und des Unterrichts.

Das irische Klosterwesen ist gekennzeichnet durch religiöse Inbrunst, Askese und Gelehrsamkeit. Damit stand es dem ägyptischen Mönchswesen, von dem es viele Anregungen unmittelbar erhielt, näher als der Regel des heiligen Benedikt. Der weltliche Zug war ihm fremd. Ihm lag das Seelenheil mehr am Herzen als die Ordnung im Diesseits. Die Aufgabe der Geistlichen in den früher römischen Provinzen, ihre Gemeinde gegen fremde Eroberer zu schützen, für ihre irdischen Bedürfnisse einzutreten, die soziale Ordnung zu verteidigen, war den irischen Mönchen fremd. Sie legten ihre Klöster in der Einsamkeit an, um ihre Schüler durch ein frommes Leben mit Hilfe des Wissens zur Erkenntnis Gottes zu führen. Frömmigkeit und Gelehrsamkeit waren für sie der Weg zu einem geläuterten Leben. Missionsarbeit war Gottesdienst.

Die Askese sollte den Menschen zur höheren Einsicht Gottes erheben. Die Sünde galt ihnen als menschliche Schwäche, die mit der Buße getilgt werden konnte. Toleranz und Verständnis waren seit je ein wesentliches Kennzeichen irischer Gläubigkeit. Voll Inbrunst ergriffen die Iren die christliche Lehre, in der sie eine Erhöhung ihres alten Glaubens sahen. In glühendem Eifer trugen sie den neuen Glauben weiter. Die irische Mission gewann rasch an Boden, da sie die Sünder nicht verdammte, sondern sie zu sich heranzuziehen suchte. In den Klöstern Irlands wurde Lesen und Schreiben gelehrt und lateinisch gesprochen und geschrieben. Meist war den Klöstern eine Schule angeschlossen. Von Mauern und Erdwällen umgeben, lebten Mönche und Schüler – oft in großer Zahl, aber jeder für sich – in kleinen bienenkorbartigen Hütten aus Flechtwerk, Lehm, Rasenziegeln oder Stein. Ihren Unterhalt bezogen sie von den Schafen, die – persönliches Eigentum des Schülers – um die Hütten weideten. Häufig lagen die Schulen an Plätzen, an denen schon Druiden unterrichtet hatten. Gelehrt wurden Geschichte, Gesetzeskunde, Heilkunde; die antiken Schriftsteller wurden gelesen, Musik wurde getrieben.

An den äußeren Formen des Unterrichts, dem Wechselgespräch zwischen Meister und Schüler, hatte sich wenig geändert. Um so auffälliger war nun – im Geiste der lateinischen Kultur – die eifrige Pflege der Schrift. Den Iren erschloß sich über die Schrift ein Einblick in bisher unbekannte Bereiche. Durch emsiges Abschreiben waren sie bemüht, ihr neues Wissen weiterzugeben.

Erhalten geblieben sind aus jener frühen Zeit keine Bücher. Im 7. Jahrhundert begann ein Mönch mit der Aufzeichnung der irischen Geschichte. In Tuaim Regon bestand eine Mönchsschule neben der alten Druidenschule. Dort schrieb Cennfaelad Gedichte geschichtlichen Inhalts und eine Grammatik.

Binnen kurzer Frist holten die Iren den Vorsprung der Landschaften mit lateinischer Kultur ein. Während der Blütezeit der irischen Klöster, zwischen 500 und 800 n. Chr., übertrafen sie an Bildung, an Wissen und an Wissensdurst eindeutig die germanischen Volksreiche in Westeuropa. Gelehrsamkeit war eine Herzensangelegenheit des ganzen Volkes. Keine soziale Schicht, kein selbstgefälliger Kriegeradel hielt sich abseits.

Die irischen Mönche trugen ihre Geistigkeit und ihre inbrünstige Hingabe an das Christentum nach Britannien und auf das Festland, als sie mit ihrer umfassenden Missionsarbeit begannen. 563 zog Columba zur Insel Iona, um von dort aus die Pikten, die Angeln und Sachsen in Britannien zu bekehren. Von Bangor in Ulster segelte sein Schüler Columban voller Missionseifer nach Gallien. Bald waren die Niederlande, die Gebiete östlich des Rheins, das Alpenvorland und Italien von irischen Klostergründungen übersponnen; Luxeuil an den Vogesen, Jumièges, St. Vaudrille, Solignac, Corbie, Stavelot, Malmedy, St. Gallen, Disentis und in Oberitalien Bobbio, um nur einige herauszugreifen.

In Britannien fanden die Iren eine soziale Ordnung vor, die von der ihrigen abwich. Die angelsächsische Kriegerkaste, des Lesens und Schreibens unkundig, herrschte auf ihren Sitzen über die keltischromanische Bevölkerung, die nur eine untergeordnete Rolle spielte; sie wird daher weder im Recht noch in der Geschichtsschreibung jener Zeit erwähnt. Die Städte hatten bei der Eroberung schwer gelitten; die Einwohner waren zum großen Teil auf das Festland geflohen. In den zusammengeschrumpften römischen Städten aber lebten immer noch Christen unter geistlicher Führung.

Um die Angelsachsen zu bekehren, sandte Papst Gregor I. den Benediktinermönch Augustin nach Canterbury, der Residenz des Königs von Kent. Canterbury wurde nach der Bekehrung des Königs Mittelpunkt der von Rom aufgebauten kirchlichen Verwaltung. Auf sie gründete der angelsächsische König auch seine weltliche Verwaltung, gestützt auf die geschulten Kleriker, um seine Macht auf festere Grundlagen stellen zu können als auf die Gefolgstreue seiner Mannen.

Die Städte gewannen als Sitz der kirchlichen und weltlichen Verwaltung ein neues Leben; sie wurden Mittelpunkt eines weitgespannten Handels. Der Anteil der Sklaven, die bis nach Rom verkauft worden waren, ging zurück, da die Kirche den Handel mit Christen unterdrückte. Dafür stieg die Einfuhr von Luxusgütern wie Seide und die Ausfuhr von Wolle.

Da die angelsächsischen Königreiche sich mit der Zeit in das Inland vorschoben, wich die keltische Unterschicht nach Westen und nach Norden in die Berge aus. 615 wurde Chester und das britische Königreich Elmed südwestlich von York erobert. Somerset und Dawset haben die Angelsachsen erst um die Mitte des 7. Jahrhunderts besetzt, Devon noch später. Sie erhielten vom Festland genügend Zuzug, um langsam in den ländlichen Gebieten des Ostens Bauern anzusiedeln. Diese bäuerlichen Einwanderer verbanden sich leichter mit der ansässigen kelto-romanischen Unterschicht als die selbstbewußte Kriegerkaste der Eroberungszeit.

Dieser Unterschied spiegelte sich auch in der Stellung der Kirche wider. Die Geistlichkeit in den Städten, die den Schutz des Königs genoß, diente der öffentlichen Verwaltung. Diese Aufgabe widersprach den Lehren der irischen Kirche, die im Norden und Westen von ihren Klöstern aus bei der eingesessenen keltischen Bevölkerung wachsend an Einfluß gewonnen hatte. Sie zog auch wissensdurstige Angelsachsen an sich, die über die Klostererziehung in der kirchlichen Hierarchie und in der weltlichen Verwaltung aufstiegen.

Die Schüler der Iren sahen ihre Aufgabe vor allem darin, die Frömmigkeit zu vertiefen und die Gelehrsamkeit zu pflegen. Sie unterschieden sich von den aus Rom kommenden Missionaren, die in der kirchlichen Organisation die Voraussetzung für Gottesdienst und Bewahrung des rechten Glaubens sahen. Äußerlich trat der Gegensatz in der Berechnung des Osterfestes hervor. Die Iren hielten an ihren überlieferten Zeiten fest, die inzwischen von Rom abgeändert worden waren. Um die Einheit der Kirche nach außen geltend zu machen, setzte der Angelsachse Wilfried auf der Synode von Whitby 664 die römische Bestimmung der Osterzeit beim König Oswiu durch. Daraufhin zogen sich die Iren aus dem angelsächsischen England zurück. Auf ihrer Insel hielten sie bis ins 8. Jahrhundert an ihrem Ostertermin fest.

Damals waren noch alle höheren Geistlichen in England aus Rom entsandt. Theodor aus Tarsos wurde Erzbischof von Canterbury. Später rückten ›Römer‹ aus Britannien auf. Als das Erzbistum York (734) errichtet wurde, erhielt noch einmal ein Römer aus dem einheimischen Klerus die Würde. Dann besetzten nur noch gebürtige Angelsachsen die hohen Kirchenämter.

Zu dem kulturellen irisch-römischen Gegensatz in Britannien kamen die Spannungen aus den Einflüssen von außen, die über zwei verschiedene Handelswege einwirkten. Irland war über den Seeweg unmittelbar mit der französischen Westküste, mit der Iberischen Halbinsel, mit dem Mittelmeer und damit mit dem Christentum in Ägypten und Syrien verbunden. Über diesen Weg gelangten nicht nur Waren, sondern auch Menschen und Ideen aus dem Orient in die Irische See und von dort über die Inselkette der Hebriden, der Orkney- und Shetland-Inseln nach Skandinavien. Von Skandinavien kamen als wichtigste Ware des Nordens Pelze in fast unbegrenzter Zahl, die auf den kleinen und unzulänglichen Schiffen transportiert werden konnten. In Schweden berührte sich dieser Westhandel, der Wein, Öl, Eisen und Tuche nach Norden brachte, mit dem großen Handelsweg, der vom Kaspisee die Wolga aufwärts über den Ladogasee an den Ursprung des Pelzhandels heranzukommen suchte.

Im 8. Jahrhundert wurde der weitgespannte Bogen des Nordhandels sowohl im Westen wie im Osten seiner Stützen beraubt. Die Araber eroberten Spanien, und die Awaren und Slawen sperrten die Durchfahrt vom Schwarzen Meer und dem Kaspisee über die russischen Ströme nach Norden. Um diese Zeit gewann das europäische Festland für die Iren und die christlichen Angelsachsen an Bedeutung. Irische Mönche reisten ins Frankenreich, um zu missionieren. Zu ihrem Erstaunen fanden sie in diesem fränkisch-lateinischen Gebiet eine Bevölkerung, die ihre eigene Muttersprache, das Keltische, verstand. Die Iren konnten sich unmittelbar an das ›Volk‹ wenden, ein Volk, das es weder für die Franken noch für die römischen Kleriker gab, das in den Quellen nur am Rande erwähnt wird, da weder der galloromanische Adel noch die Städter keltisch sprachen.

Durch die enge Verbindung von lateinischsprechender galloromanischer Oberschicht mit der herrschenden fränkischen Oberschicht wuchs die Kirche im Frankenland zu einer ›völkischen‹ Einheit zusammen. Die Galloromanen bezeichneten sich stolz als ›Franken‹. Die Grundbesitzer bildeten eine soziale Gemeinschaft. Sie legten häufig Wert auf einen fränkischen oder mindestens fränkisch klingenden Namen und waren untereinander versippt und verschwägert. Sie stützten sich auf dreierlei: auf Grundbesitz, Vormacht in der – ebenfalls an Grundstücken reichen – Kirche und auf die Königsgunst. Diese Adelsschicht entmachtete sowohl den alten germanischen Kriegerstand, den ›freien Bauern‹, wie den romanisierten Städter, vor allem den Händler; die angesessene gallische, noch keltisch sprechende Unterschicht, meist Landarbeiter und Hörige, höchstens Kleinbauern, mußte sich beugen.

Die Verlagerung des politischen Einflusses wirkte sich auch auf das Heerwesen aus. Der fränkische Heerbann verlor seine Bedeutung; die zahlenmäßig bei weitem überwiegende gallische Unterschicht wurde vom Waffendienst weiterhin ferngehalten; die Grundbesitzer kehrten zur Wehrverfassung des ausgehenden Imperiums zurück, eigene Privatheere zu unterhalten. Diese Entwicklung erfaßte auch die Kirche. Auch die Bischöfe wurden heerfähig. Seit die Bischöfe eigene Streitkräfte führten, drängten die jüngeren Söhne des fränkischen Adels zu den hohen kirchlichen Würden.

Der Bischof wurde vom Domkapitel, also vom Kreis der Kleriker, gewählt und nicht vom König oder von weltlichen Verbänden ernannt. Aber der grundbesitzende Adel besaß genügend Möglichkeiten, auf die wählenden Kleriker Einfluß auszuüben.

Bei einer Wahl gab nicht immer die Mehrheit die Entscheidung. In einer Zeit, die durch Standesunterschiede und das Gewicht der einzelnen Persönlichkeit geprägt wurde, stand auch eine Wahl unter dem Gesichtspunkt, daß Stimmen nicht nur gezählt, sondern auch gewogen werden mußten. Der heilige Benedikt von Nursia hatte von dem »größeren und gesünderen Teil« der Stimmen gesprochen. Im germanischen Volksthing wie im fränkischen Heerbann fiel die Stimme eines Mächtigen, hinter dem eine angesehene Sippe oder der Ruf seiner Taten oder auch nur der Kreis der ihm ergebenen Gefolgsleute stand, so stark ins Gewicht, daß der einfache Mann selten zu widersprechen wagte. Notfalls entschied das Schwert.

Der reiche Nachbar konnte dem Kloster Land schenken, ihm finanziell helfen oder es arg schädigen. Sein Vertrauensmann im Wahlausschuß hatte alle diese Überlegungen für seinen Kandidaten, alle Bedenken gegen den Gegenkandidaten nachdrücklich zu betonen. Das Ergebnis war häufig genug, daß derjenige gewählt wurde, den der mächtige Graf vorschlug. Zu Beginn des 8. Jahrhunderts saßen auf den meisten Bischofsstühlen fränkische Adlige oder mindestens deren Vertrauensleute.

Die enge Zusammenarbeit zwischen König und Kirche hatte mit der Bekehrung Chlodwigs begonnen. Nun verfügte der fränkische Kriegeradel dank seiner verwandtschaftlichen Beziehungen zu der hohen Geistlichkeit über die geistliche wie die wirtschaftliche Kraft der Kirche. Das schwächte die merowingische Königsmacht und endete schließlich mit der Absetzung ihres Königs.

Nach fränkischem Beispiel traten auch die Westgoten zum katholischen Glauben über und schlossen Frieden mit der Kirche. Nach der Niederlage von Vouillé verlagerten sie ihr ›Reich‹ nach Spanien. Hauptstadt wurde Toledo. In Galizien saßen die Sueben, die erst 585 in das Westgotenreich eingegliedert wurden. Es kann nicht mehr als eine kleine Schar von Kriegern gewesen sein, die sich von Mitteldeutschland bis Spanien durchgeschlagen hatte. Sie war mit der dortigen Bevölkerung zu einem Einvernehmen gekommen mit der Abmachung, die kastilische Hochfläche gegen die nachdrängenden Heerhaufen zu verteidigen.

Der nördliche Teil der Iberischen Halbinsel ist niemals derart von Einwanderern besetzt worden, daß Sprache, Sitten und Gebräuche der Voreinwohner völlig verdrängt wurden. Im Nordosten hat sich die baskische Sprache aus der Zeit vor den Indoeuropäern, vielleicht die der Ligurer, bis heute erhalten. Die Römer, die Jahrhunderte in Spanien Krieg führten, überließen die zerklüfteten Berge ihren Bewohnern, solange sie keine Einfälle in das befriedete

Gebiet im Süden befürchteten. Sie legten nur auf die Bodenschätze Wert, vor allem auf die Zinngruben Galiziens, die von der See her zu erreichen waren.

Die Westgoten im Süden hatten sich zunächst gegen die oströmischen Versuche zu wehren, Spanien in das byzantinische Reich zurückzuführen, nachdem das Vandalenreich in Nordafrika zerschlagen worden war. Gestützt auf die unbestrittene Vorherrschaft zur See und die neugewonnene Provinz Afrika gewann Konstantinopel die Baetis (Andalusien). Von 554 bis 584 saßen byzantinische Beamte in Córdoba. Aber die Hoffnung, es genüge, die zahlenmäßig geringe Kriegerkaste zu stürzen und die Masse der ›römischen‹ Bevölkerung aufzurufen, in das Imperium zurückzukehren, erwies sich in Spanien ebenso als Irrtum wie in Italien.

Die Bevölkerung blieb stumm. Sie fühlte nicht mehr ›römisch‹. Der Gegensatz zu Byzanz mit seinem rigorosen Steuersystem war größer als der zu den Goten. Daran änderten auch die religiösen Verhältnisse wenig, denn die Griechen, die Rom nicht anerkennen wollten, waren ebenso verdächtig wie die Arianer. Kaiser Justinian I. hatte gehofft, das alte umfassende Reich aufrichten zu können. Das hätte vorausgesetzt, daß alle Teile bereit waren, die Angriffe von außen abzuwehren, also die Lasten des Krieges an der Donau- und an der Euphratfront mitzutragen. Ein solches ›Reichsbewußtsein‹ gab es jedoch nicht.

Entscheidend blieb, ob es den Westgoten gelang, die eingesessene Bevölkerung, die romanisierten Iberer, Keltiberer, Basken, und die stark orientalisch durchsetzten Hafenstädte für sich zu gewinnen. Auf einer Synode von Toledo (586) trat König Reccared (586–601) zum katholischen Glauben über. Ihm folgte ein großer Teil des Adels und der arianischen Geistlichkeit. Die nun einheitliche Kirche trug den Staat. Sie stellte mit ihren geschulten Klerikern die gesamte Verwaltung, ihr fiel die öffentliche Fürsorge, das gesamte Erziehungswesen und über den eigenen riesigen Grundbesitz auch das Finanzwesen zu. Sie konnte sich besser als im Frankenland gegen das Eindringen des gotischen Kriegeradels wehren. Einmal waren die Goten zahlenmäßig viel schwächer vertreten als die Franken jenseits der Pyrenäen. Ihnen fehlte auch die breite bäuerliche Siedlerschicht, denn die Westgoten waren ausschließlich als Krieger ins Land gekommen. Sodann war der König erst viel später, nach mehr als anderthalb Jahrhunderten gotischer Herrschaft in Spanien, zum Katholizismus übergetreten, so daß die römische Kirche sich inzwischen eine festere Organisation hatte geben können.

Zunächst suchte sie ihre Stellung gegenüber den Juden auszubauen. König Sisebut (612–621) stellte sie unter strenge gesetzliche Aufsicht. Wiederholt gingen die Westgoten gegen den – mißgünstig betrachteten – Reichtum der Händler, und das waren damals vorwiegend die Juden, vor. Der König fürchtete, daß die kaufmännischen Verbindungen über das Meer nach Osten sich zu einer Unterstützung der byzantinischen Macht auswirken könnten. Das änderte sich auch nicht, als es König Swintila gelang, die Byzantiner endgültig von der Iberischen Halbinsel zu vertreiben (624). Der spanische Handel – von dem die Städte lebten – reichte nach Irland, nach Ägypten, Syrien und Konstantinopel.

Spanien war immer noch ein reiches Land. Die Bergwerke warfen hohe Erträge ab. Auf dem Lande gediehen Weinbau, Ölbäume, Getreide; Pferde- und Rinderzucht waren gut entwickelt. Die Bevölkerung hatte unter den Wirren der Völkerwanderung verhältnismäßig wenig zu leiden gehabt. Auch in der Sozialordnung hatte sich wenig geändert. Der Großgrundbesitz saß wie zur Römerzeit vor allem an der Mittelmeerküste, in Andalusien und in Portugal.

Unter den Großgrundbesitzern herrschten immer noch die Nachkommen der alten Villenbesitzer vor, doch waren sie meist mit dem gotischen Adel versippt und verschwägert. Häufig hatten sie gotische Namen angenommen. Die Goten sammelten sich um ihren König und fühlten sich weiterhin als Kriegerkaste.

In den Städten pulste ein reges geistiges Leben, vor allem in Toledo und Sevilla, wo Isidor (560–636) sich als Erzbischof bemühte, die lateinische und griechische Kultur gegen die Barbaren zu verteidigen. Sein Werk über die ›Dinge der Natur‹ gab dem Mittelalter die naturwissenschaftlichen Grundlagen. Auch er wandte sich in einer Schrift gegen die Juden, die in den spanischen Städten den Handel fest in der Hand hielten. Die Kirche bemühte sich, die vielschichtige Bevölkerung der Iberischen Halbinsel, die Basken, Iberer, Keltiberer, Römer, Orientalen und Goten, zu einer politischen Einheit zu verschmelzen. König Recceswinth (631–636) unterstützte dieses Bestreben durch seine Gesetzgebung. Die Krise kam jedoch weniger durch die Spannungen zwischen den einzelnen Bevölkerungsschichten, als durch die Kämpfe innerhalb der gotischen Adelsschicht.

Die verschiedenen Gruppen stützten sich auf die zahlenmäßig weit überlegene einheimische Bevölkerung, einmal auf eine Landschaft, ein andermal auf eine soziale Gruppe, dann wieder auf Parteiungen und persönliche Gefolgschaften. An diesem Zwist ist das Reich der Goten zerbrochen.

10

Die Mauren und das Abendland

711: Die Araber erobern Spanien · Vorstoß ins Frankenreich scheitert 732 bei Tours und Poitiers · Die schrumpfende Wirtschaft bei den Franken · Der Handel der Friesen · Das maurische Spanien blüht auf · Landwirtschaft und städtische Kultur · Die Kaufmannskarawanen · Geregeltes Steuerwesen, religiöse Toleranz · Arabische Wissenschaft · Die Karolinger · Die Heeresreform des Karl Martell (714–741) · Stadtfeindlichkeit der Franken · Angelsächsische Mission: Bonifatius (um 675–754) · Karl der Große (768–814) · Unterwerfung und Bekehrung der Sachsen · Spanische, sorbische und pannonische Mark · Die Slawengrenze · Grundlage der Militärmacht: das Heeresaufgebot · Karl in Italien · 800: Kaiserkrönung in Rom

Von Nordafrika setzten die Araber 711 nach Spanien über. Der oströmische Graf Julian, Befehlshaber der belagerten Festung Ceuta, wies sie auf die lockende Beute hin, um die Heerscharen abzulenken. In Spanien durften sie auf Beistand der unterdrückten Juden rechnen. Auch ein Teil des westgotischen Adels war bereit, sich der Moslems zu bedienen, um König Roderich, der die Macht an sich gerissen hatte, zu stürzen – an der Spitze die Söhne des Königs Witiza. Nur ein kleines Heer von 8000 Berbern, denen 12000 Araber folgten, schlug in der Schlacht bei Jerez de la Frontera die Goten. Das Westgotenreich fand nach zwei Jahrhunderten ein Ende. Innerhalb eines Jahrzehntes gelang es den Arabern, den größten Teil der Iberischen Halbinsel zu erobern. Widerstand leisteten außer einzelnen gotischen Besatzungen in festen Städten und Burgen nur die Bergländer im Norden, die für die arabischen Reiterheere kaum zu bezwingen waren. Daß die Spanier, die Jahrhunderte gegen die Römer gekämpft hatten, in so kurzer Zeit erlagen, zeigt, auf wie schwachen Füßen die Gotenherrschaft stand, und zugleich, daß die Moslems bei ihrem Vormarsch weit mehr Bundesgenossen fanden als zwei Jahrhunderte zuvor die Byzantiner. Die Araber nahmen einen Teil des gotischen Kriegeradels, zuweilen geschlossene Formationen, in ihr Heer auf. Westgoten, die zum Islam übertraten, rückten in führende militärische Ämter oder solche der Verwaltung auf. Der siegreiche Feldherr heiratete die Witwe des Gotenkönigs Witiza. Wer zum Islam übertrat, blieb auf seinem Grund und Boden; er war von der Grundsteuer befreit. Entscheidend für den raschen Sieg der Araber war, daß die Städte mit fliegenden Fahnen zu ihnen übergingen.

Die Hafenstädte im Süden und im Westen hatten lange Zeit unter punischer Herrschaft gestanden. Noch in römischer Kaiserzeit sprach der Stadtrat von Cadiz punisch. Viele Bewohner aus den östlichen Provinzen des Imperiums waren nach Spanien gezogen: Flüchtlinge aus den Kriegen, Vertriebene aus Jerusalem, Händler und Handwerker, aber auch Gelehrte und Priester. Sie hatten den semitischen Bevölkerungsanteil, vor allem in den Städten, vermehrt. Sie sahen in den Arabern Verwandte, die ihnen geistig näher standen als die Goten.

Obwohl die Araber aus der Heimat keine Unterstützung erhielten, unternahmen sie von Spanien aus Kriegszüge nach Gallien. Der Kalif in Damaskus fürchtete vielmehr, daß seine Untertanen, die die Eroberung ohne seine Einwilligung, teilweise gegen sein strenges Verbot unternommen hatten, ihm gefährlich werden könnten. Die Arabermacht im Westen aber stand bereits auf eigenen Füßen.

720 fiel Narbonne. Septimanien, die Landschaft zwischen Pyrenäen und Rhône, geriet unter arabische Herrschaft, die auch Bordeaux umfaßte. Der nächste Stoß richtete sich gegen Tours, das als reicher Wallfahrtsort lockte. Bei Alt-Poitiers trat ihnen 732 das fränkische Heer unter Karl Martell entgegen. Die Araber wurden geschlagen, ihr Feldherr fiel. Sie kehrten nach Spanien zurück. Doch blieb Septimanien bis 759 besetzt.

Zwei Jahre nach dem arabischen Frankenzug brach ein Berberaufstand aus, dem lange, erbitterte Kämpfe folgten. Die Berber, die jahrhundertelang ihre Eigenart bewahrt hatten, fühlten sich in den arabischen Heeren gegenüber den Beduinen benachteiligt. Der Kalif von Damaskus mußte Streitkräfte aus Syrien und Ägypten schikken, um den Aufstand niederzuschlagen. Die Kriegszüge nach Gallien hörten auf.

Die syrischen Truppen in Spanien verloren den Rückhalt am Kalifen, als die Omaijaden in Damaskus gestürzt und das Kalifat nach Bagdad verlagert wurde, vom syrischen in das persisch-mesopotamische Gebiet. Nur ein Prinz aus dem Omaijadengeschlecht entging dem Blutbad. Bei den syrischen Truppen in Spanien fand er Unterstützung. Er begründete die Omaijadenherrschaft in Córdoba.

Nachdem die Franken Septimanien zurückerobert hatten, blieb die Pyrenäengrenze ruhig. Gefahr drohte an der Ostgrenze.

Die Awaren hatten sich im 8. Jahrhundert von ihrer Niederlage vor Konstantinopel und von den Folgen des Slawenaufstandes erholt. Sie richteten ihre Kriegszüge nunmehr gegen die Slawen in Mähren, gegen Franken und Bayern. Damit war die alte Handelsstraße nach Konstantinopel unterbrochen. Zur gleichen Zeit gefährdeten sarazenische Piratenschiffe die Verbindung von Südfrankreich zum östlichen Mittelmeer. Die Küstenstädte verkümmerten.

Aber auch ohne die arabische Seesperre mußte der fränkische Außenhandel schrumpfen, weil ihm die Güter fehlten, die auf dem Markt im Orient gehandelt werden konnten. Deswegen nahm auch jener Handel ab, der über See lief: der über Amalfi und Sizilien und der über Venedig nach Konstantinopel.

Das lag nicht an der ›Naturalwirtschaft‹ schlechthin. Es liefen immer noch Münzen um, es wurde immer noch in Geld gerechnet. Doch wurde zu wenig produziert, so daß kaum Überschüsse blieben. Einzelne Klöster ließen sich Pergamente aus Sizilien und sogar aus Ägypten kommen; einzelne Große erwarben Juwelen oder seltene Waffen, die sie mit Edelmetallen und Münzen bezahlten. Doch damit allein ließ sich kein laufender Handel treiben. Die Gutshöfe beschränkten sich darauf, das zu erzeugen, was sie selber brauchten. Der adlige Grundherr achtete nicht auf die Kosten. Arbeitskraft wurde nicht gerechnet. Sie war da. Gekauft wurde so gut wie nichts, und somit wurde auch nichts verkauft. Die Kaufleute suchten sich ein anderes Betätigungsfeld: an die Stelle des Fernhandels trat der Transithandel.

Karawanen aus den islamischen Ländern an der mittleren Wolga und aus Südrußland zogen durch Polen, durch die slawischen Länder zwischen Elbe und Oder und durch Böhmen nach Westen. Sie überschritten die Grenze an einigen wenigen Plätzen, vor allem bei Magdeburg an der Elbe oder bei Regensburg an der Donau, und reisten über Mainz, Verdun, Lyon quer durch das ganze Frankenreich nach Spanien weiter. Sie brachten Seide, Gewürze, Schmuck, sodann aber, als begehrteste ›Ware‹ im islamischen Spanien, Sklaven.

Im Unterschied zu Spanien war im Frankenreich kein Bedarf an Menschen. Weder in der Stadt noch auf dem Lande gab es Arbeit für sie. Das Gut, die Stadt, die Dorfgemeinde schleppten mehr

Menschen durch, als zu beschäftigen waren, ein Bild, das noch in heutiger Zeit jede primitive Volkswirtschaft bietet. Menschen haben als Arbeitskraft erst dann einen Wert, wenn die Produktion mit ihrer Hilfe gesteigert werden kann und wenn die Produkte Absatz finden. Beides war im Frankenreich nicht gegeben.

Um mehr Boden zu bearbeiten, hätte es größeren Kapitals, besserer Geräte, Saaten und Tiere und vor allem einer Organisation bedurft. Selbst dann hätte sich der Aufwand kaum gelohnt, weil das Gut seine Überschüsse nirgends verkaufen konnte. Eine natürliche Doppelwirkung: niemand produzierte mehr, als er und seine nächste Umgebung verbrauchten, und niemand verbrauchte mehr, als er selber erzeugen konnte, weil er von nirgendwo Güter geliefert erhielt. Den Produzenten fehlte der Absatz und den Verbrauchern das Angebot. Eines hing mit dem anderen zusammen.

Es gab nicht einmal eine Hauptstadt mit einem zentralen Verwaltungsrat. Es gab keinen Königshof mit einem ins Gewicht fallenden Aufwand, kein stehendes Heer, für das ein Staat hätte sorgen müssen - einfach weil er dafür nicht sorgen konnte. Das Steuerwesen versagte, technisch, weil die geschulten Beamten fehlten, politisch, weil es keine zentrale Reichsgewalt gab. Wenn nur wenige lesen und schreiben können, wenn die Steuerlisten verschwinden, wenn kaum jemand mehr erfaßt werden kann, hören die Steuererträge auf. Belastet der Staat den Handel durch Zölle, schrumpft auch dieser. Wichtiger jedoch als die technischen Schwierigkeiten erwies sich die grundsätzliche Ablehnung jeder Steuer durch die Bevölkerung.

Die Franken empfanden es als eine Anmaßung, wenn Königsboten Abgaben forderten. Es widersprach germanischem Brauch, seinem König Steuern zu zahlen. Ebenso betrachtete die Geistlichkeit eine Steuerforderung der weltlichen Macht als einen Eingriff in geheiligte Rechte der Kirche. Bei der galloromanischen Bevölkerung wirkte sich die Abneigung gegen die germanische Fremdherrschaft aus. Dem fränkischen Staat fehlten regelmäßige Steuereingänge, weil die Wirtschaft auf Steuern nicht eingestellt war, und die Wirtschaft ging bergab, weil sie sich vom Marktwesen zur Selbstversorgung wandelte. Die Produktion ließ nach. Der Handel schrumpfte.

Zwar gab es auch im Frankenreich der Karolinger einen ansehnlichen Handel. Von Duurstede an der alten Rheinmündung fuhren Kaufleute längs der Nordseeküste nach Jütland, zu Eider und

Treene, um über Land nach Haithabu an der Schlei und über die Ostsee nach Birka im Mälarsee zu reisen. Dieser engere Kreis um Nordeuropa herum ersetzte im 8. Jahrhundert jenen weiten von der Iberischen Halbinsel über Irland, die Hebriden und Norwegen bis nach Birka.

Dieser Handel lag in den Händen der Friesen, die erst spät von den Franken unterworfen wurden. Sie tauschten flandrische (friesische) Wolltuche und Eisenwaren gegen den unerschöpflichen Reichtum des Nordens, gegen Pelze: Fuchs, Biber, Hermelin und Eichhörnchen.

In den Süden des Frankenreiches kamen Juden und Syrer aus Spanien und dem Orient. Sie boten wertvolle Waffen, Klingen aus Damaskus oder Toledo, Heiligenreliquiare, kostbare Stoffe aus Baumwolle und Seide an. Ihr Geschäft machten diese Kaufleute nicht mit der unteren Bevölkerungsschicht, sondern mit den Großen des Reiches und den Mächtigen. Grundherren, Bischöfe und Äbte waren bereit, für einen besonderen Gegenstand einen hohen Preis zu zahlen.

Dieser Fernhandel war in Umfang und Wert zu gering, als daß er die Wirtschaft wesentlich hätte anregen können. Die Selbstversorgung war und blieb der ländlichen Bevölkerung weiterhin eigen. Je weniger die Städte vom Land her versorgt wurden, um so mehr nahm ihre Einwohnerzahl ab. Der Fernhandel wandelte sich zwangsweise in Transithandel.

Während im Frankenreich die Gütererzeugung nachließ, stieg sie in Spanien beträchtlich an. Unter der maurischen Herrschaft blühte die Wirtschaft auf, und zwar nicht nur, solange Spanien ein Teil des großen arabischen Reiches unter den Kalifen in Damaskus war, sondern auch, nachdem es sich selbständig gemacht hatte.

Die Araber stützten ihre Macht in Spanien auf die Städte, nicht auf das flache Land, auf Handel und Gewerbe, nicht auf die Landwirtschaft. Auch unter den Westgoten hatten sich die überlieferten Handwerke gehalten: Textilgewerbe, Verarbeitung von Metallen, Keramik und Glas, Leder und Holz. Doch kümmerten sie aus Mangel an Absatz und Kapital. Unter arabischer Herrschaft fielen alle Hemmnisse, mit denen die Westgoten den ansässigen Kaufleuten, vorwiegend den Juden, aber ebenso den Syrern und den Erben der Punier, wie überhaupt den Orientalen, den Handel erschwert, wenn nicht gar unmöglich gemacht hatten.

Die Araber pflegten den Kaufmannsstand. Sie sorgten für den

Schutz der Karawanen. Das geltende Recht, das im Koran niedergelegt war, ahndete streng jede Verletzung des Eigentums. Dem Dieb wurde die rechte Hand abgehackt. Es lohnte sich wieder, im Handel ein Vermögen aufzubauen.

Große Aufträge der arabischen Fürsten, des Heeres, der Händler und der städtischen Verbraucher ließen die alten Gewerbe bald wieder aufblühen. Die Kriegsbeute aus dem Frankenland und der Reichtum, der sich in den ausgabefreudigen Händen einiger weniger sammelte, beschleunigten den Aufschwung. Man kaufte wieder, und das genügte, um die Erzeugung in der Stadt, dann aber auch auf dem Lande ansteigen zu lassen.

Jeder Ungläubige hatte bei den Moslems Grund- und Kopfsteuer zu zahlen, war dafür aber vom Kriegsdienst befreit. Die Landleute waren gezwungen, Überschüsse zu produzieren, um sie gegen Geld zu verkaufen. Auf dem städtischen Markt konnten sie ihre eigenen Erzeugnisse absetzen und die Waren erwerben, die sie brauchten.

Die Mauren brachten ihre Kenntnisse des Wasserbaus sowie orientalische Feldfrüchte nach dem Westen mit. Kanäle durchzogen das Land und bewässerten die Felder. Olivenhaine wuchsen, Reis und Baumwollfelder lieferten reiche Ernten. Zucker, Orangen, Aprikosen und Safran (alles arabische Namen) wurden angebaut. Solange die herrschende Schicht jedoch kein Verlangen nach diesen fremden Erzeugnissen hegte, war es unsinnig, sie mit großen Kosten anzubauen. Die Araber regten den Bedarf an. Sie allein jedoch hätten die Umwandlung Spaniens kaum durchführen können. Den Berbern lagen städtische Bedürfnisse fern. Aber die romanisierten Bewohner Spaniens entwickelten mit dem städtischen Leben bald einen aufnahmefreudigen Markt. Die Städte brauchten außer Lebensmitteln auch Rohstoffe. Die Schafzucht wurde gefördert, die Wolle durch Züchtung verbessert.

Die Araber richteten in Al Andaluz, wie sie Spanien nannten, eine zivile Verwaltung nach den byzantinischen Vorbildern ein, die sie in Syrien und Ägypten kennengelernt hatten. Sie schloß eine Zusammenarbeit mit der eingesessenen Bevölkerung ein.

Die Steuern waren genau festgelegt und gleichmäßig verteilt. Moslems waren steuerfrei, ganz gleich, ob sie als Araber ins Land gekommen oder zum wahren Glauben übergetreten waren. Alle anderen, ob Juden oder Christen, der adlige wie der geistliche Grundbesitz, hatten Steuern zu zahlen. Die vielen Privilegien, die sich

Adel und Geistlichkeit im Gotenreich auf Kosten der unteren Bevölkerung verschafft hatten, fielen weg.

Jede Bevölkerungsschicht – Moslems, Juden und Christen – stand unter eigenem Recht, eigener Verwaltung und eigener Verantwortung. Die Juden wohnten zwar abgeschlossen in ihren Ghettos, durften jedoch unbehindert ihren Geschäften nachgehen. Als Händler und Bankiers kamen sie zu Reichtum; sie stiegen bis zu Ministerstellungen am Hofe auf.

Die Religionsausübung wurde nicht behindert. Die Bischöfe blieben in Amt und Würden. Der Erzbischof residierte in Toledo. In jeder Stadt standen Moscheen, Synagogen und christliche Kirchen nebeneinander. Die Herrscher überließen die Streitigkeiten innerhalb der einzelnen Gemeinschaften den örtlich gewählten Vertretern der Parteien. Sie griffen nur ein, wenn eine Gruppe sich Übergriffe gegen eine andere erlaubte. Sie hatten auch kein Interesse daran, alle Untertanen zum Islam zu bekehren, denn damit schmälerten sie ihre Steuereinnahmen. Der Zuzug aus Vorderasien hörte sowieso auf, als die Omaijaden sich vom Kalifat in Bagdad gelöst hatten.

Sichtbar war der Aufschwung in ganz Spanien. Córdoba, der Sitz des Emirs, war zugleich ein Zentrum der Woll- und Seidenverarbeitung. 13 000 Webstühle wurden dort gezählt. Berühmt waren Almería mit seiner Glas- und Bronzeindustrie, Valencia, ein Mittelpunkt der Ton- und Silberverarbeitung, Malaga mit seinem Textilgewerbe, und Toledo, wo die berühmten Degen geschmiedet wurden, die es mit den Damaszener Klingen aufnahmen.

Der Bedarf an Arbeitskräften wurde nach orientalischem Brauch durch den Ankauf von Sklaven gesichert. Da die Mauren von Spanien aus kaum noch Kriege führten, waren sie auf den Sklavenmarkt von Byzanz und auf die Lieferung von Slawen auf dem Überlandweg angewiesen. Die Sklaven arbeiteten in Landwirtschaft und Handwerk. Im 9. Jahrhundert dienten sie bereits als Leibgarde des Emirs. Inmitten der anderssprachigen Bevölkerung waren sie zuverlässiger als Berber und einheimische Spanier. Mit seinen slawischen Truppen warf Muhammed I. (852–886) die Aufstände sowohl der Berbertruppen in Ronda wie der spanischen Moslems in Zaragoza nieder. Den Aufstand, der in Tudela (Navarra) ausbrach, führte ein Beni Kasi, der den Beinamen ›der Westgote‹ trug.

Seine größte Blüte erlebte das Reich – seit 929 Kalifat – unter

Abd er Rahman 912 bis 961. Córdoba zählte über 100000 Einwohner zu einer Zeit, als es in Europa, außer Konstantinopel, kaum eine Stadt mit mehr als 15000 Einwohnern gab. Arabische Quellen sprechen sogar von 113000 Wohnungen. Die Paläste waren mit erlesenem Luxus ausgestattet. An der berühmten Universität wurden außer den arabischen Schriften lateinische und griechische Texte studiert. Philosophie, Geographie, Mathematik und Astronomie wurden gelehrt. Es soll 60 Bibliotheken gegeben haben. Die reichen jüdischen Kolonien trugen zur wirtschaftlichen Entwicklung wie zur Pflege von Kunst und Wissenschaft bei. Dem kunstvollen Zusammenspiel der ›Völker‹ mit verschiedener Religion, Sprache und Kultur verdankt das arabische Spanien seinen Aufstieg. Dieser Aufschwung ist besonders bemerkenswert angesichts der Verhältnisse jenseits der Pyrenäen.

Erbe der dahinschwindenden Königsgewalt waren der landbesitzende fränkische Kriegeradel und die katholische Kirche. Beide hatten sich zu einem Bündnis zusammengefunden. Der Adel stellte die Personen, die Kirche den ausgebildeten Finanzapparat, den einzigen, den es im Frankrenreich noch gab. Der König sandte Grafen, die in seinem Namen Recht sprachen. Gegen den Grafen wandte sich häufig der Bischof als der Vertreter der Kirche, die dank ihres Reichtums, ihrer ausgebildeten Kleriker und der guten Beziehungen zum umwohnenden Adel und zum Hof stark genug war, ihren Willen durchzusetzen.

Infolge dieser Verbindung von Landadel und Geistlichkeit schwand die Macht des Königs dahin. Das mächtigste Geschlecht, die Karolinger, besonders begütert in der Gegend des heutigen Lothringen, die auch den Bischofsstuhl von Metz besetzten, stiegen zu den eigentlichen Herrschern auf, zuerst mit dem Titel der ›Hausmeier‹, bis sie sich mit der Begründung, »wer wirklich herrsche, dem gebühre auch das Königtum«, die Krone vom römischen Papst zuerkennen ließen.

Der Übergang der politischen Macht von den Merowingern auf die Karolinger entsprach der neuen sozialen Ordnung, die sich auch im Heerwesen widerspiegelte. Der merowingische König bot noch nach altgermanischem Recht das ›Volk der Franken‹, also den Heerbann der Freien, unmittelbar auf. Jeder ›Franke‹ war verpflichtet, vollgerüstet und mit ausreichender Verpflegung zur Heerfahrt zu erscheinen. Das Heer bestand überwiegend aus mäßig ausgerüstetem Fußvolk. Es war einem Reiterheer wie dem der Araber kaum gewachsen.

Der Hausmeier Karl Martell, Sprecher der Großen des Reiches, baute das Heer um. Er brachte schwergerüstete Reiter ins Feld. Nur die Grundherrschaften, einschließlich der geistlichen, konnten die Kosten einer Reitertruppe tragen, ihre Ausbildung und ihre Rüstung gewährleisten. Karl Martell gab Land an verdiente Geschlechter gegen die Verpflichtung, eine entsprechende Anzahl berittener Truppen aufzustellen. Dabei griff er auf das Kirchengut zurück. Unter den Merowingern hatte die Kirche riesigen ländlichen und städtischen Grundbesitz erworben, zumal sie sich von Abgaben freizuhalten verstand. Südlich der Loire hatten die Merowinger das Land der Westgoten zum Königsgut erklärt, das sie nur in Ausnahmefällen an ihre Franken abgaben. Mit der Zeit hatte die Kirche es als Eigentum erhalten, soweit es nicht in den Händen der gallo-romanischen Villenbesitzer verblieb. Unter Karl Martell wurde ein Teil dieses Kirchengutes zur Nutzung gegen bestimmte Leistungen als ›beneficium‹, als ›precarium‹, später als ›feudum‹, als ›Lehen‹, den Adligen vergeben. Der völkische Gegensatz Franken – Galloromanen war weitgehend durch den sozialen zwischen grundbesitzender Herrenschicht und schollengebundenen Bauern und Landarbeitern abgelöst worden.

Lange vor Karl Martell hatten viele Grundbesitzer bereits eine eigene reisige Gefolgschaft unterhalten. Nun stellten sie dem König die Streitmacht. Dafür wurde ihr Grundbesitz vergrößert, ihre Rechte wurden erweitert.

Die Verteilung von Land an den Kriegsadel allein genügte nicht – wie sich bald herausstellte –, da er es nicht verstand, aus den Gütern die notwendigen Überschüsse herauszuwirtschaften, um die Reisigenschar auszurüsten und zu besolden. Waffenhandwerk, Standesbewußtsein und Todesverachtung ersetzen nicht Tüchtigkeit und Organisationstalent. Der vorwiegend auf Jagd und Krieg eingestellte Adel hätte vorgebildeter Verwalter bedurft, die er in seiner Kriegerschar nur selten fand.

Die Geistlichkeit, die sich zunächst heftig gegen Landabgabe und Steuern gewehrt hatte, zog aus der Reform auf die Dauer doch Vorteil, da nun der politische Einfluß ganz auf den Grundbesitz abgestellt wurde. Die Bedeutung der Kirche wuchs trotz des verminderten Eigentums. Die Fähigkeiten der Kleriker machten die Güter rentabel.

Deswegen erwies sich die Kirche weiterhin als die stärkste Wirtschaftsmacht im Frankenreich. Auch die Karolinger stützten sich, neben den eigenen Gütern, auf die von ihnen begründeten oder begünstigten Klöster. Sie legten auf enge Zusammenarbeit mit den Bischöfen Wert.

Während die Städte im maurischen Spanien wuchsen, ging ihre Bedeutung im Frankenreich unaufhaltsam zurück. Ihre wirtschaftliche Grundlage schmolz mit dem Austausch handwerklicher Erzeugnisse und landwirtschaftlicher Überschüsse dahin; das galt auch für die Kirche. Wenn die Klöster oder Bischöfe Wein für das Meßopfer brauchten, erwarben sie eigene Weingüter.

Bauern, die sie waren, empfanden die Franken eine tiefe Abneigung gegen die Stadt. Der ›Herr‹ lebte – frei – auf dem Lande. Mit dem ›städtischen‹ Leben wollte er nichts zu tun haben. An dieser Einstellung änderte sich wenig, wenn er zum Bischof gewählt wurde. Als Franke liebte er die Jagd in den Wäldern. Er ritt lieber an der Spitze einer riesigen Gefolgschaft in die Fehde, als daß er sich der Seelsorge widmete. Am mühseligen Studium lag ihm, der im Vaterhaus selten lesen und schreiben gelernt hatte, wenig. Die meisten Bischöfe verbrachten nur kurze Zeit in der Stadt, gaben dort wenig aus und waren kaum daran interessiert, das kulturelle Leben zu pflegen. Dafür übernahmen sie bereitwillig den Auftrag, eine reisige Schar aufzustellen, an deren Spitze sie – neben Brüdern und Vettern – in den Krieg zogen. Verköstigung und Bewaffnung brachten sie aus dem Kirchengut auf. Meist stellte die Kirche den größten Teil der aufgebotenen Streitmacht.

Verständlicherweise sah der Adel im ›Kirchenfürsten‹ mehr den Standesgenossen als den Geistlichen. Die Verwandten betrachteten den gesamten Besitz mehr als Eigentum ihres Geschlechtes denn als Kirchengut. Sie sorgten dafür, daß stets ein Mitglied ihrer Familie das Bistum oder das Kloster erhielt. Gegen diese Verweltlichung, die das Kirchengut und nicht die Kirchenwürde als Hauptsache ansah, wehrten sich diejenigen Geistlichen, die von der Würde und der Aufgabe eines Priesters durchdrungen waren. Der Anstoß zur Reform kam aus England.

Dort hatte sich der römische Einfluß seit der Bekehrung unmittelbar von Rom aus am stärksten erhalten, nicht zuletzt wegen des Gegensatzes zu den Iro-Schotten. Während die irischen Missionare das flache Land aufsuchten und sich auf die Klöster stützten, richtete der Angelsachse Winfrid - Bonifatius - seine Missionsbemühungen vor allem auf die Könige und die großen Herren, wobei ihm die militärische Macht der Franken als Rückhalt diente. Wo diese versagte, wie im freien Friesenland, versagte auch seine Missionsarbeit.

Solange Bonifatius nur predigend und lehrend durch die Gaue der Heiden zog, sahen die fränkischen Bischöfe seinem Treiben gelassen zu. Sie leisteten jedoch Widerstand, als er im neubekehrten Gebiet eigene Kirchenämter einzurichten begann. Das widersprach dem kanonischen Recht. Da es jenseits des Limes keine ›civitates‹ gab, mußte die Weltgeistlichkeit den alten Bischofssitzen in Städten des römischen Imperiums untergeordnet bleiben, den Erzbistümern Köln, Mainz und Salzburg. Dort amteten jedoch fränkische Adlige, die jede Reform der Weltgeistlichkeit ablehnten. Bonifatius rief den römischen Stuhl um Unterstützung an.

Sein Ziel war eine straffe, von Rom abhängige geistliche Hierarchie, die bis in den letzten Pfarrsprengel hinein wirkte, die neben der Königsmacht die umfassende Verwaltung der Christenheit auf geistigem, wirtschaftlichem und kulturellem Gebiet übernahm. In England sahen die angelsächsischen Könige in der römischen Kirche ihren Bundesgenossen.

Auch Karl Martell erkannte die Vorteile, die Bonifatius seiner Herrschaft brachte. Er brauchte die Kirche, um seine Heeresreform durchzuführen. Dazu mußte er seinen Einfluß bei der Besetzung der Bistümer stärken. Seine Kandidaten konnte er jedoch gegen den Willen des Adels nur mit Hilfe des Papstes durchsetzen. Dazu bedurfte er der Mitwirkung einer so starken Persönlichkeit wie Bonifatius.

Bonifatius hat die Kirche dem überragenden Einfluß des Landadels dadurch entzogen, daß er sich an die mittlere und untere Geistlichkeit wandte, in der der Adel kaum vertreten war. Dies war nur durch nachhaltige Unterstützung der Karolinger möglich. Erst als Bonifatius 732 Erzbischof von Mainz, also einer alten Bischofsstadt, wurde, konnte er seine Reformen auch jenseits des Limes durchsetzen. Bonifatius gründete Bistümer und - in engem Zusammenwirken mit der Weltgeistlichkeit - auch Klöster. Diese Neugründungen wurden Bollwerke des Glaubens, der Gelehrsamkeit wie der wirtschaftlichen Entwicklung.

Die irischen Klöster wie St. Gallen und Würzburg - die Gründung des heiligen Kilian – hielten sich abseits. Im Gegensatz zu den weltabgewandten Iro-Schotten und dem weltlich eingestellten fränkischen Adel begründete Bonifatius die Kirche als Anstalt auf dem römischen Gedanken des Herrschaftsverbandes. Dies stärkte wiederum das junge Königtum der Karolinger. Solange der Bischof oder der Abt sich mehr als Mitglied seines Geschlechts und als freier Herr seiner ›Pfründe‹, seines ›beneficiums‹, fühlte denn als Diener einer übergeordneten Institution, so lange konnte sich auch der königliche Graf, selbst wenn er ein Verwandter des Königs war, kaum durchsetzen. Zweieinhalb Jahrhunderte fränkischer Herrschaft hatten die Kirche aus dem römischen Staatsdenken gelöst und in das germanische Sippenwesen eingegliedert.

Hatten die Karolinger als Hausmeier diese Entwicklung gefördert, fiel ihnen als Königen die Aufgabe zu, die Zentralgewalt gegenüber der Macht der lokalen Gewalten zu stärken. Karl der Große hat Klöster, die von wohlhabenden Herren gegründet worden waren, aus der Aufsicht der Bischöfe gelöst, zu ›Reichsklöstern‹ erhoben und mit reichem Grundbesitz ausgestattet. Gorze und Lorsch hat er oft besucht. Da die Klöster häufig an den großen Straßen lagen, fanden durchziehende Heere dort stets Nahrung und Ausrüstung. Das erlaubte den Karolingern, Feldzüge weit über die Grenzen hinaus zu führen. Von den Klöstern ging die Erschließung des Landes aus.

Die einzelnen Reichsteile wurden unter einem Herrscher zusammengefaßt; der alte Gegensatz zwischen Neustrien und Austrasien trat zurück. Auch die Karolinger haben die Herrschaft im Reich jeweils unter ihre Söhne geteilt, doch blieb durch Tod und Verzicht nur ein König übrig. Von den beiden Söhnen Karl Martells ging Karlmann ins Kloster; sein Bruder Pippin ließ sich in Soissons von der Heeresversammlung zum König ausrufen, vom Legaten des Papstes, dem heiligen Bonifatius und drei Jahre später in St. Denis von Papst Stephan II. salben. Immer noch galt als Rechtsgrundsatz, daß alle militärischen und politischen Angelegenheiten auf der Heeresversammlung entschieden werden mußten, zu der alle waffenfähigen Männer im März jeden Jahres (ab 755 im Mai) aufgeboten wurden. Aber aus der Ratsversammlung wurde eine Heerschau. Die Entscheidungen fielen im Rat der Großen, zu denen die ›Kirchenfürsten‹ gehörten. Immer enger arbeiteten Karolinger und die Kirche zusammen. Dem Papst versprach Pippin Hilfe gegen die Langobarden.

751 war Ravenna, bis dahin Sitz des byzantinischen Exarchen, in langobardische Hand gefallen, da Konstantinopel, im Osten von den Arabern und an der Donaugrenze von den Bulgaren bedroht, ohne Seemacht im Mittelmeer, keine Hilfe schicken konnte. Einem fränkischen Heer vermochten die Langobarden kaum Widerstand entgegenzusetzen. Sie erkannten die Oberhoheit König Pippins an. Ravenna wurde dem ›Kirchenstaat‹ zugeteilt, der seit dem 6. Jahrhundert als Herrschaftsgebiet dem römischen Bischof unterstand. Unter fränkischem Schutz hat sich Rom aus dem oströmischen Staatsverband gelöst (755).

Weniger erfolgreich war König Pippin in Südfrankreich. Er eroberte zwar (759) Septimanien, aber es gelang ihm nicht, Aquitanien zu unterwerfen. Auch nachdem Herzog Waifar ermordet worden war, behielt das Land seine Eigenständigkeit.

Als Pippin starb, wurde die Herrschaft unter die beiden Söhne Karl und Karlmann in den Norden und den Süden geteilt, doch Karlmanns früher Tod machte Karl 771 zum Alleinherrscher. Papst Hadrian hatte sich geweigert, die Söhne Karlmanns zu fränkischen Königen zu salben. Karl setzte sich durch.

An der Spitze seines Heeres unternahm er Kriegszüge, die die Grenzen des Reiches nach allen Seiten verschoben.

Über dreißig Jahre, von 772 bis 802, kämpfte Karl gegen die Sachsen. Anfangs schien der Sieg über die Bewohner der Wälder und Sümpfe verhältnismäßig einfach. Das fränkische Heer eroberte die Eresburg an der Diemel und drang bis zur Elbe vor. Aber als das Frankenheer nach Italien abgezogen war, erhoben sich die Sachsen, zerstörten die Eresburg und vertrieben die Franken. Karl kehrte nach Eroberung des Langobardenreiches (773/774) zurück, um in einem fünfjährigen Ringen das Land erneut niederzuwerfen; immer wieder flackerten Aufstände unter Widukind auf.

Jedesmal, wenn Karl sein Heer zurückzog, um an einer anderen Grenze seines Reiches vorzurücken, so 788 nach Spanien, brach der Sachsenkrieg erneut aus. Eine wahre Beruhigung der rechtsrheinischen Gebiete trat erst ein, als sich die adlige Oberschicht taufen ließ.

Zwar hielten Friesen, Sachsen und Thüringer auch nach der Christianisierung weitgehend an den alten Sitten und Gebräuchen fest, aber mit der Frankenherrschaft änderte sich allmählich die Sozialordnung. Der Adel sonderte sich stärker von den Gemeinfreien ab, eine Entwicklung, die im Frankenreich bereits im 7. Jahrhundert begonnen hatte. Es gab im Sachsenland immer noch freie Bauern und wirtschaftlich unabhängige Dörfer. Aber der Adel konnte seinen Landbesitz ausdehnen und sich eine bevorrechtigte Stellung sichern, sofern er sich den Franken anschloß – und dafür war die Bekehrung zum Christenglauben Voraussetzung.

Die Adelsherrschaft löste die altsächsische Ordnung ab, nach der sich die waffenfähigen Männer im freien Volksthing versammelten, um Recht zu sprechen und politische Entscheidungen zu fällen. Das Heer und dementsprechend Sippen und Dörfer waren in ›Hundertschaften‹ aufgeteilt. Nach den endlosen Kriegen, in denen ein großer Teil der wehrfähigen Mannschaft gefallen oder von Karl als Anführer hingerichtet worden war, hat nur noch der Adel mit seinem Aufgebot den Widerstand durchgehalten. Er erlosch, als Widukind sich taufen ließ.

Grund und Boden wurden neu verteilt. Fränkische Adlige erhielten bedeutenden Landbesitz. Die Kirche wurde reich ausgestattet. Neue Bistümer entstanden: Osnabrück 786, Bremen und Verden an der Aller 787, Paderborn 795, Münster 802. Sie unterstanden den Erzbistümern Köln und Mainz. Klöster wie Corvey wurden gegründet.

Die Kirche trug die öffentliche Verwaltung. Gestützt auf ihren neu erworbenen Grundbesitz, auf die geschulten Kleriker, auf Vorrechte und auf ihren Rückhalt an der fränkischen Macht, nicht zuletzt aber wegen der sich anbahnenden Verflechtung mit dem sächsischen Adel, hat sich das unruhige Land schließlich befriedet. Sie bildete die Söhne der Sachsen in ihren Klöstern und Schulen aus, übertrug ihnen kirchliche Ämter. Die Kirche war keine ›fränkische‹ Einrichtung mehr. Durch Heirat verschmolz der sächsische mit dem fränkischen Adel.

Die Bauern hielten sich noch lange Zeit abseits. Dabei ging es sowohl um den aufgezwungenen Glauben wie um die Abgaben, die die Franken, vor allem über die kirchliche Verwaltung, erhoben. Der Aufstand 794 bis 799 war ein Bauernaufstand. Nach dem Tode Karls des Großen brach 814 ein neuer Krieg aus, doch richtete er sich nicht mehr gegen die landfremden Franken, sondern gegen die neuen Herren, gegen Kirche und Adel im Lande selbst. Insofern unterschied sich der Sachsenkrieg von den anderen Feldzügen Karls des Großen.

Da der Langobardenkönig Desiderius seine Enkel, die Söhne

Karlmanns, unterstützte, rückte Karl mit zwei starken Heeren in Italien ein, schlug die Langobarden und bekam seine Neffen in die Hand. Sie haben seine Herrschaft nicht wieder gefährdet. Da auch Desiderius in Pavia in Gefangenschaft geriet, fiel das Langobardenreich mit den Herzogtümern Spoleto und Benevent an die Franken. Fränkische Garnisonen wurden nach Italien verlegt. Die langobardischen Adligen wurden Vasallen. Der Herzog von Benevent, der eine gewisse Selbständigkeit behielt, mußte Tribute leisten. Papst Hadrian I. salbte die Söhne Karls, Pippin und Ludwig, als Könige von Italien und Aquitanien.

Pläne, die Tochter Karls mit dem Sohn der Kaiserin Irene von Konstantinopel zu verheiraten, scheiterten daran, daß die griechische Kirche 787 zur Bilderverehrung zurückgekehrt war, die die fränkische Kirche, diesmal im Gegensatz zu Rom, als Aberglauben ablehnte.

Die Unternehmungen in Spanien begannen unter vielversprechenden Vorzeichen. Der Emir von Barcelona, der sich 778 gegen die Herrscher in Córdoba erhoben hatte, rief die Franken zu Hilfe. Es gelang zwar, Pamplona zu stürmen, aber die Belagerung von Zaragoza mußte ergebnislos abgebrochen werden. Auf dem Rückzug machten christliche Basken die fränkische Nachhut im Tal von Roncesvalles nieder. Erst Karls Sohn Ludwig gelang es 801, Barcelona zu erobern und die ›spanische Mark‹ zu errichten. Um sie zu sichern, knüpfte Kaiser Karl Beziehungen zum Kalifen Harun al Raschid in Bagdad an, der im politischen Gegensatz zum Emir in Córdoba stand.

Der Bayernherzog Tassilo war seinen Lehnspflichten während der Sachsenkriege nur zögernd nachgekommen; als er die Hilfe der Awaren gegen den Frankenkönig, seinen Oberherrn, anrief, schlug Karl zu. Tassilo verlor sein Herzogtum, wurde zum Tode verurteilt, von Karl aber zu lebenslanger Klosterhaft begnadigt.

791 rückte Karl gegen die Awaren vor; er gewann das Land zwischen Enns und Raab. Markgraf Erich von Friaul stürmte 795 den befestigten Awarenring, der dann im folgenden Jahre von Karls Sohn Pippin zerstört wurde. Reiche Beute fiel dem Sieger in die Hand. Die Macht der Awaren war endgültig gebrochen. 805 trat ihr letzter Khagan zum Christenglauben über; er stellte sich unter fränkischen Schutz. Das Grenzland in der ungarischen Tiefebene wurde 803 zur ›Pannonischen Mark‹ erklärt.

Nach dem Sieg über Sachsen, Bayern und Awaren wurden die Slawen unmittelbare Nachbarn des Reiches. Die slawischen Stämme hatten im 7. Jahrhundert die Ostseeküste erreicht. Sie besetzten die inzwischen verlassenen Rundwälle der germanischen, vielleicht sogar der illyrischen Siedlungen. Wahrscheinlich hatte sich die Urbevölkerung über die Jahrhunderte hinweg weitgehend erhalten. Als die germanische Herrenschicht fortgezogen war und wohl nur kleinere Volksteile zurückließ, war der Weg für die Slawen frei. Sie ließen sich auf den ›Werdern‹ nieder, auf Inseln und Halbinseln, die die Germanen gemieden hatten. Doch wird die ganze Zeit hindurch das Land besiedelt gewesen sein.

Die Slawen stießen an der Ostsee und nördlich der Elbe am ›Sachsenwald‹ auf eine natürliche, zunächst kaum überschreitbare Grenze. Über die mittlere Elbe drangen sie jedoch bis zum Harz vor; sie drängten bis zur Saale und in das obere Maintal. Im Donaubecken folgten sie den Awaren bis in die Alpen. Sie stießen bis zur Adria vor.

Karl der Große war mit den slawischen Sorben und Abodriten im Krieg gegen die Sachsen verbündet. Er hat die Sachsen aus dem Gebiet rechts der Elbe zurückgeholt und das Land den Slawen überlassen. Nachdem die Sachsen jedoch unterworfen und zum Christentum bekehrt worden waren, übernahm der Frankenkönig den Grenzschutz im Osten. Ein regelrechter Grenzwall, der ›limes sorabicus‹, zog sich von der Lübecker Bucht über Bardowiek am linken Elbufer entlang zur Saale, dem Thüringer Wald, über Bamberg bis zur Adria. Er bot – wie solche Grenzwälle meist – nur einen begrenzten Schutz. 805 begann der Krieg gegen die Sorben zwischen Elbe und Saale. Die slawischen Wilzen wurden strafweise in die Lüneburger Heide verpflanzt.

Jahr für Jahr zog Karl der Große an der Spitze eines Heeres über die Grenzen seines Reiches. Dabei verfolgte er nicht nur die Abwehr drohender Gefahren. Kriegführen gehörte zum Wesen seines Reiches. Die großen fränkischen Herren unterhielten in ihren riesigen Herrschaften ansehnliche Streitkräfte. Die Güter allein konnten die Kosten dieser Heerscharen auf die Dauer nicht tragen. Die Truppen mußten beschäftigt werden; nur Eroberungen konnten die hohen Kosten decken. Die Feldzüge boten zugleich Gelegenheit, Ruhm, aber auch Beute zu erwerben.

In den eroberten Gebieten übertrug er seinen Großen bedeutende Ländereien. Bei seinem Tode besaßen die großen Familien, an der Spitze die vielen Zweige des Karolingergeschlechtes, Grundbesitz, der von Aquitanien bis Friaul, von Sachsen bis Burgund verteilt lag.

Es zeigte sich aber, daß zwar Länder durch Mut und Kriegstüchtigkeit oder eine geniale Führung erobert werden. Um jedoch ein Heer längere Zeit im Felde zu halten, bedarf es einer entsprechenden Organisation des Nachschubs, der Finanzen, der Sicherung des Erworbenen. Wenn die Großen seines Reiches mit ihren Gefolgsleuten kamen, fielen dem König schließlich doch der Unterhalt und die Versorgung zur Last. Nur in seltenen Fällen konnten die Kosten aus dem eroberten Land gezogen werden. Das Heer, das im Frühjahr ausgerückt war, mußte fast regelmäßig im Herbst in die Heimat zurückgeführt werden. Die wirtschaftlichen Kräfte des Reiches waren dann erschöpft.

Karl versuchte, das Münzwesen wieder in Ordnung zu bringen, um die Wirtschaft zu beleben und zu gesicherten Steuereinnahmen zu kommen. Als ob es auf die Münzen angekommen wäre! Es gab kaum Waren, die gegen Geld hätten gehandelt werden können. Es gab auch nur in beschränktem Umfange eine ›Naturalwirtschaft‹, einen Austausch von Waren unmittelbar gegen Waren. Geliefert wurde als Abgabe aus dem Verhältnis gegenseitiger Abhängigkeit, das wiederum an Personen, nicht an Eigentum geknüpft war.

Da die Grundherrschaften, weltliche wie geistliche, Abgaben forderten, als Gegenleistung ihren Hintersassen nur Schutz zu bieten vermochten, hielten sich die Ablieferungen auf einem niedrigen Stand. Der Herr konnte nur verlangen, was er für sein Haus und seinen Hof unbedingt brauchte. Dem König flossen die Einkünfte aus dem Königsgut zu.

An der Spitze des Aufgebotes konnte Karl wohl mit ansehnlichen Heeren – 10000 bis 15000 Mann – ins Feld rücken und den Feind niederwerfen. Im eroberten Gebiet starke Garnisonen zu hinterlassen, war ihm kaum möglich. Dort mußten die eingesetzten Grafen und Äbte sehen, wie sie mit Hilfe ihrer Güter und der eingesessenen Großen eine eigene Streitmacht aufstellten.

Der König war auch außerstande, das unterworfene Gebiet mit einer ständigen Verwaltung zu überziehen. Dazu fehlten ihm die geschulten Beamten. Er konnte daher auch keine Steuern erheben, die eine königliche Streitmacht hätten tragen können. Nur selten fiel den Franken reiche Beute an Gold und Silber in die Hand wie bei dem Sturm auf die Wallringe der Awaren. Karl entsandte Söhne oder Mitglieder seines Hauses in die eroberten Gebiete, um sie zu verwalten. Um seinem Willen unmittelbar in allen Teilen seines Reiches Geltung zu verschaffen, ernannte Karl treue Diener zu seinen Vertretern. Doch mangelte es ihnen an gründlicher Ausbildung; die Kenntnis des Waffenhandwerks war wichtiger. Die Königsboten und die Grafen standen dem fränkischen Kriegeradel gleich. Viele von ihnen waren keine Franken, sie entstammten den verschiedenen Völkerschaften des Reiches. Auch Angelsachsen traten in den Dienst des Königs. Im Laufe der Zeit gewann dieser Amtsadel, die späteren Ministerialen, an Bedeutung, besonders in der Verwaltung, die größere geistige Fähigkeit voraussetzte, als die Krieger aufzubringen vermochten.

Das Frankenreich besaß keine Hauptstadt. Der König mußte von Gut zu Gut ziehen, von Pfalz zu Pfalz, um die Kosten der Hofhaltung zu verteilen. Es war ein Reich ohne stehendes Heer, es war ein Reich ohne geschlossenen Beamtenstand. Nur die Kleriker verfügten über Bildung. Selbst Karl lernte erst im Alter lesen und schreiben. Es war ein Reich ohne feste Einnahmen aus regelmäßigen Steuern, und damit fehlten die Mittel, um Beamte zu besolden. Adel wie Geistlichkeit weigerten sich, Steuern zu zahlen; nur in Notzeiten waren sie zu ›freiwilligen‹ Beiträgen zu bewegen. Es war ein Reich ohne nennenswerten Handel; das Gewerbe diente vorwiegend der Selbstversorgung. Es war ein Reich ohne Staatsbürger; nur der grundbesitzende Adel zählte. Bauern wie Städter durften nicht mitsprechen, selbst wenn sie als Gefolge des Grundherrn auf der ›Reichsversammlung‹ erschienen. Es war ein Reich ohne einheitliches Recht. Die niedere Gerichtsbarkeit lag bei den örtlichen Gewalten, die je nach Landschaft ihre besonderen Rechtssätze anwandten.

Südlich der Loire herrschte das römische Recht vor (›droit de loi‹), im Norden germanisches Gewohnheitsrecht, das sich nach den Weistümern, früheren Urteilen, richtete. Der Adel rief das ›Gottesurteil‹ im Zweikampf oder Los an. Nur der Kaufmann war vom Zweikampf befreit. Diese ›Rechtsfindung‹ begünstigte den waffengewohnten Adligen. Er konnte seinen Eid durch ›Eideshelfer‹ bekräftigen lassen. Dem Richter oblag es, die Eideshelfer gegeneinander abzuwägen, nicht, die Wahrheit der ›bekräftigten‹ Behauptung zu prüfen. Die Kirche hatte ihr eigenes kanonisches

Recht. Niedere Gerichte wurden öffentlich gewählt, doch nahm der mächtige Herr Widerspruch unwillig auf. Wenn er auf seinen Kandidaten bestand, schwieg die Menge.

Nur so weit der Arm des Königs reichte, konnte er auf Mitarbeit rechnen, und dieser Arm mußte sich der örtlichen Gewalten bedienen. Ihnen mußte der König Zugeständnisse machen. Sie forderten immer größere Freiheiten, immer mehr Land, immer reichere Güter. Das ging so lange gut, als neue Provinzen erobert wurden. Dort verbanden sie sich sehr bald mit dem eingesessenen Adel, wurden heimisch, lösten sich aus dem königlichen Befehlsbereich. Landschaften machten sich unabhängig, Familienfehden flammten auf, bei denen die Würde des Königs oder die des Vaters kaum noch ins Gewicht fiel. Das riesige Reich Karls des Großen bestand aus lose zusammengefügten Gebieten.

Karl der Große bemühte sich, sein Reich nach dem Vorbild des römischen neu zu ordnen. Er erließ Leitsätze, er sammelte Gesetze (›Kapitularien‹), er begünstigte Schulen, in denen klassische Bildung gelehrt wurde. Das Altertum erfuhr eine Wiederbelebung in der ›Karolingischen Renaissance‹.

Im Jahre 800 krönte Papst Leo III. Karl in Rom zum Kaiser. Allen sichtbar sollte Karl das Erbe des Imperiums antreten. Seine Söhne residierten als Könige in Pavia und Arles. Er selber verbrachte die letzten Jahre seines Lebens vorwiegend in Aachen, von seinen Getreuen umgeben.

Mächtig hatte er das Reich erweitert. Um es zu einer staatlichen und geistigen Einheit zusammenzuschmelzen, fehlten alle Voraussetzungen. Aber die Wurzeln für ein ›christliches Abendland‹ waren gelegt.

11

Wikinger, Waräger und Sarazenen bedrohen die Christenheit

Die Handelswege im Norden · Das Danewerk in Schleswig · Seit Ende des 8. Jahrhunderts Seeraub der Nordmänner · 793 Überfall auf Lindisfarne · Plünderungsfahrten an den Küsten Schottlands, Irlands, Frankreichs, Englands, Deutschlands, Spaniens und des Mittelmeeres · Die Stützpunkte: Noirmoutier (862) und Walcheren · Die Normannen fahren die Flüsse aufwärts · Dänenzüge nach England · Geringe Widerstandskraft des Frankenreiches · Ende des 9. Jahrhunderts Zerstörung von Tours · Burgund geplündert · In der zweiten Hälfte des 9. Jahrhunderts: das ›große Heer‹ durchzieht das Frankenreich und England · 911: Rollo wird mit der ›Normandie‹ belehnt · Handel im Osten · Bulgaren unter Simeon dem Großen (893–927) · Die Waräger herrschen in Kiew (864) · Angriff auf Konstantinopel 860 und 907 · Sarazenen plündern am Mittelmeer · 827: Araber erobern Sizilien · Kultur und Wirtschaft blühen auf · Das Abendland den Angriffen von Normannen und Sarazenen fast wehrlos ausgeliefert

Prokop berichtet um die Mitte des 6. Jahrhunderts, ein Teil der Heruler, die nördlich der Donau saßen, sei nach der Niederlage, die ihnen die Langobarden beigebracht hatten, an den Slawen und Dänen vorbeigezogen und zu Schiff nach Thule gefahren. Auch die Rugier wandten sich nach erfolglosen Zügen durch Mitteleuropa wieder gen Norden und ließen sich in Norwegen, in Rogaland, nieder.

Skandinavien war damals nur dünn besiedelt. Undurchdringliche Wälder bedeckten fast das ganze Innere von Schweden. Nur um den Mälarsee herum gab es nennenswerte Siedlungen. Auch Jütland und die dänischen Inseln hatten nur eine geringe Bevölkerung; Trockenheit oder Überschwemmungen hatten die Bewohner gezwungen, auszuwandern. Dennoch spielte der europäische Norden wegen seines Reichtums an Pelztieren im Handel eine bedeutende Rolle.

Im 7. Jahrhundert erlitt dieser Handel, von dem reiche Goldfunde Zeugnis ablegen, einen Rückschlag. An der Südküste der Ostsee hatten die Slawen die alte Verbindung zum Schwarzen Meer abgeriegelt; die Sachsen sperrten den Weg über das Elbegebiet; die Awaren unterbrachen in Südrußland den Flußweg über Düna und Dnjepr. Der Pelzhandel nahm fortan den Weg über den Ladogasee und die obere Wolga zum Reich der Bulgaren und westwärts über die jütische Halbinsel zu den Friesen. Insgesamt hat sein Umfang abgenommen. Die Awareneinfälle und die Kämpfe gegen Araber und Bulgaren hatten Konstantinopel schwer getroffen. Im Frankenland gab es kaum Waren, die zur Bezahlung hätten dienen können. Aus dieser Zeit stammen nur wenige Goldfunde in Skandinavien.

Dafür traten nun die Araber als Käufer auf. Sie zahlten in Silber. Tausende von Münzen wanderten nach Schweden. Im Mälarsee entwickelte sich Birka zum vielbesuchten Handelsplatz. Die Händler aus Duurstede brachten vor allem ›friesische‹ Tuche aus Flandern. Die Iren, deren Wirtschaftsbeziehungen bis zur fränkischen Atlantikküste, ja bis Spanien reichten, handelten mit den Erzeugnissen ihres Kunstgewerbes, mit Eisengerät, Waffen und Wein aus dem Süden.

Sommer für Sommer fuhren die Friesen zu den Märkten an den Flußmündungen von Ems, Weser, Elbe und über Eider, Treene und über die Wasserscheide zur Schlei. Haithabu war ihr Sammel- und Handelsplatz, umschlossen von einem Wall, gesichert durch eine Burg, geschützt durch besonderen Marktfrieden. Die Fahrt ging zu den Inseln Bornholm, Öland und Gotland und schließlich nach Birka. Von den schwedischen Kaufleuten und den Königen des Svea-Landes wurden die Kaufleute gern aufgenommen. Unterwegs aber lauerten Seeräuber.

Die Bewohner Norwegens, Dänemarks und Schwedens lebten überwiegend am Meer. Ihre wichtigste Nahrungsquelle war der Fischfang, daneben trieben sie Viehzucht, vor allem der Schafe und Rinder, und nur in geringem Umfang Ackerbau. Auf den steinigen und sandigen Böden wuchs nur wenig Hirse und Gerste, auch etwas Buchweizen. Der Roggen gelangte erst später nach Skandinavien. Die Höfe lagen verstreut am Ufer; jeder Bauer lebte für sich. Die einzelnen Landschaften waren durch schwer überschreitbare Berge oder dichte Wälder voneinander getrennt. Auf ihren Herrensitzen lebten die Adligen, die eine größere Zahl von Bewaffneten um sich sammelten. Ihre Einnahmen stammten vorwiegend aus dem Pelzhandel, meist aus Tributen, die sie den Bewohnern des Hinterlandes, den Lappen und Finnen, in den Wäldern oder an der unwirtlichen Küste des Nordens abverlangten. Die Skandinavier bemühten sich, festen Fuß an der Südküste der Ostsee zu fassen, die seit 600 n. Chr. in den Händen der Slawen lag. Am Drausensee blühte der Handelsplatz Truso (bei Elbing) auf.

Der Warenaustausch umspannte im 8. Jahrhundert den weiten Bogen von der Iberischen Halbinsel über Irland und Schottland nach Norwegen und Westschweden, von der Garonne und Loire über die Rheinmündung zu Nord- und Ostsee bis Haithabu, von Haithabu über Birka und Truso zum Dnjepr und zum Schwarzen Meer, über die Wolga bis Itil (Astrachan) am Kaspisee, über Kaukasus und Elburs bis Persien und Bagdad.

Aus dem Ostseeraum kamen Eisenerz, Holz, Wolle, Hanf, Wachs und Honig, teilweise bereits Roggen. Dank der Eisengeräte stiegen die Ernten. An der Eider entstand ein Eisenhandwerk, dessen Erzeugnisse über Haithabu vertrieben wurden. Die Erze aus Schweden wurden von Handwerkern aus dem Frankenreich verarbeitet. Holz zur Verhüttung gab es überall im Lande. Der Norden lieferte weiterhin Pelzwerk, doch zogen sich die Pelztiere infolge der eifrigen Jagd immer weiter zurück.

Der Schiffbau veränderte sich. Bis etwa 600 n. Chr. hatten die Boote keinen Kiel; sie waren für stürmische See ungeeignet. Da sie keinen Mast setzen konnten, mußten sie gerudert werden. Erst mit dem Kielschiff, das auch Segel hissen konnte, gewannen die Bewohner Skandinaviens ihre bewunderswerte Beweglichkeit zur See. In ihren Drachenschiffen waren sie wochenlang unterwegs.

Um die Mitte des 8. Jahrhunderts verschoben sich die politischen Machtverhältnisse. Die Friesen, die unter fränkische Herrschaft gerieten, verloren ihre überragende Stellung im Nordseehandel. Juden und Syrer bevorzugten die Wege von Spanien über England in den Ostseeraum oder über Regensburg und Magdeburg nach Osteuropa. Nachdem auch die Sachsen bis zur Elbe unterworfen waren, einigten sich die Franken mit den verbündeten Slawen über den Warenaustausch.

Auf dem Landweg über Bardowiek nach Reric (bei Wismar) gelangte bereits Salz aus Lüneburg nach Norden. Die Dänen sahen diesen Handel mit scheelen Augen. Sie zerstörten Reric. Um sich gegen Angriffe der Franken wie der Slawen zu sichern, baute König Göttrik 808 n. Chr. von der Schlei bis zu den Sümpfen der Treene einen starken Wall. Das Danewerk diente zugleich den

Kaufleuten als Überlandweg von der Nordseeküste nach Haithabu.

Zunächst hatten die Franken das rechte Elbufer den Slawen überlassen, die bis zum Danewerk vordrangen. Als die fränkische Macht im Sachsenland gefestigt war, begannen die Franken über die Elbe nach Norden vorzustoßen. In Ehesfelt an der Stör (Itzehoe) errichteten sie einen festen Platz. Hammaburg (Hamburg) sicherte den Übergang über die Elbe. Auf den Zugang zur Ostsee legten die Franken wenig Wert.

Nachdem ihnen durch die Franken der Landweg versperrt worden war, wandten sich die Skandinavier der Nordroute über See zu. Für drei Jahrhunderte gehörte die Ostsee den Dänen, Schweden und Wenden.

Die Normannen tasteten sich mit ihren Schiffen vorsichtig von Südnorwegen über die Shetland- und Orkney-Inseln und die Inseln vor der Westküste Schottlands in die Irische See vor. Sie brachten Pelze, die sie gegen Tuche und Waffen zu tauschen suchten. Unternehmungslustige Krieger fanden Geschmack an der Raubfahrt.

Im Jahre 793 landete eine größere Schar Norweger auf der Insel der Heiligen an der Ostküste Englands. Sie brannten das Kloster Lindisfarne, seit 635 Mittelpunkt der irischen Mission in Nordengland, nieder, töteten die Mönche und schleppten die Schätze fort, soweit sie sie nicht – mit dem Haß der Ungebildeten auf das Wissen und das Schöne – sinnlos zerstörten. Am meisten schmerzte es die Mönche, sehen zu müssen, wie ihre Bücher, die abzuschreiben und mit Bildern zu schmücken unendliche Mühe gekostet hatte, ins Wasser geworfen wurden.

Der Überfall auf das friedliche Kloster erschien zunächst nur als Gewalttat einiger Seeräuber. Aber die Beute setzte mehr und mehr Nordmänner in Bewegung. Verwegene Kriegsherren riefen zur Heerfahrt auf, bemannten ihre raschen Drachenschiffe und fuhren nach Westen. Sie erschienen bei den Orkney-Inseln, ein Jahr darauf an der irischen Küste und plünderten 798 Iona. Dort hatte der heilige Columba 563 ein Kloster gegründet, das sich inzwischen zum reichsten und angesehensten Bildungszentrum unter den irischen Klöstern entwickelt hatte.

In Irland hatten die Nordmänner den Anschluß an die Handelsroute zur französischen Atlantikküste gewonnen. 799 wagten sie die Fahrt zur Garonne.

Die ersten Erfolge waren leicht errungen. Die Iren, einst selber gefürchtete Seeräuber, waren seit ihrer Bekehrung befriedet. Ihre Landwirtschaft war aufgeblüht, die Webkunst entwickelt. In den Klöstern, die auf einsamen Inseln oder am Rande des Meeres lagen, lebten die Mönche für den Dienst an Gott und für die Wissenschaft. Kunstvoll schrieben sie Bücher ab. Wehren konnten sie sich nicht. Die frechen Räuber waren kaum zu fassen.

Wenn eine Heerfahrt angekündigt wurde, verließen die waffenfähigen Männer ihre Wohnsitze. Nur wenige bäuerliche Landstriche in Norwegen sträubten sich gegen diese sinnlosen Abenteuer. Wo jedoch die adligen Herren saßen, die im Krieg ihre liebste Beschäftigung und ihre Haupteinnahmen sahen, gab es kein Halten. Die Aussicht auf leicht zu erwerbende Beute ließ alle Bedenken zurücktreten.

Je größer die Erfolge, desto eher fanden sich wieder unternehmungslustige Krieger zum Heereszug. Einer der Sammelplätze war die Heide von Idby am Limfjord in Jütland. Von hier aus konnten die Boote gleich in die Nordsee stoßen; dadurch blieb ihnen die Fahrt um Jütland herum durch das stürmische Skagerrak erspart. Waren sie nicht von einem Anführer gerufen worden, so wählten sie ihn hier; dann fuhren sie los.

In den ersten drei Jahrzehnten des 9. Jahrhunderts waren es einzelne Plünderungsfahrten, deren Erfolg weniger auf kriegerischer Überlegenheit als auf Überraschung beruhte. Karl der Große hatte bereits versucht, einen regelrechten Küstenschutz aufzubauen. Aber wie wollte man die zahllosen Inseln, wie die entlegenen Klöster in ihrer Einsamkeit schützen? Niemand wußte, wann und wo der Feind zuschlagen würde. Mißerfolge schreckten die raublustigen Scharen nicht ab. Sie zogen sich zurück, wenn sie Widerstand fanden, und griffen anderswo mit doppelter Wut an. Sie zählten nicht ihre Toten, sie achteten nicht der Drachenboote, die verlorengingen. Sie sahen nur die unschätzbare Beute jener, die den Weg in die Heimat zurückfanden. Ein solcher Feind war kaum abzuwehren. Doch konnte er nur vorübergehende Erfolge erzielen.

Kaiser Ludwig der Fromme (814–840), der Sohn Karls des Großen, hatte aus dem Bewußtsein seiner Schwäche heraus den flüchtigen Dänenprinzen Harald freundlich bei sich aufgenommen und ihm 826 an der Wesermündung ein Lehen übertragen, damit er, der zum Christentum übergetreten war, die fränkische Küste gegen die normannischen Seeräuber verteidigen helfen sollte. Acht Jahre blieb die Nordseeküste ungestört. Statt dessen fuhren die Wikinger nach Irland und an die französische Atlantikküste.

Iona wurde wiederholt geplündert und immer wieder von den Mönchen aufgebaut. 814 und 819 griffen die Normannen die Insel Noirmoutier vor der Loiremündung an und plünderten das Kloster. Dann raubten sie das Kloster auf der Insel Ré vor La Rochelle aus. Bei diesen planlosen Überfällen waren die Rückschläge der Normannen so empfindlich, daß die Beute in keinem Verhältnis zu den Mühen und Verlusten stand.

Reichen Gewinn erzielten sie jedoch, als ein großes dänisches Heer 834 Friesland besetzte und die Handelsstadt Duurstede ausplünderte und in Flammen aufgehen ließ. Der Anschlag gelang, weil sich Ludwigs des Frommen Sohn Lothar gegen den Kaiser erhoben und die Normannen zu seiner Hilfe herbeigerufen hatte.

Der Erfolg der Raubfahrt, die unermeßliche Beute, die Prahlereien der siegreich heimgekehrten Krieger rissen den Norden in einen wahren Taumel. Es gab kein Halten mehr. Wer Waffen tragen konnte, wollte sein Glück versuchen, wollte mit dem Schwert ernten, statt zu Hause mühselig zu arbeiten. Abenteuer und Beute lockten. Wer sich ausschloß, war kein Mann. Nun stachen mächtige Flotten in See, geführt von großen Heerführern, oft Königssöhnen. Diese Streitkräfte waren dank ihrer Zahl imstande, sich im Feindesland niederzulassen, um günstigere Ausgangsstellungen für ihre Plünderungsfahrten zu gewinnen.

Als sie wieder Noirmoutier angriffen, verließen die Mönche endgültig die Insel. Dort setzten sich die Normannen fest. Um sich die weiten Fahrten in die Heimat zu ersparen, bezogen die Normannen im Winter Quartier auf Inseln in der Nähe der zu plündernden Gebiete. Diese Plätze waren strategisch so geschickt ausgewählt, daß sie unbefestigt bleiben konnten. Kam dennoch ein Angriff, blieb der Wasserweg zur Flucht offen. Gab es doch keine Flotte und keine Seeleute, die den Normannen gewachsen gewesen wären! Im Frühjahr nahmen sie ihre Raubzüge wieder auf. Die örtlichen Gewalten waren machtlos.

In Friesland brannten sie Antwerpen nieder und plünderten nochmals Duurstede. Kaiser Ludwig der Fromme mußte seinen Kriegszug nach Italien aufgeben. Als er in Friesland erschien, verschwanden die Räuber, ohne sich zum Kampf zu stellen. Klagen beim Dänenkönig hatten keinen Erfolg. König Horik I. erklärte, gegenüber seinen räuberischen Scharen machtlos zu sein. Als die Dänen im nächsten Jahr wieder an der friesischen Küste erschienen, vernichtete ein Sturm ihre Flotte. Doch das schreckte die Seefahrer nicht ab; im folgenden Jahr kamen sie wieder.

Ludwig der Fromme hatte andere Sorgen; er gab nach. Er überließ die Insel Walcheren dem Dänen Harald und Duurstede dessen Bruder Horik. Walcheren wurde die Ausgangsbasis für die Normannenzüge den Rhein aufwärts. Unter dem Herzog Siegfried fuhren sie bis Trier und Worms. 841 kam es bei Fontenoy im Hennegau zur Schlacht, einer der blutigsten der fränkischen Geschichte.

Ludwig I. dem Frommen war die Herrschaft über die Großen, die mächtigen Adligen und die selbstherrlichen Bischöfe und Äbte, entglitten. Seine Söhne, denen er die Regierung einzelner Reichsteile anvertraut hatte, erhoben sich gegen ihn, als er die ursprüngliche Herrschaftsteilung zugunsten eines nachgeborenen Sohnes, Karl II. des Kahlen, ändern wollte. Auf dem ›Lügenfelde‹ bei Kolmar zwangen sie 833 den Vater, abzudanken und Kirchenbuße zu leisten, wobei sie Unterstützung bei Papst Gregor IV. fanden. Der Reichsgedanke, wie ihn noch Karl der Große zu verwirklichen suchte, löste sich vollends auf. Jeder König, jeder Herzog, jeder Graf, jeder Bischof stand für sich, jeder dachte nur an die eigenen Interessen, wobei er sich nicht scheute, selbst die Hilfe der Normannen anzurufen.

Als Ludwig I. der Fromme starb, stritten seine drei Söhne um das Erbe. Die Herrschaft im Reich wurde geteilt. Karl II. der Kahle erhielt den Westen, Ludwig der Deutsche das Gebiet östlich des Rheins, und die Mitte, zu der auch das unglückliche Friesland gehörte, fiel an Kaiser Lothar I. (Vertrag von Verdun 843).

Nun trat den Normannen jeweils einer der Karolingerkönige entgegen. Die Angreifer konnten sogar geschickt die inneren Zwistigkeiten der Brüder ausnützen. Als ›treuer Gefolgsmann‹ rückte Harald mit einem Heer ins Moseltal, um dort nach Herzenslust zu plündern.

Eine andere Normannenflotte ruderte die Seine aufwärts, stürmte, plünderte und verbrannte Rouen. Das Kloster Jumièges kaufte sich gegen hohes Lösegeld frei. Als ein fränkisches Heer erschien, verschwanden die Räuber beutebeladen auf dem Meer. Der Schrecken wuchs. Im folgenden Jahr griffen die Normannen London an, wechselten auf das Festland hinüber und plünderten Quentovic, kehrten nach England zurück und plünderten Rochester. Im nächsten Jahr war Nantes ihr Ziel. Durch innere Wirren geschwächt, vermochte die Stadt den Überfall nicht abzuwehren. Den Bischof töteten die Normannen am Altar; zu Tausenden mordeten sie die Menschen. Dann zogen sie sich nach Noirmoutier zurück, um dort zu überwintern.

Im folgenden Jahr erschienen sie an der Garonne. Bei den Bürgerkriegswirren konnten sie bis Toulouse vorstoßen, das sie jedoch nicht angriffen. Mit 150 Schiffen segelten sie nach Spanien weiter. Der König von Asturien sammelte rasch ein Heer, besiegte die Eindringlinge und vernichtete 70 Schiffe. Die anderen fuhren weiter, nachdem sie Zuzug von neuen Drachenschiffen erhalten hatten. Bevor die Mauren Truppen entsenden konnten, plünderten die Nordleute Lissabon. Mit der gleichen Geschwindigkeit ruderten sie den Guadalquivir aufwärts, nahmen im Handstreich Sevilla und plünderten die reiche Stadt. Als die Mauren mit einem Heer anrückten, erlitten die Wikinger eine schwere Niederlage.

Wieder gingen 30 Schiffe verloren. Aber die wilden Krieger gaben nicht auf. Sie versuchten nochmals ihr Glück am Tejo-Fluß. Doch stießen sie erneut auf überlegenen Widerstand. »Danach hörte man nichts mehr von ihnen.«

Während die Dänen an der Festlandsküste entlang nach Süden vorstießen, griffen die Norweger Irland an. Auf die jahrzehntelangen Plünderungszüge und Raubfahrten, bei denen sie die vorgelagerten Inseln besetzten, folgte 839 ein größerer Angriff, um das Land zu erobern. In zwei langen, fürchterlichen Kriegen rangen die Norweger die Iren nieder. Zwischen 839 und 845 und zwischen 853 und 901 tobte der Kampf. Zuerst besetzten die Nordleute einzelne Inseln, von wo aus sie weitere Raubfahrten unternehmen konnten, Caithness, Argyll und Galloway an der schottischen Küste und dann die Insel Man. 841 setzten sie sich in befestigten Häfen an der irischen Küste, vor allem in Dublin, fest.

Ein Bandenführer aus adligem Hause, Thorgisl, segelte 839 mit großer Flotte nach Ulster und gründete dort ein eigenes Königreich, wobei der Heide sich kurzerhand zum Herrn des reichen Klosters Armagh, des geistlichen und kulturellen Mittelpunktes der Insel, machte. Seine Kriegsschiffe fuhren den Shannon hinauf und plünderten die Klöster Clonmacnoise und Clonfert. Dem Irenkönig von Mide, Mael Sechnaill, gelang es jedoch, den Normannen in seine Hand zu bekommen; er ließ ihn töten. In einem allgemeinen Aufstand schüttelten die Iren noch einmal die norwegische Fremdherrschaft ab. Dabei verbündeten sie sich mit den Dänen gegen die Norweger.

Angelockt von den Taten, den Abenteuern und den Erfolgen, kamen neue Scharen aus der norwegischen Heimat. Sie setzten sich an der Küste fest; von Dublin, Waterford, Wexford und Limerick aus plünderten sie das irische Hinterland.

849 tauchten auch Dänen an der irischen Küste auf – mit 140 Schiffen –, die ihrerseits die norwegischen Plätze ausraubten. Drei Jahre später besiegten die Dänen in dreitägiger Schlacht die Norweger. Aber schon im folgenden Jahr gewannen die Norweger wieder die Oberhand, als Olaf aus königlichem Hause aus Vestfold mit einer starken Flotte auftauchte. Einige Dänen unterwarfen sich, andere gingen zu den Iren über, ein Rest zog weiter, um Britannien zu plündern. Olaf griff das irische Binnenland an, traf jedoch auf solchen Widerstand, daß er es vorzog, Frieden zu schließen und seine Raubfahrten gegen andere Gebiete zu richten. Er gewann die Insel Man, die Hebriden und Teile von Schottland. 871 kehrte er nach Norwegen zurück.

In den jahrzehntelangen wechselvollen Kämpfen behaupteten die Norweger die Herrschaft über die Küste. Viele der irischen Fürsten mußten sich ihnen beugen. Sie konnten die Fremden nicht mehr abwehren. Die Menschen wurden erschlagen, die Klöster zerstört, der Reichtum Irlands wurde vernichtet.

Die ersten Beutezüge der Dänen in England verliefen für sie unglücklich, obwohl sie versuchten, die keltischen Bewohner gegen die Angelsachsen aufzubieten. Als eine Flotte von 33 Drachenschiffen Southampton angriff, wurden viele der Seeräuber erschlagen. Doch gewannen die Dänen im selben Jahr bei Portland einen Sieg. Seit 850 wandten sich die Dänen stärker England zu. Eine Dänenflotte von 350 Schiffen ließ sich nach einer Raubfahrt auf dem Festland auf der Insel Thanet an der Themsemündung nieder; von hier aus nahmen die Dänen im folgenden Jahr Canterbury und London ein; sie plünderten Surrey; dann wurden sie von einem angelsächsischen Heer geschlagen. Aber sie hielten die Insel Thanet weiterhin als Stützpunkt für ihre Plünderungszüge bis Winchester und zur französischen Küste, vor allem auf die Sommemündung. Erst 865 wurden sie von Thanet vertrieben.

Im folgenden Jahr landete wiederum ein starkes dänisches Heer an der Ostküste, machte sich mit erbeuteten Pferden beritten, eroberte York und erschlug den König Edmund von Ostanglia. Hingegen leistete Wessex unter König Alfred dem Großen erfolgreich Widerstand. Die Watlingstraße von London nach Shrewsbury wurde 885 die Grenze zwischen den Angelsachsen und dem Danelag, dem lose gefügten Dänenreich. In Mercia saßen die Dänen in fünf ›Burgen‹, den befestigten Plätzen Lincoln, Stamford, Nottingham, Derby und Leicester.

Einige Jahre herrschte ›Frieden‹ in Wessex; die Dänen unternahmen nur kleinere Plünderungszüge. Als sie wieder zuschlugen, siegte Alfred. Er schloß einen günstigen Frieden, der jedoch ernstlich bedroht wurde, als andere Wikinger mit großer Flotte aus dem Frankenreich zurückkehrten. Dort hatten die Normanneneinfälle inzwischen einen verheerenden Umfang angenommen.

Das Frankenreich hatte jede Widerstandskraft verloren. Wer konnte, schloß Verträge mit den nordischen Banden, kaufte sich frei, holte sie zur Unterstützung gegen den eigenen Nachbarn, versuchte, den einen Heerhaufen gegen den anderen auszuspielen. Karl II. der Kahle machte dabei keine Ausnahme. Die Wikinger an der Somme hetzte er gegen die an der Seine auf. Als die Dänen, die auf der Seine-Insel Oiselle (Jeufosse) saßen, Paris angriffen, bot er den Normannen von der Somme 3000 Pfund, wenn sie ihren Landsleuten in den Rücken fielen. Die Eingeschlossenen boten jedoch 6000 Pfund Silber für ihre Freiheit. Die einen zogen mit doppeltem Lösegeld befriedigt ab, die anderen fuhren die Seine aufwärts, um sich anderswo schadlos zu halten; sie plünderten Burgund.

Die Ruhe dauerte nicht lang. Die Normannen ritten auf geraubten Pferden in das Hinterland. »So schöne und hohe Kämpen hatte man noch nie zuvor im Frankenreich gesehen.« Sie nahmen Poitiers und Angoulême, plünderten Orléans, Le Mans und Paris.

Sie zerstörten das ehrwürdige Tours, das mit dem Grab des heiligen Martin Mittelpunkt des religiösen Lebens im Westfrankenreich war. Was den Arabern nicht gelungen war, vollbrachten die Männer des Nordens: die vielbewunderte Stadt ging in Flammen auf. Nichts blieb von den Kirchen und ihren reichen Schätzen.

»Vor den Nordmännern und ihrer Wut bewahre uns gnädig, o Herre Gott!« beteten die unglücklichen Bewohner.

Dann griffen sie – erfolglos – Chartres an und erreichten Melun. Karl der Kahle kaufte sich gegen 4000 Pfund Silber und große Mengen Wein frei. Ein neues Normannenheer zerstörte 867 Bourges, dann ließ es sich in Angers nieder, das die Bewohner fluchtartig geräumt hatten. Schließlich mußten sich die Wikinger einem fränkischen Belagerungsheer ergeben. Neue Angriffe folgten; wieder zahlte ihnen der König Lösegeld, damit sie abzogen. Nun verlagerten sich die Angriffe wieder stärker auf den Norden.

Wieder gingen Städte in Flammen auf, Maastricht und Lüttich, Köln, Bonn und Aachen; drei Tage hielten sie Trier, dann war die bis dahin immer noch ansehnliche Stadt ein rauchender Trümmerhaufen. König Karlmann zahlte hohe Summen, um die Dänen von seinem Land auf das des Nachbarn abzulenken. Friesland jedoch, das von 834 bis 876 unter ihrer Herrschaft stand, ging den Normannen verloren, als ihr Herzog Godfred ermordet wurde.

Die Zeitgenossen konnten es nicht fassen, daß eine zahlenmäßig begrenzte Räuberschar das Reich in fürchterlicher Weise plünderte und verwüstete, die Menschen zu Tausenden erschlug, Städte und Klöster in Flammen aufgehen ließ und ungeschoren entkam. Sie gaben den unfähigen Nachfolgern Karls des Großen die Schuld. Tüchtigen Königen und Beamten ist es häufig gelungen, Normannenscharen abzuwehren, abzufangen, schwer anzuschlagen. Die Normannengefahr hat das nur vorübergehend gemildert. Nach kurzer Zeit waren die wilden Scharen wieder da.

Von Mal zu Mal gewannen die Normannen an Stoßkraft. Ihre Bewaffnung verbesserte sich. Was sie nicht unmittelbar erbeuteten, ließen sie sich von den besten Handwerkern anfertigen, selbst in den islamischen Ländern. Dank ihrer Beute konnten sie jeden Preis zahlen. Versehen mit Kettenhemden, stählernen Helmen, langen Schwerten, traten sie in überlegener Rüstung auf. Ihre Kriegstechnik verfeinerte sich laufend. Die Heerführer gewannen an Erfahrung. Versager verschwanden bald. Nur die besten setzten sich durch. Die Mannschaft eines Bootes, die durch Wochen und Monate gemeinsam ruderte, die Kampf und Plünderung gemeinsam überstand, die auch auf dem Heimweg wochenlang unterwegs blieb, war zu einer festen Gemeinschaft zusammengewachsen. Einer solchen Schar schien nichts unerreichbar. Verluste schreckten sie nicht von weiteren Taten ab.

859 segelte eine Wikingerflotte von 62 Schiffen zum Guadalquivir, um auszukundschaften, wo sich eine günstige Gelgenheit zum Zuschlagen bot. Sie streifte die marokkanische Küste, fuhr zu den Balearen, nach Katalonien, und bezog in der Camargue Winterquartier. Im folgenden Jahr plünderten die kühnen Fahrer Nîmes, Arles und Valence. Nachdem sie einen weiteren Winter in sicheren Schlupfwinkeln verbracht hatten, zerstörten sie Pisa und Fiesole. Auf der Heimfahrt gingen 40 Schiffe in der Meerenge von Gibraltar unter. 18 Schiffe blieben übrig; die Wikinger überfielen Navarra. 862 liefen die restlichen Schiffe Noirmoutier an.

Im folgenden Jahr zerstörten die Normannen endgültig Duurstede, plünderten das Gebiet an der Garonne bis tief nach Aquitanien, selbst in die Auvergne hinein. »Keine Burg, kein Dorf, keine Stadt, die nicht dahinsank unter den Streichen der Heiden«, klagt der Chronist. Es half wenig, daß Karl der Kahle den Verkauf von Waffen und Pferden an die Feinde verbot. Sie zahlten jeden Preis.

Das sächsische Heer, das sich ihnen in Norddeutschland 869 entgegenstellte, erlitt eine vernichtende Niederlage. Herzog Bruno fiel in der Schlacht. Nun ruderten die Räuber die Elbe hinauf; Magdeburg und Meißen wurden zerstört, der Angriff auf Hamburg wiederholt. Alle diese Erfolge gedachten die Normannen dadurch zu übertrumpfen, daß sie 879 eine riesige Flotte, 700 Schiffe mit 40000 Mann, ausrüsteten. Drei volle Jahre wüteten die Scharen in Flandern, Brabant und in der Pikardie. Tote und Trümmer, wohin man sah. Unter ihrem Führer Siegfried nahmen sie Rouen und belagerten Paris, um sich die Durchfahrt die Seine aufwärts zu erzwingen. Die Stadt hielt elf Monate aus, bis endlich ein mächtiges Entsatzheer unter Karl dem Dicken eintraf; aber der Kaiser zog es vor, den Feinden 700 Pfund Silber zu zahlen und ihnen den Weg die Seine aufwärts nach Burgund freizugeben. Die Empörung über diesen Schwächling war so groß, daß die Franken Karl den Dicken 887 absetzten und im Westen den Verteidiger von Paris, Graf Odo, den Stammvater des Hauses Capet, zum König ausriefen.

Nach dreizehn Jahren des Plünderns und Mordens waren vom ›großen Heer‹ noch 12000 Mann übriggeblieben, die nach England übersetzten, wo ihnen Alfred der Große entgegentrat. Der gefährliche Angriff war abgeschlagen.

Da die Städte sich mit hohen Mauern umgeben und gegen Angriffe gerüstet hatten, versagte die Überraschung, der die Normannen ihre Erfolge verdankten. Der Widerstand der Überfallenen versteifte sich. Bei Löwen siegte Kaiser Arnulf, bei Montfauçon Graf Odo. Das war zugleich der letzte Angriff auf Paris. Aber die Normannengefahr war damit noch nicht gebannt. Kaum erlahmte irgendwo die Abwehr, waren die Räuber wieder da. Das Frankenreich verfügte jedoch nicht über die finanziellen Mittel und über die Organisation, um jederzeit und überall einem Angriff gewachsen zu sein, an der gesamten Küste und an den Ufern der großen Ströme.

Karl III. der Einfältige, König des Westreiches, überließ dem Normannenherzog Rollo das Mündungsgebiet der Seine als Lehen »zum Schutz des Reiches«. Das ›Herzogtum Normandie‹ war zunächst nicht groß, aber Rollo ergriff jede Gelegenheit, sein Gebiet zu erweitern. Nach kurzer Zeit hatte er die Halbinsel Cotentin in seine Gewalt gebracht. Er trat zum Christentum über; seine Gefolgsleute wurden seßhaft. Aus den normannischen Kriegern wurden Gutsbesitzer, französische Feudalherren, die einheimische Frauen heirateten und sich so mit dem ansässigen Adel verschwägerten. Nach 25 Jahren sprachen sie nur noch in Bayeux normannisch, überall sonst französisch. Die ›Normandie‹ wurde ebenso selbständig wie Aquitanien, die Provence, Burgund und die Bretagne.

In England gingen die Kriege gegen die Normannen weiter. König Eduard von Wessex unterwarf die Dänen im Norden. Der Norwegerkönig Ragnall von York erkannte die Oberhoheit der Angelsachsen an. Seine Mannen nahmen am Kriegszug gegen die Kelten in Cornwall teil. Die Norweger von Dublin griffen im Bündnis mit den Schotten noch einmal England an, wurden jedoch von Athelstan, dem Sohn Eduards, besiegt. Anlaf Guthfrithson hat später weitere Angriffe unternommen; er hat sich in York festgesetzt und den König Edmund, Sohn von Athelstan, gezwungen, die Watling-Straße als Grenze zwischen Norwegern und Angelsachsen anzuerkennen. Als Anlaf starb, besetzte Edmund Mercia bis zum Humber.

Im Osten Europas gab es nur wenige Städte, die hätten geplündert werden können. Es lockte aber der Handel. Die Normannen durchstießen den Sperriegel, der den Norden mit seinem riesigen Reichtum an Pelzwerk vom kaufkräftigen Süden trennte. In der südrussischen Steppe lagen die Reiche der Awaren und der Bulgaren, der Chasaren und der Petschenegen (Patzinaken).

Drei Sammelpunkte für den Ankauf von Pelzwaren hatten sich gebildet: Birka in Schweden, Nowgorod am Ilmensee und Bolgar an der oberen Wolga; dort strömten die Pelze zu Hunderttausenden zusammen, Fuchs, Eichhörnchen, Biber, Marder, Hermelin. Die Bewohner der Steppe reizte es, den Zwischenhandel wieder aufzubauen, den sie vorübergehend zerschlagen hatten.

Seit Ende des 7. Jahrhunderts saßen die Bulgaren an der Wolga; im 8. Jahrhundert dehnten sie ihre Macht bis zum Dnjepr aus. Unter dem Ansturm der Chasaren zog ein Teil westwärts in die Dobrudscha. Unter Asparuch (681–702) drangen sie in den Balkan ein und gründeten südlich der Donau, im alten Moesien, ein starkes Reich, gegen das sich Konstantinopel mit großen Anstrengungen zu wehren hatte. Zeiten des Krieges und der friedlichen Zusammenarbeit mit Ostrom lösten einander ab.

Byzanz war darauf angewiesen, daß der Handel durch die Steppe hindurch seinen Weg fand. Zar Simeon der Große (893–927) verlegte seine Residenz von Pliska nach Preslav. Sein ›Volk‹ verschmolz mit der ansässigen Bevölkerung, die blutmäßig – und in ihren Gebräuchen – noch stark thrakische Züge aufwies, aber in der Mehrheit slawisch sprach.

Die Kaiser von Byzanz begrüßten es, als im Rücken ihrer Feinde die kriegsgeübten Skandinavier auftauchten; aber kaum waren die Nordleute auf dem Weg über die Stromschnellen des Dnjepr bis zur Mündung gelangt, griffen sie das byzantinische Sugdaea (Suroz) auf der Krim an. Sie hatten das Schwarze Meer erreicht. Dort gedachten die Normannen ebenso rücksichtslos aufzutreten wie im Westen. Von der Dnjeprmündung fuhren sie die Küste der Krim entlang nach dem Asowschen Meer, um die Donmündung und über Land auch die Wolgamündung zu erreichen.

Zwischen Don und Wolga siedelten die Chasaren, die als Feinde der Bulgaren mit Byzanz verbündet waren. 833 erbaten die Chasaren sich vom Kaiser Ingenieure, um eine Festung am Don, Sarkel, gegen die Bulgaren zu bauen. Die Normannen ihrerseits boten dem östlichen Kaiser ein Bündnis an, und da sie nicht wagten, durch die Steppe zurückzukehren, zogen sie über das Mittelmeer und über Deutschland heim. In Ingelheim besuchten sie den westlichen Kaiser, der ihnen nach eingehender Prüfung ihres Weges die Erlaubnis gab, durch sein Land zu ziehen.

Die Normannen aus Schweden, die Waräger, erschienen um 820 am Ladogasee, 845 in Kurland; 860 gehörte ihnen das Dünagebiet. Rurik gewann 862 ›Gardarike‹ und machte Nowgorod – Holmgard, wie die Normannen es nannten – zu seiner Hauptstadt. Bewohnt war Osteuropa von einem losen Stammesverband der Slawen, wie der Kriwitschen um Nowgorod und den finnisch-ugrischen Stämmen, wie Tschuden, Merja, Wepsen und Woten. Die Waräger berichten, die Slawen hätten sie gerufen, »weil sie sich selber nicht zu regieren vermöchten«. Offensichtlich standen die schwedischen Krieger zuerst im Dienst der einheimischen Händler, die in einer ›Gorod‹, der Burg, richtiger einem Handelsplatz, lebten. Dann rissen sie die Macht an sich, zuerst im Norden, sodann längs der Handelsstraße des Dnjepr.

858 gelangte eine schwedische Schar unter der Führung von Askold und Dir nach Kiew, zunächst im Einverständnis mit dem Magyaren Almos. Mit ihm verbündeten sie sich, um einen Angriff auf die reiche Kaiserstadt Konstantinopel zu wagen. Gierig auf Beute, erschienen auch Chasaren aus Tmutarakan jenseits der Straße von Kertsch. Doch scheiterte der Angriff an den festen Mauern und der kampfentschlossenen Bevölkerung. Byzanz war seit Jahrhunderten darauf gerüstet, daß Feinde bis zu seinen Mauern vordrangen; weder durch Handstreich noch durch Sturmangriff war die ›gottbehütete‹ Stadt zu nehmen.

Wegen seines Handels war Byzanz gezwungen, immer wieder mit dem Feind von gestern zu paktieren. 867 schloß der Kaiser mit den Warägern einen Handelsvertrag, der ausdrücklich normannische Kaufleute nur in begrenzter Zahl und unbewaffnet in Konstantinopel zuließ. Dafür gewährten die Waräger christlichen Missionaren Zutritt ins Kiewer Reich. Was das Schwert nicht vermochte, sollte der Glaube vollbringen. Mit dem Christentum drang der byzantinische Einfluß weit nach Osteuropa vor; er bereitete den Boden für eine Verständigung, die bei den gemeinsamen Handelsinteressen auch zu politischem Zusammengehen führte, zur gemeinsamen Abwehr drohender Angriffe aus der Steppe.

Der Handel zwischen Konstantinopel und dem Ostseeraum über den Dnjeprweg weitete sich, durch Verträge gesichert, erheblich aus. Die Waräger bewegten sich als Gäste frei in Konstantinopel. Als Kriegerkaste an allen wichtigen Handelsplätzen beherrschten sie den Wasserweg über Düna und Dnjepr. Ihre Hauptsitze waren

Kiew und Nowgorod, Känugard und Holmgard hießen sie bei den Normannen.

Schwedische Kaufleute fuhren seit langem zu den Handelsplätzen nach ›Sarkland‹, wie sie das Gebiet zwischen Wolga- und Donmündung nach der Stadt Sarkel bzw. nach der Seide ›Sark‹ nannten. Die Normannen besiegten die Wolgabulgaren. Mit ihren Schiffen erreichten sie die Wolgamündung. In Itil (Astrachan) boten sie ihre Waren an, vor allem Sklaven, die sie von den slawischen Fürsten erworben oder erpreßt hatten. Am Schwarzen Meer vereinten sie sich mit ihren Landsleuten, die den Dnjepr heruntergefahren waren. Wieder griffen sie zum Schwert.

907 drohte Konstantinopel ein schwerer Angriff. 2000 Boote mit 80 000 Mann sollen mit starken Reiterverbänden erschienen sein. Doch haben sie sich durch reiche Geschenke bewegen lassen, ohne Kampf abzurücken. Sie zogen die Vorteile vor, die ihnen ein friedlicher Warenaustausch bot.

Zwei Jahre später öffneten sich die Waräger den Weg die Wolga abwärts. Sie brannten Bolgar nieder und eroberten Itil. Kufische Münzfunde in Skandinavien zeigen, wie stark sich der Handel bis Bagdad nun entwickelte.

Gefährliche Plünderungszüge nach Persien unternahmen die Waräger 943. Obwohl sie unter einer Seuche zu leiden hatten, schleppten sie reiche Beute aus Aserbeidschan nach Hause. Dieses Unternehmen war um so erstaunlicher, als zwei Jahre zuvor eine normannische Kriegsflotte von 1000 Booten bei einem Angriff auf Konstantinopel durch das ›griechische Feuer‹ zerstört worden war. Daraufhin plünderte ein normannisches Landheer Kleinasien. Auf dem Rückweg wurden die Schiffe im Schwarzen Meer gefaßt und vernichtet. Nur wenige Krieger, unter ihnen der Großfürst Igor von Kiew, entkamen. 944 rüstete Igor ein neues Heer mit Hilfe der Petschenegen aus; doch ließ er sich gegen Geschenke bewegen, seine Normannen zurückzuführen; seine Bundesgenossen plünderten Nordbulgarien, vielleicht sogar im Einverständnis mit dem oströmischen Kaiser.

Krieg wechselte mit friedlichem Warenaustausch. Swjatoslaw von Kiew (957–972) zertrümmerte 967 das Reich der Chasaren und nahm die Stadt Sarkel ein, setzte vom Don zur Wolga über und plünderte Itil. Zurückgekehrt, griff er die Bulgaren südlich der Donau an und warf sie nieder. Er plante bereits, seine eigene Hauptstadt nach Preslav zu verlegen. Aber während seiner Abwesenheit hatten die Petschenegen Kiew angegriffen, so daß Swjatoslaw eilends zurückkehren mußte. Im Jahr darauf war er wieder auf dem Balkan, wurde jedoch vom Kaiser Johannes I. Tzimiskes vernichtend geschlagen und zum Frieden gezwungen (971).

Mit großer Geduld haben die oströmischen Kaiser immer wieder die Verständigung mit den ›Russen‹, wie die Herren von Kiew hießen, gesucht. Sie dachten zunächst an die byzantinischen Handelsinteressen. Ihre gefährlichsten Feinde waren die Bulgaren im Westen und die Chasaren im Osten der südrussischen Steppe. Das Auftauchen einer neuen Macht aus dem Norden konnte sich für Byzanz auch günstig auswirken. Das Großfürstentum Kiew war der natürliche Bundesgenosse Konstantinopels – wenn die wilden Krieger nur hätten einsehen können, wo ihr wahres Interesse lag!

Die Waräger stellten als Kriegerkaste vorwiegend die Herrenschicht. Sodann gab es drei andere Gruppen: die Kaufleute – teilweise auch Normannen –, den Landadel, zu dem auch bulgarische und chasarische Große zählten, und die Bauern, im Westen slawischer, im Osten ugro-finnischer Herkunft. Unter den slawischen Adligen fanden sich die alten Stammesfürsten der Kriwitschen, der Radimitschen und der Poljanen. Sie hatten vielfach mit den Warägern gemeinsam gefochten und blieben ihnen weiterhin verbunden.

Die Bauern trieben vorwiegend Viehzucht, Bienenzucht und Fischfang und ein wenig Ackerbau. Sie hatten als Abgaben vor allem Honig und Wachs zu liefern, die bis weit in den Süden gehandelt wurden. Am meisten hatten sie unter den Sklavenjagden zu leiden, denn immer noch waren Sklaven neben dem Pelzwerk der Haupthandelsartikel. Eine Abwehr gab es kaum, denn die Menschen in den verstreuten Dörfern waren gar nicht in der Lage, den Normannen oder den Steppenvölkern entgegenzutreten. Einziger Ausweg war die Flucht in unzugängliche Sümpfe und Wälder.

Unter diesen Umständen erschien selbst eine Herrschaft wie die des Großfürsten von Kiew für die ansässige Bevölkerung als Segen, weil er wenigstens die Angriffe von außen, von den Chasaren und Petschenegen, später von den Kumanen und anderen Turkvölkern, abwehrte. In den endlosen Kämpfen schrumpfte der Kriegeradel zusammen. Der Nachschub aus Skandinavien nahm ab, da das dünnbesiedelte Land mit der Zeit ausblutete. Der warägische Kriegeradel verschwägerte sich mit der eingesessenen slawischen Bevölkerung, wenn die Fürsten auch lange Zeit Wert darauf legten, skandinavische Frauen zu nehmen. Schon früh tauchen auch slawische Namen auf. Als Wladimir von Kiew 988 zum Christentum übertrat, ging die Verschmelzung der Russen mit den Slawen rasch voran, zumal Slawisch die Kirchensprache wurde.

Viele der skandinavischen Krieger zogen weiter, um Sold beim Kaiser in Konstantinopel zu nehmen, der eine Leibgarde von 6000 Mann, die berühmte warägisch-russische Družina, unterhielt. Sie hat sich durch Treue und Tapferkeit in schwierigen Kämpfen am Euphrat wie in Süditalien und auf dem Balkan bewährt.

Auch im Osten erlosch die Stoßkraft Skandinaviens. Die Normannen hatten in hundert Jahren ihre Kriegszüge über das Nordmeer bis zur Iberischen Halbinsel und über die russischen Flüsse bis zum Schwarzen Meer und zum Kaspisee ausgedehnt. Ein weiter Bogen normannischen Einflusses umspannte im Norden die auf engen Raum zusammengedrängte Christenheit.

Im Süden hatte der Islam an Boden gewonnen. Mit ihren Reiterheeren hatten die Moslems im 8. Jahrhundert die Kriege entschieden. Im folgenden Jahrhundert rissen sie die Seeherrschaft im Mittelmeer an sich. Im Besitz der Küsten von der Iberischen Halbinsel bis nach Syrien griffen sie nun weiter aus.

826 eroberten sie Kreta, im folgenden Jahr landeten sie auf Sizilien; vier Jahre später gewannen sie Palermo. Wie bei den Normannen handelte es sich auch bei den Sarazenen weniger um wohlausgerüstete Flotten als um kleinere Unternehmen, die auf eigene Faust auszogen. Die Sarazenen suchten Stützpunkte an der Küste, um von dort aus Beutezüge in das Landesinnere zu unternehmen. Sie waren bald der Schrecken der Küstenstreifen wie des Hinterlandes.

846 plünderten sie Ostia und gelangten bis Rom, wo sie die Basiliken von St. Peter und St. Paul zerstörten. In Süditalien gewannen sie in Bari einen festen Stützpunkt, an der südfranzösischen Küste Monts des Maures. Sie beherrschten ein halbes Jahrhundert das Gebiet bis zum Genfer See. In ihren Felsennestern waren sie vom Lande aus kaum anzugreifen; dort brachten sie ihre riesige Beute in Sicherheit, dort überwinterten sie.

Die Bevölkerung der bedrohten Landstriche war ohnmächtig. Papst Leo IV. ließ eine neue Mauer um Rom herum bauen. Am Genfer See entstanden die ›Sarazenentürme‹, Wachtürme, die das

Anrücken feindlicher Scharen rechtzeitig melden sollten, damit die unglückliche Bevölkerung flüchten konnte.

Auf Sizilien ließen sich die Araber fest nieder. Syrakus eroberten sie erst 878, Taormina 902. Jedoch verloren sie Bari an Kaiser Ludwig II., der mit dem Papst und mit Byzanz verbündet war. Wenn sich die Eroberung Siziliens so lang hinzog, so lang das weniger an der Abwehr durch Byzanz, das im Osten stark beschäftigt war, als an der Schwäche der arabischen Streitkräfte, die zudem durch innere Streitigkeiten gespalten waren. Den stärksten Widerstand leisteten noch die Bewohner Siziliens selber, die sich in die Berge zurückzogen und dort verteidigten. Der letzte byzantinische Stützpunkt hielt sich bis 965.

Nach der Eroberung setzte eine stärkere arabische Einwanderung aus Afrika ein; Sizilien wurde ein wirtschaftliches und kulturelles Zentrum der Sarazenen im Mittelmeer. Seine Landwirtschaft blühte rasch auf, da die Araber Kanäle zogen, um die Felder zu bewässern, und neue Kulturen, wie Reis und Orangen, Baumwolle und Zuckerrohr, ins Land brachten. Im Inneren hielten sich vereinzelt christliche Bevölkerungsteile.

Verwaltung und Steuersystem entsprachen den Einrichtungen in Spanien. Am sichtbarsten war der Aufschwung des Handels, der völlig zum Erliegen gekommen war. In Palermo trafen sich die Kaufleute aus dem gesamten islamischen Bereich. Die Stadt stieg zum bedeutendsten und reichsten Handelsplatz des westlichen Mittelmeeres auf. Zugleich entwickelte sich ein reiches kulturelles Leben: Kunst und Wissenschaft, vor allem die Medizin, erlebten eine Blüte, die im ausgeprägten Gegensatz zum Niedergang im christlichen Abendlande stand.

Von diesem Abendland, das unter Karl dem Großen eine stolze Machtstellung errungen zu haben schien, hatte sich am Ausgang des 9. Jahrhunderts nicht viel erhalten. Die politische Herrschaft des Kaisers war aufgesplittert. Nicht einmal der Zusammenhang zwischen den Nachkommen des Kaisers, die die verschiedenen Königreiche und Herzogtümer beherrschten, konnte gewahrt werden. Die meisten Städte lagen in Trümmern. Der Handel hatte nahezu aufgehört. Zur See wüteten die Seeräuber; die Straßen verfielen, da niemand für sie sorgte. Die Unsicherheit war so groß, daß kaum jemand wagte, mit Waren über Land zu ziehen. Jeder Große, jeder Burgherr glaubte, straflos zugreifen und rauben zu können.

Das Handwerk verkümmerte. Am schlimmsten jedoch erging es

dem Landvolk. Die Bauern hatten am meisten unter den Kriegen zu leiden. Sie mußten sehen, wie sie sich selber halfen. Niemand linderte ihre Not. Wenn die feindlichen Heerscharen durch das Land zogen, gleich ob das nun normannische Räuber, Sarazenen, Slawen oder Bulgaren waren oder ob die Könige gegeneinander Krieg führten, die Söhne gegen den Vater, die Brüder untereinander, die Grafen gegen ihren Herrn oder die Ritter gegen einen Nachbarn, die Bischöfe gegen weltliche Herren oder gegen einen unbotmäßigen Abt – immer hatte der kleine Mann zu leiden. Die Äcker wurden verwüstet, die Menschen erschlagen. Die Männer verließen Haus und Hof, um bei den kampfentschlossenen Großen Kriegsdienst zu nehmen. Der ohnehin geringe Ertrag der Landwirtschaft sank noch weiter herab.

Die Staatsgewalt hatte jede Kraft verloren. Dem entsprach auch der moralische Verfall. Macht ging vor Recht. Gemeinsinn und Opferbereitschaft schien es nicht mehr zu geben. Der Feind war allzu stark. Widerstand schien sinnlos. Notfalls opferte man den Nachbarn, um sich selbst zu retten. Verrat kennzeichnet diese Schreckenszeit. Und ein Ende war nicht abzusehen.

12

Die römische Kirche und der orthodoxe Glaube

Im Osten erscheinen in der 2. Hälfte des 9. Jahrhunderts die Ungarn · Herkunft · Das Großmährische Reich zerbricht (907) · Die Ungarn an der Donau um 881 · Raubzüge ins fränkische Reich bis Burgund · Die Sachsen leisten Widerstand, 933 Sieg an der Unstrut · Herzog Heinrich (919–936) wird König · Er baut Burgen · Die Slawen zwischen Elbe und Oder · Grenzmarken, Bistümer und Klöster · 928/29 Aufstand der Elbslawen · Otto I. (936–973) und die Kirche · Die Verwaltung des Reiches · In Spanien: ständiger Kampf gegen die Mauren · Das Grab des heiligen Jakob · Die Pilgerfahrten · Die Reconquista · 1085 Einnahme von Toledo, 1118 von Zaragoza · Cluny und die Kirchenreform · Die christliche Bekehrung von Dänemark und Norwegen · Alt-Uppsala · Um 1000: Ungarn wird christlich · Kiew übernimmt den orthodoxen Glauben · Gegensätze zwischen Ost und West · Das Schisma von 1054 · Religiöse und politische Streitigkeiten · Gründe der Glaubensspaltung

»Die Welt ist gewalttätig gegen die Armen und plündert das Gut der Kirche. Die Menschen verschlingen einander wie die Fische im Meer«, klagt eine Synode von Troslé (909). Das christliche Abendland bot ein trauriges Bild. Die Normannenzüge dauerten an. Sie verwüsteten Irland, England, Frankreich und den Norden von Deutschland. Die Sarazenen plünderten die Küsten Frankreichs und Italiens. Und im Südosten drohte eine neue Gefahr: Die Ungarn griffen an.

In der zweiten Hälfte des 9. Jahrhunderts saßen Ungarn im Raum von Kiew. In Bayern fielen sie zum erstenmal um 881 ein. Gefährlich wurden ihre Einfälle, als die Petschenegen an den Grenzen Europas erschienen, 884 die Wolga überquerten und die Chasaren in der südrussischen Steppe unterwarfen. Dadurch gerieten auch die Ungarn in Bedrängnis, die noch zu Beginn des Jahrhunderts als Untertanen der Chasaren an der Donmündung gelebt hatten. Sie wichen nach Westen aus, ließen sich vorübergehend in Bessarabien nieder und überschritten, wie so viele andere Steppenvölker, die Donau, um in der Dobrudscha zu siedeln. Unter Arpad zogen sie dann 896 auf den Balkan, wo das mächtige Reich der Bulgaren seit den Tagen des Khans Krum seinen Höhepunkt längst überschritten hatte.

Auch diese ungarischen Reiterscharen wurden vom Kaiser in Byzanz als Bundesgenossen begrüßt. Aber da sich die Bulgaren mit den Petschenegen gegen sie verbündeten, wichen die Ungarn in die ›ungarische‹ Tiefebene zwischen Donau und Theiß aus. Dort sah der Karolinger Arnulf in ihnen einen geeigneten Bundesgenossen im Kampf gegen Swatopluk, den Herrscher des Groß-Mährischen Reiches.

Die Ungarn sind ein Volk ugro-finnischer Sprache, das östlich des Ural beheimatet war; auf seinem Weg nach Westen nahm es Flüchtlinge der Chasaren und anderer Turkvölker in sich auf und die Nachfahren aller jener Reitervölker, die über die südrussische Steppe geschweift waren. Sie blieben in der Pußta, was sie seit je gewesen: Reiter und Viehzüchter. Wie ihre Vorgänger herrschten sie über die ansässige Bevölkerung der angrenzenden Gebiete, die sich – bunt gemischt – aus Thrakern, Illyrern, Dakern, Goten, Gepiden und den unter den Awaren eingewanderten Slawen zusammensetzte. Kaum hatten sie ihre Macht in der Steppe gefestigt, unternahmen sie Kriegszüge in die benachbarten Reiche. Zuerst besiegten sie die Bayern, dann zerschlugen sie (907) das Groß-Mährische Reich, das sich um 840 gebildet hatte.

Das Groß-Mährische Reich hatte zwar ab 874 die Oberhoheit des ostfränkischen Königs anerkannt, entwickelte sich jedoch zu einem Einheitsstaat, nachdem es Swatopluk gelungen war, die Stammeshäuptlinge zu entmachten. Swatopluk dehnte seine Herrschaft von seiner Hauptstadt Nitra (in der heutigen Slowakei) über Böhmen und Mähren nach Schlesien, bis zur Saale hin und im Süden bis in die ungarische Tiefebene aus.

Um das Groß-Mährische Reich von der Abhängigkeit der bayrischen Kirche zu lösen, hatte Swatopluks Vorgänger Missionare von Konstantinopel erbeten. Byzanz entsandte die Brüder Methodios und Kyrillus, die als ›Slawenapostel‹ die Liturgie in die slawische Sprache übertragen und in die Schrift besondere, der slawischen Sprache angepaßte Buchstaben eingeführt hatten. Gegen den byzantinischen Einfluß setzte sich der Erzbischof von Salzburg zur Wehr. Als Methodios 885 starb, verhinderten die bayrischen Bischöfe mit Hilfe von Rom und dem fränkischen König eine mährische Nationalkirche.

Nach dem Tode Swatopluks zerfiel das nur noch lose zusammengehaltene Reich; die Ungarn hatten bei ihrer Eroberung leichtes Spiel. Doch mußten die Franken bald erkennen, daß sie einen gefährlichen Nachbarn eingetauscht hatten.

Der Wohlstand seßhafter Nachbarn lockt nur zu leicht Reitervölker mit kärglicher Lebenshaltung. Ein Reitervolk läßt sich – leicht beweglich – in kurzer Zeit zum Kriegszug aufrufen. Die Hirten zu versammeln, fällt einem energischen Häuptling nicht schwer. Die Reiter besitzen im vertrauten Bogen eine überlegene Waffe. Bevor der Gegner seinerseits ein Heer zusammenziehen kann, haben sie das Land längst geplündert.

Die Ungarn unternahmen ihre Raubzüge bis zum fränkischen Orléans, nach Niedersachsen und bis zur Weichselmündung. Sie drangen bis Pavia vor. Sie überfielen das Kloster St. Gallen und stießen auf die Sarazenen, die das Gebiet vom Genfer See bis zur Mündung der Rhône beherrschten. Die Feinde der Christenheit lieferten sich an der Saone eine Schlacht, in die der König von Burgund eingriff, um beide Parteien zu vertreiben. Kein Teil des Abendlandes, der nicht von Wikingern, Sarazenen oder von Ungarn bedroht gewesen wäre!

Der Widerstand ging von den Sachsen aus. Im sächsischen Stamm hatte sich die alte Heeresverfassung, das Aufgebot des Landvolkes unter dem Adel, noch erhalten. Städte gab es nicht. Der Sachsenherzog war noch am ehesten in der Lage, ein Heer ins Feld zu rufen. Er stand auf eigenem, überliefertem und anerkanntem Recht; er war nicht nur der Abgesandte und Vertreter des fränkischen Königs, wie anderswo die Herzöge und Grafen. Vielleicht konnte sich noch der Herzog von Bayern mit ihm vergleichen. Aber Bayern war von den Ungarn am stärksten heimgesucht; es war auf den Beistand der anderen Stammesherzöge angewiesen.

Als Nachfolger des Frankenherzogs Konrad wählten die deutschen Stammesherzöge den Sachsenherzog Heinrich zu ihrem Heerführer und König. Er erkaufte sich durch Tribute einen Waffenstillstand von den Ungarn. Er nutzte die Zeit, ein berittenes Heer aufzustellen. Dazu teilte er das Land neu ein. Er ließ Burgen anlegen, deren Herren über einen größeren Raum geboten, so daß sie Einnahmen erhielten, um eine Reisigenschar zu versorgen. Die Ungarn, die noch 907 die Bayern bei Preßburg vernichtend geschlagen hatten und bei Passau sechs Jahre später mühsam zum Stehen gebracht worden waren, erlitten 933 bei Riade an der Unstrut eine schwere Niederlage. Aber das hat ihre Angriffslust noch nicht gebrochen. Erst Otto I. der Große hat das starke Ungarnheer 955 auf dem Lechfeld vor Augsburg entscheidend besiegt. Die Ungarn haben keinen weiteren Einfall mehr in das Reich unternommen. Sie wurden seßhaft.

Wesentlich zur Minderung der ungarischen Gefahr trug der neue Aufstieg des Bulgarenreiches unter dem Zaren Simeon (893–927) bei. Der byzantinische Kaiser Romanos schloß 924 Frieden, der dem Bulgarenzaren seinen Kaisertitel ließ.

Der Niedergang Ungarns befreite die von ihnen unterworfenen Slawen, die Serben und Böhmen. Es blieb jedoch der Keil, der West- und Südslawen seit jener Zeit trennt. Zunächst entwickelte sich in den slawischen Gebieten kein eigenständiges politisches Gebilde. Der Raum zwischen Ägäis und Ostsee, zwischen Elbe und Wolga, in dem slawische Sprachen vorherrschten, war nicht viel kleiner als der Raum der romanischen und germanischen Sprachen.

Vom 7. bis zum 10. Jahrhundert hatte sich bei den Westslawen ein Adel herangebildet, der keine slawische Bezeichnung trug, sondern ›szlachta‹ hieß (wie das deutsche Wort ›Geschlecht‹).

Um sich gegen feindliche Einfälle zu schützen, wurden Burgen, richtiger befestigte Wallanlagen mit einer ständigen Besatzung, eingerichtet, für deren Unterhalt die Landbevölkerung zu sorgen hatte. Diese Bewaffneten – Withast hießen sie bei den Sorben – stärkten die Stellung des Adligen, der sowohl Heerführer gegen äußere Feinde wie Schutzherr der inneren Ordnung war.

Das Gemeinschaftsleben in den slawischen Dörfern wurde durch die neuen sozialen Unterschiede kaum berührt. Grund und Boden blieben im Gemeineigentum; im Dorf bestimmte weiterhin der ›Älteste‹, der Starost. Grundlage der Wirtschaft waren Ackerbau, Viehzucht und Fischfang. Die Steuern wurden meist in Naturalien entrichtet. Honig und Wachs waren die wichtigsten Güter für den Fernhandel.

Die Stammesfürsten nahmen von den durchreisenden Kaufleuten Steuern ein, sie erhoben Abgaben von den Dörfern und schlossen Verträge mit den Nachbarn.

In Böhmen, Mähren, in Pommern und in Mecklenburg gründeten tatkräftige Fürsten eigene Reiche, die sie in wiederholten Kriegszügen ausdehnten. Boleslaw I. von Böhmen überfiel Sachsen. Die Sachsenherzöge auf dem deutschen Königsthron griffen ihrerseits die Slawen zwischen Elbe und Oder an. Sie ernannten

›Markgrafen‹, die an der Spitze eines von ihnen aufgestellten Heeres durch das Land zogen und die Wallburgen und Fluchtplätze der Slawen eroberten. Brennabor (Brandenburg) und Jahna, der wichtigste Platz der Daleminzier in der Mark Meißen, wurden genommen. Die Bevölkerung flüchtete beim Herannahen der Feinde in Sümpfe und Wälder, wo nur sie Weg und Steg kannte.

Die Stämme bis zur Oder sollten Tribut zahlen. Es gelang jedoch nicht, dieses Gebiet endgültig zu unterwerfen. Dazu war es zu dünn besiedelt. Die slawischen Dörfer lagen wie Inseln inmitten eines unwegsamen Landes. Die Anstrengungen der neuen Herren richteten sich darauf, bei dem einheimischen Adel Unterstützung zu finden.

In ihrer Grenzmark errichteten die Markgrafen Burgen. Verwaltung und Besteuerung des Landes übernahm die Kirche, die gleichzeitig die Bekehrung der Heiden betrieb. Klöster wurden gegründet, wie das St.-Mauritius-Kloster in Magdeburg (937), die Bistümer Brandenburg und Havelberg wurden errichtet und dem Erzbistum Mainz unterstellt (948). Der Widerstand war groß.

Immer wieder flammten Aufstände der Heveller, Ljutizen, Redarier, Sorben und Ukrer gegen die Fremdherrschaft auf. Die Feldzüge der Markgrafen konnten das Land nicht befrieden. Um der Kirche einen stärkeren Rückhalt zu geben, wurde Magdeburg 968 zum Erzbistum erhoben, dem die Bistümer Brandenburg, Havelberg, Merseburg (später Naumburg), Zeitz und Meißen unterstellt wurden. Aber auch das versöhnte die Bevölkerung nicht mit der Kirche. In Geistlichen und Mönchen sahen die Slawen östlich der Elbe auch weiterhin nur die verhaßten sächsischen Herren. Einige wenige Söhne der Einheimischen kamen zu kirchlichen Würden.

Miesko von Polen trat 966 zum Christentum über, erkannte zwar die Oberhohheit Ottos I. an, vertraute sein Land aber dem Schutz des Papstes an. Die polnische Kirche wurde damit selbständig. Sie unterstand also nicht einem deutschen Erzbistum. Dadurch stand die Kirche auch der ansässigen Bevölkerung offen. Miesko war stark genug, seine Macht bis Pommern auszudehnen. Im Zeichen des christlichen Glaubens hat er zusammen mit dem sächsischen Markgrafen in dem großen Aufstand 983 gegen die Elbslawen gekämpft.

Nahezu das gesamte Gebiet zwischen Elbe und Oder schüttelte die fremde Herrschaft ab. Ausgangspunkt dieser Erhebung war offenbar Rethra, wahrscheinlich in Mecklenburg, wo Swarožic (Rodigost) im Heiligtum verehrt wurde. Der Ljutizenbund hatte die Slawen in loser Form politisch geeinigt. Alle sächsischen Versuche, dieses Gebiet wieder zu unterwerfen, mißlangen. Für nahezu zwei Jahrhunderte blieb das Land frei. Grenze war die Elbe.

Ohne Widerspruch hatten die deutschen Stammesherzöge den Sohn Heinrichs I., Otto I., zum König gewählt. Dieser forderte von den Herzögen die Unterwerfung unter die Königsmacht. Die Herzöge dachten nicht daran, sich einer übergeordneten Macht zu beugen. Sie sahen ihre Bindung an den König, den sie selber gewählt hatten, als ein Treueverhältnis an, das beiden Seiten Rechte zuerkannte wie Pflichten auferlegte. Sie kündigten ihre Verpflichtung auf, sobald sie überzeugt waren, daß der König die ihm obliegende nicht einhielt. Nur zu leicht entstanden Meinungsverschiedenheiten, selbst unter den Brüdern und später unter den Söhnen des Königs.

Otto I. bestrafte den Herzog von Franken, setzte den Herzog von Bayern kurzerhand ab und besiegte den Herzog von Lothringen. Einen Aufstand seines Stiefbruders in Sachsen warf er nieder. An der Spitze eines starken Heeres erzwang er vom König von Dänemark und von den Slawenstämmen zwischen Elbe und Oder, den Abodriten, Ljutizen, Hevellern und Sorben, Anerkennung seiner Oberhoheit und Tribute. Diese mächtige Stellung des Königs hing weitgehend vom Zusammenwirken mit der Kirche ab. Deutschland war in vier Erzbistümer eingeteilt, Köln, Trier, Mainz und Salzburg. Dazu kam als Missionserzbistum Hamburg, das nach der Zerstörung durch die Normannen 845 mit Bremen vereinigt wurde, und seit 968 Magdeburg mit der Aufgabe der Mission östlich der Elbe. Jedes Erzbistum verfügte über eine einheitliche Verwaltung mit einem Stab geschulter Kleriker. Auch die Berater und die Beamten des Königs waren Kleriker; auf sie war er angewiesen, wenn er Gesetze erlassen, ja wenn er auch nur Schriftstücke verfassen wollte.

Der Klerus war hierarchisch gegliedert. Jeder Priester war vom Bischof eingesetzt, dem auch die Klöster unterstanden, seitdem Bonifatius die Vorrechte der iro-schottischen Klöster beseitigt hatte. Es gab zwar noch unmittelbare Eigenklöster, die wie Lorsch dem König unterstanden, aber in den geistlichen Fragen galt auch für sie die Autorität des Bischofs. Aus ihrem reichen Grundbesitz flossen der Kirche erhebliche finanzielle Mittel zu. Sporteln und Bußgelder kamen dazu. Schenkungen und fromme Stiftungen, die

Gläubige – vor allem den Klöstern – vermachten, begründeten beträchtliche Einkünfte. Dank der geschulten Verwaltung vermehrte sich das Vermögen der Kirche stetig.

Auf der Kirche lasteten jedoch nicht unerhebliche Pflichten. Sie hatte außer den seelsorgerischen eine Reihe von öffentlichen Aufgaben. Die Klöster beköstigten die frommen Pilger, die zu Wallfahrtsorten strömten, um Vergebung für die Sünden zu erlangen; sie unterrichteten die Kinder, weniger im Lesen und Schreiben und Rechnen als in handwerklichen und landwirtschaftlichen Fertigkeiten. Die Kirche sorgte – soweit sie konnte – für Alte und Kranke. Der Altar bot sogar dem verfolgten Verbrecher Schutz, erst recht dem von einem gewalttätigen Feinde Bedrohten. Die Kirche stand zwischen dem herrschenden Adel und der breiten Bevölkerung.

Die hohen Kirchenämter waren zwar überwiegend den Söhnen des hohen Adels vorbehalten, aber manch ein begabter Sohn der unteren Bevölkerungsschichten gelangte durch Fleiß und Kenntnisse aus dem unteren und mittleren Klerus in hohe Kirchenämter. Die Verwaltung des riesigen Kirchenbesitzes erforderte Leistungen, denen der waffengeübte Hochadel selten gewachsen war. Er überließ vor allem die Kanzleitätigkeit seinen Untergebenen, die damit eine unsichtbare, aber bedeutsame Macht erlangten. In Prozessen erwiesen sich die Kleriker ihren Gegnern meist überlegen, weil sie die Urkunden aufbewahrten, auf denen ihr ›Recht‹ sorgfältig aufgezeichnet war, während die Bauern nie, die Ritter und Grafen nur in den seltensten Fällen beweiskräftige Dokumente vorweisen konnten. Wo derartige Schriftstücke fehlten, trugen Mönche und Kleriker häufig genug keine Bedenken, solche nachträglich zu verfertigen. Sie sahen darin noch nicht einmal eine ›Fälschung‹; sie legten nur schriftlich fest, was nach ihrer Auffassung als geheiligtes Recht mündlich überliefert war.

Der König sprach Recht. Aber die Prozesse wurden von den Händen der örtlichen Gerichtsherren geführt, vom Schöffengericht der Bauern bis zum Grafengericht. Selten entschied der König unmittelbar. Das Reich war ständisch gegliedert. Jeder Stand achtete darauf, daß seine Rechte gewahrt blieben.

Während der Lehnsmann auf sein Recht gegenüber dem Lehnsherrn pochte, bildete die Kirche einen geschlossenen Herrschaftsverband. Ihre Ordnung ging auf die Berufung des Papstes durch den heiligen Petrus selber zurück. Jeder Geistliche hatte sich dem Spruch des Bischofs zu beugen. Der Papst erhob den Anspruch, daß Rom nicht nur die geistliche Aufsicht über die gesamte Kirche in allen christlichen Ländern, sondern die unmittelbare Befehlsgewalt zukomme. Er nahm das Recht für sich in Anspruch, jeden Bischof zu bestätigen und im Falle eines Vergehens ihn maßregeln und absetzen zu können. Er verlangte von der gesamten Geistlichkeit Gehorsam.

Hiergegen haben sich die Bischöfe gewehrt. Sie fühlten sich als Inhaber eines weltlichen Fürstentums – und das waren die Bistümer auch –, eine päpstliche Einflußnahme außer in geistlichen Dingen lehnten sie ab. Dabei fanden sie die Unterstützung des Königs, dem sie als Lehnsleute dienten und dessen Politik sie mitbestimmten. Die Kriege König Ottos I. gegen die heidnischen Ungarn und Slawen dienten dem Glauben wie der Erweiterung des Erzbistums.

Otto I. konnte sich nördlich der Alpen auf die Kirche verlassen. Sie brachte ihm die geordnete Verwaltung, die finanziellen Mittel und eine beträchtliche Streitmacht. Es war dazu aber nötig, daß die Verhältnisse an der Spitze, nämlich in Rom, geklärt wurden. Dort hatte jedoch der örtliche Adel versucht, auch das Kirchenregiment zu übernehmen. Um von diesen Gruppen freizukommen, rief der Papst den deutschen König zu Hilfe. Otto I. besetzte den Stuhl Petri wiederholt mit Persönlichkeiten seines Vertrauens. In Rom wurde er vom Papst zum Kaiser gekrönt, nachdem lange Jahre hindurch die Kaiserwürde des Westens geruht hatte.

Während der Wirren plünderte das Heer die Stadt Rom. Ein Feldzug nach Süditalien blieb ergebnislos. Gegen die Araber hat Kaiser Otto nichts unternommen.

Der Krieg im spanischen Grenzraum hörte nie ganz auf. In befestigten militärischen Niederlassungen sammelten sich die maurischen Grenzkämpfer, um bei jeder sich bietenden Gelegenheit Einfälle – Razzien – zu unternehmen. Die Ghazi waren zugleich Krieger und Glaubensstreiter.

Die Christen in den Bergen des Nordens folgten ihrem Beispiel. Sie wurden von den Franken aus der ›Spanischen Mark‹ wie aus dem Frankenreich selbst unterstützt. Hort des Widerstandes gegen die Mauren und Sinnbild des Kampfes war der heilige Jakob, dessen Grab im 9. Jahrhundert wiedergefunden wurde.

In der Schlacht bei Clavijo 822 soll der Heilige auf einem weißen Pferd mit weißer Fahne in der Hand am Himmel erschienen sein, um seinen bedrängten Glaubensbrüdern Hilfe zu bringen. Die

Mauren wurden besiegt. Bald darauf begann man, zu dem Grab des Schutzpatrons zu wallfahrten. Santiago de Compostela wurde der geistige Mittelpunkt im Kampf gegen die Mauren.

Im Islam fielen Glauben und Kampf seit jeher zusammen. Dieser Verbindung verdanken die Moslems ihre Stoßkraft. Dem Glaubensstreiter, der im Kampf gegen die Ungläubigen fiel, war das Paradies sicher. Gott mit dem Schwert zu dienen, war den frühen Christen fremd. Es widersprach geradezu der Lehre Christi: Liebe Deinen Nächsten wie Dich selbst!

Der ständige Kampf mit den spanischen Mauren wurde zum Glaubenskrieg. Wie die Moslems unter dem Ruf ›Allah‹, zogen die Christen mit ›Santiago‹ in die Schlacht. Der heilige Jakob vermochte Wunder zu vollbringen. Bei den Bewohnern Nordspaniens waren Wunder- und Aberglaube stets lebendig; natürliche irdische Erscheinungen verschmolzen mit geheimnisvollen Vorkommnissen, die niemand zu deuten verstand. Es gab Heilige und es gab Teufel. Wer nach Santiago pilgerte, erlebte »Abenteuer ohnegleichen«. Von überall her kamen Pilger: aus Irland, aus Sachsen, aus Franken, aus Bayern, aus Ägypten die Kopten. Sie zogen auf den großen Pilgerstraßen von Paris über Chartres nach Tours oder über das Loiretal nach Orléans, dann über Poitiers, Saintes oder über Limoges, oder über Vezélay, Le Puy nach Toulouse oder von Lyon und gar von Basel über das Rhônetal, Nimes, Montpellier nach Toulouse. Dann ging die Wallfahrt über die Pyrenäen, durch das Tal von Roncesvalles oder über einen Paß nach Pamplona. Anfangs benutzten die Pilger die unbequeme Straße an der Biskaya entlang. Später konnten sie die bessere über Burgos und Leon nehmen. Viele Klöster standen in enger Verbindung mit Spanien, da nach der Eroberung durch die Mauren zahlreiche Mönche in das Frankenland geflohen waren. Der heilige Pirmin hatte aus Spanien Schriften nach St. Gallen mitgenommen. Einen beträchtlichen Aufschwung erhielten die Pilgerfahrten durch die Unterstützung, die das Kloster Cluny den Wallfahrern gewährte. Cluny, eine Gründung des Herzogs von Aquitanien, war dem zuständigen Bischof entzogen und dem Papst unmittelbar unterstellt. Im Gegensatz zur ursprünglichen Regel des heiligen Benedikt übte der Abt von Cluny die Aufsicht über jene Benediktinerklöster aus, die sich der strengeren Regel von Cluny unterstellten. Sie verlangte unbedingten Gehorsam. An die Stelle der inzwischen gelockerten Ordensregel trat nun eine strengere Askese.

Der erste Abt von Cluny (Berno, gestorben 927) gründete bereits einige Klöster auf der Pilgerstraße nach Santiago de Compostela; sein Nachfolger Odo reformierte verschiedene Klöster in Frankreich und in Italien, selbst die altehrwürdigen Stammklöster Subiaco und Montecassino. Im 11. Jahrhundert wurde das lange Zeit verlassene Kloster Hirsau Träger der mächtigen Erneuerungsbewegung, die von Cluny ausging.

Jährlich zogen Hunderttausende über die Pyrenäenpässe nach Spanien, es gab im 11. Jahrhundert Jahre, da eine halbe Million Pilger das Grab des Apostels besuchte, mächtige Herren und armselige Bettler, Sünder und Büßer, Abenteurer und zweifelhaftes Gesindel. Manchem war die Wallfahrt im Beichtstuhl auferlegt, um eine Sünde oder ein Verbrechen zu sühnen. Andere hofften, in der Fremde Abenteuer zu erleben. Dazwischen trieben sich Händler und Schmarotzer umher, die sich von den großen Herren allerlei Vorteil versprachen. In den zahlreichen Benediktinerklöstern von Hamburg, Erfurt, Regensburg, später von Schweden und Ungarn an konnten die Pilger Rast machen. Der Gläubige zog von einem Kloster zum nächsten, wurde untergebracht und verpflegt, im Krankheitsfall auch versorgt. Jeder spendete, soviel er vermochte. Der Reiche schenkte Land. Manch einfacher Mann hinterließ bei seinem Tode seine Habe einem Kloster.

Die nordspanischen Fürsten unterstützten nachdrücklich die Klöster längs der Pilgerstraßen. Sancho III. von Navarra, der (1028) Kastilien eroberte, stiftete dem Orden Boden für neue Klöster und gab reichliche Geldmittel für deren Aufbau. Vieles von dem, was bei den Grenzkämpfen an Gold und Silber als Beute anfiel, gelangte nach Cluny. Zahlreiche Pilger nahmen an den Kämpfen gegen die Mauren teil. Ohne diesen steten Zustrom kampfgeübter Männer hätten die Christen in Nordspanien den Krieg gegen die überlegenen Mauren kaum durchhalten können.

Das Kalifat von Córdoba überragte alle westeuropäischen Staaten an Reichtum und Menschenzahl. Es soll zum Ausgang des 10. Jahrhunderts sechs bis acht Millionen Einwohner gezählt haben. Seine Verteidigung ruhte in den Händen fremder Söldner, während die einheimische Bevölkerung sich immer mehr dem Waffendienst entwöhnte. Dadurch wurde das Reich von Kriegern, vor allem von Berbern und Slawen, abhängig, deren Ansprüche ständig wuchsen. Unter einem tatkräftigen Führer konnten diese Söldner gebändigt werden. Nach dem Tode des Wesirs Almansur zerstörten die meuternden Truppen, an der Spitze die Berber, die reichen Paläste von Córdoba. Die Stadt hat sich von diesem Schlag nicht wieder erholt. Das Kalifat löste sich in einzelne Emirate auf; das wirtschaftliche und politische Schwergewicht verlagerte sich nach Sevilla. Die kleinen ›Königreiche‹ vermochten dem Angriff der Christen, die mit Hilfe der Pilger zur Wiedereroberung Spaniens, zur ›Reconquista‹ schritten, keinen erfolgreichen Widerstand zu leisten. Umgekehrt aber drang über die Benediktinerklöster an den Pilgerstraßen der Geist Spaniens nach Mitteleuropa.

Die römische Kirche war sowohl in ihren Interessen wie in ihrem Priesterstand mit der Oberschicht verflochten. Mit Rücksicht auf ihre weltlichen Güter beugte sie sich der weltlichen Macht. Hier setzte die Kritik der Cluniazenser ein, die sich nicht mit einer untergeordneten Stellung im öffentlichen Leben zufriedengeben wollten. Der Anstoß zur inneren Erneuerung kam von der Berührung mit Spanien, wo die Kirche im Glaubenskrieg wie im Aufbau eines christlichen Gemeinwesens führend war.

Unabhängig von der weltlichen Macht, doch mit der Aufgabe, eine christliche Ordnung auch auf Erden zu schaffen, mit eigener Gerichtsbarkeit, eigenem Vermögen und alleiniger Verantwortung für das Seelenheil, sollte die Kirche das geistliche Schwert neben dem weltlichen darstellen. Sie hat ihren Auftrag unmittelbar von Gott. Als Christen bleiben König und Kaiser dem Vertreter Gottes, dem Stuhle Petri, unterworfen.

Das Verhältnis zwischen König und Kirche, zwischen weltlicher und geistlicher Gewalt, erhielt vom Vorbild der Moslems eine entscheidende Wendung. Der Kalif als Nachfolger des Propheten gebot als Herr der geistlichen Macht auch über den weltlichen Staat, der mit ihr eine Einheit bildete. Von Spanien gewann Cluny die Anregung einer Neuordnung im Abendland.

Spanien hat auch Gerbert von Aurillac, den späteren Papst Silvester II., geprägt. Seinem Schüler Otto III. schwebte eine Neuordnung des Reiches vor. Er wollte den Kaisergedanken aus der Bindung an die deutschen Stämme lösen und das christliche Abendland zu einer umfassenden Einheit gestalten. Otto III. war bereit, die Bistümer in den slawischen und ungarischen Ländern aus dem Rahmen der deutschen Kirche zu lösen. Zusammengehalten sollten die verschiedenen Teile des Reiches durch Kaiser und Kirche werden.

In Gnesen, am Grab des heiligen Adalbert, gründete er ein eigenes Erzbistum, dem die Bistümer Breslau, Kolberg und Krakau unterstanden. Das Bistum Prag (gegr. 973) blieb bis 1344 dem Erzbistum Mainz verbunden. Der Plan jedoch, über die Kirche den politischen Einfluß auf Polen zu gewinnen, scheiterte.

Auch im Norden bedeutete Bekehrung nicht Unterwerfung unter den vom Papst gekrönten Kaiser. Der Dänenkönig Harald Blauzahn ließ sich um 965 taufen, wurde jedoch daraufhin von seinem Sohn Sven Gabelbart vertrieben. Aber die neuen Bistümer Schleswig, Ripen und Aarhus setzten die Missionsarbeit unter den Nachfolgern fort. In Norwegen führte König Olaf Tryggvason, ein Enkel des Reichseinigers Harald Schönhaar, das Christentum gewaltsam ein (995). Olaf II. der Heilige (1015–30) führte den Christenglauben in Norwegen endgültig ein. Trondheim, Residenz und Krönungsstätte der norwegischen Könige, wurde 1182 Sitz eines Erzbischofs. Doch hing die Bevölkerung noch lange dem heidnischen Glauben an.

Schweden wehrte sich noch länger. Nicht weit von Sigtuna, dem Mittelpunkt des skandinavischen Pelzhandels, das an die Stelle des benachbarten Birka getreten war, lag das heidnische Heiligtum Uppsala. In der Halle standen die Bilder der germanischen Götter: Thor, Wotan und Fricco. Alle sieben Jahre fanden die Blutfeste mit ihren Tier- und Menschenopfern statt. Nur langsam gewann das Christentum an Boden. 1103 wurde das Erzbistum Lund errichtet.

Als das 10. Jahrhundert begann, war die Christenheit von allen Seiten bedrängt. Als es endete, hatte die Kirche ihren Einfluß weit nach Norden und Osten ausgedehnt. In Spanien wichen die Moslems zurück. Die Ungarn bekehrten sich zum Christentum, da sie sich gleichzeitig von den nachdrängenden Deutschen wie von den Bulgaren und den russischen Warägern in Kiew bedroht fühlten. Ihre slawischen Untertanen erhielten Rückhalt und Ermutigung bei den aufstrebenden slawischen Reichen in Böhmen, Polen und Serbien. Um die Selbständigkeit zu behaupten und Unterstützung zu gewinnen, trat König Geza (972–997) zum römischen Christentum über. Gegen erbitterten Widerstand hat sein Sohn Stephan I. der Heilige (997–1038) die Christianisierung im eigenen Volk durchgesetzt. Aufstände warf er blutig nieder. Die Königsmacht vermochte sich gegen die eigenwilligen Stämme durchzusetzen. Das Land wurde in Grafschaften eingeteilt, die absichtlich nicht mit den Stammesgrenzen übereinstimmten. Bedingung für die Annahme des römischen Glaubens war die Gründung des Erzbistums Gran. Damit wurde Ungarn aus dem Missions-Erzbistum Salzburg gelöst und unmittelbar dem Papst unterstellt. Die Königskrone, die Silvester II. dem heiligen Stephan schickte, symbolisierte die Unabhängigkeit Ungarns wie seine Einheit im Glauben.

König und Kirche trugen von nun an das Königreich. Unter Koloman (1095–1116) hat sich die Reformbewegung von Cluny durchgesetzt. Der König zog ausländische Ritter an seinen Hof. Mit ihrer Hilfe und der der Kirche brach er den Widerstand der magyarischen Magnaten. Das war längst nicht mehr der alte Kriegerstand; es waren die Großgrundbesitzer, die über eine abhängige Bevölkerung herrschten, teils Slawen, teils ungarische Hirten.

Das große Bulgarenreich, das unter dem Zaren Samuel 976–1014 bis zur Save und über Makedonien hinaus bis zur Adria gereicht hatte, vermochte sich auf die Dauer Byzanz gegenüber nicht zu halten. Kaiser Basileios II., der ›Bulgarentöter‹, vernichtete das bulgarische Heer, das noch 996 bis tief in die Peloponnes vorgedrungen war. Byzanz konnte seine Grenzen 1018 durch die Einnahme von Ochrida bis Serbien ausdehnen. Die bulgarische Oberschicht verschmolz mit den slawischsprechenden Landbewohnern. In den Städten hatte sich eine griechischsprechende Bevölkerung gehalten. Da das wirtschaftliche Schwergewicht Ostroms sich zunehmend auf die Balkanhalbinsel verlagerte, erhielten die Slawen eine wichtige Stellung in der byzantinischen Innenpolitik.

Das oströmische Reich war ein Gebilde aus drei Teilen: dem griechischen, zu dem die Hauptstadt, das eigentliche Griechenland und Süditalien gehörten, dem slawischen im Balkanraum, der wohl zahlenmäßig den größten Teil der Bevölkerung stellte, und dem anatolischen, in dem die Bewohner vorwiegend griechisch sprachen, ohne jedoch Griechen zu sein.

Im Ringen mit den Bulgaren hat Byzanz die Hilfe der russischen Waräger in Kiew gesucht. Die Waräger in ihren Burgen an Düna, Dnjepr und oberer Wolga hatten inzwischen ihre Herrschaft gefestigt und Großfürstentümer gebildet, die ihren Machtbereich auszudehnen vermochten. Das Großfürstentum Kiew reichte bis zu den Karpaten. Mit Konstantinopel lebte es in Frieden, schon wegen der Handelsinteressen am Schwarzen Meer. Die Russen waren Verbündete Konstantinopels im Kampf sowohl gegen die Bulgaren wie gegen die Reitervölker der südrussischen Steppe, die Petschenegen, Uzen und Kumanen. Die Kaiser riefen sie auch bei innerpolitischen Auseinandersetzungen zu Hilfe. Großfürst Wladimir von Kiew bekräftigte sein Bündnis mit Byzanz durch die Heirat mit der kaiserlichen Prinzessin Anna und durch die Annahme der Taufe.

Wenn sich Kiew für den orthodoxen Glauben entschied, so lag das nicht zuletzt daran, daß Ostrom in kirchlichen Fragen auf Einmischung verzichtete. Es ließ die Landessprache in der Liturgie zu. Die östliche Kirche suchte dem Volk nicht nur den Glauben, sondern auch eine tiefe mystische Frömmigkeit zu bringen. Die katholische Kirche trat überall als geschlossener Herrschaftsverband, als Institution (Rechtseinheit) auf. Darin lag der bedeutsame Unterschied.

Im Grenzraum der beiden Kirchen von den Alpen bis zur Adria und in Süditalien ergaben sich dauernd Reibungen. Den ersten größeren Zusammenstoß brachte die Synode von 867, die Papst Nikolaus mit dem Bann belegte. Durch den vorübergehenden Sturz des Patriarchen Photios wurde der Riß zwar äußerlich überbrückt, die dogmatischen und liturgischen Gegensätze aber blieben. Im Ringen um den Einfluß auf dem Balkan und bei den Slawen spielte sich zugleich ein politischer Wettstreit zwischen Byzanz und dem Westen ab.

Der Kaiser von Byzanz erkannte keinen Kaiser in Westrom als gleichberechtigt an. Mochte der Papst den deutschen König in Rom krönen – der Kaiser der Christenheit residierte seit Konstantin in Konstantinopel. An diesem Anspruch haben die byzantinischen Kaiser festgehalten, als Bulgaren und Araber das Reich überfluteten und wenig mehr als das Stadtgebiet von Konstantinopel ihrer Macht untertan blieb.

Der Papst hingegen bestand auf der Schlüsselgewalt des heiligen Petrus, auf der geistlichen Führung der Christenheit, zugleich aber auf dem Recht, in weltlichen Fragen einzugreifen. Damit verbunden war die Frage nach der Stellung der christlichen Kirche im Staat überhaupt. Im Westen, wo es keinen Staat im altrömischen Sinne gab, fand dieser Anspruch des Papstes Verständnis. Kritik regte sich erst später. In Ostrom hingegen erregte diese Forderung des Papstes erbitterten Widerspruch. Sie rührte an die Grundlagen der östlichen Kirche. Nach der ›Konstantinischen Schenkung‹ soll der Kaiser Konstantin dem Papst den Lateranpalast und dazu die Stadt Rom mit allen Provinzen Italiens und des Okzidents übertragen haben. Darauf stützte sich der Papst, wenn er nicht nur die Verteidigung des Dogmas, sondern auch die Wahrung weltlicher Belange für sich beanspruchte. Die östliche Geistlichkeit hat den Anspruch Roms als weltliche Herrschsucht ausgelegt, die an die Wurzel des christlichen Glaubens zu rühren drohte.

Auch in der Liturgie trat der Gegensatz zwischen den Kirchen in Ost- und Westrom zutage, sodann in den Fragen der Priesterehe, des Sabbatfastens, in der Verwendung von gesäuertem oder ungesäuertem Brot. Im Dogma ging der Streit um den Ursprung des Heiligen Geistes. Allen diesen Spannungen lag ein tiefer Unterschied in der Religiosität zugrunde. Das Verhältnis des Menschen zu ›Gott‹ und zur ›Welt‹ war in Ost und West, bedingt durch Lebensgefühl, Charakter und Verhaltensweise des Volkes und durch seine Geschichte, grundverschieden.

Im Osten haben die Menschen seit jeher, seit sie von Religion sprachen, in erster Hinsicht an ihr persönliches Verhältnis zu Gott gedacht. Was auf Erden geschieht, war eine Angelegenheit der weltlichen Macht. Das Heil erwuchs aus der innigen Verbindung mit Gott, aus der demütigen Unterwerfung unter seinen heiligen Willen, vor allem aber aus der hingebenden Liebe zu Gott und dem Nächsten. Mönche und Heilige, die der ›Welt entsagten‹, waren Vorbild für ein wahrhaft frommes Leben, das von den Zweifeln um die weltliche Ordnung nicht berührt wurde. Die orthodoxe Kirche überließ die irdischen Dinge ihrem Schutzherrn, dem Kaiser. Sie griff nur ein, wenn die sittlichen Gebote gröblich verletzt oder der Glaube gefährdet wurde..

Der mystische Zug der Ostkirche war verbunden mit tiefer Freude darüber, daß diese Welt im Glauben, ja schon im Gottesdienst ihre Erdenschwere verlor und mit den jubelnden Heerscharen des Himmels in Verbindung trat. Auch die Iren kannten diese religiöse Grundstimmung.

Die Christen im Westen hatten ganz andere religiöse Bedürfnisse. Christ sein hieß, in dieser Welt tätig zu sein. Die christliche Gesinnung spiegelt sich in Ethos und Moral, spiegelt sich aber auch im Kampf gegen die Ungläubigen wider. Der Gegensatz zwischen Byzanz und Rom verhärtete sich zwangsläufig durch die Reformbewegung von Cluny. Papst Leo IX. verschärfte den Zölibat, das Verbot der Priesterehe, und wandte sich gegen die Simonie, gegen jeden Einfluß der weltlichen Macht auf die Besetzung der geistlichen Ämter. Als sich der Patriarch jede Einmischung Roms verbat, hinterlegte der päpstliche Legat die Bannbulle auf dem Altar in der Hagia Sophia.

Das Schisma von 1054 konnte nie mehr geheilt werden. Es riß die Christenheit in zwei Teile: Mittelpunkt des katholischen Abendlandes war Rom; zur orthodoxen Kirche gehörten der Balkanraum mit Griechenland sowie die russischen Großfürstentümer. Für die Slawen im weiten russischen Raum gab es nur eine Kaiserstadt: Zarigrad, Byzanz!

13

Santiago und die Kreuzzüge — Pilger und Ritter

1016: die Normannen in Süditalien · Eroberung Siziliens bis 1092 · Wilhelm I. gewinnt England, 1066 Sieg bei Hastings · Aquitanien: das Feudalwesen · Die Ideale des Ritters · Die Lehnsordnung · Die Cluniazenser Kirchenreform · Heinrich IV. und Papst Gregor VII.: 1076 Synode von Worms · 1095: Papst Urban II. ruft zum Kreuzzug auf · 1099: Eroberung des Heiligen Grabes in Jerusalem · Heinrich V. und sein Sieg über den Papst, 1122 Beendigung des Investiturstreits im Wormser Konkordat · 1147–1149: der zweite Kreuzzug · Kreuzfahrerheere im Slawenland und in Finnland (1154) · Bernhard von Clairvaux (1090–1153) und der Zisterzienserorden · Die Slawen beherrschen die Ostsee · Arkona auf Rügen · Die Przemysliden, erbliche Königswürde seit 1198 · Friedrich Barbarossa (1152–1190) und die italienischen Städte · Heinrich der Löwe (1142–1180) · Die Macht des Kaisers · Das Römische Recht · Kaiserliche Podestà in Italien · Der Streit zwischen Philipp II. von Frankreich (1165–1223) und Richard Löwenherz von England (1157–1199) · Innozenz III. (1198–1216) · Die Machtstellung des Papstes · Seit Beginn des 12. Jahrhunderts: die Irrlehre der Katharer · Der Orden der Dominikaner, 1215 gegründet, und der Franziskanerorden, Grundlage: die Regel von 1223 · 1209–1229 Kreuzzug gegen die Albigenser · Die Inquisition · Die Ritterorden: Johanniter (1113 vom Papst bestätigt), Templer (1118), Alcántara (1156), Calatrava (1158), Santiago (1175) · Seit 1198: die Deutschen Ritter · Kampf gegen die Pruzzen 1242–1253 und 1260–1283 · 1201–1230: Schwertbrüder in Livland · Marienburg: Sitz des Hochmeisters seit 1309

Im Jahre 1016 landete eine Schar normannischer Ritter in Wehr und Waffen auf der Rückkehr von einer Pilgerfahrt nach Jerusalem in Süditalien. Sie gerieten in den Kampf der italienischen Städte, die sich gegen die Oberhoheit von Byzanz erhoben hatten.

Ostrom versuchte damals, die durch das langobardische Vordringen in Italien verlorengegangenen Gebiete zurückzugewinnen und gleichzeitig die Zügel der Verwaltung wieder anzuziehen. Es gelang Byzanz, die aufständischen Städte Bari und Salerno, die diese Normannen in ihren Sold genommen hatten, zu besiegen, mit einem Heer, das hauptsächlich aus normannischen Söldnern bestand, die über Rußland nach Konstantinopel gekommen waren.

Waräger kämpften auf byzantinischer Seite gegen die nordfranzösischen Normannen in italienischen Diensten.

Seit drei Jahrhunderten rangen drei Mächte in Süditalien und in Sizilien miteinander: Ostrom, die jeweiligen Herren in Mittelitalien (Langobarden und Franken) und die Araber. Nach wie vor beherrschten die Sarazenen das westliche Mittelmeer. Sie saßen auf Korsika und Sizilien. An allen Küsten hatten sie ihre festen Stützpunkte und Schlupfnester. In den vielen Kriegen dienten die Normannen nur als Krieger. Erst 1030 gelang es ihnen, Aversa als eigenen Stützpunkt zu gewinnen. Als Byzanz acht Jahre später versuchte, den Arabern Sizilien zu entreißen, traten Normannen als Söldner in seine Dienste. Einige Landstriche von Apulien und Kalabrien rissen sie an sich. Da jedoch von allen Seiten Feinde drängten, riefen sie Landsleute aus Nordfrankreich zu Hilfe. Robert Guiscard brachte seinen Brüdern starken Zuzug (1046); dann führte er Krieg auf eigene Faust. Als Papst Leo IX. ihm entgegentrat, wurde er geschlagen und gefangengenommen.

Da inzwischen der Kampf des Papstes mit Kaiser Heinrich IV. offen ausgebrochen war, versöhnte sich Papst Nikolaus II. mit seinen südlichen Nachbarn. Er anerkannte Robert Guiscard als »Herzog von Apulien und Kalabrien und durch die Gnade Gottes und St. Peters auch von Sizilien«. Sizilien war damals noch in arabischer Hand. Rom hatte begonnen, mit Hilfe der italienischen Städte Genua und Pisa die Araber aus dem Tyrrhenischen Meer zu vertreiben. 1052 hatten sie Sardinien für die Christenheit zurückgewonnen.

Elf Jahre lang führte Robert Guiscard Krieg in Sizilien. 1060 nahm er Messina, zwölf Jahre später Palermo, damals die bedeutendste Handelsstadt im westlichen Mittelmeer, Kreuzpunkt der Handelsstraßen von Ost nach West und von Süd nach Nord, eine reiche Stadt mit blühendem Handwerk und reich entwickelter Landwirtschaft. An der brühmten islamischen Universität genoß vor allem die Medizin einen hohen Ruf.

Robert Guiscard erweiterte sein Reich auf dem italienischen Festland. Er nahm den Byzantinern Bari ab, eroberte Salerno und Benevent, das ein päpstliches Lehen gewesen war. Sein Sohn und Nachfolger, Bohemund von Tarent, griff 1081 bis 1085 nach dem Balkan hinüber, um Korfu und Durazzo zu erobern. Thessalien konnte er allerdings nur vorübergehend halten. Als Gregor VII.

von Kaiser Heinrich IV. auf der Engelsburg belagert wurde, rief der Papst die Normannen zu Hilfe, die ihn befreiten und Rom drei Tage lang plünderten. 1085 fiel Syrakus in ihre Hände. 1092 war die Eroberung Siziliens nach zwanzig Jahren Krieg abgeschlossen.

Eine begrenzte Zahl von Rittern ohne Rückhalt an einem Reich hatte vollbracht, wozu weder die Araber noch die Byzantiner imstande gewesen waren: Süditalien und Sizilien in einer Hand zusammenzufassen. Zur selben Zeit schufen sich die Normannen Nordfrankreichs ein weiteres Reich.

Um seine Herrschaftsansprüche in England durchzusetzen, sammelte der Normannenherzog Wilhelm ein Heer aus seinen Vasallen und französischen Rittern, die in seine Dienste traten. Er siegte 1066 bei Hastings über den Angelsachsenkönig Harald. Ohne ernsten Widerstand eroberte Wilhelm den größten Teil von England; doch blieben Schottland und Wales außerhalb seines Reiches. Die höheren Kirchenämter wurden mit Vertrauten des Eroberers besetzt; sie kamen aus Nordfrankreich. Der Lombarde Lanfranc, Abt des Klosters St. Stefan bei Caën, wurde Erzbischof von Canterbury; sein Schüler Anselm stammte aus Aosta. Beide waren über Cluny in das normannische Kloster Bec gekommen, das durch Herluin einen großen Ruf in theologischen Studien wie in ritterlicher Erziehung gewonnen hatte.

Die Normannen brachten das Feudalwesen, wie es sich in Frankreich entwickelt hatte, nach England, wo sich die alte Stammesordnung der Angelsachsen erhalten hatte. Die französischen Barone ließen sich als Grundbesitzer, Krieger und Richter nieder. Die Bevölkerung, ob Angelsachsen, Dänen, Norweger oder Kelten, war entrechtet. Sie verlor allen Grund und Boden. Sie hatte zu gehorchen, zu arbeiten und Steuern zu zahlen. Es gab kaum einen wesentlichen Unterschied zwischen Sklaven (servi), Pächtern (coloni) und schollengebundenen Bauern (villani). Nur der Freie, eben der Normanne (liber), hatte das Recht, Waffen zu tragen. Er erhielt von seinem Herzog das Gut als Lehen gegen die Verpflichtung, als bewaffneter Mann mit seinen Reisigen bereitzustehen. Er war Krieger, für den der Bauer, frei und unfrei, säte und erntete. Aufstände der Sachsen, vor allem im Norden Englands, schlug Wilhelm der Eroberer blutig nieder.

Da der normannische Adel wie die Bischöfe ihren Besitz vom

König zugewiesen bekommen hatte, war das Verhältnis zu ihm ein anderes als in Frankreich. Jedoch versuchten seine Großen – Barone wie Bischöfe –, ihre Selbständigkeit und Freiheit gegenüber ihrem Lehnsherrn ähnlich auszubauen und zu festigen wie die Feudalherren in Frankreich. Der König von England fühlte sich als Herr des Kirchengutes. Die Kirche hat diesen Anspruch allerdings nicht anerkannt.

Die Eroberungen in England und Süditalien erwiesen die Kraft des Feudalwesens.

Im 11. Jahrhundert hatten sich im Ritterstand verpflichtende Formen herausgebildet: gepanzerte Krieger, die mit gesenkten Lanzen zu Pferde gegen den Feind anritten. Ihre Ehre verlangte es, stets Mut zu beweisen. Von Jugend auf widmete sich der Ritter dem Waffenhandwerk in Jagd und Krieg. Ihm gehörte der Grund und Boden; die Bauern waren seine Hintersassen, was nahezu gleichbedeutend war mit Leibeigenschaft. Sie mußten für ihn Hand- und Spanndienste leisten und einen ansehnlichen Teil der Ernte abliefern.

Der Ritter stand seinerseits im Lehnsverhältnis zu einem größeren Herrn. Diese Bindung bezog sich zunächst auf die Person, dann auf das Gut. Die soziale Ordnung staffelte sich vom Ritter über den Grafen zum Herzog und zum König. Das Lehnsverhältnis enthielt eine bindende Verpflichtung sowohl nach oben wie nach unten. Der Lehnsmann mußte für den Lehnsherrn in den Krieg oder in die Fehde ziehen. Er mußte in Notfällen für ihn eintreten, etwa bei Gefangenschaft das Lösegeld aufbringen. Der Lehnsherr schuldete dem Lehnsmann Schutz in allen Gefahren und Beihilfe in Fällen der Not. Moralische Grundlage bildete die gegenseitige Achtung. Auch ein König konnte Lehnsmann eines anderen Königs, des Kaisers oder des Papstes sein, ohne daß Würde und Ansehen darunter litten.

Die Kirche bemühte sich, den Rittern Achtung vor höheren Werten beizubringen. Im Gottesfrieden, der ›Pax Dei‹, war jede Waffentat an Sonntagen und während der großen Feste verboten. Geistliche und Mönche durften nicht angegriffen werden. Die Kirchen boten Asylrecht gegen Verfolgung.

In Aquitanien pflegten die Ritter neben dem Waffenhandwerk eine höfische und geistige Erziehung. Zwei Ideale galten als erstrebenswert: ›Pretz‹ und ›Paratge‹, wie sie in der südfranzösischen

Sprache hießen. Pretz (Preis) meint, was einem Menschen, nicht einer Sache, Wert verleiht. Der Ritter ist von einem hohen Ideal beseelt, und dieses Ideal offenbart sich in seiner Haltung und in seinem Benehmen. Der ›preiswürdige‹ Mann ist ein vollkommener Ritter. Er zeichnet sich durch kühne Taten zum Wohl aller Verfolgten und Schwachen aus.

In diesem Ritter paart sich Tapferkeit mit höfischem Anstand. ›Höfischkeit‹ bedeutete für den Wert eines Mannes mehr als nur tapferer Sinn. ›Paratge‹ drückt den angeborenen Rang eines Menschen aus, die adlige Abkunft, die sich in den verfeinerten Manieren erweist. Es galt als vornehm, die Dichtkunst und den Gesang zu pflegen. Hoch stand die Verehrung der Frau. Im Minnedienst brachte der Ritter seiner Dame, seiner Herrin, seine besondere Verehrung entgegen.

Das Leitbild des vollendeten Ritters, den Schwachen zu helfen, Gott in Demut zu dienen und selbstlos den Damen beizustehen, edle und tapfere Taten zu vollbringen, stets Zucht und Anstand zu wahren, wurde für den Ritterstand verpflichtend. Nicht alle haben seine hohen Ideale erfüllt. Ritterlichkeit und Humanität sind Werte, die kaum allen Menschen zugänglich sind. Die rauhen Kämpfer des Nordens mochten den gebildeten und höfischen Ritter des Südens verachten; ihre Enkel mußten sich dem neuen Leitbild anpassen, wollten sie nicht als roh und ungehobelt gelten.

Offenbar erlebte Aquitanien damals eine Wiedergeburt des gallo-römischen, wenn nicht gar des keltischen Elements, das jahrhundertelang zurückgedrängt war. Die Troubadoure belebten die Sagenstoffe der alten Barden, die längst untergegangen schienen. Ihre Anregung – wie ihre Musikinstrumente – verdankten sie zum Teil den Mauren in Spanien. Die frühen Gedichte, die Chansons, behandelten noch Heldentaten, Rolands Tod bei Roncesvalles, König Artus und seine Tafelrunde, Parzival. Die Troubadoure widmeten sich vorwiegend dem Lob der Liebe. Kennzeichnend für diese Dichtung war das Herauslösen aus der realen Welt, das Leben in einer Traumwelt, in Illusionen, die nichts mit der harten Wirklichkeit zu tun hatten. »Ich bin ein solcher Träumer«, sagt Bernhard von Ventadour, »daß mich Diebe fortschleppen könnten, ohne daß ich es bemerke.«

Aquitanien war der bei weitem reichste Teil Frankreichs, ja des christlichen Abendlandes überhaupt. Das fruchtbare Land lieferte Überschüsse an Weizen und Wein, über seine Häfen Narbonne und Montpellier ging der Warenaustausch aus dem westlichen Nordeuropa in den Mittelmeerraum. Christliche und islamische Kaufleute begegneten sich dort, um Waren- und Geldgeschäfte abzuschließen. Pilger auf der Wallfahrt nach Santiago de Compostela machten dort Rast. In den Städten blühte das Handwerk. Verglichen damit war der Norden arm.

Zwar war Paris als Sitz der Kapetinger Hauptstadt, aber die Grafschaft Paris war ein verhältnismäßig karges, unbedeutendes Land. Als Ludwig VII. Eleonore, die Erbin von Aquitanien, heiratete, schien es, als würde er seine Herrschaft nach Süden ausdehnen. Die Ehe wurde jedoch geschieden; Eleonore heiratete Heinrich Plantagenet, den Grafen von Anjou und Herzog der Normandie. Als Heinrich II. wurde er König von England. Damit geriet auch das französische Kronlehen Aquitanien in die Hand des Königs von England. Die Bretagne war selbständig. Flandern führte ein Eigenleben. Der Herzog von Burgund war zwar Mitglied des französischen Königshauses, führte jedoch eine eigene Politik.

In Spanien hatte Alfons IV. 1085 Toledo zurückerobert. Viele maurische Fürstentümer, die Zwerg-(taifa)Könige, zahlten ihm Tribut und leisteten den Lehnseid. Alfons trug den Titel ›Kaiser der zwei Religionen‹; ihm schwebte vor, Oberherr in Spanien zu werden, ohne die Eigenart der maurischen Bevölkerung einzuschränken. Nur lose vereint mit dem christlichen Norden, sollten sie weiter ihre Religion ausüben dürfen, Handel treiben, Wissenschaft und Kunst pflegen.

Gegen diese Toleranz wandten sich drei Gruppen. Die christlichen Ritter lebten vom Kampf an der Grenze. Der berühmteste unter ihnen war der ›Cid‹, ein bedeutender Heerführer, der gelegentlich von der christlichen zur maurischen Seite überwechselte, auf eigene Faust das maurische Valencia eroberte, das er zu seinem Fürstentum erhob.

Ablehnend verhielt sich auch der Benediktinerorden in Cluny, der längs der Pilgerstraßen nach Santiago de Compostela zahllose Klöster unterhielt. Er hatte sich im Dienste des Heiligen dem Glaubenskrieg geweiht. Für die französischen Mönche bedeutete Toleranz geradezu Frevel gegen Santiago.

Der entscheidende Widerstand kam jedoch von arabischer Seite. Von Marokko drangen 1086 die fanatischen Almoraviden nach Sevilla, die jede Verständigung mit den Ungläubigen ebenso ablehnten wie die Cluniazenser. Am Widerspruch der Fanatiker auf beiden Seiten sind die Pläne des ›Kaisers‹ Alfons gescheitert.

Aus Spanien übernahmen die Benediktiner des Klosters Cluny den Gedanken, der Glaube müsse auch das Leben in dieser Welt formen, die christlichen Ideale müßten auch die weltliche Ordnung gestalten.

Innerhalb der Kirche entbrannte nun der Kampf um ihr Verhältnis zur weltlichen Macht. Die Haltung der Bischöfe war uneinheitlich. Anhänger und Gegner der Reformidee standen sich gegenüber. Beide forderten von der Kirche eine Betätigung auch in weltlichen Dingen, wie sie durch den Reichtum von Kirchen und Klöstern vorgegeben war. Die Anhänger von Cluny sahen jedoch in der geistlichen Würde eine unmittelbare Betrauung durch Gott. Jeder Versuch der weltlichen Macht, die kirchlichen Würdenträger zu Dienern ihrer Interessen und ihrer Wünsche herabzuwürdigen und Einfluß auf die Einsetzung von Geistlichen zu nehmen, galt ihnen als ›Simonie‹. Dem Geistlichen gab sein Amt eine eigene Weihe.

Als auf Heinrich III. sein vierjähriger Sohn Heinrich IV. folgte, war die Bahn frei für die Reformer. Papst Nikolaus II. legte im Papstwahldekret von 1059 eindeutig das Recht der Kardinäle auf die Berufung des neuen Papstes fest. Dem Kaiser wurde jedes Mitspracherecht verweigert. Der nächste Schritt war, nachzuprüfen, inwieweit die Beschöfe ihr Amt einer ordnungsgemäßen Wahl durch den Klerus oder etwa dem unrechtmäßigen Eingriff weltlicher Mächte verdankten. Der Einfluß der Laien im geistlichen Bereich sollte aufhören. Das widersprach dem Herkommen und der engen Verquickung von kirchlicher Würde und weltlicher Macht als Landesherrn.

Nach königlichem Recht fiel beim Tode eines Bischofs die bewegliche Habe des Verstorbenen an den König, der auch die Kirchengüter bis zur Ernennung eines Nachfolgers nach Spolien- und Regalienrecht nutzen durfte. Die Bischöfe wehrten sich dagegen, daß der Papst das Recht beanspruchte, sie wegen der Berufung auf den Bischofsstuhl zur Rechenschaft zu ziehen. Der untere Klerus jedoch neigte überwiegend den Reformern zu, die ausschließlich dem geistlichen Wahlkollegium (Domkapitel) das Wahlrecht zuerkannten, ohne Mitsprache der Laien. Sie wollten ihren Kandidaten ohne Rücksicht auf seine Herkunft aufstellen. Es zeigte sich bald, daß der Bischof auf den Stab seiner Kleriker angewiesen war, die nun, wo es ging, mit Hilfe des Papstes Anhänger der Reformbewegung durchsetzten.

Heinrich IV. glaubte, gestützt auf seine Bischöfe, die Reformbewegung in der Person des Papstes treffen zu können. Er überschätzte jedoch den Rückhalt, den er bei den weltlichen Fürsten genoß, auf die er in Deutschland angewiesen war. Auf der Synode von Worms 1076 ließ er den Papst absetzen. Gregor VII. antwortete mit dem Bannfluch; daraufhin wandten sich die Fürsten von Heinrich IV. ab. Die Bischöfe wagten nicht mehr, offen gegen den energischen Papst Stellung zu nehmen. Der Bann als kirchliche Waffe löste das politische Gefüge des Reiches auf, in dem geistliche und weltliche Macht verzahnt waren.

Heinrich· IV. machte einen geschickten Gegenzug. Er eilte nach Italien, um sich dem Papst nicht als König, sondern als reuiger Sünder zu stellen; dadurch zwang er Gregor VII. nach kirchlichem Recht, den Bann zu lösen. In Deutschland warf der König die aufständischen Fürsten nieder. Mit starkem Heer erschien er in Rom. Ein zweiter Bannstrahl blieb ohne Wirkung. Gregor VII. wurde von den Normannen aus der Engelsburg befreit. Er starb 1085 in Salerno in dem bitteren Bewußtsein, gescheitert zu sein. Der Investiturstreit war jedoch damit noch nicht entschieden.

Die alten Gegensätze zwischen Fürstenmacht und Königsmacht, zwischen weltlicher und geistlicher Gewalt, und damit das eigentümliche Verhältnis, das den deutschen König aus der Reihe der Könige im übrigen Europa heraushob, blieb bestehen. Es entsprach dies den drei Gewalten, die die Gebiete östlich des Limes für das fränkische und für das ›römische‹ Reich gewonnen hatten, Königsmacht, Kirchenmacht und örtliche Gewalten. Der weltlichen Macht schuldete der Ritter Treue, dem Vertreter der Kirche Gehorsam.

In Frankreich war der König zu schwach, um eine Schiedsrichterrolle zwischen Geistlichkeit und Adel für sich zu beanspruchen. Die Kronvasallen genossen weitgehende Selbständigkeit; sie waren die eigentlichen Herren des Landes: der Graf von Flandern, die Herzöge der Normandie, der Bretagne, von Burgund, von Guyenne, die Grafen von Toulouse, von Narbonne, von Rouergue, Blois, Anjou oder Maine. Deren Vasallen haben sich ebenfalls selbständig gemacht. Sie verbanden sich bald mit dem einen, bald mit dem anderen Nachbarn, führten untereinander Fehde und dachten nicht daran, ihrem Lehnsherrn zu gehorchen, wenn es ihnen nicht paßte. Die Macht des Königs, der die Oberhoheit besaß, reichte nicht aus, sich durchzusetzen. Nach dem Tode Ludwigs V. wählten die Kronvasallen Hugo Capet zum König (987) dank der Unterstützung, die ihm der Erzbischof von Reims lieh. Er und seine nächsten Nachfolger haben kaum größere Macht besessen als die letzten Karolinger; immerhin verfügten sie über ›Franzien‹, die Ile de France, als Königsland. Die Capetinger haben geduldig gewartet, bis im 12. Jahrhundert ihre Stunde schlug. Ausgelöst wurde eine überraschende Bewegung in Südfrankreich durch eine Nachricht aus Byzanz.

In der Schlacht von Mantzikert (1071) erlag Kaiser Romanos IV. Diogenes den Seldschuken. In den folgenden Thronwirren eroberten sie, teils als Bundesgenossen einer byzantinischen Partei, teils aus eigener Kraft, ganz Kleinasien. 1080 gewannen sie Nikäa. Zur gleichen Zeit drängten die Petschenegen, im Osten von den Kumanen bedroht, über die Donau und zertrümmerten das bulgarische Reich. Erst dem Kaiser Alexios Komnenos gelang es, nachdem er im Inneren Frieden herbeigeführt hatte, die Petschenegen 1091 vernichtend zu schlagen. Mit den anatolischen Seldschuken suchte er ein Waffenbündnis gegen andere andrängende Turkvölker. Die größte Gefahr schien ihm von den Normannen in Süditalien zu drohen, gegen die er von Venedig mit großen Zugeständnissen im Handel Hilfe erkaufte. Angesichts der Schwäche des Ostreiches wurden auch die Slawen auf der Balkanhalbinsel, Slowenen, Serben, Kroaten und Bulgaren, unruhig. Ihre Kriegerscharen drangen tief nach Griechenland ein. Hilferufe ergingen an den Papst wie an Heinrich IV., mit Truppen und Geldern den Kampf der bedrohten Christenheit zu unterstützen.

Auf seinem Wege zur Synode von Clermont-Ferrand, wo er König Philipp I. von Frankreich wegen verbotener Ehe und Ämterschachers zur Rechenschaft ziehen wollte, kehrte Papst Urban II. in Le Puy ein. Bischof Adhemar von Monteuil, der schon nach Jerusalem und nach Santiago de Compostela gepilgert war, gab dem Papst den Gedanken ein, entsprechend dem Vorbild des spanischen Glaubenskrieges zum Kreuzzug nach dem heiligen Grabe in Jerusalem aufzurufen. Wenn die christlichen Ritter für das Grab des Apostels zu kämpfen bereit waren, mußte ein Kriegszug zum Grabe des Erlösers erst recht die Christenheit begeistern. Urban II. rief zum Kreuzzug auf. Die Wirkung der Predigt war ungeheuer.

Unter dem Ruf ›Gott will es‹ hefteten sich die Grafen und Ritter das Kreuz an den Mantel. Adhemar von Monteuil sollte als päpstlicher Legat den Kreuzzug führen.

Ihm schlossen sich an: Graf Raimund von Toulouse, der in Spanien gekämpft hatte, Gottfried von Bouillon, der Herzog von Niederlothringen, der als Pilger in Santiago de Compostela geweilt hatte, Herzog Robert, der Bruder des Herzogs von der Normandie, und die Normannen von Sizilien und Süditalien, Bohemund von Tarent und sein Neffe Tancred. Der Ruf erfaßte jedoch weitere Kreise. Von brennendem Glauben erfüllt, brachen viele Bewohner Südfrankreichs zum Kreuzzug auf, der ihnen als Fortsetzung, zugleich aber auch als Erhöhung der Pilgerfahrt erschien. Es entsprach spanischen, richtiger islamischen Vorstellungen, den Kampf gegen die ›Ungläubigen‹ als einen Dienst Gottes zu sehen. Angefeuert von der zündenden Ansprache der Prediger, setzten sich Tausende von einfachen Menschen in Bewegung: Gläubige, Abenteurer, aber auch solche, die auf Beute hofften. Sie erreichten Konstantinopel noch vor den Rittern, zogen gegen die Seldschuken und kamen elendiglich um, im Stich gelassen vom byzantinischen Kaiser, der in den wilden Scharen, die von Fanatikern wie Peter dem Einsiedler geführt wurden, fast schlimmere Feinde sah als in den Ungläubigen.

Die Ritter zogen in verschiedenen Heeresgruppen. Gottfried von Bouillon führte die Nordfranzosen, denen sich einige wenige Deutsche anschlossen, die Donau abwärts; die Südfranzosen unter Raimund von Toulouse wählten den Weg durch Norditalien und über Illyrien; die Normannen fuhren zur See von Bari nach Konstantinopel; alle erfüllt vom Kampfeseifer, von der Hingabe an das hohe Ziel der Wallfahrt um des Seelenheiles und des Glaubens willen – und von der Hoffnung auf die lockende Beute im reichen Orient.

Italien hielt sich zurück. Die Seestädte fürchteten für ihren Handel mit den islamischen Kunden von Nordafrika bis Syrien. Mit Sorge sahen sie die normannische Macht in Süditalien anwachsen. Das normannische Palermo war ein ernster Konkurrent im Mittelmeerhandel. Das Kreuzherr benutzte daher die Landwege.

4500 Ritter, 30000 Mann zu Fuß und wohl noch 10000 nicht kämpfende Begleiter versammelten sich in Konstantinopel. Byzanz war unangenehm überrascht. Es hatte um Truppen gebeten, die in seinen Dienst treten sollten. Nun kam ein Heer mit eigener Führung. Mühsam gelang es dem Kaiser, für die zu erobernden Gebiete den Lehnseid zu erlangen. Besonderes Mißtrauen erweckten die Normannen, die erst wenige Jahre zuvor das byzantinische Gebiet von der Adria her angegriffen hatten. Byzanz atmete auf, als die Kreuzfahrer weiterzogen.

Sie kämpften sich siegreich durch Kleinasien hindurch, eroberten nach 18 Monaten Antiochia, wurden jedoch ihrerseits von einem islamischen Entsatzheer in der Stadt eingeschlossen und hart bedrängt. Da fanden die Aquitanier die heilige Lanze, die Christi Leib durchbohrt hatte. Dieses ›Wunder‹ gab dem Heer die Kraft, die Moslems zu besiegen. Die kühleren Nordfranzosen haben den Aquitaniern diesen Erfolg nicht verziehen. Sie sprachen von Betrug. Sie zwangen den Mann, dem Gott im Traum den Platz der heiligen Lanze gewiesen hatte, zum ›Gottesurteil‹, an dem er gestorben ist.

Nach einer Belagerung von einem Monat fiel Jerusalem. Die Kreuzfahrer erschlugen die Verteidiger und einen großen Teil der Bevölkerung.

Das heilige Grab war den christlichen Pilgern frei zugänglich. In Antiochia, Edessa, Tripolis und Jerusalem gründeten die Ritter unabhängige Fürstentümer, die sich kaum von den Reichen der Normannen in Süditalien und Sizilien unterschieden. Eine schmale Kriegerschicht herrschte über eine breite, ihnen geistig und wirtschaftlich überlegene Bevölkerung, die hier überwiegend dem christlichen Glauben anhing.

Kaiser Heinrich V. zog wiederholt an der Spitze seines Heeres nach Italien. Der Investiturstreit endete mit einem Kompromiß, dem Wormser Konkordat. Das weltliche und das geistliche Amt der Kirchenfürsten sollten zwar in einer Hand vereinigt bleiben, aber nach zwei unterschiedlichen Gesichtspunkten geordnet werden. Im Kirchenamt erkannte der König die Selbständigkeit und Unabhängigkeit der Kirche an. Die Bischöfe wurden vom Domkapitel gewählt und vom Papst mit Ring und Stab in das geistliche Amt eingesetzt. Erst nach der Wahl durfte der König die Belehnung des Kirchenfürsten mit seinem weltlichen Lehen vornehmen. Dann erhielt der Bischof die Weihe. In Burgund und in Italien erfolgte die Belehnung nach der Weihe. Die strenge Unterscheidung zwischen ›Spiritualia‹ und ›Temporalia‹ bedeutete jedoch, daß die

Kirche in ihrem Bereich vom Königtum gelöst und auf eigenem Recht begründet wurde. Das weltliche Lehnsrecht verwandelte sich in jener Zeit aus einer königlichen Gnade, die Belehnung, in ein verwurzeltes und vererbbares Recht.

Im Gegensatz dazu hat Frankreich den alten Lehnsgedanken beibehalten, wonach Lehen im Falle des Todes wieder an die Krone zurückfielen, um vom König erneut vergeben zu werden. Auch war es dem König möglich, Lehen bei Unwürdigkeit des Lehnsmannes einzuziehen. In allen weltlichen Fragen war der Bischof in Frankreich dem Willen des Königs unterworfen.

Da dieser Rechtsgrundsatz auf den Widerspruch des hohen Adels stieß, konnte ihn nur ein starker König durchsetzen. Daran fehlte es im 11. Jahrhundert. Aber die französische Krone hatte ein Recht, das der deutsche König gegenüber seinem hohen Adel nicht mehr zu erheben wagte. Die deutschen Bischöfe haben als Landesherren eine eigene Politik gegenüber ihrem Herrscher treiben können, was den französischen Bischöfen versagt war. Die Bindung an Rom war hier nicht immer entscheidend, sie gab ihnen jedoch jederzeit den moralischen Rückhalt, sobald der König mit dem Papst in Streit geriet. Reibungsflächen entstanden, sobald der Kaiser in die italienischen Verhältnisse eingriff. Da der Kreuzzug das wirtschaftliche und politische Schwergewicht Europas in den Mittelmeerraum verlagert hatte, war auch der Kaiser stärker an diesem Raum interessiert.

Die ›Franken‹ in den Kreuzfahrerstaaten Syriens traten bald in Handelsbeziehungen mit ihren islamischen Nachbarn, sie schlossen Bündnisse, sie standen einander in ihren Fehden bei, sie heirateten ansässige Christen und selbst Moslems; Witwen brachten Reichtümer in die Ehe. Große Vermögen entstanden. Die christlichen Fürsten kleideten sich in Samt und Seide.

Die Nachzügler jedoch, die Pilger, die vom Glaubenseifer getrieben aus Westeuropa kamen, die kriegs- und beutelustigen Ritter, suchten den Kampf. Sie reizten die Moslems, deren Stärke sie unterschätzten.

In Mesopotamien schuf Zengi ein starkes Reich; 1144 eroberte er Edessa, geriet jedoch sofort in Streit mit dem islamischen Damaskus. Die Christen führten zwar ihren eigenen Krieg mit Damaskus, waren aber dem neuen Gegner nicht gewachsen. In ihrer Bedrängnis wandten sie sich hilfesuchend an die Heimat. König Ludwig

VII. von Frankreich war in Vézelay als erster bereit, das Kreuz zu nehmen. Der große Prediger des Abendlandes, Bernhard von Clairvaux, begeisterte im folgenden Jahr auch den deutschen König Konrad III. Im zweiten Kreuzzug zogen die christlichen Könige ins Heilige Land.

Der Kaiser von Ostrom, Manuel I. Komnenos, verlangte den Lehnseid für alle Eroberungen. Die Normannen schlugen den Seeweg vor, um unmittelbar, und ohne Konstantinopel zu berühren, das Heilige Land zu erreichen. Die Deutschen erbaten sich von Rom das Recht, ›ihren‹ Kreuzzug im Osten gegen die heidnischen Slawen zu führen. Nur die Süddeutschen zogen mit Konrad III. die Donau abwärts. Die Niederländer und die Engländer benutzten den Seeweg; unterwegs eroberten sie Lissabon.

Das deutsche Kreuzfahrerheer ging zum größten Teil in Kleinasien nach der Niederlage vor Doryläum zugrunde; Ludwig VII. verlor einen bedeutenden Teil seiner Truppen auf dem mühseligen Landweg die Küsten Kleinasiens entlang. Die geplante Belagerung von Damaskus scheiterte an den Intrigen der ansässigen Kreuzritter, die mit dieser Handelsstadt enge Geschäftsbeziehungen unterhielten und in ihr den möglichen Bundesgenossen gegen Bagdad sahen. Die Kreuzfahrer jedoch gaben die Schuld an ihrem Mißerfolg der Haltung des oströmischen Kaisers, der sie nicht genügend unterstützt habe. In Wirklichkeit enthüllte sich die Schwäche der Könige, die scheiterten, wo Grafen und Ritter gesiegt hatten, sowie der Gegensatz der ›Nationen‹ untereinander.

Es bereiteten sich, zunächst nur stimmungsmäßig, jene Spannungen heraus, die das einheitliche Abendland in Nationen spalten sollten. Dagegen war auch die hohe Beredsamkeit eines Bernhard von Clairvaux machtlos, der über den Parteien und Völkern stand. Für ihn zählten weder Sprachen noch Rassen, weder Königreiche noch Fürstentümer. Für ihn war allein der Glaube ausschlaggebend. Der Papst in Rom war der Herr der Christenheit, die in der einen, alleinseligmachenden Kirche eine Einheit bildete. Die Königreiche von Frankreich, von Kastilien, von England gehörten ebenso dazu wie das Deutsche Reich, wie Burgund, wie Italien, Ungarn und Polen.

Hatte der erste Kreuzzug als gemeinsames Unternehmen die Zusammengehörigkeit der abendländischen Christenheit bekräftigt, so rissen die späteren Kreuzzüge die Kluft zwischen den Menschen verschiedener Sprachen und Sitten eher auf.

Die Gegensätze wurden noch sichtbarer, wo sich Staatsgrenzen mit Sprachgrenzen und Religionsgrenzen deckten und zu einer Verhärtung überlieferter Gegensätze führten. Das galt besonders an der Elbe. Erst die Kreuzzüge richteten die Scheidewand zwischen Deutschen und Slawen offen auf, allerdings unter religiösen Vorzeichen. Volkstum und Sprache spielten eine untergeordnete Rolle. Das enge Bündnis zwischen Deutschland und dem christlichen Polen blieb unangefochten. Nur dank polnischer Hilfe gelang es, nach 1147 die Liutizen zwischen Elbe und Oder endgültig – mit Feuer und Schwert – zu unterwerfen.

Zwei Kreuzfahrerheere unter Albrecht dem Bären und Konrad von Wettin zogen bis Stettin, dem Sitz des Herzogs von Pommern. Jeden Widerstand warfen sie nieder. Schwieriger war es, das eroberte Land zu sichern. Es war wohl möglich, Burgen zu bauen und Grafschaften einzurichten. Die bäuerliche Bevölkerung ließ sich nicht zum Christentum bekehren. Um auch das flache Land zu gewinnen, holten die Markgrafen und Bischöfe bäuerliche Siedler aus dem Westen.

Der slawische Kleinadel löste sich vollends von der heidnischen Landbevölkerung; er wurde allmählich ›deutsch‹. Adel und Deutschtum wurden fast gleichbedeutend, allen ethnischen Tatsachen zum Trotz. Slawische Ritter zogen in größerer Zahl mit den deutschen Königen nach Italien, wo sie sich in den Kämpfen wiederholt auszeichneten. Als Christen und Ritter galten sie als gleichberechtigt.

Rückschläge hat es immer wieder gegeben. 1188 wurde Magdeburg noch einmal von den Slawen niedergebrannt.

Die deutsche Siedlung war auf Rodung angewiesen. Sie ließ sich nicht allein von einzelnen Bauern durchführen, kaum durch den kriegerischen Adel. Die Rodung war eine der großen Leistungen der Klöster.

Mit einigen Brüdern hatte der heilige Robert 1098 das Kloster Citeaux in Burgund gegründet, um durch tätige Arbeit »Gott zu dienen«. Seine ungeheure Bedeutung gewann der Orden der Zisterzienser, als Bernhard, der Abt des neugegründeten Klosters Clairvaux, seinem Orden die strengen Regeln gab. Die Klöster der Zisterzienser zeichneten sich durch Schlichtheit aus. An die Stelle des Prunks, den Cluny entfaltete, trat eine betonte Einfachheit. Turm, Glocken und Bildwerke gab es in Zisterzienser-Kirchen nicht.

Überall entstanden Tochtergründungen. 1134 hatte der Orden 30 Klöster, 1153 – beim Tode des heiligen Bernhard – über 280 und gegen Ende des Jahrhunderts über 500.

Neben den Mönchen wirkten in den Klöstern Laienbrüder, die demütigen Herzens bereit waren, auf den Feldern und im Handwerk hart zu arbeiten. Manche Abtei hatte 200 bis 300 solcher Laienbrüder, die dem Kloster – ohne die Gelübde – angehörten. Bis Skandinavien und Polen haben die Zisterzienser durch ihrer Hände Arbeit das Land kultiviert. Sie waren die eigentlichen Träger der Kolonisation. Dadurch wurde der wachsenden Bevölkerung neuer Boden erschlossen.

Die Mönche brachten die Kenntnisse von Ackerbau, Viehzucht und Wasserbau mit. Aus Sümpfen, Wäldern und sandigen Heideböden haben sie fruchtbare Äcker geschaffen. Durch die Drei-Felder-Wirtschaft verbesserte sich der Ertrag der Landwirtschaft. Eisengewinnung und Eisenverarbeitung, die von den Zisterziensern besonders gepflegt wurden, verbesserten die Technik. Mit der eisernen Pflugschar ließ sich der Boden tiefer umbrechen. Dank ihrer vorzüglichen Wirtschaft haben die Zisterzienser Überschüsse produziert. Aus der Bedarfsdeckung schritten sie zur Marktwirtschaft. In England haben die Mönche die Schafzucht auf einen Stand gebracht, der die Ausfuhr von Wolle zuerst nach Flandern und später bis Florenz ermöglichte.

Erleichtert wurde das deutsche Vorrücken auf dem Lande durch den Sieg der Dänen an der Küste. Nach der Zerstörung von Rethra hatten die Slawen Arkona auf Rügen zu ihrem religiösen Mittelpunkt erhoben. Dort stand der Tempel des Gottes Swantewit. Die Slawen, bisher dem Meer abgewandt, entwickelten eine bedeutende Seefahrt. Ihre Piratenschiffe verheerten die Küsten der Ostsee und drangen weit nach Dänemark und Schonen vor. Wie immer, wenn es galt, Beute zu machen, sammelten sich Abenteurer und kriegslustige Gesellen. Die Slawen beherrschten fast ein Jahrhundert lang die Ostsee, bis es dem Dänenkönig Waldemar 1168 gelang, Arkona zu erobern, nicht ohne starke Unterstützung durch den Abotritenfürsten Pribislaw und die Pommernherzöge. Pommern war nach vorübergehender Unabhängigkeit polnisches Lehen geworden; 1181 wurde Bogeslav I. deutscher Reichsfürst.

Im Zeichen der Kreuzzüge hat die Kirche den Osten gewonnen. 1154 begann der erste ›Kreuzzug‹ der Schweden gegen die Finnen. Aber er stieß auf erbitterten Widerstand. König Erich IX. setzte zwar einen Bischof in Abo (Turku) ein, aber er vermochte sich nicht durchzusetzen, da Nowgorod sich dem schwedischen Vorgehen entgegenwarf.

In diesen Kämpfen spielte die Kirche eine dreifache Rolle. Einmal trat sie als die allumfassende Kirche des Abendlandes auf. Der Bischof von Abo hatte vorübergehend versucht, sein Bistum aus der schwedischen Oberhoheit zu lösen und Rom direkt zu unterstellen. Sodann war sie ein Machtmittel der fremden Landesherren, die die Kleriker als ihre Beamten einzusetzen hofften. Schließlich aber vertraten die Erzbischöfe als Landesherren ihre eigenen Interessen. Der Erzbischof von Bremen-Hamburg führte eine Politik unabhängig vom Herzog von Sachsen wie vom König von Dänemark, unabhängig aber auch vom Erzbischof von Magdeburg oder dem von Lund.

Von allen slawischen Ländern entwickelte sich in Böhmen der ansässige Adel am frühesten. Die Herren verstanden es, sich in den vielen Kämpfen an allen Grenzen, gegen die Polen im Norden, gegen die Deutschen im Westen, die Ungarn im Süden und die Kiewer Russen im Osten, jeweils Vorrechte zu sichern. Da sie zum Christentum übergetreten waren, konnten sie mit dem Bischof von Prag zusammenarbeiten.

Unter den Przemysliden bildete sich eine Zentralgewalt aus, der seit der Mitte des 11. Jahrhunderts auch Mähren und Schlesien unterstand. Unter Ottokar I., der 1198 zum König gekrönt wurde, stieg Prag zum geistigen Zentrum im östlichen Mitteleuropa und zum Handelsmittelpunkt auf. Die Wege vom Donaubecken zur Elbe und von Regensburg über Breslau nach Krakau, Lemberg und schließlich nach Kiew schnitten sich dort.

Polen und Böhmen stritten sich lange um den Besitz von Schlesien und Galizien. Beide Reiche gehörten zur Christenheit, in beiden kämpfte eine adlige, miteinander versippte Herrenschicht. Erst weiter im Osten kam es zwischen dem katholischen Polen und dem heidnischen Litauen und dem orthodoxen Rußland zu Glaubenskämpfen. Dabei war in Polen und Böhmen christlich nur die herrschende Adelsschicht. Die bäuerliche Landbevölkerung verharrte noch weitgehend im Heidentum. Da jedoch der Adel den größten Teil des Landes besaß und die politische Macht in der Hand hielt, spielten die Bauern politisch eine untergeordnete Rolle. Polen war ›christlich‹.

An den Fürstenhöfen kam dem Bischof und seinen Klerikern ein wachsender Einfluß zu. Sie haben nachhaltig dazu beigetragen, in Polen das Bewußtsein zu stärken, Glied des ›Abendlandes‹ zu sein. Die römische Kirche umspannte die Völker Europas bis zur litauischen Grenze.

Der zweite Kreuzzug hatte gezeigt, daß Norddeutschland seine Ziele im Osten suchte und sich von der Italienpolitik löste. Süddeutschland, Schwaben, Franken und Bayern waren jedoch eng mit Burgund und Oberitalien verflochten. Friedrich Barbarossa glaubte, dem Sachsenherzog Heinrich dem Löwen, seit 1156 auch Herzog von Bayern, die Sorge um das Reich nördlich der Alpen überlassen zu können, während er selber seine Macht im Süden ausbaute. Durch Heirat mit Beatrix erbte er Burgund, das ohnehin zum Reich gehörte. Seinen Sohn Heinrich (VI.) vermählte er mit Konstanze, der Erbin von Sizilien.

Friedrich Barbarossa plante einen Staat im römischen Sinne aufzubauen, gestützt auf sein Heer unter Berufung auf das römische Recht, das in Bologna gelehrt wurde, und erfüllt von der Kaiserwürde. Das Reich schien dank der nach dem Investiturstreit zwischen Kaiser und Papst erzielten Einigung gesichert. Von den Fürsten verlangte der Hohenstaufe nur den Lehnseid, überzeugt, daß diese Bindung ausreiche, jederzeit die Gefolgschaftstreue in Anspruch zu nehmen. Lehnseide hatten ihm auch die Könige von Böhmen, Polen, Ungarn und Dänemark geleistet. Die Ritter Burgunds huldigten ihm in Besançon. In den italienischen Städten jedoch wollte er seine eigenen Beamten einsetzen, die Podestà, ein Recht, das ihm die Gelehrten aus Bologna 1158 ausdrücklich bestätigt hatten. Er stieß aber auf den erbitterten Widerstand Mailands, das Papst Alexander III. unterstützte, indem er den Kaiser bannte.

Friedrich Barbarossa hat auf seinem zweiten Italienzug (1162) die Stadt Mailand erobert und zerstört; wenige Jahre später stand ihm der Veroneser Städtebund, dem auch Venedig angehörte, als gleichwertige Macht gegenüber. Als Cremona die Partei wechselte und sich gegen den Kaiser wandte, gingen auch die lombardischen Städte zum Veroneser Bund über. Die Folge war der Sieg der Mailänder bei Legnano 1176. Friedrich Barbarossa mußte die Selbständigkeit der italienischen Städte anerkennen. Für die Niederlage machte Friedrich seinen Lehnsmann Heinrich den Löwen verantwortlich, der ihm die Heeresfolge versagt hatte.

Hier wurde der Zwiespalt zwischen der überlieferten Lehnsordnung mit dem persönlichen Treueverhältnis und dem auf römischem Recht beruhenden Kaisergedanken sichtbar. Der Reichstag in Gelnhausen belegte Heinrich den Löwen mit der Acht. Nun brach dessen ebenfalls auf dem Lehnswesen beruhende Macht auseinander. Gegen ihn standen die Erzbischöfe von Magdeburg und Köln, der Landgraf Ludwig von Thüringen, der Abotritenfürst Pribislaw und die Herzöge von Pommern. Einst der mächtigste Fürst im Reich, stand der Löwe nun allein. Er mußte sich unterwerfen und auf seine Herzogtümer Sachsen und Bayern verzichten.

Der Kaiser hatte zwar gesiegt, aber seine Macht war dadurch nicht gestärkt; der Zusammenhang des Reiches lockerte sich, da die starke Persönlichkeit des Welfenherzogs fehlte. Seine Teile entzogen sich einer zentralen Führung. Die deutschen Fürsten konnten noch weniger in die italienischen Wirren eingreifen als der Welfenherzog. Und im Mittelmeerraum fiel die Entscheidung über die politische Neuordnung Europas.

Zwar konnte sich der Papst mit den lombardischen Städten verbünden, aber er konnte sich ohne Unterstützung des Kaisers nicht einmal in Rom gegen die selbstbewußten Adelsgeschlechter oder gegen die Bürger behaupten. Barbarossa lieferte ihm Arnold von Brescia aus, der aus Rom eine Republik zu machen versuchte.

Friedrich Barbarossa konnte wohl gegen einen Papst, nie gegen die Kirche Krieg führen. Erzbischöfe und Äbte waren mächtige Reichsfürsten. Kleriker beherrschten die kaiserliche Kanzlei, an deren Spitze Erzbischof Rainald von Dassel stand. Nur über die Kirche konnte das Reich seinen Einfluß auf die Nachbarn im Norden und Osten ausüben; der Lehnseid allein genügte nicht, wenn die innere Klammer der kirchlichen Institutionen wegfiel.

Erst recht ließ sich in Italien eine umfassende Verwaltung nur mit geschulten Beamten aufbauen, die zum überwiegenden Teil Kleriker oder deren Schüler waren. Das neubelebte römische Recht erkannte die Bindungen des – nordeuropäischen – Lehnsgedankens nicht an. An die Stelle der ›Treupflicht‹ traten klare Rechtssätze, die sich auf Eigentum und Verträge stützten. Die Städte hielten an ihren Freiheiten fest. Hinter ihren Mauern, gestützt auf das Bürgeraufgebot und ihrem aus dem Handel stammenden Reichtum trotzten sie ihrem Bischof, ihrem Landesherren, dem König von Italien und dem Kaiser. Sie fanden Bundesgenossen bei anderen Städten oder beim Papst, oder bei den Landesfürsten.

Der Kaiser war durchdrungen von der Aufgabe, die ihm sein hohes Amt zuwies, Schützer des Reiches, Verteidiger des Glaubens und Hüter der Ordnung auf Erden zu sein. Diese Aufgabe konnte er nur in engem Zusammenwirken mit dem Papst erfüllen.

Der Hohenstaufe machte sich an der Spitze eines neuen Kreuzzuges auf, um Jerusalem, das 1187 in die Hände der Ungläubigen gefallen war, zu befreien. Die Ritter in den Kreuzfahrerstaaten, untereinander zerstritten, ohne Rückhalt an Konstantinopel, von der Heimat ungenügend unterstützt, waren dem Ansturm der Moslems erlegen. Auch König Philipp II. August von Frankreich und König Richard Löwenherz von England zogen ins Heilige Land. Es schien, als vereinigte sich das christliche Abendland im Zeichen des Kreuzes. Das Ergebnis jedoch war nicht nur ein äußerer Mißerfolg, sondern Streit unter den Fürsten und unter den Völkern.

Der Kaiser ertrank unterwegs in einem Fluß Kleinasiens.

Bei der Belagerung der Festung Akkon brach die langschwelende Feindschaft zwischen dem König von Frankreich und Richard I. Löwenherz offen aus. Philipp II. August kehrte verärgert nach Hause zurück. Der Engländer gewann zwar eine Schlacht gegen die Moslems, war aber nicht stark genug, Jerusalem zu erobern. Im Frieden sicherte Sultan Saladin den christlichen Pilgern freien Zugang zum heiligen Grabe zu; er erkannte die christlichen Königreiche an der Küste, Tripolis und Antiochia, an.

Der Streit, der zwischen den beiden Königen im Heiligen Land ausgebrochen war, fand in Frankreich seine Fortsetzung. Der König von Frankreich besaß als Krondomäne nur das kleine Gebiet um Paris. Nicht weit von Paris begann bereits die Normandie. Richard Löwenherz hatte die Festung Château Gaillard erbaut, die die Seine abriegelte. Aquitanien gehörte Heinrich Plantagenet, dem Vater von Richard Löwenherz.

Ein glücklicher Zufall spielte dem französischen König die Gelegenheit zu, den normannischen Druck zu beheben. Richard Löwenherz wurde auf seiner abenteuerlichen Rückkehr vom Kreuzzug in Kärnten gefangengesetzt. König Philipp II. August brach die Festung Château Gaillard, eroberte die normannischen Burgen an der Loire und zog Aquitanien als verfallenes Lehen ein.

Besaß der König von Frankreich bis dahin mehr eine symbolische Macht als Lehnsherr, so stieg er nun zum mächtigsten Herrn in Frankreich auf. Er konnte daran denken, die Königsgewalt bis an die Pyrenäen auszudehnen. Gegen hohes Lösegeld wurde Richard Löwenherz aus der Gefangenschaft entlassen; er fiel bald in einem Kampf.

Heinrich VI. gewann nach seinem Vater Barbarossa die Kaiserwürde und erbte Schwaben. Seine Gemahlin brachte ihm das Königreich Sizilien ein. Widerstände von seiten seiner normannischen Untertanen wie der italienischen Städte warf er an der Spitze eines starken Heeres nieder. Er konnte daran denken, die Kaisermacht zu einem Kreuzzug gegen die Ungläubigen einzusetzen. Da raffte ihn nach siebenjähriger Regierung (1190–1197) eine Krankheit dahin. Er hinterließ das Reich einem Knaben.

Die Führung der Christenheit fiel nun dem Papst zu.

Ein ungewöhnlicher Mann saß damals auf dem Stuhl Petri, Innozenz III. Er übernahm die Vormundschaft des unmündigen Hohenstaufen als Erben von Sizilien; er zwang den König von Frankreich, seine verstoßene Gemahlin wieder aufzunehmen. Peter II. von Aragon mußte auf seine Heiratspläne verzichten und sein Reich vom Papst als Lehen annehmen. Portugal und Polen hatten sich bereits früher dem päpstlichen Spruch unterworfen. Als König Johann ohne Land von England gegen den Willen des Papstes einen Erzbischof in Canterbury einsetzen wollte, sprach Innozenz III. den Bann aus. Johann mußte nachgeben und sein Königreich vom Papst zu Lehen nehmen. Vier Jahre regierten die päpstlichen Legate in England. Die größte Sorge aber bereitete Innozenz Südfrankreich.

Seit Beginn des 12. Jahrhunderts breitete sich in der Grafschaft Toulouse die Irrlehre der Katharer aus, die vor allem in den oberen Schichten Anhänger fand. Sie kam aus dem Orient, faßte auf dem Balkan Fuß, in Oberitalien, in Nordfrankreich und am Niederrhein. Ihre Wurzeln gehen wohl auf die Lehre des Mani zurück, der im 3. Jahrhundert im Sassaniden-Reich die Lehre des Zoroaster mit dem Christentum seltsam zu verbinden gesucht hatte.

Neben Gott, dem Herrn des Himmels, steht als böses Prinzip der Teufel. Er hat die Welt geschaffen, die von Ursprung an böse ist. Gott selber in seiner Güte und Barmherzigkeit hätte das Böse und das Leiden nicht schaffen können. Er thront, erhaben über allem Irdischen, im Reich des Geistes. Um die sündigen Menschen aufzurufen, sich vom Bösen, vom Materiellen abzuwenden, sandte er einen Stellvertreter, einen Engel – Christus –, auf Erden. Die Menschen sollten sich zwischen dem Geistigen und dem Irdischen entscheiden, zwischen Tugend und Sünde, zwischen den beiden Prinzipien, dem Guten und dem Bösen.

Der Mensch kann sich der Sünde nicht ganz entziehen, aber er kann durch ein apostolisches Leben zur Reinheit emporsteigen. Die Katharer erkannten nur ein Sakrament an: das ›Consolamentum‹, die Hingabe an den Heiligen Geist mit dem Gelöbnis völliger Reinheit. Zu den ›Reinen‹, die das Consolamentum empfangen und das Gelöbnis abgelegt hatten, gehörten nur wenige; sie lebten in Erwartung des Himmelreiches. Die ›Gläubigen‹ empfingen das Consolamentum häufig erst in der Todesstunde. Damit löschten sie ihre Sünden aus.

Das Lateran-Konzil von 1179 hatte bereits die Irrlehre der Katharer verdammt; der ›Kreuzzug‹, der zwei Jahre später gegen Roger II. von Béziers und Carcassonne geführt wurde, brachte kein Ergebnis. Nun versuchte die Kirche, die Irrlehre durch Belehrung einzudämmen. Der heilige Bernhard von Clairvaux und später der heilige Dominicus haben in Südfrankreich gepredigt; sie hatten keinen Erfolg. Die Irrlehre griff weiter um sich; sie richtete sich gegen die weltlichen Geistlichen, die als Kirchenfürsten dem irdischen Leben verhaftet waren, während die ›Reinen‹ alle Bindungen an diese Welt abgestreift hatten und nur in Erwartung des Himmelreiches lebten.

Dieser Weltentsagung stellte die Kirche eine andere entgegen, die jener Orden, die die Armut lehrten. Dominicus Guzman (1170–1221) gründete den Predigerorden der Dominikaner, Franz von Assisi (1181–1226) den der Franziskaner, beides Orden der ›Bettelmönche‹. Im Gegensatz zu den reichen Benediktinern, zu den Klöstern von Cluny und von Citeaux, durfte bei den Bettelorden nicht einmal das Kloster Reichtümer erwerben. Die Mönche waren in ihrem Lebensunterhalt auf fromme Gaben angewiesen.

Aber selbst ihr Beispiel konnte die Abgefallenen nicht zurückgewinnen. Die Ketzer wehrten sich gegen eine Predigt, die nur zu oft den Versuch gewaltsamer Bekehrung verhüllen sollte. Als ein päpstlicher Legat ermordet wurde, rief Innozenz III. zum Kreuzzug gegen die Katharer, die ›Albigenser‹, auf.

Entscheidend für diesen Entschluß war wohl die Erkenntnis, daß die Irrlehre einen großen Teil der Geistlichkeit, und vor allem der hohen, erfaßt hatte. Die Bischöfe unternahmen wenig gegen die

Ketzerei; schon begannen sich einzelne Ketzerkirchen mit den Bogomilen auf dem Balkan zusammenzuschließen. Erfolg bei der Oberschicht, bei dem hohen Adel und der reichen Bürgerschaft, hatte jedoch der Irrglaube vorwiegend in Südfrankreich. Der tief verwurzelte Gegensatz zwischen Nord- und Südfrankreich brach nun – neben der Glaubensfrage – wieder auf. Gegen ›den Süden‹ nahmen die Ritter Nordfrankreichs das Kreuz.

Sie stürmten Béziers, das wegen der Unvorsichtigkeit der kriegsungewohnten Bürger sofort fiel, und machten die gesamte Bevölkerung nieder. »Ich glaube, daß es niemals seit den Tagen der Sarazenen ein solches Gemetzel gab«, schrieb ein Zeitgenosse. Carcassonne ergab sich. Simon von Montfort sollte die Ketzerei erbarmungslos ausrotten. Verteidigt wurde das Land vom Grafen von Toulouse und von König Peter II. von Aragon; sie erlitten eine vernichtende Niederlage. Als Montfort später fiel, eroberte Raimund VII. von Toulouse seine Grafschaft zurück; aber nun griff König Ludwig VIII. von Frankreich ein. Aus dem Glaubenskrieg war ein Krieg zwischen Nord- und Südfrankreich geworden; nun spitzte er sich auf eine Auseinandersetzung des Feudalfürsten mit seinem Lehnsherrn zu. Raimund VII. von Toulouse unterwarf sich. Er mußte auf sein Gebiet östlich der Rhône verzichten. Avignon fiel an die römische Kurie.

In den Grafschaften Toulouse und Carcassonne rottete die von Innozenz III. geschaffene, von Friedrich II. von Hohenstaufen bestätigte Inquisition die Ketzerei aus. In Montpellier wurden 1245 allein an einem Tage 200 der ›Katharer‹ verbrannt. Zwar bildeten sich auch später noch kleine Zirkel der ›Reinen‹, aber hinter ihnen standen nicht mehr die großen Herren oder gar hohe Geistliche, sondern nur noch einfaches Volk. Die Ketzerei hatte jede politische Bedeutung verloren.

Geblieben ist die Inquisition, deren Leitung die Dominikaner – vorübergehend auch die Franziskaner – übernahmen. Sie haben den Geist der Unduldsamkeit später nach Spanien getragen, das im 13. Jahrhundert noch ganz im Zeichen der Toleranz, sowohl gegenüber den Moslems wie den Juden, stand. Peter II. von Aragon, der Sieger in der entscheidenden Schlacht von Navas de Tolosa über die Mauren, ist auf seiten der ›Ketzer‹ vor Muret 1213 gefallen. Die fanatischen Glaubenskämpfer kamen nicht aus der Languedoc, sondern aus Nordfrankreich.

Die Blüte des Südens, der Reichtum von Toulouse und von

Montpellier, war zu Ende. Der Handel verlagerte sich nach Aigues Mortes. 1271 fiel die Grafschaft Toulouse an die französische Krone. Die Welt der Troubadoure gab es nicht mehr.

Südlich der Pyrenäen brauchten die Spanier nicht länger die Hilfe der französischen Pilger und Ritter. Nach dem Siege bei Navas de Tolosa schritt die Reconquista rasch voran – 1236 fiel Córdoba, zwei Jahre später Valencia und 1248 – nach zwei Jahren der Belagerung – auch Sevilla. Nur das Königreich Granada, geschützt hinter hohen Bergen, blieb in maurischer Hand.

Das Selbstbewußtsein der Christen stieg. Aus ihren militärischen Siegen schlossen sie auf die Macht ihres Glaubens. Der geistigen und wirtschaftlichen Überlegenheit von Mauren und Juden stellten sie als Leitbild die Hingabe an Gott und das Jenseits entgegen. Aus Ablehnung und Verachtung erwuchs schließlich ein Fanatismus, der die Ausrottung aller Andersgläubigen forderte.

Glaubensstreiter, Mönch und Ritter zugleich sollte der Ordensritter sein. Als ritterlicher Streiter im Glaubenskampf sollte er tapfer sein. Als Mönch sollte er die Gelübde der Keuschheit, der Armut und des Gehorsams ablegen.

Der erste Ritterorden, der der Johanniter, der 1113 vom Papst bestätigt wurde, widmete sich vorwiegend der Krankenpflege im Heiligen Land. Fünf Jahre später entstand der Templerorden. Bernhard von Clairvaux setzte seine Anerkennung durch und gab ihm die Ordensregel. Die spanischen Ritterorden entstanden erst später, der von Alcántara 1156, der von Calatrava zwei Jahre später und der von Santiago 1175. Ende des 12. Jahrhunderts bildete sich im Heiligen Land der Orden der Deutschen Ritter mit der Aufgabe der Krankenpflege.

Im Auftrag des Königs von Ungarn übernahmen die Deutschen Ritter den Kampf gegen die Kumanen. Da der ungarische König aber nicht gewillt war, ihnen eigene Hoheitsrechte für das zu erobernde Land zuzugestehen, gaben sie nach wenigen Jahren den Grenzkampf in Siebenbürgen auf. Daraufhin nahm der Hochmeister Hermann von Salza die Aufforderung des Herzogs Konrad I. von Masowien an, den Glaubenskampf gegen die Pruzzen zu führen. Eindeutig sicherte sich der Orden das Recht auf eigene Hoheit; das von ihm eroberte Land unterstand dem Papst wie dem Kaiser, blieb aber außerhalb von Polen wie vom Reich.

Mit Feuer und Schwert unterwarfen die Ordensritter die Pruzzen. 1231 gründeten sie Thorn, 1232 Kulm, fünf Jahre später Elbing und 1255 mit Hilfe des Böhmenkönigs das nach ihm benannte Königsberg. In Preußen wechselten Jahre der Ruhe mit erbitterten Aufständen. Der Kampf an den Grenzen riß jedoch nicht ab.

Die Schwertbrüder hatten von Bremen aus Livland erobert (1201–1230). Aber die schwere Niederlage, die ihnen 1236 die Litauer bei Saule beibrachten, zwang sie, sich mit dem Deutschen Orden zu vereinigen. Alle Bemühungen jedoch, das Land zwischen den beiden Ordensgebieten zu erobern, scheiterten am geschlossenen Widerstand der Litauer.

Auch die Pruzzen haben den Kampf für ihre Freiheit zäh und erbittert geführt. Der erste Aufstand tobte von 1242 bis 1253, ihm folgte ein zweiter von 1260 bis 1283. Er endete erst, als sich der Herzog von Sudauen unterwarf und zum Christenglauben übertrat. Während dieses 53jährigen Ringens gelang es den Pruzzen nicht, die Burgen des Ordens zu erobern und die Ritter zu vertreiben.

In Livland erhoben sich 1279 die Semgaller. Ein elfjähriger Krieg verwüstete das Land. Die Bevölkerung hatte schwer zu leiden. Am besten hielten sich die unglücklichen Menschen in den Wäldern, wohin sie soweit wie möglich auswichen. Erst um 1300 kehrte Ruhe ein. Der Hochmeister verlegte seinen Sitz 1309 von Venedig nach Marienburg; von dort verwaltete er Preußen und Livland.

14

Die Städte — Handel und Studium
Der geistige Mittelpunkt: Paris

Städte an der Maas · Kaufleute und Handwerker · Stadtherren · Die Gemeinde · Stadtrechte in Spanien · Das freiheitliche Stadtrecht in Nordeuropa · Die italienischen Städte · Orienthandel durch Kreuzzüge belebt · Neues Finanzwesen · Das Geld · Siena-Florenz-Aosta-Cahors · Die Champagner Messen · Der Ostseehandel · Konstantinopel erliegt den Kreuzfahrern 1204 · Otto IV. der Welfe (1175–1218) · Friedrich II. von Hohenstaufen (1194–1250) · Ghibellinen und Guelfen · Die Stauferherrschaft in Italien · Der Sieg der Anjou · Die Sizilianische Vesper 1282 und das Auftreten Spaniens · Paris am Schnittpunkt von vier Kulturkreisen · Peter Abälard (1079–1142) · Die Pariser Universität · Die beiden Richtungen der Scholastik: Realismus und Nominalismus · Die juristisch gebildete Beamtenschaft · Die Entstehung der Gotik · Aufstieg Flanderns zum nordeuropäischen Industriegebiet · Der König von Frankreich gewinnt an Macht · Bonifaz VIII. (1235–1303) gefangen · Die päpstliche Residenz in Avignon (1309–1377) · Vernichtung des Templerordens · Beginn des Nationalstaates

Als im Streit zwischen Kaiser und Papst die deutschen Bischöfe gegen Heinrich IV. Stellung nahmen, erklärten sich die Städte am Rhein – vor allem Köln und Worms – für den König. Zum erstenmal griffen die Bürger in die deutsche Politik ein.

Die mittelalterliche Stadt nördlich der Alpen unterscheidet sich von der griechischen wie von der römischen durch das Übergewicht, das von Anfang an Handel und Handwerk in der Wirtschaft zukommt, und durch den Einfluß, den die Kaufleute auf die Verwaltung nehmen.

Der Handel entfaltet sich im 10. Jahrhundert als Fernhandel. Von weit her kamen Kaufleute zu den Märkten während der großen Kirchenfeste, um vor dem Dom oder an der Brücke ihre seltenen Güter feilzubieten. Nach dem Vorbild der Friesen, die von Duurstede nach Haithabu und Birka gereist waren, schlossen sich die fahrenden Kaufleute des Schutzes wegen zu Genossenschaften, zu Gilden, zusammen: einer für alle und alle für einen. Solche Fahrten bargen Gefahren, denen ein einzelner nicht gewachsen war. Besondere Zeremonien bei der Aufnahme, Trinksitten, gemeinschaftliches Wohnen unterstrichen die Zusammengehörigkeit. Bräuche wie Verfassung dieser Genossenschaften hatten ihren Ursprung nicht zuletzt in den germanischen Schwertbrüderschaften.

Diese Kaufleute besuchten zu bestimmten Zeiten die Wiks und die Märkte vor den Bischofssitzen, stellten ihre Waren aus, kauften, verkauften und zogen weiter. Aus den Wiks wie Haithabu und Birka haben sich kaum Städte entfaltet. Was sich an alten Römerstädten nördlich der Alpen erhalten hatte, war mit seinen Häusern und Mauern viel zu groß für die vorwiegend Ackerbau treibende ärmliche Bevölkerung. Als Sitz der Bischöfe und ihrer Kirchen wegen behielten sie jedoch ihre Anziehungskraft für die ländliche Bevölkerung der Umgebung.

Aus den Burgen, die Heinrich I. begründete, haben sich nur zum Teil Städte entwickelt. Der eingesetzte Burgherr war Krieger; für die Kaufleute hatte er wenig Verständnis.

Die mittelalterliche Stadt in ihrer besonderen Ausprägung nahm ihren Ausgang vom Gebiet an der Maas. Dort ließen sich die fahrenden Kaufleute fest nieder, Handwerker gesellten sich hinzu. Bischöfe und Landesherren sicherten ihnen Selbstverwaltung und wirtschaftliche Vorrechte zu. Sie erlaubten den Kaufleuten, ihre Siedlung mit einer Mauer zu umgeben, so daß sie bei Gefahr nicht mehr in die Bischofsburg zu flüchten brauchten.

In Huy, Namur und Dinant lebten jene handwerklichen Fertigkeiten wieder auf, die in galloromanischer Zeit dort geblüht hatten, die Metallverarbeitung, die Glasindustrie und das Textilgewerbe. Die Handwerker waren in den Wirren der Zeit auf das Land gezogen und auf den Gutshöfen untergekommen, für die sie arbeiteten. In Qualität und Menge waren ihre Erzeugnisse abgesunken. Von der Maasgegend breiteten sich die Städte nach Flandern, an den Rhein und bis Burgund aus. Die Kaufleute, die die Messen an den Kirchenfesten besucht hatten, baten um das Recht, sich niederzulassen, dann eine Mauer zu errichten, dann um Bestätigung ihrer Sonderrechte. Die Vorteile, die sie brachten, überwogen alle Bedenken.

Erst in der Stadt konnten die Handwerker bei größerer Arbeitsteilung ihre Erzeugung steigern, weil die Fernhändler den Vertrieb über die engen Grenzen der Umgebung hinweg übernahmen. Zugleich verbesserte sich die Qualität. Einzelne Städte genossen in besonderen Handwerkszweigen weithin guten Ruf. Ihre Waren waren gesucht, sie erzielten bessere Preise.

Die Stadtherren, insbesondere die Bischöfe, schützten ›ihre‹ Städte; sie gaben den Kaufleuten Sonderrechte, vor allem eigene Gerichtsbarkeit und eigene Verwaltung, und sie verzichteten zu deren Gunsten auf manche Steuer und Zölle. Die Messe bot der Bevölkerung aus der Umgebung Gelegenheit, Waren zu erwerben, die sie selber nicht herstellte.

Da die Städte weitgehend vom Handel lebten, von dem auch das Handwerk abhing, brauchten sie Frieden. Sie waren die natürlichen Verbündeten des Landesherrn gegen die vielen kleinen Ritter und Burgherren, die sich gegen seine Ansprüche auflehnten und die Straßen unsicher machten. Die Städte wurden reich, ihr Selbstbewußtsein stieg. Sie strebten danach, ihre Selbständigkeit zu stärken und zu sichern. Diese Entwicklung betrachteten die Stadtherren mit einiger Besorgnis. Es genügte ja nicht, daß der Grundherr von sich aus auf gewisse bisher als selbstverständlich angesehene Rechte verzichtete, es bedurfte einer Macht, um dieser Neuordnung Anerkennung zu verschaffen.

In der Genossenschaft lag die Wurzel zur Gemeinschaft. Sie gewann Form in der ›Gemeinde‹, der Kommune, was ursprünglich Genossenschaft bedeutete. Vereint konnten die Bürger sich auch gegen den Stadtherrn zur Wehr setzen, wenn dieser oder sein Erbe seine Zugeständnisse widerrief. Guibert de Nogent nennt in seinem Bericht von der Gründung der Stadt Laon die »commune eine Erfindung, die es den Untertanen erlaubt, sich den festgesetzten Abgaben und bestimmten Strafen zu entziehen«. Es ist bezeichnend, daß viele französische Städte »nach dem Recht von Laon« gegründet wurden. 1213 verurteilte noch eine Bischofssynode in Paris »die Vereinigungen, die im Volksmunde Gemeinden genannt werden, weil sie Teufelswerk aufbringen, um die Rechtsprechung der Kirche zu beseitigen«.

Innerhalb der Stadtmauern geboten die Ratsherren und die Gemeinschaft der Bürger. Als Bürger stand der Bewohner der Städte unter der Gerichtsbarkeit des Rates, als Christ unter der des Bischofs, als Glied des Volkes unter der des Grafen als dem Vertreter des Königs. Doch genossen nicht alle Einwohner die gleichen Rechte. Kaufleute und Handwerker waren Bürger vollen Rechtes. Die Kleriker bildeten einen eigenen Stand unter kanonischem Recht. Die Juden genossen Schutz und besondere, verbriefte Rechte, die ihnen der Bischof oder der König gewährt hatte. Sie lebten abgeschlossen und unter eigenem Recht im Ghetto, ein

Fremdkörper in der christlichen Stadt. Den größten Teil der Bewohner aber stellten die Knechte und Mägde, die teilweise noch auf den Gütern der Bürger vor den Toren der Stadt arbeiteten. Sie wurden bei Rechtsstreitigkeiten von ihrem Dienstherrn vertreten.

Es kam zu heftigen Auseinandersetzungen, wenn König und Bischof in Streitfällen von den Bürgern Parteinahme zu ihren Gunsten erwarteten. Als sich der Bischof von Worms gegen König Heinrich IV. wandte, erhoben sich die Bürger der Stadt gegen ihren Bischof und vertrieben ihn. Der Erzbischof von Köln hingegen unterdrückte einen ähnlichen Aufstand ›seiner‹ Bürger.

Das mittelalterliche Stadtrecht erhielt einen wichtigen Anstoß aus Spanien. Im maurischen Spanien blühten die Städte. Sie trieben einen weitgespannten Handel, der sich auf das hochentwickelte Handwerk stützte. Im kargen, christlichen Norden Spaniens dagegen gab es keine Stadt von Bedeutung, nur Burgen und Bischofssitze. Während der Reconquista eroberten jedoch die Christen viele Städte, die allerdings in den hin und her wogenden Kämpfen stark gelitten hatten. Um sie wieder aufzubauen und mit Menschen zu füllen, gewährten die Könige von Leon und Aragon in der ›Carta de Poblacion‹ besondere Rechte. Diese Gründungsurkunden regelten die Rechtsgleichheit der Bewohner; Christen, Mauren und Juden waren vor dem Gesetz gleich; alle waren frei. Die Stadt konnte sich auf diese ›fueros‹ gegenüber dem Adel der Umgebung berufen, der sich als Grundherr gern zum Stadtherrn aufwarf. Der Gutsbesitzer durfte Bewohner der Stadt als entlaufene Gutsknechte nicht zurückfordern. Stadtluft machte frei.

Nach diesem Vorbild des spanischen Stadtrechts, das sich wiederum an das maurische anlehnte, beanspruchten die mittelalterlichen Städte Nordeuropas die Eigenständigkeit ihrer Rechtsprechung.

Von der Maas verbreitete sich die Stadt mit ihrem freiheitlichen Stadtrecht über Frankreich und Deutschland. Bischöfe und Landesherren bemühten sich um Kaufleute für ihre Städte; sie mußten ihnen Rechte gewähren, damit sie in die Mauern der Stadt zogen. Mainz, Worms, Neuß, Kempten, Lüttich, Regensburg und Basel entfalteten sich. Heinrich der Löwe ›gründete‹ Städte, richtiger – er verlieh Markt-, Zoll- und Mauerrecht an München und Lübeck. Die Stadt verpflichtete sich zu gewissen Abgaben und – im Kriegsfall – zu Gefolgschaft.

Dank der Kaufleute gedieh das Handwerk. Sie gaben Aufträge

und Kredite, stellten Rohstoffe bereit und riefen erfahrene Meister aus anderen Städten herbei. Lange Zeit leiteten die Fernhändler aus ihrer wirtschaftlichen Stellung das Recht auf alleinige Führung im Stadtregiment ab. Dann erhoben die Handwerker, die viel zahlreicher waren, Anspruch darauf, ebenfalls im Rat vertreten zu sein. Stand das Handwerk zuerst geschlossen gegen das Patriziat, so kam es mit zunehmendem Wohlstand auch zu sozialen Spannungen innerhalb des Handwerks, zwischen Meister und Gesellen.

Am Mittelmeer hatten sich die alten Städte gehalten, weil die Handelsbeziehungen zum Orient und zu Byzanz nie ganz abgerissen waren. In Italien entwickelten sich bereits im 9. Jahrhundert drei Handelsplätze, Venedig, Amalfi und Gaeta, alle an der Grenze des byzantinischen Reiches gelegen. Amalfi, südlich von Neapel, verdankte seinen Aufschwung seiner Lage im Grenzgebiet; zum Lande hin war es durch die Berge geschützt; Amalfi vermittelte frei die Waren aus dem Osten in das langobardische und fränkische Gebiet, während die Plätze im byzantinischen Süden hohe Zölle und Abgaben zu entrichten hatten. Im 11. Jahrhundert trat Pisa das Erbe von Amalfi an. Gaeta, das 844 vorübergehend in arabische Hände gefallen war, konnte sich unter Vorherrschaft von Byzanz vom Kirchenstaat lösen. 1135 fiel es an die sizilischen Normannen.

Die Venezianer ließen es sich 829 viel kosten, die Gebeine des heiligen Markus aus Ägypten in die Lagunenstadt zu bringen. Die neuerrichtete Markuskirche konnte den Pilgern die Gnadenwirkung der Reliquien gewähren. Von weit her strömten sie herbei; sie kauften Waren aus dem Osten: Baumwolle und Seide, Zucker und Gewürze, Glaswaren aus Syrien, Klingen aus Damaskus. Doch konnte sich dieser Handel erst voll entfalten, als Europa imstande war, seinerseits Waren in ausreichender Güte und Menge zu liefern, also als das städtische Handwerk aufgeblüht war. Von Venedig erhielten die lombardischen Städte den entscheidenden Anstoß.

Zu den öffentlichen Gewalten von König, Kirche und Adel tritt als vierte die Stadt hinzu. Deren Stärke zeigte sich Mitte des 12. Jahrhunderts, als sich Mailand gegen Friedrich Barbarossa erhob, der die Stadt durch kaiserliche Podestà regieren wollte. Nach römischem Recht durfte der Beamte ›Im Namen des Kaisers‹ Steuern einziehen und Recht sprechen. Die Städte aber beanspruchten auf Grund der Entwicklung und der ihnen verbrieften Rechte Unabhängigkeit und Selbstverwaltung. Sie gerieten in Gegensatz zu allen bisher maßgebenden Mächten. Dank ihrer wirtschaftlichen Kraft waren sie stark genug, im Ringen der drei Mächte untereinander als Verbündete bald auf der einen, bald auf der anderen Seite eine Rolle zu spielen.

In Italien erwuchs das Handwerk aus drei Wurzeln. Viele Künste kamen aus Byzanz und dem Orient. Von dorther bezogen die Venezianer ihre Glasindustrie, die sich in Murano niederließ. In Süditalien wirkte neben der byzantinischen stark die maurische Vergangenheit nach. Einen nachhaltigen Anstoß erhielt das Gewerbe aus Nordeuropa. Es übernahm die genossenschaftliche in Innungen gegliederte Ordnung. Enge Geschäftsbeziehungen verbanden die italienischen Städte mit Frankreich und Deutschland, vor allem mit Flandern. Diese Beziehungen verstärkten sich mit den Kreuzzügen.

Die italienischen Hafenstädte übernahmen bereits während des ersten Kreuzzuges den Nachschub über See, weil der Landweg, den das Heer eingeschlagen hatte, nicht offengehalten werden konnte. Nach dem Krieg lieferten die Italiener den Rittern im Morgenland Lebensmittel, Gerät und Waffen; sie verdienten gut daran. Sie konnten ihre Flotten ausbauen, zuerst die Handels-, dann die Kriegsflotte. Das Handwerk gedieh in den Handelsplätzen. Die Florentiner verkauften ihre Stoffe sogar im islamischen Orient.

Schiffe fuhren von Barcelona in Katalonien, von Montpellier in Südfrankreich, von Genua, Pisa und Venedig nach der syrischen Küste, nach Konstantinopel, nach Sinope und Trapezunt am Schwarzen Meer, fuhren nach Alexandrien und Tunis. Der Warenaustausch spielte sich ein: Die Städte tauschten innerhalb des Abendlandes ihre Handwerkserzeugnisse gegen die landwirtschaftlichen Güter des flachen Landes, sie schickten Getreide und Tuche nach dem Morgenland und holten von dort Luxusgüter, Gewürze, kostbare Seiden, hochwertige Baumwollwaren und Erzeugnisse des Kunsthandwerks.

Im Rahmen und im Gefolge dieses Handels bildete sich ein neues Finanzwesen aus. Mittelpunkt war Rom. Die Apostelgräber lockten unzählige Pilger an, die dort Vergebung der Sünden und die Gnade der wunderwirkenden Reliquien erhofften. Der Bischof von Rom war als Nachfolger des Apostels Petrus Oberhaupt der katholischen Christenheit. Die kirchliche Verwaltung faßte die Erzbistümer des Abendlandes einheitlich zusammen. Seit der Cluniazenser Reform war der Heilige Stuhl für die Einsetzung der Bischöfe und für Dispense aller Art zuständig. Für jede Bestätigung mußten Gebühren entrichtet werden.

In Rom standen noch die Gebäude aus römischer Zeit, doch waren die Straßen verödet. Die Bevölkerung war im 10. Jahrhundert auf wenige tausend Menschen herabgesunken. Handel und Gewerbe gab es kaum. Die Hofhaltung der Kurie, die vielen Klöster und Geistlichen, die ihre Einnahmen aus dem ihnen zinspflichtigen Grundbesitz zogen, der landbesitzende Adel, der in Rom seine Burgen und festen Wohnsitz hielt, gaben der Stadt die wirtschaftliche Grundlage.

Erst mit dem sich belebenden Finanz- und Geldwesen wurde es möglich, Zuschüsse aus der gesamten Christenheit nach Rom zu überweisen. Sporteln, Dispensgebühren und Almosen flossen von Schottland, von Spanien und vom Ostseeraum in die kirchlichen Kassen, seit es wieder Geldzahlungen gab. Es schien zunächst unmöglich, sie nach Rom zu überweisen. Die Münzen, die in den Opferstock der Kirchen geworfen wurden, durften bei ihrer geringen Zahl dem Umlauf nicht entzogen werden. Wenn größere Summen nach Rom geschafft werden sollten, dann nur in Form von Gütern. Es bildete sich ein Stand, der diese Aufgabe übernahm: die Bankherren.

Zuerst entwickelte sich das Bankwesen in Siena; dann übernahm Florenz die Führung. Bald gab es Bankiers im Aostatal an der italienisch-französischen Alpengrenze, die ›Lombarden‹, und in Südfrankreich, besonders in Cahors. Sie verdienten an den Geldüberweisungen nach Rom.

Trotz des gewaltigen Reichtums der Kirche, die über einen ausgedehnten Grundbesitz, über die Kirchenschätze und über Stiftungen vielfältiger Art verfügte, befand sich die Kurie in Rom ständig in Geldnöten, weil sich solche Anlagen kaum veräußern ließen. Dabei stiegen die finanziellen Anforderungen an die Zentrale der kirchlichen Verwaltung stark an. Der Papst sollte als Oberhirte der Christenheit für die Kreuzzüge, für soziale Gemeinschaftsaufgaben, für Bildung und Wissenschaft aufkommen und daneben noch als Herr des Kirchenstaates Krieg führen. In Rom sollten Beträge ausgezahlt werden, die verstreut im Abendland einkamen.

Die Florentiner Bankhäuser übernahmen die in England eingegangenen Gelder für den Papst und zahlten sie mit beträchtlichen Abzügen in Rom aus. In England kauften sie für das ihnen übergebene Geld Wolle, die sie auf dem Landweg quer durch Frankreich, meist über Bordeaux und Toulouse nach Aigues Mortes bringen ließen, wo sie von den Genuesen und Pisanern nach Florenz verfrachtet wurde. Hier wurde die Wolle zu Tuchen verarbeitet und bis weit in den Orient hinein verkauft. Dieser Handel warf genügend Überschüsse ab, um der Kurie jederzeit bares Geld auszahlen zu können.

Durch die Kreuzzüge verlagerten sich die europäischen Warenströme. Der Donauweg, der von Konstantinopel über Nisch nach Budapest und Wien, über Böhmen zur Ostsee oder über Regensburg und Nürnberg zum Niederrhein, nach Köln und Flandern geführt hatte, verlor an Bedeutung. Über diesen Weg waren noch die Kreuzritter in den Orient gezogen. Jetzt entwickelte sich der Weg über Rhône, Saone, die Champagne nach Flandern. Seit Mitte des 12. Jahrhunderts wurden die ›Champagner Messen‹ in Troyes, Provins, Lagny-sur-Marne und Bar-sur-Aube von den italienischen Kaufleuten mit ihren Waren aus dem Mittelmeerraum, aus dem Orient wie aus Italien, besucht. Sie brachten Seide, Baumwolle, Gewürze, Schmuckwaren, prachtvolle Waffen, aber auch Beiz-, Gerb- und Farbstoffe für die städtische Textilindustrie. Die Grafen der Champagne sicherten allen Kaufleuten Geleitschutz und persönliche Sicherheit zu. Ludwig VI. der Dicke (1108–1137) schritt gegen Ritter seines Landes ein, die vorüberziehende Kaufleute auf der Straße von Orléans nach Paris überfielen.

Ein großer Teil der italienischen Kaufleute, die die Champagner Messen besuchten, wählte den Weg von Genua über den St.-Bernhard-Paß nach Frankreich und Flandern.

Ein dritter Weg führte von Venedig über die Lombardei nach Süddeutschland, entweder über Augsburg oder über Konstanz, und seitdem der St. Gotthard durch den Bau der Teufelsbrücke über die Reuß im 13. Jahrhundert benutzbar geworden, über Basel, um dann über den Rhein ebenfalls Anschluß an den Handel in Flandern zu gewinnen.

Zu den großen Nord-Süd-Straßen kamen die Verbindungen von West nach Ost. Von Barcelona führte der Weg über Montpellier, Aigues Mortes nach Nîmes, eine Seitenlinie lief von Bordeaux oder Toulouse in das Rhônetal und dann weiter über die Schweiz (Bern) oder über Burgund (Dijon, Besançon) ins Elsaß (Straßburg) oder in das Bodenseegebiet (Ravensburg). Spanien lieferte Wolle, Eisen und Früchte, vor allem den teuren Safran. Burgos und Toledo auf dem Wege von Sevilla und Córdoba gewannen eine starke Stellung im Europahandel.

Wichtiger war der Seeweg von der Bay (Biscaya), von der Insel Oléron, über Flandern (Brügge und Gent) weiter über See um Jütland herum in die Ostsee (Kopenhagen, Lübeck) oder auf dem Landweg über Köln, Soest nach Lüneburg und Lübeck oder über Magdeburg nach Leipzig, Krakau und Lemberg.

Im Kreuz der Nord-Süd- und der West-Ost-Wege lag Flandern, das Herz des nordeuropäischen Handels und Gewerbes. Dort entfaltete sich die Textilindustrie (Ypern) derart, daß die einheimische Rohware nicht ausreichte. Flandern bezog seine Wolle aus England, wo die Zisterzienser-Mönche vor allem im Norden des Humber die nach der normannischen Eroberung verwüsteten Gebiete mit einem Netz von Klöstern überzogen hatten; sie pflegten vor allem die Schafzucht. Später lieferte Spanien die Wolle.

Aus der Biscaya stammte das Salz, das die Nordsee-Fischer für das Einpökeln der Heringe brauchten. Die ›Bayenschiffe‹ führten auch französischen und portugiesischen Wein nach Flandern. Der Ostseeraum lieferte Getreide, ohne das der volkreiche Raum nicht zu leben vermochte, und Pelzwerk aus Skandinavien und Rußland.

Lübeck bildete den Umschlagplatz für flandrische Erzeugnisse und für die Produkte Nord- und Osteuropas. Nach Skandinavien und Rußland gingen die Wolltücher aus Ypern und Gent. Die Ritter vom Deutschen Orden trugen Mäntel aus flandrischem Stoff. Der Ostseeraum lieferte Wachs, Honig, Holz und Teer für den Schiffbau, Getreide aus dem Ordensstaat, Heringe aus Schonen, Eisenerz aus Schweden, Pelzwerk aus Nowgorod am Ilmensee. Salz für die Heringe der Schonenküste kam aus Lüneburg. Hamburg stellte Bier her. Zwei von drei Schiffen, die ausliefen, waren mit Bier beladen.

Bis 1169 hatte Nowgorod – wie Osteuropa überhaupt – seine Überschüsse über die Flüsse zum Schwarzen Meer verfrachtet. Als aber die Petschenegen und Bulgaren den ›Griechenweg‹ abriegelten, lieferte Nowgorod über die Ostsee nach Westen. Das hat zum Aufblühen der deutschen Städte, vor allem Lübecks, beigetragen.

Das Wiedererstarken des bulgarischen Reiches südlich der Donau traf auch die Handelsbeziehungen Konstantinopels zu Griechenland und zu der Adriaküste. Venedig, als Knotenpunkt dieses Warenverkehrs groß geworden, verstand es, aus der Schwäche von

Byzanz Vorteil zu ziehen. Die Lagunenstadt entwickelte sich zu einer Territorialmacht. Sie gliederte sich auf dem Festland ein beträchtliches Hinterland an und errichtete eigene Besitzungen an der Adriaküste von Dalmatien bis zu den griechischen Inseln. Aus der ›Stadt‹ wurde ein Staat mit Land und Untertanen, zusammengehalten durch die Kriegsflotte, getragen durch die reichen finanziellen Mittel, die ihr aus Handel und Frachtverkehr zuwuchsen.

Da das 1202 in Venedig versammelte Kreuzfahrer-Heer die 85 000 Mark Silber für die Überfahrt nicht zu zahlen vermochte, willigte es ein, im Auftrag von Venedig die Stadt Zara, die dem christlichen König von Ungarn gehörte, gegen alle Proteste des Papstes zu erobern. Dann fuhr das Ritterheer – ebenfalls auf venezianische Anregung – nach Konstantinopel, um den vertriebenen Kaiser wieder auf den Thron zu setzen. Da der byzantinische Kaiser seine Versprechungen gegenüber den Rittern nicht einzuhalten vermochte, kam es zu Reibungen und Zusammenstößen. Es entlud sich die seit dem ersten Kreuzzug aufgestaute Wut des Westens über die ›perfidia graecorum‹, die griechische Treulosigkeit. Zum zweitenmal stürmten die Kreuzfahrer die Stadt. Sie mordeten und brannten. Die Beute war unermeßlich; »seit Erschaffung der Welt ward nie in einer Stadt so viel gewonnen«.

Das Reich zerfiel in mehrere Fürstentümer. Unter griechische Herrscher kamen Nikäa, das Kaiserreich in Trapezunt, Epirus; unter französische kamen Makedonien und Thessalien; unter venezianische Kreta und einige Hafenstädte. Aus Griechenland wurde das Fürstentum Achaia. In Konstantinopel selbst wurde als ›lateinischer‹ Kaiser Balduin I. eingesetzt, der allerdings im Jahre darauf in bulgarische Gefangenschaft fiel. Das ›lateinische Kaiserreich‹ blieb auf die Stadt Konstantinopel und die nähere Umgebung begrenzt. Die Zerstörung des byzantinischen Kaiserreichs und das Wüten der Kreuzfahrer bei der Eroberung von Konstantinopel hat die Kluft zwischen der griechisch-orthodoxen Bevölkerung und der römischen Kirche noch weiter vertieft. Sie blieb bis heute bestehen.

Rom stand auf der Höhe seiner Macht; die Ostkirche schien ausgefallen. Dem Papst Innozenz III. als weltlichem Lehnsherrn hatten sich Sizilien, Spanien, Ungarn und England unterstellt. Auf seinen Aufruf hin unterdrückten die Ritter Nordfrankreichs die Albigenser.

Seine politische Macht beruhte auf dreierlei: auf der nun allgemein anerkannten These, daß die weltliche Macht der geistigen untergeordnet sei; auf dem Reichtum, der sich mit dem Geldwesen verstärkt hatte und jetzt frei verfügbar wurde, und auf dem engen Bündnis der Kurie mit den lombardischen Städten, die zuerst mitgeholfen hatten, Friedrich I. Barbarossa zum Nachgeben zu zwingen. Die politische Entscheidung fiel jedoch in Frankreich.

Die flandrischen Städte hatten versucht, eigene Politik zu treiben und sich vom König von Frankreich zu lösen. Sie verbündeten sich mit dem König von England, Johann ›ohne Land‹, und dem deutschen Kaiser Otto IV. aus dem Geschlecht der Welfen. Der König von Frankreich, unterstützt von der deutschen Stauferpartei, schlug das Heer der Verbündeten bei Bouvines. Diese Schlacht brachte zugleich der Stauferpartei den Sieg über die Welfen. Friedrich II. von Hohenstaufen gewann die Kaiserkrone; sein Stammland Sizilien war gesichert. Dies schien ein Sieg des Papstes Innozenz, der seinen Zögling Friedrich II. gegen den Welfen unterstützt hatte. Doch erwies sich das als Irrtum. Friedrich II. war für Rom weit gefährlicher als Kaiser Otto IV. Seit der Schlacht von Bouvines schied Deutschland aus der italienischen Politik aus.

Bouvines erschütterte die starke Königsmacht in England. Die Barone zwangen Johann ›ohne Land‹ die Magna Charta ab, die ihre Rechte festlegte: ohne Zustimmung des Adels durfte der König keine Steuern erheben. Doch entließ der Papst den König aus diesem Eid.

Als Johanns Nachfolger, Heinrich III., versuchte, sich mit Hilfe des französischen Königs von seinen rechtlichen Bindungen zu lösen, erhoben sich die Barone, besiegten den König und setzten ihn gefangen. Aus einem Ausschuß der Barone, der Pairs, ist unter Eduard I. das Parlament, später das Oberhaus der ›Lords‹ und das Unterhaus der Gentry und Städte, der ›Gemeinen‹, der Commons, geworden. Eduard I. gelang es, Wales und Schottland zu unterwerfen. Das Geld für diese Kriegszüge suchte er dadurch zu gewinnen, daß er 1290 die Juden aus England vertrieb und ihr Vermögen einzog. Eduard II. verlor Schottland durch die Niederlage von Bannockburn 1314. Das Parlament setzte den unfähigen König ab. Erst sein tatkräftiger Sohn Eduard III. konnte die Früchte der neuen Finanzverwaltung ernten.

In Deutschland entließ Friedrich II. von Hohenstaufen die Reichsfürsten aus der Pflicht, den Kaiser in seiner italienischen Politik mit Heerfolge zu unterstützen. Er verpflichtete sich, seinen

Kampf in Italien ausschließlich mit seiner ererbten Hausmacht in Sizilien zu führen. Diese reichte jedoch nicht aus, um die lombardischen Städte niederzuwerfen. Die Kaisermacht zerbrach.

In den italienischen Städten bildeten sich zwei Parteien, eine, die sich für eine starke Zentralgewalt und eine, die sich für die Unabhängigkeit der Städte und Landschaften einsetzte. Die Anhänger des Kaisers, die Ghibellinen, standen seinen Gegnern, den Guelfen, gegenüber. Beide stützten sich teilweise auf den Adel der Umgebung, auf die Landesherren und auf die Bischöfe. Siege und Niederlagen wechselten einander ab.

Dem Kaiser gelang es zwar, in vielen Städten mit Hilfe seiner Anhänger seine Beamten einzusetzen, aber er konnte ihnen keine genügende Gewalt mitgeben. Jeder Eingriff der kaiserlichen Podestà in die städtische Politik und jedes schärfere Vorgehen beim Einziehen der Steuern führte in Norditalien zum Rückschlag. Dort ließ sich das römische Recht, wie es Bologna und die neugegründete Universität Neapel lehrten, nicht durchführen.

In Sizilien hingegen war die byzantinische Reichsidee noch lebendig, die dem Kaiser und seinen Beamten die von keinen Feudalrechten beschränkte Befehlsgewalt zusprach. Die Normannen – an Zahl gering – hatten zwar von Frankreich ihre feudalen Vorstellungen mitgebracht, aber im eroberten Land übernahmen sie als geschlossene Oberschicht gegenüber den Ansässigen das Machtinstrument, das sie vorgefunden hatten. Die Normannen, die durchweg französisch sprachen, hoben sich von der Bevölkerung ab, die in Sizilien entweder arabisch oder griechisch sprach. In Süditalien herrschte byzantinisches Recht, in Sizilien stand jeder Bevölkerungsteil unter eigenem Recht: die Moslems unter dem des Koran, die Griechen unter dem byzantinischen und die Juden, die als Kaufleute vorwiegend in den Städten wohnten, unter den Rechtssätzen der Thora.

Die Stärke der sizilischen Städte ruhte auf ihrer blühenden Wirtschaft wie dem Gemeinschaftsgefühl, das sich innerhalb der Stadtmauern herausbildete. Die Religion trennte nicht. Katholische und orthodoxe Kirchen, Moscheen und Synagogen konnten von den Gläubigen besucht werden. Gemeinsame Interessen verbanden die Bürger gegen äußere Feinde. Der Anteil an der Verwaltung gab das Gefühl, am öffentlichen Leben mitzuwirken. Die normannischen Könige und ihre Erben, die Hohenstaufer, schonten und förderten Handel und Gewerbe, von denen sie ihre Einnahmen zogen. Das

Steuerwesen war – nach arabischem Vorbild – streng geordnet und an Rechtsgrundsätze gebunden. Dadurch flossen wiederum auch höhere Einnahmen aus der in arabischer Zeit gut entwickelten Landwirtschaft in die öffentlichen Kassen; die Landwirte konnten ihre Erträge auf dem städtischen Markt absetzen. Als Friedrich II. dieses System auf die norditalienischen Städte auszudehnen versuchte, stieß er auf erbitterten Widerstand. Eine Autonomie sizilianischer Prägung genügte ihnen nicht. Sie fühlten sich als freie Gemeinwesen. Der Staat, wie er Friedrich II. vorschwebte, sollte die Idee des römischen bzw. byzantinischen Kaisertums und die Machtvollkommenheit der islamischen Herrscher vereinen.

Die Stärke seines sizilianischen Staates verführte den Kaiser, die Gegenkräfte in Italien zu unterschätzen. Sie wurden gerade durch seine Versuche geweckt und zusammengeführt, die unbedingte Befehlsgewalt zu erlangen und regelmäßige, von keiner Seite kontrollierte Einnahmen zu erheben. Dieses System fürchteten die lombardischen Städte und der Papst. Am Bündnis beider ist der Kaiser gescheitert.

Bald stand Mittel- und Norditalien und ein großer Teil Europas unter päpstlicher Führung gegen den Kaiser. Sein Heer wurde vor Parma 1248 vernichtet. Zwei Jahre später starb Friedrich II. Doch schien dem Papst die Gefahr eines Sizilien in staufischer Hand noch immer nicht gebannt. Er rief Karl von Anjou gegen Friedrichs Sohn Manfred herbei. Neapel und Sizilien fielen ohne großen Widerstand den Franzosen zu. Mit dem sizilianischen Thron übernahm der Anjou auch die Ansprüche gegen Byzanz. Er bereitete den Angriff auf Konstantinopel vor, das inzwischen den lateinischen Kaiser und die Venezianer vertrieben hatte. Der griechische Kaiser verbündete sich mit Aragon. Er spann seine Fäden zu den unzufriedenen Sizilianern, die die Franzosen 1282 in der Sizilianischen Vesper zum Abziehen zwangen.

Sizilien erkannte Peter III. von Aragon als Erben der Hohenstaufen und als König an. Spanien, das von nun an die Politik Italiens mitbestimmte, wurde die stärkste Macht im Mittelmeer. Aragon verzichtete auf seine Ziele jenseits der Pyrenäen. Das wiederum war eine Folge der Veränderungen in Frankreich.

Gewachsen ist die französische Königsmacht von Paris und durch Paris. Vier Kulturkreise berührten sich dort. Bis vor die Tore der Stadt reichte der normannisch-englische, der die Normandie und die Bretagne umfaßte. Aquitanien stand – nicht zuletzt durch die Pilgerzüge – unter dem Einfluß der spanisch-maurischen Kultur. In Burgund hatte sich eine eigene Kultur entfaltet, die ihren Ausdruck in der romanischen Baukunst fand. Die Handelsbeziehungen reichten über die Rhône zum Mittelmeer, über die Alpen nach Norditalien und über die Freigrafschaft Burgund nach Süddeutschland. Burgund ist immer ein ausgesprochenes Durchgangsland gewesen. In Flandern hatte sich eine städtische Kultur entwikkelt, die bis zur Somme und in den nordeuropäischen Raum hinein wirkte und von dort Anregungen empfing.

Jedes dieser Gebiete strebte nach politischer Eigenständigkeit. Dem König von Frankreich in der Ile-de-France gelang es, sein Paris, an dem Schnittpunkt aller gelegen, zu einem Mittelpunkt zu machen, der nach allen Seiten ausstrahlte und von überall her Menschen anzog, weil Paris auf geistigem Gebiet ein faszinierendes Leben entfaltete. Überall gab es an den Klöstern und an den Kirchen Westeuropas Schulen für Kleriker. Die berühmteste Frankreichs war seit dem 8. Jahrhundert dank dem Wirken Alkuins die Abtei des heiligen Martin in Tours. Kloster Bec in der Normandie erlangte großes Ansehen durch Wilhelm von Champeaux, der dann an die Domschule von Notre-Dame in Paris zog. Der König förderte zugleich die Schulen der Klöster St. Denis und Ste. Geneviève. Auch diese Schulen waren ursprünglich nur für das Studium der Theologie bestimmt. Im 12. Jahrhundert wuchs Paris zum überragenden Mittelpunkt von Wissenschaft und Lehre heran.

Den eigentlichen Aufstieg von St. Victor, der Domschule von Notre-Dame, brachte Peter Abälard, Sohn eines Adligen aus der Bretagne; er führte die griechische Philosophie, vor allem Aristoteles, in das abendländische Denken ein, wobei er den umstürzenden Gedanken vertrat, daß die Vernunft für das menschliche Denken maßgebend bleiben müsse. Seine Wirkung war außerordentlich. Die Studenten umlagerten den verehrten Lehrer und hielten zu ihm, als die Verfolgungen Abälards, vor allem von seiten des heiligen Bernhard, einsetzten. Gegen den mächtigen Abt von Clairvaux vermochte sich Abälard nicht durchzusetzen. Seine Lehre wurde verdammt, sein Buch verbrannt. Er starb als gebrochener Mann auf dem Wege nach Rom. Auf Betreiben Bernhards hat die Synode von Sens noch einmal Abälard verurteilt, der »alles, was Gott ist, mit menschlicher Vernunft meint begreifen zu können«. Der Geist des Suchens und Fragens aber, den Abälard geweckt, ließ sich aus Paris nicht mehr vertreiben.

Die lebendige Zwiesprache zwischen Lehrer und Schüler schürte den Wettstreit der Meinungen auch unter den Lehrern. Weil an der Universität die gegensätzlichen Ansichten zu Wort kamen, zog sie die bedeutendsten Gelehrten jener Zeit an. Paris stand im Zeichen geistiger Auseinandersetzungen. Der Ruf, daß hier geistig gerungen würde, zog alle jene an, die an dem Hinnehmen überlieferter Dogmen und Theorien kein Genügen finden konnten. Wie immer, wenn ein geistiger Kampf entbrennt, rief er die unruhigen und schöpferischen Geister herbei. Paris zog Lehrer aus Palermo, Bologna und Montpellier an sich, die neben der Theologie auch Jurisprudenz, Medizin und vor allem Philosophie lehrten.

Das philosophische Studium war in sieben ›artes‹ gegliedert, in Grammatik (= Latein), Dialektik (= Logik) und Rhetorik, als Trivium zusammengefaßt, in Arithmetik, Geometrie, Astronomie und Musiktheorie (das Quadrivium). Die Studenten wohnten teils in Kollegien. Die von Robert de Sorbon gegründete Stiftung hat später der Universität den Namen gegeben. Die Studenten kamen zuerst aus den vier Nachbarkreisen, später aus dem ganzen Abendland. Sie gliederten sich in vier ›Nationen‹. Die Franzosen, die Bewohner von Franzien, der Ile-de-France, die Pikarden, zu denen auch die Flamen gehörten, die Normannen aus der Normandie und der Bretagne und die ›Engländer‹, wie damals die Bewohner Aquitaniens, die Untertanen des Königs von England, hießen. Sie entstammten vier Kulturbereichen, sie vertraten vier europäische Geistesprovinzen, die sich in Frankreich berührten.

Der Vergleich regte die gegenseitige Kritik an. Dank der Aufgeschlossenheit der Lehrer bei den Disputationen wurden die theologischen wie die philosophischen Probleme immer wieder neu durchdacht. Statt der demütigen Unterwerfung unter die offizielle Lehrmeinung, die sich auf die Offenbarung stützte, wurde beim Unterricht das selbständige Denken angeregt. Es galt, Urteile neu zu formulieren und neue Lösungen zu suchen.

»Wache und studiere und lies«, mahnte Siger von Brabant; »damit Du, wenn Dir dabei ein Zweifel bleibt, dadurch erst recht angespornt wirst zum Studieren und Lesen, da ohne Wissenschaft zu leben der Tod ist und ein elendes Grab für den Menschen.«

Die Klosterschule von St. Denis vereinigte sich mit der Domschule von Notre-Dame und den Klosterschulen von Ste. Geneviève und St. Victor zu einer ›Universitas‹, die das Recht zu lehren nach Fähigkeit von sich aus vergab. 1200 gaben König Philipp II.

August, 1208 Papst Innozenz III., selber Schüler von Paris, ihre Zustimmung und das Privileg der Freiheit. Die Universität unterstand als freie Körperschaft ihrem Kanzler; sie war vom Erzbischof unabhängig. Gegen den Widerstand der Weltgeistlichen durften die Dominikaner und die Franziskaner in Paris lehren. Die Orden entsandten ihre berühmtesten Vertreter, da sie sich der Bedeutung bewußt waren, die der Bildung zukam. Die Dominikaner Albertus Magnus (1193–1280) und Thomas von Aquin (1225–1274) haben die Lehre der ›Scholastik‹ als ein begrifflich zu erfassendes, geschlossenes Weltbild ausgestaltet. In ihm waren die Begriffe Wirklichkeit, ›Realitäten‹. Die Scholastiker wollten die Welt von innen heraus erklären, aus ihrem ›Wesen‹, aus den Begriffen ableiten. Welche Verlockung für den spekulativen Verstand! Hatte man erst das ›Wesen‹ der Welt ›begriffen‹, ließen sich alle Eigenschaften aus ihm ableiten.

Die Franziskaner hingegen wollten die Welt durch Beobachtung erkennen, ihr Weltbild von den Einzelheiten ableiten. Begriffe waren nur Worte, ›Nomina‹. Gegen den ›Realismus‹ setzten sie den ›Nominalismus‹; sie begründeten die moderne Wissenschaft. Die großen Lehrer des Franziskanerordens waren meist Engländer oder Schotten, Alexander van Hales, Duns Scotus, Wilhelm von Ockham und Roger Bacon. Bonaventura war Italiener.

Noch 1248 versuchten die Professoren, den Bettelorden das Recht streitig zu machen, an der Universität zu lehren. Papst Alexander IV. hat es ihnen 1255 bestätigt: »Die Wissenschaft der Schulen von Paris ist für die Kirche gleich dem Lebensraum ein irdisches Paradies; sie ist eine leuchtende Lampe im Tempel der Seele. In Paris erhält das Menschengeschlecht, das durch die Erbsünde verunstaltet und durch Unwissenheit erblindet ist, in der Erkenntnis des wahren Lichtes, das von der göttlichen Wissenschaft ausstrahlt, seine Kraft der Schau und seine Schönheit wieder.«

Paris war nicht die einzige Universität, sie war nicht einmal die erste. Palermo und Bologna waren früher gegründet, Palencia in Spanien 1208, Oxford 1221 und Neapel 1224. Palencia wurde 1239 mit der 1230 gegründeten Universität Salamanca verschmolzen. Aber keine dieser Universitäten hat die geistige Auseinandersetzung gesucht und von ihr gelebt. Sie kannten keinen Meinungsstreit der Studenten untereinander und mit den Lehrern oder der Lehrer untereinander.

Von nun an wird es in der europäischen Stadt eine Schicht geben, die die weltliche Bildung trägt und dadurch zu Selbstbewußtsein, Ansehen und Einfluß kommt. Selbst die fahrenden Scholaren, so arm sie auch sein mochten, waren von der Überzeugung durchdrungen, den ungebildeten Rittern überlegen zu sein. War ein gesellschaftlicher Aufstieg bisher nur innerhalb der Kirche möglich und auch da nur begrenzt, so konnte man von nun an über das Studium aufsteigen. Außerhalb des Feudalwesens und außerhalb der Kirche bildete sich ein neuer Stand.

Erst an der Universität Paris, nicht schon an der berühmten Rechtsschule in Bologna (gegr. 1088) wurde das Erziehungsmonopol der Kirche zugunsten einer weltlichen Bildung durchbrochen. An der Universität wurden die Beamten ausgebildet, die in den nächsten Jahrhunderten die Politik Frankreichs mitbestimmten. Nicht nur am königlichen Hof, sondern auch bei den Großen des Reiches, in den Kanzleien der Städte und selbst bei den Bischöfen und Äbten saßen Männer mit einer juristischen Ausbildung, in der Verwaltung, in der Finanzkammer und im Hofgericht. Ihre Ansicht gewann an Gewicht.

Die königliche Beamtenschaft hatte die Fesseln der örtlichen Interessen abgestreift. Sie stand hinter dem König, nicht hinter dem Herrn einer Landschaft. Wo immer der gekrönte und gesalbte König mit den Feudalmächten in Konflikt geriet, konnte er sich auf den Beamtenstand stützen. Ohne großes Aufheben begann der König, Prozeß um Prozeß anzustrengen, einen Anspruch nach dem anderen durchzukämpfen, unterstützt von seinen Rechtsgelehrten, die nun die mittelalterlichen Verträge und Lehns-Eide nach römisch-rechtlichen Begriffen auslegten. Philipp IV. der Schöne gewann Valencienne im Hennegau, Teile der Ardennen, die Bistümer Toul und Verdun, das Herzogtum Lothringen und das Erzbistum Lyon. Folgenschwer war sein Erbvertrag mit dem Pfalzgrafen Otto IV. von Burgund.

Als Ludwig VIII. in die Wirren der Grafschaft Toulouse eingriff und den Albigenserkrieg entschied, erlahmte der Widerstand des Südens, der sich hartnäckig gegen die Kirche und die Kreuzritter gewehrt hatte. Im Languedoc, wo sich das römische Recht (droit de loi) uneingeschränkt gehalten hatte, siegte der Anspruch des Königs über die feudalen Vorrechte und Bindungen. Die Kanzleien standen zum König und nicht zum Grafen, zum Bischof oder dem Rat der Stadt. Noch vermochte sich kein Staatsbewußtsein zu entfalten, wohl aber eine Treue zum gesalbten König.

In allen Kanzleien saßen geschulte Männer, die kritisch die Ereignisse verfolgten, sie durchdachten, sie diskutierten, sie mit wachem Verstand beurteilten. Von den Kanzleien drang die neue nüchterne Einstellung zur Politik, die sich auf Interessen ebenso wie auf das Recht des einzelnen stützte, über die Märkte und Straßen in die breite Öffentlichkeit. Bettelmönche verbreiteten sie im Land. Wo Menschen zusammenkamen, sprachen sie von den bewegenden Fragen der Zeit. Jeder nahm für sich das Recht in Anspruch, mitreden zu dürfen. Von den breiten Massen ging ein Druck auf die führenden Schichten aus, die sich bis dahin erhaben dünkten. Die öffentliche Meinung entstand.

Paris war im 13. Jahrhundert eine Macht geworden. Mit seinen 85 000 Einwohnern überragte es alle anderen Städte nördlich der Alpen. Mit Paris verschob sich das Schwergewicht Frankreichs an die Seine. Am sichtbarsten trat die Bedeutung der Ile-de-France in der neuen Kunstrichtung, der Gotik, hervor, die sich in wenigen Jahrzehnten im Abendland durchsetzt. Zu ihr haben die Holzbauweise des Nordens, die von England über Skandinavien bis Osteuropa reichte, sowie die Einflüsse des romanischen Baustils, dessen Ausgangspunkt Burgund gewesen war, und die Anregungen aus Aquitanien und Spanien beigetragen.

Das neue Lebensgefühl hat in der Gotik die Formelemente der Baustile aus den verschiedenen Kulturkreisen zu einem neuen Stil umgeschmolzen und ausgebaut. Die Kathedrale von Durham (1096/1104) im normannischen England kannte das Rippengewölbe; es gab gewisse Vorbilder in Caen und in der Abteikirche von Morienval (1125), aber von einem gotischen Stil kann man erst seit dem Bau der Kirche von St. Denis vor den Toren von Paris (1132–1214) sprechen.

Abt Suger war der Erzieher König Ludwigs VI., der bedeutendste Geschichtsschreiber seiner Zeit, Diplomat und Staatsmann. Er hat als erster Laien zu Beamten ausgebildet, die auf Grund ihrer geistigen Leistung, ihrer Kenntnisse und Fähigkeiten die königliche Kanzlei beherrschten. Der Chor von St. Denis wurde zum vielbewunderten Vorbild. Die Kathedralen von Sens, von Noyon, Senlis, Paris und Soissons übernahmen den neuen Stil. Er verbreitete sich über ganz Europa. Außerhalb Frankreichs verkörpert die gotische Kathedrale den Anspruch der Könige, über dem Feudaladel und den Bischöfen zu stehen. Die Gotik war nicht nur künstlerisch eine Antwort auf Cluny.

Gegen Paris und den König wehrten sich die flandrischen Städte. Im Krieg des Königs gegen das englische Aquitanien sperrte England die Wollausfuhr, so daß die Webstühle in Ypern und Gent stillstanden. Die Flamen erhoben sich; die französische Besatzung von Brügge wurde eines Nachts niedergemacht. Das französische Ritterheer erlitt 1302 bei Kortrijk eine vernichtende Niederlage. Zum ersten Male erlag eine berittene und gepanzerte Streitmacht dem städtischen Fußvolk. Philipp IV. der Schöne mußte Guyenne preisgeben. Im Frieden behielten die flandrischen Städte ihre Freiheit. Douai und Lille fielen allerdings an die Krone.

Flandern stieg zum Industriegebiet Nordeuropas auf. Von England bezog es die Wolle; seine Lebensmittel kamen aus dem Ostseeraum, vor allem aus dem preußischen Ordensgebiet. In Brügge trafen sich die Kaufleute aus Portugal, Spanien, Genua, Florenz, aus Aigues Mortes und Montpellier, aus Brouage und aus Lyon und die aus den deutschen Hansestädten. Mit der wirtschaftlichen Macht verschob sich auch das politische Schwergewicht nach Frankreich.

Nach dem Tode Friedrichs II. von Hohenstaufen trat Frankreich unbestritten als die Vormacht des Abendlandes auf. Ein König, mit einem weltlichen, geschulten Beamtenstand, ein König, der sich auf die öffentliche Meinung seines Landes stützen konnte, war für den Papst ein gefährlicherer Gegner als der auf Kirche und feudale Landesherren angewiesene Kaiser. Der französische König brauchte Kirchenbann und Gehorsamspflicht der Geistlichen gegenüber dem Papst nicht zu fürchten, solange er die Nation hinter sich wußte.

Papst Bonifaz VIII. wandte sich gegen die königliche Steuerpolitik, die sich auch auf die Geistlichkeit erstreckte, um die Kriege zu finanzieren. Das widersprach dem kanonischen Recht und der Bulle Unam Sanctam, die noch einmal die geistliche Macht über die weltliche stellte. Philipp IV. ließ durch seinen Großsiegelbewahrer Nogaret, Abkömmling eines Katharers, den Papst in Anagni verhaften. Bonifaz wurde zwar nach drei Tagen befreit, doch hat er diesen Schlag nicht lange überlebt. Der Franzose Clemens V. verlegte seine Residenz nach Avignon in das Gebiet, das der Kirche durch die Albigenserkriege zugefallen war. Die ›Babylonische Gefangenschaft der Kirche‹ dauerte fast 70 Jahre (1309–1377).

König Philipp hat auch Hand auf die Vermögen der Kaufleute

gelegt. Er beschuldigte die durchreisenden Lombarden, mit dem Landesfeind, den Engländern, zusammenzuarbeiten, und beschlagnahmte ihre Güter, ebenso wie die der Juden. Die Folge war jedoch ein Rückgang von Handel und Gewerbe durch die allgemeine Unsicherheit.

Die Lombarden, vorwiegend Bewohner der oberitalienischen Stadt Asti, und die ›Cawertschen‹, die Bewohner der südfranzösischen Stadt Cahors, vermittelten nur Geschäfte; sie waren längst nicht so reich, wie der König angenommen. Den nächsten Schlag führte er gegen den reichen Templerorden.

Die Templerritter verfügten über eine weitverzweigte Organisation im Orient wie in Europa mit dem Schwerpunkt in Frankreich. Gestützt auf ihre Besitzungen im Abend- wie im Morgenlande übernahmen sie einen großen Teil des Nachschubs für die Kreuzfahrerstaaten und die Finanzierung des Warenverkehrs im Mittelmeerhandel. Dank ihres ungeheuren Reichtums bildeten sie einen Staat im Staate, mit eigenem Heer, eigener Gerichtsbarkeit, eigenen Burgen. Ihre Besitzungen erstreckten sich von Dänemark bis Spanien, von Irland bis Zypern, ihre Stützpunkte bis Armenien und selbst Ägypten. Ihnen vertrauten die Monarchen Europas ihre Schätze und Guthaben an. Sie waren imstande, den Zahlungsverkehr im christlichen Abendland wie in den islamischen Ländern Asiens und Afrikas durchzuführen. Sie genossen den Ruf, pünktliche und zuverlässige Schuldner zu sein; dank ihrer militärischen Macht sorgten sie dafür, daß ihnen anvertraute Geldsendungen sicher am Bestimmungsort ankamen. Entstanden Schwierigkeiten, genügte der Druck des mächtigen Ordens oder ein großzügig gewährter Kredit, um sie zu beheben.

Um diese Macht zu brechen – und das ungeheure Vermögen einziehen zu können –, erhob der König Anklage wegen Gotteslästerung und Sittenfrevel. Weil er die Templer moralisch vernichtete, konnte er sie ungehindert ausplündern. Die ›Staatsräson‹ rechtfertigte die Mittel. Die auf der Folter erpreßten Schuldgeständnisse reichten aus, um viele Ritter verbrennen zu lassen. Die Burgen wurden geschleift, der Orden aufgelöst. Die Königsmacht hatte gesiegt.

Das französische Vorgehen machte Schule; die Könige beeilten sich, das Templervermögen, soweit es sich in ihrem Lande befand, zu beschlagnahmen. Selbst die Spanier hielten sich nicht zurück. Der König von Aragon fand später eine elegantere Form, auch die anderen reichen Ritterorden in seine Hand zu bekommen: er ließ sich 1493 zum Großmeister des Calatrava-Ordens ›wählen‹.

Seit dem Tode Friedrichs II. gab es keinen Kaiser mehr. Unordnung und Unsicherheit im Reich nahmen zu. Die Zeitgenossen klagten über die kaiserlose, die schreckliche Zeit. Um sich gegen die ritterlichen Räuberbanden zu schützen, nahmen die Städte ihr Schicksal selber in die Hand. Sie gründeten 1254 den Rheinischen Städtebund mit dem Ziel, den Landfrieden durchzusetzen, Raubburgen zu zerstören und die Landstraßen zu befrieden. Dabei fanden sie Unterstützung bei jenen geistlichen und weltlichen Herren, die vom Handel Nutzen zogen. Doch konnten sich die Städte auf die Dauer nicht auf eine gemeinsame Politik festlegen. Sie lösten ihren Bund wieder auf. Der Handel insgesamt hat aber unter dem Fehlen einer starken Zentralgewalt nicht gelitten. Unbehindert zog der Kaufmann von Portugal und Westfrankreich nach Flandern, England und Norwegen, nach Dänemark und Schweden, nach Pommern, Preußen, Kurland bis nach Nowgorod. Nirgendwo hemmten ihn Landesgrenzen.

Über die Straßen Europas rollten die schweren Planwagen; gepanzerte Ritter zogen mit Reisigen und Knappen des Weges; Gläubige pilgerten zu den Wallfahrtsorten, von Skandinavien und von Schottland bis Spanien, Italien und Jerusalem. Scharen fahrender Scholaren wanderten zu ihren Schulen. Vaganten und Musikanten trieben sich umher; Bettler zogen einzeln oder in Gruppen durch das Land; in den Klöstern erhielten sie Verpflegung. Bischöfe waren unterwegs, um ihre Pfarreien oder eine Synode zu besuchen; Mönche gingen zu dem Mutterkloster ihres Ordens.

Überall fanden die Menschen Aufnahme. Politische Grenzen boten kaum Hindernisse. In ganz Europa wurde eine Sprache – mindestens bei den Klerikern – verstanden: Latein.

Von Lissabon bis Nowgorod und Konstantinopel, von Lund bis Palermo konnten sich alle frei bewegen. Mit dem 14. Jahrhundert jedoch beginnt der Nationalstaat zu wachsen, der den freien Verkehr langsam einzuschränken sucht. Der Schlag des französischen Königs gegen die ›ausländischen‹ Lombarden deutet diese Entwicklung an. Das Vorgehen der Könige gegen den übernationalen Templerorden ist ein weiterer Schritt auf diesem Wege. Das Bewußtsein der ›Nationen‹ beginnt, die Einheit des Abendlandes zu sprengen.

15

Die Territorialstaaten. Vormacht im Osten: Polen-Litauen

Die Kumanen sperren die Steppe, 1223 Niederlage an der Kalka · Die Mongolen erobern Kiew · Der Staat der Tataren · Hauptstadt Saraj · Die russischen Fürstentümer (1240–1480) · Nowgorod · Im Norden die Kalmarer Union (1397) · Der Handel der Hansestädte · Der Ritteroden in Preußen · Jagiello (1386–1434) tritt zum katholischen Glauben über · 1386: Vereinigung Litauens mit Polen · 1410: Sieg über die Deutschen Ritter · Im Westen 1339 Ausbruch des Hundertjährigen Krieges zwischen England und Frankreich · Johanna von Orléans · 1429: Karl VII. in Reims gekrönt · Die Loire nicht länger Scheidelinie in Frankreich · Einigung zwischen Nord und Süd · Neuordnung im ›Reich‹ · Sieben Kurfürsten ›küren‹ den deutschen König · Die Luxemburger · Karl IV. (1347–1418) in Prag · Die Goldene Bulle (1356) · Jan Hus, 1415 verbrannt · 1414–1418: das Konzil zu Konstanz · Die Hussitenkriege (1419–1436)

Unwiderstehlich drangen die mongolischen Heere gen Westen vor. Siebzehn Jahre nach der vernichtenden Niederlage, die sie 1223 an der Kalka den vereinigten Kumanen und Russen beigebracht hatten, stürmte ihr Heer Rjasan und Kiew. Sie zerstörten die ›Mutter der russischen Städte‹. Dann wandte sich Batu gegen Ungarn, besiegte König Bela IV. und drang bis zur Adria vor. Eine kleinere Heeresgruppe schlug die Polen und Deutschen bei Liegnitz. Dann kehrte Batu nach Osten zurück, da der Groß-Khan Ogdai in der Heimat gestorben war. Osteuropa aber blieb unter tatarischer Herrschaft.

Kiew hatte schon vor der Zerstörung seine überragende Stellung eingebüßt. Um die Mitte des 11. Jahrhunderts hatten die Kumanen, auch Polovzen genannt, die Petschenegen verdrängt, mit denen Russen und Byzantiner im Handelsverkehr gestanden hatten. Ein Enkel Wladimir Monomachs zog nach Halitsch, das nun einen beachtlichen Aufschwung erlebte, da der Verkehr sich nach ›Galizien‹ verlagerte. Die Waren aus dem Ostseeraum umgingen die gefährdete Steppe in weitem Bogen zum Donaubecken.

Der Handel über die südrussische Steppe kam nur langsam in Gang, da die Kumanen im Streit mit den Bewohnern der islamischen Reiche am Aralsee (Chwarezmien) und Zentralasiens lebten. Auch sie hatte der vernichtende Schlag getroffen, als Dschingis-Khan die Reitervölker Nordasiens zu gewaltigen Eroberungszügen zusammenfaßte. Durch das riesige Reich der Mongolen, das von den Karpaten bis zum Gelben Meer reichte, zogen unbehindert die Karawanen. Die alten Handelsstraßen, die an Aralsee und Altai entlang Anschluß an die Seidenstraße fanden, sowie die Wege über den Kaukasus nach Mesopotamien und über den Hindukusch nach Indien, standen wieder den Kaufleuten offen. Auch die Ursprungsländer der Kostbarkeiten, der Juwelen wie der Seide, unterstanden dem Mongolen-Khan. Er schützte Handel und Wandel, unterdrückte die Räuberei und förderte den Warenaustausch. Rußland lag im Schatten dieses mächtigen Reiches. Kiew verlor seine Bedeutung.

Am Dnjepr gelegen, wo der breite Waldgürtel sich mit der Steppe berührte, hatte es Jahrhunderte hindurch das Land beherrscht. In Kiew kreuzte sich gewissermaßen die Ost-West-Richtung der Steppe mit der Nord-Süd-Richtung des Stromes. Aus dieser Lage hatte sich sowohl seine Beziehung zu Skandinavien als auch zu Konstantinopel ergeben. Vom Norden kamen seine Herrscher, die Nachfolger Ruriks, vom Süden kamen die Religion, die Schrift, die städtische Kultur wie die byzantinische Kunst. Nach anfänglichen Reibungen und Kämpfen hatten sich die beiden Elemente Alt-Rußlands zusammengefunden. Kiew zählte, wie Thietmar von Merseburg berichtet, acht Marktplätze und 400 Kirchen mit eindrucksvollen Fresken und Mosaiken, mit Gold- und Silbergeräten und den kunstvollen Handschriften der Klöster. Die Bildung seiner Fürsten war der ihrer Standesgenossen in Westeuropa überlegen. Doch war dieser Reichtum bereits vor dem Mongoleneinfall zerschlagen worden, als 1160 die Kumanen 10000 Menschen in die Sklaverei wegschleppten. Das ganze Land litt unter den Einfällen aus der Steppe. Jährlich wurden zu Ausgang des 12. Jahrhunderts 12000 Menschen nach Mingrelien am Schwarzen Meer verkauft. Aber auch die russischen Nachbarn hatten Kiew stark bedrängt. Bereits 1169 hatten zwölf unzufriedene Fürsten unter Führung von Andrej Bogoljubskij Kiew gestürmt und geplündert.

Als Konstantinopel in die Hand der Lateiner, praktisch der Venezianer fiel, leiteten sie die Warenströme auf die See um. Kiews Handel ging weiter zurück. Aber erst die Herrschaft der Mongolen brach seine Vormachtstellung endgültig. Der ›Hof der goldenen Häupter‹, wie die Mongolen die Stadt nannten, verkümmerte. Der Metropolit siedelte zunächst nach Halitsch, dann 1300 nach Wladimir und schließlich 1326 nach Moskau über.

Die Zerstörung Kiews warf die Slawen vom Rande der Steppe in den Wald zurück. Die Tataren ließen die einzelnen Fürsten gewähren, wenn sie sich dem Befehl des Khans unterordneten und den vorgeschriebenen hohen Tribut ablieferten. Nach Belieben wurden die russischen Fürsten an den Hof des Khans in Saraj an der unteren Wolga gerufen, jeder neu eingesetzte mußte sich dort vorstellen. Wer als unzuverlässig galt, wer zu wenig Tribut abgeliefert hatte, wurde festgehalten, wenn nicht gar hingerichtet. Keiner war stark genug, sich einer Strafexpedition zu entziehen. Flucht in die Wälder schützte kaum. Die raschen Reiterheere drangen bis nach Nowgorod vor. Es gab weder Sicherheit noch Ruhe.

Der Fürst in Moskau gewann das Vertrauen der Tataren, die ihn beauftragten, die anderen Fürstentümer zu überwachen und die Steuern von dort einzutreiben, falls deren Herrscher versagten. Moskau stieg auf, nicht als Handelsstadt wie einst Kiew, sondern als Sitz des Großfürsten und des Metropoliten.

Hatte Osteuropa bis ins 13. Jahrhundert hinein unter dem Einfluß des Schwarzen Meeres und der Ostsee gestanden, so geriet es jetzt unter den Einfluß Asiens. Der Westen Rußlands unterstand 100 Jahre, Moskau und seine Umgebung 200, die Steppe 400 Jahre den Mongolen. Die Nachfolger Dschingis-Khans errichteten einen Staat nach chinesischem Vorbild, den Osteuropa bisher nicht gekannt hatte.

Es gab eine präzise arbeitende Verwaltung. Ein Befehl von oben durchlief alle Instanzen, ohne Reibung oder gar Widerstand zu finden. Steuerlisten sorgten dafür, daß die Einnahmen regelmäßig flossen; die Kaufleute an den Handelsstraßen zahlten ihre festgesetzten Abgaben. Die Fürsten hatten dafür zu sorgen, daß die tributhörigen Gebiete ihren Verpflichtungen pünktlich nachkamen. Säumigen Zahlern drohten strenge Strafen. Die Krieger für das Heer wurden in regelmäßiger Folge ausgehoben. Völkische Sonderrechte gab es nicht. Wenn Arbeitskräfte benötigt wurden, genügte ein Befehl, um sie heranzuholen, notfalls wurden sie von irgendeinem Landstrich deportiert.

Neben diesem Staatswesen änderte sich auch die Stellung der russischen Fürsten. Einerseits sanken sie zu ohnmächtigen Befehlsempfängern herab. Wehe, wer das Mißtrauen des Herrn der Goldenen Horde erregte! Andererseits wuchs ihre Macht sowohl gegenüber ihren Untertanen wie gegenüber ihren Nachbarn, sobald sie es verstanden, das Wohlwollen des Mongolen-Khans zu gewinnen und von ihm mit der Aufsicht über die Steuerablieferung betraut zu werden.

Die Tataren hielten die russischen Fürstentümer klein, griffen, wenn sie Widerstand witterten, brutal ein, setzten Fürsten ab oder beauftragten einen von ihnen mit der Strafexpedition. Iwan von Moskau mußte in ihrem Namen den Fürsten von Twer ›züchtigen‹. Dafür erhielt er 1328 den Titel ›Großfürst des ganzen russischen Reiches‹. Er hatte die tatarischen Steuereintreiber, die gefürchteten ›Baskaken‹, bei ihrer Aufgabe zu schützen. Das verschaffte ihm wohl Macht, war jedoch demütigend genug.

Dmitrij von Moskau konnte 1380 einen Sieg über die Tataren am Don erringen. Zwei Jahre darauf folgte die Strafe; Moskau wurde verwüstet. Immerhin konnten sich die Menschen im Walde leichter halten als in der Steppe, blieben ihre Lebenshaltung und ihre Wirtschaft dort auch kümmerlich. Im Walde herrschte die Naturalwirtschaft vor. Pelze, Honig und Wachs wurden an die Hansekaufleute nach Nowgorod geliefert.

Nowgorod stieg auf. Sein Fürst Alexander zog es vor, sich den Mongolen zu unterwerfen, Tribute zu zahlen und sich deren Hilfe gegen seine Feinde im Westen zu sichern. Sein Sieg über die Schweden an der Newa (1240) und über die deutschen Schwertbrüder-Ritter auf dem zugefrorenen Peipus-See (1242) verhinderte ein Vordringen der Fremden nach Rußland. Am friedlichen Warenaustausch änderte sich jedoch wenig.

In Nowgorod unterhielten die deutschen Kaufleute den Hof von St. Peter, wo sie vor allem Tuche von Flandern, Eisenwaren und Waffen aus Deutschland und Heringe von Schonen gegen die herkömmlichen Waren aus dem slawischen Raum verkauften. Die Bewohner von Nowgorod galten als selbstherrlich; sie waren von einem republikanischen Geist durchdrungen. »Wer kann wider Gott und Nowgorod!« hieß damals ein bekanntes Wort. Die Bürger sprachen von dem ›Großen Herrn Nowgorod‹, der gleichwertig neben dem Fürsten stand. Zählte doch die Stadt zwischen 1200 und 1400 bis zu 50000 Einwohner! Sie bildete gleichsam die Brücke zwischen dem riesigen osteuropäischen Raum und dem Ostseegebiet.

Die Dänen beherrschten mit Schonen die Westausgänge der Ostsee. Sie bemühten sich, wie auch die Schweden im Osten, die Südküste der Ostsee in die Hand zu bekommen, um alle anderen Anrainer und Nebenbuhler von der Ostsee auszuschließen. Zwischen 1219 und 1346 war Estland dänisch. 1361 eroberte König Waldemar IV. Atterdag von Dänemark die Insel Gotland. Daraufhin erfolgte der Gegenschlag der Hanse; die deutschen Städte, Holland, Seeland, der jütländische Adel und Schweden besiegten den Dänenkönig.

Der Frieden von Stralsund brachte den Hansestädten große Handelsvorteile, vor allem die Befreiung vom Sundzoll. Die Hanse stand auf der Höhe ihrer Macht. Nach dem Tode Waldemars erbte sein Enkel, Sohn des Norwegerkönigs Haakon VI., den Thron. In Wirklichkreit regierte die Tochter Waldemars, Margarete. Sie bestimmte den Herzog Erich von Pommern zum Nachfolger; Dänemark, Norwegen und Schweden wurden in der Kalmarer Union 1397 vereinigt.

Bei aller Ausdehnung war dieses Reich im Innern mittelalterlich aufgebaut, nämlich in übereinandergelagerten Gesellschaftsschichten. Unter dem König stand der Adel. Die in Kalmar beschlossene Verfassung trat nie in Kraft. In den Städten herrschten die deutschen Kaufleute vor. In Stockholm wurde noch bis ins 15. Jahrhundert hinein deutsch gesprochen. Deutsch war auch das städtische Recht. Bergen war ein Stützpunkt des deutschen Handels.

Über die deutschen Städte wurde der europäische Nordosten mit dem Westen bis nach Portugal zu einer wirtschaftlichen Einheit verschmolzen. Die Heringe von der Westküste Schwedens wurden mit dem Lüneburger Salz eingepökelt und in Tonnen weithin verfrachtet. Damals bildete Fisch – vor allem in der Fastenzeit – das Nahrungsmittel schlechthin. Tuche aus Flandern gingen nach Nowgorod und Bergen. Die Schiffe der Bayenfahrt brachten Salz und Wein aus Frankreich und später aus Spanien und Portugal. Schließlich lieferte der Osten Getreide, Holz, Pech, Harz, Honig und Wachs, vor allem russische Pelzwaren. Dieser umfassende Handel lag in deutscher Hand.

Die Deutschen waren die einzigen Abnehmer für die landwirtschaftlichen Überschüsse des Hinterlandes im Ostseeraum. Bei den Landesfürsten und dem ländlichen Adel genossen die Hansekaufleute Schutz. Ihre Vorrechte wurden auch von den politischen Wirren kaum berührt.

Im Gebiet des Deutschen Ritterordens lag die Mehrzahl der Güter in der Hand des Ordens. Die Ordensritter begründeten ihr Eigentum an Grund und Boden auf dem Recht der Eroberung. Sie bewirtschafteten die Güter selber, da sie ihre Aufgabe in der Erschließung des Landes sahen. Sie holten Siedler aus dem Westen, die mit neuen Geräten und mit besseren Methoden höhere Erträge aus dem Land herauswirtschafteten, so daß das Ordensgebiet bald größere Überschüsse für die Ausfuhr bereitstellen konnte. Unter der strengen Aufsicht der Ordensverwaltung wurde der Ritterorden zum bedeutendsten Getreidegroßhändler im Ostseeraum. Seine Vertreter verhandelten unmittelbar mit den ausländischen Abnehmern, etwa mit Flandern.

In den Kanzleien wurde sorgfältig Buch geführt; das Steuerwesen brachte vor allem dank dem Münz- und Zollrecht beträchtliche Einnahmen. In den Händen des Ordens lag die Gerichtsbarkeit sowohl über die einheimischen Pruzzen als auch über die deutschen Bauern. Seine Beamten und Diener waren dem Orden verpflichtet. Nur die Ordensritter wirkten bei politischen wie rechtlichen Entscheidungen mit. Der Orden bildete zwar keinen Staat, aber eine unpersönliche, vom einzelnen Hochmeister losgelöste Institution, der das Land unterstand. Dadurch unterschied sich das Ordensland grundsätzlich von allen politischen Gebilden des mittelalterlichen Abendlandes.

Neben den Ordensrittern gab es einen landsässigen Adel, der nicht an das Gelübde der Ehelosigkeit gebunden war. Ohne dauernden Zustrom an jüngeren Söhnen der Geschlechter aus dem ›Reich‹ mußte die schmale Oberschicht zusammenschmelzen, zumal Aufstände und Kriege hohe Opfer forderten. Dazu kamen aus Deutschland und den Niederlanden Siedler, die vor allem auf gerodetem Gebiet angesetzt wurden. Sie saßen als freie Bauern auf eigener Scholle. Ihnen gewährte der Orden große Freiheiten, so daß auch sie am hohen Ertrag ihres Bodens interessiert waren. Zunächst sahen die Ritter in den deutschen Bauern den Bundesgenossen gegen die aufsässige einheimische Bevölkerung. Mit der Zeit hat sich allerdings der wirtschaftliche Wettbewerb zwischen dem Orden und den freien Bauern zu einem sozialen Gegensatz zugespitzt. Das hat die deutschen Bauern und die Pruzzen im Widerstand gegen die Herrenschicht zusammenwachsen lassen.

Die eigentliche Stütze des Deutschtums aber waren die Städte mit der Kaufmannschaft und den Handwerkern. Dem Orden lag an einem Handelsstand, dessen weitreichende Beziehungen den Absatz der Landesprodukte erleichterte, der die gewünschten Waren aus dem Ausland zu liefern imstande war und der Steuern zahlte! Seine Macht und seinen Reichtum verdankte der Orden nicht zuletzt diesem Handel. Ohne ihn ließen sich landwirtschaftliche Überschüsse nicht absetzen. Politisch ergaben sich daraus jedoch Spannungen und Meinungsverschiedenheiten über die Rechte der Städte.

Auf dem Lande saß, weitaus zahlreicher als die Einwanderer, die ursprüngliche Bevölkerung, vorwiegend Pruzzen. Sie hatte mit dem Grund und Boden die Freiheit verloren und mußte auf den Gütern des Ordens dienen; immer wieder erhoben sich die Pruzzen gegen ihre Entrechtung. Die Ordensritter legten das Schwert nicht aus der Hand. Den Widerstand der Litauer konnten sie auch in dem Krieg zwischen 1351 bis 1382 nicht brechen. Der Orden hat 1362 zwar Kowno erobert, aber die Schlacht bei Rudau im Samland brachte keine Entscheidung.

Der Krieg verlor den Charakter des Glaubenskampfes, der viele Ritter aus Westeuropa angelockt hatte, als der Großfürst von Litauen 1386 zum Christentum übertrat. Nun konnte Litauen zusammen mit dem christlichen Polen den Kampf gegen den Orden unter rein politischen Vorzeichen aufnehmen. Zum christlichen Glauben war 1251 schon Mendaugas übergetreten, aber als die Ritter dessenungeachtet den Kampf weiterführten, kehrte Mendaugas 1263 wieder zum Heidentum zurück.

Litauen focht im 14. Jahrhundert im Westen gegen den Orden und zugleich im Osten gegen die Russen, deren Macht langsam wieder wuchs. Die litauischen Stämme, die bis dahin lose nebeneinander wohnten, schlossen sich unter dem äußeren Druck fester zusammen. Sie entwickelten eine Heeresmacht, die den Russen, die ihrerseits unter dem Druck der Tataren standen, überlegen war.

Unter Gediminas (1316–1341) hatten die Litauer, bis dahin ein Volk von Bauern, begonnen, Burgen und Städte anzulegen. Wilna wurde zur Residenz des Großfürsten. Von dort aus gewann er die russischen Teilfürstentümer Polock, Witebsk, Minsk, Kiew, Wladimir. Halitsch fiel ihm durch Heirat zu. Litauen wurde ein ausgedehntes Reich, das sich von der Ostsee bis an die südrussische Steppe erstreckte. Die litauischsprechende Bevölkerung bildete allerdings nur eine Minderheit. Algirdas (1345–1377) setzte die Eroberungen fort. Er gewann Tschernigow, Wolhynien und Smolensk. Gleichzeitig führte er Krieg gegen den Orden. In dieser Zwangslage mußte sich Litauen entscheiden zwischen dem orthodoxen Glauben, dem ein großer Teil seiner Bevölkerung – die Ruthenen – anhing, oder dem katholischen, der ein Bündnis mit Polen sicherte. Um die Erbin von Polen, Jadwiga, zu heiraten, nahm Jagiello den katholischen Glauben an.

Das riß den Gegensatz innerhalb Litauens auf; Aufstände der orthodoxen Ruthenen waren die Folge; sie endeten damit, daß Jagiellos Vetter Witold litauischer Großfürst unter polnischer Oberhoheit wurde.

Der litauische Adel erhielt die gleichen Vorrechte wie der polnische, so daß aus dem Schwertadel eine Grundbesitzer-Aristokratie wurde. Zu den öffentlichen Ämtern zugelassen wurden allerdings nur Personen des römischen Glaubens. Die Orthodoxen blieben minderen Rechts. Das führte dazu, daß der litauische Adel katholisch wurde und sich polonisierte, während die bäuerliche Bevölkerung, die litauische wie die ruthenische, sich wiederholt gegen die katholische Kirche und die Vereinigung mit Polen wehrte. Das animistische Heidentum, die ursprüngliche Religion, hielt sich noch lange Zeit. Das litauische Kernland Schamaiten wurde erst 1415 christlich.

Durch die Vereinigung wurde Polen-Litauen eine europäische Großmacht. Im 14. Jahrhundert war Polen auf den engen Raum zwischen Warthe, Karpaten und Bug begrenzt. Den Ausgang zur Ostsee versperrten das selbständige Herzogtum Pommerellen und der Ordensstaat, der 1343 Pommerellen gewann. Masowien fiel an die Krone Polens, Schlesien wurde lehensabhängig von Böhmen. Lag der Mittelpunkt Polens anfangs bei Gnesen und Posen, so wurde Krakau später Hauptstadt und Krönungsort der Könige.

Zwei bedeutende Handelswege schnitten sich in Polen, der eine von der Weichselmündung über Krakau nach Ungarn, der andere von Prag über Breslau nach Lemberg und in die Steppe. Aus der Steppe unternahmen die Mongolen wiederholt Einfälle bis zur Weichsel. Als die Macht der Mongolen nachließ, dehnte sich Polen zum Schwarzen Meer hin aus. Der Vertrag von Kalisch 1343 überließ Pommerellen dem Deutschen Orden. Diese Politik änderte sich jedoch durch die Vereinigung mit Litauen. Polen fühlte sich stark genug, den Weg zur Ostsee freizukämpfen.

Das Polnisch-Litauische Reich war trotz seiner gewaltigen Ausdehnung in seinem inneren Aufbau und seiner militärischen Schlagkraft kein festgefügtes Gebilde. Seine Finanzkraft reichte nicht aus, um auf die Dauer starke Heere zu unterhalten; Königtum, Adel und freier Bauernstand waren nicht zusammengewachsen. Der Deutsche Orden glaubte daher, mit seinen schwergepanzerten Rittern und seiner straffen Verwaltung Polen gewachsen zu sein. Aber die Jagiellonen erhielten Hilfe aus Rußland und von den Tataren, so daß sie dem Ritterheer 1410 bei Tannenberg eine vernichtende Niederlage beibrachten; doch hielt die Marienburg stand. Das polnisch-litauische Heer konnte eine lange Kriegführung nicht durchhalten. Der Orden bestand die schwere Krise.

Der polnische Adel verhinderte, daß Polen sich nach tatarischem Vorbild zu einem Machtstaat unter straffer Führung oder zu einem Verwaltungsstaat nach dem Vorbild des Ordens entwickelte. Der König von Polen blieb vom Adel abhängig.

Der entscheidende Anstoß für eine neue Staatsidee kam aus dem Westen. Zunächst hatte der nationale Staatsgedanke in Frankreich allerdings einen schweren Rückschlag erlebt.

Die drei Söhne Philipps des Schönen bestiegen nacheinander den Thron, alle starben, ohne einen männlichen Erben zu hinterlassen. Um seinen Erbanspruch zu verfechten, landete Eduard III. von England an der Spitze eines starken Heeres in Frankreich. Mit Unterbrechungen dauerte dieser Krieg über hundert Jahre.

Der eigentliche Kriegsgrund für England lag in der Verteidigung des Herzogtums Aquitanien (Guyenne), das der französische König Philipp VI. als verfallenes Lehen in seine Hand genommen hatte. Lehnsrecht und das Recht des Territorialstaates standen sich unvereinbar gegenüber. Für den König von Frankreich war der König von England als Herzog von Aquitanien sein Lehnsmann, der seine Besitzungen auf französischem Boden der königlichen Belehnung verdankte und ihm dafür Treue schuldete. Der Engländer dagegen verteidigte sein überliefertes Recht; den Lehnseid betrachtete er als eine – überholte – Formalität. Er fand Rückhalt in Flandern, weil die Städte mit ihrer Textilindustrie von den englischen Wolleinfuhren abhingen. Mit Hilfe der flämischen Städte vernichtete Eduard III. die französische Flotte im Sluis 1340. Sechs Jahre später schlug er das französische Heer bei Crécy und eroberte Calais. Auch da zeigte sich eine beachtliche Wandlung. Gegen die schwergepanzerten französischen Ritter, die noch in der Tradition des vorangegangenen Jahrhunderts kämpften, standen die leichten

Söldnerhaufen, allen voran die gefürchteten englischen Bogenschützen und – als neueste Errungenschaft – die mit Pulver versehenen Geschütze der Engländer. Ihre Wirkung war damals allerdings noch gering.

Während der Schlacht von Maupertuis (1356) fiel der französische König Johann der Gute in englische Gefangenschaft. In dem von Hunger und Pest heimgesuchten Frankreich brachen schwere Unruhen aus. Die Bevölkerung von Paris erhob sich; die Bauernschaft erfaßte der Aufstand der ›Jacquerie‹. Doch war der Adel stark genug, diese Aufstände blutig niederzuwerfen. Im Frieden von Brétigny schieden Poitou, Guyenne und die Gascogne aus dem französischen Reich aus. Ihr Herr, der König von England, wurde jetzt auch formell seines Lehnseides entbunden. Außerdem erhielt er Calais. König Johann wurde gegen das Versprechen eines Lösegeldes von drei Millionen Goldstücken freigelassen.

In den feudalen Aufbau des französischen Königreiches war eine Bresche geschlagen. Die lehnsrechtliche Verzahnung seiner Teile war gelöst. Das kam zunächst dem König von England zugute. Doch barg diese säuberliche Trennung den Keim für ein allgemeines französisches Nationalgefühl, das schließlich den Ausgang dieses Krieges bestimmte. Solange der englische König als Lehnsmann über große französische Gebiete herrschte, standen nicht ›Engländer‹ den ›Franzosen‹ gegenüber, sondern Aquitanier den Nordfranzosen, beide unter einem gemeinsamen König, geführt von ihren Lehnsherren. Das war das gleiche Bild wie im deutschen Reich. Es gab keine geschlossenen Nationen.

Während des hundertjährigen Ringens bildete sich jedoch innerhalb Frankreichs, besonders in Paris, ein Bewußtsein der Eigenständigkeit und einer nationalen Zusammengehörigkeit, die über die Lehnspflicht hinausging. Als der Krieg 1370 erneut ausbrach, siegten die mit den Kastiliern verbündeten Franzosen zur See und gewannen die englischen Besitzungen auf dem Festland bis auf wenige Festungen zurück. Das französische Ritterheer warf das Aufgebot der flandrischen Städte, die ihren Grafen vertreiben wollten, in der Schlacht bei Rosebeke nieder.

Alle diese Vorteile gingen aus innerer Schwäche verloren. Als Karl VI. dem Wahnsinn verfiel, begannen die großen Feudalherren, an der Spitze die Fürsten aus dem Hause Valois, die Herzöge von Orléans und von Burgund, um die Macht im Staate zu streiten. Auf Anstiften des Herzogs von Burgund wurde der Herzog von

Orléans ermordet; der Mord blieb zunächst ungesühnt, weil sich die Pariser Zünfte hinter den Burgunder stellten. Diese Wirren benutzte König Heinrich V. von England, um sich einzumischen; er siegte 1415 bei Azincourt und eroberte die Normandie zurück. Noch hielt sich Burgund neutral. Als jedoch sein Herzog Johann auf Befehl des Thronfolgers auf der Yonne-Brücke von Montereau erschlagen wurde, ging sein Sohn offen zur englischen Seite über. Jetzt fiel ganz Nordfrankreich an die Engländer; der Dauphin wich nach Bourges aus.

Wieder bildete die Loire die Grenze zwischen Engländern und Franzosen. Nur standen jetzt Engländer im Norden, während der Süden - einschließlich der Grafschaft Toulouse, aber ohne das Herzogtum Guyenne - zur französischen Krone hielt. Entscheidend für die englische Überlegenheit blieb ihr Bündnis mit dem Herzog von Burgund, dem auch Flandern gehörte..

Die Engländer belagerten bereits Orléans, um den Übergang über die Loire zu erzwingen, als das Bauernmädchen Johanna aus Domrémy an der Maas, an der Grenze des Königreiches, dem Dauphin den göttlichen Beistand verkündete. Sie entfachte im Heer den Glauben an das Recht Frankreichs und an die - von den Engländern bestrittene - Rechtmäßigkeit Karls als Erben der gesalbten Könige. Aus dem Kampf der großen Landesherren untereinander war das Ringen einer Nation um ihr eigenes politisches Leben geworden. Orléans wurde entsetzt, Karl VII. 1429 in Reims gekrönt. Johanna fiel in die Hände der Burgunder, wurde von ihnen den Engländern ausgeliefert und in Rouen als Hexe verbrannt. Ihr Aufruf, daß sich das ganze Volk um seinen Monarchen scharen müsse, um die Feinde abzuwehren, wirkte jedoch weiter.

Der neue nationale Gedanke erleichterte den Frieden zwischen König Karl VII. und Herzog Philipp dem Guten von Burgund. Damit war die Niederlage der Engländer besiegelt. 1436 eroberten die Franzosen Paris, 1449 gewannen sie Rouen. Die Engländer räumten alle Besitzungen auf französischem Boden bis auf Calais, das noch 100 Jahre in englischer Hand blieb. Die Verzahnung Englands und Frankreichs durch den großen englischen Kronbesitz auf dem Festland war gelöst. Von nun an bildete der Ärmelkanal die Grenze.

In beiden Völkern entfaltete sich seitdem das Bewußtsein ihrer Eigenart. Auch die Oberschicht in England wandte sich von der französischen der englischen Sprache zu, bis auf altertümliche

Floskeln im Amtsstil, die teilweise heute noch bestehen. Ohne den dauernden Zufluß französischen Blutes aus den festländischen Besitzungen schwanden die alten normannischen Geschlechter dahin. Es bildete sich ein neuer englischer Adel.

In Frankreich verlor die Loire-Linie ihre geschichtliche Rolle als Grenze von zwei Sprachgebieten, Languedoc und Langue d'Ouil, ja zweier Völker verschiedenen Temperamentes, verschiedenen Charakters und verschiedenen Rechtes. Paris wurde, bei aller Kritik im Süden, die anerkannte Hauptstadt. Burgund gab die geistige Führung, die es mit Cluny, Citeaux und Dijon besessen hatte, an den Norden ab. Nur Flandern – jetzt mit Burgund vereinigt – versuchte, sein Eigenleben gegenüber Paris zu wahren.

Der König von Frankreich brauchte nicht mehr als Lehnsherr seine Großen aufzubieten. Er konnte seine Heere selber finanzieren. Seit den Finanzreformen des Kaufmanns Jacques Coeur, der als Minister das Steuerwesen neu geordnet hatte, standen der Krone regelmäßige Steuern zu, die von den Generalständen zu bewilligen waren. Da gab es die ordentlichen Einkünfte, die aus den Gütern und Wäldern des Monarchen und des Staates flossen, aus Rechten an Straßen und Flüssen und aus den Abgaben. Dazu kamen die Steuern, die ›taille‹, die auf den Vasallen und Aftervasallen lastete, und die ›traites‹, die Steuern auf Ein- und Ausfuhr, nicht nur im Außenhandel, sondern im Verkehr von Provinz zu Provinz, vielfach von Stadt zu Stadt, sowie die ›gabelle‹, die Salzsteuer.

Von den Steuern waren zwar Adel und Geistlichkeit befreit, doch hatte der König besondere Möglichkeiten, sie zur Deckung von Staatsausgaben heranzuziehen, also etwa ›Anleihen‹ aufzunehmen oder ›freiwillig‹ von der Kirche einen Teil des Zehnten zu erhalten. Da der König ›Vater der Kirchen Frankreichs‹ war, konnte er von ihrem Gut einen Anteil beanspruchen. Seit 1439 war die taille, bisher nur gelegentlich in Kriegszeiten ausgeschrieben, zu einer regelmäßigen Einnahme geworden. Sie diente vor allem der Unterhaltung des stehenden Heeres.

Zwar war Frankreich dem Rechte nach immer noch ein Lehnsstaat, aufgebaut auf dem Treueverhältnis der Lehnsleute zum Lehnsherren, aufsteigend vom niederen zum höheren Adel und von den Fürsten zum König. Aber die Macht des Königs ruhte auf dem Beamtenstand, der ihm und nur ihm unterstand. Die königlichen Beamten waren keine Lehnsleute; ihnen gegenüber hatte der

König keine aus dem Lehnseid erwachsenen Pflichten. Ihnen konnte er befehlen. Ohne diese Gewalt hätte auch das Heer wenig genutzt.

Nach dem Ende des Hundertjährigen Krieges haben sich die französischen Könige bemüht, ein eigenes, von den großen Lehnsherren unabhängiges Heer aufzubauen. Das konnten nur fremde Söldner sein. Daraus ergaben sich wiederum Auseinandersetzungen mit den Feudalfürsten. Ludwig XI. hat sie langsam, zäh, Schritt für Schritt, niedergerungen, auch den mächtigsten von ihnen, den Herzog Karl den Kühnen von Burgund. Wenige Jahrzehnte nach dem schrecklichen, alles verheerenden Kriege hat er die Grundlagen für den französischen Nationalstaat gelegt, der zum Vorbild der europäischen Territorialstaaten in einer Zeit wurde, da im Heiligen Römischen Reich deutscher Nation die Zentralgewalt an Einfluß verlor.

Seit dem Ausgang des 13. Jahrhunderts hatten die Kurfürsten an Macht gewonnen. Ursprünglich gab es keine feste Ordnung für die Wahl des deutschen Königs. Im Mittelalter entschied kaum je die einfache Mehrheit, immer wurden die Stimmen auch gewogen. Die Stammesherzöge gaben die Entscheidung. Im Kampf der Welfen und der Staufer hatten sich die alten Herzogtümer aufgelöst; neue Gebilde waren aufgestiegen, vor allem die Marken im Osten.

Es wurde Sitte, daß einflußreiche Fürsten zuerst stimmten; das gab in den meisten Fällen den Ausschlag, weil die übrigen ihnen folgten. Aus dem Recht, zuerst zu stimmen, erwuchs langsam das Recht, allein stimmen zu dürfen. Sieben Kurfürsten ›kürten‹ den König. Da die Kaiserwürde von der Krönung durch den Papst unabhängig wurde, besonders seitdem die Päpste in Avignon residierten und es wiederholt Gegenpäpste gab, wurde – seit Maximilian I. – aus der Königswahl die Kaiserwahl.

Nach mittelalterlicher Vorstellung sprach die Stimme Gottes aus der Wahl. Jeder der Fürsten sollte von seiner Pflicht, den Besten zu küren, durchdrungen sein. Wenn es Zweifel gäbe, würde Gott sie lösen. Über die Kurwürde verfügten zunächst die drei Erzbischöfe, in deren Kirchenprovinzen das Karolinger-Reich geteilt war: Mainz, Köln und Trier. Der Osten hingegen, der erst mit der Eroberung und Kolonisierung zum Reich hinzugekommen war, wurde durch seine weltlichen Fürsten vertreten und nicht durch seine Erzbischöfe (Salzburg, Magdeburg und Prag). Das lag an der

Sonderstellung, die der König von Böhmen innerhalb des Reiches einnahm.

Ottokar II. war ein mächtiger König. Er herrschte über Böhmen, nach seinem Sieg über die Ungarn auch über das Gebiet bis zur Leitha und bis zur Adria. Doch mußte er die österreichischen Gebiete als verfallenes Lehen an König Rudolf I. von Habsburg zurückgeben. Er fiel 1282 im Kampf gegen Rudolf I. auf dem Marchfeld. Nach Aussterben der Przemysliden wählten die Böhmen Johann von Luxemburg zu ihrem König. Auch innerhalb des Reiches blieb Böhmen ein eigenes Königreich.

Dem König von Böhmen fiel die Kurwürde zu. Das Recht zur Königswahl erhielten sodann der Herzog von Sachsen-Wittenberg und der Markgraf von Brandenburg. Drei geistliche und drei weltliche Fürsten standen sich also gegenüber. Als siebenter gab der Pfalzgraf bei Rhein den Ausschlag, nicht weil er der mächtigste war – er konnte sich mit seinem Vetter, dem Wittelsbacher Herzog von Bayern, kaum messen –, sondern weil er geeignet schien, das Zünglein an der Waage zu bilden.

Die Macht des Königs hing von der Größe seines eigenen Landbesitzes ab. Daher waren alle Könige seit dem ersten Habsburger bemüht, sich eine ›Hausmacht‹ zu schaffen, indem sie ›verfallene Lehen‹ einzogen und ihrem Hause eingliederten. Mit dieser Politik haben die französischen Könige ihre Macht begründet.

Im deutschen Reich hatten die Fürsten alles getan, um eine starke Zentralgewalt zu verhindern, die zwangsläufig ihre eigene Stellung einschränken mußte. Rudolf von Habsburg wurde zum König gewählt, weil er keine Hausmacht besaß. Durch seinen Sieg über Ottokar II. von Böhmen gewann er zwar die Länder am östlichen Alpenrand, aber sein Haus vermochte sich in Böhmen nicht durchzusetzen. Die Böhmen wählten einen Luxemburger zu ihrem König.

Im Jahre 1346 wählten die Kurfürsten den Sohn des Böhmenkönigs Karl zum deutschen König. Als Kaiser Ludwig der Bayer ein Jahr später starb, wurde Karl IV. allgemein anerkannt. Prag wurde Hauptstadt und Residenz. Damit verlagerte sich das politische Gewicht des Reiches nach Osten. Erst 1344 war Prag zum Erzbistum erhoben und von Mainz unabhängig geworden. Karl IV. war König von Böhmen, Markgraf von Mähren, deutscher König, König der Lombardei, König von Burgund und Römischer Kaiser.

Jede dieser Würden verdankte Karl IV. einer Wahl, die jeweils einer bestimmten Rechtsvorstellung entsprach. Jeder dieser Titel enthielt einen anderen Staatsgedanken.

Als König von Böhmen übte Karl eine politische Macht aus. Die Fürsten des Reiches hingegen betrachteten ihn als den Ersten in ihrem Kreise, nicht aber als einen Herrscher mit Weisungsrechten. Das Verhältnis war durch Herkunft und Sitten geregelt; es gab immer Streit über diese Rechte und Pflichten. Häufig genug kam es zu Aufruhr und zur Wahl eines Gegenkönigs. Noch schwieriger war es, daß die Kurfürsten vor der Wahl Bedingungen stellten, die auf eine völlige Entmachtung des Kaisers hinausliefen. Ohne ihre Forderungen durchgesetzt zu haben, stimmten sie der Wahl nicht zu. Das Gefüge des Reiches lockerte sich also mit jedem Thronwechsel.

Gegen solche Auflösungsbestrebungen boten auch die geistlichen Kurfürsten kein Gegengewicht; sie waren längst zu Landesherren mit großem weltlichem Landbesitz geworden, wenn ihr Erzbistum auch in viele Bistümer zerfiel, so daß die kirchliche Ordnung nicht immer ausreichte, um die politische Einheit sicherzustellen.

Die großen Territorialherren im Osten waren Fürsten eigenen Rechts, wie der gewählte König von Böhmen, selbstbewußte Herrscher im Innern, zugleich aber Lehnsleute des Königs. In ihren Ländern überlagerten sich zwei Rechtssysteme, das des Feudalwesens der wechselseitigen Bindung an eine Person, und das des Territorialstaates, wie es sich in Osteuropa unter dem Einfluß von Byzanz und den Mongolen durchgesetzt hatte. Böhmen hatte sich beim Eintritt in das Reich sein Stimmrecht bei der Königswahl verbriefen lassen. Die Fürsten von Sachsen und Brandenburg forderten das gleiche Recht für sich, weil sie die Überlegenheit des Böhmen nicht anerkennen wollten.

In der Goldenen Bulle von 1356 wurde der gewachsene Rechtszustand nur festgelegt, insbesondere die Rechte der sieben Kurfürsten, die ihre Ansprüche bereits 1338 zu Rense angemeldet hatten. Von da ab entwickeln sich Ost und West noch weiter auseinander; im Osten bilden sich ausgedehnte Territorialstaaten, im Westen zersplittern auch die letzten noch verbliebenen größeren, politischen Einheiten. Nur Bayern bildet eine Ausnahme. Das alte Stammesherzogtum hat sich räumlich ziemlich unverändert über die Jahrhunderte erhalten; die Grafschaft Tirol fiel allerdings an Österreich. Dort bildete sich der vierte deutsche Territorialstaat unter den Habsburgern. Österreich selbst erhielt jedoch nie die Kurwürde.

1335 fielen Schlesien und die Niederlausitz an Böhmen, 1373 konnte Karl IV. auch die Mark Brandenburg seiner Hausmacht eingliedern. Karl IV. wies gern auf die Vielsprachigkeit seines Reiches hin; er selber beherrschte außer Latein Deutsch, Französisch und Tschechisch. Unter seiner Regierung wurde Prag die ›Goldene Stadt‹. Er baute den St.-Veits-Dom weiter aus und errichtete nach französischem Vorbild eine Universität für Deutsche und Böhmen. Sie sollte – wie die Sorbonne – einen fachlich vorgebildeten Beamtenstand heranziehen, der die geistige Erneuerung des Staates ermöglichte.

Die Nachfolge Karls IV. traten seine drei Söhne an. Böhmen allein war nicht stark genug, den Königsgedanken französischer Prägung im Reich durchzusetzen. Es stieß auf den Widerstand der deutschen Reichsfürsten, die es als Fremdkörper empfanden. Im Innern rangen die Stände König Wenzel Zugeständnisse ab, die einen Ausbau der Königsmacht verhinderten. Aus diesen Bindungen suchte sich Wenzel vergeblich zu lösen. Den Vertreter des Erzbischofs von Prag, Johann Nepomuk, ließ er kurzerhand von der Moldaubrücke ertränken. Böhmen war durch den Sprachengegensatz gespalten, der vielfach mit dem sozialen Gegensatz zusammenfiel: den überwiegend deutschsprachigen Städten und dem hohen Adel standen das tschechischsprechende Landvolk und der kleine Adel gegenüber. Der Riß wurde durch die religiöse Frage verschärft. Die Universität erwies sich nicht als Bindeglied, sondern als Sprengstoff.

In Prag übernahm Jan Hus die Lehre des Engländers John Wiclif. Für Wiclif (1320–1384) war die Kirche eine Gemeinschaft der Guten, der Gerechten; die Stellung des Priesters sah er nirgendwo in der Bibel begründet; er erklärte die Mittleraufgabe zu Gott für angemaßt. In Anlehnung an diese Lehre bestritt der Prager Professor Hus (1369–1415) der Kirche das Recht, Sünden zu vergeben, gar gegen Bezahlung Ablaß zu gewähren. Er berührte damit Grundfragen der katholischen Kirche.

Seine Lehre fiel in die Zeit der großen Kämpfe um die Reform der Kirche »an Haupt und Gliedern«, die sich aus der Spaltung des Papsttums in das von Rom und von Avignon und der Unzufriedenheit der Christenheit mit dem weltlichen Gepränge der Kirchenfürsten ergab. Auf dem Konzil zu Konstanz wurde das Schisma beigelegt. Hus hat man als Ketzer verurteilt und verbrannt, weil er nicht bereit war, seiner Irrlehre abzuschwören.

Das brachte die Tschechen zum Aufstand. Nationaler Fanatismus und religiöser Haß fielen zusammen. Jahrelang unternahmen die Tschechen Kriegszüge bis tief in das Reich hinein. Der Schrekken vor den Hussiten war groß. Nachdem die Führer der Radikalen, Zischka und Prokop, gestorben waren, kam es 1436 endlich zu einer Verständigung zwischen der katholischen Kirche mit den Gemäßigten. Dem tschechischen Adel fiel ein großer Teil der eingezogenen Kirchengüter zu.

Durch diese langandauernden Kriege und die damit verbundenen Verwüstungen büßte Böhmen seine überragende Stellung ein. Zwar blieb es auch weiterhin unter den Habsburgern Albrecht II. und Friedrich III. die stärkste Macht im Reich. Doch gingen von dort nicht länger die Impulse aus, die eine Umwandlung des feudal gegliederten Reiches in einen geschlossenen, einheitlich gelenkten Territorialstaat hätten vorantreiben können.

Mit Geduld und Geschick hat Friedrich III. seine Hausmacht ausgebaut. Dank glücklicher Zufälle erbte er Steiermark und Österreich. Seinen Sohn Maximilian verheiratete er mit Maria von Burgund. In den 53 Jahren seiner Regierung 1440–93 tat er hingegen nichts, um die ›Größe des Reiches‹ zu mehren. Er ist deswegen viel getadelt worden. Dabei ging es Deutschland gerade in jener Zeit wirtschaftlich besonders gut.

Maximilian, der ›letzte Ritter‹, erbte ein Gebilde aus recht verschiedenen Besitzungen, Titeln und Herrschaftsformen. Er versuchte, sie zu einem einheitlichen Gebilde zusammenzufassen, das er von Beamten verwalten ließ.

Das 15. Jahrhundert hat das Bewußtsein der Stände, ohne Rücksicht auf Sprache, Land und Volk über das Abendland hinweg eine Gemeinschaft zu bilden, zugunsten einer ›nationalen‹, also stärker territorial begründeten Zusammengehörigkeit geschwächt. Die Hussiten fühlten sich nicht nur als Religionsgemeinschaft, sondern als ›Böhmen‹. Verbunden war das neue Zusammengehörigkeitsgefühl mit einer wachsenden Ablehnung gegen alle Standesvorstellungen, die den Aufstieg hemmten, und gegen überregionale Einrichtungen, die die Eigenständigkeit der einzelnen Landschaften unterdrückten.

Die Stände beginnen zu zerbrechen; dafür trennen nun die Grenzen. Die Bauern wehren sich gegen den Adel, die Handwerker gegen die Fernhändler, die Städte gegen die Fürsten, die Ritter gegen die Bischöfe als ihre Lehnsherren. Und zugleich zerfallen die weitgespannten, alle Grenzen verneinenden, auf dem festen Standesbewußtsein beruhenden Gebilde. Die Kaufleute der ›deutschen‹ Hanse heben sich gegen die Schweden und Russen ab, sie fühlten sich fortan als ›Deutsche‹, die nicht einmal die Holländer als gleichberechtigt zulassen. Die flandrischen Städte lösen sich auf Grund ihrer besonderen Handelsinteressen aus dem französischen Staat; sie wollen mit den Engländern auch gegen den Willen ihres Königs Handel treiben, denn sie brauchen die Wolle. Sie wenden sich gegen ›die Franzosen‹. Die Engländer gönnen den ›Ausländern‹ der Hanse nicht mehr die Vorrechte des Stalhofes in London. Die Italiener sehen im Kaiser ›den Deutschen‹. Bis dahin schien es selbstverständlich, daß der König einen Rang für sich einnahm, unabhängig von seiner Herkunft. Nun schiebt sich die Frage nach der ›Nationalität‹ in den Vordergrund.

Am härtesten traf diese Entwicklung die römische Kirche, die eben nie im völkischen Sinne ›römisch‹, sondern abendländisch sein wollte. Es gab keine Rangordnung der ›Nationen‹, der Sprache, der Geschichte, der politischen Landschaft. Im 14. Jahrhundert jedoch gewannen die Italiener auf kulturellem Gebiet einen eindeutigen Vorsprung. Nach den Jahrhunderten politischer Ohnmacht waren sie sich dessen auch bewußt.

16

Die Renaissance. Der Balkan fällt den Osmanen zu

Geistiges Leben in Italien · Dante (1265–1321) · Petrarca (1304 bis 1374) · Die Wiederbelebung der Antike · Das Erlebnis der ›Natur‹ · Das Genie setzt die Schöpfung fort · Wissen ist Macht · Der Wandel des Weltbildes im 14. Jahrhundert · Florenz und der Kapitalismus · Die Medici · Das Söldnerwesen ersetzt die Ritterschaft · Das Gleichgewicht in Italien · Machiavelli (1469–1527) und die Macht · Der Konzilsgedanke · Kritik an der Kirche · Das Bewußtsein der Nationen erwacht · 1354: die Osmanen beginnen, die Balkanhalbinsel zu erobern · Das osmanische Heer und der Sultan · Die Janitscharen · Militärdiktatur · Die osmanische Verwaltung · Polen leistet Widerstand · Die Ungarn kämpfen gegen die Osmanen · Mathias Corvinus (1458–1490) und das ›Schwarze Heer‹ · Ab 1484: die Osmanen erobern die Schwarzmeerküste · Das Khanat der Goldenen Horde zerfällt · Moskau steigt auf · 1478 Eroberung Nowgorods · 1480 Sieg über die Tataren · Das Dritte Rom

Von Avignon aus bestieg Petrarca 1333 den Mont Ventoux. Im Westen lag das weite, fruchtbare Rhônetal, im Osten leuchtete die Alpenkette. Das Herz ging ihm über. Die Schönheit der Natur überwältigte ihn; sie erfüllte ihn mit einem neuen Lebensgefühl. »Ich stand, durch einen ungewohnten Hauch der Luft und durch einen ganz freien Rundblick bewegt, einem Betäubten gleich. Ich schaute zurück nach unten: Wolken lagerten zu meinen Füßen ... Die Alpen selber – eisstarrend und schneebedeckt –, sie erschienen mir greifbar nahe.« Doch dann packt ihn die Reue, ob er, der »jetzt Irdisches genoß«, nicht der Seele vergaß.

Der Brief, in dem Petrarca über seine Eindrücke und Gefühle berichtete, zeigt eine neue Einstellung zur Welt. Anders als bisher rückt das Diesseits in den Mittelpunkt des Interesses. Das Leben mag kurz sein, aber es ist schön. Und es wird erfüllt vom Hauch des Geistes. Der Mensch müsse lernen, schreibt er später, »bis zu seinem letzten Tag«.

Dante, der ein halbes Jahrhundert älter war, sah das Menschenleben noch im mittelalterlichen Sinne geprägt von Sünde und Schuld, gezeichnet von Strafe und Vergebung. Nur vom Jenseits her, von Hölle und Himmel läßt sich der Wert eines Menschen ermessen. Alles Erdenleben ist leerer Schein. Doch hat Dante einen entscheidenden Schritt aus der mittelalterlichen Welt heraus getan; er dichtete seine ›Göttliche Komödie‹ in der italienischen Volkssprache und nicht, wie das bisher Brauch war, lateinisch.

Petrarca und sein Kreis schöpften aus den Schriften der römischen Stoiker die Kraft, den Gewalten dieser Erde zu trotzen und ihr Leben selbst zu gestalten.

Mehrfach hat es eine Wiederbelebung des Altertums im Abendland gegeben. Aber während die karolingische und die ottonische ›Renaissance‹ äußere Formen übernahmen und die Kenntnis der alten Schriftsteller pflegten, ging es bei der Rückkehr zur Antike im 14. Jahrhundert um eine Veränderung des gesamten Weltbildes. War die irdische Welt für das Mittelalter vergänglich und nichtig, so hatte sie für die Alten einen Wert in sich. Darin vor allem lag die Anziehungskraft der Antike. Die Bestätigung des Diesseits suchte man bei den Autoren des Altertums, sie fand man in der klassischen Kunst. Je mehr man sich in der Welt umschaute, desto harmonischer erschien ihr innerer Aufbau. Die Welt war ›schön‹.

Da galten nicht nur die Gesetze der Logik, ausgetüftelt, umgedeutet in den Stuben der Klosterschulen. Wer die Welt erschaute und betrachtete, kam zu neuen Erkenntnissen. Der Nominalismus hatte bereits einen entscheidenden Schritt über den ›Realismus‹ der Scholastik hinaus getan. Das neue Denken aber vollzog die entscheidende Wendung von der rein logischen Überlegung zur Erkenntnis aus Erfahrung.

Nicht die Ableitung – Deduktion – aus der geoffenbarten ewigen Wahrheit, sondern die exakte Beobachtung und das Experiment sollten künftig Einsichten vermitteln. Die Wissenschaft löste sich von der Theologie. Je mehr sich der Mensch mit der Natur beschäftigte, je mehr er sich in sie vertiefte, desto genauer erkannte er ihren inneren Aufbau. Erstaunlicherweise konnte man ihre Gesetze in mathematische Formeln fassen. Das hatten bereits die Griechen gesehen. Der Forschungsdrang und das Hochgefühl, neue Erkenntnis gewonnen zu haben, ließen die Sehnsucht nach dem Jenseits und dem Überirdischen zurücktreten. Der Verstand schuf sich seine Welt neu.

Nun erst trug die harte Schulung in den vielen Streitgesprächen des Mittelalters, wo jeder auf die Schwächen in der Beweisführung des anderen achtete, jeden Gedankensprung rügte, jedes falsche

Urteil verwarf, ihre Früchte. Die Jahrhunderte scholastischer Erziehung hatten den Geist geschärft. Aus der Erfahrung des täglichen Lebens formte er die kritische und damit die wissenschaftliche Beobachtung.

An der Pariser Universität hatten die Naturwissenschaften lange Zeit neben den Geisteswissenschaften, der Theologie, der Philosophie und der Jurisprudenz eine bescheidene Rolle gespielt. Unter dem Einfluß aus Spanien und dem islamischen Orient gewannen Geographie und Astronomie und damit eng verbunden die Mathematik an Bedeutung. Die Kreuzzüge stießen das Tor zum Vorderen Orient auf; die Reisen der Franziskanermönche und dann der venezianischen Kaufleute, der Polo, öffneten die Beziehungen zu Ostasien. Damit gelangte die Kenntnis von großartigen technischen Erfindungen ins Abendland; teilweise mußten sie nacherfunden oder verbessert werden, um angewandt werden zu können. Dazu gehörten das Schießpulver, das Papier und die Magnetnadel als Kompaß für die Schiffahrt.

Die Naturwissenschaft mit ihren mathematischen Gesetzen formte aus den mehr oder minder zufälligen Erfindungen, aus den genialen Einfällen von Bastlern und Praktikern die moderne Technik. Sie erst schuf unsere moderne Welt. Die streng geschulten Denker gaben der Technik die wissenschaftliche Grundlage. Mit Zufallserfolgen allein hätte man die festen Gesetze der Natur kaum ergründen können. Das Streben nach Erkenntnis wird zur Leidenschaft, die alle Anstrengungen und auch manche krummen Wege vergessen läßt. Sammler erwerben mit hohen Kosten antike Schriften; sie scheuen nicht davor zurück, sie in den Klöstern zu stehlen, angeblich, um sie vor der Unwissenheit der Mönche zu retten, die ihre Schätze nicht zu würdigen wüßten. Dann gehen die Sammler daran, die Schriften zu übersetzen. Jetzt erst eröffnen sich dem Abendland die griechischen Schriftsteller. Platon erschließt sich den Gelehrten, die ihn nur auf dem Umweg über Aristoteles kannten – ähnlich wie früher Aristoteles erst aus dem Arabischen ins Latein übersetzt wurde.

Wesentlich zu dieser Erweiterung der Kenntnisse haben die griechischen Flüchtlinge beigetragen, die bereits vor dem Fall von Konstantinopel 1453 nach Italien gekommen waren. Nach dem Siege der Osmanen ließ Cosimo de' Medici an griechischen Handschriften in den Klöstern und Kirchen aufkaufen, was zu erwerben war. Es kamen lang vergrabene Schätze zum Vorschein, philosophische, literarische, naturwissenschaftliche und geographische Schriften. Sie brachten Kenntnisse und Anregungen nach dem Westen, die mithalfen, eine moderne Weltansicht zu begründen.

Seit Petrarca sah der Mensch die ›Natur‹ wieder mit unbefangenen Augen als etwas für sich Bestehendes. Das Erlebnis der Natur als Schöpfung Gottes versetzte die Menschen wie in einen Rausch. Sie spürten die Kraft in sich, die Welt zu verändern. Im schöpferischen Mensch sah die Renaissance den Ausdruck einer fast göttlichen Kraft. Der begnadete einzelne, der die inneren Gesetze der Natur und des Lebens offenzulegen vermochte, der die Welt zu gestalten wußte, wurde das vielbewunderte Vorbild seiner Zeit: der große Künstler, der bedeutende Denker ebenso wie der bedenkenlose Tatmensch. Das Genie setzte gleichsam ›die Schöpfung‹ fort.

Die Kunst stand im Zeichen der Schönheit. Sie enthüllte dem Menschen das innere Gesetz der Harmonie, des Gleichklangs, der Proportionen. Sie erhielt ihre Anregungen aus der Fülle des irdischen Lebens mit dem Wohlklang der Farben und den Maßen des gegliederten Raumes. Die Maler entdeckten die Perspektive neu, die das Mittelalter unter dem Einfluß der byzantinischen Kunst verachtet hatte.

Die Erneuerung erfaßte das private Leben des einzelnen; sie erfaßte Bürger und Adel. Sie gestaltete das öffentliche Leben in Stadt und Land, sie gab der Wirtschaft einen ungeheuren Auftrieb; sie hat auch diejenigen beeinflußt, die sich aus ihrem Weltgefühl heraus gegen die Verherrlichung des Diesseits wehrten und es ablehnten. Die Fürsten zogen Dichter, Künstler, Unternehmer und Beamte an ihren Hof. Die Kirche – vor allem in Avignon und dann in Rom – entfaltete eine ungeheure Pracht.

Überall setzte sich der Gedanke durch, daß das Leben einen eigenen Wert in sich trägt. Die Schönheit – einst als Eitelkeit verschrien –, das Wohlleben, gegen das die Kirche gewettert hatte, das Ansehen des einzelnen auf Grund seiner Leistungen, die soziale Stellung, die er sich erringen konnte – alles das war nun aus dem Abendland nicht mehr wegzudenken, mochten Eiferer noch so sehr dagegen streiten.

Die Standesunterschiede, lange Zeit als gottgewollt und unabänderlich angesehen, treten zurück. Von den unteren Schichten steigen zunächst einige wenige auf; sie öffnen einer wachsenden Zahl die Bahn in die höheren gesellschaftlichen Kreise. Das 15. Jahrhundert erkennt voll Bewunderung: Wissen ist Macht! Die gesellschaftliche Stellung löst sich damit vom Stand, in den man hineingeboren wird; sie hängt von den Gaben des einzelnen ab. Die Bildung gibt dem Ich das Bewußtsein seiner Überlegenheit. Bildung wird ein anerkannter Wert. Sie wird zwar nicht allen, aber doch vielen zugänglich.

Seit dem 13. Jahrhundert ging in den Städten der Streit um das Bildungsmonopol zwischen Klerikern und Laien. Bei aller Bildung und bei recht breiten geistigen Interessen blieben die Kleriker in ihrer Erziehung doch an den Glauben und an das kirchliche Dogma gebunden. Der Forschung war in der Heiligen Schrift und in der Lehre der Kirche eine unüberschreitbare Schranke gesetzt. Die Wissenschaft sollte dem Glauben und erst in zweiter Linie der Wahrheit dienen; sie war eine Dienerin des Glaubens, keine Herrin. Die Laien machten sich von dieser Bindung frei. Religiöse Fragen traten in den Hintergrund. Es blieb Aufgabe der Wissenschaft, die Brücke zum Glauben, der noch nicht angefochten wurde, zu schlagen, nicht aber, sich ihm unterzuordnen und auf die bohrenden Fragen des Verstandes zu verzichten. Das asketische Lebensideal des inbrünstig Frommen galt dem Bürger wenig.

Die Renaissance verhalf der überwältigenden Einsicht zum Durchbruch, daß der einzelne aus sich heraus dank seiner eigenen Kräfte und Anstrengungen und dank seines Geistes seine soziale Stellung selber zu bestimmen vermag. Damit minderte sich die beherrschende Stellung der Schichten, die ihren führenden Platz auf Grund ihrer Abstammung einnahmen. Die Adelsschicht führte ihre Herkunft gern auf die germanischen Eroberer zurück, auf Goten, Langobarden, Franken und deutsche Ritter. Die Bauern waren entrechtet, die Bürger den führenden Patriziergeschlechtern untergeordnet, die ebenfalls meist dem Adel entstammten. In Italien lebte der Adel vorwiegend in den Städten.

Sobald erst einmal die Auffassung, jede Auflehnung gegen die bestehende soziale Ordnung sei zugleich eine Empörung gegen den offenkundigen göttlichen Willen, schwand, vollzog sich innerhalb der Bevölkerung eine bedeutsame Umschichtung. Es gab nun einen neuen Maßstab: die Leistung. Sie wurde gemessen an ihrem Ergebnis. Nicht die Tat, nicht Abenteuer und Heldenmut zählten, sondern das, was blieb: das Werk. Diesem Maßstab waren nur wenige Mitglieder des Adels gewachsen. Um so erstaunlicher waren die nun offen hervortretenden Begabungen aus einer Schicht, die Jahrhunderte hatte schweigen müssen.

Es ist sicher kein Zufall, daß die Renaissance ihre erste Ausbildung in der Toskana, im alten Etrurien erfahren hat. Die etruskische Sprache war längst untergegangen; von der etruskischen Kunst war kaum etwas geblieben - die Schätze lagen noch in den Gräbern verborgen. Die Römer hatten ihre eigene Kultur durchgesetzt. Dennoch weist die neue Kunst, die in Florenz ihre Blüte erlebt, so viele Verwandtschaft mit alten etruskischen Formen auf, daß es schwerfällt, den - kaum zu fassenden - Zusammenhang zu leugnen. Was verschüttet war, bricht auf.

Hinter dem Wandel des Weltbildes stand die große soziale Umschichtung, die sich in allen mittelalterlichen Städten, in den einen schneller, in den anderen langsamer, vollzogen hatte. Die Handelsherren und Bankiers, dann die Handwerker hatten in den Mauern ihrer Stadt die gesellschaftliche Gleichberechtigung gegenüber dem Adel durchgesetzt. Die soziale Stellung hing von der wirtschaftlichen ab und nicht von dem Namen. Ansehen und Einfluß beruhten auf der eigenen Leistung, auf dem selbsterworbenen Vermögen. Der Bürger stand auf eigenen Füßen. Bürgerlich war der Gedanke, daß alle Menschen zwar nicht gleich, aber gleichberechtigt seien; alle waren berufen, das neue Lebensgefühl in Wissenschaft und Kunst zu prägen und auszudrücken. Mittelpunkt in Kultur und Wirtschaft war Florenz.

Im 14. Jahrhundert galt Florenz mit über 50000 Einwohnern als eine der größten Städte Europas. Immer wieder entvölkerte die Pest die Stadt; 1348 wurden angeblich drei Fünftel der Bewohner dahingerafft. Vom Lande strömten die Besitzlosen in die Stadt; sie schlossen die Lücken. Nur wenigen erfüllte sich die Hoffnung, mit eigener Kraft aus dem Elend zu Wohlstand und Ansehen aufzusteigen. Die breiten Massen verharrten in Armut. Sie stellten die billige Arbeitskraft, auf der das städtische Handwerk, vor allem die Wollindustrie, beruhte.

Florenz wurde eine der reichsten Städte. 1378 zahlten die Florentiner dem Papst die ungeheure Summe von 200000 Florentiner Gulden, um von Interdikt und Bann gelöst zu werden. Für 100000 Florentiner Gulden kauften sie (1421) den Genuesen den Hafen Livorno ab. Das Vermögen hatten die Florentiner Bankiers erworben, als sie die großen Einkünfte der Kurie verwalteten und den Wolleinkauf aus Nordeuropa und den Tuchverkauf im Mittelmeerraum finanziert hatten.

Die Anfänge der großen Kapitalien gingen auf die ungewöhnliche Steigerung der Bodenpreise und der Bodenrente zurück, die sich aus dem Zusammenströmen von Zehntausenden auf engem Raum ergab. Da die Mieten in Geld erhoben wurden, wurde aus dem Grundbesitz ein überschaubares ›Kapital‹. Der Adel hat sein Land, das an die Person des Grundherrn und seiner Familie gebunden war, als Kapitalanlage kaum verwerten können. Zwar erhielt der Ritter oder der Fürst Kredit, aber gegen sie vorzugehen, blieb immer mit Schwierigkeiten verbunden. Geldforderungen wurden im Feudalwesen stets als etwas Fremdes, fast Unsittliches empfunden; sie störten das unmittelbare Verhältnis von Mann zu Mann, bei dem Rang und Würde mindestens eine ebenso große Rolle spielten wie abstrakte Rechte.

Der Bürger bestimmte Lebensstil und politische Interessen der Stadt. Die Vermögen wurden nicht – wie im Mittelalter, ja noch im 15. Jahrhundert in Burgund – aus einem adligen Lebensstil heraus für Prunk und Auftreten aus ›Freigebigkeit‹ verbraucht oder – wie die bürgerlichen Florentiner meinten – verschwendet, sondern aufgehäuft und vermehrt. In Florenz wurde scharf gerechnet. Alles war ›bürgerlich‹ in Florenz: Handel, das Handwerk und das Bankwesen. Das ›Abenteuer‹, das Wagnis, das unübersehbare Risiko, das spielerische Selbstvertrauen in das eigene Glück, alles, was den beherzten Ritter auszeichnete, galt in Florenz als unsolide.

Das Kapital war ›heilig‹. Es diente zur Deckung der Kredite, als Sicherheit für fremde, vor allem kirchliche Gelder, die dem Bankhaus und dem Kaufmann anvertraut waren. Das unvermeidliche Risiko der Seefahrt und des kaufmännischen Kredits deckte eine Versicherung. Rechenhaftigkeit war das Kennzeichen der Florentiner Wirtschaft. Für die aufgenommenen Darlehen haftete nicht nur eine Person, sterblich und den Wechselfällen des Lebens ausgesetzt, sondern eine eigenartige Größe, das Kapital, richtiger eine mit Kapital ausgestattete ›Firma‹. Starb der Firmeninhaber, haftete immer noch sein Vermögen.

In Florenz wurde der moderne Kapitalismus geboren. Große Vermögen hat es auch vorher und anderswo gegeben, aber zum ›Kapital‹ gehört, daß das Vermögen von der Person des Inhabers gelöst und selbständig wird. Das erfolgte in der ›ditta‹, der Firma. Sie entstand in Florenz. Kraft ihres Eigenlebens zog sie wieder Geld an sich. Hatten sich die friesischen Kaufleute oder die Händler der deutschen Hanse zu gemeinsamen Unternehmungen verbunden, so konnte sich in Florenz, wer Geld hatte, beteiligen, ohne seine eigene Person einzusetzen, ohne sich von einer fremden Person abhängig zu machen. Geld kam zu Geld, die Kapitalgesellschaften schwollen an, ohne daß der Inhaber der ›ditta‹ in gleichem Umfang reicher wurde. Er verfügte wohl über mehr ›Kapital‹, aber er schuldete auch größere Summen, genauer nicht er, sondern die Firma.

Wie in allen italienischen Städten prallten auch in Florenz die verschiedenen politischen Richtungen aufeinander: Ghibellinen (zu denen Dante gehörte) gegen Guelfen, die Albizzi gegen die Ricci, Anhänger des Papstes gegen Anhänger der Franzosen, Parteigänger des einen Papstes gegen die des anderen; alle stritten miteinander, verbannten, töteten einander, je nachdem, wer gerade an der Macht war. Dieses wechselvolle Hin und Her vertrieb die bedeutendsten Köpfe aus der Stadt.

Cosimo de' Medici, der Führer der ›Volkspartei‹, wurde 1434 durch die freie Wahl seiner Mitbürger aus der Verbannung zurückgerufen. Drei Jahrhunderte haben die Medici, mit Unterbrechungen, das Geschick ihrer Vaterstadt gelenkt. Obwohl sie zu den Reichen gehörten, haben sie sich im 15. Jahrhundert auf die unteren Volksschichten gestützt. Sie haben die oberen Kreise mit einer progressiven Einkommensteuer so stark belastet, daß die Stadt genügend Truppen anwerben und Bundesgenossen bezahlen konnte, um in die italienische Politik einzugreifen.

Die Zahl der geworbenen Söldner, die Qualität ihrer Waffen und die Festigkeit der Stadtmauern gaben dem Krieg der Renaissancezeit das Gesicht. Reiche Städte konnten sich den besten Heerführer, den gefürchtetsten Condottiere, leisten. Die Heere wandelten sich. Das Fußvolk, und nicht mehr der gepanzerte Ritter, entscheidet die Schlacht. Es besteht nicht aus rasch zusammengerafften Bauernhaufen, sondern aus wohlausgestatteten, gut gedrillten, geschlossen fechtenden, taktischen Körpern, die auch angesichts anstürmender Reitergeschwader nicht wanken.

Weil sie nach mittelalterlichem Ritterideal unüberlegt gegen die Türken anritten, erlitten die französischen Adligen bei Nikopolis eine vernichtende Niederlage. Weil er die kriegsgeübten Schweizer Bauern zu gering einschätzte, verlor Karl der Kühne von Burgund Gut und Leben. Aber Schweizer Söldner kosteten Geld. Das Kriegführen wurde zu einer Finanzfrage. Voraussetzung für die moderne Kriegführung war die Organisation, die eine solche Finanzmacht überhaupt erst schuf. Der Aufbau von Verwaltung und Staatsführung brach mit den mittelalterlichen Zuständen. Erst damit setzt sich der Territorialstaat durch.

Ausgegangen ist die Neuordnung von der Stadt. Die Fürsten griffen sie begierig auf, um ihre Macht zu stärken. Sie umgaben sich mit einem Verwaltungsapparat bürgerlicher Prägung. Für sie sind alle Untertanen gleichen Rechtes; alle waren sie ihnen unterworfen. Die Beamten sind Bürger, selten Adlige, immer weniger Kleriker. Die Überlegenheit des straff verwalteten Staates – finanziell wie militärisch – war offensichtlich. Ende des 15. Jahrhunderts hatte sich die bürgerliche Verwaltung überall durchgesetzt.

Der Geist der ›Rechenhaftigkeit‹ durchdrang alle Bereiche der Politik, selbst die der römischen Kurie. Die Päpste kehrten 1420 endgültig nach Rom zurück. Vorangegangene Versuche hatten immer wieder zur Wahl von Gegenpäpsten und zum Schisma geführt, da Frankreich darauf bestand, die Kurie in Avignon unter seinem Einfluß zu halten. Aber die Wirren des Hundertjährigen Krieges hatten den französischen Einfluß geschwächt. Rom wurde der Mittelpunkt nicht nur der römischen Kirche, sondern des europäischen Finanzwesens.

Zunächst kamen die Einnahmen, die von allen Seiten in die Ewige Stadt strömten, dieser kaum zugute, da dem Papst eine Fülle finanzieller Verpflichtungen zur Last fielen. Er sollte Kreuzzüge gegen die Moslems finanzieren, Subventionen an die Glaubenskämpfer an den Grenzen von Griechenland, Ungarn, Polen-Litauen zahlen; er sollte den riesigen Verwaltungsapparat der Kirche unterhalten; er sollte Zuschüsse an Universitäten geben.

Die Völker – besonders die Städte und der Adel – sahen mit scheelen Augen die Unsummen, die ›nach Rom‹ wanderten. Sie glaubten daher, ihrerseits Ansprüche an die Kurie stellen zu dürfen. Was die Kirche leistete, galt als selbstverständlich, da sie unbegrenzt über bares Geld zu verfügen schien. Das Gefühl, ausgebeutet zu werden, verschärfte sich, als die Päpste Ende des 15. Jahrhunderts begannen, größere Bauten in Rom zu errichten. Der ›Kirchenstaat‹ war in der Lage, eigene Heere aufzustellen, Condottieri zu werben und in die Politik Italiens einzugreifen.

Fünf Staaten hielten sich das Gleichgewicht: Neapel mit Sizilien, der Kirchenstaat, Venedig, Florenz und Mailand. Aber in die italienische Politik waren auch andere europäische Staaten verflochten; das führte zu einem ausgewogenen Machtverhältnis im Abendland.

Neapel stand unter dem Einfluß Spaniens, genauer Aragons, das auch zur See im westlichen Mittelmeer vorherrschte, seitdem Genua auf Grund innerer Wirren seine Überlegenheit eingebüßt hatte. Venedig stützte sich auf seine Besitzungen an der Adria, in Griechenland und im östlichen Mittelmeer. Sorgfältig wog es seine Interessen mit denen der mächtigen Nachbarn im Osten, vor allem des erstarkenden Osmanischen Reiches, ab; sein Handel war ihm wichtiger als seine Stützpunkte auf dem Lande. Mailand mußte sorgfältig darauf achten, mit den Nachbarn auf den Alpenkämmen und jenseits der Berge auszukommen. Durch die Lombardei zogen die deutschen und die französischen Heere, über Mailand liefen Handelswege über die Alpenpässe; da aber Mailand als Handelsstadt keinen Ehrgeiz entwickelte, stand es ihm offen, sowohl mit Venedig wie mit Genua als auch mit Florenz zu paktieren, je nachdem, welche Partei, die Ghibellinen oder die Guelfen, die Aristokratie oder die Volkspartei, welche Persönlichkeiten, Fürsten oder Condottieri, welche Dynastie und welche außenpolitische Richtung gerade am Ruder waren.

Das Gleichgewicht führte zu einem Schwebezustand, der jederzeit gestört werden konnte. Machiavelli hoffte, daß eine starke Persönlichkeit – er dachte an Cesare Borgia, den Sohn des Papstes – diese fünf Teile zu vereinigen vermöchte. Der ›principe‹ treibt Politik nach verstandesmäßigen, von jeder moralischen Bindung befreiten Grundsätzen. Der Staatsmann, der Machiavelli vorschwebte, läßt sich nur von seinen eigenen Interessen leiten. Er braucht keine Rücksicht auf Nachbarn oder Ideen wie Abendland oder Christenheit, auf Kaiser und Papst zu nehmen. Nüchterne Staatsraison! Der Staat gewinnt seine Macht vom starken Heer, das wiederum – aus Söldnern bestehend – von den Finanzen abhängt. Der Fürst, der über ausreichende Gelder verfügt, sammelt in seiner Hand die Kräfte des Staates. Das allein war entscheidend: Macht zu haben! Seinen Willen durchsetzen zu können!

Dieses Ideal entfremdete den Fürsten vom Adel. Der absolute Monarch erhob den Anspruch, im Namen des Staates und damit des Rechtes zu sprechen. In Burgund versuchte Karl der Kühne, die Ideen des Mittelalters mit denen der Renaissance zu vereinigen. Er stützte sich sowohl auf die starke Finanzkraft seiner Länder wie auf die Treue und das Standesbewußtsein seines Adels. Als sichtbares Zeichen dieser Verbundenheit hatte bereits Herzog Philipp der Gute 1429 den Orden vom Goldenen Vlies gestiftet, der den Vorstellungen der Feudalzeit entsprach. Ludwig XI. von Frankreich hat die Gedanken der Staatsraison klarer und schärfer durchgesetzt. Er zahlte hohe Summen sowohl an die Schweizer Bauern wie an die anderen Nachbarn des Burgunders, an den Herzog von Lothringen und an die Habsburger. An diesen Gegnern ist Karl der Kühne gescheitert, verstrickt in ein Netz, das König Ludwig XI. geduldig, zäh, nüchtern und kalt berechnend gesponnen hatte. Ein halbes Jahrhundert, nachdem der Hundertjährige Krieg geendet, war Frankreich die bedeutendste Militärmacht in Europa. An finanzieller Kraft wurde es nur von der Römischen Kurie übertroffen.

Das Schisma, das vorübergehend zu drei Gegenpäpsten geführt hatte, war auf den Konzilien von Konstanz, Basel und Ferrara-Florenz überwunden. Die Hoffnung jedoch, die griechisch-orthodoxe Kirche mit der römisch-katholischen auszusöhnen und miteinander zu vereinen, scheiterte. Aus Furcht vor den Osmanen hatten Kaiser Johannes VIII. und sein Patriarch auf dem Konzil zu Florenz einer Unionsformel zugestimmt. Rom zeigte in der Liturgie und in der Verwaltung ein gewisses Entgegenkommen. Aber in Konstantinopel lehnten Geistlichkeit wie Bevölkerung nach wie vor jede Union ab. Selbst die drohende Türkengefahr vermochte den tiefen Gegensatz östlicher und römischer Gläubigkeit, die gefühlsmäßige Abneigung zwischen Griechen und Lateinern nicht zu überwinden.

Innerhalb der katholischen Kirche blieb noch lange die Frage umstritten, welche Stellung dem Papst zukam. War er und nur er der geistliche Hirte der Christenheit, oder stand über ihm ›die Kirche‹, verkörpert in einem Konzil, an dem alle Bischöfe teilzunehmen das Recht hatten? Unwürdige hatten mit Hilfe politischer Machenschaften oder Bestechung zu oft den Stuhl Petri bestiegen. Die Kirche hatte sie im Konstanzer Konzil abgeschüttelt. Aber lag darin nicht die Notwendigkeit begründet, von der Person des Papstes frei zu werden und die Kirche als Gründung Christi auf der Gemeinschaft der Bischöfe aufzubauen? Das Konzil von Ferrara entschied zwar zugunsten des Papstes, doch war der Konzilsgedanke damit noch nicht erledigt. Er gewann im 16. Jahrhundert mit der Forderung der Reformation, sich nur einem Konzil unterwerfen zu wollen, neues Leben.

Je glanzvoller die Kirche auftrat, je mehr sie mit dem Geldwesen und mit politischen Aufgaben und Sorgen um den Kirchenstaat und die weltlichen Güter verquickt wurde, desto mehr wuchsen die Schwierigkeiten und Widerstände in ihrem Inneren. Abseits von der Weltgeistlichkeit entstand eine mystische Bewegung. Das religiöse Erlebnis erschien den Mystikern wichtiger als der Gottesdienst und die Erfüllung kirchlicher Pflichten. Die Erweckung, das unmittelbare Erlebnis des lebendigen Gottes, das Versenken in sein Geheimnis, gaben dem sündigen Menschen erst die Gewißheit, ins Jenseits einzugehen. Im Norden hat die Seuche den religiösen Fanatismus angefacht. Um Buße zu tun, ziehen Scharen von Flagellanten, die sich mit Geißeln blutig schlagen, durch das Land. Pestsäulen werden errichtet. Verzweiflung packt die Menschen. Der einfache Mann mit seinen derben Sinnen, seinem brutalen Willen, mit seinen Ängsten und Plagen weiß keine Erklärung für die Strafe Gottes. Immer wieder richtet sich der Volkszorn gegen die unglücklichen Juden. Viele wenden sich mystischen Gedanken zu. Die Mönchsorden gründeten Laiengemeinschaften, ›dritte Orden‹, die den Gläubigen ohne die Gelübde Erweckung und Hingabe vermitteln sollten.

In diesen Gemeinschaften regte sich jedoch Kritik an der Kirche. Die alten Vorwürfe gegen die Verweltlichung des Klerus erwachten von neuem. Mißtrauisch sahen daher viele Bischöfe diese Schwärmer, die ›Humiliaten‹ und die ›Beginen‹, die – des Übereifers voll – die religiöse Erneuerung innerhalb der Kirche anstrebten. Sie bildeten jedoch nicht die einzige Gefahr.

Bedenklicher erschienen die Zweifler und die Ketzer. Unter Berufung auf den Geist, auf das Wissen, auf die Logik und vor allem auf die Heilige Schrift entzogen sich die kritischen Geister der kirchlichen Autorität. Der Verstand hatte Vertrauen in die eigene Kraft gewonnen. Er prüfte, was die Kirche lehrte, wies auf Widersprüche zur Bibel, ja zu den Worten Christi und zum eigenen Gotteserlebnis hin. Einwirkungen von außen spielten eine untergeordnete Rolle. Das ›Manichäertum‹ war überwunden, der Einfluß des Orients zurückgetreten.

Die Unzufriedenheit wuchs, weil das mittelalterliche Bildungsgefälle sich umgekehrt hatte. Früher genossen nur die Kleriker eine umfassende Erziehung. Nun besuchten die Laien die Universitäten, um weltliches Wissen zu gewinnen: Philosophie, Mathematik, Geschichtswissenschaft, Jurisprudenz. Gerüstet mit geschärften Begriffen und Denkformen studierten sie die antiken Schriftsteller.

Sie forderten Tatsachen als Beweis. Sie dachten nüchtern und kritisch. Sie wollten überzeugt werden; sie ließen sich mit dem Hinweis auf irgendeine kirchliche Autorität nicht abspeisen. Ihnen erschienen die meisten Mönche und selbst die hohen Weltgeistlichen als ungebildet und dumm. Die jungen Literaten, Beamten und weltlichen Gelehrten lehnten den Anspruch der Kirche, weltliche Fragen aus geistlicher Sicht zu entscheiden, rundweg ab. Mochte diese neue Schicht den großen adligen Herren und auch vielen reich gewordenen Bürgern zuweilen als ›Schmarotzer‹ erscheinen, die sich am päpstlichen Hofe zu Avignon und später zu Rom, an den Höfen der Könige von Frankreich und Böhmen, der Herzöge von Burgund oder in den Palästen der Medici oder des Dogen von Venedig um Pfründe, Gehälter oder Belohnungen bemühten; ihre Wirkung über das Wort und die Schrift war nicht zu überhören. Sie brachten neue Gedanken. Sie schmeichelten dem Selbstbewußtsein und der Eitelkeit. Sie versprachen Ruhm und ›Unsterblichkeit‹.

Sie schrieben in der Landessprache, selten lateinisch. Dadurch haben sie die ›Nationen‹ mitgeformt. Weil sie seit Dante eine Literatur besaßen, die mit Petrarca, Boccaccio und Tasso vielbewunderte Werke hervorbrachte, erlebten sich die Bewohner Italiens als ›Italiener‹. Da sie sich allen ›Barbaren‹, besonders jenseits der Alpen, weit überlegen empfanden, wehrten sie auch einen politischen Einfluß auf ihre ›Nation‹ ab, obwohl weite Teile der Halbinsel, vor allem Neapel, unter fremder Herrschaft standen.

Die ›Nationen‹ jenseits der Alpen sahen sich jedoch in gleicher Weise in ihrer Eigenart bestätigt. Die französische formte sich aus dem Geist der Sorbonne, die spanische aus dem der Reconquista. Der Gegensatz zwischen den Landschaften nördlich und südlich der Loire, westlich und östlich der Saone, diesseits und jenseits der Schelde gingen in Frankreich unter im Bewußtsein, die ›führende‹ Nation des Abendlandes zu sein. In Spanien vereinigten sich Kastilien und Aragon durch die Heirat der ›Katholischen Könige‹.

Im Reich ging die Auffassung Kaiser Karls IV. verloren, daß die Sprache und die Nation für das politische Leben zweitrangig, daß welsche Lothringer und Luxemburger wie slawischsprechende Tschechen und Abodriten neben den Deutschen gleichwertige Glieder des Reiches seien. Seit der Regierung Kaiser Maximilians I. spricht man vom ›Römischen Reich Deutscher Nation‹. Der Bruch mit dem Westen (Lothringen) und dem Osten (Böhmen) bereitete sich vor.

Das Erwachen einer ›deutschen‹ Nation entsprach der Entwicklung in Frankreich, Spanien und England. Es war in diesen Ländern zwar leichter, eine klar umrissene Grenze zu finden, aber auch sie formten sich in einem langwierigen geschichtlichen Prozeß. ›Natürliche‹ Grenzen, wie sie später selbstverständlich schienen, hat es im 15. Jahrhundert noch nicht gegeben. Erst die Renaissance hat die antiken Verwaltungsgrenzen des römischen Imperiums neu entdeckt. Die Humanisten meinten, Gebirge und Ströme sollten die einzelnen Nationen trennen. Nun galten die Alpen als ›natürliche‹ Grenzen Italiens, Pyrenäen, Alpen und Rhein als die Frankreichs.

Die Pyrenäen haben während des Mittelalters keine strenge Grenzscheide zwischen ›Spaniern‹ und ›Franzosen‹ gebildet. Es gab diese Nationen nicht. Katalanen wie Südfranzosen lebten beiderseits des Gebirges. Die kulturellen und sprachlichen Beziehungen der Südfranzosen zu den Menschen der Pyrenäenhalbinsel waren inniger als zu den Bewohnern der Landstriche nördlich der Loire. Dem entsprachen auch die alten feudalen Besitztümer und Königreiche. Die Könige von Navarra, von Aragon und Kastilien besaßen nicht nur große Gebiete beiderseits der Berge, sie konnten sich auch auf ihre Untertanen und deren dynastische Anhänglichkeit verlassen. Das Bewußtsein, der einen oder anderen ›Nation‹, der spanischen oder der französischen, anzugehören, hat sich erst im 16., vielfach erst im 17. Jahrhundert durchgesetzt. Das Nationalgefühl erstarkte, so daß es imstande war, selbst die über die Erbfolge zur Macht gelangten ausländischen Dynastien zu erfüllen.

Unter einer burgundischen Dynastie bildete sich in Portugal das Bewußtsein, eine eigene Nation zu sein, obwohl das Land ebenso wie Spanien Goten- und Maurenherrschaft und Reconquista erlebt hatte. Erst als der französische König das ›verfallene Lehen‹ der Grafschaft Toulouse einzog, verlor Katalonien seine Rechte nördlich der Pyrenäen. Ludwig XI., der Gründer des neuen französischen Staates, hat die Pyrenäengrenze endgültig gesichert. In England vollzog sich die Bildung der Nation sowohl in räumlicher wie in sozialer Schichtung.

Wales wurde erst unter den Tudors fester Bestandteil des Königreiches. Bis dahin waren hier die Grenzen fließend, mehr durch die militärische Gewalt und persönlichen Besitz als durch ein Gefühl der Zusammengehörigkeit bestimmt. Alle Versuche, die Iren zu unterwerfen und, wenn auch als entrechtete, schollengebundene Bauern, richtiger als Leibeigene in die englische Nation einzufügen, scheiterten am erbitterten Widerstand, der sich bis zum 20. Jahrhundert nicht brechen ließ. Die Kriege an der englisch-schottischen Grenze hielten bis ins 16. Jahrhundert an; erst im 17. Jahrhundert verschmolzen die beiden Königreiche England und Schottland durch Erbfolge unter einer gemeinsamen Krone, wenn die Schotten auch ihre Eigenart weitgehend behielten.

Der nationale Gedanke und das Bewußtsein ihrer eigenen Art reiften im 15. Jahrhundert auch bei den Völkern im Osten, obwohl dort die Siedlungsräume ineinander übergingen. Im Osten sind die Völker und Nationen in der Regel nicht allein aus der inneren Entwicklung heraus gewachsen, sondern auch von außen her geprägt worden. Auf dem Balkan haben die Osmanen durch ihren Einbruch das Erwachen des nationalen Bewußtseins ausgelöst.

Ein kleiner – angeblich nur 400 Zelte umfassender – türkischer Kriegerstamm hatte sich innerhalb der Seldschukenreiche Kleinasiens am weitesten nach Westen vorgekämpft. Die Nachfolger Osmans errichteten ihre Herrschaft in Brussa, am Marmarameer; von dort aus haben sie sie zäh und ausdauernd erweitert, sowohl auf Kosten der Seldschukenfürsten wie des byzantinischen Reiches.

Mit geringen Kräften – es heißt, auf 60 Flößen – setzten die Osmanen 1354 über die Dardanellen. Vom Brückenkopf Gallipoli eroberten sie schrittweise die Balkanhalbinsel. Acht Jahre später gewannen sie Adrianopel, das ab 1363 Hauptstadt ihres Reiches wurde. Der Sultan Murad I. (1362–1389) war seiner Abstammung und seiner Sprache nach ein Türke, dazu gläubiger Moslem. Sein Reich war jedoch ein europäisches – dem Hauptteil der Bevölkerung wie dem Aufbau von Wirtschaft und Verwaltung nach.

Aus Kleinasien war ein Heer, nicht ein ›Volk‹ nach Europa übergesetzt. Ihm traten die Aufgebote des angesessenen Adels entgegen, Griechen, Bulgaren, Serben und Kroaten. Die räumlich ausgedehnten Reiche, zuerst der Bulgaren, dann der Serben, die kurz zuvor unter Stephan Duschan ihre größte Machtstellung errungen hatten, brachen überraschend schnell zusammen. Sie waren dem Ansturm der straff geführten, gut ausgerüsteten und von Kampfesmut erfüllten osmanischen Truppen nicht gewachsen.

Das osmanische Heer lebte vom Krieg. Jahr für Jahr sollte der

Sultan gegen die Nachbarn ziehen, Land gewinnen, Beute machen. In der Stoßkraft nach außen lag die Stärke der Osmanen; sie erklärte sich daraus, daß der Soldat nicht durch Grundbesitz an eine Landschaft gebunden war. Das Lager war seine Heimat. Das Heer war die Familie der Truppen. Die ›Umma‹ war bei den Beduinen der kriegerische Sippenverband, in den die Glaubenskämpfer aufgenommen wurden. Diese arabische Sozialordnung verschmolz mit der asiatischen der Steppenbewohner, die unter einheitlichem Oberbefehl ihre Kriegszüge unternahmen.

Das osmanische Heer setzte sich aus vier Teilen zusammen. Die Reiterei, ursprünglich das Reichsheer, bildeten die Spahis, meist Nachkommen der ersten türkischen Scharen. Sie erhielten für ihre Person als Entlöhnung für Kriegsdienste und zum Unterhalt Land im eroberten Gebiet zugewiesen. Starb der Spahi, fiel das ihm anvertraute Gut wieder an den Sultan zurück, der einen anderen damit belehnen konnte.

Zur Elitetruppe rückten als Fußsoldaten die Janitscharen auf. Sie bildeten das ›neue Heer‹. Die unterworfenen Christen hatten für das Janitscharenkorps Knaben zu stellen; auf 60 Familien entfiel in der ersten Zeit ein Knabe. Diese Christenknaben wurden einer strengen militärischen Erziehung unterworfen und im Glauben des Propheten zu zuverlässigen Streitern für den Sultan ausgebildet. Sie wurden scharf gedrillt und galten als die bestausgerüstete und ausgebildete Truppe Asiens und Europas. Keine Kosten wurden gescheut, sie mit den modernsten Waffen auszustatten. Verhältnismäßig früh wurden die Janitscharen mit Schußwaffen versehen.

Die Infanterie der zum Islam bekehrten und daher als vollwertig anerkannten Bevölkerung ließ sich in ihrer Kampfkraft mit den Janitscharen kaum vergleichen. Doch entsprach sie etwa dem Fußvolk in den westeuropäischen Ländern.

Schließlich bot der Sultan noch irreguläre Truppen auf, denen er weder Sold zahlte noch Waffen lieferte. Sie unternahmen Streifzüge in die feindlichen Landstriche und plünderten dort nach Herzenslust. Während sich das osmanische Heer durch ungewöhnliche Disziplin auszeichnete – bereits das Abweichen von der Straße und das Mitnehmen von Futter für die Pferde wurde streng bestraft –, haben die Irregulären weithin Schrecken verbreitet.

1371 begannen die ersten Einfälle in Serbien. Achtzehn Jahre später erlag das serbische Heer auf dem Amselfeld; doch wurde Sultan Murad nach der Schlacht in seinem Zelte erdolcht. Zwei

Jahre später fiel endgültig Saloniki. Zunächst waren die Osmanen außerstande, das weite Gebiet, das sie unterworfen hatten, auch zu regieren. Sie überließen es dem ansässigen Adel, der sich ihnen gegen verhältnismäßig geringe Abgaben beugte. Die Osmanen führten jedoch ihre eigene Verwaltung und ihr auf dem Koran beruhendes Recht ein. Zum erstenmal seit vielen Jahrhunderten erhielt der Bauer wieder von seinem Herrscher Schutz gegen den landbesitzenden Adel. Deswegen fanden die ›Franken‹, als sie unter König Sigismund von Ungarn an der Donau erschienen, wenig Unterstützung. Das Adelsheer erlag bei Nikopolis, 1396.

Das Osmanische Reich war eine Militärdiktatur. Da die Zahl der Türken auch nur für die wichtigsten Verwaltungsstellen nicht ausreichte, setzte der Sultan Einheimische als Beamte ein. Verlangt wurde allerdings der Übertritt zum Islam. Die anatolischen Bauern, die später das türkische ›Volk‹ bildeten, also türkisch sprachen und Moslems waren, spielten im 15. und selbst noch im 16. Jahrhundert eine untergeordnete Rolle im Staat. Sie standen damals im politischen Gegensatz zum Heer und damit zum Reich. Die osmanischen Herrscher führten häufiger Kriege gegen aufständische kleinasiatische als gegen europäische Untertanen. Auch die Pflicht, Knaben für die Janitscharengarde zu stellen, hat keine größere Unzufriedenheit ausgelöst, zumal die Osmanen seit dem 15. Jahrhundert die Knaben vorzugsweise aus Albanien, Bosnien und Bulgarien, Gebieten mit kriegsgewohnter Bevölkerung, einzogen. Die Aufnahme in das Janitscharenkorps war eine Ehre. Die ausgehobenen Söhne konnten später als Moslems und Krieger ihren Familien in der Heimat durch ihren Einfluß nützen. Die Garde hat häufig versucht, dem Sultan ihren Willen aufzuzwingen.

Als Bajezid II. Sultan wurde, mußte er den murrenden Janitscharen einen besonderen Krönungspfennig bewilligen. Es wurde üblich, laufend Geldforderungen zu stellen. Jährlich erhielten die Truppen 8000 Dukaten. Die anmaßenden Soldaten mußten dadurch bei guter Laune gehalten werden, daß Jahr für Jahr ein Krieg gegen die Nachbarn geführt wurde, der vor allem dazu bestimmt war, Beute einzubringen. Der Staat diente schließlich nur noch dem Heer. Die Einnahmen flossen vorwiegend der Rüstung zu. Keine Armee Europas konnte sich damals in der Ausrüstung mit der osmanischen messen, die ausreichend mit Feuerwaffen, sowohl in der Infanterie wie in der Artillerie, versehen war.

Von der Musik der Querpfeifen und Trommeln begleitet, zogen

sie in die Schlacht. Die Disziplin war streng. Mochte das Heer noch so groß sein: schweigend zogen die osmanischen Truppen in die eroberten Ortschaften ein. Plünderer wurden mit dem Tode bestraft. Mit Hilfe eines ausgebildeten Versorgungswesens vermochten die Osmanen ihre Truppen regelmäßig zu verproviantieren.

Auch bei Rückschlägen hielten Spahis und Janitscharen fest zum Sultan. Das Heer rief den Sultan aus. Er mußte der Familie Osmans entstammen, sonst gab es keine Beschränkung, vor allem keine geregelte Erbfolge. Um Mitbewerber auszuschalten, pflegte der Sultan alle männlichen Verwandten, vor allem seine Brüder, mindestens nach seiner Ausrufung umbringen zu lassen. Der Sultan war ausschließlich weltlicher Herrscher, das geistliche Oberhaupt des Islams blieb der Kalif, der in Kairo residierte. Heer und Verwaltung waren an der Spitze getrennt; die Kriegführung behielt sich der Sultan vor. Erst später haben schwache Sultane auch die Heeresleitung den Wesiren überlassen, die ursprünglich an der Spitze der zivilen Verwaltung standen. In vielen Fällen waren es Griechen oder Slawen.

Der Statthalter (Beglerbeg) für den europäischen Teil des Reiches (Rumelien) residierte nach 1365 in Adrianopel. Rumelien war in Anlehnung an die byzantinische Themenverfassung in 36 Sandschaks eingeteilt. Der türkische Bevölkerungsanteil war gering; aus Anatolien kamen viele byzantinische Flüchtlinge und Seldschuken. Die Osmanen gewährten ihren europäischen Untertanen Religionsfreiheit. Sie legten auch wenig Wert darauf, die Unterworfenen zum Islam zu bekehren, weil sie dadurch Steuerzahler verloren; und die Steuern waren hoch. Um 1451 verfügte der Sultan über jährliche Einnahmen von 2 Millionen Dukaten. Kein Herrscher im Abendland konnte sich mit ihm messen. Aber die Steuern waren genau und gerecht geregelt. Willkürlich verfügte Fronarbeiten hörten auf. Dafür zahlten die Bauern den Zehnt ihrer Ernte, den Karadsch.

Gerichtsbarkeit und Fürsorge übertrugen die Osmanen dem zuständigen religiösen Oberhaupt; bei den Christen also dem Patriarchen. Die Bauern konnten sich aber auch an den Richter (Kadi), sie durften sich selbst an den Sultan wenden, wenn das Recht gebrochen wurde.

Seine Prüfung bestand das Osmanische Reich, als sein Heer von den Mongolen unter Tamerlan bei Ankara 1402 eine vernichtende Niederlage erlitt und sein Sultan Bajezid I. in Gefangenschaft geriet. Die Mongolen drangen bis zum Marmarameer vor, aber Rumelien blieb ruhig. Kurze Zeit nach dem Mongolensturm hat sich das Osmanische Reich wieder erholt.

Die Christen sahen sich erneut bedroht. Wladislaw, der König von Polen und Ungarn, fiel bei Warna 1444, als er gegen die Türken zog; Konstantinopels Fall war damit entschieden. Die letzten Verteidiger dieser Stadt waren vielfach Söldner aus dem Westen, während die Kaufleute aus Venedig und Genua bereits eifrig ihre Fäden spannen, um sich beim Sultan Handelsvorteile am Goldenen Horn zu sichern. Nach sieben Wochen erbitterter Belagerung drangen die Osmanen in Konstantinopel ein. Schließlich fiel die ganze Balkanhalbinsel, Bosnien 1463, Albanien 1468 und die Herzegowina 1483 in die Hand der Osmanen.

Ein großes Reich war wieder auf europäischem Boden entstanden. Es deckte sich in den Grenzen ungefähr mit dem des oströmischen. Im 16. Jahrhundert eroberten die Osmanen auch jene Länder, die ebenfalls zu Byzanz gehört hatten, Syrien, Ägypten und Armenien, darüber hinaus Mesopotamien und Nordafrika. Trotzdem blieb das Schwergewicht des Reiches weiterhin im europäischen Teil.

Im inneren Aufbau war das Osmanische Reich Erbe von Byzanz. Viele Formen der Staatsverwaltung blieben im Kern erhalten. Auch im Verhältnis von weltlicher und geistlicher Macht ergaben sich gewisse Ähnlichkeiten. Der Sultan wurde 1517 auch Herr der Gläubigen. Staatsreligion war der Islam. Doch unterschied sich der Islam in Konstantinopel von dem in Damaskus, Bagdad und Kairo. Der Mystizismus, getragen von den Derwischen, übte einen beherrschenden Einfluß aus, besonders, da er im Heer starken Anklang fand.

Die neue Herrenschicht sprach vorwiegend türkisch. Der größere Teil der Beamten behielt jedoch seine griechische Muttersprache bei, auch wenn er zum Islam übergetreten war. Die Janitscharen sprachen vielfach slawisch und albanisch. Im Harem des Sultans lebten Frauen aus allen Teilen des Reiches, so daß die Kinder mit Tscherkessisch, Albanisch, Griechisch und Arabisch aufwuchsen. Die türkische Sprache hat sich erst im 17. Jahrhundert, als weite Gebiete auf dem Balkan verlorengegangen waren, durchgesetzt.

Das Osmanische Reich war ein Machtstaat. Der Staat war für das Heer da, und das Heer trug den Staat. Der Staat der Osmanen

– wie ihn Mehmed der Eroberer begründete – vereinigte die unbedingte Befehlsgewalt eines Heerführers, des Sultans, mit einem wohlgeordneten Beamtenapparat byzantinischer Prägung. Die Nachfolger von Bajezid I. haben von dem siegreichen Tamerlan gelernt. Statt der planlosen Überfälle haben sie – dank der steten Kampfbereitschaft ihres stehenden Heeres – ein Land nach dem anderen ihrer Herrschaft unterworfen. Dabei bemühten sie sich, das gewonnene Gebiet auch politisch in ihr Reich einzugliedern. In Bosnien traten breite Schichten zum Islam über; dort hatten im 12. Jahrhundert die Bogomilen zur Ausbreitung der Katharer bis nach Südfrankreich beigetragen. Ihre Nachfahren wechselten freiwillig und leicht zum neuen Glauben über, teils aus Feindschaft zur katholischen Kirche, teils, um der Kopfsteuer zu entgehen, teils, um den Grundbesitz zu retten. Christen waren sie sowieso nur äußerlich gewesen.

Bei ihrem Vordringen stießen die Osmanen auf das ausgedehnte Reich der Jagiellonen. Ende des 15. Jahrhunderts regierte dieses Haus in seinen verschiedenen Zweigen über Litauen, Polen, die westliche südrussische Steppe, Böhmen und Ungarn, also von der Ostsee bis zum Schwarzen Meer, von Smolensk bis zur Adria. Dem äußeren Umfang, der Zahl der Bevölkerung und der Verbundenheit des Königsgeschlechts mit den einzelnen Landschaften nach war das Reich der Jagiellonen wohl dem osmanischen überlegen, aber es war rückständig, da es noch im mittelalterlichen Feudalwesen wurzelte. Jedes Königreich stand für sich.

Ungarn übernahm im Zeichen des nationalen Widerstandes die Führung im Kampf gegen die Osmanen. An die Stelle der fremden Dynastien, die seit dem Aussterben der Arpaden den Thron eingenommen hatten, der Anjous und der Luxemburger, trat der Ungar Mathias Corvinus (1458–1490), der Sohn des Nationalhelden János Hunyadi, der vor allem Siebenbürgen gegen die Türken verteidigt hatte. Er war ungarischer Herkunft. In seinem Auftreten, in seinem Denken und in seiner Politik war er ein Mensch der Renaissance: ein strenger Herrscher, ein guter Verwalter, der Schutzherr der Städte, der Förderer von Kunst und Wissenschaft. Er schuf einen wirkungsvollen Verwaltungsapparat, ordnete das Rechtswesen neu, beugte die Magnaten und schützte die Bauern. Um seiner Nation einen geistigen Mittelpunkt zu geben, gründete er die Universität Budapest.

Er schuf das stehende ›Schwarze Heer‹ aus Söldnern, die vorwiegend aus Schlesien und Mähren kamen. Der Adel mußte Steuern zahlen, um die Kosten dieses Heeres aufzubringen. Von der politischen Führung, die ihm bisher weitgehend zustand, sah er sich jedoch ausgeschaltet. So beliebt Mathias Corvinus beim einfachen Volk war – der hohe Adel stand gegen ihn. Als Mathias Corvinus 1490 unerwartet starb, geriet Ungarn in Wirren um die Nachfolge; dabei verlor es seine Besitzungen in Österreich und Böhmen. Das einigende Nationalgefühl, das Corvinus zu schaffen versucht hatte, zeigte sich den feudalen Widerständen nicht gewachsen. Die Renaissance mit ihrem modernen Denken hatte nur den Kreis um den Hof erfaßt.

Die Führung im Krieg gegen die Türken übernahm Polen. Nach der Unterwerfung des Balkans wandten sich die Osmanen gegen die südrussische Steppe. Ab 1484 eroberten sie die Mündungsgebiete von Donau und Dnjestr, die bis dahin zu Polen-Litauen gehört hatten. Dem polnischen König gelang es jedoch, die Moldaufürstentümer zu erhalten. Mit Unterbrechungen währte der polnisch-osmanische Krieg zwei Jahrhunderte.

Ohne ernstlichen Widerstand gewann eine osmanische Flotte die Häfen Kaffa, Sudak, Balaklawa und Inkerman auf der Krim. Die Krim-Tataren ordneten sich als tributpflichtiges Khanat den Osmanen unter. Von der Krim aus rieben die Tataren – nicht ohne türkische Hilfe – die Reste der Goldenen Horde auf, die noch unter dem Khan Toktamisch 1382 Moskau erobert und verwüstet hatten.

Die Kiptschak – wie das Khanat der Goldenen Horde hieß – hatten zuerst durch Tamerlan einen schweren Schlag erhalten. Dann gerieten ihre Städte Astrachan und Saraj in die Hand der Russen. Die Goldene Horde zerfiel in kleine Khanate. Zwar haben die Tataren noch lange Raubzüge gegen die russischen Fürstentümer unternommen, um Tribute zu erpressen, doch mußten sie von nun an mit Gegenschlägen rechnen. Die Russen waren dabei nicht immer erfolgreich. 1445 geriet Großfürst Wassilij II. von Moskau beim Zug gegen Kasan in Gefangenschaft. Um sich zu lösen, versprach er Tribute. An der Spitze tatarischer Reiterscharen kehrte er nach Moskau zurück. Verhaßt wegen dieser Verbindung haben seine Gegner ihn blenden lassen, dennoch hielt er sich in der Regierung, wobei er litauische Hilfe in Anspruch nahm. Moskaus Macht wuchs ständig, weil seine umwohnenden Feinde ihrerseits bedroht wurden, Litauen von Schweden, die Tataren durch die Osmanen und Mongolen. Der Großfürst von Moskau zog am meisten Vorteil daraus. Er nahm die Fürsten von Moshajsk, Serpuchow und Rjasan in Haft und setzte seine Statthalter ein. Entscheidend für die weitere Entwicklung Moskaus wurde die Eroberung Nowgorods (1478), die den Weg in den Ostseeraum öffnete.

Das Großfürstentum geriet noch einmal in Bedrängnis, als 1480 ein Tatarenheer vor Moskau erschien. Seine Niederlage besiegelte jedoch das Ende der Tributzahlungen. Moskau trieb nun eine eigene Politik. Die Vorrechte der Hansekaufleute in Nowgorod fielen, die herrschende Bürgerschicht wurde durch Deportationen vernichtet. Das große Nowgorod verlor für immer seinen Glanz.

Moskau war weder in der Zahl seiner Menschen noch in der wirtschaftlichen Kraft mit Polen-Litauen oder dem Osmanischen Reich zu vergleichen. Östlich der Wolga lebten vorwiegend ugrofinnische und tatarische Völkerschaften. Nach dem tatarischen Vorbild herrschte der Großfürst Iwan III. mit eiserner Faust. Als Gemahl der Nichte des letzten oströmischen Kaisers nahm er den byzantinischen Doppeladler in sein Staatswappen. Er lud den Patriarchen ein, bei ihm Sitz zu nehmen. Nach dem Fall von Konstantinopel begannen die orthodoxen Christen, das ›Dritte Rom‹ in Moskau zu sehen. Unter einem tatarischen Herrschaftssystem lebten die Menschen in der tiefen Gläubigkeit der christlichen Orthodoxie. Das russische Zusammengehörigkeitsgefühl erwachte. Moskau begann seinen Aufstieg.

17

Zeitenwende. Der Aufstieg der atlantischen Mächte

Abschluß der Reconquista: 1492 fällt Granada · Prinz Heinrich der Seefahrer (1394–1460) · Kolumbus (1451–1506) entdeckt Amerika · Der spanische Zentralstaat · Das Haus Aragon in Spanien und in Neapel · 1517: Martin Luther (1483–1546) schlägt seine Thesen an · Karl V. (1500–1558) und sein Reich · Kampf mit Franz I. (1494–1547) von Frankreich · Die gallikanische Kirche wird dem französischen König unterstellt (1516) · Der Indienrat in Sevilla · Die ›Neuen Gesetze‹ zum Schutz der Indianer · Die Neufundlandfischerei der Nordeuropäer · 1525: die Schlacht von Pavia · Religiöse Inbrunst · Der Seeweg nach Indien verlagert das wirtschaftliche Schwergewicht nach Norden · Das Tridentiner Konzil (1545–1563) · Der geistige Niedergang Deutschlands · Ignatius von Loyola (1491–1556) und der Jesuitenorden · Philipp II. (1527–1598) und sein spanischer Staat · Der unausgeglichene Staatshaushalt und die Inflation · Das amerikanische Silber · Gegenreformation in Spanien: die Kirche lehnt sich an den Staat an · 1568: Aufstand der spanischen Niederlande · Englische Freibeuter · 1588: Krieg Spaniens gegen England · Die Unbesiegbare Armada · Das Elisabethanische Zeitalter · Die Habsburger und die Osmanen · Suleiman der Prächtige (1520–1566) · Gegenreformation in Polen (1564) · Magnaten und Szlachta

Der Maurenkönig Boabdil flüchtete aus der Alhambra, die er nicht länger zu halten vermochte, nach Nordafrika. Am 2. Januar 1492 rückte das christliche Heer in Granada ein. Damit fiel das letzte Bollwerk des Islam auf der Iberischen Halbinsel an die spanische Krone. Die Reconquista war abgeschlossen.

Nach dem siegreichen Krieg gewährte Königin Isabella von Kastilien dem Genuesen Kolumbus die Mittel und die geforderten Rechte für seine Reise, die auf der westlichen Route nach Asien führen sollte.

Amerika wäre unter allen Umständen entdeckt worden. Die Portugiesen hatten damals ihre Vorbereitungen für eine Fahrt nach Indien abgeschlossen. Jahrzehntelang hatte Prinz Heinrich, genannt der Seefahrer, Schiff auf Schiff die Westküste Afrikas entlang geschickt mit dem Auftrag, über das Kap Bojador hinauszufahren. 1434 umsegelte Gil Eannes diese Klippe.

Planmäßig hatten die Portugiesen ihre nautischen Geräte verbessert; sie haben den Kompaß von den Arabern übernommen und weiter entwickelt, sie haben die wissenschaftliche Astronomie gepflegt und seetüchtige Schiffe gebaut. Menschen aus dem ganzen Abendland hatten dabei geholfen: die Seefahrer der italienischen Hafenstädte ebenso wie die Gelehrten der Renaissance und die Schiffbauer im Norden.

Für die Gebildeten des 15. Jahrhunderts gab es keinen Zweifel, daß die Erde eine Kugel sei. Das Problem lag darin, daß die Größe der Erdkugel und die Ausmaße der Erdteile unbekannt waren. Die Portugiesen hatten sehr viel genauere Vorstellungen über die Ausdehnung Asiens als der Genuese. 1487 war Bartolomeo Diaz um die Südküste Afrikas gesegelt. König Johann II. rüstete die portugiesische Flotte, die für den endgültigen Vorstoß nach Indien bestimmt war, sorgfältig aus. Sie nahm Waren mit, um Tauschgeschäfte machen zu können, und Waffen, um feindliche Angriffe abzuwehren.

Die Spanier hingegen schickten drei bescheidene Karavellen über das Meer, mit armseligem Tand und nur mäßig mit Kanonen bestückt. An jener Stelle, wo nach seinen ›Karten‹ Asien beginnen sollte, fand Kolumbus tatsächlich Land. Daß er einen neuen Erdteil entdeckt hatte, ahnte er nicht.

Auf ihrer zweiten Fahrt nach Indien sind die Portugiesen, als sie den günstigen Passatwind ausnützten, auf Brasilien gestoßen. Das Land fiel ihnen auf Grund des Vertrages von Tordesillas zu, der zugunsten Portugals einen früheren Schiedsspruch des Papstes geändert hatte.

Durch den Seeweg nach Ostindien sowie durch die Entdeckung Amerikas verschob sich das wirtschaftliche und politische Schwergewicht auf der Iberischen Halbinsel und fortwirkend in Gesamteuropa vom Mittelmeer zum Atlantik. Der Handel mit den Erzeugnissen des Ostens, vor allem mit Gewürzen, hat Portugal vorübergehend zur bedeutendsten Handelsmacht aufsteigen lassen. Spanien wurde Weltmacht. Kastilien überflügelte Aragon. Sevilla wurde zur wichtigsten Handelsstadt, Barcelona verlor an Bedeutung.

Die ›katholischen Könige‹ Isabella und Ferdinand richteten mit Hilfe der Kirche eine weitverzweigte Bürokratie ein. In dem Staatsrat der Krone waren hohe Geistliche, Adlige und Juristen vertreten. Das entscheidende Wort kam dem Kanzler von Kastilien, dem Erzbischof von Toledo, Kardinal Francisco Jimenez de Cisneros, zu. Er war Primas und Großinquisitor für die Iberische Halbinsel, so daß seine geistliche Autorität in allen den Ländern galt, die unter der spanischen Krone vereinigt waren: Kastilien und Aragon mit Leon, Andalusien usw. Gerade durch die Vereinigung von kirchlichen und staatlichen Ämtern in der Hand der hohen Geistlichkeit gewann die spanische Kirche eine ungeheure Stärke. Andererseits aber konnten sich die Königsgewalt und schließlich auch der Staat nur dank der Unterstützung durch die Kirche gegenüber den überlieferten Vorrechten durchsetzen. Doch blieb auch weiterhin eine Vielzahl von Rechten und Privilegien bestehen: die ›fueros‹ der Städte, die Vorrechte der Granden, die Rechte der Ständeversammlungen (›cortes‹) der alten Königreiche, die verbrieften Rechte bei Erbfällen, Eingliederungen und Eroberungen. Nur langsam konnte sich der straffe Zentralstaat durchsetzen. Es gab noch nicht einmal eine allgemeingültige Hauptstadt.

Unter kastilischer Führung verschmolzen die Bewohner Spaniens zu einem einheitlichen ›spanischen‹ Volk. Die Jahrhunderte maurischer Herrschaft hatten tiefreichende Spuren hinterlassen, die jeder Landschaft ihre besondere Eigenart aufprägten. In den zurückgewonnenen Städten, in Toledo, Córdoba und Sevilla, gab es neben den zahlreichen Moslems eine breite christliche Schicht, die die maurischen Sitten übernommen hatte und teilweise arabisch sprach. Sie betrieb ein hochstehendes Handwerk; in Toledo schmiedete man hervorragende Waffen; die Wollerzeugnisse von Segovia und die Seiden von Valencia waren berühmt. Den Handel beherrschten die Juden. Naturwissenschaft und Philosophie standen in hohem Ansehen. Wohlstand und Luxus zeichneten den Süden aus. Um so erbitterter lehnten die Ritter des Nordens den ›Materialismus‹ und die Hoffart des Geistes ihrer so viel reicheren Untertanen ab. In ihnen witterten sie heimliche Verbündete ihrer maurischen Feinde.

Katalonien hat einen solchen Gegensatz kaum gekannt. Seine Sprache stand dem Südfranzösischen näher als dem Kastilischen; seine Handelsbeziehungen über die Pyrenäen hinweg und nach dem westlichen Mittelmeerraum waren enger als zur kastilischen Hochfläche. Gewisse Landstriche in Südfrankreich waren dem König von Aragon Ende des 15. Jahrhunderts immer noch lehnspflichtig.

Durch den Besitz der Königreiche von Neapel und Sizilien war Aragon zur bedeutendsten Seemacht am Mittelmeer aufgestiegen. Nach Beendigung des 100jährigen Krieges gegen England nahm Frankreich den Wettbewerb um die Vorherrschaft im westlichen Mittelmeer auf. 1494 marschierte König Karl VIII. an der Spitze eines starken Heeres in Italien ein, besetzte Mailand und Florenz, dem er einen Tribut von 120000 Gulden auferlegte, und eroberte Neapel. Damit begann das große Ringen zwischen Frankreich und Spanien um Italien.

In Neapel hatte ein Bastard des Hauses Aragon, Don Ferrante, bis 1494 regiert. Sein späterer Nachfolger Ferrandino verbündete sich mit Ferdinand von Aragon; die Spanier warfen die Franzosen wieder aus dem Königreich hinaus, aber König Ludwig XII. von Frankreich erschien mit einem neuen Heer und eroberte Mailand. Die Spanier siegten jedoch am Garigliano. Das Königreich Neapel fiel schließlich in spanische Hand.

Durch das Eingreifen der fremden Mächte war das Gleichgewicht in Italien umgestürzt. Nun erst traten die Umwälzungen offen zutage, die sich inzwischen im atlantischen Raum vollzogen hatten, während sich noch die politischen, wirtschaftlichen und kulturellen Kräfte im Mittelmeerraum zusammenzuziehen schienen. Zum erstenmal griffen geschlossene ›Nationen‹ in die europäische Geschichte ein: Franzosen und Spanier.

Lateinisch war immer noch die Sprache der Gebildeten, aber zunehmend drang die Volkssprache auch im Schrifttum vor. Diese Wandlung mußte vor allem die Kirche treffen. Rom war ein geistiger Mittelpunkt, zugleich aber auch Sitz der das ganze Abendland umfassenden kirchlichen Verwaltung. Ihr standen die Ernennungen zu, sie hatte die Oberaufsicht über die Geistlichkeit, das oberste Gericht in theologischen wie in kanonischen Fragen, und dazu gehörten das Ehewesen, das Schrifttum, die Moral und die Zuständigkeit bei Auseinandersetzungen zwischen den geistlichen und den weltlichen Instanzen in den verschiedenen Ländern. Rom verwaltete auch den ungeheuren Besitz der römischen Kirche und ihre vielen Einkünfte. Das gesamte kirchliche Finanzwesen hatte in Rom seinen Mittelpunkt.

In allen europäischen Ländern richteten sich die Angriffe gegen die Abgaben, die laufend nach Rom flossen, gegen den Klerus, der als unwissend und sittenlos angeprangert wurde, und gegen das Eingreifen des Papstes in die Politik der verschiedenen Länder.

Mochte die Kritik an den einzelnen Geistlichen noch so hart sein, in ernste Gefahr geriet die Kirche erst, als ihre Autorität auch in Glaubensfragen in Zweifel gezogen wurde.

1517 schlug Martin Luther, Augustinermönch und Theologieprofessor an der erst wenige Jahre zuvor gegründeten Universität Wittenberg, seine 95 Thesen an die Kirchentür. Damit löste er eine Bewegung aus, die mit der Spaltung der abendländischen Christenheit endete. Er bestritt dem Papst das Recht, gegen Geldzahlung ›Ablaß‹ zu gewähren; er verkündete, gestützt auf die Bibel, seine Lehre von der Rechtfertigung aus dem Glauben. Zunächst war er bereit, sich einem Konzil zu unterwerfen; dann bestand er darauf, »aus der Schrift« widerlegt zu werden, um zu widerrufen; er lehnte schließlich die Autorität der römischen Kirche, die katholischen Dogmen und den Priesterstand ab.

Weder Kirchenbann noch Reichsacht konnten ihn beugen. Daß sich ein einzelner gegen die beiden Gewalten des Mittelalters, Papst und Kaiser, zu behaupten vermochte, war nur möglich, weil sich die geistigen, wirtschaftlichen und politischen Verhältnisse zu Beginn des 16. Jahrhunderts verändert hatten. Wann ›das Mittelalter‹ aufgehört hat, ist unwesentlich. Die Reformation gewann so rasch an Boden, weil der Geist des Mittelalters innerlich bereits zerbrochen war.

Mönche, Pfarrer, Äbte, ganze Domkapitel und selbst Bischöfe bekannten sich zu der neuen Lehre; nur das Evangelium sollte für den Christen bindend sein. Weite Kreise der Reichsritterschaft boten Luther auf dem Reichstag zu Worms ihre Unterstützung an. Reichsfürsten, an der Spitze Luthers Landesherr, der Kurfürst von Sachsen, deckten ihn. Die breiten Massen der Bauern erhoben sich und beriefen sich dabei auf den Reformator. Die meisten Reichsstädte traten zum neuen Glauben über. Es zeigte sich, wie tief das Unbehagen an der Kirche reichte.

Längst war das Bildungsmonopol der Kleriker gebrochen, inzwischen waren die Laien davon überzeugt, wesentlich gebildeter zu sein als die »unwissenden Pfaffen«. Die auf den Universitäten geschulten Humanisten verspotteten die »Dunkelmänner«, Mönche wie Landgeistliche. Die aus dem Hochadel stammenden Bischöfe jedoch galten als weltliche Fürsten ohne innere geistliche Verpflichtung.

Luther gab dem Laien die Bibel in die Hand und sprach ihm das

Recht zu, selber über die Auslegung der Schrift zu entscheiden und den rechten Glauben zu finden.

Die geistige Unruhe ging Hand in Hand mit einer wirtschaftlichen Umwälzung, die soziale Spannungen aufriß. Der Handel hatte sich von der Ostsee nach Oberdeutschland verlagert. Die Hanse stand in einer Krise. Da Nowgorod, der östliche Pfeiler ihres Handelsreiches, seit der Eroberung durch Moskau ausfiel, nahm der russische Pelzhandel den Landweg über Lemberg. Dänemark-Schweden, vereint in der Kalmarer Union, kündigte den Hansekaufleuten ihre Vorrechte. Sie nahmen den Warenverkehr in eigene Hände. Auch die Niederländer, nun im Rahmen des größeren Burgund, erkannten das Stapelrecht der Hanse nicht an. Ihre Schiffe erschienen in Danzig, wo sie unmittelbar mit Polen Handel trieben.

In der gleichen Zeit nahm der Handel von Italien über die Alpen zu. Aus Venedig kamen Baumwolle, Gewürze, Seide, Samt und die Erzeugnisse des Kunstgewerbes. Die Baumwolle hat, verbunden mit Leinen im Barchent, den Textilmarkt des Nordens auf Kosten von Wolle und Leinen umgestaltet. Das Augsburger Handelshaus der Fugger bezahlte die Einfuhren von Baumwolle durch Lieferung von Silber – vor allem aus den Tiroler Bergwerken – und von Kupfer aus Ungarn. Das Haus Habsburg vergab – als Landesherr – die Bergrechte gegen Vorschüsse an die Fugger. Auf Grund dieser engen Zusammenarbeit haben die Fugger dem Habsburger Karl, König von Spanien, die Gelder vorgestreckt, um die Kurfürsten für die Kaiserwahl zu gewinnen. König Franz I. von Frankreich, der sich ebenfalls um die Kaiserkrone bewarb, unterlag.

Mit der Wahl des spanischen Habsburgers wurde das Reich in den Gegensatz Spanien–Frankreich in Italien hineingezogen. Hinzu kam die Feindschaft zwischen Frankreich und Burgund, in die als Erbe von Burgund Karl V. – und damit auch das Reich geriet. Es war die alte Fehde zwischen den beiden Häusern Valois-Paris und Valois-Dijon, also eine innerfranzösische, richtiger eine dynastische Todfeindschaft. Damals entstand die Feindschaft zwischen ›Deutschen‹ und ›Franzosen‹, die es vorher nicht gegeben hatte und auch nicht geben konnte, weil die politischen Grenzen nicht mit denen der Sprache zusammenfielen.

Zu Frankreich haben die ›Deutschen‹ in Flandern, zu Deutschland die französischsprechenden Wallonen und Lothringer und die

Bewohner der Gebiete östlich der Rhône gehört. Jetzt begann die angebliche ›Erbfeindschaft‹.

Karl V. gebot als Herr über Spanien, Neapel, Sizilien, Burgund und das Reich. Frankreich fürchtete diese riesige Macht, die es von allen Seiten zu bedrohen schien. Franz I. suchte Unterstützung in England, in Venedig, beim Papst, bei den Schweizern, bei den Türken, ja sogar bei den deutschen Landesherren. Auch sie fürchteten einen Kaiser mit einer derartig großen Hausmacht. Die Sorge vor einem gar zu mächtigen Kaiser war ihnen wichtiger als die religiöse Frage der Gewissensfreiheit. Die Macht des Hauses Habsburg wuchs noch weiter an, als 1526 der Ungarnkönig Ludwig II., zugleich König von Böhmen, in der Schlacht bei Mohács gegen die Türken fiel, so daß Ferdinand von Österreich, der Bruder Karls V., die beiden Königreiche erbte.

Die Kurfürsten von Brandenburg und Sachsen, die bis dahin unter dem Druck des riesigen Jagiellonenreiches, das von Böhmen und Ungarn bis Polen und Litauen reichte, gestanden hatten, sahen sich nun vom Haus Habsburg erdrückt. Sie hatten begonnen, ihre Territorialstaaten mit Hilfe eines geschulten Beamtenstandes auszugestalten. Die Reformation bot ihnen eine Gelegenheit, die Kirchengüter einzuziehen und damit die finanzielle Grundlage für einen durchorganisierten Staat zu gewinnen. Der Kurfürst von Sachsen bewahrte Luther vor den Folgen der Reichsacht.

Der Kaiser stand vor schweren Kämpfen. Franz I. war ein gefährlicher Gegner. Er hatte 1515 das Schweizer Heer bei Marignano geschlagen und Mailand erobert. Mit Venedig war er verbündet. Dem Papst rang er 1516 ein Konkordat ab, das die ›gallikanische Kirche‹ dem französischen König unterstellte und ihm erlaubte, weitgehend auf das weltliche Gut der Kirche zurückzugreifen. Dank seines juristisch gebildeten Beamtenstabes verfügte der französische König über reiche Geldmittel.

Die Osmanen hatten 1516 Syrien und im folgenden Jahr Ägypten erobert. Dann schickten sie ihre Kriegsflotten nach Tunis und Algier und bedrohten die Seefahrt im westlichen Mittelmeer. Vergeblich versuchte Karl V., die deutschen Reichsstände dafür zu gewinnen, ihm den ›Türkenpfennig‹ zu gewähren, um ein Reichsheer an der Donau aufzustellen. Die Fürsten wogen die drohende Türkengefahr mit dem Anwachsen der Kaisermacht ab, das sie ihre Freiheiten gekostet hätte.

Auch die Spanier hielten sich gegenüber den außenpolitischen

Plänen ihres Königs zurück. Auch sie hatten Freiheiten zu verlieren. Kastilien sah wenig Grund, sich in die italienischen oder gar burgundischen Fragen einzumischen. Die Stände weigerten sich, für die Summen aufzukommen, die Karl in Deutschland aufgewandt hatte, um sich die Kaiserkrone zu sichern. Die ›Comuneros‹, Städte wie adlige Stände, erklärten sich für die Thronerbin Johanna, die Mutter Karls, die wegen ihres Wahnsinns aus der Regierung ausgeschaltet worden war. Karl mußte den Aufstand teils mit Waffengewalt niederwerfen, teils durch Verhandlungen beschwichtigen.

Karl V. hat sorgsam darauf geachtet, verbriefte Rechte zu wahren. Während seiner ganzen Regierungszeit hat er sich bemüht, die Stände für seine politischen Ziele zu gewinnen, damit sie ihm größere Mittel zur Verfügung stellten. Dank seiner persönlichen Autorität ist ihm das weitgehend gelungen, obwohl sich die Cortes dagegen wehrten, daß das spanische Geld für außerspanische Zwecke der Krone eingesetzt wurde. Zur Krone gehörten Burgund mit der Franche-Comté und den Niederlanden, sodann die habsburgischen Besitzungen im Reich und Sizilien. Die überseeischen Besitzungen gehörten zu Kastilien. Auf Karl V. geht die Einrichtung des Indienrates in Sevilla zurück, der das Amerika-Geschäft und die Verwaltung des riesigen Kolonialreiches mit den beiden Vizekönigen in Lima und Mexiko überwachte.

Die Zeitgenossen überschätzten den Reichtum Spaniens. Sie sahen das Reich, »in dem die Sonne nicht unterging«, sie hörten von den riesigen Schätzen an Gold und Silber aus der Neuen Welt. In Wirklichkeit belasteten die amerikanischen Besitzungen die spanische Krone finanziell. Nachdem es dem König gelungen war, die Konquistadoren zu bändigen und die ›Neuen Gesetze‹ zum Schutze der Indianer durchzusetzen, hörte der Ertrag der überseeischen Besitzungen auf. Das ›Recht‹ siegte, die Finanzen waren ruiniert. Das wenige Gold, das im ersten Viertel des 16. Jahrhunderts aus Amerika nach Spanien gelangte, deckte bei weitem nicht die Aufwendungen und Anstrengungen, um Amerika zu entdecken und zu erschließen.

Als die Eroberungen von Mexiko und von Peru große Gewinne brachten, machten die französischen Kaperschiffe Jagd auf die vollbeladenen spanischen Galeonen. Ein bedeutender Teil der mexikanischen Beute fiel in französische Hand. Die spanische Krone mußte kostspielige Flotten ausrüsten, um die Seeräuber in Schach zu halten. Dabei hatte Spanien seine Kräfte längst überzogen. In seinem Schatten stiegen andere Völker auf.

Fischer aus Portugal, aus dem Baskenland, dann aber auch aus Nordfrankreich, aus England und den Niederlanden fuhren mit immer größeren Flotten an die nordamerikanische Atlantikküste. Dorsch und Stockfisch von den reichen Fischbänken Neufundlands brachten höheren Gewinn als alle die Beutezüge in Amerika, als all das Gold und Silber, das aus der Neuen Welt stammte.

Die Hochseeschiffahrt in den stürmischen Gewässern war für die Seeleute der nordatlantischen Küste eine harte Schule. Sie bewährte sich auch im Krieg. Die nordfranzösischen Städte rüsteten regelrechte Kaperschiffe aus. Von ihrem König Franz I. erhielten sie in den Kriegen gegen Karl V. Freibriefe; sie galten als Teil der königlichen Marine. Franzosen, voran die Bewohner von St. Malo, griffen die spanischen Kauffahrteischiffe wie die portugiesischen Ostindienfahrer an. In den Jahren des Friedens ging der einträgliche Seeraub weiter. »Jenseits der Linie«, hieß es bei ihnen, »gibt es kein Gesetz.« Es wurde nie geklärt, wo diese ›Linie‹ lag. Spanien sah sich im Atlantik in einen nicht endenden Seekrieg gegen einen kaum zu fassenden Gegner verwickelt, der aus der Beute weitere Kaperschiffe ausrüstete. Die spanische Krone war zu Anstrengungen gezwungen, die ihre Einnahmen überstiegen.

Karl V. hat seine Politik nicht unter wirtschaftliche Gesichtspunkte gestellt. Er war von der ungeheuren Bedeutung der Kaiserwürde durchdrungen, die ihn zum Haupt der Christenheit und zum Wahrer des Glaubens berief und ihm die Verantwortung für das Abendland übertrug. Zusammen mit dem Papst wollte er die Kirche reformieren und das Abendland geschlossen gegen die Türken führen. Die universale Kaiseridee des Mittelalters war für ihn noch lebendig.

Der Sieg bei Pavia (1525) spielte ihm zwar den gefährlichsten Gegner Franz I. als Gefangenen in die Hand. Aber gerade dieser Erfolg einte alle die Gegner einer überragenden Kaisermacht. Kaum war Franz I. gegen Versprechen eines hohen Lösegeldes und politischer Zugeständnisse freigelassen, begann der Krieg aufs neue. Der Sultan erschien vor Wien, Frankreich stellte neue Heere auf, in Italien schlossen sich Venedig und der Papst dem Bündnis gegen Karl V. an. Da sie keinen Sold erhielten, plünderten die meuterischen kaiserlichen Truppen Rom. Die große Zeit der Renaissance war damit beendet.

In Deutschland fanden sich die evangelischen Reichsstände zusammen, um den Glauben zu verteidigen. Unter dem Druck des Türkenfeldzuges und der Kriege in Frankreich und Italien mußte Karl V. Zugeständnisse machen. Um so mehr kam es ihm darauf an, vom Papst die Berufung eines Konzils zu erlangen, um mit der Reform der Kirche zur Einheit des Glaubens zurückzufinden. Auf einem allgemeinen Konzil sollte die gesamte westliche Christenheit, durch ihre Bischöfe vertreten, zu Wort kommen. Der Plan scheiterte jedoch zunächst an der Ablehnung des Papstes Clemens VII., der nichts so sehr fürchtete wie ein Konzil, das sich über seine Autorität stellen könnte. Dann leistete Frankreich Widerstand. Der König verbot seinen Bischöfen, eine Einladung anzunehmen. Die politischen Interessen wogen schwerer als Fragen des Glaubens.

Auch in der Kirche hatte sich der nationale Gedanke durchgesetzt. Die Nationen bestanden darauf, daß Bischöfe nur aus ihrem Lande berufen wurden. Der Widerstand gegen die Kurie wurde unterstrichen durch die Abneigung der iberischen und nordeuropäischen Völker gegen die Italiener in Rom. Das Bewußtsein vom einheitlichen Abendland war geschwunden. Es ist nie wieder aufgelebt.

Zu Beginn des 16. Jahrhunderts ging eine starke Welle religiöser Inbrunst und Frömmigkeit durch die europäischen Länder. Nie war die Zahl der Geistlichen, wie auch der Mönche und Nonnen so hoch gewesen wie damals. Daneben traten Laienbewegungen auf; fromme Laien weihten sich dem Dienste Gottes. Theologische Fragen wurden mit Eifer und großem Ernst erörtert, wie kaum zuvor. Die Schriften des Erasmus von Rotterdam, des bedeutendsten Humanisten und Theologen, wurden in allen Ländern eifrig studiert.

Gerade diese Beschäftigung mit theologischen Fragen vertiefte die Spaltung. Luther hat mit seinem kühnen Vorgehen gegen Papst und Kaiser nur den Bann gebrochen. Die Unruhe war allgemein. Bald traten Reformatoren auch in anderen Ländern auf, Zwingli in Zürich, Calvin in Genf. Alle waren sie ›gegen Papisterei‹, alle lehnten sie Rom als das eine verbindliche Haupt der Kirche ab.

Die Abkehr von dieser Mitte wurde dadurch unterstrichen, daß sich mit dem 16. Jahrhundert auch das wirtschaftliche Schwergewicht von Italien nach Norden verlagerte. Die große Zeit für die Länder am Atlantik brach an. Durch den Seeweg nach Indien verloren Venedig und Genua die beherrschende Stellung im Orienthandel. Allerdings haben die Venezianer alles getan, um ihre Stellung einigermaßen zu halten.

Das östliche Mittelmeer war an die Osmanen verlorengegangen. Zwar hatte sich das ›lateinische‹ Abendland daran gewöhnt, durch die Glaubensspaltung vom ›griechischen‹ Osten, dem Balkan und Rußland abgesondert zu sein. Aber die Handelsbeziehungen wurden weiterhin eifrig gepflegt. Bis zuletzt spielten die Venezianer auch politisch eine führende Rolle in Konstantinopel. Auch mit den Osmanen suchten sie zu einer wirtschaftlichen und selbst zu einer politischen Zusammenarbeit zu kommen. Gemeinsam war beiden das Interesse, den Orienthandel über das Rote Meer zu lenken; das gelang ihnen nach dem ersten Rückschlag auch teilweise. Genügend Gewürze kamen über Ägypten, um Frankreich, das mit Spanien und Portugal Krieg führte, zu versorgen.

Norditalien blieb bis ins 18. Jahrhundert hinein ein reiches Land. Seine politische Stellung im Mittelmeerraum konnte es jedoch nicht halten. Je weiter die Osmanen nach Westen vordrangen, desto mehr sahen sich die Venezianer bedroht. Ihre Besitzungen an der Adria und im westlichen Mittelmeer haben sie noch lange Zeit verteidigt. Die Osmanen hatten 1522 das dem Johanniter-Orden gehörende Rhodos erobert. Das venezianische Zypern fiel erst 1571.

Es überschnitten sich die Eroberungspläne des Sultans mit den wirtschaftlichen Interessen seines Reiches, den Mittelmeerhandel, der über Venedig führte, zu pflegen. Solange Frankreich mit Spanien im Krieg lag, hatten die Franzosen ebenfalls ein Interesse daran, Orientwaren über das Rote Meer zu beziehen. Daraus ergab sich das enge Bündnis zwischen Frankreich und den Osmanen. Venedig pendelte hin und her.

Gegen die Umklammerung durch die Habsburger, durch Spanien, Neapel, Oberitalien und Burgund, baute Franz I. einen äußeren Ring auf, der seinerseits Habsburg umfaßte: das Osmanische Reich sowie einzelne deutsche Reichsfürsten, die sich gegen den Kaiser stellten. Das waren vor allem die Evangelischen. Die Glaubensfrage bestimmte die politische Haltung. Karl V., noch im spanischen Denken der unter religiösem Vorzeichen geführten Reconquista, glaubte, nur die Einheit des Glaubens könne die Einheit des Reiches sichern. Sein Bruder Ferdinand I. hingegen und dessen Sohn Maximilian II. neigten zum neuen Glauben. Seitdem sie 1526 Böhmen und Ungarn geerbt hatten, trachteten sie danach, den Teil

Ungarns, der nach der Schlacht von Mohács an die Osmanen gefallen war, zurückzuerobern, und dazu brauchten sie die Unterstützung der deutschen Territorialherren und Polens. Auch in Ungarn hatte sich der Protestantismus bereits vor dem Türkensieg durchgesetzt. In Siebenbürgen, das von den Osmanen als eigenes ›Königreich Ungarn‹, wenn auch tributpflichtig, eingerichtet worden war, herrschte Religionsfriede. Friedlich lebten hier Lutheraner, Calvinisten und Römisch-Katholische nebeneinander. Lutherisch waren vor allem die Städte, in denen die Deutschen überwogen, calvinistisch die Ungarn, die ›Szekler‹ in den Bergen, und katholisch die Rumänen, die ›Walachen‹. In Siebenbürgen waren die verschiedenen Volksgruppen über das ganze Land verbreitet. Sie bildeten soziale Schichten, die sich übereinander lagerten, so daß im gleichen Raum Volksgruppen von verschiedener Sprache, Rasse und Religion in geschlossenen Gemeinschaften zusammen wohnten. Ähnlich lagen die Verhältnisse auch auf dem Balkan.

Die Königreiche Dänemark und Schweden bekannten sich zur Reformation. Die meisten Theologen aus Dänemark und Schweden hatten in Wittenberg, Rostock und Greifswald studiert. Entscheidend für den Sieg der neuen Lehre waren jedoch politische Umstände.

König Christian II. von Dänemark hatte noch einmal versucht, die dänische Herrschaft in Schweden aufzurichten. Dabei stützte er sich auf die von ihm eingesetzten Bischöfe, um die Macht des eingesessenen Adels zu brechen. Seine Widersacher ließ er hinrichten. Daraufhin erhoben sich namentlich die schwedischen Bauern unter Führung von Gustav Wasa. Um den Krieg durchzuhalten, enteignete Gustav I. Wasa, nun König geworden, das Kirchengut. Der Bruch mit Rom war unvermeidlich. Als unabhängiges protestantisches Königreich begann Schweden seinen Aufstieg.

Auch in Dänemark hat die Enteignung des Kirchengutes eine wesentliche Rolle bei der Frage des Glaubenswechsels gespielt. Doch bleibt erstaunlich, welch geringen Widerstand Skandinavien leistete, als seine Könige die Bindungen zur jahrhundertealten Kirche lösten.

Im Ordensstaat Preußen, der unter polnischer Lehnshoheit stand, trat der letzte Hochmeister des Deutschen Ritterordens, der Hohenzoller Albrecht, zum lutherischen Glauben über; er machte den Ordensstaat zu einem weltlichen Herzogtum. Durch Erbfolge fiel Preußen an den Kurfürsten von Brandenburg.

Im Ordensgebiet Livland hatte der protestantische Glaube die Städte gewonnen. Als der Hochmeister zum Protestantismus überging, unterstellte sich der Erzbischof von Riga dem Schutz des Königs von Polen. Livland kam zu Litauen, blieb aber protestantisch. Estland fiel an Schweden. Kurland wurde weltliches Herzogtum.

In Polen-Litauen war die religiöse Frage eng mit der nationalen und sozialen gekoppelt. Die einzelnen Landesteile waren durch Sprache und Bekenntnis der Bevölkerung scharf voneinander getrennt. Im Osten hing die ruthenische Bevölkerung dem orthodoxen Glauben an. Nur die feudale Oberschicht der polnisch-litauischen Magnaten, die riesige Güter erworben hatten, war römisch-katholisch. Polen und das eigentliche Litauen waren römisch-katholisch, aber die weiten Gebiete im Osten, die die Jagiellonen erst spät erobert hatten, schlossen sich der Kirchenunion an. Unter König Sigismund I. (1506–1548), der mit Bona Sforza verheiratet war, fand die italienische Renaissance in Polen Eingang. Krakau wurde geistiger und künstlerischer Mittelpunkt des Landes. In den Städten und im Kleinadel Polens hatte der Protestantismus an Boden gewonnen, zu dem sich etwa ein Drittel der Bevölkerung bekannte.

In England hat die Ehescheidung Heinrichs VIII. zur Lösung von Rom geführt. Mit der Reformation wurden auch hier die Kirchengüter, darunter die wohlhabenden Zisterzienserklöster, enteignet. Um die Wolle zu verarbeiten, stellten die neuen Besitzer Webstühle in den ehemaligen Klostergebäuden auf. Englische Tuche gingen in den Ostseeraum, dann über Emden, später über Hamburg an die festländischen Abnehmer.

Die Tochter Heinrichs VIII., Maria die Blutige, die mit dem spanischen König Philipp II. verheiratet war, versuchte den Katholizismus in ihrem Lande wieder einzuführen.

Nachdem Karl V. um des Religionsfriedens willen lange Jahre darauf gedrängt hatte, trat das Konzil – endlich – in Trient zusammen. Jahrelang hatte Papst Clemens VII. alles getan, um ein Konzil zu verhindern. Als es schließlich von Paul III. berufen wurde, war die Spaltung so tief, daß sie nicht mehr überwunden werden konnte.

Da der französische König seinen Bischöfen die Teilnahme am Tridentiner Konzil verboten hatte, fanden die ersten Tagungen 1545–1547 und 1551–1552 ohne sie statt. Die spanische Partei an der Kurie hat es schließlich durchgesetzt, daß die Verhandlungen wieder aufgenommen wurden. Einen Erfolg aber hatte das Konzil erst, als die französischen Bischöfe daran teilnahmen. Das hatte einen innerpolitischen Grund.

Die religiöse Unruhe hatte inzwischen auch Frankreich erfaßt, insbesondere im Süden und Osten. Calvin lehrte einen anderen Begriff der Obrigkeit als Luther. Er wandte sich an die bürgerlichen und kleinadligen Schichten und bestärkte sie in ihrem Widerstand gegen die Königsgewalt. Seine Lebensordnung ist bürgerlich. Die Welt wird kälter, nüchterner – rechenhaft auch im Verhältnis zu Gott. Es läßt sich jedoch nicht übersehen, daß durch diese Lehre Kräfte freigesetzt worden sind, ohne die die Neuzeit nicht denkbar wäre. Calvin hat in das noch stark mittelmeerisch bestimmte ›Abendland‹ einen modernen Geist hineingebracht, der schließlich das atlantische Westeuropa geprägt hat. In düsterem Eifer, erfüllt von strengem Ernst haben die Calvinisten der Wirtschaft eine überragende Bedeutung verliehen.

Um die Mitte des Jahrhunderts hing rund ein Drittel der Bevölkerung Frankreichs dem neuen Glauben an. Die Calvinisten hatten bedeutende Führer: Prinz Condé, Admiral Coligny und König Heinrich von Navarra. Um sich den inneren Religionskämpfen zuwenden zu können, schloß Heinrich II. von Frankreich Frieden mit Habsburg. Mit der Teilnahme der Franzosen stand dem Tridentiner Konzil auf der dritten Tagung 1562–1563 der Weg zur Reform offen.

Die katholische Kirche erneuerte sich aus spanischem Geist heraus. Die spanischen Bischöfe hatten besonders darauf gedrungen, daß jeder Bischof verpflichtet sein sollte, in seiner Diözese zu residieren. Dahinter stand die Kritik am Recht der Kurie, nach Belieben Bischöfe zu ernennen. Die Residenzpflicht der Bischöfe wurde festgesetzt, Ämterhäufung verboten. Das Kirchenregiment wurde überhaupt strenger. Theologisch wurden die Grenzen gegenüber der Reformation, vor allem in der Rechtfertigungsfrage, klar gezogen. Ein Reformdekret ordnete die Einrichtung bischöflicher Priesterseminare an; bis dahin hatte es weder verbindliche Normen noch zweckentsprechende Einrichtungen gegeben. Das theologische Studium an den Universitäten kam für die Masse der künftigen Seelsorgepriester kaum in Betracht. Die Kritik zielte vor allem auf die unzulängliche Bildung der Kleriker. Um so mehr legte die neugestärkte Kirche Wert darauf, die Führung im europäischen Geistesleben zurückzugewinnen.

Die Reformatoren stammten in der Mehrzahl aus dem Kreise der Humanisten; sie wurden unterstützt von einer zwar nicht sehr großen, aber einflußreichen Schicht der Gebildeten, die ganz allgemein den Klerus bis hinauf zu den Erzbischöfen als ›ungebildet‹ verachteten.

In den Jahrzehnten nach der Reformation änderte sich das Bild an den Universitäten sehr rasch. Die Zahl der Hörer ging erschrekkend zurück. Basel, Wittenberg und Erfurt verödeten. Es gibt keine Studenten mehr, klagte schon Erasmus. Hatte ein Bildungseifer ohnegleichen die ersten beiden Jahrzehnte des 16. Jahrhunderts gekennzeichnet, so machten sich von nun an Gleichgültigkeit, wenn nicht gar Verachtung von Wissen und Studium breit.

Im ganzen Umfang zeigten sich die Folgen erst viel später. Als Luther 1546 starb, war das deutsche Bildungsniveau gegenüber 1517 schon beträchtlich abgesunken. Da die Universitäten versagten, ließ auch die allgemeine Volksbildung nach. Die Deutschen verloren ihr hohes Ansehen innerhalb der europäischen Gelehrsamkeit. Die Theologie strahlte keine Anregungen mehr aus. Der geistige Niedergang hielt ein Jahrhundert an; er wurde noch durch die wirtschaftlichen und politischen Nöte unterstrichen, bis der Dreißigjährige Krieg schließlich den völligen Zusammenbruch herbeiführte.

Bei der Neubelebung des Schulwesens gingen die stärksten Impulse vom Jesuitenorden aus, der Gründung des spanischen Ritters Ignatius von Loyola. Die Jesuiten errichteten Schulen für katholische Laien, wobei sie den größten Wert darauf legten, die Söhne der Fürsten zu erziehen. Im Unterschied zu den mittelalterlichen Mönchsorden, den Dominikanern und den Franziskanern, haben sie sich in hohem Maße der Naturwissenschaft gewidmet. Der Orden hat bedeutende Mathematiker und Astronomen hervorgebracht. Seine Unterrichtsmethode war darauf abgestellt, Hochleistungen zu erzielen. Durch Wettbewerb, Prämien und Geistesschulung in Exerzitien wurden die Besten ermittelt und gefördert. Die aktive Teilnahme an dieser Welt war den Jesuiten wichtiger als ein beschauliches, frommes Leben.

Mit diesem geistigen Rückhalt begann die katholische Kirche den Gegenangriff. Innerhalb weniger Jahrzehnte hatte sie einen beträchtlichen Teil des verlorenen Bodens wieder aufgeholt: Frankreich, Polen, Ungarn, ebenso wie weite Gebiete in Deutschland kehrten zum römischen Glauben zurück.

Als Karl V. abdankte, wurde das gewaltige Reich geteilt. Die österreichischen Besitzungen behielt sein Bruder Ferdinand I., der auch die Kaiserkrone gewann. Sein Sohn Philipp II. erhielt Spanien mit den überseeischen Besitzungen, Mailand, Neapel, die Franche-Comté und die Niederlande. Ein großes, zugleich aber auch ein belastendes Erbe. Der spanische Staat war bankrott, die spanische Wirtschaft zerrüttet. Die ungeheuren Kosten der endlosen Kriege in Italien, Frankreich, Nordafrika und Deutschland hatten die Kräfte des Landes aufgezehrt. König Philipp II. fürchtete, in seinem Alter betteln gehen zu müssen. Er vergrub sich in die Arbeit, um sein Reich aus den wirtschaftlichen Schwierigkeiten herauszuführen. Die Glaubenskriege in Frankreich und die Erfahrungen in den Niederlanden bestärkten den Monarchen in seiner Meinung, nur ein religiös geschlossener, straff verwalteter Staat könne die Aufgabe erfüllen, den inneren und äußeren Frieden zu sichern. Dabei stützte er sich einmal auf die mächtige Organisation der katholischen Kirche, die seit den Zeiten des Kardinals Jimenez de Cisneros die öffentliche Verwaltung in Spanien trug, sodann auf eine ihm ergebene Bürokratie juristisch geschulter Beamter, die er berief und leitete. Philipp II. machte Madrid zur Hauptstadt Spaniens.

Die baskischen Kaufleute, die vor allem am Walfang in den nordischen Gewässern beteiligt waren, boten dem König an, auf eigene Kosten Kriegsflotten auszurüsten, wenn er ihnen den Handel in Amerika und Asien freigeben würde. Philipp II. lehnte ab.

Dem Eigennutz der Kaufleute und Unternehmer mißtraute der König. Jede freie Betätigung – fürchtete er – müsse sich zum Schaden seines Reiches und seiner Untertanen auswirken. Ein Verzicht auf das Monopol der halbstaatlichen ›Casa de Contratacion‹ würde sein wirtschaftliches System und damit die politischen Grundlagen seines Reiches erschüttern. Ein dichtes Gestrüpp von Paragraphen überwucherte das wirtschaftliche Leben: Höchstpreise, Ausfuhr- und Einfuhrverbote, Luxussteuern und Anbauvorschriften. Sobald sich eine Lücke zeigte, wurde sie geschlossen, denn das System der gelenkten und kontrollierten Wirtschaft hielt sich nur, wenn jede Ausweichmöglichkeit verriegelt wurde. Ein Rädchen griff in das andere.

Spanien verdankte sein riesiges Kolonialreich der freien Unternehmungslust einiger weniger Konquistadoren. In den ersten Jahrzehnten des 16. Jahrhunderts haben sich noch ausländische Gesellschaften daran beteiligt, Amerika zu erschließen und auszubeuten, die Welser und die Fugger, Genuesen und Florentiner. Nun wurden alle Ausländer ausgeschaltet; nicht einmal die Aragonesen oder die Basken, erst recht nicht die Niederländer ließ der Indienrat in Sevilla zu.

Die Bewohner Kastiliens sahen die allmächtige Bürokratie, die jede freie Regung unterdrückte, die Flut von Papieren und Dokumenten, die jedes Leben zu ersticken drohte, die Denunzianten, die der Inquisition jede kritische Äußerung als verdächtig meldeten. Man fügte sich; die überlieferten Freiheiten wurden innerlich ausgehöhlt und wertlos. Selbst die Unternehmungslustigen gaben zuletzt den Kampf auf. Aragon hat länger Widerstand geleistet; doch mußte es sich Ende des Jahrhunderts ebenfalls beugen.

Alle innerpolitischen Spannungen wurden aufgewogen durch den Stolz, Spanier zu sein, Bürger eines Staates, dem die Welt gehörte, Erbe der Konquistadoren, die unvergleichliche Taten vollbracht hatten. Noch Karl V. war auf die Einkünfte aus den Gütern der drei Ritterorden, aus den Bergwerken und aus den Abgaben des Handels angewiesen. Das reichte angesichts der ungeheuren Staatsausgaben nicht mehr aus. Philipp II. erwartete, daß die überseeischen Besitzungen den Hauptteil der Staatseinnahmen bringen sollten. Da König Sebastian von Portugal 1578 in Marokko gefallen war, ging sein Reich durch Erbfolge auf Philipp II. von Spanien über, dem nun auch die andere Erdhälfte gehörte, die der Vertrag von Tordesillas Portugal zugesprochen hatte. Der Gewürzhandel mit Ostindien und die Silbergruben der Neuen Welt lagen jetzt in einer Hand. Aber die finanziellen Ergebnisse enttäuschten, die Gewinne blieben aus.

Spanien glaubte, aus den Silbergruben in Amerika, vor allem von Potosí, ähnliche Einnahmen ziehen zu können wie die Habsburger aus den Silbergruben in Tirol und Böhmen. Das war ein Irrtum. Die spanische Staatskasse setzte bei jedem Pfund Silber Geld zu: die Kosten für die Gewinnung, für die Kolonialverwaltung, für den Transport und vor allem für die militärische Sicherung lagen weit über dem Erlös des Silbers in Europa. Zweimal, später nur einmal im Jahr fuhr die Silberflotte unter Geleitschutz von Amerika nach Spanien. Gewaltige militärische Anstrengungen in der Karibischen See haben verhindert, daß die Silberflotte in die Hände der Feinde fiel. Nur ein einziges Mal – sehr viel später – wurde sie von Holländern erbeutet.

Das amerikanische Silber überschwemmte zuerst Spanien, dann Frankreich, schließlich England und Deutschland. Die deutschen Silbergruben kamen zum Erliegen. Die Nachfrage stieg vor allem nach Luxusgütern und Wollwaren, die nur durch Einfuhren gedeckt werden konnte. Alle Versuche, den Außenhandel über Ausfuhrverbote und Höchstpreise ins Gleichgewicht zu bringen, führten nur dazu, daß die heimische Erzeugung gedrosselt wurde. Die steigenden Wollpreise verwandelten weite Ländereien aus Ackerland in Schafweide; dann fehlte es an Weizen; die Höchstpreise verhinderten jedoch eine Rückkehr zum Weizenanbau. Die Schafe »fraßen die Menschen auf«. Hungersnöte bedrohten Spanien, Frankreich und England.

Die Inquisition erstickte jeden Versuch des Protestantismus im Keim. Sie ging aber auch gegen jede andere Abweichung von der kirchlichen Lehre wie gegen jede umstrittene Meinung mit großer Härte vor. Am gefährlichsten wirkte sich die Bestimmung aus, daß der Denunziant die Hälfte einer Geldstrafe, meist die Hälfte vom verfallenen Vermögen des Verurteilten, erhielt; da er bei falscher Anschuldigung jedoch gedeckt wurde, nahm die geistige – und bald auch die wirtschaftliche – Unsicherheit zu. Wer Handel trieb, wer sich industriell betätigte, vor allem aber wer zu Reichtum aufstieg, wurde verdächtigt, Maure oder Jude oder sonst ein Ketzer zu sein.

Der allgemeine Niedergang verstärkte sich. Die Einnahmen des Staates gingen zurück. Aber da seine Ausgaben wuchsen, mußte die Regierung die Steuerschraube stärker anziehen. Gegen die wachsende Unzufriedenheit wurde die religiöse Aufsicht verschärft.

Im Geist der Gegenreformation lehnte sich die Kirche eng an den Staat, richtiger an den katholischen Monarchen an. Ihm verdankte sie es, daß die Irrlehre bekämpft und der Glaube rein erhalten blieb. Dafür verzichtete sie auf jene Stellung, die sie im Mittelalter neben oder gar über der weltlichen Gewalt beansprucht hatte. Die Kirche erkannte den Vorrang des Staates in allen weltlichen Fragen an. Sie lieh dem Monarchen die Gewalt über die Seelen. Der spanische Staatsgedanke, wie ihn Philipp II. forderte, beruhte auf dem Vorrang des Staatsinteresses gegenüber allen Sonderrechten des einzelnen. Organ dieses Staates war eine straffe zentrale Verwaltung, die alle Lebensbereiche ordnen sollte. Das war in Spanien kein Problem. In den burgundischen Erblanden jedoch lagen die Verhältnisse anders.

Dort ließen sich Fragen des Glaubens und der öffentlichen Verwaltung nicht durch königlichen Machtspruch regeln. Calvins Lehre hatte sich in den Niederlanden durchgesetzt. Sie stärkte den Ständen den Rücken. Begonnen hatte der Aufstand als Fronde des hohen Adels, der Grafen Egmont und Hoorn, die noch unter Karl V. das niederländische Heer geführt hatten. Sie pochten auf die alte burgundische Verfassung und weigerten sich, spanische Regierungsmethoden, insbesondere Steuerverfügungen anzuerkennen. Zunächst gab die Regentin Margarete von Parma nach. Das half wenig. Der Widerstand gegen die ›spanische‹ Herrschaft nahm zu. Er erfaßte den niederen Adel und schließlich auch die Bürgerschaft der Städte. Die Stände zwangen den spanischen Minister, den Erzbischof von Mecheln, Kardinal Granvelle, die spanischen Truppen zurückzuziehen und die Verwaltung des Landes der Ständevertretung von Adel und Städten, den ›Generalstaaten‹, zu überlassen.

Verschärft wurde der Kampf der Stände durch den religiösen Gegensatz. Als die calvinistischen Bilderstürmer Unruhen in den Städten erregten, griff die Regentin Margarete zuerst mit deutschen Truppen ein. Dann sollte Herzog Alba mit spanischen Soldaten die Ordnung wiederherstellen und die Irrlehre bekämpfen. Die Inquisition mit ihrem geheimen, von niemandem zu durchschauenden Verfahren, das auf Strafe an Leib und Gut zielte, schuf einen Zustand der Unsicherheit und Ohnmacht. Der Druck wurde unerträglich. Erst der Glaubenskampf hat im Aufstand der Niederlande den fanatischen Haß gegen alles Spanische erzeugt. Anfangs war Alba erfolgreich.

Den kriegsgewohnten spanischen Tercios konnten die Niederländer im offenen Feld nicht entgegentreten. Sie verteidigten ihre Städte. Haarlem mußte nach langem, zähem Kampf kapitulieren. Alkmaar hielt stand, weil die Bürger die Deiche durchstachen. Der Krieg zog sich hin; er nahm die Formen des Partisanenkampfes an.

Die Niederländer riefen die deutschen Protestanten zu Hilfe und unterstellten sich dem Befehl Wilhelms von Oranien. Er spielte den Krieg vom Land auf die See, indem er Kaperbriefe ausgab. Die Jagd auf die reichen spanischen Kauffahrteischiffe begann. Die Geusen – die Bettler, wie der Spottname der niederländischen Protestanten lautete – trafen den Feind an der verwundbaren Stelle: der spanische Seehandel hatte schon unter den Angriffen der französischen Korsaren zu leiden. Aus einem inneren Kampf der Niederlande wurde ein nationaler Krieg mit Spanien.

Nun griffen die Gegner Habsburgs ein: Frankreich und die deutschen Protestanten. Die nördlichen sieben Provinzen schlossen sich gegen Spanien zusammen. Bald stand das ganze Land unter Waffen. Da den Spaniern das Geld ausging, blieben ihre Truppen ohne Sold. Das führte zu Meuterei und zur Plünderung von Antwerpen. 500 Gebäude gingen in Flammen auf. 8000 Bürger wurden erschlagen, 15 Millionen Gulden erbeutet. Diese Gewalttat gab der Auseinandersetzung zwischen dem spanischen König und seinen niederländischen Untertanen die entscheidende Wende.

Die aufständischen nördlichen Niederlande verständigten sich mit den südlichen. Der neue spanische Gouverneur, Juan d'Austria, der Sieger von Lepanto, der gerade in Luxemburg eingetroffen war, mußte den Kampf aufgeben. Zwar flackerte der Krieg nach geraumer Zeit wieder auf, aber die letzte Möglichkeit, die Niederlande zurückzugewinnen, war verspielt. Spanien war außerstande, diesen Krieg längere Zeit durchzuhalten. Den Seeweg durch den Ärmelkanal versperrten Frankreich und England.

Königin Maria von England, Gemahlin Philipps II. von Spanien, war nach fünfjähriger Regierung ohne Erben gestorben. Ihre Nachfolgerin Elisabeth I., die zum Protestantismus zurückkehrte, fürchtete, daß Spanien den Anspruch der katholischen Königin Maria Stuart von Schottland auf den englischen Thron unterstützen könnte. Hinter der spanischen sammelte sich die katholische Partei in England.

Vorläufig lief der gesamte Handel mit Amerika und Asien noch über Spanien und Portugal. Dort saßen die wenigen englischen Kaufleute, die im Überseegeschäft tätig waren. Sie wollten Frieden. Die Freibeuter auf den Kaperschiffen, die Sea Dogs, verlangten jedoch das Recht, unbehindert am Welthandel teilzunehmen; sie pochten auf die ›Freiheit der Meere‹. Spanien mit seinem Monopol hinderte sie daran, zu verdienen.

Nun überwogen die Gegensätze in den Handelsinteressen. Englische Schiffe hatten afrikanische Sklaven mit glänzendem Gewinn an der amerikanischen Küste verkauft. Auf Geheiß des Indienrates in Sevilla wurde dieser Handel verboten. Daraufhin begann ein lebhafter Schleichhandel. Engländer, die den Spaniern in die Hände fielen, wurden als ›Ketzer‹ verurteilt. Als die Spanier Gewalt anwandten, antworteten die Engländer mit offenem Seeraub. Francis

Drake umsegelte Südamerika und plünderte überraschend die spanischen Besitzungen am Pazifik.

Wie sollte sich Königin Elisabeth verhalten? Sollte das sichere Geschäft über Sevilla und Lissabon auf die vage Hoffnung hin geopfert werden, einen sehr viel ertragreicheren, weil unbehinderten Handel aufzubauen? Konnte England, damals noch ohne eigene Kriegsflotte, einen spanischen Angriff abwehren? Königin Elisabeth stellte sich vor ihre Seefahrer; sie erhob Drake in den Ritterstand. Daraufhin beschlagnahmte König Philipp II. das Gut der englischen Kaufleute in Spanien. Das führte zum Krieg.

Die Unbesiegbare Armada sollte Truppen nach den Niederlanden bringen und zugleich die Engländer treffen, wenn sich eine Gelegenheit dazu bot. Die spanische Flotte war für den Mittelmeerkrieg ausgerüstet, mit schweren Galeeren, wie sie bei Lepanto 1571 eingesetzt worden waren. Aber den Stürmen der Nordsee und des Atlantiks war sie nicht gewachsen. Bedrängt von den flinken englischen Schiffen, mußte sie den Angriff auf England aufgeben. Die meisten spanischen Schiffe scheiterten auf der Rückfahrt um Schottland herum auf der Höhe von Irland. Der englische Sieg verschaffte den Holländern die politische Freiheit. Bei Spanien verblieben die ›spanischen Niederlande‹.

England war zum Ausgang des 16. Jahrhunderts zu erstaunlicher Macht aufgestiegen. Dabei war es eigentlich ein armes Land. Es zählte nur 4 Millionen Einwohner oder weniger als ein Drittel der Frankreichs. Aber damals brach eine Stoßkraft sondergleichen aus ihm hervor. Die Nation war von einzigartiger Unternehmungslust erfüllt, zugleich aber auch von einem ungewöhnlichen geistigen und künstlerischen Leben. Im ›Elisabethanischen Zeitalter‹ schrieb Shakespeare seine Dramen. England bestand siegreich den Kampf mit dem weit überlegenen Spanien.

Frankreich war durch innere Wirren gelähmt. Die Religionskriege, die das Land verwüsteten, spiegelten den politischen Zwiespalt wider. Frankreich stand zwischen dem spanischen Staatsideal und der Entwicklung in England und in den Niederlanden. Die Entscheidung fiel erst, als Heinrich IV., Führer der Protestanten, zum katholischen Glauben übertrat.

Die Abneigung der Deutschen gegen den absoluten Staat, der die ›deutsche Libertät‹ aufzuheben drohte, blieb groß. Sie zu beschwichtigen, genügten selbst die Zugeständnisse nicht, die Karl V. und seine Nachfolger, Bruder und Neffe, gemacht hatten, um die

›Religionsfreiheit‹ zu wahren, also den Landesherren nachzugeben. Kaiser Ferdinand I. hielt sich streng an den Augsburger Religionsfrieden, der nach der Formel »cuius regio eius religio« das Bekenntnis von der Haltung des jeweiligen Reichsstandes abhängig machte. Sein Sohn Maximilian II. (1564–1576) neigte zum Protestantismus, der sich in Österreich ausbreitete. Erst Kaiser Rudolf II. führte in seinen Landen mit der Gegenreformation zugleich den ›spanischen Staat‹ ein. Das Zusammenwirken von Staat und Kirche sollte Österreichs Stellung in der Außenpolitik festigen helfen.

Unter Suleiman dem Prächtigen (1520–1566) hatte das Osmanische Reich die größte Machtfülle erreicht. Zehn Feldzüge in Europa und drei in Asien führte der Sultan selber. 1521 hatte er Belgrad, 1526 Ungarn erobert, 1529 hatte er vor Wien gestanden. Seine Kriegsflotten, geführt von kühnen Seeräubern wie Khaireddin ›Barbarossa‹ oder Dragut, beherrschten das Mittelmeer, eroberten Tunis, besiegten, zusammen mit französischen Kriegsschiffen, die vereinigte kaiserliche, päpstliche und venezianische Flotte und nahmen Tripolis den Malteserrittern ab. Als er jedoch 1547 gezwungen war, sein Heer gegen Persien zu führen, willigte er in eine Teilung Ungarns. Osmanisch blieben der südliche und der zentrale Raum; den Westen behielt der Habsburger gegen die Verpflichtung, einen jährlichen Tribut an den Sultan zu zahlen; in Siebenbürgen regierte Johann Sigismund mit dem Titel eines Fürsten.

Zwischen dem habsburgischen Ungarn und Siebenbürgen gab es dauernd Krieg. Alle Versuche, Siebenbürgen zu erobern, scheiterten. Häufig genug griffen die Osmanen in diese Kämpfe ein. Aber auch in der Zeit des Waffenstillstands zwischen Kaiser und Sultan riß der Grenzkrieg in Siebenbürgen nicht ab.

Zwischen dem Reich der Habsburger und dem der Osmanen erstreckte sich eine breite Grenzzone. Die ›Militärgrenze‹ wurde auf habsburgischer Seite durch Wehrbauern gesichert. Überfälle und Plünderungszüge von beiden Parteien brachten immer wieder Not, Zerstörung und Kampf für die unglücklichen ›Grenzer‹. Die Erbitterung der Kämpfe wurde noch durch die religiöse Frage verschärft. Die Osmanen gewährten allen Religionen freie Ausübung des Glaubens. Als der Fürst von Siebenbürgen, Sigismund Bathory, die Osmanen aus der Walachei vertrieben hatte und das Land dem Kaiser Rudolf zufiel, begann dort die Gegenreformation.

In Polen brach unter König Sigismund II. August der Gegensatz zwischen Protestanten und Katholiken offen aus. Der Sejm wählte 1558 einen Calvinisten zum Reichsmarschall und setzte durch, daß Urteile kirchlicher Gerichte nicht durch Organe des Staates vollstreckt werden durften. Dann kam der Gegenschlag. König und Sejm übernahmen 1564 die Beschlüsse des Tridentiner Konzils. Die kirchliche Organisation wurde gründlich reformiert, unwürdige Bischöfe abgesetzt, die Ketzer des Landes verwiesen. Die Jesuiten begannen mit der Gegenreformation. Ihnen kam zustatten, daß die Kirche und der katholische Glaube im Zeichen der ›nationalen Idee‹ gegen die orthodoxen Russen, die protestantischen Deutschen und die islamischen Osmanen stand. Die außenpolitische Frontstellung aber hat nicht die Innenpolitik bestimmt. Der König hoffte, mit Hilfe der Kirche die zentrale Staatsgewalt in seinem Lande stärken zu können, doch scheiterte er am Widerstand des Adels. Sigismund II. August setzte auf dem Sejm von Lublin 1569 die Vereinigung der beiden bisher nur durch Personalunion verbundenen Reiche Polen und Litauen durch. Den Widerstand der Litauer hat er dadurch überwunden, daß er vorher Wolhynien und Podolien aus dem litauischen in den polnischen Staat überführte. Nun fügten sich die litauischen Magnaten, um nicht ihre Stellung in Ruthenien zu verlieren.

Als Sigismund II. August 1572 kinderlos starb, traten die polnischen Bischöfe vergeblich für die Wahl eines Habsburgers ein. Der Adel setzte Heinrich von Valois gegen das Zugeständnis der Glaubensfreiheit durch. Nach einjähriger Regierung kehrte Heinrich jedoch nach Frankreich zurück, wo er den Thron bestieg. Daraufhin wählte der Reichstag Stephan Bathory, den Fürsten von Siebenbürgen, zum König. Aber auch er hat nicht vermocht, der Königsgewalt in Polen entscheidenden Einfluß zu verschaffen, trotz seiner Erfolge in der Außenpolitik. Er unterwarf die Ostseestadt Danzig, die sich gegen ihn erhoben hatte; er besiegte mit einem Aufgebot von Bauern und Bürgern die Russen, die in Litauen eingebrochen waren; er schob die polnische Grenze bis zum Schwarzen Meer vor. Mit Podolien hatte Polen jedoch ein Gebiet erworben, das von drei Seiten her gefährdet war: durch Moskau, das Osmanische Reich und Habsburg.

Stephan Bathorys Nachfolger Sigismund III. aus dem schwedischen Hause Wasa hat sich zwar eng an die römische Kirche angelehnt und im Lande den Glauben mit dem Druck der Staatsgewalt durchgesetzt, aber den starken Staat im politischen Sinn hat auch er nicht durchzusetzen vermocht. Gegen die Pläne einer Staatsreform erhob sich der Adel 1606 zusammen mit den unzufriedenen Protestanten. Obwohl dieser Aufstand der ›Rokosz‹ 1607 zusammenbrach, hat er die Staatsgewalt schwer erschüttert. Der Adel blieb ungebeugt. Er bestand auf seinem Recht im Parlament, jedes Gesetz durch Einspruch zu Fall zu bringen.

An dieser Freiheit ließ er nicht rütteln; auf ihr beruhte seine wirtschaftliche Stellung, die Steuerfreiheit und das Recht, den König zu wählen und bei Unfähigkeit abzusetzen. Die politische Macht lag allerdings bei den Magnaten, den gut zwei Dutzend Familien; ihnen gehörte der größte Teil von Grund und Boden. Die Magnaten fanden Unterstützung beim Kleinadel, den Slachtzitzen, die – wirtschaftlich gesehen – kaum mehr als Großbauern waren. Die 700 000 Slachtzitzen fühlten sich jedoch als Kriegeradel erhaben über die Bauern, die als Leibeigene entrechtet blieben. Die großen militärischen Erfolge gegenüber Moskau, wo polnische Heere den ›falschen Demetrius‹ als Zaren einsetzten, haben die innere Stellung des Königs nicht gestärkt. In Polen setzte sich zwar die Gegenreformation, nicht aber die ›spanische‹ Staatsidee durch; es verharrte wirtschaftlich und gesellschaftlich im Mittelalter.

Noch weniger hatten sich die Zustände im Großfürstentum Moskau verändert. Unbegrenzt herrschten die Bojaren über die Bauern. Iwan IV. der Schreckliche begrüßte zwar die englischen Kaufleute, die über Archangelsk in sein Reich kamen, aber an seiner Herrschergewalt ließ er nicht rütteln. An der Spitze seines Heeres warf er die Tataren zurück. 1547 eroberte er Kasan und Astrachan. Der Weg die Wolga abwärts durch die Steppe bis zum Kaspisee war frei. Doch gehörte die Schwarzmeerküste weiterhin den Osmanen. Rußland blieb unberührt von den großen geistigen und politischen Auseinandersetzungen, die den europäischen Westen bewegten und wandelten: von Renaissance, Reformation und Gegenreformation. Der Zar war Selbstherrscher wie die tatarischen Khane in der Steppe.

18

Glaubenskriege. Die katholische und die protestantische Staatsidee

Aufstieg Schwedens im 17. Jahrhundert · Vorübergehende Personalunion Polen-Schweden · Gustav II. Adolf (1594–1632) · 1562–1598: die Hugenottenkriege in Frankreich · Die Bartholomäusnacht (1572) · Heinrich IV. von Navarra wird König (1589) · 1598: das Toleranzedikt von Nantes · Richelieu (1585–1642) und der werdende Einheitsstaat · Niedergang Deutschlands · 1618: Ausbruch des Dreißigjährigen Krieges in Böhmen · Tilly und Wallenstein · 1630: Gustav Adolf greift ein · 1635–1648: Frankreich beteiligt sich am Kriege · Friede von Münster und Osnabrück (1648) · Nach 1648: das unabhängige Holland wird Seemacht · Der Seekrieg und seine Folgen · Zwischenhandel und Frachtgeschäft · England unter den Stuarts (1603–1714) · 1642–1649: der Bürgerkrieg · Karl I. 1649 hingerichtet, Cromwell (1599–1658) · Die Puritaner · 1641: Aufstand in Irland · 1651: die Navigationsakte · Der wirtschaftliche Niedergang Spaniens und Portugals · Das Goldene Zeitalter Spaniens in Dichtung und Malerei

Schweden stieg als protestantisches Königreich zur Vormacht im Ostseeraum auf. Die übernommenen Kirchengüter brachten der Krone die Einkünfte, ein weit stärkeres Heer aufzustellen, als es der geringen Bevölkerungszahl (800 000) entsprach.

Mit Hilfe deutscher Bergleute und Handwerker entwickelte Schweden die Eisenindustrie in Dalarne, die zur Grundlage der Ausfuhr wurde. Ein Wandel im Ostseehandel kam Schweden zugute. Die Hanse büßte bereits während ihres Krieges mit Flandern 1520–1530 an Einfluß ein, als die Niederländer versuchten, den lästigen Zwischenhändler auszuschalten. Die aufstrebende englische Tuchindustrie knüpfte Verbindungen unmittelbar zu den Verbrauchern an. An Stelle des ›kleinen Weges‹ von Brügge über Lübeck zum Ostseeraum bevorzugten die englischen Kaufleute den ›langen‹ über Kopenhagen und Stockholm nach Osteuropa. In der zweiten Hälfte des 16. Jahrhunderts haben sie dann Verbindung nach Moskau um das Nordkap herum über Archangelsk angebahnt.

Um den Handel mit Rußland in die Hand zu bekommen, baute Schweden Wiborg zum großen Umschlagplatz aus. 1561 gewann

Erich XIV. Estland, aber in dem daraus folgenden siebenjährigen Krieg mit Lübeck und Dänemark, die sich den Weg nach Rußland nicht sperren lassen wollten, erlitt Schweden eine Niederlage. Es mußte auf das Handelsmonopol verzichten. Johann III. hat erneut versucht, den Rußland-Handel an sich zu reißen. Er eroberte 1581 Narwa und 1583 Ingermanland, wobei er die Gegensätze zwischen Rußland und Polen ausnutzte. Sein Sohn Sigismund, der zum katholischen Glauben übertrat, wurde 1587 zum König von Polen gewählt.

Die schwedischen Stände haben sich wiederholt gegen eine Stärkung der königlichen Macht gewehrt, die ihre Rechte zu schmälern versuchte. Einem katholischen Thronprätendenten gegenüber versteifte sich ihr Widerstand, weil sie fürchteten, die beschlagnahmten Kirchengüter zurückgeben zu müssen. Der Adel, die lutherische Geistlichkeit und das Landvolk schlossen sich gegen Sigismund zusammen. Sie setzten als Reichsverweser seinen Oheim Karl Wasa durch, der später auch die Krone erhielt. Die Kirchenversammlung von Uppsala faßte den Beschluß, daß die »Anhänger des Papismus, Calvinismus und anderer Irrlehren sich nur unter der Bedingung im Reich aufhalten durften, daß sie keine öffentlichen Zusammenkünfte abhielten«.

Sigismund kehrte nach Polen zurück. Die vorübergehende Personalunion zwischen Schweden und Polen brachte die Anerkennung der schwedischen Herrschaft in Narwa. Innerpolitische Wirren in Rußland ließen den Krieg erneut aufbrechen.

Der Sohn Iwans IV. des Schrecklichen war unfähig, sich gegenüber den aufsässigen Bojaren durchzusetzen. Nach seinem Tode wählte der Adel Boris Godunov zum Zaren, doch tauchte bald ein angeblicher Sohn und Erbe Iwans auf. Diesen Thronprätendenten Demetrius führten die unzufriedenen russischen Bojaren und der polnische Adel mit Waffengewalt nach Moskau. Nach dem Tode von Boris wie des falschen Demetrius bestieg der Bojar Wassilij IV. Schuiskij den Zarenthron gegen das Versprechen, die Rechte der Bojaren wiederherzustellen. Als er sich 1608 von aufrührerischen Kosaken und einem Bauernaufgebot in Moskau bedrängt sah, wandte er sich an Schweden wie an Polen um Hilfe. Die Polen rückten in Moskau ein. Schwedische Truppen eroberten Nowgorod. Drei Jahre blieb der Thron verwaist, bis Michael Romanov, der Sohn des Patriarchen, ihn bestieg.

Während die Schweden in Rußland kämpften, griffen die Dänen

in den Krieg ein. Sie eroberten Kalmar und erschienen mit ihrer Flotte vor Stockholm.

Gustav II. Adolf, der 1611 - erst 17jährig - den Thron bestieg, sah sich in drei Kriege verwickelt. Nach dem Frieden mit Dänemark, den England vermittelte, fochten die Schweden noch vier Jahre lang mit wechselndem Erfolg gegen die Russen. Im Frieden von Stolbowa 1617 gab Schweden zwar Nowgorod auf, behielt aber Karelien und Ingermanland. Im Krieg gegen Polen eroberte Gustav II. Adolf Livland. Riga mußte 1621 kapitulieren. Schwedische Truppen rückten in Ostpreußen ein. Der sechsjährige Waffenstillstand, der 1629 durch Vermittlung von Brandenburg, Frankreich und England geschlossen wurde, ließ die preußischen Seehäfen mit ihren Zollrechten in schwedischer Hand. Die östliche Ostsee war schwedisch, als Wallenstein Stralsund belagerte. Frankreich erkannte die Gelegenheit, gegen Habsburg einen neuen Feind aufzubieten.

Um die Mitte des 16. Jahrhunderts bekannte sich etwa ein Drittel der französischen Bevölkerung, im Süden weit mehr, zu der Lehre von Calvin. Von Genf kamen die geschulten Prediger, um die neue Kirche zu gründen. Überall bildeten sich ketzerische Gruppen, die die katholische Königsmacht ablehnten, die sich bewaffneten, um eigene Politik zu treiben. Sie befestigten ihre Städte, sie stellten Heere auf, die das Land durchzogen, sie plünderten das Kirchengut, zerstörten die Kunstwerke der ›Papisten‹ und äscherten sogar Kirchen ein. Ihre Flotten fuhren über das Meer und gründeten auf eigene Rechnung Kolonien, wie die in der Bucht von Rio de Janeiro.

Es zeigte sich, daß die Königsmacht nicht stark genug war, um aus Frankreich einen Einheitsstaat zu formen. Orléans, Aquitanien, Normandie, Bretagne, Burgund und die Champagne waren durch Erbschaft als ›anfallende‹ Lehen oder durch Eroberung an die Krone gefallen. Doch führten diese Teile weiterhin ihr Eigenleben - im Widerspruch, teils im Widerstand zu Paris.

Als der König gegen die Protestanten vorging, beschloß eine Gruppe, ihn in Blois gefangenzusetzen. Die Verschwörung wurde verraten, die darin Verwickelten in Amboise 1560 gehängt. Der Kampf brach offen aus. Vier Jahrzehnte lang haben die Hugenotten-Kriege Frankreich in zwei Parteien gespalten, die einander mit glühendem Haß verfolgten. Anfangs spielten sich die Kämpfe in kleinen Scharmützeln ab, in Plünderungszügen und Vergeltungsschlägen, bei denen zahllose Menschen getötet, Kirchen und Kunstwerke zerstört, Felder verwüstet wurden, ohne daß eine Entscheidung fiel. Bald standen sich regelrechte Heere gegenüber, ein katholisches, geführt vom Bruder des Königs, und ein protestantisches unter Condé und Coligny.

Die Hugenotten lehnten den König ab, zugleich aber auch Spanien, dessen Einfluß sie hinter jeder Glaubensverfolgung witterten. Stand die katholische Kirche über den Nationen, so erfüllte die Hugenotten ein ausgesprochen nationalistischer Geist.

Da die Regentin Katharina von Medici das Vertrauen in den Sieg ihrer Waffen verlor, griff sie zum Mord. In der Bartholomäusnacht, 24. August 1572, ließ sie die führenden Protestanten zu Tausenden töten. Der Krieg ging mit Erbitterung weiter. Städte wie La Rochelle und Sancerre erhoben sich offen, die südlichen Provinzen bildeten eigene Regierungen. Als die Protestanten besiegt wurden, kam es zum Kompromißfrieden, der ihnen vier Plätze und volle Religionsfreiheit im ganzen Land zusicherte. Überall wurden gemischte Kammern aus Katholiken und Protestanten gebildet. Doch damit gab sich die katholische Partei nicht zufrieden. Da Heinrich III. kinderlos blieb, war sein protestantischer Vetter Heinrich von Navarra rechtmäßiger Erbe. Das Haus Guise, das ursprünglich für eine starke Königsmacht eingetreten war, war entschlossen, auch gegen den Willen des Königs den Kampf gegen die Protestanten fortzusetzen. Die Erben der großen Guise, der Herzog und der Kardinal von Lothringen, widersetzten sich jeder Verständigung. Ihre Truppen rückten in Paris ein. Daraufhin ließ Heinrich III. den Herzog Guise ermorden.

Heinrich von Navarra erklärte sich bereit, zum Katholizismus überzutreten. Damit konnte er seine Thronfolge durchsetzen, nachdem Heinrich III. 1589 ermordet worden war. Die katholische Partei versuchte noch einige Jahre lang mit spanischer Hilfe Heinrich IV. die Herrschaft streitig zu machen.

Das Toleranzedikt von Nantes sicherte den Protestanten Glaubensfreiheit sowie eigene Stützpunkte, besonders in der Hafenstadt La Rochelle, zu. Die Hugenottenkriege gingen zu Ende. Die katholische Richtung fand sich mit Heinrich dem IV., dem einstigen Führer der Protestanten, ab. Seine Außenpolitik richtete sich gegen Spanien – er bereitete den Kampf um die spanischen Niederlande vor –, dem beide Parteien zustimmten. Seine Ermordung 1610 hat den Krieg verhindert.

Unter Ludwig XIII. führte Kardinal Richelieu die Regierung. »Ich verspreche«, schrieb er, »all meine Kraft und alle mir anvertraute Autorität dafür einzusetzen, die Hugenotten zu vernichten, den Stolz des hohen Adels zu beugen, all Eure Untertanen ihrer Pflicht zu unterwerfen und dem Namen Eurer Majestät unter den auswärtigen Nationen zum rechten Glanz zu verhelfen.«

Seine Innenpolitik strebte einen starken Staat nach spanischem Vorbild an. Wenn er auch das Toleranzedikt von Nantes bestehen ließ, so nahm er den Protestanten die politischen Vorrechte, vor allem die eigenen Festungen.

Frankreich wurde unter Richelieu ein zentraler Staat, der von Paris nicht nur regiert, sondern auch verwaltet wurde. Dank seiner vorgebildeten und fähigen Beamten verfügte der Staat über wachsende Einkünfte. Widerstände warf er mit bewaffneter Hand nieder.

La Rochelle war auf Grund der im Toleranzedikt niedergelegten Sonderrechte unabhängig, so daß es sich berechtigt glaubte, Verhandlungen mit England aufnehmen zu dürfen. Die Bevölkerung fühlte sich hinter festen Mauern sicher. La Rochelle mußte sich nach einjähriger Belagerung ergeben, da die versprochene englische Unterstützung ausblieb. Die Stadt verlor alle ihre Vorrechte.

Mit äußerster Härte ging Richelieu gegen den Adel vor, der sich einer starken Zentralgewalt widersetzte. Alle festen Plätze mußten geschleift werden – soweit sie nicht der Landesverteidigung dienten. ›Hochverräter‹, die sich gegen den allmächtigen Minister auflehnten, wurden auf das Schafott geschickt, selbst wenn sie berühmte Namen wie Montmorency trugen. Sein scharfes Vorgehen gegen den Adel zerbrach endgültig die Eigenständigkeit des Südens.

Die Unterordnung der Geistlichkeit unter die Königsmacht war durch das Konkordat von 1516 festgelegt. Niemals hat in Frankreich ein Kirchenfürst jene Rolle gespielt, die in der spanischen Politik dem Erzbischof von Toledo zukam. Dem Staat hatten alle Untertanen zu dienen. Die Bürger traten in den Dienst des Staates, ihnen wurden die Beamtenstellen geöffnet. Als Stand aber verlor das Bürgertum die politische Macht, die es über Städte- und Gemeindeverwaltung besessen hatte.

Frankreich schickte sich an, ein Einheitsstaat zu werden. Symbol und Repräsentant dieses Staates war der König. Der Staat Philipps II. ruhte auf drei Säulen: ›Roma‹, ›consejo‹ (Verwaltung) und ›pielago‹ (Seemacht). Richelieu hat diese Staatsidee übernommen und weiterentwickelt.

Aus den Zöllen, den Akzisen, dem ›Tonnengeld‹ auf die Schiffe, der Umsatzsteuer und den Abgaben der Kaufleute für Handelsrechte zog der Staat wachsende Einnahmen. Über die Preise zahlten auch die bevorrechteten Stände, Adel und Klerus, als Verbraucher der Luxusgüter indirekte Steuern. In zunehmendem Umfang brachten die Schiffe – nun größer und zahlreicher – Luxuswaren über das Meer. Neben die Gewürze trat der Zucker und später auch der Tabak. In der Ausfuhr überwogen die Erzeugnisse der Luxusindustrie aus Nordfrankreich und Paris: Spitzen und Samt und die Seide aus Lyon. Aber auch Massengüter, wie Weizen und Salz in der Einfuhr, Wein in der Ausfuhr, waren mit hohen Zöllen belastet. Verständlicherweise hat sich das Bürgertum gegen diese wachsenden Belastungen gewehrt. Es war jedoch auf den Schutz des Staates angewiesen.

Richelieu unterstützte die Pioniere in Übersee, die ein Kolonialreich in Kanada aufzubauen suchten, und die Niederlassungen in Südamerika (Guayana), in Afrika und Madagaskar und selbst in Ostindien. Die nationalen Interessen wurden wichtiger als der Glaube. Der Kardinal konnte mit den protestantischen Fürsten in Deutschland zusammengehen, was Spanien unmöglich war. Frankreich wurde weit straffer regiert als Spanien, die Sonderrechte der Stände und Landschaften wurden rücksichtslos beseitigt. Die Staatsräson beginnt, die Innen- wie die Außenpolitik zu bestimmen.

Gestützt auf die starke Stellung des Königs, konnte Richelieu in die großen europäischen Auseinandersetzungen des 30jährigen Krieges eingreifen. Habsburg war der Feind Frankreichs. Daraus ergab sich zwangsläufig das Bündnis mit den Gegnern Habsburgs, gleichgültig, ob das Protestanten oder Moslems waren.

In Deutschland herrschte eine bedrückende Stille. Die zweite Hälfte des 16. Jahrhunderts brachte mit dem Niedergang der ober- und mitteldeutschen Städte und dem der Hanse einen empfindlichen wirtschaftlichen Rückschlag. Die großen Kaufmannsfamilien wie die Fugger, Welser, Tucher und Imhoff waren alle bankrott. Noch quälender wirkte sich die geistige Lähmung aus.

In den Territorialstaaten herrschte Religionsfriede. Die Obrigkeit hatte sich durchgesetzt, bei den Protestanten wie bei den Katholiken. Ihre ›Untertanen‹ hatten sich ihrer Glaubensentscheidung zu beugen – oder auszuwandern. Einst hatten sich die protestantischen Landesherren auf die ›Freiheit des Gewissens‹ berufen. Damit war es nun vorbei. Religion wird Staatsangelegenheit, die freie Predigt hört auf. Die Landesherren bestanden darauf, daß sich auch ›ihre‹ Universitäten an die vorgeschriebene Richtung hielten. Das führte jedoch dazu, daß die Universitäten zu einer Stätte der Mittelmäßigkeit und der Fürstendienerei herabsanken. Das kulturelle Leben verarmte. Engstirnigkeit beherrschte die geistige wie die politische Welt.

Alle Landesfürsten strebten danach, ihre Macht zu stärken, die Stände zurückzudrängen und mit Hilfe eines Beamtenstabes ein geordnetes Steuerwesen zu errichten. Wenn die Kirche ihren Einfluß behaupten wollte, mußte sie sich an den Landesfürsten anlehnen; zwischen weltlicher und geistlicher Macht knüpfte sich ein Bündnis. Die Geistlichen lösten sich aus der Front der Stände. Der Adel und die freiheitlich gesinnten Städte aber wehrten sich.

Der Sturm brach in Böhmen aus. Dort hatten sich die Stände noch eine ansehnliche Selbständigkeit bewahrt. Um die Mitte des 16. Jahrhunderts hing die Bevölkerung zu zwei Dritteln dem protestantischen Glauben an. Als Rudolf II. versuchte, die Gegenreformation mit Gewalt durchzusetzen, erlag er dem ständischen Aufgebot. 1609 mußte er dem Landtag von Böhmen im Majestätsbrief die volle Religionsfreiheit zugestehen.

Das Kerngebiet Mitteleuropas, Böhmen und Schlesien, war das bei weitem reichste Land des deutschen Reiches, neben dem die österreichischen Erblande arm erschienen. Durch die Verlagerung des Welthandels waren die Einnahmen der böhmischen Städte zwar zurückgegangen. Die Straßen vom Mittelmeer über Prag nach Norden, vom Donauraum zur Ostsee, von Mitteldeutschland über Lemberg nach Südrußland verloren an Bedeutung. Aber Landwirtschaft und Handwerk brachten weiterhin reichen Ertrag.

Als Ferdinand II., Zögling der Jesuiten und erfüllt vom spanischen Staatsgedanken, die Rechte der böhmischen Stände zu beschneiden versuchte, beriefen die Böhmen eine Ständeversammlung nach Prag. Sie klagten über den Rechtsbruch des Kaisers, der die Religionsfreiheit mißachtete. Kurzerhand warfen sie die kaiserlichen Beamten zum Fenster hinaus. Zum König wählten sie den Kurfürsten von der Pfalz, den Führer der deutschen Protestanten.

In der Schlacht am Weißen Berge bei Prag siegte das kaiserliche Heer. Der Kurfürst mußte fliehen. Der Dreißigjährige Krieg begann.

Nacheinander zog er fast alle europäischen Mächte in den Strudel. Habsburg stützte sich anfangs auf die deutschen Fürsten der katholischen ›Liga‹, geführt vom Wittelsbacher in München, der die Kurwürde seines geächteten Vetters von der Pfalz erhielt. In Böhmen führte Ferdinand II. rücksichtslos die Gegenreformation durch. Die Güter der aufständischen Adligen wurden eingezogen, die Glaubensfreiheit aufgehoben, die Rechte der Stände abgeschafft. Die Truppen der Liga und die Spanier besetzten Heidelberg und rückten nach Westfalen vor.

Als das katholische Heer siegreich nach Norden zog, griff Christian IV. von Dänemark als Herzog von Holstein und Oberster des Niedersächsischen Kreises in den zunächst noch deutschen Krieg ein, doch unterlag er Tilly in der Schlacht bei Lutter am Barenberge. Die katholischen Heere drangen bis Jütland vor. Im Frieden von Lübeck versprach Christian IV., sich künftig aus allen ›deutschen‹ Streitigkeiten herauszuhalten.

Die katholischen Reichsfürsten fürchteten, Wallenstein könne mit einem starken Heer dem Kaiser eine Macht verleihen, die ihre eigene Selbständigkeit bedrohen könnte. Sie wollten keinen starken Staat. Auf ihr Drängen entließ Ferdinand II. seinen Feldherrn.

Als die kaiserlichen Truppen an der Ostsee erschienen, fühlte sich Schweden bedroht. Brandenburg und Kursachsen fürchteten ihrerseits das katholische Heer unter Tilly, der Magdeburg einnahm und die Rückgabe der Kirchengüter verfügte. Sie schlossen sich offen der Union gegen den Kaiser an, als der Schwedenkönig Gustav Adolf mit finanzieller Unterstützung Frankreichs in den Krieg eingriff. Da sich das kaiserliche Heer nach dem Sturz seines Feldherrn auflöste, drang Gustav II. Adolf bis Bayern vor. Wallenstein wurde zurückgerufen.

Durch rasches Vorgehen zwang er den Schwedenkönig, zurückzugehen. Bei Lützen erlitt Wallenstein zwar eine Niederlage, aber sein Gegner Gustav II. Adolf fand den Tod. Wallenstein gelang es nicht mehr, den Krieg nach Norddeutschland zu tragen. Als er versuchte, mit den Schweden zu verhandeln, wurde er abgesetzt und 1634 ermordet.

Nun griff Spanien ein. Seine Infanterie besiegte die Schweden bei Nördlingen. Die Grundlage für den Frieden schien gegeben: zuerst mit Sachsen, dann auch mit Brandenburg und mit den meisten protestantischen Ständen. Der Kaiser verzichtete auf das Restitutionsedikt, überließ also die Kirchengüter den Territorialherren.

Jetzt entschloß sich Richelieu, das ganze Gewicht Frankreichs in die Waagschale zu werfen. Frankreich trat an die Seite Schwedens. Französische Truppen besiegten die Spanier bei Rocroi. Noch dreizehn Jahre lang ging der Krieg weiter.

Die Soldaten verwüsteten die Felder, plünderten die Dörfer und mißhandelten die unglücklichen Bewohner. Krankheiten rafften die Menschen dahin. Die Bevölkerung Deutschlands sank in den 30 Jahren des schrecklichen Krieges fast auf die Hälfte. Wenn auch einzelne Gebiete nur wenig betroffen waren, so litt doch das ganze Land Hunger und Not. Der Bauernstand war weitgehend vernichtet. Die Städte hatten sich halten können, aber die Landbewohner waren wehrlos, wenn durchziehende Truppen sie heimsuchten.

Von Böhmen hatte sich der Heereszug über die Pfalz nach Dänemark und Mecklenburg gewälzt. Dann waren die Schweden bis zur österreichischen Grenze vorgestoßen. Wallenstein rückte in Sachsen und Schlesien ein. Die Spanier kämpften in der Freigrafschaft Burgund, in Lothringen, im Elsaß und in den Niederlanden. Die Österreicher fochten in Italien, Ungarn und Siebenbürgen. Wo Truppen durchgezogen waren, hinterließen sie ein ausgebeutetes, ausgeblutetes Land. Die Soldaten waren verroht. Wehe, wer ihnen in die Hand fiel.

Nach Verhandlungen von vier Jahren wurde 1648 in Münster und Osnabrück der Frieden geschlossen. Schweden erhielt die deutsche Küste, die Mündungen von Weser und Elbe und die deutsche Ostseeküste mit Pommern. Damit besaßen die Schweden die Hoheit über alle Flüsse von der Weser bis zur Newa – mit den beträchtlichen Zolleinnahmen. Der Frieden von Brömsebro 1645 mit Dänemark hatte den Schweden die freie Durchfahrt durch den Sund eingeräumt. In Nordeuropa entstand eine Großmacht. Schweden gewann diese Stellung, die weit über seine eigenen Kräfte hinausging, dank dem Bündnis mit Frankreich.

Den Habsburgern blieb Böhmen. Ihr Einfluß im Reich wurde durch den Frankreichs aufgehoben. Die Schweiz trat nun auch völkerrechtlich aus dem Reich aus, zu dem sie seit zwei Jahrhunderten nicht mehr gehörte. Spanien behielt zwar die spanischen Niederlande und die Freigrafschaft Burgund, mußte jedoch den Holländern die Unabhängigkeit zugestehen.

Der Handel hatte sich längst nach Amsterdam verlagert. Die kleine, dünn besiedelte, an Naturschätzen arme ›Insel Holland‹ zwischen Schelde und Zuidersee stieg zur beherrschenden Seemacht empor, fast aus dem Nichts.

Holland verfügte weder über eine leistungsfähige Landwirtschaft noch über das Gewerbe, das bisher die Rüstung zu tragen hatte. Die Söhne des kleinen Landadels, das städtische Bürgertum, die kleinen Handwerker, die Fischer und Abenteurer haben Hollands Reichtum begründet.

Amsterdam – heißt es – ist auf Heringsköpfen erbaut. Die holländischen Schiffe konnten sich anfangs nur auf den flachen Gewässern der Küste und in den Flüssen behaupten. Nun segelten sie auf allen Weltmeeren. Die Holländer hatten erkannt: es kam nicht so sehr auf die Besitzungen in Übersee an wie auf die Seeherrschaft. Alle feindlichen Schiffe, ob Kriegsschiffe, Kaperschiffe oder Handelsschiffe, wurden rücksichtslos angegriffen. Für den Seekrieg galten andere Gesetze als für den Landkrieg. Das Eigentum des Feindes war rechtlos; es verfiel dem Sieger. Wer sich auf die hohe See wagte, erkannte stillschweigend das Prisenrecht an. Handel, Krieg und Piraterie waren nicht zu trennen. Es gab keinen Acker, der so viel trug wie das Meer.

Dank dieser Kriegführung vermochten auch kleine Völker sich auf dem Meere zu behaupten, die Seeherrschaft an sich zu reißen, bedeutende Kolonialreiche zu begründen und Zwischengewinne einzustreichen, die sie zu wohlhabenden Ländern machten. Sie mußten ›nur‹ über die besten und schnellsten Schiffe, über fähige Seeleute und kühne und erfahrene Kapitäne verfügen. Die Kosten deckte der Krieg selber.

Diesen immerwährenden Seekrieg führten freie Unternehmer. Es gab keine staatlichen Beschränkungen und keine kostspielige Verteidigung. Die Holländer – und später auch die Engländer – schickten Flotte auf Flotte hinaus. Schwer beladen kehrten die Schiffe zurück, obwohl diese Länder kaum eigene Waren anzubieten hatten. Sie verdienten an Zwischenhandel und Frachtgeschäft. Von vier Schiffen, die die Weltmeere befuhren, zeigten drei die holländischen Farben. Gewürze kamen schon längst nicht mehr auf portugiesischen, sondern auf holländischen Schiffen aus Indonesien.

Die führenden Geister Europas sammelten sich in der holländischen Universität Leiden, die zum Hort der Wissenschaft und Forschung im Geiste der Freiheit emporstieg. Technik und Wissenschaft verliehen der Rüstung zur See die entscheidende Überlegenheit.

Die Niederlande und England verdankten den Aufstieg ihren überlegenen Flotten. Als Seemächte haben sie Kriege geführt und gewonnen. Als Seemächte haben sie Handel getrieben. Der Handel formte ihr gesellschaftliches und politisches Leben.

Neben die Adelsschicht, die im 16. Jahrhundert die Politik Englands bestimmt hatte, trat der Bürgerstand. Solange ausschließlich der Grundbesitz den Maßstab für die gesellschaftliche Stellung abgab – fast immer ererbt und damit in der Hand des Adels –, war ein Aufstieg aus dem Bauernstand nahezu unmöglich. Über die risikoreichen Handelsunternehmen, die keinerlei staatlicher Kontrolle unterstanden, konnten mutige und tüchtige Männer aller Kreise zu Geld und Ansehen und schließlich auch zu politischem Einfluß gelangen. Sie rüsteten die Flotten aus, die die Kriege entschieden. Sie wurden damit auch militärisch zum entscheidenden Faktor.

Die wohlhabenden Bürger verlangten daher, bei der Bewilligung von Steuern mitreden zu dürfen und über das Parlament Einfluß auf die Regierung zu nehmen. Im Parlament waren zwar nicht die unteren Schichten, wohl aber die Städte und durch sie das Handel treibende Bürgertum vertreten. Dem Staat fiel damit die Aufgabe zu, die Interessen des ›Volkes‹ zu verteidigen, das mit den aktiven Kräften, den Unternehmern, Händlern und Seefahrern, gleichgesetzt wird. Das Selbstbewußtsein der englischen ›Nation‹ wuchs. Sie war nicht gewillt, ihre Rechte schmälern zu lassen, als Jakob I. Stuart den Thron bestieg. England und Schottland waren vereint.

Mißtrauisch sah das Unterhaus die Versuche des Stuart, sich größere Einkünfte über Monopole zu verschaffen. 1614 hatte der König einem Kaufmann gegen 300 000 Pfund Sterling jährlich das Vorrecht gewährt, er allein dürfe Tuche ausführen; die Ausfuhr unfertiger Wollwaren wurde verboten. Das führte zu einer schweren wirtschaftlichen Krise der gesamten Wollindustrie. Um zu verhindern, daß der König ein stehendes Heer und damit eine starke Staatsgewalt aufbaute, bschnitt das Parlament seine finanziellen Einkünfte. Als der König zugunsten seines Schwiegersohnes, des

Winterkönigs von Böhmen, eingreifen wollte, verweigerte ihm das Parlament die Mittel, obwohl es sich um die Hilfe für einen Protestanten handelte.

König Jakob I. sah sich gezwungen, mit Frankreich und Spanien Frieden zu schließen. Spanien erkannte die englischen Besitzungen an der nordamerikanischen Atlantikküste an. Florida blieb spanisch. Der Seeraub hörte auf. Da der Seefahrer Raleigh sich nicht fügen wollte, wurde er hingerichtet. Die ersten englischen Streusiedlungen entstanden in Nordamerika - vorläufig noch winzige Niederlassungen am Rande des undurchdringlichen Urwaldes.

Karl I. führte die Politik seines Vaters fort, stieß jedoch auf heftigen Widerstand in England selbst. Führend in diesem Kampf wurden die Stadt London und das Unterhaus. Wer sich dem politischen Zwang und der religiösen Bevormundung durch die Staatskirche entziehen wollte, wanderte nach Amerika aus, die Puritaner 1620, dann auch die Katholiken 1634 und später andere Religionsgemeinschaften, bis 1640 etwa 60000 Menschen.

Das aufstrebende Bürgertum war der Anglikanischen Hochkirche mit ihrem römischen Ritus, ihren römischen Dogmen und der königlichen Spitze abgeneigt. Es ging in hellen Scharen zur calvinistischen ›niederen‹ Kirche, der Low Church, über. Das leichte, freie, wie er meinte ›sittenlose‹ Leben des Hofes und der Aristokratie lehnte der einfache Bürger ab; er verlangte strenge Sitten, fleißiges, ›bürgerliches‹ Leben, also wirtschaftliche Tätigkeit und Sparsamkeit.

Der Konflikt brach in Schottland aus. Karl I. hatte versucht, der schottischen Kirche eine Liturgie aufzuzwingen, die der der Anglikanischen Hochkirche ähnelte. Aus Unruhen in Edinburgh erwuchs ein Aufstand: die Schotten stellten ein eigenes Heer auf und zwangen Karl zum Nachgeben. Als der König den Krieg wieder aufnahm, verweigerte ihm das Unterhaus die notwendigen Mittel. Da Karl sich verpflichtet hatte, den Schotten monatlich 25000 Pfund Sterling zu zahlen, konnte das Parlament Bedingungen stellen. Der König mußte seinen Berater Strafford opfern; das ohne Gesetz erhobene ›Tonnengeld‹ mußte er zurückzahlen. Ausdrücklich mußte er sich verpflichten, keine Steuer ohne Zustimmung des Parlaments zu erheben. Als im katholischen Irland ein Aufstand ausbrach, bestand das Parlament hartnäckig auf der Kontrolle über das Heer. Da weigerte sich der König. Mit eigenen Streitkräften rückte er gegen London vor.

Im Bürgerkrieg hielt das Land östlich der Linie von Southampton zum Wash, zum Parlament. Hier lag das wirtschaftliche Schwergewicht, hier wohnte die Mehrzahl der Bevölkerung. Auf der Seite des Parlaments stand die Kriegsflotte. Da die Truppen zur Königspartei hielten, hatten sie das Übergewicht auf dem Lande, das erst durch das Eingreifen der Schotten ausgeglichen wurde. Als Cromwell für das Parlament ein schlagkräftiges Heer, vor allem eine starke Reiterei, aufstellte, unterlag Karl I. bei Naseby. Er floh nach Schottland, wurde jedoch ausgeliefert und hingerichtet (1649). Die Macht fiel dem Heer unter Oliver Cromwell zu.

England wurde unter Cromwell ein starker Staat, schärfer zusammengefaßt denn je. Unter seiner Leitung begann England seine überseeischen Eroberungen, die das Weltreich begründeten. Er brachte Schichten, die bisher im Hintergrund gestanden hatten, in die Führung. Sie prägten England, sie schufen das Weltreich.

Der Puritanismus erfüllte die englische Nation mit einem neuen Lebensgefühl. Im festen Vertrauen auf Gott, der den Seinen auf Erden wirtschaftlichen, militärischen ud politischen Erfolg verheißen hatte, zweifelten die Engländer nicht an ihrer ›großen Bestimmung‹. Sie hatten das feste Vertrauen, zu den ›Auserwählten des Herrn‹ zu gehören (Prädestinationslehre). Mit Härte und Entschlossenheit, mit Nüchternheit und Fleiß gewannen die Engländer zwar eine beachtliche Stoßkraft, aber sie verloren dafür die geistige Freiheit und Leichtigkeit der Elisabethanischen Zeit. Das England Cromwells erschien nicht nur dem lebenslustigen Hofadel freudlos, grau und langweilig, sondern auch jenen Teilen des unteren Volkes, die noch an der ›Papisterei‹ mit Heiligenverehrung und ›Götzendienst‹ festhielten.

Der Aufstand in Irland wurde in langwierigen Kämpfen niedergeworfen. Erbarmungslos brach Cromwell das Rückgrat des verachteten katholischen Volkes. Zwei Drittel des Bodens wurden enteignet, wer ›schuldig‹ war, wurde getötet. Von den 1,5 Millionen Einwohnern Irlands überlebten nur 800 000 das Blutbad.

Cromwell benutzte die Schwäche Spaniens, um nach Mittelamerika vorzustoßen. Dort suchte er Land für tropische Pflanzungen nach holländischem Vorbild. Jamaica wurde unter den Briten die Zuckerinsel der Karibischen See. Damit geriet Cromwell jedoch in Gegensatz zu den glaubensverwandten Holländern.

Die Navigationsakte des Jahres 1651 traf die holländische

Schiffahrt. Nur auf britischen Schiffen durften Güter aus Übersee nach England gebracht werden. Die Holländer mußten dieses Gesetz nach dem für sie unglücklichen ersten Seekrieg (1652–1654) anerkennen. Die schwerbestückten britischen Schiffe, die als ausgesprochene Kriegsschiffe gebaut waren, erwiesen sich gegenüber den bewaffneten holländischen Handelsschiffen als überlegen. Die englische Flotte war ein Machtinstrument des Staates.

Cromwell war überzeugter Puritaner. Dennoch verbündete er sich mit Frankreich gegen Spanien. Er siegte bei Dünkirchen; doch starb er, bevor der Krieg entschieden war, 1658. Die Engländer wollten sich nicht länger einer Militärdiktatur beugen, zumal das Heer, nicht mehr gebändigt durch die überlegene Autorität Cromwells, seinem schwächlichen Sohn und Nachfolger Bedingungen vorschreiben wollte. Karl II. kehrte unter großem Jubel des Volkes auf den Thron seines Vaters zurück.

Während die Seemächte mit Hilfe ihrer Flotte aufstiegen, verloren die alten Kolonialmächte Spanien und Portugal - von 1580 bis 1640 unter einer Krone vereinigt - die Seeherrschaft und damit ihre einst überragende Stellung im Welthandel. Ihr starres System der vom Staat gegängelten Wirtschaft war dem beweglichen der Kaufleute und Seeräuber nicht gewachsen.

Portugal beanspruchte die Herrschaft über die West- wie über die Ostküste Afrikas und über ganz Asien. In Wirklichkeit hielt es nur eine verschwindend kleine Zahl von Stützpunkten am Meer, während das unendliche Hinterland wie bisher für sich lebte. An der gesamten afrikanischen Küste gab es kaum mehr als zehn portugiesische Faktoreien. Die Ostküste beherrschten weiterhin die arabischen Fürsten und Händler. In Brasilien waren die Portugiesen nur an einer Stelle, von São Paulo aus, ins Innere vorgestoßen; und die Paulistaner, trotzige Mischlinge, kümmerten sich um keinen Befehl ihres Königs.

Die spanische wie die portugiesische Schiffahrt war fast ganz zum Erliegen gekommen. Die Spanier hatten in Übersee zwar ein weitgespanntes Verwaltungssystem aufgebaut; praktisch aber reichte die Macht der Vizekönige kaum über den Bereich ihrer Hauptstädte hinaus. Auf dem Lande teilten sich die weißen Großgrundbesitzer die Herrschaft über Grund und Boden und über indianische Einwohner. Die Kolonien waren finanziell auf die Heimat angewiesen. Sie trugen dem Mutterland keinen Gewinn.

Die Wirtschaft ging unaufhaltsam zurück. Nach dem Aufstand

der Moriskos und deren Vertreibung 1610 wurde es in Spanien still. Reiche Industriestädte wie Segovia sanken zu kümmerlichen Provinzstädten herab. Die Juden flüchteten nach Holland, England und in das Osmanische Reich. In Saloniki begründeten die Spaniolen eine angesehene Kolonie. Wer in Spanien blieb und sich bekehrte, wurde unter die strenge Aufsicht der Inquisition gestellt.

Inmitten des wirtschaftlichen und politischen Elends erlebte Spanien den Glanz seines ›Goldenen Zeitalters‹ in der Malerei (Velázquez), in der Dichtkunst (Lope de Vega, Calderon, Cervantes), in religiösen Schriften (Hl. Therese), in der Philosophie (Gracian). Doch hatte Spanien für Technik und exakte Naturwissenschaften kein Verständnis.

Die Glut des Glaubens, der Geist der Ritterlichkeit, der Stolz auf die Würde des Menschen, das Streben nach Idealen - mochten sie auch unerreichbar sein und in den Träumen wurzeln - ließen dem Spanier ein Leben ohne Innerlichkeit wertlos erscheinen. In der Sorge um die eigene Seele und in der Hochschätzung der eigenen Ehre verlor er die reale Welt aus den Augen; darüber vergaß er die nüchternen Gegebenheiten des Tages.

19

Die Zeit Ludwigs XIV. Schweden beherrscht die Ostsee

Schweden als Großmacht · Mazarin in Frankreich, seit 1643 Leiter der Politik · Ludwig XIV. (1638–1715) in Versailles · Die Staatsraison und der absolute Staat · Colbert gibt der Wirtschaft neue Ziele · Der Merkantilismus · Das stehende Heer · Kriege kosten Geld · 1685: Aufhebung des Edikts von Nantes · Die Hugenotten wandern aus · Spanischer Erbfolgekrieg, 1701–1714, endet mit der französischen Niederlage · Die französische Staatsschuld · 1683: die Türken vor Wien · 1654: Polen und Rußland führen einen 13jährigen Krieg · 1667: Frieden von Andrussovo · Kiew wird russisch · Das Liberum veto · Der Niedergang Polens · 1699: der Friede von Karlowitz · Das Reich der Osmanen im 17. Jahrhundert · Die Macht der Janitscharen · Großwesir Köprülü · Rückgang der Wirtschaft · Wachsender Steuerdruck auf die Balkanvölker

Der Westfälische Frieden zerschlug die europäische Mitte. Obwohl es noch einen Kaiser gab, war das Reich zerbrochen. Die deutschen Fürsten hatten ihre volle Unabhängigkeit erworben. Wichtige Teile schieden endgültig aus dem Reichsverband aus: die Niederlande und die Schweiz. Im Reich verblieben die Freigrafschaft Burgund und die südlichen Niederlande, die dem König von Spanien unterstanden.

Die Randstaaten stiegen zu politischer Macht auf. Trotz ihrer geringen Bevölkerung hatten die Schweden die politische Entscheidung gebracht. Sie waren die Nutznießer der neuen Ordnung. Sie beherrschten den Handel im gesamten Ostseeraum. Schweden war eine Großmacht.

In Frankreich kam es nach den großen außenpolitischen Erfolgen zu einem innenpolitischen Rückschlag. Gegen die Regentin, Königin Anna, und ihren allmächtigen Minister, Kardinal Mazarin, erhoben sich die Fürsten in der Fronde; ihnen schlossen sich die Bürger der Städte, an der Spitze die von Paris, an, die sich von den hohen Steuern und den dunklen Machenschaften der Steuerpächter bedrückt fühlten. Obwohl Spanien die Fronde unterstützte, konnte Mazarin sich durchsetzen.

Als er 1661 starb, übernahm Ludwig XIV., inzwischen volljährig geworden, selber die Regierung. Er hatte eine ausgeprägte Vorstellung vom Staat. Von seinem Hof aus sollte sich Frankreich erneuern.

Er gab die Schlösser auf, in denen die französischen Könige zwei Jahrhunderte residiert hatten: Blois, Amboise, Loches, Angers, Bourges. Selbst sein geliebtes Chambord besuchte er nur noch selten. Er residierte in Versailles. Die Loire hat die alte Bedeutung, Schauplatz der wichtigen Entscheidungen und Nahtstelle zwischen Nord und Süd zu sein, endgültig verloren.

Der Staat wurde von der Person des Monarchen getragen. Aus einer Gemeinschaft, die durch wechselseitige Rechte und Pflichten in einer ehrwürdigen, durch Überlieferung und Vorrechte geprägten Ordnung geformt wurde, gedachte er eine für sich bestehende, von eigenen Zwecken geleitete Institution zu machen. Alle Glieder hatten sich dem höheren Ziel unterzuordnen. Selbst der König sollte keine Ausnahme machen. Aus dem Herrn des Landes wird der ›Diener des Staates‹, allerdings zunächst in der Form der Gleichsetzung ›L'état c'est moi‹. Das heißt zugleich, daß der König der Staat ist. Seine persönlichen Wünsche hat er der Staatsraison zu unterwerfen.

Der König beriet sich in seinem ›Kabinett‹ mit Männern seines Vertrauens, die er nach ihren Fähigkeiten, nicht nach Namen und Stand auswählte. Er sah die Akten durch, er prüfte und entschied; seine Beamten lieferten ihm die Berichte und machten Vorschläge. Die Beamten sollten keine Standes- und keine Sonderinteressen vertreten, sondern ausschließlich das Wohl des Staates im Auge haben. Mit Vorliebe suchte der König sie aus dem Bürgertum. Sie waren gut geschulte Fachleute. Sie hatten den Willen des Königs auszuführen. Er allein trug die Verantwortung. Er regierte ›absolut‹. Dem spanischen Staatsgedanken, dem schon Richelieu viele Einrichtungen entlehnt hatte, gab Ludwig XIV. eine neue Prägung. Damit wurden jedoch die Stände, deren Vorrechte bereits Richelieu stark beschnitten hatte, noch weiter aus der politischen Entscheidung herausgedrängt. ›Am Hof‹ behielten sie ihre gesellschaftliche Stellung.

Nur ein reibungslos funktionierendes Beamtentum sicherte dem Staat gesunde Finanzen. Während der Fronde waren Mißstände, Bestechlichkeit und Betrügereien eingerissen. Rücksichtslos ging der König gegen die Steuereintreiber und Finanzleute vor. Fouquet, den bedeutendsten und reichsten Intendanten, ließ er bald nachdem er die Zügel der Regierung in die eigene Hand genommen hatte, verhaften. Am Steuersystem selbst änderte er nichts. Es verschaffte ihm die hohen Einnahmen, um ein stehendes Heer zu unterhalten und seine Kriege zu führen.

Die bevorrechteten Stände, Klerus und Adel, wehrten sich gegen direkte Steuern. Der Staat wich auf die indirekten aus, vor allem auf die Zölle, die hauptsächlich auf jenen Waren lasteten, die von den reichen Schichten gekauft wurden. Dadurch wurde der Staat in seinen Einnahmen vom Außenhandel abhängig.

Diesen zu fördern, wurde daher eine wichtige Aufgabe der Politik. Die Produktion im Inland sollte auf die Ausfuhr - und die Rüstung - abgestellt werden; im Ausland sollte eine starke Flotte der heimischen Ware die Absatzmärkte öffnen. Stärker als bisher sollte der Adel an den Hof gezogen werden, einmal aus politischen Gründen, sodann aber, um ihn zu höherem Verbrauch anzuregen. Möbel, Gobelins, Spitzen, Seidenkleider, Modehüte und prunkvolle Karossen fanden auf Grund des wechselseitigen Wetteifers von König und Höflingen einen beachtlichen Absatz. Die Luxusindustrie lieferte zugleich die Güter für die Ausfuhr.

Die Kosten des verstärkten Luxus sollte die verbesserte Landbautechnik tragen: die höheren Ausgaben erzwangen größere Einnahmen aus dem Landbesitz, die ihrerseits nur durch höhere Produktivität von Arbeitskräften und Bodenfläche zu erzielen waren. Vom größeren Verbrauch in der Hauptstadt erhofften sich die Reformer eine Produktionssteigerung im ganzen Königreich.

Frankreich mit seinen 18 Millionen Einwohnern verfügte über eine leistungsfähige Industrie und über eine ertragreiche Landwirtschaft mit breitem Absatzmarkt im eigenen Land. Zunächst wollte Frankreich seinen Markt den Wettbewerbern verschließen. Hohe Zölle erschwerten die Einfuhr von Fertigwaren, während Rohstoffe zollfrei blieben. Der französische Finanzminister Colbert hoffte damit, die Handelsbilanz ›günstig‹ zu gestalten. Der Ausfuhrüberschuß sollte dem Lande große Mengen Edelmetall bringen, die nach der Lehre der Merkantilisten als die beste Grundlage für den Wohlstand einer Nation galten.

Um die Stellung Frankreichs auf den Weltmärkten zu stärken, ließ der König Arsenale und Schiffswerften in Brest, in Le Havre, Dünkirchen, Rochefort und Toulon bauen. Die französische Schiffahrt erhielt Vorrechte auf Kosten der ausländischen. Seeleute wurden angeworben und ausgebildet. Soweit Matrosen fehlten, wurden sie zwangsweise aufgegriffen, Verbrecher wurden auf die Galeeren geschickt.

Die Staatsmänner des 17. Jahrhunderts glaubten, daß der Außenhandel am besten durch den Erwerb überseeischer Kolonien gefördert würde. Vorbild war das portugiesische Handelsmonopol in Afrika und Asien und das spanische in Amerika. In den Kolonien konnte man Preise willkürlich festsetzen und hohe Tribute aus den Einheimischen, den Fürsten wie den Völkern, erpressen. Den Gewinn brachte die politische Ausbeutung, nicht der freie Warenaustausch. In Europa mußte man jedoch für die Waren seinerseits Güter liefern. Frankreich konnte amerikanisches Silber aus den spanischen Besitzungen in Übersee nur gegen hochwertige Industrieartikel und landwirtschaftliche Erzeugnisse erwerben. Der Staat glaubte, diesen Warenaustausch gängeln zu müssen.

Er schaltete in der von ihm aufgebauten Wirtschaft den freien Unternehmer aus. Äußerlich gesehen mochten die Organisationsformen der französischen und der englischen wie der holländischen Wirtschaft einander ähneln: große Kapitalgesellschaften mit öffentlichen Rechten, mit eigener Kriegsflotte, mit Monopolansprüchen bauten den Überseehandel auf. Mächtige Handelsgesellschaften wie die Niederländische Ostindische Kompagnie hatten ihre eigenen Gesetze, ihr eigenes Heer; sie besaßen eigene Gebiete in Indonesien, in Südamerika, in Westindien, in Südafrika. Wo hörte in Holland der Staat auf? Wo begann die private Unternehmung?

Die holländischen und die englischen Ostindien-Gesellschaften waren Vereinigungen privater Kaufleute, der ›Aktionäre‹. Ihr Streben war ausschließlich auf Gewinn gerichtet. Die Gesellschaften Colberts hingegen waren Instrumente des Staates; sie sollten ihm vor allem Macht einbringen. Die Gewinne waren nur Mittel zu diesem Zweck.

Zwei Staatsideen standen sich gegenüber: die französische wollte von einem Mittelpunkt aus alle wirtschaftlichen und geistigen Kräfte zusammenfassen, um nach außen hin mit großer Kraft aufzutreten. Die holländische ließ dem einzelnen genügend Freiheit, seine Kräfte zu entfalten, damit er im Streben nach eigenem Gewinn die Ziele der Gemeinschaft gegenüber den Wettbewerbern verfocht. Die protestantischen Seemächte führten den Krieg, um selber frei handeln zu können und um Fremden gegenüber ihre eigenen Vorrechte zu sichern. Das Interesse des einzelnen Bürgers war mit dem der Gemeinschaft eng verknüpft. Deswegen war die Partei der Kaufleute und Seefahrer für den Krieg. In England vertraten die Whigs, die späteren Liberalen, die Kriegspartei; die Tories, die Konservativen, stellten die Friedensfreunde.

Ein Staat, der seine Grenzen auf dem Lande vorschieben wollte, brauchte ein starkes Heer. Wallensteins Versuch, den Krieg aus dem eroberten Feindesland zu finanzieren, hatte sich totgelaufen, da sein bedenkenloses Vorgehen Widerstand nicht nur beim Feind, sondern auch bei den Verbündeten hervorrief.

Sorgfältig bereitete Ludwig XIV. den Krieg vor. Das stehende Heer schwoll unter dem Kriegsminister Louvois auf 200 000 Mann an. Es wurde reorganisiert. Die Truppen waren in Kasernen untergebracht. Auch für die Ausrüstung und Bewaffnung sorgte der Staat und nicht – wie im Dreißigjährigen Krieg – die Obristen. Nun konnten die Regimenter gleichmäßig eingekleidet werden. In riesigen Lagerhäusern häuften sich die Vorräte an Ausrüstung, Uniformen, Waffen und Proviant für Mann und Pferd. In den Arsenalen wurden Waffen hergestellt und repariert. Die Bewaffnung konnte verbessert werden. Die Artillerie wurde verstärkt. An die Stelle der Piken traten Schußwaffen. Sie zu bedienen, erforderte jedoch eine eingehende Ausbildung. Nur langdienende Berufssoldaten konnten mit den neuen Waffen umgehen.

Alles das kostete viel Geld. Hier lag die Achillesferse eines in sich durchdachten Systems. Die Anforderungen an die private Wirtschaft, die die Kosten aufbringen sollte, überstiegen deren Leistungsfähigkeit. Der Finanzminister Colbert sah in den Kriegen die Wurzel allen Übels. Von 1672 an konnte der Staatshaushalt nicht mehr ausgeglichen werden. Frankreich zehrte von der Substanz. Ludwig XIV. hoffte immer noch, durch die Kriege so viel an Land und Macht gewinnen zu können, um den, wie er hoffte, vorübergehenden Fehlbetrag ausgleichen zu können. Das war im Seekrieg möglich, nicht im Landkrieg. Alle Erfolge halfen nichts.

Der Stoß seiner Heere richtete sich zunächst gegen die spanische Freigrafschaft Burgund und gegen die spanischen Niederlande. Trotz seines eindrucksvollen Erfolges begnügte sich Ludwig XIV. im Frieden von Aachen 1668 mit der Eroberung von Lille. Er glaubte, damit die gegen ihn sich abzeichnende Koalition auflösen zu können. Als bald darauf die französischen Heere mit erdrückender Übermacht durch die spanischen Niederlande zogen, stand Holland zunächst allein. Die Engländer ließen Holland, den beneideten Wettbewerber, im Stich. Angesichts des französischen Vorgehens kam jedoch das Haus Habsburg, in Spanien wie in Österreich, dem einstigen Gegner - Holland - zu Hilfe.

Die Eroberung Hollands scheiterte. Die Holländer setzten weite Teile ihres Landes unter Wasser, um dem Feind den Weg zu versperren. Habsburg jedoch mußte im Frieden von Nymwegen 1678 die Freigrafschaft Burgund an Frankreich abtreten, das den Sundgau bereits im Westfälischen Frieden erworben hatte. Als Ludwig XIV. 1688 den Angriff über den Rhein hinweg gegen das Reich vortrug, trat ihm die Koalition der benachbarten Staaten entgegen: das calvinistische Holland verbündete sich mit dem erzkatholischen Hause Habsburg, die Mitte Europas, also die norddeutschen Reichsfürsten Brandenburg, Sachsen und Hannover, mit Schweden und Dänemark, die Landmächte mit den Seemächten.

Louvois hatte inzwischen das Heer auf 375 000 Mann verstärkt, das mit Flinten, Bajonetten und einer starken Artillerie ausgerüstet war. Gerade die Übermacht aber lähmte die Bewegungen. Diese Truppenmassen waren ohne rückwärtige Depots nicht zu unterhalten. Jeder Vorstoß mußte sich festlaufen, sobald die mitgebrachten Vorräte aufgebraucht waren. Ein Fouragieren aus dem Lande entfachte den Widersand der ausgebeuteten Gebiete; Nachbarn schlossen sich verängstigt der Koalition an, die sie vor ähnlicher Heimsuchung zu schützen versprach. Die französischen Heere mußten sich nach anfänglichen Erfolgen zurückziehen. Um dem Gegner zu schaden, verwüsteten die Franzosen auf dem Rückzug die Pfalz. Nun nahm der Krieg das furchtbare Gesicht eines Volkskrieges an.

Während die Streitkräfte des Sonnenkönigs immer schwächer wurden, boten die Gegner starke Heere auf. Aus dem Angriffskrieg war, erzwungen durch die Waffentechnik jener Zeit, ein zermürbender Stellungskrieg geworden. Kleine Heere fochten die Schlachten, doch brachten die Siege keine Entscheidung. Um so erbitterter wurde um die großen Festungen gerungen. Vauban hatte sie in Frankreich stark ausgebaut, so daß sie langen Belagerungen trotzten.

Da sich der Krieg zu Lande festlief, mußte die Entscheidung dem Seekrieg und damit England zufallen. König Jakob II. neigte zu Frankreich. Nicht die Außenpolitik war für ihn maßgebend - Holland wie Frankreich waren beide gefährliche Wettbewerber -, sondern die Innenpolitik, das Verhältnis von Krone und Parlament. Er meinte, zwischen den Vertretern zweier Staatsformen wählen zu müssen.

Frankreich stellte zwar als überlegene Landmacht das europäische Gleichgewicht in Frage, das die englische Politik seit Philipp II. zur Richtschnur erhoben hatte. Für den englischen Handel war jedoch der Kampf gegen Spanien in Westindien und gegen die Niederlande in Südasien wichtiger.

Die Stuarts standen seit ihrer Rückkehr auf den englischen Thron 1660 im Kampf gegen das Parlament, das allerdings durch innere Streitigkeiten geschwächt war. Gegen die Anglikanische Hochkirche lehnten sich die Volkskirchen auf, die noch unter Cromwell die politische Führung besessen hatten. Um zu verhindern, daß die Stuarts mit Hilfe der Hochkirche und des landbesitzenden Hochadels ihre Macht gegenüber dem Parlament verstärken könnten, riefen die Puritaner das Ausland um Hilfe an. Ein holländisches Heer setzte 1689 die Tochter Jakobs II., die Gemahlin Wilhelms III. von Oranien, als Königin durch. England trat dem Bündnis gegen Ludwig XIV. bei; das Parlament stellte die Mittel für ein Landheer bereit. Die englische Kriegsflotte sperrte dem französischen Handel die Weltmeere und eroberte die französischen Besitzungen in Übersee.

Wenn die Franzosen zunächst auch stark genug waren, ein Heer nach Irland zu entsenden, um dort einen Aufstand zu entfachen und mit einer ansehnlichen Flotte vor der Insel Wight zu erscheinen, so erlagen sie 1692 den vereinigten britischen und holländischen Kriegsflotten bei La Hogue. Angesichts der völligen Erschöpfung seines Heeres und seiner Finanzen schloß Ludwig XIV. 1697 den Frieden von Ryswijk. Das Elsaß mit Straßburg blieb französisch, Lothringens Herzog wurde wieder selbständig.

Starr hielt der alternde König an seinen Ideen von Macht und Glorie Frankreichs fest. Noch fester gedachte er die politische, wirtschaftliche und geistige Führung der Nation in seiner Hand zusammenzufassen. 1685 hatte er das Edikt von Nantes aufgehoben.

Gegen alle Verbote und trotz aller Strafen wanderten Hunderttausende von Hugenotten aus, vor allem Gewerbetreibende, Kaufleute, Männer aus geistigen Berufen und in den Waffen geschulte Adlige. Sie gründeten in den Nachbarländern, die sie gastfrei aufnahmen, Industrien: in Irland, in England, in Holland, in der Schweiz und in Brandenburg. Die technische Überlegenheit der französischen Industrie hörte auf. Mit den emigrierten Hugenotten drang auch die französische Zivilisation, Sprache wie Geistesleben, in jene Länder.

Zu Ausgang des 17. Jahrhunderts bot sich Ludwig XIV. noch einmal eine überraschende Möglichkeit, seine Träume von einer französischen Vorherrschaft in Europa zu verwirklichen. Karl II. von Spanien setzte den Enkel des Sonnenkönigs als Erben ein. Der Alptraum Frankreichs, von den Habsburgern in Spanien und in Österreich umklammert und erdrückt zu werden, wich. Jetzt bot sich den Bourbonen die Aussicht einer Herrschaft, die von Gibraltar bis zum Rhein, die über Amerika bis Asien reichte, stark genug, um Portugal, das 1640 seine Unabhängigkeit zurückgewonnen hatte, wieder zu unterwerfen. Das wollten die Seemächte nicht zulassen.

England, Holland, Dänemark und Portugal verbündeten sich mit Österreich und den norddeutschen Fürsten, während Frankreich nur bei Bayern und Köln Unterstützung fand. Im Spanischen Erbfolgekrieg öffneten sich die spanischen Festungen in den Niederlanden widerstandslos den verbündeten Franzosen. Aber es zeigte sich wieder einmal, daß eine große Überlegenheit bei Kriegsbeginn noch längst keine rasche Entscheidung zu bringen braucht. Erst nach Jahren konnten die Engländer und die Österreicher Streitkräfte ins Feld führen, die den französischen gewachsen waren. Unter den beiden Feldherren, dem Herzog von Marlborough und dem Prinzen Eugen, schlugen sie die einst als unbesiegbar geltenden französischen Heere.

Selbst die Vereinigung der französischen mit der spanischen Kriegsflotte konnte nicht verhindern, daß die Engländer, die mit Portugal verbündet waren, auf der Iberischen Halbinsel landeten, Gibraltar besetzten und sogar bis Madrid vorrückten. Dort wurden sie jedoch von den Spaniern zurückgeworfen. Den Seekrieg führten in beträchtlichem Umfang private Freibeuter und regelrechte Raubbanden mit amtlichen Kaperbriefen. Vor allem der karibische Raum war Schauplatz einer kaum mehr übersehbaren Seeräuberei. Unter dem Vorwand des Krieges wurde Jagd auf alle Kauffahrteischiffe gemacht. Die Piraterie erstickte nahezu jeden Warenverkehr. Der Außenhandel hörte auf, die Hafenstädte verödeten. Frankreichs Wirtschaft verkümmerte, während seine Kriegskosten stiegen. Mit hohen Summen erkauften die Seemächte den Abfall der französischen Bundesgenossen, so daß die Heere der Koalition das Übergewicht gewannen. Den Franzosen ging in der Schlacht von Höchstädt Deutschland, mit Ramillies die Niederlande, bald darauf auch mit Turin Italien verloren. Es folgte ihr militärischer Zusammenbruch bei Oudenaarde 1708 und Malplaquet 1709. Die verbündeten Heere drangen in Frankreich ein. Ludwig bot Frieden an.

Das Land war völlig erschöpft. Zwar hatte Frankreich mit seinem entwickelten Geldwesen seine Kriege durch Kredite finanzieren können. Aber die Schulden wuchsen zu einer solchen Höhe an, daß die Staatseinnahmen kaum mehr ausreichten, auch nur die Zinsen zu decken. Der Rückschlag im Handel war nicht wiedergutzumachen. Die Industrien lagen still, die Zahl der Arbeitslosen schwoll an. Der Adel, der dem Hof von Versailles Glanz verliehen hatte, war verarmt. Inzwischen hatten Engländer und Holländer die französischen überseeischen Besitzungen erobert.

Auch in England deckten die laufenden Einnahmen bei weitem nicht die Kriegskosten. Die Regierung gab Schuldverschreibungen aus. Das veränderte das soziale Leben. Während die Landwirtschaft an Gewicht verlor, gingen die städtischen Schichten durch Handel und Industrie gestärkt aus den Wirren hervor. Aber selbst sie waren nicht bereit, den Kampf weiterzuführen. 1710 setzten sich die Tories als Friedenspartei durch. Die Landmächte wollten zwar den Krieg fortführen, aber auch ihren Heeren gingen die Vorräte aus; der Nachschub versagte.

England und die Niederlande schlossen mit Frankreich Frieden in Utrecht, ein Jahr später der Kaiser in Rastatt. Der Bourbone Philipp V. blieb auf dem spanischen Thron, aber die Kronen Spaniens und Frankreichs sollten niemals vereinigt werden. Die Niederlande, Mailand, Neapel und Sardinien, bis dahin spanischer Besitz, fielen an Österreich. Dem Herzog von Savoyen wurde Sizilien zugesprochen, England gewann Neufundland, die Hudsonbay und Gibraltar.

Vor allem erreichte England, daß das spanische Amerika seinem Handel geöffnet wurde. Die englischen Kaufleute erhielten als wichtigstes Zugeständnis den Asiento, nämlich das Recht, eine bestimmte Anzahl von Sklaven aus Afrika einzuführen. Englands Seeherrschaft stand unbestritten fest. Unter dem Schutz der Kriegsschiffe konnten die britischen Kauffahrteischiffe einen großen Teil der Welthandelsfrachten an sich reißen. Aber immer noch fehlte es den englischen Kaufleuten an eigenen Produkten zur Ausfuhr. Das Silber kam aus dem spanischen, das Gold aus dem portugiesischen Amerika; Minas Geraes war um die Jahrhundertwende erschlossen worden. Um so mehr legte England Wert darauf, als Zwischenhändler den mittel- und osteuropäischen Markt zu beliefern.

Während der fünf Jahrzehnte, da die Kämpfe an der Rheinfront mit Unterbrechungen hin und her wogten, waren die Staaten im Norden und Osten aufgestiegen. Frankreich hatte versucht, im Rücken des Kaisers die Osmanen als Bundesgenossen in den Krieg hineinzuziehen. Noch einmal war 1683 ein mächtiges türkisches Heer bis vor Wien gerückt, die Kurutzen vorneweg, um Schrecken und Entsetzen zu verbreiten. Die Stadt hielt aus, bis ein polnisch-deutsches Heer unter Sobieski Entsatz brachte.

Polen stand seit Jahrhunderten im Ringen gegen seine vier Nachbarn: Schweden, Moskau, die Osmanen und die Deutschen. Es fiel ihm nicht leicht, seine Außenpolitik mit der Politik der europäischen Großmächte zu verknüpfen.

Gegen Moskau verband sich Polen einmal mit Schweden, dann wieder mit den Osmanen; gegen Schweden mit Moskau und Brandenburg; gegen die Osmanen einmal mit Moskau, ein andermal mit Habsburg; gegen Brandenburg einmal mit Schweden, dann wieder mit Frankreich.

Frankreich war der Verbündete der Schweden und der Osmanen, andererseits wieder ein Bundesgenosse Polens gegen Brandenburg und Habsburg. England neigte zu Rußland, war aber ein Gegner Schwedens. Weil sich die politischen Interessen dauernd kreuzten, gab es in Polen politische Parteien, die jeweils Unterstützung bei dem einen oder anderen ausländischen Staat suchten. Die Innenpolitik verwirrte die Außenpolitik.

Vergeblich hatte König Wladislaw IV. (1632–48) versucht, der Krone größere Einnahmen über die Hafenzölle an der Ostsee zu verschaffen. Als er darüber mit Danzig und Dänemark in Streit geriet, sah er sich sowohl von der Szlachta wie von den Magnaten verlassen, die ihren König nicht allzu mächtig werden lassen wollten. Deswegen konnte er auch den Kosaken der Ukraine seine Versprechungen nicht halten. Statt in den Krieg gegen die Osmanen zu ziehen, verwüsteten die Kosaken weite Teile Polens. Jahrelang regierte der Hetman Chmielnicki unabhängig in der Ukraine, bis es endlich gelang, ihn zu schlagen und die Ukraine wieder unter polnische Hoheit zu bringen.

Daraufhin unterstellte sich 1654 Chmielnicki mit seinen Kosaken dem Zaren von Moskau. Nach einem 13jährigen Krieg zwischen Moskau und Polen erntete der Zar die Früchte des polnisch-ukrainischen Ringens. Zunächst waren die Polen siegreich, da ihr Heer besser diszipliniert und ausgerüstet war. Dann drangen Russen und Tataren in Polen ein, scheiterten aber vor Lemberg. Schließlich zwang ein Aufstand des Fürsten Lubomirski den polnischen König, Verhandlungen anzuknüpfen. Polen behielt im Waffenstillstand von Andrussovo 1667 Witebsk, Polozk und Livland, mußte jedoch Smolensk und die Ukraine östlich des Dnjepr an Moskau abtreten. Kiew überließ es den Russen formell für zwei Jahre. Doch war die fast zweieinhalb Jahrhunderte lange litauisch-polnische Herrschaft über Kiew endgültig beendet.

Damit gewannen Rußland und die orthodoxe Kirche einen Stützpunkt, dessen kultureller Einfluß bis zu den Karpaten reichte. Hatte der Südosten schon immer eine Sonderstellung innerhalb des polnischen Reiches eingenommen, so löste er sich nun gänzlich aus dem gesamtpolnischen Staatswesen. Die Kriege zwischen 1648 und 1667 haben den inneren Zusammenhang Polens erschüttert. Die territorialen Verluste waren zwar bedeutsam; wichtiger jedoch war die innere Auflösung. Gegen alle Bemühungen der Könige, einen zentral geleiteten Verwaltungsstaat nach französischem Vorbild aufzubauen, hat die Szlachta den Grundsatz durchgesetzt, daß alle Beschlüsse des Reichstages einstimmig gefaßt werden mußten. Es genügte, wenn ein Edelmann im Sejm sein ›Nein‹ sprach, um jeden Gesetzentwurf zum Scheitern zu bringen. Das ›Liberum veto‹ hat Polen zugrunde gerichtet.

Diesen Niedergang konnte auch König Michael (1669–1673) nicht verhindern, der Sohn eines Magnaten von der ukrainischen Grenze, der in Polen die österreichische Partei vertrat. Nach seinem Tode bestieg der Kandidat der französischen Richtung, Johann III. Sobieski, den Thron. Obgleich mit Ludwig XIV. verbündet, hat Sobieski den Krieg gegen die Türken, die in die Ukraine eingefallen waren, mit Nachdruck geführt. Ihm verdankt Wien 1683 seine Rettung.

Ebenso unglücklich wie die Kriege gegen Rußland verliefen die Kämpfe Polens mit Schweden.

Schwedens Vormachtstellung an der Ostsee gründete sich auf den Besitz der wichtigsten Hafenstädte. Die Inlandstaaten Moskau, Polen, Litauen und Brandenburg strebten zur Küste, um ohne die lästigen Abgaben direkt Anschluß an den Welthandel zu gewinnen. Zum Vorteil Schwedens waren jedoch die osteuropäischen Staaten untereinander uneins und wegen der umstrittenen Grenzen in Kriege verstrickt. Die schwedische Politik konnte Brandenburg deswegen gegen Polen ausspielen, weil Preußen zwar dem Brandenburger Kurfürsten gehörte, aber unter polnischer Lehnshoheit stand. Im Bündnis mit dem Großen Kurfürsten benutzte Karl X. von Schweden den russisch-polnischen Krieg, um Polen anzugreifen und Warschau zu besetzen. Aber dieser Vorstoß ließ den Kaiser Leopold I. ein Bündnis mit Polen schließen. Auch Moskau wechselte die Front; es griff das schwedische Livland an.

Eine Welle des nationalen Widerstandes ging durch Polen; die Stände schlossen sich zusammen, so daß Schweden, auch von Brandenburg verlassen, unter französischer Vermittlung den Frieden von Oliva 1660 schließen mußte.

Die Kräfte Schwedens hatten sich als zu schwach erwiesen, um über die bedeutenden Erwerbungen des Westfälischen Friedens hinaus Westpreußen zu gewinnen. Es blieb polnisch. Die Hauptschuld gaben die Schweden ihrem unzuverlässigen Bundesgenossen Brandenburg. Ihr Versuch, im Bündnis mit Ludwig XIV. Brandenburg zu strafen, scheiterte 1675 bei Fehrbellin. Zur See behielt Schweden jedoch weiterhin die Herrschaft über die Ostsee. Militärisch hing für Schweden die Herrschaft über die südliche Ostseeküste von der Haltung Polens ab.

Moskau konnte nur hoffen, den Zugang zur Ostsee zu gewinnen, wenn seine Westgrenze gesichert war.

In den vielen Kriegen hatte die Szlachta ihre politische Stellung ausgebaut. Sie wehrte sich gegen das Übergewicht der Magnaten. Gegenüber den Bauern pochte sie auf ihre Vorrechte. Die Bauern waren leibeigen; sie hatten sich in ihr Schicksal zu fügen. Jene Schicht, die dem Adel gegenüber ein Gegengewicht gebildet hätte und die einen Beamtenstand hätte entwickeln können, fehlte in Polen: das städtische Bürgertum war verarmt und abgesunken. Die Universitäten verkümmerten. Es fehlte der Antrieb zum Studium, der im Westen die fähigsten Köpfe der unteren Schichten den Hohen Schulen zuführte. Handel und Handwerk lagen weitgehend in den Händen von Ausländern, Deutschen und Juden, denen die politischen Rechte versagt wurden. Auch die vom Ausland kommenden Monarchen konnten ihnen nicht helfen. Den Außenhandel drosselten Verordnungen ab.

Die alte Handelsstraße von Breslau über Krakau und Lemberg in die südrussische Steppe lag verlassen, seitdem Kiew in die Hand Moskaus gefallen war. Die Verbindung zum Schwarzen Meer war durch den Verlust Akkermans an die Osmanen unterbrochen.

Die innerpolitischen Spannungen spielten im Kampf mit den auswärtigen Feinden eine beträchtliche Rolle. Die ukrainischen Kosaken konnten als Befreier der Bauern vom Joch der Magnaten, die Russen als Vorkämpfer des orthodoxen Glaubens, die Sachsen als Stütze des städtischen Bürgertums auftreten. Dadurch wurden im Lande selbst Widerstände geweckt, die die Kriegführung lähmten. Die Feinde zogen Vorteil aus Polens Unfähigkeit, die sozialen Verhältnisse, die noch auf die Zeit der Jagiellonen zurückgingen, zu überwinden.

Für die Nachbarn behielt jedoch der polnisch-litauische Raum seine Bedeutung. Nach dem Tode Sobieskis wurde der polnische Thron unter nicht weniger als 18 Bewerbern ausgehandelt. Es ging dabei weniger um Personen als um politische Richtungen. Gewählt wurde der protestantische Kurfürst von Sachsen, August der Starke, der zum Katholizismus übertrat und mit Hilfe der russischen Partei die französische Partei im Lande zurückdrängte. Der Frieden von Karlowitz 1699 sicherte die Grenze gegen die Osmanen, die ihre Eroberungen Podolien und die Ukraine zurückgeben mußten. An die Stelle der Türkengefahr trat die Bedrohung durch Moskau. Als sich Polen in ein Bündnis mit Rußland und Dänemark einließ, um dem jugendlichen König Karl XII. von Schweden Gebiete abzunehmen, wurde das Land im großen Nordischen Krieg von Feinden wie Verbündeten besetzt und ausgeplündert. Nur der Sultan ließ die polnische Grenze unangetastet.

Im Mittelmeer hatten die Osmanen ihre durch die Niederlage bei Lepanto 1571 bedrohte Stellung längst wieder gefestigt. Ihnen gehörte die afrikanische Küste und das östliche Mittelmeer einschließlich Griechenlands. Nur Malta konnte unter den Johannitern ihrem Ansturm trotzen.

Unter dem schwachen Sultan Ibrahim I. (1640–1648) übten praktisch die Janitscharen die Macht im Osmanischen Reich aus. Sie behielten sie auch zunächst unter seinem unmündigen Sohn Mohammed IV., bis der Großwesir Köprülü, der erste der fünf Staatsmänner dieser Familie, wieder Ordnung herstellte und die Macht des Sultans stärkte. Unter seinem Oberbefehl nahmen die Osmanen ihre Eroberungsfeldzüge wieder auf. Nach der Niederlage bei St. Gotthard gaben die Osmanen den Vormarsch auf Wien zunächst auf. In Polen eroberten sie Lublin und Lemberg. Sie erhielten im Frieden von 1672 Podolien. Polen mußte ihnen bis 1676 jährlich einen Tribut von 22 000 Zechinen zahlen und 1681 die westliche Ukraine abtreten.

Weniger erfolgreich verlief der Krieg gegen Rußland; er mußte abgebrochen werden.

Auf die Niederlage vor Wien 1683 waren innere Wirren gefolgt. Die türkischen Heere wichen auf der ganzen Front zurück: die Russen siegten auf der Krim, die österreichischen Truppen nahmen Buda und Belgrad und drangen bis Usküb in Mazedonien vor, die Venezianer erschienen auf der Peloponnes (Morea) und eroberten die Insel Chios. Wenn es auch vorübergehend gelang, die Feinde zurückzutreiben, brachte die Niederlage bei Slankamen 1691 einen neuen Rückschlag. Der fähige Großwesir fiel.

Nach weiteren wechselvollen Feldzügen, die Prinz Eugen als österreichischer Befehlshaber führte, schlossen die Osmanen den Frieden von Karlowitz 1699, der ihnen das Banat und die Moldau beließ; während Österreich Siebenbürgen erhielt und Polen die westliche Ukraine, bekam Rußland Asow, und Venedig gewann Morea und Dalmatien.

Österreich konnte seine Heere gegen Ludwig XIV. einsetzen, der seine Hoffnung auf den türkischen Bundesgenossen aufgeben mußte.

Das mächtige Osmanische Reich, das Jahrhunderte lang die Feinde besiegt hatte, mußte auf Eroberungen und Beute verzichten. Seine Einnahmen aus den asiatischen Provinzen und aus Ägypten waren ständig zurückgegangen, seitdem die Waren aus Indien nicht mehr über Vorderasien und das Mittelmeer, sondern um Afrika herum kamen.

Zwangsläufig mußte der Steuerdruck auf die Balkanvölker wachsen. Damit wandelte sich das bisher leidliche Verhältnis der Bevölkerung zum osmanischen Staat. Die Osmanen wurden zunehmend als Fremde empfunden, obwohl sie inzwischen vielfach mit der einheimischen Bevölkerung verschmolzen waren, sowohl durch Heirat, was im System des türkischen Harems wenig bedeutete, wie über die Verbindung zu den Janitscharen als auch im Aufsteigen zur Oberschicht durch den Übertritt zum Islam.

Solange die türkischen ›Spahis‹ sich vom ›slawischen‹ Adel absonderten, dem der Sultan – gegen entsprechende Zahlungen –

seine Vorrechte beließ, trat der Staat dem Bauern nur mittelbar in Gestalt des Gutsherrn gegenüber. Jetzt bediente sich der Staat der von ihm eingesetzten örtlichen Machthaber, der Paschas, der Soldaten, der Steuereintreiber. Die Zahl der Beamten schwoll in erschreckendem Maße an. Solange eine starke militärische Macht hinter dem Staatsapparat stand, beugte sich der einfache Mann. Als die Niederlage vor Wien die innere Schwäche sichtbar werden ließ, wuchs der Widerstand.

20

Die Aufklärung. Das Zarenreich wird Großmacht

Das Englandbild der Franzosen · Geistige Umwälzungen · Das Weltbild der Aufklärung · John Law und das Papiergeld · Der Südseeschwindel in London · Der Handel mit tropischen Massengütern gewinnt an Bedeutung · Karl XII. von Schweden (1682–1718) · Peter der Große (1672–1725) · Zusammenstoß Schwedens mit Rußland (1700 bis 1721) · Schwedens Vormacht wird gebrochen · Das neue Rußland · Peter I. fördert Bildung und Industrie · St. Petersburg – das Fenster zum Westen, 1703 gegründet · Friedrich II. von Preußen (1712–1786) · Besetzung Schlesiens (1740–1742) · Neue Kriege · In Österreich Maria Theresia (1717–1780) · 1756–1763: Siebenjähriger Krieg · In Rußland: Katharina II. (1729–1796) · Vorrücken in die Steppe · Ein Palaststaat · Das russische Volk · Nationalitäten in der Habsburger Monarchie · Joseph II. (1741–1790) und die Reformen · 1774: der Friede von Kütschük-Kainardschi · Rousseau (1712–1778): Zurück zur Natur · 1762: der ›contrat social‹ · 1776– 1783: Unabhängigkeitskrieg in Nordamerika

Der Tod Ludwigs XIV. beendete eine Epoche, die Frankreich über eine Macht- und Prachtentfaltung sondergleichen zur militärischen Niederlage und zum wirtschaftlichen Zusammenbruch geführt hat.

Der Herzog von Orléans, der die Regentschaft für den unmündigen Urenkel des Sonnenkönigs übernahm, vertrat in den außenpolitischen, den religiösen, den wirtschaftlichen und den sozialen Fragen Ansichten, die denen Ludwigs XIV. entgegengesetzt waren. Die Reformpartei, die sich gegen den alternden König gewandt hatte, ergriff die Macht. Der Umschwung war vollkommen.

Während der langen Kriegszeit hatten sich die beiden Länder am Ärmelkanal unterschiedlich entwickelt. Die wirtschaftliche wie die geistige Verbindung zwischen England und Frankreich hatte aufgehört. In England hatte die Krone weitgehend an Macht verloren. Der Versuch einer Restauration der Stuarts war gescheitert. Auf den Oranier folgte das Haus Hannover. Die politische Führung lag jedoch eindeutig beim Parlament. Keine Ausgabe durfte ohne seine Zustimmung vorgenommen werden. Im Oberhaus waren der Hohe

Adel und die anglikanische Kirche, im Unterhaus der niedere Landadel (Gentry) und die Städte vertreten. Beherrscht wurde das Parlament von zwei Parteien: den Whigs, die vor allem Handel und Schiffahrt, und den Tories, die besonders die Landwirtschaft vertraten.

Im Parlament saß zwar neben dem Adel und der Geistlichkeit als Vertreter der Städte das Handel treibende Großbürgertum, kaum aber das ›Volk‹. Das Wahlrecht zum Unterhaus stand nur einer kleinen Zahl von Personen zu. Die Wahlkreiseinteilung sorgte dafür, daß wenig mehr als 5 000 ›Wähler‹ über die Hälfte der Sitze im Unterhaus entschieden. Aber die Abneigung gegen den Hof war derart ausgeprägt, daß die öffentliche Meinung im Unterhaus eine ›Volksvertretung‹ sah, den Hort der britischen Freiheit, den Schutz gegen die Willkür eines Monarchen.

Die Wirtschaft durfte sich frei entfalten; sie wurde nicht durch staatliche Gesetze gegängelt. Sie wehrte sich gegen jeden Eingriff königlicher Beamter. Mächtige Handelsunternehmungen verfügten über eigene Kriegsflotten, mit denen sie die Wettbewerber von den Weltmeeren verdrängten und überseeische Besitzungen eroberten.

Eindeutig hatte der militärische Sieg Englands die Überlegenheit eines Systems bewiesen, das dem französischen grundlegend widersprach. Die Franzosen führten ihre Niederlage auf ihre wirtschaftliche Rückständigkeit und Englands Aufstieg auf die englische Verfassung und die freiheitliche Geisteshaltung zurück. Durch Reformen wollten die Franzosen Anschluß an die englische Entwicklung gewinnen.

Da die Beziehungen Jahrzehnte hindurch abgerissen waren, nahm das englische Vorbild vielfach die Gestalt eines Gegenbildes zu den heimischen Verhältnissen an. Wunschbild und Selbstkritik mischten sich mit den dürftigen Nachrichten, die aus dem Feindesland herübergedrungen waren. Man sah England, wie man es sehen wollte: als das Paradies des Individuums, der Freiheit, der Toleranz, der ausgeglichenen Machtverteilung zwischen Parlament und Königtum. Die Besiegten glaubten, daß in England nur die eigene Leistung zähle, daß daneben Geburt und Königsgunst kaum von Gewicht seien.

Gerade weil Frankreich so lange unter politischem und kirchlichem Druck gestanden hatte, sehnte man sich nach unbegrenzter Freiheit. Gegen den Staat, in der Person des absoluten Königs verkörpert, richteten sich die Angriffe der Reformer. Sie wollten dem Bürger alle Aufgaben überlassen. An die Stelle einer von oben gesetzten und überwachten Ordnung sollte eine neue treten, die auf natürlichen Voraussetzungen, auf der Natur selber, auf der Vernunft beruhte. Die Gegner des alten Systems legten in das englische Vorbild ihre Ideen, Wünsche und Träume hinein. Und gerade das machte die Illusion geistig so fruchtbar. Ein Weltbild entstand, das auf der Vernunft beruhte und bereits im Siegerstaat verwirklicht zu sein schien.

Die wenigen Reisenden, die nach dem Krieg England besuchten, brachten entscheidende Anregungen zurück, weil sie in dem, was sie sahen, ihre Ansichten, richtiger ihre Vorurteile bestätigt fanden. Der junge Voltaire griff in den ›Briefen über die Engländer‹ alles an, was ihm in seinem Vaterlande mißfiel: die Kirche, die Unduldsamkeit, den allmächtigen Staat. Gegenüber der geistigen, moralischen, wirtschaftlichen und politischen Rückständigkeit des Festlandes erstand das Idealbild eines freiheitlichen, aufgeklärten England. Damit begann die ›Aufklärung‹. 1721 veröffentlichte Montesquieu seine ›Persischen Briefe‹, in denen er als ›Perser‹ unbarmherzig die Schwächen seiner Zeit bloßstellte. Sein grundlegendes Werk über den ›Geist der Gesetze‹ erschien allerdings erst 1748; darin pries er die englische Verfassung als das ideale Gleichgewicht der drei Gewalten, durch das der Staatsbürger gegen Willkür, der Staat in der Erfüllung seiner Aufgaben gesichert werde: Gesetzgebung, Verwaltung und Rechtsprechung.

In dieser Vorstellung von England steckte ein richtiger Kern, wenn die Wirklichkeit auch weit hinter den Idealen der führenden Geister zurückblieb. In England war das Weltbild bewußt gegen die Politik der Stuarts aufgebaut worden. Für John Locke (1632–1704) gab es keine ewigen Wahrheiten. Denken heißt, die leere Tafel des Verstandes mit Tatsachen füllen, Schlüsse ziehen und diese Schlüsse wiederum von Erfahrungen nachprüfen lassen. Shaftesbury (1671–1713) leitete die ›Tugend‹ vom Gefühl ab. Der Mensch empfindet, was gut oder schlecht ist; über eine allgemeine Harmonie kommt er zum Wohlergehen der Gemeinschaft.

Von England her wirkten in dem zweiten Jahrzehnt Pope, Swift, Arbuthnot, Addison, Defoe auf Frankreich ein, das im Begriff war, sich von den Großen des vorangegangenen Zeitalters zu lösen, von Descartes, Bossuet, Corneille, Racine, Molière und La Fontaine, die noch die Zeit des unerträglich gewordenen Absolutismus verkörperten. Der geistige Umbruch ging tiefer als beim Widerspruch der Jansenisten, etwa eines Pascal. Die Zeit der Empfindsamkeit brach mit dem Erfolg des ›Vikar von Wakefield‹ des Engländers Goldsmith auf dem Festland an.

Die Aufklärung war ein Werk der städtischen Literaten. Sie wurden getragen vom Bürgertum, von den Gebildeten, zu denen die Söhne des Adels stießen, die sich im geistigen Wettkampf mit diesen Bürgerlichen messen wollten. London zählte zu Anfang des 18. Jahrhunderts etwa 700000 Einwohner (bei einer Gesamtbevölkerung im Königreich von 5½ Millionen), Paris 500000 Einwohner bei 17 Millionen Franzosen. Während jedoch die hervorragendsten Schulen in Frankreich in der Hauptstadt lagen, verteilten sich die Erziehungsanstalten der englischen Oberschicht über das Land. Aber in beiden Ländern prägte die neue Geisteshaltung eine bürgerlich eingestellte, dem militärischen Leben abholde, der Wissenschaft und der Kunst zugewandte Schicht. Sie setzte sich auch im politischen Leben durch:

In Frankreich fanden die Vertreter des Alten einen starken Rückhalt in der Kirche, im Regentschaftsrat bei den natürlichen Söhnen Ludwigs XIV. und nicht zuletzt im spanischen König Philipp V., dem Enkel des Sonnenkönigs. Der erste Durchbruch gelang der Reformpartei, die sich um den Regenten scharte, in der Wirtschaft. Der Herzog von Orléans ermächtigte den Schotten John Law, eine Bank zu errichten, die Banknoten als Papiergeld ausgab. Law schuf den Bankkredit. Die Inflation, die er damit entfesselte, löschte zwar die Staatsschulden in Höhe von rund 5 Milliarden Livres, aber sein großer Plan, sein ›System‹, die Kolonien zu erschließen, Louisiana in Nordamerika und die Mittelamerikanischen Besitzungen, scheiterte an den Quertreibereien der hochadligen Spekulanten in Paris, die mit Hilfe ihres politischen Einflusses schnell ernten wollten, ohne die langsame Entwicklung in Übersee abzuwarten.

Als die aufgeblähten Aktienkurse zusammenbrachen, mußte Law Frankreich verlassen.

Die Spekulationswelle griff auf London über. Auch dort schnellten die Aktien zu phantastischen Kursen hinauf – bis der ›Südseeschwindel‹ wie eine Seifenblase platzte. Aber die Jahre der Inflation haben nicht nur die Wirtschaft, sondern auch das tägliche Leben und das politische Gesicht Europas nachhaltig gewandelt. Der Welthandel verlagerte sich von Ostindien nach Westindien, von den Gewürzen zu den tropischen Pflanzungen. Zucker, Kaffee, Baumwolle und Tabak wurden Artikel des Massenluxus. Das Zentrum des europäischen Geldwesens wanderte nun endgültig von Rom nach Holland, Frankreich und England. Die einst führenden Plätze Venedig, Florenz und Genua spielten nur noch eine untergeordnete Rolle.

Damit stiegen in Frankreich die Häfen an der Westküste auf, Bordeaux, Nantes und das von Law begründete Lorient, während der Levantehandel zurückging und die Mittelmeerhäfen an Bedeutung verloren. Bis dahin waren die europäischen Besitzungen in Übersee vorwiegend Stützpunkte des Handels; nun produzierten sie selber genügend Waren. Zwei Drittel des Zuckers, der in Europa genossen wurde, kam aus Haiti, Kaffee lieferte Martinique, Baumwolle Guadeloupe. Jamaica, in englischem Besitz, wurde zur Zuckerinsel. Westindien übertraf bald alle anderen Kolonien um ein Vielfaches an Wert, Nordamerika, Afrika und selbst Ostindien zusammengenommen. Der Handel mit Gewürzen, mit Seide und sonstigen Luxusartikeln konnte mit dem der tropischen Massengüter nicht Schritt halten.

Auch in Asien bahnte sich der Umschwung an. Die Holländer begannen, in Indonesien tropische Erzeugnisse anzubauen, vor allem Kaffee, aber eine Krankheit suchte ihre Pflanzungen heim. Die britische Ostindienkompagnie ging zum Teehandel über. Sie tauschte indisches Opium gegen chinesischen Tee; dabei verdiente sie um die Mitte des 18. Jahrhunderts mehr als am ganzen übrigen Handel.

Damit sich die Pflanzungen in Westindien entfalten konnten, brauchten die Staaten Ruhe. Von 1714 bis zum Ausbruch des österreichischen Erbfolgekrieges 1740 sicherte die politische Zusammenarbeit zwischen England und Frankreich den Frieden in Europa und in Übersee. Gemeinsam gingen die Regierungen gegen die Seeräuberpest vor; doch dauerte es noch lange Zeit, bis sie endgültig überwunden war. Zwar kam es zu einem Krieg zwischen England und Spanien, das sich gegen eine willkürliche Auslegung des Utrechter Friedens wehrte. Die Engländer füllten das eine zugestandene Schiff für freie Wareneinfuhr laufend auf hoher See nach. Solange aber Paris und London zusammenwirkten, blieb jeder Konflikt begrenzt. Im Osten hingegen dauerte der Krieg an.

Schweden war während des Dreißigjährigen Krieges durch seine Militärmacht aufgestiegen. Dann kam mit dem Handel der wirtschaftliche Aufschwung. Jedoch gehörte 1680 nur noch ein Drittel des Grund und Bodens den freien Bauern, die seit den ältesten Zeiten die schwedische Politik bestimmt hatten. Ein Drittel gehörte der Krone und ein weiteres Drittel dem Adel. Der König belohnte verdienstvolle Offiziere mit ›Kronhöfen‹. Der freie Bauer konnte seine Heerespflicht durch Geldzahlung ablösen; der Soldat erhielt neben dem Sold auch Land.

An England lieferte Schweden verhüttetes Eisen, daneben Teer und Getreide, teilweise auch aus den Ländern südlich der Ostsee, deren Häfen in schwedischer Hand lagen. Um die Ostseeausgänge zu gewinnen, unterstützte Schweden den Herzog von Holstein gegen Dänemark, das seinerseits Rückhalt bei Sachsen-Polen und Rußland suchte.

Gegen die schwedische Großmachtpolitik lehnte sich auch die livländische Ritterschaft auf, die sich durch die Steueranforderungen und die starke Königsmacht bedrückt fühlte. Der junge König Karl XII. durchkreuzte die Pläne seiner verbündeten Gegner. Er besiegte Dänemark, zog gegen Rußland zu Felde und besiegte Peter I. bei Narwa (1700). Dann rückte er über die Düna in Polen ein, nahm Kowno, Warschau, Krakau ein und setzte seinen Parteigänger Stanislaus Leszczynski zum polnischen König durch.

Während Karl XII. durch Polen und Sachsen zog und einen Sieg nach dem anderen erfocht – Siege, die ihm wenig nutzten –, hatte Peter I. Schritt für Schritt die baltische Küste erobert: Narwa und Dorpat, Ingermanland und Livland. Er drang in Polen ein.

Alle diese Erfolge hoffte Karl XII. in wenigen Feldzügen zunichte zu machen. Es gelang ihm auch, die russischen Truppen aus Polen zu vertreiben. Aber was war damit gewonnen? Die schwedische Livland-Armee, die zum Hauptheer stoßen sollte, wurde von den Russen besiegt. Dennoch entschloß sich Karl XII., in die Steppe vorzurücken. Seine Hoffnung auf die Hilfe der Kosaken trog, weil es dem Hetman Mazeppa nicht gelang, seine Kosaken zum Aufstand zu bewegen. Vor Poltawa stand Karl XII. allein. Er wurde vernichtend geschlagen (1709).

Noch einmal schien sich den Schweden ein Erfolg zuzuneigen, als die Türken den Zaren mit seinem Heer von 38 000 Mann mit großer Übermacht am Pruth umzingelten, aber Peter kaufte sich durch Bestechung und durch die Rückgabe von Asow frei.

Schweden war ausgeblutet; mit seinen 1 Millionen Einwohnern konnte es die weitreichenden Ansprüche nicht durchsetzen. Im

Frieden fielen Bremen und Verden an Hannover, Vorpommern an Preußen, Livland, Estland, Ingermanland und das östliche Karelien mit Wiborg an Rußland. Schwedens Vormacht an der Ostsee war endgültig gebrochen. Dafür stieg Rußland als neue europäische Großmacht auf. Unter Peter I. hat Rußland die Wendung vom Schwarzen Meer zur Ostsee vollzogen.

Die Steppe war Rußlands Schicksal gewesen. Auch nachdem die Macht der Goldenen Horde an der unteren Wolga zerschlagen war, litt die russische Bevölkerung unter den Tatareneinfällen. Die beweglichen Reiter brachen unerwartet in die russischen Dörfer ein, raubten die Menschen und verkauften sie als Sklaven nach Ostasien, in die Türkei und an die Ruderbänke der venetianischen und französischen Galeeren. Man schätzt, daß zwischen 1500 und 1700 an die 5 Millionen Russen den traurigen Weg zu den Sklavenmärkten gewandert sind. Vergeblich versuchten die Zaren, eine wirksame Verteidigung aufzubauen. Die Steppengrenze war kaum zu sichern.

Vorgeschobene Stellungen zu halten, erforderte beträchtlichen Aufwand. Rasche feindliche Einbrüche waren nicht zu verhindern. Es besagte wenig, wenn die Kosaken am Don oder am Ural die Zarenherrschaft anerkannten oder wenn die Kalmücken an der unteren Wolga oder die Tataren und Baschkiren zwischen Wolga und Ural-Fluß Tribute zahlten. Strafexpeditionen schreckten die schweifenden Völkerscharen nur kurze Zeit. Auch waren sie im Krieg gegen die Osmanen schwer zu entbehren. Dazu beherrschten sie den Handelsweg, der von Moskau zum Kaspisee und nach Persien führte. Englische Kaufleute hatten im 17. Jahrhundert versucht, auf diesem Weg Beziehungen zu Vorderasien und Indien aufzunehmen, um die Sperre der Osmanen im Mittelmeer wie auch die der Spanier und Portugiesen im südlichen Atlantik zu überwinden; sie waren jedoch an den Entfernungen und am energischen Widerspruch der ›Hohen Pforte‹ gescheitert. Den Anschluß an den Welthandel und an die westeuropäische Entwicklung in Technik und Wissenschaft gewann Moskau jedoch nur über die Ostsee.

Peter der Große war sich dessen bewußt, daß ein Staat ohne geschulte Beamte, ohne Techniker, mit einer Bevölkerung von Analphabeten den westlichen Staaten nicht gewachsen war. Das hatten die ersten Niederlagen gegen Karl XII. gezeigt. Er zog Gelehrte, Baumeister und Ingenieure sowie Instruktionsoffiziere aus dem Ausland heran. Mit ihrer Hilfe schuf er das neue Heer, das bei Poltawa siegte, den Beamtenstab, der das Land verwaltete und für den Eingang der Steuern sorgte, die Industrie, die ihm Kanonen und Schiffe baute; Kaufleute führten die russischen Erzeugnisse aus und zahlten die Zölle. Die Bildung war für den Zaren ein Mittel, um den Staat und seine Macht zu stärken.

Die gebildeten Literaten, die im Westen gegen die Allgewalt des Königs und gegen die Allmacht des Staates eingestellt waren, dienten in Rußland, wo es kaum ein Bürgertum gab, dem autokratischen Zaren. Lehnten sie sich auf, wurden sie des Landes verwiesen. Katharina II. berief eine allrussische gesetzgebende Kommission, um ihre Völker zu Wort kommen zu lassen. Sobald dieser Kongreß dem Willen der Zarin widersprach, löste sie ihn auf.

In Westeuropa begann die Aufklärung gerade als Auflehnung gegen den starken Staat. Der Osten Europas mußte erst den weiten Weg zum starken Staat zurücklegen, der die Macht der Bojaren, die Gleichgültigkeit der bäuerlichen Massen gegenüber dem öffentlichen Leben und die Rückständigkeit der Wirtschaft brechen sollte. Außerhalb des russischen Hofes hat die Aufklärung kaum Fuß gefaßt, nicht einmal bei den adligen Großgrundbesitzern, die für die hohen Ideale der Menschenwürde und der Freiheit des Individuums kein Verständnis aufbrachten. Die Bojaren wandten sich ebenso hartnäckig gegen die Reformen Peters des Großen wie die Geistlichen, die an den alten Gebräuchen der Kirche festhielten. Hart ging der Zar gegen jeden Widerstand vor. Er hob sogar das Patriarchat auf.

Seine neue Hauptstadt St. Petersburg unterstrich die Bedeutung, die er der Ostsee für sein Reich zumaß. Das alte Moskau mit seinem »Hang zur Ruhe«, wie die ausländischen Gesandten klagten, stand allen Neuerungen ablehnend gegenüber. Von dort konnte keine durchgreifende Bewegung ausgehen. In Petersburg dagegen überwogen jene Russen, die sich für den Anschluß an den Westen und für den Fortschritt einsetzten, und Schweden und Deutsche aus den baltischen Provinzen. Während in Moskau der slawische Geist des Beharrens vorherrschte, wehte durch Petersburg von Anfang an der Wind aus dem Westen. Nur: es gab auch dort kein Bürgertum im westeuropäischen Sinne.

Die reichen, sogar sehr reichen Kaufmannsfamilien fühlten sich nicht als ›Stand‹, sondern den Bojaren gleichberechtigt, mit denen sie an Pracht und Auftreten wetteiferten. Ein Bürgerstolz hat sich nicht entwickelt. Die großen Vermögen standen auf unsicheren Grundlagen. Sie boten keine Sicherheit gegen willkürlichen Zugriff der staatlichen Gewalt. Reich zu sein war nicht immer vorteilhaft, meist sogar recht gefährlich. Es fehlte das Bemühen, diesen Reichtum zusammenzuhalten. Nur wenige Vermögen überdauerten die folgende Generation. Der Außenhandel lag überwiegend in Händen von Ausländern. Rußland lieferte an England den größten Teil der Ausrüstung für die Schiffe, das Holz, die Masten, den Hanf für die Taue, das Pech zum Kalfatern. Dafür bezog es vor allem Wolltuche. Das Zarenreich stieg zu einer bedeutenden Handelsmacht auf, die ihr Gewicht in die Waagschale der europäischen Politik warf.

Intrigen und Wirren erschütterten zunächst das Reich. Katharina I., Peter II. und Iwan VI. wurden von mächtigen Hofcliquen beherrscht. Die Garde hob 1741 die Tochter Peters, Elisabeth, auf den Thron. Obwohl sie sich gegen die ›deutsche‹ Partei durchsetzen mußte, hat sie Rußland eng mit dem Westen verbunden. Sie gründete 1755 die Universität Moskau, sie verbündete sich im Siebenjährigen Krieg mit Paris und Wien gegen Preußen.

Auf dem Balkan hatte sich bereits in der ersten Hälfte des 18. Jahrhunderts das Kräftegleichgewicht verschoben. Im Türkenkrieg von 1736 bis 1739 hatten die Russen gesiegt, während die Österreicher Niederlagen hinnehmen mußten. Im Frieden von Belgrad gingen ihnen die Eroberungen des Prinzen Eugen, Serbien mit Belgrad, die Kleine Walachei und die Festung Orschowa verloren. Bisher hatten die slawischen Völker im Osmanischen Reich von Habsburg die Befreiung von der Türkenherrschaft erwartet. Inzwischen hatten sie jedoch die katholische Unduldsamkeit Wiens kennengelernt. Die Orthodoxen erfuhren, daß sie ihren Glauben unter den Moslems leichter bewahren konnten als unter den katholischen Christen. Dieser Stimmungsumschwung hat wesentlich zur militärischen Niederlage der Österreicher beigetragen. Nun begannen die slawischen Völker auf dem Balkan, das orthodoxe Rußland als Schutzmacht anzusehen. Damit änderte sich Rußlands Einstellung sowohl zu Österreich wie zu Polen, dem langjährigen Verbündeten gegen die Osmanen. Solange die russische Politik sich auf den Ostseeraum konzentrierte, konnte Petersburg das Bündnis mit Wien gegen das aufsteigende Preußen aufrechterhalten. Auf dem Balkan jedoch kreuzten sich die Interessen.

Preußen hatte seine Kolonialpläne längst abgeschrieben. Seine Anstrengungen, die Landwirtschaft zu entwickeln, führten zu großen Überschüssen an Getreide und Wolle, besonders auf den königlichen Domänen. Dank neuer Anbaumethoden und einer Verbesserung der Schafzucht, verbunden mit guter Verwaltung und einem Ausbau des Verkehrsnetzes wie dem Bau von Straßen und Kanälen konnte Preußen jene Lebensmittel und Rohstoffe nach Westeuropa ausführen, die Jahrhunderte hindurch aus Polen gekommen waren. Die polnische Landwirtschaft litt darunter, daß der Adel seine Güter vernachlässigte. Während die preußischen ›Junker‹ zu Leistung und Sparsamkeit angehalten wurden, wobei der König das Beispiel für eisernen Fleiß wie für strenge Selbstbeschränkung gab, neigte der polnische Adel zu leichtsinnigem Aufwand, den die Güter nicht zu tragen vermochten. Ohne größere Geldmittel ließen sich jedoch landwirtschaftliche Verbesserungen nicht durchführen, die allein die Wettbewerbsfähigkeit auf dem Absatzmarkt sicherten. Polen verlor seine führende Rolle als Agrarausfuhrland und damit auch seine politische Unabhängigkeit. Die Hugenotten hatten in Berlin zahlreiche Industrieunternehmen gegründet. Ein Drittel der Berliner Bevölkerung sprach im 18. Jahrhundert Französisch, besonders der wirtschaftlich führende Teil. Sie machten Preußen mit der französischen Kultur bekannt. Am Hof in Potsdam wirkte Leibniz, der die Berliner Akademie der Wissenschaften nach französischem Vorbild gründete. Friedrich Wilhelm I. hat den französischen Einfluß, der seinem Wesen widersprach, bekämpft; sein Sohn Friedrich war jedoch ein Bewunderer französischen Denkens. Der Zwiespalt zwischen Vater und Sohn spitzte sich zu offenem Konflikt und der Drohung mit dem Kriegsgericht zu.

Nicht nur Preußen, sondern der gesamte europäische Osten stand im 18. Jahrhundert vor der Frage, ob diese Länder imstande waren, sich von der überlieferten agrarischen Sozialstruktur zu lösen, um im Bürgertum eine Stütze des absoluten Staates zu gewinnen.

Der neue Staatsgedanke, wie ihn die Aufklärung anstrebte, konnte nur im Rechtsstaat verwirklicht werden. In der Macht des Rechts lag der Prüfstein für den aufgeklärten Absolutismus. Nirgends war der Grundsatz des Rechtes für jeden Staatsbürger verwirklicht. In England konnte sich zwar jedermann auf die ›Habeas-Corpus-Akte‹ berufen. Aber die untere Gerichtsbarkeit lag bei den Grundbesitzern, die oft genug willkürlich urteilten. Das Parlament sicherte wenigstens den einzelnen gegen die Willkür des Monarchen. In Frankreich hingegen konnte der König durch einen einfachen Befehl, eine ›Lettre de cachet‹, einen Unbeliebten in die Bastille schicken. In Rußland kannte die Macht des Selbstherrschers keine Grenzen.

Von der Spannungszone am Ärmelkanal zwischen England und Frankreich nahm die Aufklärung ihren Weg über ganz Europa hinweg. Das französische Denken bestimmte die ›aufgeklärten‹ Monarchen bis Warschau und Stockholm; französische Lebensformen prägten den Luxus des Hofes und das französische Vorbild die Zielsetzung des Staates in Osteuropa. Gegen die Reformbestrebungen der Monarchen setzten sich als Vertreter des Althergebrachten Adel und Klerus zur Wehr.

Nicht jeder König war bereit, sich dem Neuen zu beugen. Friedrich Wilhelm I. von Preußen wollte einerseits den starken Staat mit geschultem Beamtenstand und stehendem Heer, andererseits lehnte er die französische ›Oberflächlichkeit‹ mit ihrem Mangel an Respekt, ihrer Glaubenslosigkeit und ihrem frivolen Luxus ab. Er sah nicht ein, daß das eine mit dem anderen zusammenhing. Nur eine gründliche Erziehung gab dem Staat die Beamten, der Wirtschaft die modernen Methoden, der Industrie die technischen Verbesserungen. Über die eigene Leistung stiegen Menschen der unteren Schichten auf, angetrieben von der großen inneren Unruhe, die der Geist erweckt. Ohne den Geist der Aufklärung konnte sich kein ›absoluter Staat‹ entfalten.

Seine führenden Vertreter kämpften gegen »Dummheit und Unvernunft«, gegen Überlieferung und Standesdünkel. Die Vernunft sollte den Wandel bringen. Sie konnte sich jedoch nur durchsetzen, wenn die Bildung nicht länger einer kleinen Schicht vorbehalten blieb. Preußen baute sein allgemeines Schulwesen zu einer Zeit auf, als weder England noch Frankreich daran dachten, die gesamte Bevölkerung lesen und schreiben zu lehren. Auf dem Lande konnten die Volksschulen erst nach und nach eingerichtet werden. Es fehlten Lehrer und Klassenräume. Aber damals setzt der Aufstieg der begabten Söhne aus den unteren Schichten über die Bildung in die Beamtenstellen ein, zu gesellschaftlichem Ansehen und schließlich in die geistige Führung des Landes. Über die Volksbildung, und nicht über sein starkes Heer allein, stieg Preußen zur führenden Macht im östlichen Mitteleuropa auf.

Friedrich II. gelangte auf den Thron, als in Österreich Karl VI. starb. Bis auf Bayern hatten alle Staaten, auch Preußen, zugestimmt, daß Maria Theresia das Habsburger Reich ungeteilt erben sollte. Friedrich hat die Zusage seines Vaters nicht eingehalten. Unter dem Vorwand von Erbansprüchen marschierte er in Schlesien ein; damit rollte er die Frage der gesamten österreichischen Erbfolge auf. Auch Frankreich, Spanien und Bayern wollten die Gelegenheit nutzen.

Das löste den großen europäischen Krieg aus. Preußen konnte sich dank seiner Siege und seiner bedenkenlosen Politik Schlesien sichern. Dabei kam ihm zugute, daß sich die Spannungen der Weltpolitik nach Übersee verlagerten.

Am kolonialen Gegensatz zerbrach der lange Frieden zwischen Frankreich und England.

In Europa herrschte die Vorstellung: reich wurde man nur durch den Handel und die überseeischen Besitzungen. Sie warfen Überschüsse ab, die auch dem Staat – über hohe Zolleinnahmen – zugute kamen. Der Kampf um die Kolonien, der seit dem Frieden von Utrecht geruht hatte, brach wieder auf.

In Ostindien kämpften die englische und die französische Ostindien-Gesellschaft um die Vorherrschaft. Sie schlossen Verträge mit den einheimischen Fürsten, stellten Heere auf, eroberten ganze Provinzen und versuchten, den Gegner aus seinen festen Plätzen zu vertreiben. Für den englischen Erfolg entscheidend waren weniger die Kräfte des Heimatlandes als die führenden Persönlichkeiten in Indien selbst: Clive, Hastings und zuletzt Wellesley, der spätere Herzog von Wellington. Die Franzosen verloren den größten Teil ihrer Eroberungen, als sie Dupleix zurückbeorderten. Die Holländer wurden aus Chinsura vertrieben. England war zur unbestrittenen Vormacht in Ostindien aufgestiegen.

Die Kolonialkriege wurden schließlich durch die Kriegsflotte entschieden. England konnte alle seine Kräfte dem Seekrieg zuwenden. Durch Bündnisse mit den Festlandsmächten zwang es Frankreich, einen Landkrieg großen Stils zu führen.

Um sich dem Krieg zur See und in den Kolonien gegen England mit ganzer Kraft widmen zu können, wechselte Frankreich das Bündnis. Es söhnte sich mit seinem Erbfeind Habsburg aus. Ja, es sicherte Wien sogar Unterstützung gegen Preußen zu. In diese Koalition trat Rußland als dritte Großmacht ein, um seine Stellung an der Ostsee und in Polen zu verstärken. Nur England war bereit, den Preußenkönig zu unterstützen, um gegen Frankreich einen ›Festlandsdegen‹ aufzubieten.

Im Siebenjährigen Krieg hat sich Preußen trotz seines kleinen Gebietes, der geringen Bevölkerungszahl und seiner finanziellen Schwäche gegenüber der erdrückenden Übermacht seiner Gegner halten können. Auch nach der vernichtenden Niederlage bei Kunersdorf und selbst nachdem die Russen die Hauptstadt besetzt und geplündert hatten, gab der König nicht nach. Der Adel, die Städte und die arg heimgesuchten Bauern wahrten ihm die Treue. Der Ruhm, der ihn seit den Siegen von Roßbach, Leuthen und Zorndorf umstrahlte, gab seinem schwer mitgenommenen Heer den moralischen Rückhalt; der Staatsapparat arbeitete unter den schwierigsten Bedingungen weiter.

Mit dem Tode der Zarin Elisabeth brach die Koalition auseinander. Zar Peter III. schloß Frieden. Preußen war in schwerster Lage gerettet worden. Der Zar wurde bald gestürzt. Zwar kündigte die neue Zarin Katharina II. das Bündnis mit Preußen, schied aber aus dem Krieg aus. Sie wandte sich dem Gebiet am Schwarzen Meer zu.

In großer Zahl waren russische Bauern in die Steppe geströmt, seitdem die Gefahr von Reitereinfällen der Tataren und Osmanen nachgelassen hatte. Vergeblich versuchten die russischen Bauern, die in die Steppe gezogen waren, sich von der Adelsherrschaft zu befreien. Ein Bauern- und Kosaken-Aufstand unter Pugatschew scheiterte jedoch nicht am Aufgebot der Bojaren, sondern am stehenden Heer der Zarin. Katharina II. ging aus den schweren Kämpfen gestärkt hervor, weil der Adel sich eng an sie anlehnen mußte.

In St. Petersburg hatte sich am Zarenhofe eine neue Adelsschicht gebildet, ein ›Residenzadel‹. Zu ihm gehörten zahlreiche Ausländer, die ihr Glück am Hofe versuchten, und Untertanen fremder Herkunft, darunter viele baltische Barone. Die Zaren haben viel für diesen neuen Adel getan; sie versorgten ihn mit Grundbesitz und den dazugehörigen Bauern. Rund zwei Drittel der ländlichen Bevölkerung war ihnen leibeigen. Man kann Rußland als einen ›Palast-Staat‹ bezeichnen. Alle Macht und aller Reichtum sammelte sich in der Residenz, genauer, im kaiserlichen Palast. Rußland unterschied sich jedoch grundsätzlich vom Osmanischen Reich, das auch als ›Palaststaat‹ begonnen hatte, sowie von den asiatischen Reichen der Mongolen.

Neben dem ›Palast‹ spielte merkwürdigerweise das russische ›Volk‹ noch eine bedeutende, manchmal sogar eine entscheidende Rolle, obwohl die Bauern als Leibeigene den Grundbesitzern gehörten. Doch fühlte sich selbst ein adliger Gutsherr dem ›Volk‹ irgendwie verpflichtet; auch der Zar legte Wert darauf, Vertreter ›seines Volkes‹ zu sein. Schwärmerische nationale Vorstellungen mögen dabei mitgewirkt haben, die kaum der Wirklichkeit entsprachen, Erinnerungen an die Zeiten der schweren Bedrängnis durch Tataren und Litauer-Polen. Immer wieder mußten Zaren und Adel den einfachen Bauern aufrufen, wenn der Feind ins Land drang. In der Not half nur die geduldige Standfestigkeit des russischen ›Muschik‹, die in einer seltsamen Mischung von religiöser Inbrunst und nationalem Zusammengehörigkeitsgefühl wurzelte. Eines verband Hof, Gutsbesitzer und Bauernschaft: die heilige russische Erde. Bis tief ins 18. Jahrhundert hinein blieb sie gefährdet von Feinden, die ein Denken und ein Lebensgefühl mitbrachten, das den Russen fremd war. Eine Verschmelzung schien unmöglich.

Katharina II. hat das Reich nach Westen, Süden und Osten ausgeweitet. Sie gewann endgültig Asow, ferner die tatarischen Gebiete an Dnjepr und Bug, auf der Krim und am Kuban. Die Einfälle der raschen Reiterscharen hörten auf. Nun glaubte sie den Weg nach Konstantinopel frei zu haben. Sie verband sich mit Österreich, wo mit Joseph II. ein eifriger Anhänger der Aufklärung den Thron bestiegen hatte.

Das Reich der Habsburger setzte sich aus Gebieten verschiedener Nationalitäten, Sprachen, Religionen, Kulturen, vor allem jedoch unterschiedlicher Sozialstrukturen und überlieferter Rechtssysteme zusammen. Die Kronländer, die durch Erbfolge an das Herrscherhaus gefallen waren, achteten eifrig darauf, daß die überlieferten Rechte erhalten blieben, daß kein Privileg geschmälert, kein Stand zurückgesetzt wurde. Immer wieder gab es Unruhen und Aufstände, die zu Niederlagen und zu militärischer Besetzung führten. Dann versuchten die Habsburger, die überlieferten Rechte für verwirkt zu erklären und ihre absolute Macht aufzurichten.

Beim nächsten militärischen Rückschlag mußte der Kaiser, um die Mitwirkung seiner Untertanen zu gewinnen, die alten Zustände wiederherstellen. Er mußte sich der Macht der alten Überlieferung beugen. Als die preußischen Heere in Böhmen einrückten, trat Maria Theresia mit dem Thronfolger auf dem Arm vor die ungarischen Magnaten, um ihre Hilfe zu erflehen. Die Ungarn erhielten große Zugeständnisse, die praktisch aus Österreich-Ungarn eine Doppelmonarchie machten. Nicht immer war der Adel beim Versuch, außenpolitische Notstände zu innenpolitischen Forderungen auszunutzen, erfolgreich. Als die bayerischen Truppen in Böhmen eindrangen, gingen die meisten böhmischen Adligen zum Feind über. Der Kaiser war nicht stark genug, eine straffe Zentralgewalt gegen den Willen seiner Völker einzurichten. Ihm standen als Beamte nur seine deutschen Untertanen zur Verfügung, gegen die sich der lebhafte Widerspruch der Nationalitäten richtete.

Der Adel pochte auf seine verbrieften Rechte, die die Eigenständigkeit eines Landes gegen die Zentralgewalt in Wien sichern sollten. Die Bauern waren verarmt und entrechtet; die Städte standen weitgehend unter deutschem Einfluß; auch waren sie stark mit der Bürokratie verschmolzen. Joseph II. führte in Österreich Reformen ein, er wollte Glaubensfreiheit durchsetzen, die Güter nach moderneren Methoden bearbeiten lassen, seinen Völkern eine geordnete Verwaltung geben. Seine Vorbilder waren der Preußenkönig und die Zarin. Er glaubte, deren Grundgedanken übernehmen zu können. Doch scheiterte er an den feudalen Kräften, die es verstanden, die Abneigung der Nationalitäten gegen eine straffe Staatsverwaltung aufzubieten. Während das Bürgertum hoffnungsvoll zu dem ›aufgeklärten‹ Monarchen aufschaute, öffnete sich die Kluft zwischen Krone und Adel. Als Joseph II., enttäuscht und zum Nachgeben gezwungen, starb, machte sein Nachfolger alle Reformen rückgängig.

Wenn sich auch der Monarch im Habsburger-Reich gegenüber dem Adel und der Kirche nicht durchzusetzen vermochte, so wurde dadurch seine Macht nach außen nicht berührt. Sie ruhte auf der guten Verwaltung und der Treue zum angestammten Herrscherhaus in den Tagen äußerer Gefahr. Österreich-Ungarn war von Feinden umgeben, die dem einzelnen Untertan gefährlicher schienen als jede Willkür im Inneren: der islamische Staat der Osmanen im Süden, das autokratische Zarenreich im Osten, das soldatische und protestantische Preußen im Norden. Die österreichischen Niederlande grenzten an den alten Erbfeind Frankreich.

Österreich verband sich mit dem Zarenreich in der Hoffnung, die Osmanen aus dem Balkanraum verdrängen zu können. Das gelang nicht. Im Frieden von Kütschük Kainardschi (1774) erhielt der Sultan die Donaufürstentümer Moldau und Walachei zurück, mußte aber weitgehende Autonomie zugestehen und den Zaren als

Schutzherrn über die orthodoxen Christen im Osmanischen Reich anerkennen. Joseph II. und die Zarin Katharina II. planten die Teilung des Osmanischen Reiches, aber während die russischen Heere am Pruth siegten, überrannten die Türken die Österreicher im Banat. Kaiser Leopold II. schloß Frieden, der Belgrad an den Sultan zurückgab. Auch die siegreiche Zarin willigte in den Frieden, der den Dnjestr als Grenze bestätigte. Sie wandte sich – vereint mit Österreich und Preußen – gegen Polen.

Polen war um die Mitte des Jahrhunderts dem Umfang und der Bevölkerung (11 Millionen) nach ein großes, bedeutendes Reich. Aber es war von inneren Wirren geschwächt. Die städtische Bevölkerung war inzwischen auf 500 000 Köpfe angewachsen, aber sie bestand weiterhin vorwiegend aus Ausländern und Juden. Die Juden (900 000) beherrschten immer noch den Handel und das Handwerk auf dem Lande. Den zwei Dutzend Magnatenfamilien gehörten riesige Güter in den Grenzprovinzen, besonders in der ukrainischen Steppe. Da sie reicher waren als selbst der König, konnten sie Privatheere aufstellen. Die Szlachta, angeblich 725 000, war nicht gewillt, auf ihre ›goldenen Freiheiten‹ zu verzichten, die jede Regierung lahmlegten. Im Sejm standen sich verschiedene Parteien gegenüber, die sich um Unterstützung an das Ausland wandten. Die russischen Parteigänger überwogen, so daß St. Petersburg hoffte, mit ihrer Hilfe das ganze Land in seine Gewalt zu bekommen. Um das zu verhindern, beteiligten sich Preußen und schließlich auch Österreich an der Teilung. Die Westmächte waren mit dem amerikanischen Unabhängigkeitskrieg und dann mit den französischen Revolutionskriegen beschäftigt. Von dort kam kein Widerspruch.

Frankreich war in der zweiten Hälfte des 18. Jahrhunderts der Zahl seiner Bewohner, seinem wirtschaftlichen Reichtum wie seiner ausgebauten Verwaltung wegen der bedeutendste Staat Europas; mit 26 Millionen Menschen übertraf es England und Spanien zusammen. Geistig war Paris führend, in der Literatur wie in der Wissenschaft. Die Freigeister hatten sich zu einem gemeinsamen, umfassenden Werk vereinigt, der ›Enzyklopädie‹, die alles Wissen von einer neuen Sicht ordnen sollte. Theologie, Geschichte, Mathematik, Physik, Wirtschaftslehre, Staatslehre, alles stand unter dem Zeichen der Vernunft.

Es schien möglich, alle Vorgänge der Natur und der Welt in

Zahlen aufzulösen. Gesetze, die sich in Formeln auffassen ließen, beherrschten die Erscheinungen in der toten wie in der organischen Welt und sogar die Handlungen der Menschen. Die Vernunft bestimmte das menschliche Verhalten. Sie konnte irregeleitet und durch Unwissenheit gelähmt, durch ungezügelte Leidenschaften vorübergehend ausgeschaltet werden. Auf die Dauer aber mußte sie sich dank der ihr innewohnenden Kraft durchsetzen. Der Mensch galt als ›Maschine‹, wie der Titel einer vielbewunderten Streitschrift lautete.

Demgegenüber betonte Rousseau, daß die Vernunft den Menschen fehlleite, weil sie ihn aus dem natürlichen Zustand der Unschuld und damit des Glückes herausführt. Der Mensch ist von Natur aus gut. Geist und Willen vergewaltigen seine natürlichen Anlagen. Zurück zur Natur, zum einfachen, ungekünstelten Leben war daher die Losung, die er dem Zeitalter des ›Rationalismus‹ entgegensetzte. Die Gesellschaft hat den Menschen daran gehindert, sich frei zu entfalten. Das Recht hat seiner Freiheit Grenzen gesetzt. Willkürliche Eingriffe haben die Gleichheit der Menschen zugunsten von wenigen aufgehoben. Im Eigentum lag die Wurzel der naturwidrigen Ungleichheit des sozialen Lebens. Der Staat gründete sich – nach Rousseau – auf der Gewalt. Anmaßend beruft sich der Monarch auf Weihe und historische Rechte. Dabei gründet sich der Staat nur auf die freiwillige Unterordnung seiner Staatsbürger, auf den ›contrat social‹. Der einzelne überträgt seine Rechte der Gemeinschaft.

Diese Lehre hat bei den britischen Siedlern an der nordamerikanischen Atlantikküste den Willen zum Widerstand gegen das Mutterland entfacht. Um die hohen Kosten des siebenjährigen Krieges und der Kolonialkriege zu decken, sah sich England gezwungen, Steuern auch in Amerika zu erheben. Dort hatten die Engländer – nicht zuletzt dank der nachhaltigen Unterstützung durch die britischen Siedler – den Franzosen Kanada entrissen. Nun erwarteten sie, daß die amerikanischen Siedler zur Deckung der Kriegskosten beitrugen.

England war, was die Zeitgenossen verkannten, ein armes Land. Alle Welt blickte auf die riesigen Besitzungen in Ost- und Westindien und in Nordamerika, ohne sich darüber Rechenschaft zu geben, daß die Erträge der Kolonien nur gering waren; häufig genug mußte das Mutterland Zuschüsse leisten. Die Ostindische Kompagnie stand am Rande des Ruins. Immer wieder mußte der Staat, also der britische Steuerzahler, einspringen. Verdeckt wurde die kritische Lage durch die großen Vermögen jener Glücksritter, die bei der Eroberung Ostindiens Beute gemacht hatten.

Einträglich war der Tausch indischen Opiums gegen chinesischen Tee und der Handel mit der afrikanischen Westküste. Den Krieg finanzierte England vorwiegend über die Prisen auf See. Sobald größere Heere aufgestellt werden mußten, wie in Nordamerika, griff London zu Anleihen. Sie mußten abgedeckt werden.

Gegen jede Form der Besteuerung, sei es über Zölle, Stempelgebühren oder auch nur über eine Teesteuer, die in England auf die nach Amerika verfrachteten Mengen erhoben werden sollten, lehnten sich die Siedler auf. Es kam zum Krieg. Zuerst standen die Nordamerikaner allein; dann griffen die alten Feinde Englands ein, die Franzosen, die Spanier und, als London die Rechte der Neutralen auf die Freiheit der Meere nicht anerkennen wollte, auch die Niederlande und Dänemark; selbst das Zarenreich trat der ›Liga zur bewaffneten Neutralität‹ bei. Alle Versuche Frankreichs und Spaniens, den Briten Gibraltar zu entreißen, scheiterten. In Amerika aber mußten die Briten die Waffen strecken, als die Franzosen, wenn auch nur vorübergehend, die Überlegenheit zur See gewannen. Die Vereinigten Staaten von Amerika erlangten ihre Unabhängigkeit.

Am Hofe von Versailles feierte man den militärischen und politischen Sieg über das verhaßte England. Daß es der Sieg einer ›Revolution‹ war, sah man nicht.

21

Die Französische Revolution. Europa gegen Napoleon

Der englische Dreieckshandel · Die französischen Staatsschulden · Die Steuerfrage und der dritte Stand · 1789: Ausbruch der Revolution · Der kirchliche Grundbesitz enteignet · Die Assignaten · Sieben Jahre Bürgerkrieg · Der Fluchtversuch des Königs (1791) · 1793: Ludwig XVI. hingerichtet · Die Teilungen Polens 1772, 1793 und 1795 · Revolutionsheere und Revolutionskriege (1792) · Napoleon (1769–1821) in Italien, in Ägypten, in Mitteleuropa · 1804: die Kaiserkrönung · Ordnung im Inneren · Die Völker wider den Diktator · 1808: Partisanenkrieg in Spanien · Wellington · Die Kontinentalsperre von 1806 · Wirtschaftskrise in England · 1811 und 1812: die Ludditen zerstören die Maschinen · Rückstand im Osmanischen Reich · Die Lage der Rajah (Nicht-Moslems) verschlechtert sich · Seit 1804: Aufstand in Serbien · 1812: Napoleon in Moskau · 1813: die Niederlage bei Leipzig · 1814 bis 1815: der Wiener Kongreß im Zeichen der ›Legitimität‹ · Neuordnung Europas · Die Heilige Allianz · 1810–1825: Südamerika wird unabhängig

England hatte seine nordamerikanischen Besitzungen bis auf Kanada verloren; doch begann gerade damals ein großer wirtschaftlicher Aufstieg dank der Erfindung von Spinnmaschine und Webstuhl – und der Dampfmaschine Watts.

Von Liverpool liefen die Schiffe mit Baumwoll-, Woll- und Eisenwaren nach Westafrika aus, wo die Händler sie gegen Negersklaven umtauschten, die wiederum in Westindien gegen Zucker, Rum, Kaffee, Tabak und Baumwolle abgesetzt wurden. Dieser Dreieckshandel weitete sich rasch aus. Um entsprechend mehr Güter in England herzustellen, fehlte es an Arbeitskräften, obwohl selbst Frauen und Kinder vom frühen Morgen bis in die späte Nacht arbeiteten. Die Holzkohle, auf der die Eisengewinnung beruhte, wurde knapp, seitdem die Wälder – wie in fast ganz Westeuropa – abgeholzt worden waren, jedenfalls in der Nähe der Eisenerzgruben und der Bäche, die die schweren Räder der Mühlen bewegten.

Die Dampfmaschine diente zuerst der Steinkohlenförderung aus tiefen Schächten. Dann wurde sie für den Antrieb der Maschinen eingesetzt. Dadurch stieg die Arbreitsleistung beträchtlich. Die Gewinne kamen den Unternehmern zugute. Die Arbeitszeiten blieben unverändert, die Löhne niedrig. Aber mit Hilfe der Maschine hat England seine Produktion gewaltig ausdehnen können, und dank dieser Produktion konnte es seinen Handel mit Afrika-Westindien, mit dem unabhängig gewordenen Nordamerika und mit Asien in beträchtlichem Umfang steigern.

Gestützt auf seine Industrie stand England den langen Krieg durch, den es gegen das revolutionäre Frankreich, dann gegen Napoleon und vorübergehend gegen fast alle Festlandstaaten führte, bis die große Wende kam. Frankreich, das während des amerikanischen Unabhängigkeitskrieges seine finanzielle Leistungsfähigkeit bis zum äußersten angespannt hatte, besaß diesen Rückhalt nicht.

Um die erdrückende Schuldenlast zu decken, ohne den Staatsbankrott erklären zu müssen, sah sich der französische Staat gezwungen, neue Steuern auszuschreiben. Alle Versuche der Finanzminister, Turgots wie nach ihm Neckers, neue Steuerquellen zu erschließen, stießen auf den lebhaften Widerspruch von Adel und Klerus, die sich auf überlieferte Vorrechte beriefen. Seitdem der früher bürgerliche Beamtenstand zum Beamtenadel aufgestiegen war, verteidigte er ebenfalls adlige Vorrechte. Es war jedoch unmöglich, die Staatseinnahmen wesentlich zu steigern, solange Adel und Klerus steuerfrei blieben, zumal der überwiegende Teil des Grundbesitzes in ihren Händen lag. Die breite Öffentlichkeit betrachtete diese feudalen Vorrechte als ungerecht. Doch hat es der König nicht einmal versucht, sich auf die öffentliche Meinung zu stützen, um die Reformpläne seiner Minister gegen den Widerstand der bevorrechtigten Stände durchzusetzen; er fühlte sich dem Adel verbunden.

In den großen Städten hat es immer eine öffentliche Meinung gegeben; häufig haben es die französischen Könige verstanden, mit ihrer Hilfe politische Ziele durchzusetzen. Unentschlossen, den politischen Fragen gegenüber im Kern gleichgültig, vermochte Ludwig XVI. – in Palastintrigen verstrickt – nicht durchzugreifen. Die Franzosen gaben die Schuld der aus Österreich stammenden Königin Marie Antoinette. Gegen sie richteten sich die Angriffe sowohl des Adels, einschließlich der Brüder des Königs, wie des Volkes. Die öffentliche Meinung in Paris wurde durch Schriften und Reden geformt; sie bildete sich auf den Märkten und an den Versammlungsplätzen, in den Hörsälen und Schulen, in den Klubs und in den Salons. Sie durchdrang alle Stände, spaltete sie in einen fortschrittlichen und einen reaktionären Flügel, erfaßte die jüngeren Söhne des Adels wie auch diejenigen Kleriker, die mit der hohen Geistlichkeit unzufrieden waren.

Gerungen wurde mit geistigen Waffen. Paris – und von dort ausstrahlend ganz Frankreich – bewunderte Wissen und Bildung, vor allem den ›Geist‹. In den Salons gab der Geistreiche den Ton an. Zur neuen Zeit rechnete, wer es verstand, in Fragen der Wissenschaft, der Philosophie, der Wirtschaft und der Politik neue Gesichtspunkte zu entwickeln. Die jungen aufgeweckten Söhne des Adels, die sich an diesen Auseinandersetzungen beteiligten, gerieten in Gegensatz zu den beharrenden Kräften, die das Bestehende verteidigten. Auf die Seite der Neuerer traten die Offiziere, die am amerikanischen Unabhängigkeitskrieg teilgenommen hatten, Lafayette und Rochambeau, Schriftsteller wie Graf Mirabeau, Geistliche wie der Abbé Siéyès und der Bischof von Autun, Talleyrand. Das Vorbild Amerikas zeigte, daß es möglich war, einen Staat ohne die alten Standesunterschiede aufzubauen: ein freies Volk ohne Adel, ohne Geistlichkeit, ohne König hatte sein Geschick in die eigenen Hände genommen. Alle Menschen sind frei; alle sind gleich, klang es von jenseits des Atlantik. Als würdige Vertreter der jungen Nation wirkten Benjamin Franklin und Thomas Jefferson als Gesandte in Paris.

Energisch widersetzte sich der Dritte Stand einer höheren Besteuerung, die ihm allein aufgebürdet werden sollte. Er forderte einen neuen Staat. Alle Menschen sollten gleichberechtigte Staatsbürger sein. Die Vorrechte der ›oberen‹ Stände mußten aufgehoben werden. Der König ist nicht der Gesalbte göttlichen Rechtes; er ist der Nation verantwortlich. Jeder Bürger ist berufen, die Geschicke der Nation und damit des Staates zu gestalten. An Stelle der Generalstände, die sich auf überliefertes Recht beriefen, sollten Abgeordnete des Dritten Standes als ›Nationalversammlung‹ auf Grund des Naturrechts die ›Nation‹ vertreten.

Ursprünglich war jeder Stand durch dreihundert Abgeordnete vertreten. Zwar hatte Necker dem Dritten Stand die doppelte Zahl von Sitzen zugesagt, so daß er ebensoviel Stimmen gehabt hätte wie Adel und Klerus zusammen. Die Stände sollten aber weiterhin getrennt abstimmen. Die 400000 Adligen und die 130000 Kleriker sollten ebensoviel zu sagen haben wie die übrigen 25 Millionen Franzosen. Worauf stützten sie diese Vorrechte?

Immer noch galt der Grundsatz: kein Land ohne Herrn, im Sinne des adligen Grundbesitzers. Zwischen Adel und Bauern hatten sich jedoch reiche Pächter und Kaufleute eingeschoben, die zwar aus dem Bürgertum stammten, jedoch Wert darauf legten, zum ›Adel‹ gerechnet zu werden. Demgegenüber stützten sich die Bürger in den Städten weniger auf das Vermögen als auf Einkommen und auf Bildung. Längst hatte der Klerus seine öffentlichen Aufgaben abgegeben. Hatte die Kirche früher die finanzielle Last für Erziehung und Fürsorge getragen, so übernahmen die Städte nun diese Pflichten.

Das Bürgertum fühlte sich stark genug, die Vormacht der beiden oberen Stände zu brechen. Die französischen Könige, zuletzt noch Ludwig XV., hatten es verstanden, die Bürger für sich gegen Adel und Kirche zu gewinnen. Auch 1789 gab es ansehnliche Kräfte, die den König in solchem Sinne zu beeinflussen suchten. Angesichts des harten Widerstandes im Adel wagte der schwächliche König keine Reformen. Hatte Ludwig XIV. noch die höchsten Beamtenstellen mit Bürgerlichen besetzt, so fielen sie im 18. Jahrhundert fast nur noch dem Adel, allerdings jetzt einschließlich des neuen Beamtenadels, zu. Er besetzte auch nahezu alle Offiziersstellen im Heer.

Der Sturm brach los, als der König seinen Minister Necker unter dem Druck von Hof und Adel entließ. Die städtischen Massen bewaffneten sich, das Heer, unentschlossen geführt, versagte. Nur die Schweizer Garde hielt. Getragen wurde die Revolution vom Bürgertum, also von den besitzenden Schichten der städtischen Bevölkerung, den Handwerkern, den Kaufleuten und den Gebildeten. Damals betrug der städtische Anteil nur knapp ein Zehntel der Bevölkerung, und von diesen gehörte nur ein Bruchteil zu den führenden Schichten. Und dennoch warfen sich diese Bürger zum Sprecher der ›Nation‹ auf. Ihnen schlossen sich auch diejenigen Kleriker und Adligen an, die ihre Stellung ihrer eigenen Leistung und nicht ihrer Abkunft verdanken wollten. Dazu gehörte etwa Robespierre.

Als es in der Nationalversammlung zum offenen Zusammenstoß zwischen den Ständen kam und der König Partei gegen den Dritten Stand ergriff, gingen viele Vertreter des Adels wie des Klerus zu den ›Bürgern‹ über. Es half wenig, daß die oberen Stände feierlich auf ihre Vorrechte verzichteten. Die Bewegung ging weiter. Das gesamte Sozialgefüge geriet ins Wanken.

Um die drückenden Schulden zu bezahlen und neue Einnahmen zu gewinnen, enteignete der Staat den Grundbesitz der Kirche. Durch die Ausgabe von Papiergeld, für das der enteignete Boden haften sollte, hoffte die Regierung, schnell flüssige Mittel in die Hand zu bekommen. Die Inflation der ›Assignaten‹ führte zu einer tiefreichenden sozialen Umwälzung. Frankreich holte nach, was die Reformation in den protestantischen Ländern längst bewirkt hatte: ein beträchtlicher Teil vom Grund und Boden, etwa ein Viertel ganz Frankreichs, wanderte von der ›Toten Hand‹ in den Besitz aktiver Unternehmer. Die reichen Pfründe, die bis dahin die jüngeren Söhne des Adels versorgt hatten, verschwanden. Die Kirche war von nun an auf die laufenden Einnahmen aus den Gemeinden angewiesen. Über die Inflation und die damit verbundene Preissteigerung gewann ein kleiner Kreis bedenkenloser Spekulanten rasch Vermögen und Einfluß. Zugleich wurden die breiten Massen, die zunächst gleichgültig geblieben waren, in den Strom der Revolution hineingerissen. Sie überrannten dank ihrer Zahl, aber auch ihres revolutionären Schwunges die besitzenden Bürger, die zunächst die Nationalgarden geführt hatten.

Napoleon meinte später, mit einer Handvoll treuer Soldaten hätte man die Revolution niederschlagen können. Der Soldat sah die Dinge zu einfach. Gegen die innere Auflösung der königlichen Gewalt, des Heeres, der Verwaltung, der Gesellschaft waren Bajonette ohnmächtig. Die Soldaten liefen einfach weg. Die Offiziere gingen zur Revolution über. Wo sich Widerstand regte, kam er nicht von den Verteidigern des Alten, sondern von entschlossenen Männern, die der Entwicklung einen neuen Kurs geben wollten, sei es zur Sozialreform, sei es zur Auflehnung der Provinzen gegen die übermächtige Hauptstadt, sei es, um den Besitzenden zu schützen. Ständig wechselten die Fronten in den sieben Jahren des Bürgerkrieges.

In Paris standen die Radikalen, die ›Bergpartei‹ (nach ihren Sitzen in den oberen Rängen des Parlaments genannt) den Gemäßigten (die Girondisten genannt) gegenüber. Zuerst überwanden die Radikalen unter Mitwirkung der breiten Masse, vor allem der Marktweiber, die Gemäßigten; dann setzten sich innerhalb der Radikalen die ›Jakobiner‹ gegenüber den ›Cordeliers‹ durch (nach den einstigen Klöstern, in denen sie tagten, benannt).

Vorangetrieben wurde die Radikalisierung durch die schwankende Haltung des Königs. Sein Fluchtversuch ins Ausland scheiterte. Er wurde gefangen, abgesetzt; das Königtum wurde abgeschafft, als die Dynastien der Nachbarländer zu seinen Gunsten eingriffen. Aus der Revolution wurde durch den Einmarsch ausländischer Heere ein ›nationaler‹ Krieg. Ein neues Heer wurde aus Freiwilligen geschaffen; seine jungen Offiziere waren bis auf wenige Ausnahmen aus den unteren Rängen des königlichen Heeres hervorgegangen. Zwar mangelte es den Revolutionsheeren an Disziplin – und zeitweise auch an ausreichender Bewaffnung und Ausrüstung –, aber dafür zeichneten sie sich durch Mut und Unerschrockenheit aus. Die revolutionären Ideen weckten Schwung und Begeisterung bei den Soldaten. Frankreich erlebte sich als ›Nation‹.

Gerettet wurde das revolutionäre Frankreich durch die politischen Vorgänge in Osteuropa. Die großen Mächte waren dabei, Polen aufzuteilen. Die erste Teilung (1772), die den Nachbarn nur beschränkte Gebiete auslieferte, hatte zwar zu gewissen Reformen und schließlich auch zur Verfassung des Jahres 1791 geführt, konnte aber das Grundübel der polnischen Innenpolitik, die tiefe Zwietracht, nicht beseitigen, obwohl sie das Liberum veto abgeschafft hatte. Die Oppositionspartei wandte sich an Rußland, um mit Hilfe der Zarin Katharina II. die alten Verhältnisse wiederherzustellen. Preußen ließ seinen polnischen Verbündeten im Stich. Aus Sorge, die Russen könnten ganz Polen vereinnahmen, einigten sich die beiden Mächte 1792 über eine zweite Teilung. Sie brachte dem Zarenreich das Gebiet zwischen Düna und Dnjestr. Preußen erhielt ›Groß-Polen‹ westlich der Weichsel. Die Verhältnisse in Polen blieben weiterhin verworren.

Jeder der drei Nachbarn suchte sich einen möglichst großen Anteil bei der Aufteilung Restpolens zu sichern. 1795 brachte das Ende des Reiches. Litauen von Kurland bis Wolhynien fiel an Rußland, Masowien nördlich des Bugs an Preußen und Klein-Polen an Österreich. Rußland übernahm damit etwa das Gebiet östlich der Sprachgrenze, der späteren Curzon-Linie, Österreich ein Land teils ruthenischer, teils polnischer Bevölkerung, Preußen hingegen ein Gebiet mit einer rein polnischen Bevölkerung.

Mit der Teilung Polens fiel jenes Reich aus, das über vier Jahrhunderte das Kräftespiel zwischen den Ostseemächten, dem Großfürstentum Moskau, den Tataren, den Osmanen und den Ungarn bestimmt hatte. Rußland rückte unmittelbar an die Grenzen Preußens, Österreichs und des Osmanischen Reichs heran. Von nun an haben die Russen Anspruch erhoben, an allen Entscheidungen Mitteleuropas mitzuwirken.

Die Rücksicht auf Osteuropa lähmte Preußen und Österreich. Der Zarin kam es gelegen, daß die beiden Nebenbuhler – und Verbündeten in der polnischen Frage – möglichst tief in die französischen Kämpfe verstrickt wurden. Preußen hingegen fürchtete, sich im Westen so weit festzulegen, daß seine Ostgrenze – mit seinen neuen polnischen Untertanen – ungesichert bliebe. Eine an sich unbedeutende Kanonade bei Valmy genügte, sein Heer zurückzurufen. Dieser Erfolg gab dem jungen französischen Revolutionsheer das Selbstbewußtsein und die Zeit, zu einer schlagkräftigen Einheit zusammenzuwachsen.

Nach manchem Rückschlag, der auch durch Verrat der Befehlshaber und durch die Zügellosigkeit der ungedrillten Truppen bedingt war, drangen die Revolutionsheere bis zum Rhein vor. Die schwerfälligen Heere der alten Monarchien waren ihnen nicht gewachsen. Mit den Siegen geriet die Regierung in Paris unter den Einfluß des Militärs. Während der Krise hatten die Radikalen – geführt von Danton und Robespierre – zum Terror gegriffen, um ihre Gegner einzuschüchtern. Dann wandte sich das Blatt. Robespierre wurde hingerichtet. Im Direktorium übernahmen die besitzenden Bürger die Macht. Eine kommunistische Verschwörung unter Babeuf wurde unterdrückt.

Das Direktorium übertrug den Oberbefehl in Italien dem Artillerieoffizier Napoleon Bonaparte, der sich 1793 bei der Niederwerfung eines royalistischen Aufstandes in Toulon und zwei Jahre später in Paris ausgezeichnet, bisher aber kein Heer geführt hatte. Er war 27 Jahre alt. Seine Generale und Obersten waren kaum älter.

Die österreichischen Generale verharrten noch in der Vorstellung des 18. Jahrhunderts, daß ein Krieg nicht gegen ein Volk, sondern gegen einen Monarchen zu führen sei und daß man sich streng an die Regeln der Kabinettskriege zu halten habe. Die französischen Revolutionsheere hingegen setzten sich über alle Bedenken hinweg. Auf Neutralität nahmen sie keine Rücksicht. Sie requirierten in Feindesland, was sie brauchten, so daß sie von den Magazinen unabhängig wurden. Napoleon griff das feindliche Heer an, erzwang die entscheidende Schlacht und zog direkt gegen die feindliche Hauptstadt, um dort den Frieden zu diktieren. Mit dieser Kriegführung konnte Bonaparte Sieg auf Sieg erringen, große

Eroberungen machen und die Grenzen Frankreichs immer weiter voranschieben.

Aber gerade diese Kriegführung machte den Frieden im Sinne einer wirklichen Verständigung unmöglich. Da kein Recht und keine anerkannte Legitimität die Grenzen sicherten, fühlten sich die Nachbarn auch im Frieden bedroht. Da sie rüsteten, weckten sie in Napoleon die Vorstellung, er müsse noch weiter ausgreifen, um einem Angriff auf die vorgeschobenen Grenzen zuvorzukommen.

Siegreich aus Italien zurückgekehrt, setzte er nach Ägypten über, um das englische Kolonialreich aus den Angeln zu heben. Dabei verlor Frankreich sein bestes Heer und bei Abukir seine Flotte. Napoleon gelang es, über See nach Frankreich zurückzukehren. Er stürzte die Regierung und schlug die andrängenden Feinde. Erschreckt schlossen sich England, Rußland, Österreich, Portugal, Neapel und selbst die Türkei zu einem Bündnis zusammen. Preußen und Spanien blieben neutral. Trotz der Übermacht siegten die französischen Truppen bei Marengo und Hohenlinden. Nun löste sich die Koalition auf. Zuerst gab Österreich, ein Jahr später England nach.

Bonaparte versuchte, auch im Innern eine Versöhnung herbeizuführen. Die Emigranten bewog er zur Rückkehr, er eröffnete ihnen die Offizierslaufbahn. Mit der Kirche schloß er ein Konkordat, das die Enteignung der Kirchengüter anerkannte. Um der Nation nach den bewunderten Siegen auch den Glanz einer Monarchie zurückzugeben, setzte er sich selber die Kaiserkrone auf das Haupt. Er straffte die Verwaltung des Landes, dessen neue Departements ohne Rücksicht auf die geschichtlichen Grenzen der Provinzen eingerichtet worden waren. Die Beamten wurden nach Fähigkeit ausgewählt; sie hatten zu gehorchen – auch die Minister. Straßen wurden gebaut, geradlinig durch die Landschaft, da auf irgendwelchen Einspruch wenig geachtet wurde. Der Staat kümmerte sich um die Landwirtschaft; er förderte die Industrie, die als Grundlage der Rüstung dienen sollte. Alle Kräfte der Nation sollten von einer tatkräftigen Führung geweckt werden. Wenig Rücksicht wurde auf überlieferte Vorrechte und Einrichtungen genommen: alles hatte sich den Zielen unterzuordnen, die der Kaiser setzte. Eine neue Schicht von Unternehmern folgte ihm willig. Am Hof bildete sich aus der Familie des Korsen, aus seinen Marschällen und Generalen ein neuer Adel, der sich in der Gunst des Kaisers sonnte.

Hohe Belohnungen, die der Kaiser großzügig austeilte, Gewinne aus der Spekulation und aus dem Erwerb der enteigneten Güter sowohl der Kirche wie der Emigranten und des Königshauses, Überschüsse aus der Industrie und hohe Kontributionen, die den Besiegten auferlegt worden waren, hatten im Bürgertum große Vermögen angehäuft. Diese Schicht dachte nüchtern. Die Wertvorstellungen des ›ancien régime‹ lagen ihr fern. Sie genoß den Ruhm der siegreichen Heere.

Inmitten der Kriege haben die Unternehmer die Industrie technisch umgestellt. Das Textilgewerbe erhielt einen nachhaltigen Auftrieb durch die neuen Maschinen, die teils aus England gekommen waren, teils im Lande selbst erfunden wurden wie der Webstuhl Jacquards. Die Eisenhütten wurden zu Kanonengießereien und Gewehrfabriken ausgebaut; Tuchfabriken und Schuhfabriken lieferten die Ausrüstung für die Armee. Die großen Militäraufträge verschafften der Industrie hohe Gewinne.

Das Heer hatte die Revolution niedergeworfen und die äußeren Feinde besiegt. Das Heer hatte das neue Frankreich geschaffen. Dennoch war der napoleonische Staat keine Militärdiktatur. Frankreich wurde von einer zivilen Bürokratie verwaltet, die, vom Kaiser eingesetzt, sich an klare Rechtssätze und Vorschriften zu halten hatte. Mit dem neuen Gesetzbuch, dem Code Napoléon, überwand Frankreich die Zweiteilung seines Rechtswesens in das Gewohnheitsrecht des Nordens und das durch römische Überlieferung geprägte Gesetzesrecht des Südens. Nun herrschte im ganzen Land ein einheitliches Rechtssystem. Für alle ›Franzosen‹ (citoyens) galt das gleiche Recht, und Franzose war, wer dem Staate angehörte, also wer im Staatsgebiet wohnte. Der Staat formte die ›Nation‹, und nicht umgekehrt. Er hat die verschiedenen Landschaften, die bis dahin noch ein gewisses Eigenleben pflegten, die Bretagne, den Süden und das deutschsprachige Elsaß, zu einer nationalen Einheit nicht nur äußerlich, sondern auch im Bewußtsein seiner Bewohner zusammenwachsen lassen. Der napoleonische Staat löste sich von den einzelnen Völkern, ihren Sprachen, ihren überlieferten Rechten, von den alten Ständen und den gegebenen Sozialstrukturen.

Jeder hatte dem Staat zu dienen, der eine mit seinem Vermögen, der andere mit seinen Fähigkeiten als Beamter, als Arbeiter oder Bauer, der Soldat mit der Waffe. Weiterhin blieben die verfassungsmäßigen Einrichtungen bestehen. Über allem aber stand der Wille des Kaisers. Von ihm ging ein mächtiger Antrieb sowohl in der Innen- und Wirtschaftspolitik wie in der Außenpolitik aus. Solange ein Mann von dieser inneren Unruhe, dieser Stoßkraft und diesem Ehrgeiz an der Spitze des größten und wohl auch reichsten Staates in Europa stand, konnte es mit dem Ausland nur einen Waffenstillstand geben.

Das napoleonische Kaiserreich strebte an, eine ›Ordnungsmacht‹ zu sein. Obwohl aus der Revolution hervorgegangen, vermied es Napoleon während seiner Kriege, revolutionäre Kräfte im Feindesland wachzurufen. Er hat der Versuchung widerstanden, in Österreich einen Aufstand der Völker, in Polen eine Erhebung der Nation gegen Preußen oder Rußland und im Zarenreich eine Auflehnung der leibeigenen Bauern zu entfachen. Wo das ›Volk‹ aufstand, wandte es sich gegen die französische Fremdherrschaft: in Tirol, in Spanien und in Rußland. Napoleon, aufgewachsen in den Gedanken der Aufklärung, erwartete, daß die Völker glücklich sein müßten, wenn ihnen die Errungenschaften der Revolution gebracht würden. Ob an der Spitze eines straff gelenkten Staates ein Franzose, etwa ein Verwandter des Kaisers, oder ein Sproß des angestammten Herrscherhauses stand, schien ihm, dem Korsen auf dem französischen Kaiserthron, gleichgültig. Gewachsene Einrichtungen und nationale Empfindlichkeiten lehnte er als Sentimentalität ab. Sie paßten nicht in sein nüchternes Denken.

Dieses Verkennen geschichtlicher Kräfte rächte sich zuerst und entscheidend in Spanien. Napoleon glaubte, er könne den Bourbonen, verhaßt und verachtet, wie er war, durch seinen eigenen Bruder ersetzen. Joseph Bonaparte sollte Spanien zu einem modernen Staat machen, die Inquisition abschaffen, die Vormacht der Kirche und des Adels brechen, eine straffe Verwaltung einführen, die Wirtschaft in enger Zusammenarbeit mit Frankreich entwickeln und die Leibeigenschaft der Bauern aufheben. Rücksicht auf Sitten und Gebräuche und auf die einflußreichen Familien des Adels kannte Napoleon nicht.

Als König Joseph seinem Bruder die Schwierigkeiten in Spanien vorstellte, erhielt er strenge Weisungen aus Paris. Er hatte eben nicht in den ausgefahrenen alten Gleisen zu regieren! Beim Einrükken der französischen Truppen in Madrid brach der Aufstand los. Harte Strafen konnten ihn nicht niederwerfen. Auch König Jérôme in Kassel versuchte vergeblich, die Interessen ›seines‹ Landes Westfalen gegen den allmächtigen Bruder zu verteidigen. Der Kaiser hat solche Eigenmächtigkeiten rasch unterdrückt. Mit der ganzen Energie bonapartistischer Zielstrebigkeit verlangte er eine Regierung, die imstande war, hohe Steuern zu erheben, indem sie technische Neuerungen einführte, die Leistungen der Wirtschaft steigerte, indem sie Monopole beseitigte. Solche Regierungen konnten sich nur mit Waffengewalt halten. Damit brachte Napoleon jedoch in kurzer Zeit alle europäischen Nationen gegen die Tyrannei Frankreichs auf.

Widerstand leistete nicht allein der entmachtete Adel, der seine Vorrechte verloren hatte, sondern auch die katholische Kirche, die ungeachtet des Konkordates in den Franzosen die Vollstrecker der Revolution sahen; Städter wie Bauern sahen sich von hohen Steuern erdrückt. Doch hatte der Widerstand gegen Napoleon nicht nur wirtschaftliche oder soziale Gründe, sondern auch geistige. Einem Rationalisten wie Napoleon galt das Nationalgefühl nicht viel. Nach dem Sieg glaubte er, dem Volk einen beliebigen Monarchen aufzwingen zu können. Schließlich hatten die Spanier die Bourbonen, die Italiener spanische und deutsche Dynastien anerkannt. Deutsche Länder standen unter der Herrschaft dänischer und schwedischer Häuser, das Elsaß war Bestandteil Frankreichs geworden.

Anfangs hatte die Französische Revolution die bürgerlichen Schichten überall begeistert. Manche hatten von Weltbürgertum geträumt. Als die Franzosen jedoch den Besiegten Kontributionen auferlegten, als sie rücksichtslos ganz Europa ausplünderten, wurde allen deutlich, daß allein die französische Nation Nutznießerin der Revolution war.

Zur Überraschung Napoleons griffen die Völker unter ›nationalen‹ Parolen zu den Waffen, um sich von der französischen Herrschaft zu befreien. Die Revolution hatte die Standesunterschiede eingeebnet. Jetzt traten die territorialen Grenzen stärker hervor, die nicht allein das Herrschaftsgebiet der einen Dynastie von dem einer anderen schieden, sondern ›Nationen‹ vom Nachbarn. In der Revolution lautete das Schlagwort: Krieg den Palästen, Friede den Hütten. Davon war wenig mehr zu spüren. Jenseits der Grenze stand der Feind. Unter der Herrschaft Napoleons sollten die Völker zwar zu größeren Gemeinschaften zusammengefaßt werden, führend aber blieb die französische Nation. Die nationalen Gegensätze wurden nicht verflacht, sondern vertieft.

Auf St. Helena vertrat Napoleon zwar die Ansicht, er habe immer ›Europa‹ angestrebt. Aber die unterworfenen Völker, die hohe Kriegsentschädigungen und Abgaben zu zahlen hatten, denen die siegestrunkenen Marschälle Kunstwerke wagenweise wegschleppten, konnten sich für seine Pläne kaum begeistern. Auch die willkürliche Steuerung der ›europäischen Wirtschaft‹, wie sie Napoleon erzwingen wollte, brachte den Bewohnern Frankreichs und erst recht der angegliederten oder ›verbündeten‹ Länder schwere Lasten. Doch ergab sich diese übermäßige Beanspruchung zwangsläufig aus den endlosen Kriegen.

Um Englands Handel lahmzulegen, sperrte Napoleon 1806 alle Küsten des Festlandes für die Einfuhr englischer Waren, und das hieß, aller Waren aus Übersee. Damit hörte jedoch auch die Ausfuhr aus den Festlandstaaten auf. Die Seehäfen verödeten. Die Genußmittel der Tropen und wichtige industrielle Rohstoffe fielen aus. Es gelang zwar, den Rohrzucker durch Rübenzucker, Indigo durch Waid, Baumwolle durch größere Produktion von Wolle und Leinen zu ersetzen. Die Umstellung jedoch war schwierig und kostspielig. In ganz Europa litt die Landwirtschaft am Mangel an Arbeitskräften, da die jungen Männer zu den Waffen gerufen wurden.

Napoleon hoffte, er könne die Lasten seiner Kriege auf die mehr oder minder ›freiwilligen‹ Bundesgenossen, auf die Besiegten und auf die Neutralen abwälzen. Frankreich hat auf den Schlachtfeldern weniger Menschen verloren als Preußen, Österreich und Rußland. Der Partisanenkrieg in Spanien hat mehr Spaniern als Franzosen das Leben gekostet. Auf dem Feldzug nach Moskau sind mehr Deutsche gestorben als Franzosen. Aber die moralische Wirkung der Opfer war verschieden. Während das spanische Volk für seine Freiheit focht, während die Russen ihre geliebte Erde verteidigten, sah sich das französische Volk in unabsehbare Abenteuer hineingezogen. Überall, selbst in Frankreich, wuchs die Unzufriedenheit.

Napoleon hat zuerst an allen Fronten gesiegt. Sein aus langgedienten Veteranen zusammengesetztes Heer, seine Feldherrnkunst und die Verwirrung bei seinen Gegnern überwand jeden Widerstand. Doch zog jeder Sieg einen neuen Krieg nach sich. Unerreichbar blieb England. Seine überlegene Flotte schützte seine Küste. Der britische Seesieg bei Kap Trafalgar (1805) hatte alle Hoffnung vernichtet, je die Übermacht zu gewinnen. Das Heer, das Napoleon 1805 an der Kanalküste zusammengezogen hatte, warf er nach Deutschland, um die vereinigten Österreicher und Russen bei Austerlitz zu schlagen. Preußen brach ein Jahr später nach den Niederlagen von Jena und Auerstädt zusammen.

Um die Kontinentalsperre durchzusetzen, rückten französische Heere in Portugal und Spanien ein. Dem Volkskrieg in Spanien waren die französischen Truppen nicht gewachsen. Bald stand die ganze Iberische Halbinsel in Flammen. Gewaltmaßnahmen weckten nur neuen Haß und schürten den nationalen Gegensatz, sie schufen überhaupt erst das Gefühl einer nationalen Einheit. Ferdinand VII. – einst umstritten und bekämpft – stieg in seiner Gefangenschaft zum nationalen Helden empor, der er keineswegs war. Nur selten kam es zu regelrechten Schlachten. Die Niederlage bei Bailén 1808 kostete die Franzosen 2000 Tote und 20000 Gefangene.

Klar erkannten die Engländer, daß der Krieg gegen Napoleon auch zu Lande geführt werden müsse, wollten sie ihn zu Ende bringen. Sie begannen, den Widerstand in Portugal aufzubauen, sie schickten Truppen, sie schickten Material. Sie stellten ein regelrechtes Heer auf. »Die Spanier führen den Krieg mit einer Sache, die sie Begeisterung nennen«, meinte Wellington spöttisch.

Aber die spanischen Freischärler wurden zur verzehrenden Gefahr für die französischen Truppen. Sie bedrohten die rückwärtigen Verbindungen, sie lieferten zahllose Gefechte und Scharmützel, jedes für sich bedeutungslos, insgesamt aber brachten sie den Franzosen einen furchtbaren Aderlaß. Der Kampf flackerte hier auf, loderte dort auf, verlöschte, um an anderer Stelle erneut aufzubrechen. Sechs Jahre lang dauerte dieser heimtückische und zermürbende Guerillakrieg. Zeitweise standen 400000 Franzosen in Spanien. Die ›Große Armee‹, die 1812 nach Rußland aufbrach, umfaßte 550000 Mann. Mit den Methoden napoleonischer Kriegführung war der Krieg, der sich in Spanien abspielte, nicht zu meistern. »Euer Ruhm wird in Spanien untergehen«, hatte Joseph seinem kaiserlichen Bruder nach Paris geschrieben. Am spanischen Krieg sind die französischen Heere verblutet.

1810 stand Napoleon auf der Höhe seiner Macht. Sein Kaiserreich dehnte sich von den Pyrenäen bis zur Lübecker Bucht und mit den ›Illyrischen Provinzen‹ bis zur Adria aus. In Spanien, Italien, Neapel und Westfalen saßen Angehörige des kaiserlichen Hauses auf dem Thron. Die Rheinbundfürsten mußten jedem Befehl gehorchen. ›Verbündet‹ waren Dänemark, Österreich und Preußen.

Schweden hatte den französischen Marschall Bernadotte zum Thronfolger gewählt. Zwei Drittel der Bevölkerung Europas unterstanden Napoleons Herrschaft.

Seiner Macht entzogen sich drei Staaten. Unerreichbar blieb England. Das Osmanische Reich verharrte – unberührt von den Wirren der Revolution – in seinen alten Grenzen und Lebensformen. Rußland hatte wiederholt seine Kräfte mit Frankreich gemessen. Der Zar schwankte zwischen einem Bündnis mit Napoleon, der ihm die Teilung der Welt vorschlug, und der Sorge, gegen die russischen Handelsinteressen in den weltweiten Krieg zwischen England und Frankreich hineingezogen zu werden. Prüfstein war die Kontinentalsperre. Da England militärisch nicht zu bezwingen war, suchte Napoleon den englischen Handel zu treffen. Mit Recht sah er in ihm die Wurzel von Englands politischer Kraft. »Englands Handel speist seine Finanzen, seine Finanzen unterhalten seine Marine, seine Marine macht dauernd Eroberungen, die den Handel verstärken und die Finanzen speisen«, lautet das Urteil eines französischen Zeitgenossen.

Auch an England zehrte der Krieg. Der britische Seehandel war durch Kaperschiffe gefährdet, wenn die Marine auch alles tat, um ihn zu schützen. Uferlos waren die Kosten für den Unterhalt der Truppen in Spanien und die hohen Subsidien an die Verbündeten. Zugleich machte die englische Wirtschaft eine Krise durch. Im Inland selber vollzog sich die soziale Umwälzung, ausgehend von der Industrialisierung, die die Landwirtschaft aushöhlte und die Menschen dadurch zu Proletariern machte, daß sie die Produktionsmittel in wenigen Händen zusammenfaßte. Die städtischen Arbeiter sahen ihren Arbeitsplatz von zwei Seiten bedroht, durch die Zuwanderer aus den Dörfern wie durch die Maschinen, die die Menschen in den Fabriken ersetzten.

Wiederholt rotteten sich die Arbeiter zusammen, um die verhaßten Maschinen zu zerstören. 1811 und 1812 begannen die ›Ludditen‹ planmäßig mit der bedenkenlosen Vernichtung der Maschinen, so daß Soldaten zur Verteidigung eingesetzt werden mußten. Zu dieser Unzufriedenheit trugen die hohen Getreidepreise bei. Durch die Kontinentalsperre verlor England die Zufuhren vom Festland, die bis dahin die rasch wachsende Bevölkerung reichlich und billig ernährt hatten. Aus Übersee, etwa aus Nordamerika, war angesichts der mangelhaften Straßen drüben und des unzureichenden Schiffsraumes kein Ersatz zu erhalten. Da die beschränkte englische Landwirtschaft allein für die Versorgung aufzukommen hatte, kletterten die Preise in die Höhe. Die Landwirte zogen zwar aus der Teuerung Nutzen, waren aber nicht bereit, ihren Landarbeitern entgegenzukommen. Am hergebrachten Lohn ließen sie nicht rütteln. 1813 setzte das vom Landadel beherrschte Parlament die Gesetze aus der Zeit der Königin Elisabeth I. außer Kraft, wonach die Friedensrichter das Recht hatten, Mindeslöhne festzusetzen. Das Elend der unteren Klassen stieg.

Um die Jahrhundertwende war nur noch ein Drittel der Briten in der Landwirtschaft tätig; es lebten jedoch noch 78 v. H. auf dem Lande, von denen der größere Teil für die Fabrikherren in den benachbarten Städten arbeitete. Das galt vor allem für Lancashire. Bereits 1800 hatte die Grafschaft mit 695 000 Einwohnern (gegenüber 160000 ein Jahrhundert zuvor) den größten Zuwachs in ganz England. Die sozialen Spannungen haben jedoch auf den Kriegswillen Englands keinen Einfluß ausgeübt. Frankreich war der Landesfeind. Nur der Sieg über den Korsen konnte dem englischen Handel und damit dem Aufstieg der englischen Industrie die Bahn öffnen.

Am entferntesten und am wenigsten von sozialen und wirtschaftlichen Spannungen berührt war das Osmanische Reich. Im 18. Jahrhundert war die Zentralgewalt verfallen. Die Landschaften suchten sich von der straffen Führung des Sultans zu lösen, schon allein, um dem übermäßigen Steuerdruck zu entgehen. Der Pascha, der nur einen Teil der ihm zum Eintreiben auferlegten Steuern abführte, fand jederzeit Unterstützung in seinem Lande, zumal die Wirtschaft meist gar nicht mehr in der Lage war, die Steuern in der vorgeschriebenen Höhe aufzubringen.

Die Zentralgewalt jedoch war ohnmächtig geworden. Das Bindeglied zwischen ihr und den Provinzen, der Beamtenstab, war durch Bestechlichkeit angekränkelt, nicht zuletzt deswegen, weil die Gehälter nicht mehr pünktlich gezahlt werden konnten. Der Staatsapparat war unaufhörlich – wie nach einem ihm innewohnenden Gesetz – gewachsen. Am sichtbarsten trat das beim Janitscharenkorps zutage.

In ihrer Glanzzeit, im 15. Jahrhundert, umfaßte diese Elitetruppe 8000 Mann. Zu Beginn des 18. Jahrhunderts war sie auf 400 000 Mann angewachsen. Zu viele verstanden es, sich die sozialen und finanziellen Vorteile dieses Korps zu verschaffen, ohne

Dienst mit der Waffe zu leisten. Da die Gelder für die Besoldung der Janitscharen verwandt wurden, blieb kaum etwas für ihre Ausrüstung. Die Truppe war für den Kriegsdienst nahezu wertlos geworden. Ihre Garnisonen gerieten häufig in Streit mit dem örtlichen Vertreter der Zentralgewalt, besonders wenn dieser Reformen durchzusetzen suchte. Das endete schließlich damit, daß Sultan Mahmud II. die Janitscharen 1826 mit Kartätschen niedermetzeln ließ.

Aus den Spahis war eine Grundbesitzerschicht geworden, seitdem das Gut nicht mehr beim Tode des Inhabers an den Sultan zurückfiel, sondern den Erben verblieb. Da der Besitz des Bodens nicht mehr von der persönlichen Leistung und der Anerkennung durch den Sultan abhing, verflüchtigte sich der Soldatengeist. Auch das Verhältnis zu den Bauern änderte sich dadurch. Der türkische Grundbesitzer suchte sein Land auszuweiten; er unterdrückte die benachbarten Bauern und forderte von seinen eigenen immer höhere Leistungen und Abgaben. Die Bauern sanken zu Leibeigenen hinab, da der Sultan sie nicht mehr gegen die örtlichen Gewalten schützte.

Die Lage der Rajah (Nicht-Moslems) hatte sich wesentlich verschlechtert, seitdem sie nicht mehr ihrer eigenen Rechtsprechung, sondern der des türkischen Grundbesitzers unterstanden. Die Bauern im Tiefland mußten sich der Willkür beugen; die Bewohner der Berge jedoch, vor allem die kriegerischen Hirten, lehnten sich auf. In Sippen und Stämme gegliedert, hielten sie an ihren Bräuchen fest. Strafexpeditionen entzogen sie sich durch Flucht ins Gebirge. Zu ihnen stießen die Landbewohner der Tiefebene und der Täler, die der Bedrückung überdrüssig geworden waren. In den Bergen vor allem Albaniens, Serbiens und des Balkans flackerte der Aufstand auf. Gleichzeitig verschärfte sich der Gegensatz zwischen Land und Stadt. Die Städte führten ein Eigenleben. Ihre Bevölkerung bestand aus Fremden: Griechen, Armeniern, Italienern und Juden. Die wenigen slawischsprechenden Landbewohner, die in das städtische Gewerbe oder in den Handel eintraten, fügten sich ein. Die Türken beschränkten sich auf die Verwaltung. Im Handel und im geistigen Leben spielten die Griechen die führende Rolle in allen Städten der europäischen Türkei. Griechisch war die international gebräuchliche Schrift- und die Verkehrssprache. Im Patriarchen hatten die Griechen ihren geistlichen und politischen Führer. Seit dem Vertrag von Kütschük Kainardschi 1774 genossen sie als orthodoxe Christen auch den verbrieften Schutz des Zaren. Gestützt auf diese Rückendeckung wagten die Griechen den Aufstand.

Während in Westeuropa die Territorialstaaten unter dem Einfluß der Französischen Revolution und der Lehre von der ›Nation‹ zu größeren Einheiten zusammenwuchsen, begann im Osmanischen Reich die innere Ordnung zu zerfallen – bis sich schließlich Einzelteile vom Gesamtreich lösten. Aufsässig wurden die Spahis, die Janitscharen immer selbstherrlicher. In Belgrad bewaffnete der Pascha die Rajah (Christen), um sich gegen die anmaßenden Janitscharen zu verteidigen, die – zuerst vertrieben – zurückkehrten, den Pascha ermordeten und unter Osmanen wie Serben ein Blutbad anrichteten. Ein neuer Aufstand 1804 war die Folge, der bis 1813 anhielt. Unter Karageorgewitsch eroberten die Aufständischen Belgrad; nach innerem Streit setzte sich Obrenowitsch als Führer der Serben durch. In diesen Krieg griff der Zar 1806 ein; erst 1812 schloß er unter englischer Vermittlung in Bukarest Frieden mit dem Sultan, der Serbien weitgehende Selbständigkeit, wenn auch unter osmanischer Oberhoheit, zuerkannte. Rußland brauchte alle Kräfte gegen die französische Gefahr.

Die geistige und wirtschaftliche Umwälzung Westeuropas hatte in Rußland nur den Hof berührt. In drückender Leibeigenschaft blieben die russischen Bauern; die Herrschaft der adligen Grundbesitzer hatte sich nicht gemildert. Alexander I. verzichtete darauf, seine Reformpläne, die Bauernbefreiung und die Selbstverwaltung, durchzuführen. Im Krieg gegen Napoleon stützte er sich auf die Konservativen. Ihnen – und nicht dem schwankenden Zaren – verdankt Rußland den Sieg über Napoleon.

Als das russische Heer vor den Toren von Moskau geschlagen war und die Hauptstadt brannte, bestärkten sie Alexander I. darin, keinen Frieden zu schließen. Vergeblich wartete Napoleon in Moskau auf eine Verhandlung. Er hatte angenommen, daß nach den militärischen Siegen und der Einnahme der Hauptstadt der Zar – wie vorher die anderen Gegner – nachgeben müsse. Er verkannte den Osten. Dort hatten die Städte ein anderes Gewicht als im Westen. Sie einzunehmen, entschied nicht den Krieg. Dem französischen Heer fehlte es in Moskau an allem. Es gelang nicht einmal, die notwendigsten Lebensmittel und Pferde zu beschaffen. Was die Stärke der napoleonischen Kriegführung gewesen, erwies sich in Rußland als Schwäche. Der weite Raum, die riesigen Entfernungen, die Menschenleere, die Bedürfnislosigkeit der Bauern und nicht zuletzt die Gefahr von Epidemien ließen die napoleonische Kriegführung scheitern.

Zwar dachte auch in Rußland die westlich eingestellte Führungsschicht ›in Schlachten‹. Aber wo die Heere Widerstand leisteten, unterlagen sie, zuletzt vor den Toren Moskaus. General Kutusow dagegen stellte seine Kriegführung auf die Kraft der russischen Bauern ab. Die Taktik der ›verbrannten Erde‹, uralt in der Steppe, schwächte den Feind. Die Bauern flüchteten in die Wälder. Die Muschiks, stark im Erdulden, haben durchgehalten, obwohl die Heere einmal in der einen, dann in der entgegengesetzten Richtung über das Land zogen und sich aller Vorräte bemächtigten.

Auf dem Rückzug durch das ausgeplünderte und verwüstete Land ging das kaiserliche Heer an Hunger, Krankheit und Kälte zugrunde. Kutusow widersprach einem russischen Vordringen über die preußische Grenze hinaus. Aber der Zar bestand darauf, Napoleon niederzuwerfen. Preußen konnte den Kampf wiederaufnehmen. Österreich schloß sich der Koalition an. Der Übermacht unterlag Napoleon bei Leipzig. Nun fielen die deutschen Rheinbundfürsten von ihm ab.

Das französische Volk war der nun 22 Jahre dauernden Kriege müde. Hunderttausende waren gefallen. Und wofür? Die Schlagkraft der Heere ließ nach, in Bewaffnung wie Ausrüstung. Die Desertionen nahmen einen erschreckenden Umfang an. Das Land war erschöpft. Als die Alliierten nach wechselvollen Kämpfen in Paris einzogen, setzten die Politiker (Talleyrand) und die Marschälle den Kaiser ab. Sie riefen die Bourbonen zurück, um den Krieg zu beenden.

Mit der Formel ›Legitimität‹ hoffte der Wiener Friedenskongreß, Europa neu zu ordnen. Aber die politischen, militärischen und sozialen Verhältnisse hatten sich in Europa während der letzten 25 Jahre derart gewandelt, daß eine einfache Rückkehr zur früheren Zeit unmöglich war. Der Zar bestand darauf, die einst polnischen Gebiete, die zu Rußland gekommen waren, zu behalten. Aus den früher preußischen und österreichischen Gebieten sollte ein neues polnisches Königreich mit dem Zaren als König werden. Dafür war der Zar bereit, Polen eine liberale Verfassung zu gewähren, die er seinem eigenen Volk verweigerte. Preußen sollte am Rhein und in Sachsen, Österreich in Italien entschädigt werden. Die

Habsburger verzichteten auf ihre Niederlande, die mit Holland zu einem Königreich vereinigt wurden.

Die Grenzen Frankreichs sollten denen des Jahres 1792 entsprechen. Verbündet mit Preußen drohte Rußland zur erdrückenden Landmacht in Europa aufzusteigen. Österreich fürchtete vor allem einen verstärkten Druck auf den Balkanraum und auf die Karpaten, wenn Krakau und Lemberg an den Zaren fielen, und ein preußisches Übergewicht in Deutschland, wenn es ganz Sachsen als Ausgleich für seine polnischen Gebiete neben großen Besitzungen am Rhein erhielt. Der österreichische Kanzler Metternich verband sich mit England – und dem Franzosen Talleyrand, um die Pläne des Zaren zu durchkreuzen.

Während die Staatsmänner in Wien stritten, landete Napoleon, der auf Elba verbannt war, in Frankreich. Diese Nachricht genügte, um die Einigkeit des Kongresses wiederherzustellen. Napoleon wurde bei Waterloo besiegt.

Die endgültige Friedensregelung gestand Preußen wie Österreich Teile des einstigen Polens zu; Preußen erhielt einen Teil Sachsens. Die Monarchen schlossen feierlich die ›Heilige Allianz‹ zur gegenseitigen Hilfe gegen revolutionäre Bewegungen. Ein wohlausgewogenes Gleichgewicht sollte künftige Kriege ausschließen. England und Frankreich hielten dem Zarenreich die Waage. Im Deutschen Bund wiederum wurde das Gewicht von Österreich durch Preußen ausgeglichen. Zwischen ihnen standen die Klein- und Mittelstaaten.

Als Gewinner waren die Flügelmächte England und Rußland aus den napoleonischen Kriegen hervorgegangen. An diesen beiden Mächten mußten sich alle anderen europäischen Staaten ausrichten. Die Mitte war entmachtet. England gab die meisten überseeischen Besitzungen zurück, die es während der langen Kriege gewonnen hatte; doch bestand es auf Anerkennung des Seerechts, so daß die britische Kriegsflotte den Welthandel kontrollieren durfte. Außerdem setzte England die Aufhebung des Sklavenhandels durch. England suchte für seine industriellen wie kolonialen Erzeugnisse Absatz auf dem europäischen Markt. Es brauchte Frieden, um seine industrielle Überlegenheit und seine weltweiten überseeischen Besitzungen ausnutzen zu können.

Inzwischen hatte sich in Übersee jedoch eine entscheidende Wende vollzogen. Die freien Vereinigten Staaten waren zur großen Wirtschaftsmacht, als Markt wie als Rohstofflieferant, aufgestiegen. Die Amerikaner bestanden auf dem Recht, frei Handel zu treiben. Dafür hatten sie sogar während des napoleonischen Krieges zu den Waffen gegriffen (1812). Auch Südamerika wurde unabhängig.

Während Spanien gegen die napoleonischen Truppen kämpfte, hatten sich seine Kolonien freigemacht. Nach 1815 hatte ein starkes spanisches Heer weite Teile erneut der Krone unterworfen. Die Truppen, die die Kolonien endgültig zurückgewinnen sollten, meuterten in Andalusien (1820). Sie zwangen dem König Ferdinand VII. eine liberale Verfassung auf. Gegen diese Revolution griff die Heilige Allianz im Namen der Legitimität ein. Ein französisches Heer marschierte in Madrid ein, um den absolutistischen Monarchen zu decken. Ferdinand dachte daran, in Südamerika erneut mit Waffengewalt einzugreifen. Doch stellte sich der Engländer Canning und der nordamerikanische Präsident Monroe diesem Plan entgegen. Canning erkannte die neugegründeten Republiken an. »Ich habe die neue Welt ins Leben gerufen«, erklärte er im Parlament, »um das Gleichgewicht der alten herzustellen.« Monroe verkündete seine ›Doktrin‹; die Vereinigten Staaten lehnten jede Einmischung der Europäer in amerikanische Verhältnisse ab. Spanien mußte sich beugen. Amerika war frei.

Die Zeit, da der Überseehandel vom Besitz der Kolonien abhing, war endgültig vorbei.

22

Die europäische Krise. Demokratie und nationale Einigung

Soziale Wandlungen · Die Konjunktur nach den Kriegen · Der Rückschlag · Soziale Gesetzgebung in England, 1834 das Armengesetz · Die Korngesetze, 1846 aufgehoben · Die Bevölkerung nimmt rasch zu · Nation und Volk · Der Einfluß von Herder · Nationale Forderungen der Völker · Reformen im Osmanischen Reich · 1821–1829: der griechische Aufstand · Der Vielvölkerstaat Österreich · Metternich · 1829: Griechenland wird unabhängig · 1830: Juliaufstand in Paris · Das Haus Orléans · 1831: Belgien wird eigenes Königreich · Die Februarrevolution 1848 in Paris · Die Wirkung auf Europa · Forderung nach nationaler Einigung in Italien und Deutschland · Der deutsche Zollverein (1853) · 1848/49: die deutsche Nationalversammlung in Frankfurt · 1848: Revolution in Ungarn · Das Reich der Stephanskrone · Russische Truppen werfen den Aufstand nieder · Rußland besetzt Moldau und Walachei · Der Krimkrieg 1853–1856 · Die Rolle der Eisenbahnen, 1830 die erste Strecke · Sie wandeln die Standortbedingungen von Landwirtschaft und Industrie · Die Handwerker geraten unter dem Wettbewerb der Maschine in Not und Verstädterung · Napoleon III. (1808–1873) und der Freihandel · Seit 1850: Deutschland entwickelt eine Industrie · Der entscheidende Raum zwischen Liverpool, Hamburg, Frankfurt und Paris · Mittelpunkt der Weltwirtschaft · 1860/61: die Einigung Italiens · 1866: Krieg zwischen Österreich und Preußen · Der ›Ausgleich‹ mit Ungarn (1867) · Deutsch-französischer Krieg 1870/71 · Die Gründerjahre · Der Schwarze Freitag 1873 in New York · Aufschwung Rußlands 1868–1874 · 1875–1878: Aufstände in Herzegowina und Ostrumelien · Unabhängigkeit Serbiens (1882), Montenegros (1910) und Rumäniens (1881) · 1878: der Berliner Kongreß · Der Fortschrittsglaube

Die Revolution war besiegt. In allen europäischen Ländern beanspruchte der Adel wieder die führende Stellung. Aber dieser Anspruch war nicht mehr unbestritten. Die ›Revolution‹ blieb das Schreckgespenst der Regierungen, die alle die »gefährlichen Prinzipien der gallischen Freiheit« fürchteten; die sozialen Veränderungen der letzten drei Jahrzehnte ließen sich nicht mehr rückgängig machen.

Die Bauern Westeuropas waren der drückenden Abhängigkeit entwachsen. Nur in Rußland blieben die Zustände unverändert;

das zehrte an der inneren Festigkeit des Zarenreiches. In den Städten war der Zunftzwang aufgehoben; weitgehend hatte sich die Selbstverwaltung durchgesetzt. Die Standesunterschiede waren zurückgetreten; statt dessen begann das Geld die gesellschaftliche Stellung zu bestimmen. Zunehmend gewannen die reichen jüdischen Bankherren, an der Spitze die Rothschilds, an Einfluß und Macht. Bis dahin genossen sie selbst in der Reichsstadt Frankfurt am Main noch nicht einmal die Freiheit, beliebig Grundstücke zu erwerben.

Die soziale Umwälzung war durch die Technik, die Industrie und das Anwachsen der Bevölkerung, insbesondere in den Städten, hervorgerufen worden. Diese Umwandlung ging von England aus, erfaßte in der ersten Hälfte des 19. Jahrhunderts Frankreich und drang in den vierziger Jahren in Deutschland vor. Davon unberührt blieben noch Italien, Österreich, Rußland und das Osmanische Reich. Als die Kontinentalsperre fiel, fand die britische Industrie ein dankbares Feld auf dem Festland. Dank ihrer Maschinen war sie dem Handwerk überlegen. Die Textilindustrie wechselte von der Wolle – bis dahin Grundlage nicht nur der englischen, sondern der europäischen Textilindustrie überhaupt – zur Baumwolle über. Sie war billiger, ließ sich leichter verarbeiten und ansprechender aufmachen, nicht zuletzt durch das Druckverfahren. Baumwolle mußte von Übersee eingeführt werden. Die Zufuhren reichten jedoch nicht aus; erst als die Entkörnmaschine erfunden war, konnte Baumwolle bis in das Hinterland Nordamerikas angebaut werden. Dort mußten Straßen und Eisenbahnen angelegt werden, Schiffe für den Transport gebaut werden.

England beherrschte die See. Dank der Pax Britannica entfaltete sich der Welthandel, durch den Welthandel wiederum erweiterte sich die europäische Industrie, die ihre Rohstoffe aus der ganzen Welt beziehen, ihre Waren überallhin vertreiben konnte. Finanziert wurde der Handel, der industrielle Aufbau und nicht zuletzt die Versicherung aller Frachten durch das Londoner Kapital.

Die unabhängigen Staaten in Nord- wie Südamerika zogen sich nicht vom Welthandel zurück. Im Gegenteil! Sie kauften mehr europäische Waren als während der Kolonialzeit; sie zahlten in Lebensmitteln, landwirtschaftlichen Rohstoffen und in Gütern des Bergbaus. Eine weltweite Arbeitsteilung bahnte sich an. Der günstigste Standort entschied, wo Getreide angebaut, wo Eisen gewonnen, Maschinen hergestellt wurden. Wer wettbewerbsfähig war, setzte sich durch. Den Nutzen zog zunächst England. Seine Industrie besaß in den Maschinen einen nicht zu schlagenden technischen Vorsprung. England verfügte über Schiffe und über Kapital, so daß die Rohstoffversorgung gesichert war. Es verfügte aber auch über ausgebildete Industriearbeiter.

Da die industrielle Erzeugung sprunghaft anstieg, nahm die Einfuhr von Rohstoffen, Baumwolle und Metallen zu, und daraus ergaben sich wiederum größere Ausfuhren, einmal, weil die Abnehmer über eine höhere Kaufkraft verfügten, sodann, weil England in der Lage war, langfristige Kredite zu gewähren. Kritisch jedoch wurden die sozialen Verhältnisse der Arbeiter. Die Vorteile des unbezweifelbaren technischen Fortschritts kamen einseitig den Unternehmern und damit dem Bürgertum zugute. Für die Nöte des ›Vierten Standes‹ brachten die Bürger um die Wende vom 18. zum 19. Jahrhundert wenig Verständnis auf. Revolutionär waren sie nur da, wo sie gegen den Staat und die oberen Stände fochten.

Die Konjunktur hat nicht lange angehalten. Der Rückschlag kam, als nach Kriegsende die Preise zusammenbrachen. Waren sie von 1790, zu Beginn des Krieges, = 100 auf 187 im Jahre 1813 angestiegen, so gingen sie zurück, als die Getreidelieferungen vom Festland wieder aufgenommen wurden. Die Landwirtschaft bestand auf hohen Schutzzöllen und entließ Arbeitskräfte. Dazu kam die ungewöhnliche Zunahme der Bevölkerung, die bis 1831 trotz beträchtlicher Auswanderung auf 16,5 Millionen anstieg (gegen 11 Millionen 1801). Nach der Statistik hielten die Reallöhne der Landarbeiter zwar 1824 noch die gleiche Höhe wie dreißig Jahre vorher, die Lebenshaltung hatte sich jedoch erheblich verschlechtert, da die Löhne vielfach in schlechtem Getreide ausgezahlt wurden. Die Lehmhütten, die dem Arbeitgeber gehörten, waren erbärmlich. In Verzweiflung und Wut steckten die Landarbeiter die Scheunen in Brand. Am hoffnungslosen Elend der Bauern hat sich zunächst nichts geändert. Da die ansteigende Bevölkerung in der Landwirtschaft keine Arbeit fand, strömte sie in die Städte. Viele Iren zogen nach England. Sie drückten die Löhne, zumal es die Maschinen erlaubten, die Zahl der Arbeiter selbst bei wachsender Produktion einzuschränken.

Solange England gegen Frankreich Krieg führte, verband sich die Vorstellung von der ›Revolution‹ mit dem Bild des Landesfeindes. Nach Friedensschluß jedoch nahm der Widerstand gegen die sozialen Verhältnisse gewaltsame Formen an. Die industrielle Umwälzung drohte in eine politische Revolution umzuschlagen. Als sich 60000 Menschen bei Manchester 1819 versammelten, um für Reformen zu demonstrieren, wurden sie von Husaren niedergeritten (›Peterloo‹). Nur zögernd griff der Staat ein. Das Arbeitsgesetz von 1819 verbot die Beschäftigung von Kindern unter sechs Jahren und begrenzte die Arbeitszeit der 9- bis 16jährigen auf 12 Stunden täglich. Nachtarbeit war untersagt. Das Arbeitsgesetz von 1833 setzte die Arbeitszeit für 9- bis 13jährige auf 9 Stunden, die der 14- bis 18jährigen auf 12 Stunden fest.

Da die Arbeiter außerstande waren, Löhne zu erzwingen, die der tatsächlichen Leistung entsprachen, herrschte ein erschreckendes Elend. Die Gewinne wanderten in den technischen Ausbau der Fabriken hinein; der Wettkampf mit den Handwerkern in aller Welt verschärfte das Elend. Die Industrie konnte britischen Kattun selbst in Indien durchsetzen, wo die Baumwolle gewonnen wurde und wo die Löhne noch niedriger lagen. Die Regierung war sich ihrer sozialen Aufgabe nicht bewußt. Bentham (1748–1832) stellte zwar die Forderung, es sei das Ziel des Staates, »das größte Glück der größten Zahl« zu erreichen, aber die Wege dazu mußten noch gefunden werden. Erst 1824 wurde die Vereinigung von Arbeitern gestattet, die Lohnforderungen gemeinsam durchzusetzen suchten (Beginn der Trade Unions). Das Armengesetz 1834 sollte – allerdings mit harten Bedingungen – die größte Not durch Einrichten von Armenhäusern lindern.

Die unteren Bevölkerungsschichten waren im Parlament nicht vertreten. Einmal setzte das Wahlrecht Einkommen und Vermögen voraus, sodann war die Wahlkreiseinteilung, die jeweils einen Sitz im Unterhaus bestimmt, so ungerecht, daß nur wenige Personen über die Mehrzahl der Sitze verfügten. Auch die Reform des Jahres 1832 brachte nur eine geringfügige Besserung. In den ländlichen Bezirken erhielten das Wahlrecht alle, die ein Einkommen von 40 Shilling im Jahr aufwiesen, in den Städten diejenigen mit mindestens 10 £ Sterling. Dadurch wuchs die Zahl der Wahlberechtigten gerade um 217000. Die meisten Handwerker und erst recht alle Arbeiter blieben von der Wahl ausgeschlossen.

Auf Grund der schweren Wirtschaftskrise von 1837 hob Peel die Korngesetze auf (1846). Die britische Landwirtschaft war nicht mehr imstande, den Wettbewerb gegen die Landwirte in Frankreich und im Ostseeraum durchzuhalten. Dank der billigen Lebensmittel konnte die Industrie die Löhne niedrig halten, was ihre

Wettbewerbsfähigkeit weiterhin verbesserte. Die städtische Industrie gewann den entscheidenden Sieg über die Landwirtschaft.

Auch das Festland mußte sich umstellen. Als die Briten mit ihren Waren die Märkte überschwemmten, brachen viele der während der Kontinentalsperre aufgebauten Unternehmen zusammen. Die Handwerker mußten im Preis nachgeben, um ihre Kunden zu halten; sie verarmten. Der Getreideanbau und die Schafzucht dehnten sich aus, aber auch da blieben die Preise gedrückt. Sichtbar trat der Prozeß der Proletarisierung zutage, der sich bis dahin versteckt abgespielt hatte. Das ländliche Proletariat zog in die Städte. An die Stelle der Heimarbeit in den Dörfern trat die Fabrikarbeit. In ihrer Zwangslage versuchten die städtischen Unternehmer, ihre Betriebe durch Übernahme der englischen Technik auszubauen und wettbewerbsfähig zu machen. Ihnen kam die rasche Zunahme der Bevölkerung zugute, die dem Fortschritt der Heilkunst zu verdanken war. Doch blieb der Zuwachs weit hinter dem in England zurück.

Die englische Bevölkerung wuchs in der ersten Hälfte des 19. Jahrhunderts jährlich zwischen 12,8 und 15,5 je Tausend an. In Preußen nahm sie um 12 je Tausend, in Österreich um 5 je Tausend und in Frankreich nur um 2 bis 3,5 je Tausend zu. Der Engländer Malthus befürchtete, die wachsende Menschenzahl ließe sich auf dem begrenzten Boden nicht ernähren. Er verkannte, daß mit Hilfe der modernen Technik neue Anbaugebiete erschlossen werden konnten, zuerst auf dem Festland, dann in Übersee und im russischen Schwarzmeergebiet. Diese Lieferländer brachten bis zum Ende des Jahrhunderts Überschüsse auf die Weltmärkte, die alle Preise derart drückten, daß die heimische Landwirtschaft schwer zu kämpfen hatte.

Sie wandte sich an den Staat. Immer noch hatte der grundbesitzende Adel die politische Macht auf dem Festland. Er verlangte, daß die Einfuhr landwirtschaftlicher Erzeugnisse, die sein Einkommen aus den Gütern minderte, gedrosselt werde. Doch versuchte die ›konservative Reaktion‹ vergeblich, die Entwicklung zum Industriestaat nach englischem Vorbild zu hemmen, wenn nicht gar zu verhindern. Die bürgerlichen Kräfte in den Städten setzten sich durch.

Das wirtschaftliche Gefälle von West nach Ost prägte sich in Europa immer schärfer aus: im Westen die Stadt, die Industrie, das reiche Bürgertum und die unterbezahlten Arbeiter; im Osten die

Landwirtschaft mit ihrem Großgrundbesitz und einem gedrückten Bauernstand. Aus dieser auseinanderstrebenden Entwicklung ergaben sich Spannungen, die die politische Ordnung des Wiener Kongresses sprengten. Das Bürgertum, seiner wirtschaftlichen Stellung bewußt, forderte einen größeren Anteil an der politischen Macht. Es berief sich darauf, die ›Nation‹ zu vertreten, mit dem Hinweis, zahlenmäßig der adligen Grundbesitzerschicht überlegen zu sein. Dieser Begriff der Nation, der sich in der Französischen Revolution durchgesetzt hatte, erhielt von der deutschen Romantik her neuen Auftrieb und eine Wendung zum ›Volke‹ hin. Herder hatte die Sprache als »unverlierbares Gut« der Völker angesehen; die freie völkische Entfaltung in »nationaler Freiheit« sei das heiligste Recht der Menschen. Jede Nation beanspruchte von nun an ›Selbstbestimmung‹, wenn dieses Wort auch erst später auftaucht.

Am stärksten berührte diese Forderung das Osmanische Reich, das von der großen wirtschaftlichen und sozialen Entwicklung Westeuropas am wenigsten erfaßt war. Griechische Kaufleute in Odessa entfachten zusammen mit Söhnen des Landadels einen Aufstand, der bald die ganze europäische Türkei ergriff. Napoleons ›Illyrische Provinzen‹ hatten das nationale Selbstgefühl der Kroaten und Slowenen gestärkt. Mit der inneren Aushöhlung der osmanischen Staatsgewalt nahmen die Zustände anarchische Formen an. Freischärler, Heiducken, die häufig genug als Räuberbanden durch die Lande zogen, machten weite Gebiete unsicher. Sie beriefen sich auf ›nationale‹ Ideale, dabei gab es unter ihnen viele, die vor den Steuerpächtern oder aus anderen Gründen ›in die Berge‹ geflüchtet waren. In Griechenland wurden sie Klephten genannt. Manche der Klephtenhäuptlinge traten als Armatolen in den Sold der Türken; sie geboten über eine staatlich anerkannte Miliz, die Palikaren. Im Taygetos-Gebirge machten die kriegerischen Mainoten sich weitgehend selbständig.

Um dem Zerfall des Reiches entgegenzuwirken, führte der Sultan Reformen ein. Er stellte die Rajah den Moslems staatsrechtlich gleich; mit ihrer Sonderstellung verloren die Griechen jedoch auch ihre Vorrechte, was sich häufig als Nachteil auswirkte. Die Türken versuchten ihrerseits unter nationalen Losungen, die Griechen aus Handel und Verwaltung zu verdrängen. Um den nationalen Tendenzen der Rajah entgegenzuwirken, legte der Sultan größeres Gewicht auf Anatolien, wo die Bevölkerung türkisch sprach und von jeher im Gegensatz zum bisher bevorzugten Balkan stand. Das wiederum verstärkte den Druck auf die Völker, die Anschluß an ihre Volksbrüder jenseits der Grenze suchten.

Nachdem der griechische Aufstand an der Donau zusammengebrochen war, griff er nach Morea über. Die öffentliche Meinung Europas stand eindeutig auf seiten der griechischen Freiheitskämpfer. Die Russen fühlten mit ihren bedrängten Glaubensbrüdern, besonders nachdem der Sultan den Patriarchen kurzerhand hatte aufknüpfen lassen! Die Engländer sahen die politische Freiheit – und den Handel im östlichen Mittelmeer bedroht. Die Franzosen und die deutschen Philhellenen schwärmten für die völkische Erhebung. Freiwillige aus allen Ländern eilten den Rebellen zu Hilfe.

Die Regierungen der Großmächte, der Mitglieder der Hl. Allianz, waren keineswegs einig, wie sie sich ›der Revolution‹ gegenüber verhalten sollten. Rußland berief sich auf sein in Kütschük Kainardschi 1774 verbrieftes Recht, die Christen zu schützen. Der Zar wollte zugleich die slawischen Völker befreien und seine militärische Macht gegen Istanbul voranschieben, um die Meerengen in die Hand zu bekommen. Damit hätten die Russen den Zugang zum Mittelmeer gewonnen. Gerade das schreckte England und Frankreich.

Österreich fürchtete die Revolution in der völkischen Form am meisten. Sie drohte den Vielvölkerstaat zu sprengen. Unklar blieb, wann ein Volk auch eine ›Nation‹ bildete. Was war entscheidend: Sprache, Religion oder Sozialstruktur? In Südosteuropa überschnitten sich diese Merkmale. Die Völker waren nicht durch klare Grenzen getrennt: sie hatten sich im Laufe der Jahrhunderte überlagert, durcheinandergeschoben; Teile ein und desselben Volkes hatten durch äußere Eingriffe oder innere Entwicklungen verschiedene Wege beschritten. Die Albaner waren teils Moslems, teils römisch-katholische, teils orthodoxe Christen. In Bosnien kamen zu diesen religiösen Gegensätzen noch sprachliche hinzu und soziale zwischen Stadt und Land. Die Serben betrachteten alle Südslawen als Brüder, aber die einen hatten seit dem 15. Jahrhundert dem Osmanischen Reich angehört, andere lebten lange Zeit unter den Habsburgern.

Im Kaisertum Österreich gab es zehn ›Völker‹ und noch mehr Sprachen; führend waren Deutsch, Ungarisch, Polnisch und Rumänisch. Sodann war die Bevölkerung durch die übereinanderlagernden Schichten gegliedert. »Adel, Städte, Bürger und Bauern, sie alle leben im eigenen Bereich. Die Schranken zwischen ihnen werden nicht niedergerissen. Keiner stört die Kreise des andern. Auch die Städte genießen neben ihren Lasten ihre besonderen Vorrechte ... Über allen diesen Rechts-, Standes- und Berufskreisen, über dieser sorgsam erhaltenen ständisch-gesellschaftlichen Ordnung steht das Königtum als Spitze! Es thront über allem; es wahrt das gesellschaftliche Gleichgewicht!« urteilt ein Zeitgenosse. Dieser Staat sah sich nun dem Ansturm der neuen Ideen ausgesetzt. Unter den Habsburgern lag die Verwaltung überwiegend in deutschen Händen: nur die deutschen Beamten genossen die erforderliche Ausbildung. Daraus ergaben sich Spannungen sowohl zwischen der Zentralgewalt und den einzelnen Landesteilen wie mit deren führender Adelsschicht. Nun schloß sich der örtliche Adel mit den völkisch gesinnten Städtern und Bauern zusammen. In Ungarn betonten die Magnaten ihre nationale Eigenart gegenüber Wien, in Galizien riefen die polnischen Grundbesitzer ihr ›Volk‹ zum Widerstand auf.

Sprache, Religion und Sozialstruktur haben die Nationalitäten geprägt. Doch reichen die Unterschiede tiefer. Sprache, Religion und Sozialstruktur können wechseln – und haben gewechselt, ohne daß sich die Eigenart im Fühlen und Denken wandelte. Jede Einengung empfanden die Völker als Unterdrückung. Entzündete sich der Streit auch an Zwischenfällen des täglichen Lebens: es loderte – dem einzelnen nicht einmal bewußt – ein oftmals jahrhundertealter Haß auf, der sich aus einer grundverschiedenen Einstellung zum Leben, zur Umwelt und zum Nachbarn ergab. Das führte zu erbitterten Kämpfen – und manchmal zu furchtbaren Greueln. Unversöhnlich standen sich die Bewohner der Steppe, die Bauern des Tieflandes und die Hirten der Berge gegenüber. Das Erbe war mächtiger als die Anpassung an veränderte Lebensbedingungen.

Als dieser Kampf im Osmanischen Reich ausbrach, fürchtete der österreichische Kanzler, er könnte auch auf den Kaiserstaat Österreich übergreifen. Vom alten politischen Gegensatz der beiden Reiche war wenig geblieben. Metternich meinte: »Die Türken sind die bequemsten und zuverlässigsten Nachbarn. Sie flößen uns ein solches Gefühl von Sicherheit ein, daß ihre Grenzprovinzen für uns wie das Meer sind.« Vergeblich versuchte er den Zaren davon zu überzeugen, daß seine ›revolutionäre‹ Politik auch die revolutionären Strömungen in Rußland selbst fördern müßte. Die russische Innenpolitik blieb reaktionär. Alles was nach revolutionären Ideen aussah, wurde energisch unterdrückt.

Russische Truppen besetzten die Donaufürstentümer Moldau und Walachei. Eine russische Flotte besiegte gemeinsam mit Engländern und Franzosen bei Navarino die Osmanen. Der Frieden von Adrianopel (1829) erkannte die Unabhängigkeit Griechenlands an. Damit verloren jedoch die zahlreichen Griechen im Osmanischen Reich ihren gesellschaftlichen und wirtschaftlichen Einfluß! Losgetrennt vom weitumspannenden Reich verkümmerte das unabhängige Griechenland. Nur mühsam hat es seine Stellung wahren können.

Während die slawischen Balkanvölker dem Zaren als Befreier zujubelten, litten die Polen unter der drückenden russischen Herrschaft. Zar Alexander I. hatte im Königreich Polen noch eine liberale Politik verfolgt – die er in Rußland ablehnte –, aber seit seinem Tod und dem Dekabristenaufstand jüngerer russicher Offiziere 1825 unterstand auch Polen einer strengen Polizeikontrolle. Als 1830 die Nachricht von der Pariser Julirevolution eintraf, erhoben sich die Polen gegen den Zaren. Noch besaß Polen ein eigenes Heer; doch war es der russischen Übermacht nicht gewachsen, zumal auch die westlichen Nachbarn Truppen mobilisierten. Preußen wie Österreich fürchteten für die Ruhe in den eigenen polnischsprechenden Provinzen. Nachdem der Aufstand niedergeschlagen war, verstärkte und verschärfte der Zar die Russifizierung in Polen.

Eine revolutionäre Bewegung in Brüssel spaltete den südlichen Teil der Niederlande ab und führte zur Gründung eines eigenen Königreiches ›Belgien‹.

Die Julirevolution ersetzte in Frankreich die Dynastie Bourbon durch das Haus Orléans. Damit ging die politische Vorherrschaft vom Landadel auf die Bourgeoisie, genauer auf das Großkapital über. In kurzer Zeit holte Frankreichs Industrie den Vorsprung Englands auf. Das wiederum hatte eine tiefreichende soziale Umwälzung in den Städten, vor allem in Paris, zur Folge. Eine schwere Mißernte ließ 1846 die Preise für Brot und Kartoffeln steigen; im Jahr darauf lähmte eine Krise den Absatz der Industriewaren. Im Februar 1848 rotteten sich in Paris Arbeiter und Studenten zusammen, drangen in den Sitzungssaal der Kammer und zwangen den ›Bürgerkönig‹ Louis Philippe abzudanken. Die Arbeiterklasse sah den Augenblick gekommen, die Macht zu ergreifen. Die Regierung, erschreckt durch die Barrikaden, die auf den Straßen errichtet wurden, richtete ›Nationalwerkstätten‹ ein und sicherte allen Staatsbürgern das Recht auf Arbeit zu. Eine Wahlreform verschaffte allen Franzosen, ob arm, ob reich, das gleiche Wahlrecht. Nach einem Vierteljahr mußte die Regierung die Nationalwerkstätten schließen, da sie vor dem finanziellen Zusammenbruch standen. Nun marschierten die Arbeiter zusammen mit Studenten und Handwerksgesellen in gewaltigen Kolonnen durch Paris, um den Sozialismus zu verwirklichen, wie ihn Louis Blanc und Karl Marx forderten. Angesichts dieser Gefahr riefen die Bürger die Armee; General Cavaignac schlug den Arbeiteraufstand nieder. Die Angst vor der Revolution brachte den Sieg des ›Bonapartismus‹. Louis Napoleon, der Neffe des Kaisers, wurde zum Präsidenten gewählt. An den Namen Bonaparte knüpfte sich die Hoffnung, einerseits die »Errungenschaften der Revolution« zu erhalten, andererseits durch Energie und strenge Ordnung die wirtschaftliche Entwicklung rasch vorantreiben zu können.

Die Länder Mitteleuropas sahen in der französischen Februar-Revolution den Sieg der Republik über die Monarchie; das Bürgertum forderte seinen Anteil an der politischen Macht, von der es immer noch ausgeschlossen war. In Wien, in Berlin und in den Hauptstädten der deutschen Mittelstaaten sammelten sich Studenten, Handwerker und Kleinbürger, um eine Verfassung mit einem Parlament zu fordern, in dem sie ihrer Zahl entsprechend vertreten sein wollten. Hand in Hand mit dieser politischen Forderung ging der Wunsch nach nationaler Einigung. Er erfaßte Deutschland und Italien; er ergriff zugleich die verschiedenen Nationalitäten innerhalb des Habsburger Reiches.

Weder die Deutschen noch die Italiener hatten jemals einen ›Nationalstaat‹ gekannt. Das mittelalterliche Kaiserreich umfaßte im Westen französischsprechende, im Osten slawischsprechende Gebiete; dazu kamen noch Teile Italiens. Rückblickend schien es den Deutschen, als hätten sie ihre politische und wirtschaftliche Stellung zu Beginn des 16. Jahrhunderts vor allem deswegen verloren, weil ihnen die starke, einheitliche Staatsgewalt gefehlt habe. In drei Jahrhunderten waren Frankreich und England aufgestiegen. Es lag nahe, den Grund hierfür im Nationalstaat mit fester Führung unter Mitwirkung des ganzen Volkes zu sehen. Zu Beginn des 16. Jahrhunderts war ›das Reich‹ Frankreich überlegen; Italien war wohlhabend und auf politischem wie geistigem Gebiet führend. England besaß damals weder Industrie noch Flotte, noch Handel. Warum hatten sich die Gewichte Europas verlagert? Weil den Deutschen wie den Italienern der ›Nationalstaat‹ fehlte.

Welche Irrtümer steckten in diesem Geschichtsbild! England war nie ein ›Nationalstaat‹ im Sinne des Liberalismus, denn es gab keine englische ›Nation‹. Wales sprach walisisch, Schottland, bis 1707 ein eigenes Königreich, hat nie zu ›England‹ gehört. Irland war ein unterworfenes Land, das auch nach seinem Anschluß an Großbritannien 1801 nach Unabhängigkeit strebte. Quer durch Frankreich gingen die Sprachgrenzen: Bretonisch im Nordwesten, Deutsch im Elsaß. Acht Jahrhunderte lief die Grenze des Königreichs an der Maas entlang durch französischen Sprachraum. Aber alle diese Einwände verblaßten angesichts des ungeheuren Erfolges, den die napoleonischen Heere errangen, und angesichts des gewaltigen Aufstiegs, den England genommen hatte. Erst die nationale Geschlossenheit nach 1813 hatte die Macht Napoleons gebrochen. Ähnlich führten die italienischen Patrioten die soziale, wirtschaftliche und politische Rückständigkeit ihres Vaterlandes darauf zurück, daß ihnen ein einheitlicher Staat fehlte. Reaktionäre Fürsten standen der großen Einigung entgegen.

Auf dem Wiener Kongreß hatte der Begriff der ›Nation‹ kein politisches Gewicht gehabt. Er widersprach auch der überlieferten Staatsgliederung, die zur Grundlage der ›Legitimität‹ erhoben wurde. Der nationalen Einigung standen die dynastischen Interessen entgegen. Die Monarchen lehnten es ab, nationalen Bestrebungen nachzugeben. Ihre Reiche waren durch Kriege, Verträge und Erbfolge gewachsen – und nicht aus dem Willen ihrer Völker. Aber auch die Fürsten mußten sich dem Zwang zum wirtschaftlichen Zusammenschluß mit den Nachbarn beugen. Doch sollte er über sorgsam abgewogene Staatsverträge, nicht aus revolutionärem Nationalismus erfolgen.

Preußen hatte 1828 mit Hessen-Darmstadt einen Zollvertrag geschlossen, aus dem – durch Beitritt von Bayern und Württemberg – 1833 der Deutsche Zollverein hervorging. Österreich hielt sich zurück, weil es meinte, sein großes Staatsgebiet bedürfe keiner Zollunion, und weil es die industrielle Überlegenheit Preußens und Sachsens fürchtete. Der Aufschwung, der mit dem Zollverein einsetzte, bestärkte die deutschen Kaufleute und Gewerbetreibenden in der Überzeugung, nur ein nationaler Zusammenschluß sichere die Wettbewerbsgleichheit gegenüber den mächtigen ›Nationalstaaten‹ England und Frankreich. Die Revolution von 1848 griff diese Forderung auf.

In Frankfurt am Main wählte die Deutsche Nationalversammlung den Erzherzog Johann zum Reichsverweser. Der Traum vom ›Reich‹ der Deutschen schien zum Greifen nahe zu sein. Es zeigte sich jedoch, daß zwischen dem alten Reichsbegriff und dem neuen Staatsgedanken ein Gegensatz klaffte. Im ›Reich‹ hatten sich weltliche und geistliche Reichsstände, Ritterschaft und Städte mit verbrieften Rechten, ausgewogenen Interessen von Landschaften und Personen, von weltlicher und kirchlicher Zuständigkeit, gegenübergestanden. Der ›Staat‹ des 19. Jahrhunderts war jedoch eine umfassende Institution, mit einheitlichem Rechtssystem, einheitlicher Verwaltung, gemeinsamem Heer und einer geschlossenen Wirtschaft.

Konnte sich Deutschland nach westlichem Vorbild zu einem freiheitlichen, demokratischen Staat entwickeln? Oder blieb es ein Machtstaat östlicher Prägung? Entschieden wurde diese Frage in den deutschen Teilstaaten, vor allem in Preußen. Österreich mangelte es an nationaler Geschlossenheit; sobald es ›demokratisch‹ aufgebaut wurde, drohte es sich in Nationalitäten aufzulösen. Wer ›freiheitlich‹ dachte, war ›national‹. Unter dem Druck der öffentlichen Meinung suchten die Parlamentarier der Paulskirche einen Mittelweg: der Spitze des Reiches, einem ›Kaiser‹ – sie wählten den König von Preußen –, stellten sie einen Reichstag gegenüber, der aus einem Staatenhaus und einem ›Volkshaus‹ bestehen sollte. Dieser Plan scheiterte, weil Friedrich Wilhelm IV. von Preußen die Kaiserkrone ablehnte. Er schickte den von Revolutionen bedrohten Fürsten, dem König von Sachsen und dem Großherzog von Baden, Truppen zu Hilfe. Preußen, nun wieder fest in der Hand der Militärkaste, wurde zum Hort der Reaktion. Daran konnte auch die vom König verfügte (oktroyierte) Verfassung nichts ändern. Der preußische Staat konnte nun – im Innern gefestigt – die nationale Welle für seine Zwecke nutzen.

Österreich war nicht so glücklich. Die Erhebung des Bürgertums in Wien zerbrach die Klammer, die den Vielvölkerstaat zusammengehalten hatte. In der verhaßten Polizei, die Metternich gegen alle freiheitliche Bestrebungen aufgebaut hatte, traf die Revolution die gesamte Verwaltung, die damit ihre staatstragende Kraft verlor. Es blieb nur die Armee. In den Kronländern vereinigten sich die Stände, erfüllt von ›nationalen‹ Idealen, mit dem städtischen Bürgertum in der Forderung nach größerer Selbständigkeit. Ungarn brach mit der Wiener Vorherrschaft; ein Parlament beanspruchte den Oberbefehl über das Heer. Aber war das Parlament ›Ungarn‹? Nun trat der Gegensatz zwischen den verschiedenen Nationalitäten Ungarns, den Magyaren auf der einen Seite, den Slawen, Rumänen und Deutschen auf der anderen, offen hervor. Die Magyaren wollten das ›Reich der Stephanskrone‹ erneuern, ohne Rücksicht auf Nationalitäten. Ebenso lehnten die Tschechen einen Staat innerhalb der Sprachgrenzen ab; sie verlangten, daß das alte Königreich Böhmen als selbständiger Staat mit den alten Freiheiten wiederhergestellt werde, also mit Einschluß der deutschsprachigen Bevölkerung in Böhmen, Mähren und Schlesien.

Keine der geschichtlichen Grenzen innerhalb der Habsburger Monarchie war der Nationalität gemäß gezogen worden. Welche Bevölkerungsgruppe durfte überhaupt den Anspruch erheben, eine ›Nation‹ zu sein? Es gab Gruppen, die sich zwar deutlich von ihrer Umgebung abhoben, aber verstreut wohnten, wie die Juden in den Städten, die Deutschen in jenen Dörfern, in denen die Monarchen sie einst angesiedelt hatten. Sodann gab es Gruppen, die zwar geschlossen wohnten, aber nie einen eigenen Staat oder auch nur eine politische Gemeinschaft gebildet hatten wie die Slowenen oder die Slowaken, die in den Kriegen einmal zu diesem, dann zu jenem Reich geschlagen wurden. Wenn aber geschichtliche Gebilde wieder aufleben sollten, warum sollte dann die Entwicklung zum Habsburger-Reich rückgängig gemacht werden? Eine willkürliche Auslegung des »nationalen Selbstbestimmungsrechtes« warf in diesem Gebiet fast unlösbare Probleme auf.

Auf die Nachricht von der Französischen Revolution zwang die italienische Bevölkerung die österreichischen Truppen, Mailand und Venedig zu räumen. Der König von Sardinien griff ein; seine Truppen wurden jedoch bei Custozza und Novara geschlagen. Bevor es durch französisch-englische Vermittlung zum Frieden kam, hatte das Haus Habsburg, zusammen mit dem Zaren, die Revolution in Ungarn niedergeworfen. Aus den innerpolitischen Wirren war längst eine gesamteuropäische Krise geworden. Die Magnaten in Ungarn konnten nationalen Widerstand leisten, weil sie von der Landbevölkerung und dem städtischen Bürgertum unterstützt wurden. Sie schlugen das kaiserliche Heer unter dem Befehl des Banus von Kroatien, Jellachich, zurück. Zwischen Österreich, Rußland und dem Osmanischen Reich drohte ein neues revolutionäres Gebilde zu entstehen, das allen drei gefährlich werden konnte, weil es auf Grundsätzen aufbaute, die mit der überlieferten Staatsidee brachen. Die ›Reaktion‹ warf, unterstützt von russischen Truppen, den Widerstand der Ungarn rasch nieder. Die Habsburger Monarchie war gerettet.

Als die russischen Truppen die Karpaten überschritten, zerbrach das auf dem Wiener Kongreß errichtete Gleichgewicht in Europa. Rußland gab die Entscheidung in Mitteleuropa. Verbündet mit dem Habsburger Reich, besaß es ein starkes Übergewicht, das es einzusetzen bereit war, um auch in Deutschland der ›Revolution‹, der liberalen und damit auch den nationalen Kräften entgegenzuwirken. Zwar war dort der Versuch gescheitert, die nationale Einigung vom Volk her herbeizuführen, aber der Wunsch nach dem nationalen Staat war so mächtig, daß er auch die Fürsten erfaßte. Sie waren bereit, sich Preußen als Vormacht in Deutschland anzuschließen. In Preußen sahen die Fürsten die Ordnungsmacht, die Liberalen jedoch den Träger einer nationalen Einigung. Gegen Preußen griff Österreich ein, als es nach der Niederwerfung des ungarischen Aufstandes die Hände frei hatte. Einig mit Rußland, zwang es Preußen im Vertrag von Olmütz, auf seine Unionspolitik in Deutschland zu verzichten. Damit war die nationale Einigung in Deutschland und in Italien zunächst gescheitert. In Frankreich dagegen schlug das Pendel zurück. Napoleon III. wurde nach einem Staatsstreich Kaiser und durch ein Plebiszit bestätigt. England erhob keinen Widerspruch. Seine Sorge lag im Anwachsen der russischen Macht, dem nur ein enges Bündnis mit Frankreich Widerpart bieten konnte.

In Osteuropa hatte sich das Schwergewicht stärker zur Steppe hin verlagert. Am Schwarzen Meer dehnte sich der Getreideanbau für die Ausfuhr beträchtlich aus. Um so drückender empfand das Zarenreich die Sperre der Meerengen zum Mittelmeer und damit zum Welthandel. Auf dem Balkan konnte es auf Unterstützung durch die orthodoxe Kirche und die sprachverwandten Slawen rechnen. Gestützt auf sein Recht, die orthodoxen Christen innerhalb des Osmanischen Reiches zu vertreten, besetzte der Zar die Donaufürstentümer Moldau und Walachei und drohte, gegen Konstantinopel vorzurücken, wobei er sich darauf verließ, von Habsburg gedeckt zu werden. Aber der britische Minister Lord Palmerston setzte, getragen von der öffentlichen Meinung, den Krieg durch. Ihm schloß sich Napoleon III. an. Für Wien war die

Sorge maßgebend, der ganze Balkanraum könnte dem Zaren zufallen, so daß Kaiser Franz Joseph ein Bündnis mit den Westmächten schloß, ohne allerdings in den Krieg einzugreifen. Staatsraison und Außenpolitik waren ihm wichtiger als die Dankbarkeit für das russische Eingreifen in Ungarn. Diese Parteinahme wiederum ließ den empörten Zaren künftig auf die Seite Preußens gegen Österreich treten.

Die britische und die französische Flotte liefen in das Schwarze Meer ein, landeten Truppen auf der Krim-Halbinsel und eroberten nach harten Kämpfen die Festung Sewastopol. Der lange Stellungskrieg kostete schwere Opfer. Frankreich hatte 310000 Mann auf die Krim geschickt; davon sind 10000 gefallen und 85000 an Krankheiten gestorben. Entschieden wurde der Krieg durch die wirtschaftliche und technische Überlegenheit von Frankreich und England. Im Frieden von Paris 1856 gab Rußland die Donaumündung wieder an die Souveränität des Sultans zurück. Es entsagte der Schutzherrschaft über die Christen im Osmanischen Reich. Das Schwarze Meer wurde neutralisiert; Rußland durfte dort keine Kriegsschiffe unterhalten.

Immer deutlicher zeigte es sich, daß die wirtschaftliche Entwicklung für die militärische und damit für die politische Macht maßgebend geworden war. Das Zarenreich ist nicht zuletzt deswegen zusammengebrochen, weil der Nachschub über die kümmerlichen Landstraßen bis zu den Schlachtfeldern vor Sewastopol versagte.

In der ganzen Welt setzten sich die Eisenbahnen durch; sie veränderten das Gesicht der Erde, verkürzten die Entfernungen, knüpften Verbindungen und erschlossen bisher brachliegende Landstriche. Sie wurden zum Rückgrat der gesamten wirtschaftlichen Entwicklung. Sie bestimmten auch den Standort der neuen Industrie. Der Eisenbahnbau nahm seinen Anfang in England. Dort hatte sich mit der Dampfmaschine bereits eine Industrie entwickelt, die steigende Verkehrsansprüche stellte. Zwischen der Industriestadt Manchester und dem Hafen Liverpool entstand 1830 die erste Strecke. Rasch breitete sich das Streckennetz über England, über Westeuropa, über ganz Europa und schließlich über die ganze Welt aus. Zunächst folgten die Linien den alten Landstraßen: sie verbanden die Städte miteinander. Die erste deutsche Bahn verlief von Nürnberg nach Fürth (1835). Dann ließen die Eisenbahnstrecken neue Städte wachsen.

Solange die schweren Wagen über die unzulänglichen und unsicheren Straßen rollten, genossen die Städte am Meer und an den Flußläufen einen beträchtlichen Vorteil. Sie wurden Knotenpunkte des großen Welthandels: Venedig, Genua, Brügge, Antwerpen, Lübeck, London. Zwar verdanken Mailand, Prag, Leipzig oder Krakau ihren Aufstieg dem Landverkehr, aber erst die Eisenbahnen haben den Städten im Binnenland die Möglichkeit industrieller Entfaltung gegeben. Sie erweiterten das Einzugsgebiet der Stadt beträchtlich; sie erlaubten die Versorgung der Einwohner aus größerer Entfernung und verschafften den städtischen Erzeugnissen Absatz in einem weiten Umkreis.

Entlegene und bis dahin autarke Märkte konnten jetzt beliefert werden. Stieg die städtische Erzeugung, so nahm auch die Nachfrage nach Rohstoffen zu: über die Schienen konnten das Frachtgut aus der Hafenstadt, das Erz und die Kohle und die industriellen Halbfabrikate rasch und verhältnismäßig billig herangeschafft werden.

Die Eisenbahn hat in Europa den Verkehr von der alten Nord-Süd-Richtung in die Ost-West-Richtung umgestellt; sie gab Sachsen und Böhmen den entscheidenden Anstoß zur Industrialisierung. Sie ließ Paris und Berlin zu wirtschaftlichen Mittelpunkten werden. Die Eisenbahnen waren selber in großem Umfang Abnehmer industrieller Erzeugnisse an Schienen und rollendem Material; in der ganzen Welt wurden Strecken gebaut. Weizen, Mais und Baumwolle kamen aus dem amerikanischen Mittelwesten, Kupfer aus den Anden Südamerikas; die südrussische Steppe verwandelte sich binnen weniger Jahrzehnte in eine der großen Getreidekammern der Erde.

Mit den Standortbedingungen in Landwirtschaft und Industrie änderten sich auch die sozialen und wirtschaftlichen Verhältnisse. Die städtische Industrie lieferte dank ihrer Maschinen billige Ware, die auch dann Absatz fand, wenn sie zunächst minderwertig war. Das ländliche Handwerk ging zurück. Mit ihren überholten Produktionsmitteln waren die Handwerker dem Wettbewerb nicht gewachsen. In Schlesien litten die Leineweber bittere Not. Sie standen nicht allein. Überall zogen die Menschen in die Städte, um Arbeit zu suchen; doch fanden die Unbeschäftigten nicht sofort eine Anstellung, da mit der verbesserten Technik in der Industrie der Bedarf an Arbeitskräften nicht in gleichem Maße stieg wie die Produktion. Erst als der Lebensstandard stieg, erst als die Nachfrage nach Industrieartikeln wuchs, konnte die Industrie mehr Arbeiter beschäftigen.

Die Landwirte spürten den Druck der niedrigen Preise aus Übersee so lange nicht, als die Zölle den Wettbewerb ausschalteten; die rasch wachsende Bevölkerung nahm die heimische Erzeugung reibungslos auf. Aber verzweifelt wehrten sich die Handwerker und die kleinen Gewerbetreibenden gegen das anbrechende Industriezeitalter. Der technische Fortschritt ließ sich jedoch nirgends hemmen, zumal er auch aus militärischen und politischen Erwägungen gefördert wurde. Die Eisenbahnen sollten den raschen Aufmarsch der Heere an den Grenzen gestatten. Zugleich verbesserten sie die Verbindung der Hauptstadt zu entlegenen und häufig genug widerstrebenden Landesteilen. Die Eisenbahnen wurden zu Lebenssträngen der Wirtschaft wie der Politik.

Frankreichs Wirtschaft war von den Wasserwegen abhängig gewesen, die einen größeren Verkehr zu tragen vermochten. Jetzt überwinden die Eisenbahnen die Wasserscheiden, die von den schmalen Kanälen nur teilweise bezwungen werden konnten. Marseille stieg zum dritten Seehafen auf; mit seinem Mittelmeerhandel geriet Frankreich in wachsenden Gegensatz zu Österreich, vor allem in Italien. Zugleich verlagerte sich innerhalb Frankreichs das wirtschaftliche Schwergewicht vom Süden nach dem Norden. Nur, wo es Kohle gab, konnte sich die Industrie entfalten. Die verarbeitenden Industrien zogen nach Paris, mit ihnen die Menschen aus den südlichen Departements.

Napoleon III. kannte England lange genug, um die Bedeutung von Industrie und Technik zu erfassen. Er tat alles, um die französische Industrie zu fördern. Den Franzosen stand ein großer Binnenmarkt offen, vor allem für Luxusgüter wie Seidenwaren, Möbel, Gobelins, Spitzen, feine Tuche und das Kunsthandwerk. Die unzureichenden Kohlenschätze erlaubten keine größere Schwerindustrie, wenn es auch in Le Creusot und St. Etienne Waffenfabriken gab. Die Eisenbahnen mußten ihre Schienen und das rollende Material aus England einführen. Eine Zusammenarbeit bahnte sich an. Die Wirtschaftskrise des Jahres 1857, entstanden aus einer allzu raschen Entwicklung mit dem unvermeidlichen Rückschlag, stärkte eher den Willen zur Arbeitsteilung. Gegen alle Bedenken seiner Ratgeber setzte Napoleon III. 1860 jenen Handelsvertrag mit England durch, der die Zeit des Freihandels in Europa einleitete.

Frankreich bezog Grundstoffe (Kohle und Eisen) und lieferte Weizen, Wein und die Erzeugnisse der Pariser Luxusindustrie. Die englisch-französische Verständigung, die sich bereits im Krimkrieg gezeigt, die Napoleon III. auch das Eingreifen 1859 in Italien erlaubte, erhielt nun die wirtschaftliche Grundlage.

Der Handel über das Mittelmeer war längst von dem Warenverkehr über den Atlantik übertroffen worden. Die Levante, Ägypten und – seit der Mitte des Jahrhunderts – auch das französische Nordafrika waren zwar in engere Verbindung zu Europa getreten, gemessen aber an dem ungeheuren Aufschwung, den die wirtschaftliche Zusammenarbeit mit den USA dem europäischen Kontinent brachte, war das Mittelmeergebiet abgesunken. Das änderte sich jedoch mit dem Bau des Suezkanals. Auf beträchtlich verkürztem Weg kamen die tropischen Produkte Asiens zu den europäischen Verbrauchern. Und umgekehrt rückte auch der riesige asiatische Markt an die europäischen Fabriken heran. Im Seeverkehr setzte sich damals das Dampfschiff mit seinem wesentlich größeren Laderaum durch.

Seit der Jahrhundertmitte stieg Deutschland zum leistungsfähigsten Industriegebiet des Festlandes auf. Britisches Kapital und britische Technik halfen mit, die Kohlenvorkommen des Ruhrgebietes auszubeuten. Englische Maschinen haben die Schwerindustrie ausgerüstet, englische Patente haben die Verfahren auf modernen Stand gehoben. Absatz fanden die deutschen Hüttenwerke in Nordamerika. Dank der Aufträge der nordamerikanischen Eisenbahnen – die von England finanziert wurden – warfen die mächtigen Hochöfen des Hauses Krupp hohe Gewinne ab; die Herstellung hochwertiger Geschütze spielte daneben eine untergeordnete Rolle. Preußen wurde eine Industriemacht.

Bis 1850 führte England unbestritten in der industriellen Entwicklung; ihm folgten – in gemessenem Abstand – Frankreich und Belgien. Nun setzte sich die Industrialisierung in Mitteleuropa durch. Maßgebend dafür waren die Kohlenlager, die Erzgruben und die günstige Verkehrslage an Nordsee, Rhein- und Maasmündung. Hier lebte eine Bevölkerung, die beweglich genug war, sich auf die Industriearbeit umzustellen. Die Industrie im Raum zwischen Liverpool, Hamburg, Frankfurt am Main und Paris barg jahrzehntelang zwei Drittel der gesamten industriellen Erzeugung der Welt. Dort sammelten sich bis zu zwei Drittel des Reichtums dieser Erde. Es war das Industriegebiet schlechthin. Dabei war dieses Gebiet von politischen, sprachlichen und religiösen Grenzen durchzogen. Engländer, Waliser, Niederländer, Belgier, Franzosen und Deutsche mochten auf verschiedenen kulturellen und geschichtlichen Grundlagen stehen; jetzt wirkten sie zusammen. Gerade weil sich in diesem Raum Menschen verschiedener Art begegneten, entfalteten sie ihre Kräfte; sie mußten sich anstrengen, um den Wettbewerb zu bestehen. Auf den Weltmärkten entschied nur die Leistung in Preis und Qualität. Jeder Unternehmer – gleich welcher Nation – bemühte sich, vom Nachbarn zu lernen, es ihm gleichzutun, ihn zu übertreffen, um den eigenen Absatzmarkt zu vergrößern, die Produktion zu erweitern und die Gewinne steigern zu können.

Der industrielle Aufschwung Deutschlands verschob das militärische Gewicht innerhalb des Deutschen Bundes. Preußen – mit Westfalen und dem Rheinland – war eine Macht geworden, die Österreichs Führungsrolle bestritt. Es stellte sich an die Spitze der Einigungsbestrebungen in Deutschland und verbündete sich mit denen in Italien, die bisher von Frankreich unterstützt worden waren. Im Bündnis mit Napoleon III. hatte der König von Sardinien-Piemont Österreich angegriffen, um die italienische Nation zu einem Königreich zu einen. Nach der Niederlage von Magenta und Solferino mußte Österreich die Lombardei abtreten. Die nationale Erhebung – geführt von Garibaldi und Cavour – gliederte auch die Gebiete von der Toscana bis zur Romagna dem Königreich Sardinien ein. Freischaren vertrieben den König Franz II. von Neapel. 1861 nahm Victor Emanuel II. den Titel ›König von Italien‹ an. Im Bündnis mit Preußen gewann er 1866 auch Venetien.

Obwohl mit Sachsen, Hannover und den süddeutschen Staaten verbündet, erlag Österreich 1866 den Preußen bei Königgrätz. Durch die Niederlage war Österreich gezwungen, sein Verhältnis zu Ungarn umzustellen. Praktisch lief der ›Ausgleich‹ von 1867 auf eine Reichsteilung hinaus, wobei die Außenpolitik, die Reichsfinanzen und die Wehrmacht gemeinsam blieben, während in allen anderen Fragen Ungarn seine Selbständigkeit gewann. Das Königreich Kroatien-Slawonien gehörte – mit eigenem Landtag – zu Ungarn.

Die Ständeverfassung übertrug dem von den Magyaren beherrschten Reichstag in Budapest die Regierung, so daß Slawen, Rumänen und Deutsche in den Ländern der Stephanskrone erheblich weniger Rechte genossen als zuvor. Das führte zu einer Verschärfung der Spannungen mit den ›Nationalitäten‹, bedeutete zugleich aber auch eine Verschärfung der sozialen Frage, beherrschten doch die ungarischen Magnaten – wenige große Familien mit riesigem Besitz – das Parlament, während die nichtungarische bäuerliche Bevölkerung weitgehend ohne politischen Einfluß blieb. Die ungarischen Magnaten waren entschlossen, die politische Macht nicht aus der Hand zu geben. Dementsprechend wuchs die Unzufriedenheit. Die Slawen suchten jenseits der Grenze Verständnis und Hilfe, vor allem bei den stammverwandten Völkern. Dadurch gewannen die Magyaren auch in Wien an Einfluß. Mit dem Hinweis auf mögliche Gefahren vermochten sie viele ihrer Wünsche durchzusetzen. Die Rolle, die Ungarn in den nächsten Jahrzehnten in der Habsburger Monarchie spielte, hat nicht zuletzt zum Auseinanderfallen des Reiches geführt.

Die Einigung der deutschen Staaten, 1866 noch untereinander in einen Krieg verstrickt, vollzog sich auf den französischen Schlachtfeldern. Preußen war mit Rußland, das immer noch unter den Nachwirkungen des Krimkrieges stand, befreundet. Italien war ihm verpflichtet. England blieb unentschieden. Napoleon III. hatte sein Vertrauen auf das Chassepotgewehr und die Mitrailleuse gesetzt, doch gaben die weittragenden Kruppgeschütze den Ausschlag in der Schlacht bei Sedan. König Wilhelm I. von Preußen nahm 1871 in Versailles den Titel ›Deutscher Kaiser‹ an. Im Frieden trat Frankreich Elsaß-Lothringen an das Deutsche Reich ab. Die Kriegsentschädigung von 5 Milliarden Francs, die das besiegte Frankreich zu zahlen hatte, brachte der deutschen Industrie einen bedeutsamen Auftrieb. Fabriken entstanden, Eisenbahnen wurden gebaut – es schien, als könne die Börse aus dem vollen schöpfen. Die Konjunktur – in Deutschland die ›Gründerjahre‹ genannt – erfaßte alle Länder.

Der Rückschlag kam aus den Vereinigten Staaten. Es zeigte sich, wie stark die wirtschaftliche Verflechtung der Alten mit der Neuen Welt gediehen war. Europäisches Geld erschloß im ›Land der unbegrenzten Möglichkeiten‹ den Mittleren Westen. Mit Weizen, Mais, Fett, Fleisch und Baumwolle bezahlte Amerika die Einfuhr an Maschinen und Eisenbahngerät. Der amerikanische Bürgerkrieg unterbrach zwar die Ausfuhr von Baumwolle. Die Sorge jedoch, ob die verwüsteten Pflanzungen ohne Sklaven jemals wieder genügende Ernten erbringen könnten, erwies sich als grundlos. Nach wenigen Jahren erreichte die amerikanische Baumwollausfuhr einen neuen Höchststand. Solange der nordamerikanische Markt offenlag, brauchte die europäische Industrie nicht um ihren Absatz zu bangen.

Der Schwarze Freitag 1873 in New York brachte einen empfindlichen Rückschlag in Amerika wie in Europa. Die Gründerjahre mit allen ihren Erwartungen und Illusionen endeten in tiefer Niedergeschlagenheit. Doch hat die Krise, die so viele Unternehmen zusammenbrechen ließ, den technischen Fortschritt nicht aufgehalten. Unter erheblich verstärktem Wettbewerb stieg der Welthandel bald wieder an. Die rasch wachsende europäische Bevölkerung war auf die Einfuhr von Lebensmitteln und Rohstoffen angewiesen.

Im Zuge dieses Aufschwunges entwickelte sich auch der europäische Osten. In Rußland lag die Industrie noch weit hinter der Westeuropas zurück. Sie entfaltete sich nur vorsichtig in Polen – Textilindustrie – und St. Petersburg – Rüstungsindustrie. Rohstoffe und Maschinen mußten vom Ausland eingeführt werden. Erst 1851 konnte die Eisenbahnlinie St. Petersburg–Moskau gelegt werden. In den Jahren 1868–1874 setzte ein beachtlicher Aufschwung ein, den die allgemeine europäische Krise unterbrach. Das Zarenreich gewann sein im Krimkrieg angeschlagenes Selbstvertrauen zurück, als seine damaligen Gegner, zuerst Österreich, dann Frankreich, besiegt wurden. 1871 wurden die Meerengen wieder russischen Handelsschiffen geöffnet. Russische Kriegsschiffe wurden im Schwarzen Meer zugelassen. Unter günstigeren Bedingungen glaubten die Russen, ihr unterbrochenes Vordringen gegen die Meerengen wiederaufnehmen zu können. Eisenbahnen erleichterten den Nachschub.

1875–1878 hatten die Türken Aufstände in der Herzegowina und in Ostrumelien blutig niedergeschlagen. Daraufhin erhoben sich Serbien und Montenegro. Um sich die österreichische Neutralität zu sichern, versprach der Zar Bosnien und die Herzegowina an Habsburg. Die russischen Truppen, die über Donau und Balkangebirge bis vor die Tore von Stambul vorstießen, wurden von den Bulgaren jubelnd als Befreier empfangen. Im Frieden von San Stefano mußte der Sultan auf den größten Teil seines europäischen Territoriums verzichten: Serbien, Montenegro, Rumänien wurden unabhängig, Bulgarien selbständig, wenn auch unter osmanischer Oberhoheit. Da griff England ein. Unter dem Druck der britischen Flotte mußte Rußland in neuen Verhandlungen, die unter Vorsitz von Bismarck 1878 in Berlin stattfanden, Zugeständnisse machen.

Der Sultan behielt das Gebiet bis zur Adria; Österreich besetzte die Herzegowina und Bosnien, die jedoch unter türkischer Oberhoheit verblieben.

Die Russen sahen sich um die Früchte ihres Sieges betrogen. Sie gaben die Schuld nur zum Teil den Engländern, die ihnen bewaffnet entgegengetreten waren. Am meisten zürnten sie Bismarck, dessen Politik sie 1866 gegenüber Österreich und 1870 gegenüber Frankreich gedeckt und damit erst ermöglicht hatten.

Das Deutsche Reich richtete seine Blicke nach Übersee, wo private Unternehmer die ersten Kolonien in Afrika begründet hatten. Dadurch geriet das Reich aber in wachsenden Gegensatz zu Großbritannien, das dem neuen Wettbewerber im Welthandel mißtraute und sein Bestreben, den Kolonialbesitz auszudehnen, fürchtete. Bestärkt wurde die britische Sorge durch die deutsche Politik. Der wirtschaftliche Aufstieg des Reiches, das wachsende Selbstbewußtsein des Volkes, das grenzenlose Vertrauen der Nation in seine militärische Macht verführten dazu, Ziele anzustreben, ohne die Rückwirkung auf die Nachbarn zu bedenken. Doch lag diese Wandlung im Geist der Zeit, im Geist des aufkommenden ›Imperialismus‹.

Nur langsam wurde den Zeitgenossen die tiefgreifende wirtschaftliche und soziale Veränderung bewußt, die seit der Mitte des 19. Jahrhunderts eingetreten war. Sie sahen nur den ungeheuren Aufschwung, der sich seit der Einigung von Deutschland und Italien mit der Zusammenballung militärischer Macht in einem vorher unbekannten Umfang vollzogen hatte. Sie glaubten, daß Macht allein die Geschichte formt. Grenzenlos war das Vertrauen in den ›Fortschritt‹.

23

Die soziale Frage in Rußland. Der Imperialismus

Reformen in Rußland unter Zar Alexander II. (1818–1881) · Unruhen auf dem Lande · Polizeiaufsicht und Zensur · Der polnische Aufstand 1863 · 1861: die Leibeigenschaft aufgehoben · Entwicklung der russischen Industrie · Aufstände der landwirtschaftlichen und industriellen Bevölkerung · Vorstoß der Russen nach Asien: der russisch-japanische Krieg 1904/05 · Die sibirische Eisenbahn, 1891 begonnen · Koloniale Erwerbung der Deutschen und Franzosen · Afrika · Die Schutzzollmauern · Imperialismus nährt Nationalismus · Entente cordiale (1904), Dreibund, Zweibund · Der vierte Stand beginnt, die Innenpolitik mitzubestimmen · 1914: Serajewo – der Erste Weltkrieg · Die Materialschlachten 1914–1918 · Zusammenbruch des Zarenreiches 1917 · Bürgerkrieg in Rußland · Ende des Osmanischen Reiches · 1919: Versailles · Die Sowjets · 1921: die NEP-Wirtschaftspolitik · Wirtschaftliche Probleme der Nachkriegszeit · Locarno (1925)

Der Krimkrieg hatte die innere Schwäche Rußlands enthüllt. Um die Rückständigkeit seines Reiches aufzuholen, führte Zar Alexander II. (1855–1881) umfassende Reformen ein. Die Leibeigenschaft der Bauern wurde 1861 aufgehoben. Drei Jahre später folgte eine Verwaltungsreform. Die Kreise und Gouvernements erhielten eine eigene Verwaltung, die Semstwos. 1870 gewährte eine Städteordnung den Städten die Selbstverwaltung. Die Bevölkerung wurde nach drei Klassen eingestuft, um den wohlhabenden Bürgern eine maßgebende Rolle zuzusichern. Und schließlich setzte die Heeresreform des Jahres 1874 die allgemeine Dienstpflicht fest, wobei die Dienstzeit begrenzt wurde. Außerdem bemühte sich der Zar, die Industrie in seinem Reich zu fördern. Während seiner Regierungszeit ist die Zahl der Industriearbeiter in Rußland von 400000 auf 770000 gestiegen.

Trotz der Reformen nahmen Unruhe und Unzufriedenheit im Reich nicht ab, sondern im Gegenteil noch zu. Die revolutionären Kräfte richteten sich gegen die Selbstherrlichkeit des Zaren, der an keine Verfassung gebunden, von keinem Parlament in seiner Regierung eingeschränkt war. In den Ländern Westeuropas hatte sich überall die Demokratie durchgesetzt. Überall galt der Grundsatz, daß dem ›Volk‹ die Souveränität zukam: das Volk trug den Staat. Und diese Regierungsform hatte sich überall politisch, wirtschaftlich und sozial bewährt. Wenn Rußland als gleichgewichtige Macht neben die westlichen Staaten treten wollte, mußte es seine Tore den westlichen Gedanken öffnen. So dachten weite Kreise im Bürgertum der Städte, Professoren und Studenten auf den Universitäten, aber auch Beamte in den höchsten Stellen und selbst aufgeschlossene Söhne des Adels. Beim Übergang von den alten Lebensformen zu denen der Industriegesellschaft ergaben sich soziale und wirtschaftliche Spannungen.

Die Bauern waren zwar persönlich frei geworden, aber sie hatten eine nur ungenügende Verfügung über das Land erhalten, das sie bearbeiteten. Sie sollten es mit der Zeit kaufen, wobei der Staat bereit war, langfristige Darlehen zu gewähren. Aber es fehlte den meisten Bauern an einer geeigneten Schulbildung und an Erfahrung, um selbständig wirtschaften zu können. Sie sahen sich außerstande, ausreichende Überschüsse aus dem Boden herauszuwirtschaften, um ihn zu bezahlen. Die Bauernbefreiung hob zwar die drückende Leibeigenschaft auf, ließ jedoch die Dörfer verarmen. Um die Steuern zu bezahlen, mußten die Bauern einen Teil ihrer Ernte zu Preisen verkaufen, die deswegen niedrig waren, weil die russische Ausfuhr im Wettbewerb mit dem Übersee-Getreide stand. Dabei blieb dem armen Bauern für den eigenen Bedarf nur wenig übrig.

In den rasch anwachsenden Städten richtete sich die Unzufriedenheit gegen das ungleiche Stimmrecht. Nur ein gleiches Wahlrecht, das jedem Untertan eine Stimme gewährte, sicherte die Herrschaft des ›Volkes‹ gegen ein Übergewicht der Adelsschicht. Solange die drückende Autokratie des Kaisers nicht gebrochen war, konnte sich die Freiheit nicht entfalten. Mit ihr untrennbar verbunden sollte der soziale Aufstieg über Bildung und Leistung ermöglicht werden. Der Westen bot das großartige Schauspiel einer solchen Entfaltung für alle, die etwas leisteten, gleich auf welchem Gebiet. Gerade die Studenten forderten gleiches Recht für alle, um das dumpfe Gefühl zu überwinden, daß ihre Anstrengung, so groß sie auch sein mochte, ihnen keine angesehene gesellschaftliche Stellung verbürgte.

Keine Nationalität, kein Glaubensbekenntnis, keine Rasse sollte sich zurückgesetzt fühlen oder gar verfolgt werden. Was die Französische Revolution im Laufe der Zeit in allen Ländern Westeuropas durchgesetzt hatte, sollte nun auch den Bewohnern Rußlands zugute kommen. Darüber hinaus forderten die Anhänger einer revolutionären Entwicklung eine freiheitliche Autonomie für alle Nationen, die auf dem Boden des Zarenreiches lebten. Hierzu gehörte die Rückkehr zur liberalen Verfassung Polens von 1815, die nach dem großen Aufstand von 1831 aufgehoben worden war. Finnland bestand auf den Rechten, die ihm zugesagt worden waren, als es 1809 als eigenes Großfürstentum mit freiheitlicher Verfassung dem Zaren unterstellt wurde. In den baltischen Provinzen rangen die Völker um ihre nationale Eigenständigkeit gegen die Russen, zugleich aber auch um den sozialen Aufstieg gegen den deutschen Großgrundbesitzeradel. Die Russifizierung bedeutete zugleich ein Zurückdrängen der bisher am kaiserlichen Hof maßgebenden Schicht des baltischen Adels. Alle diese Forderungen ließen sich auf eine Formel bringen: eine Verfassung, die die Selbstherrschaft des Zaren ablöste. Mit einer freiheitlichen Verfassung würde Rußland die innerpolitische Rückständigkeit gegenüber den Ländern Westeuropas aufholen – und damit auch seine soziale und wirtschaftliche Schwäche überwinden. Die revolutionären Einflüsse aus dem Westen faßten zuerst an den Universitäten Fuß, besonders in St. Petersburg und in Kasan. Das Zarenreich stand vor einem unlösbaren Dilemma: es mußte seiner Jugend eine gründliche wissenschaftliche Ausbildung gewähren, um die technische und geistige Entwicklung des Westens einzuholen. Der Staat brauchte fleißige und tüchtige Beamte für die vielfältigen Aufgaben, die er zu bewältigen hatte. Er brauchte gut ausgebildete und treu ergebene Diener. Doch gewann der junge Russe über die Bildung eine soziale Stellung, die von seinem Herkommen unabhängig war. Damals entstand eine Schicht von Intellektuellen, denen die sozialen Verhältnisse jedoch keinen rechten Spielraum zur Entfaltung ließen. Sie flüchteten in die Auflehnung.

An den russischen Universitäten fanden nun alle jene umstürzlerischen Gedanken Eingang, die seit langem die westlichen Hochschulen aufgewühlt hatten. Nikolaus I. glaubte noch, durch sein Universitätsstatut von 1835 die Erziehung in Bahnen lenken zu können, die zwar ein gründliches Fachwissen, aber keine staatsgefährdenden Gedanken zuließen. Gegen die Geheimgesellschaften, die sich sofort bildeten, schritt die Polizei ein. Wer verdächtig war, wurde nach Sibirien verbannt, so auch Dostojewski. Es genügte, verbotene Literatur gelesen zu haben.

Dieser Druck verstärkte die Revolutionierung weiter Studentenkreise; selbst Söhne des Adels und hoher Staatsbeamter traten den Geheimgesellschaften bei, die mit den überlieferten Verhältnissen brechen wollten. Der geistige Schwung zeigte sich im Aufleben der Presse. Hatte es noch unter dem Zaren Nikolaus I. nur sechs Zeitungen und 19 Monatszeitschriften (meist Fachzeitschriften) gegeben, so erschienen unter Alexander II. bereits 66 Zeitungen und 156 Monatszeitschriften. Diese Blätter gerieten bald unter den Einfluß der Revolutionäre. Sie sympathisierten mit dem polnischen Aufstand von 1863. Die Zensurvorschriften von 1865 zwangen die Revolutionäre in den Untergrund.

Ein Student machte 1866 den ersten Versuch, den Zaren zu ermorden. Die Verstärkung der polizeilichen Überwachung führte nur dazu, daß die revolutionären Kräfte sich dem Terror anschlossen. Die Emigranten waren noch radikaler: offen predigte Bakunin den Anarchismus. Als die Regierung die Studenten im Ausland zwang, zurückzukehren, nahmen die geheimen Zirkel weiter zu. Von den ausländischen Universitäten brachten die jungen Leute nun politische Ideen zurück, die noch radikaler waren: die Lehren der französischen Sozialisten und von Karl Marx. Damit wurde die soziale Frage mit der politischen verknüpft. Kropotkin, aus fürstlichem Hause, predigte den nihilistischen Anarchismus. Die Gebildeten ›gingen ins Volk‹, um die breiten Massen zu gewinnen. Neue Verhaftungen waren die Folge. Zu den Intellektuellen stießen industrielle Unternehmer, Arbeiter und Bauern. Alle die Volksschichten, die bisher keinerlei Anteil am öffentlichen Leben genommen hatten, die städtischen Bürger, die Bauern, die nichtrussischen Völkerschaften einschließlich der Juden, sie alle forderten einen liberalen Staat, der auch ihnen politischen Einfluß gestatten sollte. Diese Forderung fand bei vielen hohen Beamten und selbst in Hofkreisen Zustimmung, die sich von einer Liberalisierung einen politischen Aufschwung versprachen; sie stieß jedoch auf erbitterten Widerstand beim überwiegenden Teil des Adels, der Armee und des Klerus, die Unruhen in den Gouvernements nach dem Beispiel des polnischen Aufstandes von 1863 fürchteten. Sie wiesen darauf hin, daß gerade diese Erhebung durch ein unzeitgemäßes Entgegenkommen des Zarbefreiers Alexander II. ausgelöst worden war. Nach dem Scheitern des Aufstandes setzte der reaktionäre Kurs ein, der das »Weichselland pazifizierte«. War Rußland überhaupt in der Lage, die westlichen Einrichtungen zu übernehmen?

Noch lebten 85 v. H. der Bevölkerung auf dem Lande, noch waren drei Viertel der Bevölkerung Analphabeten. Der größere Teil des Grundbesitzes lag in den Händen des Adels. Ließ er sich aus der Landwirtschaft ausschalten, ohne daß die Erzeugung zusammenbrach? Im 18. Jahrhundert hatte der adlige Grundbesitzer das Recht gewonnen, seinen Bauern unmittelbar Befehle zu erteilen. Bis dahin lebten die Bauern in ihrer geschlossenen Gemeinde. Alle Anordnungen gingen über den »Mir«. Aus diesem mittelbaren Abhängigkeitsverhältnis wurde die Leibeigenschaft des einzelnen Muschik; entlief der Bauer, so forderte der Herr nun seine Rückgabe. Die staatlichen Behörden hatten ihm dabei zu helfen. Aber damit öffnete sich eine Kluft zwischen den unteren Schichten der Bevölkerung und der Behörde, die den Staat zu sprengen drohte. Der Zar sprach es klar aus: »Da die Zustände nicht so bleiben können, ist es besser, die Leibeigenschaft von oben zu beseitigen, als abzuwarten, bis sie von unten zerschlagen werden.« Nach langem Widerstand des Landadels gab das Gesetz 1861 die Bauern frei. Der Gutsbesitzer mußte ihm ein Stück Land zur Verfügung stellen, das der Bauer käuflich erwerben konnte. Von langfristigen Staatskrediten machte nur ein Sechstel der Bauern Gebrauch. 1881 wurde der Kauf gegen Bezahlung mit staatlichem Kredit gesetzlich vorgeschrieben. Das hat die Verschuldung verschärft, die Abhängigkeit erhöht. Im Winter gingen viele Dorfbewohner zwar in die Stadt, um Geld zu verdienen, aber das reichte angesichts der wachsenden Schulden nicht mehr aus. Die ›Sparkasse‹ des Dorfes, der Wald, wurde in beunruhigendem Umfang abgeholzt, um Ackerboden zu gewinnen. Der Grundbesitzer, der für die Ablösung der Leibeigenschaft hohe Beträge erhalten hatte, vermochte seine Güter auf Kosten des inzwischen unter die Bauern aufgeteilten Gemeinbesitzes auszuweiten. Dadurch wurde die Stellung des Adels in finanzieller Hinsicht eher noch gestärkt.

Insgesamt blieb der Ertrag der russischen Landwirtschaft weit hinter dem in Westeuropa zurück. Das lag an der technischen Rückständigkeit, am mittelmäßigen Saatgut und am Mangel an Düngemitteln. Viehzucht – mit Rindern von minderwertiger Rasse – wurde erst in der zweiten Hälfte des 19. Jahrhunderts in größerem Umfang betrieben. Die Pferdezucht war besser entwickelt. Rußland blieb ein ausgebeutetes Rohstoffland. In den Jahren zwischen 1862 und 1874 stieg der Weizenexport auf das Zweieinhalbfache – vielfach deswegen, weil die Bevölkerung unter dem Druck der hohen Steuern gezwungen war, so viel wie möglich zu verkaufen. Die revolutionäre Bewegung entzündete sich jedoch weniger an der tatsächlichen Not der Bauern – die zweifellos bestand –, als vielmehr daran, daß die städtische Jugend nicht bereit war, diese Not stillschweigend hinzunehmen.

Die Zaren, die auf Alexander II. folgten, wollten die Entwicklung zu einer fortschrittlichen Wirtschaft »autokratisch« vorantreiben. Alexander III. (1881–1894) zog ausländisches Kapital ins Land. Dank der politischen Annäherung an Frankreich flossen vor allem französische Gelder nach Rußland. Bis 1914 fanden jährlich rund eine halbe Milliarde Mark Anlage, insbesondere im Verkehrswesen, im Bau von Eisenbahnen und in der Industrie. Die Franzosen entwickelten dabei den Bergbau und die Schwerindustrie im Donezbecken, dessen reiche Kohlenvorkommen im Eisenerzlager von Kriwoij Rog eine günstige Ergänzung fanden. Die Engländer erschlossen die Ölfelder im Kaukasus, wo sich auch Nobel betätigte; sie entwickelten die Textilindustrie in der Umgebung von Moskau, während die Deutschen chemische Fabriken und Werke der Elektrotechnik errichteten. Englische und nordamerikanische Unternehmen wandten sich dem Bergbau in Sibirien zu. Die Rüstungsindustrie in St. Petersburg blieb weiterhin auf die Einfuhr englischer Kohle angewiesen.

Trotz aller Anstrengungen waren die Ergebnisse vor dem Ersten Weltkrieg bescheiden. Die Kohlenförderung erreichte noch nicht 30 Millionen Tonnen, die Ölgewinnung allerdings über 9 Millionen Tonnen. Die Stahlerzeugung betrug 4,2 Millionen Tonnen, also etwa ein Fünftel der des Deutschen Reiches. Die Zahl der Industriearbeiter, die 1880 etwa 800000 betrug, war bis 1913 auf 13 v. H. der Beschäftigten gestiegen, während der Anteil der Bauern von 85 auf 74 v. H. der Gesamtbevölkerung gesunken war. Mit der Industrie gewannen die russischen Städte, bis dahin Residenzstädte und Sitze der Verwaltung und der Garnisonen, eine wirtschaftliche Eigenständigkeit. Aber wie im Westen, sank der Lebensstandard der städtischen Bevölkerung zunächst erheblich. Das Industrieproletariat in den Vorstädten wurde unruhig. 1896 erlebte St. Petersburg den ersten Streik von 30000 Industriearbeitern. Zwei Jahre später bildete sich die Sozialdemokratische Arbeiterpartei Rußlands.

Auch in der Landwirtschaft kam es um die Jahrhundertwende in

Südrußland zu Aufständen. Der Weizenpreis fiel von 1,19 Rubel je pud (1881) auf 0,59 (1894). Dieser Preisverfall traf die Landwirte besonders hart, da auf 93 Prozent der Ackerfläche Getreide angebaut wurde. Die Weizenausfuhr sollte die Devisen für die Zinsen der aufgenommenen Anleihen und für die eingeführten Maschinen bringen.

Die Niederlage der russischen Armee während des russisch-japanischen Krieges 1904/5 löste die Revolution in St. Petersburg aus. Nikolaus II. gewährte eine Verfassung mit einem Parlament (Duma), aber die Unruhen schwelten weiter. Die Streiks von Arbeitern und ländliche Aufstände gipfelten schließlich im Generalstreik. Die Parteien, Sozial-Demokraten und Konstitutional-Demokraten (nach den Anfangsbuchstaben Kadetten genannt) forderten allgemeine Wahlen und eine parlamentarische Regierung. Der Frieden mit Japan gab dem Zaren die Möglichkeit, die revolutionäre Bewegung mit Waffengewalt niederzuschlagen. Die Duma wurde aufgelöst. Die nächste war jedoch noch radikaler. Erst ein abgeändertes Wahlgesetz führte zu einer konservativen Zusammensetzung der dritten und der vierten Duma.

Die politischen Unruhen spiegelten nur die tiefreichende wirtschaftliche und soziale Umwälzung wider. Erst die Eisenbahnen erschlossen das unendliche Land, in dem der Verkehr bis dahin auf Flüsse und Kanäle und die unzureichenden Landstraßen angewiesen war. Im Jahr 1867 gab es erst 3500 km Eisenbahnstrecken, zehn Jahre später 18000 km und 1880 bereits 30000 km Schienenwege. Nun wuchs Moskau an die Größe von St. Petersburg heran; die Eisenbahnen führten den Fabriken die Rohstoffe des Donezgebietes zu und ermöglichten den Vertrieb ihrer Erzeugnisse weithin. Vor allem boten die Eisenbahnen das Rückgrat für die Erschließung Sibiriens und damit für die militärischen Operationen, die das Reich ausdehnten.

Hatten sich die Russen bis 1860 in Nordasien darauf beschränkt, den fast menschenleeren Waldgürtel zu durchdringen, so stießen sie jetzt auch in die Steppe vor. Von 1864 bis 1868 gewannen sie Turkestan mit Taschkent und Samarkand, 1873 Chiwa und Ferghana, 1878 Teile Armeniens mit Kars, Ardahan und Baku, 1884 bis 1885 Merw. Das Vordringen nach Süden stieß am Hindukusch auf den Widerstand Englands, das für seinen Besitz in Indien bangte. China war zu schwach, um den Russen entgegenzutreten. Als die Eisenbahn Wladiwostok und Port Arthur erreichte, schlugen die

Japaner zurück. Die Strecke durch Sibirien zögerte sich allerdings noch hinaus. Der Bau begann zwar 1891, stieß jedoch auf ungeheure Schwierigkeiten. Sie war noch nicht vollendet, als der Krieg mit Japan ausbrach. Die mangelhaft ausgerüsteten russischen Heere unterlagen auf den mandschurischen Schlachtfeldern, die russische Kriegsflotte ging bei Tsuschima unter.

In weniger als einem Jahrhundert hatten die Eisenbahnen den nordamerikanischen Mittelwesten aus einem menschenleeren Prärie- und Waldgebiet zum bedeutendsten landwirtschaftlichen Lieferland im Welthandel aufsteigen lassen. Wann würde Rußland einen ähnlichen Aufstieg erleben? Die Franzosen hofften dabei, in Rußland jene Rolle zu übernehmen, die die britischen Bankiers in den Vereinigten Staaten gespielt hatten.

Rußland hatte als Festlandsmacht den Vorteil, daß seine Erwerbungen mit dem Reich zusammenhingen. Es waren Eroberungen, aber keine ›Kolonien‹ im alten Sinne. Als Seemächte sind Portugal und Spanien, Holland und England zu ihren überseeischen Besitzungen und zu Reichtum gekommen. Das Schiff war das günstigste Verkehrsmittel und zugleich die entscheidende Kriegswaffe. Daraus schlossen die Völker Europas, nur mit einer Flotte mächtig und reich werden zu können. Alle Hoffnungen ehrgeiziger Staatsmänner kreisten bis 1914 um die Weltmeere. Dabei haben gerade die Eisenbahnen die Raumverhältnisse völlig umgestürzt. Nicht die Küste – das Hinterland war entscheidend geworden: nicht der Handel – sondern die Produktion selber! Diese Erkenntnis vermochte sich nur langsam durchzusetzen. Entschlossen erstrebten die Seemächte Landgewinn in Übersee. Sie stießen in das Innere Afrikas vor. Ausgelöst wurde der Wettlauf durch die Deutschen. Private Unternehmer hatten räumlich recht ansehnliche, wirtschaftlich aber ziemlich unbedeutende Gebiete erworben, Südwestafrika, Kamerun, Togo und Ostafrika und ein weitgespanntes Inselreich im Pazifik. Sie forderten den Schutz des Deutschen Reiches.

Die Franzosen gewannen das Hinterland ihrer nordafrikanischen Stützpunkte in Algerien und Tunesien und Teile der afrikanischen Westküste. Sie streckten ihre Fühler bis zum oberen Nil vor. Doch stießen sie 1898 bei Faschoda auf die britische Abwehr. Außerdem hatten die Franzosen ein ansehnliches Kolonialreich in Indochina gewonnen. Die Briten blieben nicht zurück. Sie übernahmen in lebhaftem Wettbewerb mit Deutschen und Franzosen Nigerien; sie richteten ihre Herrschaft in Kenia und Uganda ein. Bei der Niederwerfung des Mahdi-Aufstandes eroberte Kitchener den Sudan, der unter gemeinsame englisch-ägyptische Verwaltung gestellt wurde. Cecil Rhodes plante von Südafrika her ein riesiges englisches Kolonialreich mit der Linie Kapstadt-Kairo. Der belgische König gründete 1881 als Privatunternehmen den ›Kongostaat‹, der 1908 vom belgischen Staat übernommen wurde.

England war, wie Disraeli sagte, »der Mittelpunkt eines maritimen Weltreiches, das seine Grenzen bis zum entferntesten Ozean ausdehnte. Es greift in Asien ein, weil es in Wirklichkeit mehr eine asiatische als eine europäische Macht« geworden war. Antwerpen und Konstantinopel wären vielleicht die einzigen Punkte auf dem Festland, an denen England ein Interesse habe. England war längst aus Europa herausgewachsen. Dieses Weltreich gab den anderen europäischen Mächten das Vorbild. In einem weltweiten Kolonialreich sahen sie die Voraussetzung dafür, eine ›Weltmacht‹ zu werden. Welch ein Irrtum! Ein überlebtes Geschichtsbild verfälschte die Einsicht in die wirtschaftlichen Gegebenheiten.

Die Kolonien ließen den europäischen Staaten nur noch Verlust, selbst da, wo Ausfuhrüberschüsse einen Reichtum vorgaukelten. In den Kolonien fraßen die ungeheuren Kosten für Verwaltung und militärischen Schutz nach innen wie nach außen, für Straßen und Schulen die volkswirtschaftlichen Erträge aus Pflanzungen und Handel auf. Und dennoch verhielt sich die einheimische Bevölkerung ablehnend und widerstrebend. Dementsprechend war auch die wirtschaftliche Leistung unbefriedigend. Die Kolonialherren mußten für alle öffentlichen Lasten aufkommen.

Die freien Völker hingegen trugen alle Kosten ihrer Entwicklung selber. Sie nahmen bei den Industrieländern Kredite auf, die sie mit Zinsen und Gewinnen zurückzuzahlen versprachen. Das Schwergewicht des Welthandels lag bei den freien Staaten in Europa und in Amerika; nur ein Bruchteil - weniger als ein Zehntel - entfiel auf die Kolonien. Die Vereinigten Staaten und die Republiken Südamerikas waren zur eigentlichen Rohstoff- und Lebensmittelbasis Europas aufgestiegen; die Kolonien blieben weit zurück. So drängend wurde das Angebot aus Übersee, daß die europäischen Erzeuger um ihre Existenz zu bangen anfingen.

Die Zeit des Freihandels, die Napoleon III. 1861 eingeleitet hatte, brach nach zwei Jahrzehnten unter dem Ansturm der ausländischen, vorwiegend nordamerikanischen Lieferungen zusammen. Im Deutschen Reich verband sich die Landwirtschaft mit der jungen Industrie, die ebenfalls Schutzzölle forderte. Die meisten Staaten strebten eine eigene Schwerindustrie an, die sie hinter hohen Zollmauern gegen ausländischen Wettbewerb abriegelten. Höhere Preise im Inland sollten die niedrigen Preise auf den umkämpften Weltmärkten ausgleichen. Da der Markt gespalten war, stieg das Verlangen, den ertragreichen Binnenmarkt durch politische Erwerbungen auszuweiten. »Der Handel folgt der Flagge.« Dieser Grundsatz und die Zollpolitik gaben dem Wettlauf um Kolonien einen neuen Anstoß. Die Regierungen waren bereit, für die Ausdehnung des staatlichen Machtbereiches ihre Truppen einzusetzen; sie warfen Aufstände nieder, sie besetzten umstrittene Gebiete, sie drohten mit Krieg, wenn man ihren Kaufleuten den Zugang wehrte. Die Briten eroberten die Burenrepubliken in Südafrika, die Deutschen erzwangen von den Franzosen ›Kompensationen‹, als Marokko unter französische Schutzherrschaft kam. Alle Handelsmächte bestanden auf ›Konzessionen‹ in China. Mit gepanzerter Faust sollte die Versorung der eigenen Bevölkerung und der eigenen Industrie gesichert werden. Der ›Imperialismus‹ nährte den ›Nationalismus‹. Zunehmend gewann der Glaube an Boden, Wohlstand und Freiheit einer Nation hingen von der Größe des Heeres und der Kriegsflotte ab.

Auf allen Weltmärkten stießen die Briten auf den deutschen Wettbewerb; sie fühlten sich gefährdet. Sie fürchteten die wachsende politische Macht des Deutschen Reiches, die aus der wirtschaftlichen Überlegenheit gespeist wurde. Sie sahen das deutsche Kolonialreich in Afrika wachsen. Noch bedrohlicher erschien der deutsche Plan, eine Eisenbahn von Konstantinopel bis zum Persischen Golf, bis vor die Tore Indiens, zu bauen. Während die Engländer fürchteten, das Deutsche Reich werde immer mächtiger, setzte sich in Deutschland die Auffassung durch, die deutsche Wirtschaft werde immer abhängiger von der britischen Seemacht. Daraus ergab sich die Forderung nach einer starken Kriegsflotte – was den Gegensatz erst recht verschärfte!

England und Frankreich rückten 1904 in der ›Entente cordiale‹ zusammen. Die kolonialen Streitfragen, die noch bei Faschoda aufgetreten waren, wurden beigelegt. Großbritannien verständigte sich 1907 sogar mit Rußland, gegen das sich seine Politik noch während des Russisch-Japanischen Krieges gerichtet hatte. Europa spaltete sich politisch in zwei Blöcke: in den ›Dreibund‹ einerseits, dem das Deutsche Reich, Österreich-Ungarn und Italien angehörten, und den ›Zweibund‹ zwischen Frankreich und Rußland, dem sich über die Entente mit Frankreich England zugesellte, wenn auch ohne vertragliche Bindung. Sah sich Deutschland noch unter Bismarck durch Bündnisse gesichert, so fühlte es sich nun ›eingekreist‹. Seine Gegner hingegen beobachteten mit Mißtrauen den Aufstieg der europäischen Mitte.

Die Bevölkerung des Deutschen Reiches war von 49 Millionen (1871) auf 65 Millionen (1910), die Frankreichs in dieser Zeit nur von 36 auf 39 Millionen angestiegen. Selbst Großbritannien blieb mit einer Zunahme von 26 auf 40 Millionen noch hinter Deutschland zurück. Die Furcht vor dem unheimlichen deutschen Wachstum wurde durch die rasche industrielle Entwicklung unterstrichen, während der rasche Aufstieg Rußlands die Deutschen beunruhigte. Seine Bevölkerung hatte sich von 1858 bis 1897 (erste Volkszählung) von 67 auf 129 Millionen nahezu verdoppelt; sie stieg bis 1914 auf 142 Millionen an. Noch blieb die wirtschaftliche Entfaltung des russischen Reiches weit hinter der des Westens zurück. Doch bahnte sich der Aufschwung nicht zuletzt dank der französischen Milliarden sichtbar an.

Im Gegensatz dazu verlor das Habsburger Reich ständig an Macht. Die Nationalitäten bestanden auf größerer Selbständigkeit. Sie fanden bei ihren Stammesverwandten jenseits der Grenze Unterstützung in Rußland, in Italien, in Rumänien. Noch hielt der greise Kaiser Franz Joseph das Reich zusammen. Der Thronfolger jedoch plante eine Neuordnung, die das Übergewicht der Magyaren in Ungarn zugunsten der Slawen eingeschränkt hätte. Er wollte die Monarchie in drei Bereiche aufgliedern, je einen deutschen, ungarischen und slawischen, die durch gemeinsame Interessen bei möglichst großer Freiheit zusammengehalten werden sollten. Der slawische Teil, so hoffte er, würde dank der wirtschaftlichen Vorteile eine solche Anziehungskraft bis weit über die Grenzen ausüben, daß die benachbarten Völker zur Mitarbeit herangezogen werden könnten.

Soziale Sorgen erfüllten die Industrieländer des europäischen Westens. Die Arbeiter begannen über die sozialistischen Parteien und die Gewerkschaften die Innenpolitik mitzubestimmen. Nirgendwo war der ›vierte Stand‹ verantwortlich in den Staat eingebaut. In England und Frankreich beherrschte das Großbürgertum über Handel, Finanz und Industrie die Parlamente. In Deutschland teilte es seinen Einfluß mit dem Adel, der im Militär einen starken Rückhalt besaß. Die direkten Steuern, vor allem die Einkommensteuer, waren gering. Die breiten Massen trugen über ihren Verbrauch die Staatskosten. Um so hartnäckiger bestanden die Arbeiter auf einem gleichen Wahlrecht, um im Parlament den ihnen der Zahl nach zukommenden Platz zu erobern. Nur das Deutsche Reich kannte das allgemeine und gleiche Wahlrecht. In Preußen gab es noch das Dreiklassenwahlrecht. In England konnte Lloyd George erst nach einem großen liberalen Wahlsieg 1909 die Einkommensteuer durchsetzen.

Italien war bis zur Jahrhundertwende aus Mangel an Rohstoffen überwiegend agrarisch geblieben. Dennoch hat es sich bemüht, Kolonien zu erwerben. Es dachte weniger daran, ein Absatzgebiet für seine Erzeugnisse zu gewinnen, als Land für seine Menschen. Auf die Eroberung von Eritrea folgte die schwere Niederlage in Äthiopien. 1911 jedoch entriß Italien fast ohne Widerstand Libyen der Türkei. Die offensichtliche Schwäche des Osmanischen Reiches reizte die Balkanvölker zum Angriff. Nach dem raschen Sieg entzweiten sich die Verbündeten. Serbien und Griechenland, zu denen sich Rumänien gesellte, nahmen Bulgarien den größeren Teil seines Landgewinnes wieder ab.

Die beiden Balkankriege stärkten das Selbstbewußtsein der Serben. Nachdem es ihnen gelungen war, die Türken fast ganz aus Europa zu vertreiben, betrachteten sie sich als Vorkämpfer aller Südslawen, also auch der Kroaten, Slowenen und Bosniaken auf dem Boden Österreich-Ungarns. Die Spannungen, die wiederholt die Gefahr eines Krieges heraufbeschworen hatten, wurden dadurch weiter verschärft. Sie entluden sich, als der österreichisch-ungarische Thronfolger Franz Ferdinand in Serajewo einem Anschlag erlag. Ein serbischer Geheimbund, der auf die Loslösung der Südslawen aus der Habsburger Monarchie hinarbeitete, hatte den Schlag geführt, der gegen die Einheit des Vielvölkerstaates und seine Dynastie gerichtet war. Sollte Wien den Mord hinnehmen? Österreich-Ungarn konnte Serbien jedoch nur demütigen, wenn ihm der militärische Beistand des Deutschen Reiches sicher war. Dieser schloß die Gefahr eines großen Krieges ein. Nachträglich meinten die Staatsmänner, Europa sei in den Krieg ›hineingestolpert‹. Ausgelöst wurde der Krieg dadurch, daß die Spannungen übermächtig geworden waren. Der Rüstungswettlauf zu Wasser und zu Lande beängstigte die Völker um so mehr, als sie sich den an sie gestellten Anforderungen nicht gewachsen glaubten. Die unterschiedliche Entwicklung der Länder verhinderte einen Ausgleich.

Beide Seiten fürchteten, von dem übermächtigen Gegner erdrückt zu werden, wenn sie zurückwichen. Für die Kriegspartei am Zarenhofe stand die russische Stellung auf dem Balkan in Frage; Habsburg bangte um den Bestand der Monarchie, wenn Serbien, durch Rußland gedeckt, seine Politik fortführen konnte. Das Deutsche Reich fürchtete die russische Aufrüstung der nächsten Jahre, die eine Armee von zwei Millionen Mann und eine rasche Mobilisierung an den Grenzen vorsah. England hingegen sah das Gleichgewicht auf dem Festland, vor allem an der Kanalküste bedroht. Zwar hatte London kurz zuvor ein umfassendes Abkommen mit dem Deutschen Reich über die Kolonialfrage in Afrika und über die Bagdadbahn abgeschlossen, aber über die Flottenrüstung keine Verständigung erzielt. Die Juli-Krise von 1914 setzte das Räderwerk der Bündnisverträge in Bewegung. Berlin deckte Wien, St. Petersburg deckte Belgrad; Paris stand zu den Russen, und London stützte Frankreich. Nur Italien blieb neutral. In dieser Krise brachen alle Sorgen, Befürchtungen und Ängste offen aus, die sich aus dem jeweiligen Geschichtsbild der Nationen ergaben.

Die Franzosen sahen in dem Krieg eine Fortsetzung der jahrhundertelangen Kämpfe um die Grenze am Rhein. Die Engländer fürchteten, wieder suche eine überlegene Militärmacht die Vorherrschaft auf dem Festland an sich zu reißen; wieder einmal schien das ›europäische Gleichgewicht‹ bedroht. Dabei hatte sich die eigentliche Spannungszone längst zum Osten hin verlagert. Das Deutsche Reich, Österreich-Ungarn und Rußland stritten um den Einfluß in dem Raum zwischen Ostsee, Adria und Schwarzem Meer. Lange Zeit hatte dieses große Zwischengebiet, von dem so viele fruchtbare Anregungen ausgegangen waren, als Puffer-Zone zwischen den expansiven Nachbarn gedient. Wiederholt hatten sich die Mächte auf Kosten dieses Raumes geeinigt. Nun stießen sie unmittelbar aufeinander – beherrscht von dem tiefen Gegensatz, der sich aus den verschiedenen Wurzeln ihrer geschichtlichen Entwicklung und der unterschiedlichen wirtschaftlichen und sozialen Struktur ergab. Im Ringen um diesen Raum entscheidet sich seit hundert Jahren die europäische Politik. Vom ungarischen Aufstand 1848 ab haben sich die Europa bewegenden politischen und militärischen Ereignisse in diesem Raum abgespielt oder haben von ihm den entscheidenden Anstoß erhalten: der Krimkrieg, der Krieg von 1866, der Berliner Kongreß, das Attentat von Serajewo und der Ausbruch des Zweiten Weltkrieges – alle diese Krisen gehen von diesem Raume aus. Aber Europa schaute – im Banne des überlieferten Geschichtsbildes – immer noch auf den Rhein.

England erklärte den Krieg, als deutsche Truppen die neutrale belgische Grenze überschritten. Entgegen den deutschen Erwartungen erschienen starke russische Heere bereits im ersten Kriegsmonat in Galizien und Ostpreußen. Sie zerschlugen das österreich-ungarische Heer; sie veranlaßten die deutsche Heeresleitung, übereilt zwei Armeekorps vom Westen abzuziehen. Der Schlieffen-Plan, der eine Umfassung der gesamten französischen Heere vorgesehen hatte, scheiterte in der Marne-Schlacht. Die Truppen richteten sich zwischen Nordsee und Schweizer Grenze auf den Stellungskrieg ein. In außerordentlich blutigen und zermürbenden Schlachten kämpften Deutsche, Franzosen und in wachsender Zahl auch Briten vier Jahre im Schützengrabenkrieg und in Materialschlachten, ohne daß eine Entscheidung fiel.

Trotz zahlenmäßiger Überlegenheit mußten die russischen Truppen eine Niederlage nach der anderen einstecken. Es fehlten die Geschütze, die Maschinengewehre und selbst die Gewehre; die unzureichende russische Rüstungsindustrie, die noch dazu durch Mangel an Rohstoffen behindert war, vermochte die laufenden Verluste nicht zu ersetzen. Sodann waren die schwerfälligen russischen Truppen, meist Bauernsöhne, vielfach noch Analphabeten, den Ansprüchen des modernen technischen Krieges nicht gewachsen. Schlecht ausgerüstet, wie sie waren, rannten sie verbissen gegen eine überlegene Armee an. Nach den fürchterlichen Verlusten an Toten und Gefangenen sank die russische Kriegsmoral. Nur gegenüber dem etwa gleich ausgerüsteten österreichisch-ungarischen Heer behaupteten die Russen ihre Überlegenheit.

Das österreichisch-ungarische Heer brach bereits in den ersten sechs Wochen in den beiden Schlachten um Lemberg zusammen. Die Monarchie war Ende 1915 praktisch zerschlagen. Der auf der Person des Kaisers aufgebaute Staatsgedanke hielt den Belastungen eines Nationalkrieges nicht stand. Die Nationalitäten waren nicht bereit, ihr Leben für ein Land zu lassen, das ihnen kein ›Vaterland‹ bedeutete. Nur als Italien 1915 in den Krieg eintrat, wehrte Österreich den Angriff am Isonzo ab. Zur nationalen Schwäche kam die wirtschaftliche.

Immer deutlicher zeigte sich während des Krieges, daß die Schlachten durch den Einsatz von Material entschieden wurden. Die Truppen waren auf die Lieferungen der Schwerindustrie angewiesen. Keiner der Staaten hatte sich auf die Anforderungen der Materialschlachten vorbereitet. Nach der Marne-Schlacht mußte die französische Armee ihre Angriffe einstellen, weil die Industrie nur eine Granate je Geschützrohr und Tag zu liefern imstande war; Ende 1915 gab es in Rußland nur noch anderthalb Millionen Gewehre, und der Nachschub wurde täglich schwieriger. Die deutsche Schwerindustrie wurde erst 1916 nach den bitteren Erfahrungen der Somme-Schlacht ganz auf die Rüstung umgestellt. Dank seiner leistungsfähigen Stahlwerke konnte Deutschland die Materialschlachten gegen England und Frankreich durchhalten – bis die Vereinigten Staaten von Amerika mit ihrer ungeheuren industriellen Überlegenheit in den Krieg eintraten.

Die deutsche Oberste Heeresleitung zweifelte seit dem Rückschlag vor Verdun und der Materialschlacht an der Somme daran, den Krieg zu Lande entscheiden zu können. Sie griff daher zu, als die Kriegsmarine sich erbot, England mit Hilfe des »uneingeschränkten Unterseebootskrieges« niederzuzwingen. Wirtschaftliche Überlegungen drängten die militärischen zurück. Dabei verfügte das Deutsche Reich nur über eine Handvoll Unterseeboote. Der rücksichtslos geführte Seekrieg führte dazu, daß die Vereinigten Staaten eingriffen. Noch bevor sich der Mißerfolg der Unterseeboote abzeichnete, brach das Zarenreich 1917 zusammen.

Der Krieg hatte in allen europäischen Ländern zu einer tiefreichenden sozialen wie politischen Wandlung geführt. Nahezu alle Waffenfähigen, soweit sie nicht in der Industrie als unabkömmlich galten, waren einberufen worden, da die Verluste an der Front erschreckend anstiegen. Die Heimat wurde in den Dienst der Rüstung gestellt. Sie litt infolge des Wirtschaftskrieges unter Hunger und Not. Bei den Industriearbeitern lag die Last des Krieges. Von ihrer Leistung hing der Nachschub für die Front und damit der Ausgang der Schlachten ab. Dieser Lage entsprach die soziale Ordnung keineswegs. Der Unternehmer war immer noch ›Herr im Hause‹ auf Grund der Eigentumsordnung. In den Parlamenten verfügte das Bürgertum über die Mehrheit. Der Adel und die Dynastien blieben in Staat und Gesellschaft tonangebend. Da Wahlen während des Krieges unmöglich schienen – schon weil Millionen an der Front standen –, äußerte sich die Unzufriedenheit in Streiks der Munitionsarbeiter. In Frankreich zeigte sie sich in schweren Meutereien ganzer Divisionen nach der Nivelle-Offensive. Die Regierungen erwiesen sich als unfähig, Frieden zu schließen. Alle fürchteten sich vor einer Verständigung, bei der man darauf verzichtete, den Gegner nachhaltig zu schwächen. Kein Staat glaubte sich stark genug, in Zukunft noch einmal die Anstrengungen aufbringen zu können, die ihn in diesem Krieg knapp vor dem Untergang gerettet hatten.

Als erstes brach das Zarenreich zusammen. Der Zar dankte ab. Die westlichen Verbündeten begrüßten die Revolution, die die bürgerliche Opposition in der Duma ans Ruder brachte. Während die Sozialisten unter Kerenski versuchten, den Krieg weiterzuführen, errang Lenin mit der Parole ›Frieden und Land‹ die Macht. Die Soldaten, abgekämpft, besiegt und niedergeschlagen, gingen zu den Bolschewiki über. Die Kriegsflotte in Kronstadt meuterte. Die Bauern, die Land forderten, kehrten nach Hause zurück, um bei der Aufteilung des Grundbesitzes dabeizusein. Der Kampf der Sozialisten und Bolschewiki kümmerte sie nicht. Das städtische Bürgertum aber war zahlenmäßig viel zu schwach, um sich inmitten der allgemeinen Unzufriedenheit und der überall aufflackernden Unruhen behaupten zu können. Lenin und Trotzkij übernahmen im November 1917 nach einem Putsch in St. Petersburg die Macht. Sie boten Frieden an. In Brest-Litowsk unterschrieben sie nach heftigem Verhandeln die harten deutschen Bedingungen.

Aber Rußland sollte keinen Frieden genießen. Im Bürgerkrieg kämpften alle gegen alle; die Nationalitäten, die sich unabhängig machen wollten (Finnen), die Kosaken, die Gutsbesitzer (Ukraine), die sozialrevolutionären Bauern. Am Ende siegte die von Trotzkij geschaffene Rote Armee. Aus der Gruppe der Revolutionäre schuf Lenin eine straffe Kampforganisation, die selbst das letzte Dorf erfaßte. Überall fanden sich die tatkräftigsten Personen in den Zellen der Kommunistischen Partei zusammen, um den Klassenkampf voranzutreiben. Bei ihrem unbändigen Kampfwillen war jeder Widerstand zum Scheitern verurteilt. Mißerfolge, Niederlagen und wirtschaftliche Not konnten den Sieg der Kommunistischen Partei wohl verzögern, verhindern konnten sie ihn nicht. Das Zukunftsbild der ›klassenlosen Gesellschaft‹ gab den Bolschewiki Auftrieb und Kraft. In der Führung überwogen die Berufsrevolutionäre und die Intellektuellen. Der Terror sicherte ihnen die Macht.

Die deutschen Truppen an der Ostgrenze waren frei geworden, aber sie vermochten den Sieg im Westen nicht mehr zu erzwingen, weil die Nordamerikaner inzwischen mit ungeheurem Material und unverbrauchten Truppen eingetroffen waren. Sie brachten die Entscheidung. Auf einer ›Woge von Öl‹ schwammen die Alliierten zum Sieg.

In Asien erlag das Osmanische Reich. Die Türken hatten zwar den englisch-französischen Angriff auf die Dardanellen und den britischen Angriff in Mesopotamien abgeschlagen; sie waren gegen den Suezkanal vorgerückt und hatten an der Kaukasusfront Erfolge gegenüber den Russen erzielt. Auf die Dauer aber war das rückständige Reich den Anforderungen des Krieges und den britischen Heeren, die vom Suezkanal und vom Persischen Golf vordrangen, nicht gewachsen. Die Heere fluteten zurück und lösten sich auf. Die Türken kapitulierten. Bulgarien schied aus dem Krieg aus, als das französisch-britische Heer von Saloniki her die Balkanfront aufrollte. Damit war auch das Schicksal Österreich-Ungarns entschieden, zumal die letzte Offensive an der italienischen Front scheiterte. Die Nationalitäten machten sich selbständig.

Die deutsche Heeresleitung hatte noch bis zum August 1918 an den Sieg geglaubt, obwohl die eigenen Reserven aufgezehrt waren und die Bevölkerung unter der Blockade arg litt; die Offensive an der Marne brach unter schweren Verlusten zusammen. Als die Alliierten zum Gegenangriff übergingen, setzte ein moralischer Rückschlag bei der Truppe ein. Er war gefährlicher als der militärische Rückzug. Ludendorff bestand auf Waffenstillstand. Der Krieg war verloren. Eine Meuterei der Kriegsflotte führte zur Revolution. Die Dynastien traten zurück. Deutschland wurde Republik.

Der Versailler Friedensvertrag strebte zwei Ziele an, die einander ausschlossen: dem politischen Wunsch, Deutschland entscheidend zu schwächen, stand das wirtschaftliche Verlangen gegenüber, aus Deutschland möglichst hohe Reparationen herauszuholen. Zahlungen konnte nur eine leistungsfähige Wirtschaft aufbringen. Wenn die Henne goldene Eier legen soll, darf man sie nicht schlachten. Immer noch glaubte man, Voraussetzung für den

Reichtum eines Volkes sei eine gesicherte Grundlage von Ernährung und Rohstoffen. Dem Deutschen Reich wurden die Kolonien, die landwirtschaftlichen Überschußgebiete im Norden und Osten, die Kohlenschätze in Oberschlesien und im Saarland, die Kaligruben im Elsaß und die Eisenerzlager in Lothringen genommen. Darüber hinaus sollte Deutschland Reparationen leisten, deren Höhe eine Kommission festsetzen sollte, die die Ansprüche der Geschädigten wie die Leistungsfähigkeit des Reiches zu prüfen hatte. Das führte zu Meinungsverschiedenheiten unter den Siegern.

Frankreich hatte die Hauptlast des Krieges getragen; es hatte die meisten Toten zu beklagen. Weite Gebiete im Nordosten waren verwüstet. Bei seinen Verbündeten England und Amerika hatte es sich hoch verschuldet. Seine großen Guthaben in Rußland wurden von der Sowjetregierung gestrichen. Paris verlangte daher, bei den Reparationen zuerst berücksichtigt zu werden. Seine Schulden wollte es erst tilgen, wenn ihm entsprechende Beträge aus den Reparationen zuflossen. England hatte große Anleihen in Amerika aufgenommen, um Lebensmittel, Rohstoffe und Kriegsgerät zu bezahlen, seinerseits jedoch größere Kredite an die festländischen Verbündeten weitergegeben. Wenn alle Schuldner pünktlich zahlten, behielt England einen Überschuß.

Waren die USA mit hohen Auslandsschulden in den Krieg eingetreten, so gingen sie als Gläubigernation aus ihm hervor. Sie verlangten keine Reparationen von den Besiegten, bestanden jedoch darauf, daß die Verbündeten ihre finanziellen Verpflichtungen ihnen gegenüber erfüllten. Sie weigerten sich, diese Pflichten mit dem Eingang der Reparationszahlungen zu verknüpfen. Zu diesen Meinungsverschiedenheiten kamen politische Probleme.

Die vier Kaiserreiche Rußland, Deutschland, Österreich-Ungarn und das Osmanische Reich gab es nicht mehr. Damit waren die tragenden Kräfte zusammengebrochen, die die Mitte und den Osten Europas geprägt hatten. Die Neuordnung mußte auf einer anderen Basis erfolgen. Der Amerikaner Wilson hatte das ›Selbstbestimmungsrecht der Völker‹ gefordert. Seiner Ideologie stand die geschichtliche Wirklichkeit in den betroffenen Gebieten entgegen. Wilson konnte sich bei den Verhandlungen in Versailles nicht durchsetzen. Während die Republikanische Partei in den USA 1916 für eine militärische Intervention in Europa eingetreten war, verlangte sie nach ihrem Wahlsieg im November 1918 den politischen Rückzug. Damit verlor Wilson die Möglichkeit, mit amerikanischer Garantie der Neuordnung Europas den Rückhalt zu geben. Die Friedensregelung hatte Österreich-Ungarn in ›Nachfolgestaaten‹ aufgeteilt, die nach Nationalitäten abgegrenzt werden sollten. Aber es gab im europäischen Osten und Südosten keine eindeutigen Nationalitätengrenzen.

Die Völker hatten sich im Laufe der verworrenen Geschichte durcheinandergemengt. Nach politischen Gesichtspunkten zogen die Sieger die Grenzen. Daraus ergaben sich unvermeidlich Spannungen.

Italien forderte die italienischsprechenden Hafenstädte an der dalmatinischen Küste. Jugoslawien vertrat das Recht der Bevölkerung im Hinterland, die sich ihm anschließen wollte. Italien erhielt die Grenze am Brenner – und damit ein größeres deutschsprachiges Gebiet – mit der Berufung auf die ›natürliche‹ Grenze. Die Tschechen hielten an der Grenze des alten Königsreichs Böhmen fest; damit fielen die deutschsprachigen Gebiete in den Sudeten an die Tschechoslowakei. Die Grenze zwischen Ungarn und seinen Nachbarstaaten ließ sich nach der Sprachzugehörigkeit überhaupt nicht klar ziehen; für die Ungarn war das ›Reich der Stephanskrone‹ eine geschichtliche Einheit. Griechenland hoffte, die griechischsprechende Küste Kleinasiens gewinnen zu können. Seine Truppen erlitten jedoch in Anatolien eine schwere Niederlage. Ein gewaltsamer Austausch der Griechen Kleinasiens und der Türken Thrakiens hat dazu geführt, daß innerhalb der politischen Grenzen die völkische Einheit hergestellt wurde. Polen sicherte sich den Besitz weiter Gebiete im Osten, die einst zum alten Königreich gehört hatten, aber von einer litauisch-, weißrussisch-, ukrainischsprechenden Bevölkerung bewohnt waren. Seine Ansprüche im Westen, soweit sie nicht der Sprachgrenze folgten, wurden zwar von Frankreich unterstützt, stießen aber auf britischen Widerspruch.

Der erste Streit unter den Siegern wegen der neuen Grenzen brach an der Adria zwischen Italien und Jugoslawien aus. Der Dichter Gabriele d'Annunzio besetzte 1919 mit einer Handvoll Bewaffneter die Stadt Fiume. Das löste eine Welle nationalistischer Erregung aus. Polen stieß 1920 mit Litauen wegen Wilna zusammen; die Sowjets griffen ein. Der polnische Sieg vor Warschau gab Polen weite Gebiete jenseits der Sprachgrenze, wie sie von Curzon gezogen worden war. Frankreich sah sich gezwungen, die Garantie für die meisten Grenzen in Ost-Mitteleuropa zu übernehmen, sowohl gegenüber dem besiegten Deutschen Reich wie gegenüber der

Sowjetunion als auch innerhalb der neugeschaffenen oder erweiterten Staaten.

Die Sowjetunion litt unter den Wirren des Bürgerkrieges. Zwar warf die Rote Armee die Heere der zaristischen Generale zurück und gewann Weißrußland, die Ukraine und das Kaukasusgebiet. Aber ihr Versuch, Polen zu überrennen, scheiterte vor Warschau. Die Sowjets mußten die Unabhängigkeit Finnlands und der baltischen Staaten anerkennen. Nach den Jahren des Bürgerkrieges konnten sie sich dem inneren Aufbau zuwenden. Die führenden Bolschewiki entstammten vorwiegend intellektuellen und damit städtischen Kreisen. Sie waren durch die harte Schule des Kampfes gegen den Zarismus gegangen und hatten von seinen Polizeimethoden gelernt. Immer noch war Rußland ein Agrarland. Fasziniert von den Möglichkeiten der modernen Technik, wollten sie durch den Staat eine überlegene Wirtschaft aufbauen. »Kommunismus ist Elektrifizierung plus Sowjetmacht« hieß die Parole Lenins. Angesichts der wachsenden Schwierigkeiten sah sich Lenin jedoch gezwungen, die Zügel der Wirtschaftspolitik zu lockern. In der ›Neuen Ökonomischen Politik‹ (NEP) gewährte er ›bürgerliche‹ Freiheiten. Noch fehlte Rußland die breite industrielle Arbeiterschaft. Der Osten Europas vertrat die marxistische Lehre in der radikalen Form: Herrschaft der Arbeiter, Bauern und Soldaten. Die Sowjets hofften, die ›Weltrevolution‹ werde auch den Westen erfassen. Sie suchten Anlehnung an das Deutsche Reich. Sollte Berlin versuchen, mit sowjetischer Rückendeckung den Druck der Siegermächte zu lockern?

Großbritannien stand 1919 vor einem weltwirtschaftlichen Trümmerfeld. Zerbrochen war das großartige System des freien Welthandels, der über London lief, dort finanziert, versichert und abgefertigt wurde. Vor dem Krieg waren die Währungen der Welt auf das Gold abgestellt: alle Staatsbanken waren verpflichtet, jeden beliebigen Betrag der eigenen Währung in Gold auszuzahlen. Jetzt besaß keine Staatsbank genug Gold. Die überschuldeten Staaten deckten ihre Ausgaben durch Papiergeld. Die Währungen wurden zum Spielball der Spekulation; der Ausgleich der Zahlungsbilanzen über die Londoner City hörte auf. Noch stärker spürten die Dominions den Wandel. Sie saßen auf ungeheuren Vorräten an Lebensmitteln und Rohstoffen: Australien auf Weizen und Wolle, Südafrika auf Wolle, Kanada auf Weizen, Malaya auf Kautschuk und Zinn, Indien auf Tee und Ölfrüchten. Das Empire brauchte

Deutschland als Kunden und zugleich als unentbehrliches Glied der Weltwirtschaft. Jetzt, da die deutsche Wirtschaft daniederlag, zeigte es sich, wie irrig die Auffassung war, die Siegerstaaten könnten Vorteil daraus ziehen, daß sie die leistungsfähige deutsche Volkswirtschaft aus dem Welthandel ausschalteten. Außenhandel ist keine Einbahnstraße, wie die Merkantilisten angenommen hatten. Mit dem Wettbewerber entfiel auch der Abnehmer, entweder der eigenen Güter oder der eines dritten Kunden, auf dessen Wohlergehen die eigene Ausfuhrindustrie angewiesen war. Auf dem geschrumpften Weltmarkt waren die Nordamerikaner an die Stelle der deutschen Konkurrenten getreten. Mit ihrer ungeheuren Kapitalkraft waren sie die überlegenen Wettbewerber. Sie setzten sich für eine Lösung der politischen Fragen nach rein kaufmännischen, richtiger bankmäßigen Gesichtspunkten ein. Ihnen kamen die Veränderungen zugute, die sich in den Jahren seit Kriegsende herausgebildet hatten.

Die Arbeiterschaft als ›Vierter Stand‹ war in den westeuropäischen Industriestaaten wie auch in den Königreichen Belgien und Großbritannien in die Regierung aufgerückt. Die sozialistischen Parteien konnten sich, im Gegensatz zu den bürgerlichen Parteien, auf eine festgefügte Parteiorganisation und auf die Gewerkschaften stützen. Den vorwiegend agrarischen Ländern Osteuropas standen die wirtschaftlichen, sozialen und politischen Umwälzungen noch bevor, die Westeuropa bereits hinter sich gebracht hatte. Die jungen Völker hatten ihre politische Unabhängigkeit errungen. Sie hatten sich zugleich aber auch aus dem großen Wirtschaftsraum gelöst, dem sie bis dahin angehört hatten; jetzt mußten sie ihre eigene Volkswirtschaft aufbauen. Da sie nach Selbstversorgung strebten, bauten sie eine Industrie auf. Damit gerieten sie aber in den großen Sog, den eine Schwergewichtsverlagerung vom Land zur Stadt mit sich bringt. Das führte zu wirtschaftlichen und sozialen Spannungen, die durch die politischen noch verstärkt wurden. Die unglücklichen Grenzen weckten Mißtrauen, schürten Haß und zwangen die Regierungen, wachsam zu sein und Heere zu unterhalten, deren Kosten die Kräfte der jungen Staaten überstiegen. Das Nationalgefühl schlug hohe Wellen. Gleichzeitig sah sich die bisher gesellschaftlich wie wirtschaftlich führende Schicht beiseite geschoben: der grundbesitzende Adel und die ausländischen Unternehmer und Kaufleute.

Das Deutsche Reich, von Not, Elend und Hunger heimgesucht,

von politischen Unruhen geschüttelt, von einer beispiellosen Inflation gelähmt, hatte sich wenigstens wirtschaftlich wieder erholt. Nachdem der politische Druck genommen, setzte sich die deutsche Industrie dank der reichen Kohlenlager des Ruhrgebiets wieder durch. England vermochte nicht Schritt zu halten. Churchill hatte die Goldwährung wieder mit dem Vorkriegswechselkurs des Dollars eingeführt. England mußte daraufhin die Bergarbeiterlöhne heruntersetzen, wenn es exportieren wollte! Da die Kohlenarbeiter jede Lohnkürzung ablehnten, riefen die britischen Gewerkschaften zum Mai 1926 den Generalstreik aus. Monatelang fiel die britische Ausfuhr aus; dafür lieferte das Ruhrgebiet. Amerikanisches Kapital half mit, die Grubenanlagen zu verbessern und Maschinen anzuschaffen. Als der Streik in England zu Ende ging, stand der Ruhrkohlenbergbau wieder leistungsfähig da.

Das Deutsche Reich hatte im Locarno-Pakt (1925) seine Westgrenze anerkannt; die Ostgrenze blieb weiter umstritten. Immer noch hingen die Reparationen, auf die die Sieger ihre Finanzpolitik ausrichteten, in der Luft. Kein Wunder, daß Währungen und Wirtschaft litten. Mit Hilfe der Amerikaner gelang es zwar, die Reparationsfrage zunächst zu entschärfen. Dawes- und Young-Plan führten zu einer vorläufigen Regelung, so daß große Beträge aus den Vereinigten Staaten nach Deutschland flossen. Eine wirtschaftliche Erholung schien ganz Europa bevorzustehen, als in den Vereinigten Staaten die Weltwirtschaftskrise ausbrach.

24
Auf dem Wege zur Einheit

Die Weltwirtschaftskrise 1929–1932 · Mussolini in Italien · 1922: Marsch auf Rom · 1933: Hitler an der Macht · Volksfront in Frankreich · 1928: Fünfjahresplan in der Sowjetunion · 1936: der Spanische Bürgerkrieg · 1938: das Münchner Abkommen · 1939: die englische Garantie für Polen · 1939–1945: der Zweite Weltkrieg · Zusammenbruch des Hitlerreiches · Der Eiserne Vorhang spaltet Europa

Erst die Weltwirtschaftskrise hat endgültig die Wandlung durchgesetzt, die während des Ersten Weltkrieges begonnen hatte. Die städtische Arbeiterschaft war in nahezu allen Staaten an der Regierung beteiligt. Bevölkerungsteile, die Jahrhunderte lang am Rande des Geschehens gestanden hatten, traten nunmehr hervor. Sie prägten Europas neues politisches Gesicht.

Die wirtschaftlichen Folgen des Krieges waren zunächst durch die großen Kredite ausgeglichen worden, die die Amerikaner nach Europa gelegt hatten. Der ›Schwarze Freitag‹ in New York vom Oktober 1929 untergrub nicht nur die amerikanische Konjunktur, sondern auch den Genesungsprozeß in Europa. Als die Amerikaner ihre Gelder zurückzogen, brachen die Banken in Wien und Berlin zusammen.

Die Krise sprang auf die anderen Länder über. Die Bank von England stellte ihre Zahlungen in Gold ein, der Kurs für das Pfund Sterling sank um ein Drittel. Mühsam hatten die englischen Banken in den vorangegangenen zehn Jahren versucht, der Londoner City ihren alten Platz in der Weltwirtschaft zurückzugewinnen. Sie hatten in Amerika Kredite aufgenommen, die sie an die Kunden auf dem europäischen Festland und an die überseeischen Erzeuger weitergegeben hatten. Jetzt verlangten die Amerikaner das Geld zurück. Die Schuldner der Briten waren jedoch außerstande, die ausgeliehenen Gelder zurückzuzahlen. England war am Ende.

Die Franzosen standen wesentlich besser da. Wegen der Sparpolitik Poincarés – und der Stagnation! – hatten sie kaum ausländische Kredite aufgenommen. Die Schulden der Kriegszeit weigerten sie sich so lange zu begleichen, als die Reparationen nicht eingingen. Indirekt geriet allerdings auch Frankreich in die Krise. Die Verbündeten in Osteuropa, Polen und die ›Kleine Entente‹, zu der die Tschechoslowakische Republik, Jugoslawien und Rumänien gehörten, fanden keinen Absatz für ihre landwirtschaftlichen Erzeugnisse.

Die wirtschaftliche Krise verschob auch die politischen Akzente in Europa. Befangen in den Vorstellungen der Kolonialzeit, hatten England und Frankreich geglaubt, der Besitz von Rohstoffquellen sichere ihnen auch die wirtschaftliche und politische Überlegenheit. Während der Wirtschaftskrise aber sanken die Preise der Rohstoffe auf ein Drittel des ursprünglichen Börsenwertes, also weit unter die Gestehungskosten. Auch in den Mutterländern wurden Landwirtschaft und Bergbau betroffen. Die Bauernhöfe wie die Güter der Großgrundbesitzer kamen unter den Hammer, Kaufleute wie Fabrikanten gingen in Konkurs. Millionen von Arbeitslosen standen auf den Straßen im Deutschen Reich, in England und selbst in den reichen Vereinigten Staaten. Wie war das möglich?

Die Kommunisten sahen die Wurzel allen Übels im Kapitalismus. Kaum berührt von der Weltwirtschaftskrise blieb die Sowjetunion. 1928 begann mit dem ersten Fünf-Jahres-Plan der erstaunliche Versuch, aus dem rückständigen Agrarland innerhalb kürzester Frist ein mächtiges Industrieland zu schaffen. Die ausländische Industrie – um Absatz besorgt – gab längere Zahlungsfristen. Ausländische Techniker teuften Schächte ab, errichteten Stahl- und Walzwerke, bauten Elektrizitätswerke und Maschinenfabriken – und dafür hungerte die russische Bevölkerung. Die Ernten gingen ins Ausland. Der weltweite Preisverfall für landwirtschaftliche Produkte zwang die Sowjets, wesentlich größere Mengen zur Bezahlung der Schulden zu liefern als geplant. Die Industrialisierung war ihnen wichtiger. Jeden Widerstand, namentlich der Kulaken, brach Stalin mit rücksichtsloser Gewalt. Die Bauern wurden in Kolchosen vereinigt und gezwungen, moderne Geräte, vor allem Traktoren, einzuführen, um Arbeitskräfte für die städtischen Industrien freizusetzen. Während in den kapitalistischen Ländern Arbeitslosigkeit herrschte und die Fabriken stillagen, wuchs die industrielle Erzeugung in der Sowjetunion in erstaunlichem Umfang. In allen Ländern gewann die kommunistische Bewegung an Boden. Ihre Agitatoren versprachen, nach sowjetischem Vorbild die Not zu beheben.

Die enge wirtschaftliche Zusammenarbeit mit dem Deutschen Reich wirkte sich auch auf anderem Gebiet aus: deutsche Militärs gingen nach Moskau. Während Stalin darauf spekulierte, einmal werde die Weltrevolution auch Deutschland erfassen, rechnete die Reichswehr damit, einmal alles, was sie im Osten aufgebaut hatte, im ›Kampf gegen Versailles‹ einzusetzen. Eine gefährliche Entwicklung! Rapallo bekam ein neues Gesicht.

Gegen die Friedensordnung wandten sich auch jene unter den Siegern, die sich benachteiligt fühlten, vor allem die Italiener. Gemessen an dem Blutzoll, den sie an der Front gezahlt, an den Lasten, die sie getragen, hatten sie ›zu wenig‹ erhalten. Wenn ihre militärischen Erfolge nicht dem Einsatz entsprachen, so lag das an der technischen Unterlegenheit und am Versagen der nationalen Führung. An die Stelle einer veralteten Parlamentsregierung und eines überholten Wirtschaftssystems wollte der Faschismus einen ›dynamischen‹ Staat setzen.

Mussolini gelang es, eine wild zusammengewürfelte Gruppe von Idealisten, Intellektuellen, Kriegshelden und solchen, die es werden wollten, gescheiterten Studenten, Bürgerlichen und Desperados um sich zu scharen, geeint durch ihren Nationalismus, die Abwehr der ›roten Gefahr‹ und dem Streben nach ›Ordnung‹. Unter dem Stichwort ›Giovinezza‹ (Jugend) formte er eine schlagkräftige Kampftruppe, die 1922 auf Rom marschierte, um die ›Macht‹ zu übernehmen. Der König betraute Mussolini mit der Regierungsbildung. Der Sieg der ›Schwarzhemden‹ gab das Zeichen zum politischen Frontwechsel in vielen europäischen Staaten. ›Bürgerliche‹ Kampfgruppen griffen zur Gewalt. Das Bürgertum sah sich in die Minderheit versetzt, seitdem jedermann das Wahlrecht zustand. Auf dem linken Flügel der Arbeiterschaft fochten die Kommunisten für die klassenlose Gesellschaft. Sie glaubten, das Ziel mit Gewalt und Terror zu erreichen. Gegen sie traten in Straßen- und Saalschlachten die Trupps der äußersten Rechten an. Stritten die Kommunisten für die ›Diktatur des Proletariats‹, so kämpften die Faschisten für ›die Nation‹. Zu ihnen strömten die Enttäuschten und Entwurzelten, die nach dem starken Mann riefen. Der Duce gab den Italienern wieder Selbstvertrauen. Italien erhob den Anspruch, Großmacht zu sein.

Der starke Staat schien berufen, auch mit den Nöten der Weltwirtschaftskrise fertig zu werden. Einem Arbeitslosen schien es unerklärlich, warum die Fabriken schließen sollten. Der Landwirt konnte es nicht fassen, daß er durch den Wettbewerb gezwungen werden sollte, seine Erzeugnisse zu Schleuderpreisen abzusetzen. Der Unternehmer sah sich in den Konkurs getrieben. Die Nationalisten machten die ›Demokratie‹ verantwortlich, die offensichtlich versagt hätte. In Deutschland wies man auf die Außenpolitik der Sieger hin: ›Versailles ist schuld!‹ Amerikanische ›Erklärungen‹, daß die moderne Technik der Grund für die erschreckende Arbeitslosigkeit sei, spielten in Europa nur eine untergeordnete Rolle. Hier wurden die politischen Bewegungen gefährlich, die geschickt beide Richtungen, die ›sozialistische‹ und die ›nationalistische‹, in einem Dunst von Phrasen zu scharf gezielten Angriffen auf die regierenden Parteien verbanden: die ›faschistische‹ in Italien und die ›nationalsozialistische‹ in Deutschland.

In Deutschland waren im Dezember 1931 über 6 Millionen Menschen arbeitslos. Eine Fabrik nach der anderen mußte die Tore schließen. Ein Landwirt nach dem anderen sollte unter Zwangsvollstreckung sein Gut verlassen. Durch ›Notverordnungen‹ wurden die Beamtengehälter um 20 v. H. gekürzt. Unter dem Eindruck der wirtschaftlichen Katastrophe gewannen diejenigen an Boden, die ›Taten‹ verlangten. Schluß mit der Kriegsschuldlüge! Schluß mit den Reparationen! Schluß mit der Erfüllungspolitik! Das waren die Nationalisten. Von der Linken klang es anders: Nationalisierung von Grund und Boden, Sozialisierung der Industrie und der Banken, Enteignung der Schieber! Diese beiden ›dynamischen‹ Richtungen platzten im Parlament, auf der Straße und in den großen Kundgebungen aufeinander. Jede Seite baute ihre eigene Kampforganisation auf, die SA und SS der NSDAP, den Roten Frontkämpfer-Bund der KPD. Zwischen ihnen wurde die Regierung zerrieben. Reichskanzler Brüning war der Meinung, »man müsse die Krise ausbrennen lassen«. Ein bedenkliches Wort! Alle Vorschläge gingen am Kern der Krise vorbei. Sie hatte wenig mit Versailles zu tun. Hitler versprach, durch unerbittliche Energie die Krise zu meistern. Losgelöst vom veralteten Geldbegriff sollten die großen nationalen Aufgaben angepackt werden. An die Stelle des reinen Gewinnstrebens sollte der Gemeinnutz treten. Eine verführerische Parole!

Hinter Hitler stand bis 1928 nur eine unbedeutende Gruppe von meist gescheiterten Existenzen. Zwei Jahre später ging seine ›Bewegung‹ aus den Reichstagswahlen als die zweitstärkste hervor. Zu diesen unglücklichen Wahlen war es gekommen, weil die Sozialdemokraten, die vier Monate vorher ihren Reichskanzler Müller unter dem Druck der Gewerkschaften zurückgerufen hatten, die Notverordnungen ablehnten. Die Große Koalition war zerbrochen. Brüning scheiterte mit seinem Versuch, eine Regierung der gemäßigten Rechten zu bilden. Die Not nahm zu, die sozialen Spannungen wuchsen. Weder Brüning noch die folgenden Minderheitsregierungen vermochten sich zu halten. In den erbitterten Wahlschlachten wurde die Demokratie zerschlagen. Hitler gewann die Macht.

Mit den ›November-Verbrechern‹, den ›Erfüllungspolitikern‹, den ›Bonzen‹ und den ›vaterlandslosen Gesellen‹ versprach er aufzuräumen. Am stärksten regte sich sein Haß gegen die Juden. Gestützt auf die Partei und ihre Gliederungen gründete er seine Herrschaft. Im Dritten Reich galt als Recht das, was dem Volke nützt; Feinde verschwanden ohne Gerichtsurteil in Konzentrationslagern. Die Allgewalt des Staates sollte alle Schwierigkeiten lösen. Ohne Zweifel begann in Deutschland bald ein wirtschaftlicher Aufstieg. Aber kam das Verdienst wirklich ausschließlich Hitler zu?

Während die Rohstoffländer große Zuschüsse für den Export zahlten, zogen die Einfuhrländer aus der Überfülle wirtschaftlichen und politischen Nutzen. In aller Welt stiegen die ›Havenots‹ auf. Deutschland hatte in Versailles seine Rohstoffbasis verloren. Das mag in Zeiten allgemeinen Mangels gefährlich sein, in Zeiten der Überfülle ergeben sich daraus erstaunliche Vorteile. Deutschland kaufte seine Lebensmittel und Rohstoffe unter Erzeugerkosten ein und erhielt jeden Kredit, wenn es überhaupt kaufte! Während die Preise für Rohstoffe und Lebensmittel auf ein Drittel gefallen waren, sanken die Fertigwarenpreise nur langsam und zögernd. Die Fabriken schlossen ihre Tore, bevor sie mit Verlust verkauften, die Landwirte hingegen waren gezwungen, ihre Ernten abzustoßen.

Die Krise kam erst spät nach Frankreich, dann aber traf sie die Landwirtschaft besonders hart. Eine ›Volksfrontregierung‹, in der neben der bürgerlichen Linken und den Sozialisten auch die Kommunisten vertreten waren, wich in die Geldentwertung aus. Wegen der sozialen Spannungen und der wechselnden Regierungen war Paris außerstande, Hitler an der militärischen Besetzung des Rheinlandes zu hindern, die nicht nur gegen Versailles, sondern auch gegen die freiwillig in Locarno übernommene Verpflichtung verstieß. Mit der französischen Macht zerbröckelte auch die europäische Ordnung. Nach dem Ersten Weltkrieg herrschte die Überzeugung, die ›Demokratie‹, das Selbstbestimmungsrecht der Völker, der Völkerbund in Genf und die Kontrolle der Besiegten würden jeden Krieg verhindern. Mit den Denkformen des 19. Jahrhunderts sollten die Aufgaben des 20. Jahrhunderts gemeistert werden. Der Rückschlag war erschreckend.

Die Spannungen entluden sich in Spanien. König Alfons XIII. hatte abgedankt, als die Parlamentswahlen den Republikanern die Mehrheit brachten. Ein Militärputsch gegen die republikanische Regierung, die sich nicht durchzusetzen vermochte, entfesselte den Bürgerkrieg. Er schuf neue Fronten; gegen die Kommunisten und die bürgerliche Linke fochten Soldaten zusammen mit der monarchistischen Rechten und der ›faschistischen‹ Falange. Die bürgerliche Demokratie ging in diesem Kampf unter. Auf der einen Seite beteiligten sich die Kommunisten, auf der anderen die beiden ›faschistischen› Staaten Italien und das Deutsche Reich am Kampf. Sie schickten Waffen und ›Freiwillige‹. Die westlichen Demokratien hielten an der ›Nichtintervention‹ fest. General Franco siegte schließlich. Faschismus und Nationalsozialismus hatten sich gegen den Widerstand der westlichen Demokratie durchgesetzt. Keine Hand hob sich, als deutsche Truppen in Österreich einmarschierten.

Als Hitler 1938 Forderungen gegen die Tschechoslowakei erhob, willigten der britische Premier Chamberlain, der französische Ministerpräsident Daladier und Mussolini im Münchner Abkommen in einen Teilungsplan ein. Als Hitler jedoch im März 1939 auch Prag besetzte, entschlossen sich England und Frankreich, ausdrücklich Polen eine Garantie zu geben. Das führte zum Zweiten Weltkrieg, als Hitler, auf seinen Pakt mit Stalin vertrauend, diese letzte Warnung mißachtete und Polen überrannte. Die deutschen Truppen besetzten Dänemark, Norwegen, die Niederlande, Belgien und Luxemburg. Frankreich streckte nach einer überraschenden Niederlage die Waffen. England widerstand den deutschen Luftangriffen.

Hitler wandte sich nach Osten. Sein Abkommen mit Stalin hatte zwar eine Scheidelinie zwischen deutschen und sowjetischen Ansprüchen gezogen; doch zeigte es sich, daß sich in diesem alten europäischen Spannungsgebiet selbst mächtige Nachbarn nicht durchzusetzen vermochten. Dazu waren die eigenständigen Kräfte, deren Wurzeln tief in die Vergangenheit hineinreichten, zu stark.

Rumänien und Ungarn beugten sich, Jugoslawien und Griechenland leisteten Widerstand. Vergeblich: deutsche Verbände stießen bis Kreta vor. Der große Angriff auf die Sowjetunion, den Hitler im Juni 1941 begann, scheiterte an den Entfernungen, am Klima und nicht zuletzt am zähen Kampfeswillen der russischen Bevölkerung. Zwar drangen die deutschen Heere bis Leningrad, Moskau und Stalingrad vor, dann aber wurden sie zum Rückzug gezwungen. Ausschlag gegeben haben auch in diesem Krieg die Vereinigten Staaten von Amerika mit ihrer Industrie und ihren Menschen.

Der Krieg endete mit dem völligen Zusammenbruch des Großdeutschen Reiches. Die europäische Mitte schien ausgelöscht. Zwischen den Pyrenäen und dem Don hatte der Krieg das Land verwüstet, die Städte zerstört und die Felder zertreten. Mit der Wirtschaft schien auch jede militärische und politische Macht zerschlagen. Im übrigen Europa sah es mit wenigen Ausnahmen nicht viel besser aus. Spanien litt immer noch unter den Nachwirkungen des Bürgerkrieges. Italien lag am Boden. Der Balkan, Norwegen und Dänemark waren Kriegsgebiete gewesen. England und Rußland waren von den ungeheuren Anstrengungen erschöpft.

Auf den Konferenzen in Teheran und Jalta hatte Stalin durchgesetzt, daß das Baltikum, Ostpolen und Bessarabien bei der Sowjetunion verblieben. Die Sowjets setzten in den Ländern des Balkans, in Polen, in der Tschechoslowakei und in Ungarn, sowie in dem – auf Grund der Potsdamer Beschlüsse – von ihnen besetzten Teil Deutschlands kommunistische Regierungen ein. Der Westen erhob kaum Einspruch. Erst als Stalin die Verhandlungen über einen Frieden mit Deutschland auf der Moskauer Außenministerkonferenz 1947 scheitern ließ, erkannten Amerikaner und Briten den ganzen Umfang der Gefahr. Die Sowjets hatten ihre Macht bis zur Elbe, dem Böhmerwald, bis Wien und bis zur Adria vorgeschoben. Der ›Eiserne Vorhang‹ spaltete Europa in zwei Teile; der Fläche nach umfaßt der Osten nahezu zwei Drittel, von der Bevölkerung etwa die Hälfte.

Die Trennungslinie entspricht der militärischen Lage am Ende des Krieges, nicht der freien Entscheidung der betroffenen Völker. Sie konnte nur mit bewaffneter Gewalt durchgesetzt werden. Eine Grenze, die nicht von beiden Seiten anerkannt wird, läßt Spannungen entstehen, die sich gegenseitig aufladen müssen. Jede Verstärkung auf der einen Seite zwingt die andere, ebenfalls zu rüsten. Gegen den gefährlichen Druck des Ostens suchte der Westen Bundesgenossen.

Die Vereinigten Staaten gaben Milliardenbeträge für den wirtschaftlichen Wiederaufbau Europas, um zu verhindern, daß die Menschen aus dem sozialen Elend heraus Zuflucht beim Kommunismus nähmen. Die Amerikaner forderten, daß die Europäer ihren politischen Hader begraben und gemeinsam an den Wiederaufbau gingen. Gegen alle Widerstände setzten sich in Frankreich unter Führung von Robert Schuman die ›Europäer‹ durch, die eine Verständigung mit den Deutschen suchten. Frankreich, Italien, die Bundesrepublik und die Beneluxstaaten (Belgien, Niederlande und Luxemburg) einigten sich 1952 gemäß dem Schuman-Plan auf eine Montan-Union, die Europäische Gemeinschaft für Kohle und Stahl. Doch gelang es nicht, eine einheitliche europäische Verteidigung durchzusetzen. Dafür kamen die Staaten der Montan-Union 1957 überein, einen gemeinsamen Markt, die EWG, zu schaffen. Zwischen den einzelnen Staaten sollen die Grenzen verschwinden.

Geschichte Europas seit dem Zweiten Weltkrieg

Von Thomas Jansen

Die Zerstörung seiner Städte und Industrien, die Verwüstung seiner Landschaften und die Wunden, die der Krieg seinen Menschen und Völkern zugefügt hatte, führte auf dem alten Kontinent zu einer Wiederbelebung des in der Epoche des Nationalismus verlorengegangenen Bewußtseins von der Einheit Europas. Kein Staat, keine Region war von der Katastrophe verschont geblieben, wenn auch das Ausmaß der Betroffenheit je nach geographischer Nähe oder Ferne zu den zentralen Schauplätzen der mörderischen Auseinandersetzung unterschiedlich stark spürbar wurde.

Ganz Europa hatte den Krieg verloren. Seinen unmittelbarsten Ausdruck fand dieser Umstand darin, daß die europäischen Mächte von nun an die Weltpolitik nicht mehr aktiv zu bestimmen in der Lage waren, sondern sich in die Rolle des Objekts der Interessen, Strategien und Konzeptionen der beiden neuen außereuropäischen Weltmächte, der Vereinigten Staaten und der Sowjetunion, fügen mußten. Dies galt auch – wie sich im Laufe der fünfziger Jahre immer deutlicher zeigen sollte – für Großbritannien und Frankreich. Als Mitglieder der Allianz, die Hitler-Deutschland niedergeworfen hatte, und als Kolonialmächte mit weitreichenden Verbindungen und einem weitverzweigten System von Stützpunkten in aller Welt durften diese Staaten zunächst noch die Illusion hegen, ihre Großmacht-Rolle halten zu können.

Nachdem Europa seine zentrale Rolle in der Weltpolitik eingebüßt hatte, wurde es nun zum Schauplatz der Auseinandersetzung und des Kräftemessens zwischen der UdSSR und den USA bzw. den durch sie repräsentierten Weltanschauungen und Ordnungsvorstellungen. Das führte zur Spaltung Europas. Ein Eiserner Vorhang trennte fortan die freiheitlichen Demokratien im Westen von den Staaten Ost- und Südosteuropas, in denen die Kommunisten, gestützt auf die Präsenz sowjetischer Truppen, an die Macht kamen. Deutschland wurde geteilt.

Die Einbeziehung der Hälfte Europas in das russisch-sowjetische Hegemoniesystem bedeutete einen enormen Machtzuwachs für die UdSSR. In den betroffenen Ländern, die sich in der Vergangenheit durchweg politisch wie kulturell zum Westen hin, also europäisch, orientiert hatten, wurden große Veränderungen erzwungen. Mittels eines verzweigten Vertragssystems, dessen wichtigste Elemente der Warschauer Pakt und der Rat für Gegenseitige Wirtschaftshilfe (COMECON) sind, wurde ihre Abhängigkeit von Moskau abgesichert. Freiheitsregungen (Tschechoslowakei 1948, Mitteldeutschland 1953, Ungarn 1957) wurden unterdrückt. Die Verbindungen nach Westen, die in den ersten Nachkriegsjahren noch bestanden hatten, brachen nach 1948 fast vollständig ab.

All dies bewirkte auch, daß der Wiederaufbau, der in den westlichen Ländern schon bald die Zeichen der schlimmsten Zerstörungen beseitigte und auch zu einem gewissen allgemeinen Wohlstand führte, in den von der Sowjetunion besetzten (und zudem auch wirtschaftlich ausgebeuteten) Ländern vergleichbare Ergebnisse nicht hervorbrachte. Die produktiven Kräfte konnten hier nicht zur Entfaltung kommen.

Der entschiedene Wille der sowjetischen Führung, ihren Herrschaftsbereich unter Berufung auf eine historische Gesetzmäßigkeit ihres Anspruchs immer weiter auszudehnen, stellte für die demokratischen Staaten Westeuropas, deren Völker in freien Wahlen dem Kommunismus eine klare Abfuhr erteilt hatten, eine ständige Herausforderung und Bedrohung dar. Der Sieg Mao Tse-tungs in China (1947), der Korea-Krieg (ab 1950) und der Vietnam-Krieg (ab 1954) führten den Europäern die Dynamik der kommunistischen Ideologie deutlich vor Augen.

Die Verwundbarkeit ihrer offenen Gesellschaften, die auch den Hilfstruppen und Parteigängern der Sowjetunion Bewegungsfreiheit gewähren, verstärkte ihr Sicherheitsbedürfnis. Die Zündung einer russischen Atombombe (1950) tat ein übriges, um die Staaten Westeuropas in einem Bündnis mit den Vereinigten Staaten von Amerika zu versammeln (Nordatlantikpakt-Organisation, 1949). Die Amerikaner hatten schon vorher den Europäern wirksam beim wirtschaftlichen Wiederaufbau geholfen (Marshall-Plan: European Recovery Program, 1947). Aus dieser Zusammenarbeit war die erste Organisation entstanden, die die freien Staaten Westeuropas zusammenschloß (Organization for European Economic Cooperation, 1947).

Alle diese Vorgänge und Bemühungen trafen sich mit einem allgemeinen, bereits während des Krieges im Widerstand entstandenen Willen, Europa eine neue Ordnung zu geben und seine Einheit herzustellen. Der Kongreß der Europäischen Bewegung in Den Haag (1948), der diesem Willen Ausdruck gab, bewirkte die Gründung des Europarats (1949), in dessen Beratender Versammlung allerdings keine Einigung über das weitere Vorgehen erzielt werden konnte. Einer französischen Initiative (Schuman-Plan, 1951) folgend schlossen sich daraufhin die zur Aufgabe von nationaler Souveränität und zur supranationalen Integration bereiten Staaten (Frankreich, Italien, Bundesrepublik Deutschland, Belgien, Niederlande, Luxemburg) in der Europäischen Gemeinschaft für Kohle und Stahl (1952) zusammen.

Wenn auch in den folgenden Jahren der ehrgeizige Versuch scheiterte, diesen Ansatz zu einer europäischen politischen Gemeinschaft zu entwickeln, erwies sich das Unternehmen doch als vital und geeignet, den Weg zur Einheit Europas zu bereiten. Es folgte die Gründung der Europäischen Wirtschaftsgemeinschaft und der Europäischen Atomgemeinschaft (1958). Nach der Zusammenfassung der drei erfolgreichen Organisationen in der Europäischen Gemeinschaft (1967) erweiterte sich auch der Kreis ihrer Mitglieder, zunächst um Großbritannien, Irland und Dänemark (1972), später um Griechenland (1981). Dieser Prozeß ist noch nicht abgeschlossen. Weitere Staaten bemühen sich um Aufnahme in die Europäische Gemeinschaft, auf die sich – trotz aller immer wieder auftretenden krisenhaften Erscheinungen – die Hoffnungen der meisten Europäer richten. Diese Hoffnungen sind nicht unbegründet. Ihrer Kraft, sich zu erweitern, entspricht eine Entwicklungsfähigkeit ihrer Institutionen, wie sie sich bei der Einrichtung des Europäischen Rats und der Europäischen Politischen Zusammenarbeit (1972) sowie der Einführung der Direktwahl des Europäischen Parlaments (1979) erwiesen hat.

In Westeuropa kam es also, geschirmt durch die Sicherheitsgarantie der Vereinigten Staaten von Amerika, zu einer Neugestaltung der Staatenordnung mit der Tendenz, die im Laufe des 19. Jahrhunderts ausgebildete, in der ersten Hälfte des 20. Jahrhunderts ad absurdum geführte nationalstaatliche Struktur zu überwinden. Dabei ist nicht zu übersehen, daß die entsprechenden Einigungsbemühungen der beteiligten Kräfte von zum Teil sehr unterschiedlichen Motiven und Konzepten ausgingen. Das schlägt sich in den Schwierigkeiten, Enttäuschungen und Rückschlägen nieder, die den Integrationsprozeß durch alle diese Jahre begleitet haben. Bedeutsamer aber erwies sich die Tatsache der gemeinsamen historischen Erfahrungen und der gemeinsam erkannten aktuellen Gefahren.

Die friedliche Entwicklung in Westeuropa hat im Verein mit der amerikanischen Hilfe, den Anstrengungen beim Wiederaufbau und dem durch erste Erfolge der Einigungsbestrebungen bedingten Optimismus schon in den fünfziger, dann aber vor allem in den sechziger Jahren zu einem wachsenden Wohlstand geführt, der begünstigt wurde durch die zunehmende Liberalisierung des Welthandels, an dem sich die nach und nach in die Unabhängigkeit entlassenen Staaten der Dritten Welt beteiligten. Für die Europäer erschlossen sich hier, nachdem in diesen Ländern lange unterdrückte Bedürfnisse zur Entfaltung kamen, neue Märkte, auf denen sie als ehemalige Kolonialherren oder auch als Entwicklungshelfer gewisse Platzvorteile genossen.

Aber auch hier trafen sie und ihre amerikanischen Verbündeten zunehmend auf die Konkurrenz der Sowjetunion und anderer ost- bzw. südosteuropäischer Staaten. Und je mehr sich in den sechziger Jahren nach Eintreten des atomaren Patts zwischen den Supermächten das Gleichgewicht des Schreckens in Europa stabilisierte, verlagerte sich die Auseinandersetzung zwischen Ost und West in diese Regionen, in denen Moskau in vielen Fällen willkommene Unterstützung bei kommunistisch inspirierten Befreiungsbewegungen fand. Die Folge war eine Serie von blutigen Revolutionen und Kriegen, in die einige europäische Staaten, die als frühere Kolonialmächte Garantien übernommen oder sich sonstwie engagiert hatten, verwickelt waren. Solche Ereignisse berührten aber die europäische Entwicklung kaum, da auch hier die USA aufgrund ihrer neuen Welt- und Schutzmachtrolle auf den Plan gerufen wurde und mehr und mehr den europäischen Partnern die Bürde abnahm.

Die Dekolonialisierung verlief an manchen Stellen und in manchen Fällen als außerordentlich schmerzlicher Prozeß. Für Frankreich in Indochina und Algerien; für Großbritannien in Tanganjika und Rhodesien; für Belgien im Kongo. Seitdem entwickelte sich das Verhältnis zwischen Europa und den Staaten der Dritten Welt – alles in allem – durchaus positiv. In dem Abkommen von Yaoundé und Lomé zwischen der Europäischen Gemeinschaft und der AKP-Gruppe (Afrika, Karibik, Pazifik) nahm es schließlich eine Form an, die den inzwischen entstandenen Realitäten Rechnung trug.

In der Geschichte gibt es keinen Stillstand. Ebenso wie die innerstaatlichen Verhältnisse unterliegen auch die Beziehungen zwischen den Staaten und überhaupt die gesamte internationale Ordnung ständigen Veränderungen. Kulturelle und geistige Einflüsse, ja auch persönliche Erfahrungen und Ansprüche, rufen in ununterbrochener Folge Wandlungen sowohl der Einstellungen und Verhaltensweisen von einzelnen und Gruppen wie auch der gesellschaftlichen Strukturen und politischen Institutionen hervor. Der Versuch der sowjetischen Führung, den Staaten Ost- und Südosteuropas eine vom freiheitlichen Westen abgetrennte Sonderentwicklung zu verordnen, um auf diese Weise den eigenen Herrschaftsbereich zu stabilisieren, mußte deshalb scheitern. Die Stimmen der Vernunft kann man zwar unterdrücken, indem man ihnen den Mund und die Medien verbietet; im Menschen selbst aber können sie nicht zum Schweigen gebracht werden. Mit jedem Neugeborenen ist in jenen Ländern auch nach ihrer Unterwerfung die Zahl der Europäer und damit das Potential der Auflehnung gegen den oktroyierten Kollektivismus gewachsen. Der dadurch entstehende innenpolitische Druck führte im sowjetischen Lager zu wachsenden Schwierigkeiten, deren man zunächst noch mit den Mitteln der totalitären Hegemonie, mit polizeistaatlicher und militärischer Unterdrückung beizukommen versuchte. Auf die Dauer erwies sich diese Methode als erfolglos, zumal der Kommunismus selbst (wie auch sein Machtapparat) seine Fähigkeit, zugleich Schrecken und Faszination zu verbreiten, zunehmend einbüßte. Auch wirtschaftliche Probleme in der Folge von Fehlplanungen und militärischem Überengagement waren dafür maßgebend. International und in bezug besonders auf Europa ergab sich daraus eine gewisse Entspannung, die in den späten sechziger und den frühen siebziger Jahren auch als Politik sowohl von östlicher wie von westlicher Seite formuliert wurde. Ihre Ergebnisse liegen einerseits in einer Formalisierung der Ost-West-Beziehungen, die beruhigend auf das Sicherheitsbedürfnis Europas wirkte und auch die Wiederaufnahme von Kontakten zuließ, den weiterbestehenden Gegensatz also atmosphärisch entschärfte; andererseits sind als Ergebnis der Entspannungspolitik, die ebenso viele Hoffnungen und Befürchtungen auf den Plan rief wie Enttäuschungen und Überraschungen nach sich zog, in Ost- und Westeuropa Entwicklungen in

Gang gesetzt worden, über deren Verlauf und Bedeutung heute keine sicheren Voraussagen möglich sind: In Osteuropa erhielten die Bewegungen zugunsten der Freiheit, der Unabhängigkeit und der Menschenrechte einen enormen Auftrieb und stellten (vor allem in Polen seit 1980) in sehr konkreter Weise die sowjetische Vorherrschaft und das kommunistische System in Frage. In Westeuropa machten sich - wie als Echo auf das mit den Freiheitsregungen der Polen eng verbundene Nationalbewußtsein - Tendenzen der Renationalisierung und gleichzeitig ein Nachlassen der - von den Gründungsvätern des Atlantischen Bündnisses als Preis der Freiheit definierten - Wachsamkeit breit.

An den machtmäßigen Gegebenheiten in Europa, wie sie in den ersten Nachkriegsjahren festgeschrieben wurden, hat sich dadurch nichts geändert. Die Demarkationslinie, die Europa an der Stelle teilt, wo sich die beiden Supermächte jeden Übergriff in die Einflußsphäre des anderen gegenseitig verbieten, blieb unverrückt. Vielleicht hat sich ihr Charakter geändert. Es gibt wieder Verbindungswege zwischen Ost- und Westeuropa, und es findet sogar ein Austausch von Informationen und Meinungen statt. Die technologische Entwicklung auf dem Gebiet der Telekommunikation hat sicher auch dazu beigetragen, die Abschirmung der Bevölkerung in den kommunistisch regierten Staaten von den politischen und kulturellen Vorgängen im Westen ad absurdum zu führen.

Die Geschichte Europas nach dem 2. Weltkrieg hat gezeigt, daß die geistig-kulturellen Kräfte des alten Kontinents noch nicht erschöpft sind. Indem sich die Europäer kritisch auf ihre eigene Geschichte zurückbesannen, sich aber gleichzeitig auch den Impulsen aus den neuen Welten Amerikas, Asiens und Afrikas öffneten, indem sie schließlich die Herausforderung durch den Kommunismus annahmen, entwickelten sie auch ein neues Selbstbewußtsein. Die europäische Identität, die darin zum Ausdruck kommt, ist gekennzeichnet durch einen ausgeprägten Gestaltungswillen, der sich, nachdem der Wiederaufbau vollendet war und die Einigungsbemühungen erste Fortschritte gebracht hatten, auch wieder nach außen wendete. Das freie Europa konnte seitdem wieder eine Rolle in der Weltpolitik spielen.

Stichwortverzeichnis

Personen

Orte, Gebiete, Länder

Völker, Stämme, Gruppen